教育部人文社会科学重点研究基地重大项目（2009JJD720009）
中国特色社会主义道德文化协同创新中心资助成果

中华道德文化研究丛书

马克思主义伦理思想中国化研究

王泽应◎著

中国社会科学出版社

图书在版编目(CIP)数据

马克思主义伦理思想中国化研究 / 王泽应著 . —北京：中国社会
科学出版社，2017.5

ISBN 978-7-5161-9423-2

Ⅰ.①马…　Ⅱ.①王…　Ⅲ.①马克思主义—伦理思想—研究—
中国　Ⅳ.①B82

中国版本图书馆 CIP 数据核字(2016)第 290699 号

出 版 人	赵剑英	
责任编辑	冯春凤	
责任校对	张爱华	
责任印制	张雪娇	

出　　版	中国社会科学出版社	
社　　址	北京鼓楼西大街甲 158 号	
邮　　编	100720	
网　　址	http://www.csspw.cn	
发 行 部	010-84083685	
门 市 部	010-84029450	
经　　销	新华书店及其他书店	

印　　刷	北京君升印刷有限公司	
装　　订	廊坊市广阳区广增装订厂	
版　　次	2017 年 5 月第 1 版	
印　　次	2017 年 5 月第 1 次印刷	

开　　本	710×1000　1/16	
印　　张	42	
插　　页	2	
字　　数	687 千字	
定　　价	178.00 元	

凡购买中国社会科学出版社图书，如有质量问题请与本社营销中心联系调换
电话:010-84083683

目　　录

内容提要

　　马克思主义伦理思想中国化之所以能够发生和成功开展，一是马克思主义伦理思想本身的科学性、人民性和先进性，这是马克思主义伦理思想能够中国化的前提和理论价值之所在。二是中国社会和人民道德生活发展和建设的深刻需要，这是马克思主义伦理思想中国化的现实可能和实践基础。

　　马克思主义伦理思想中国化，就是马克思主义伦理思想的基本原理在中国具体道德生活实际中的创造性应用，意味着马克思主义伦理思想在与中国道德生活具体实际相结合、与中华民族伦理思想优秀传统相结合过程中获得了新的发展形态，并形成了新的发展成果。马克思主义伦理思想中国化的实质，是用马克思主义伦理思想基本原理分析和解决中国面临的实际伦理道德问题，并在这个过程中清理、改造、吸收中国传统伦理文化中具有现代价值的因素，从而使马克思主义具有"中国特性""中国作风"与"中国气派"。马克思主义伦理思想中国化的理论品格表现在始终坚持解放思想、实事求是和与时俱进的认识路线，坚持立足本国、面向世界和面向未来的伦理建设思路，坚持以人为本、关注民生和求真务实、和谐发展的伦理价值取向，不断赋予中国马克思主义伦理思想鲜明的实践特色、民族特色和时代特色。

　　马克思主义伦理思想中国化，在中国已经形成两大杰出理论成果体系，即毛泽东伦理思想和中国特色社会主义伦理思想。如果说，毛泽东伦理思想是马克思主义伦理思想与中国新民主主义革命和社会主义革命以及社会主义建设的具体的道德生活实际相结合的产物，代表着马克思主义伦理思想中国化的第一大成果，那么包含邓小平伦理思想、"三个代表"伦理思想、科学发展伦理思想以及实现中华民族伟大复兴之中国梦伦理思想在内的中国特色社会主义伦理思想体系，就是马克思主义伦理思想与改革开放新时期道德生活实际相结合的产物，代表着马克思主义伦理思想中国化的最新成果。

马克思主义伦理思想中国化是马克思主义中国化在伦理思想和精神文明建设中的集中表现，代表了先进的中国共产党人对精神文明建设和思想道德建设的深刻思索和不懈创造。它既非原封不动的马克思主义伦理思想，也不是背离马克思主义伦理思想实质的非马克思主义伦理思想，它是马克思主义伦理思想在中国的科学运用和创造性发展。中国马克思主义伦理思想具有科学性与人民性的有机结合，民族性与时代性的辩证统一，本土性与世界性的交融互渗，理论性与实践性的相互连通等特点，并因此创造出了中国经验，即从实际出发，实事求是，坚持走有中国特色的道德文明发展道路；尊重群众的首创精神，建设以为人民服务为核心的新型道德文化；立足本土传统文化，发展具有中国特色、中国气派的伦理文化；坚持世界眼光，吸收人类伦理文明一切优秀成果等。马克思主义伦理思想中国化培育出了中国革命道德、社会主义建设道德等道德形态，促进了马克思主义伦理学学科建设和公民道德建设，是中华民族迎接伟大复兴的理论武装和行为指南。

绪论 马克思主义伦理思想中国化
的本质内涵与研究意义

马克思主义伦理思想的创立是人类伦理思想史上的伟大革命变革。马克思主义伦理思想传入中国后，与中国革命、建设和改革的道德生活实际相结合，与中国传统伦理文化的优秀成果相结合，形成了中国马克思主义伦理思想。毛泽东伦理思想是马克思主义伦理思想中国化的第一大杰出理论成果，包含着邓小平伦理思想、"三个代表"伦理思想、科学发展伦理思想以及中国梦伦理思想在内的中国特色社会主义伦理思想体系是马克思主义伦理思想中国化的第二大杰出理论成果。此外，一批马克思主义的理论工作者从中国革命、建设和改革的具体道德生活实际出发深入研究马克思主义伦理思想中国化的契机、条件、内涵、路径等所形成的理论成果是马克思主义伦理思想中国化两大杰出成果的有机构成和必要补充。可以说，马克思主义伦理思想中国化及所形成的中国马克思主义伦理思想在现当代中国伦理思想发展史上占有着十分突出的地位，起着走向主流、汇成主旋律和引领中国伦理思想发展潮流的独特作用。一部现当代中国伦理思想史，其实就是一部马克思主义伦理思想中国化的发展历史，是一部中国马克思主义伦理思想形成、发展并不断完善的历史，是一部马克思主义伦理思想基本原理与中国革命、建设和改革的具体道德生活实际相结合，与中华民族优秀伦理文化相结合并不断产生理论成果的发展历史，凝聚中国共产党人和理论工作者探索伦理革命、道德建设及其发展规律的集体智慧。

一 马克思主义伦理思想的创立是人类伦理思想史上的革命变革

马克思主义伦理思想是指以唯物史观分析研究道德现象和道德问题，

探讨道德及其发展规律，特别是关于社会主义道德和共产主义道德形成和发展规律的思想和学说，是马克思主义哲学的重要组成部分。马克思主义伦理思想是时代道德精神的精华，是无产阶级和广大劳动人民争取自身解放和人类解放的指路明灯，是追求和创造美好社会与生活的思想武器，体现着科学性与革命性、理想性与现实性的有机统一。

（一）马克思主义伦理思想批判继承了人类伦理思想的精华

马克思主义批判地继承了人类伦理思想史上一切有价值的成果，特别是英法唯物主义的伦理学说和德国古典伦理学的积极成果，结合无产阶级阶级斗争的实践而予以创造性地阐释论证而建立起崭新的伦理思想体系。

适应资产阶级革命和工业革命的要求，英法唯物主义者提出了以感觉欲望和个人需要为主要内容的利己主义和功利主义伦理思想。在英国，自霍布斯提出"公开的利己主义"以来，经过长时期的辩难论争，至边沁、密尔阐发了比较系统的功利主义伦理思想。法国唯物主义的著名代表爱尔维修、霍尔巴赫从肯定个人利益的正当性出发，创立了合理利己主义的理论，并提出了"人是环境和教育的产物"的命题和观点。马克思主义通过批判英法唯物主义的伦理思想特别是关于个人利益的道德观，阐明了利益是道德的基础，以及个人利益与整体利益相结合的思想。马克思曾经指出，法国唯物主义的某些伦理思想与社会主义、共产主义的道德理论有着一种最为密切的关系。"既然正确理解的利益是整个道德的原则，那就必须使人们的私人利益符合于人类的利益"，"既然是环境造就人，那就必须以合乎人性的方式去营造环境。既然人天生就是社会的，那他就只能在社会中发展自己的真正的天性。"① 由此可以发现英法唯物主义伦理思想对马克思主义伦理思想的影响。

如同德国古典哲学是马克思主义哲学的来源一样，德国古典伦理学也是马克思主义伦理思想的重要理论来源。以康德、黑格尔为代表的德国古典伦理学家们既把道德从宗教神学外在的、空洞的权威中拯救出来，又使其超越英法唯物主义的自然性、个别性之上，将英法政治革命贯注于"道德革命"之中，发动了一场旷日持久的"道德革命"。各色英雄好汉

---

① 马克思、恩格斯：《神圣家族》，《马克思恩格斯文集》第 1 卷，人民出版社 2009 年版，第 335 页。

在道德哲学中为了真正的道德而各显神通。康德提出了"人是目的而不是手段"和"意志自律"的带有强烈义务论色彩的主体论伦理思想；费希特建立了以人的道德使命为核心的自我实现的主体道德理论；黑格尔从意志自由的发展角度区分了伦理与道德，建立了一个以自由意志为主线、充满辩证色彩的自我实现论的伦理思想体系；费尔巴哈颠倒了黑格尔的伦理思想体系，将道德生活的视角从天国拉向人间，建立了一个以人的感觉性为出发点、以个人幸福为核心同时主张对人以爱的合理利己主义的伦理思想体系。马克思、恩格斯分别批判了他们伦理思想的错误，吸收其有价值的成分，创立了以辩证唯物主义和历史唯物主义为理论基础的科学的伦理思想。

马克思主义伦理思想的创始人马克思、恩格斯还深入地探讨了古希腊、古罗马的伦理思想，对中世纪基督教和经院哲学的伦理思想也作出了批判性的总结。不仅如此，他们还对东方民族的伦理思想和道德生活也给予了应有的关注和重视，继承其优秀成果。

马克思主义伦理思想萌生于《青年选择职业时的考虑》，形成于《德意志意识形态》。在《青年选择职业时的考虑》一文中，马克思表达了为全人类献身的崇高志向，提出了自己的幸福观和价值观。马克思与恩格斯合著的《神圣家族》批判了以布鲁诺·鲍威尔为代表的青年黑格尔派的哲学伦理思想，用接近完整科学的历史唯物主义原理阐释了一系列重大的伦理道德问题，第一次深刻地论述了个人利益与整体利益、阶级利益与全人类利益的辩证关系，初步表述了工人阶级的实际利益决定其道德观念的思想，揭示了道德的阶级性问题。该文把无产阶级的道德问题与无产阶级的历史使命联系起来，全面发展了《1844 年经济学哲学手稿》中的哲学伦理思想，已经开始用历史唯物主义的基本观点分析伦理道德问题，是马克思主义伦理思想形成阶段的一部重要著作。《德意志意识形态》是马克思、恩格斯合著的一部十分重要的著作，标志着唯物史观的正式确立和马克思主义伦理思想的正式形成。在该文中，马克思、恩格斯通过对费尔巴哈唯物主义的批判，以及对以鲍威尔、施蒂纳为代表的青年黑格尔派历史唯心主义的批判，阐述了道德作为社会意识形态是由社会存在所决定的思想，只有从经济基础出发才能科学的说明道德的本质及其变化，论述了个人利益与整体利益的辩证关系，揭示了集体主义的道德原则和基本内容。

马克思主义伦理思想形成后，马克思、恩格斯在半个多世纪的风云岁月中，始终站在时代道德生活的最前列，通过深入批判各种资产阶级和小资产阶级的伦理道德观，全面总结无产阶级的道德观念和品质，科学揭示了人类道德生活发展的规律，推动着马克思主义伦理思想的发展。

（二）马克思主义伦理思想的革命变革

马克思主义伦理思想是一种建立在唯物史观基础之上的具有严密的科学性、高度的革命性和强烈的实践性的崭新的伦理思想，它的问世是人类伦理思想发展史上划时代的伟大的革命变革。

1. 以唯物史观为基础的科学伦理思想

以往的伦理思想整体上看都是非科学的伦理思想，究其原因是因为建立在唯心主义历史观的基础之上。以唯心主义历史观来研究道德现象和分析道德问题，要么把道德的根蒂归结为神的意志或天赋的神性，要么归结为人性的善恶或个人的感官享受，每每陷入主观主义和道德永恒论的深渊不能自拔，无法建构起真正科学的伦理思想。

马克思主义伦理思想以唯物史观来分析研究道德现象，从社会存在决定社会意识、社会意识反作用于社会存在的既唯物又辩证的角度肯定利益对道德的决定性和道德对利益的能动性，并自始至终将道德视为利益协调和促进个人利益与社会集体利益和谐发展的方式和力量，揭示了道德的社会本质、功能作用和道德的发展规律，从而结束了旧的伦理思想以抽象的人性或神性来研究人类道德的神话，结束了关于道德具有超自然的根源和关于道德规范道德评价具有纯主观性质的、仿佛是从自由意志而来的一切神话，结束了想靠自由、平等、博爱的符咒来推翻世界，以所谓爱的力量来战胜一切的幻想和神话，理性而科学地确立了道德在个人生活和社会发展中的地位，使研究道德的伦理学真正成为一门科学。

2. 以无产阶级和人民大众根本利益为核心的先进伦理思想

以往的伦理思想在精神实质和核心价值上总是代表一部分人特别是统治阶级的利益，只有马克思主义伦理思想是真正把目光投向人民大众并以为人民大众谋取利益为根本价值目标，因而受到广大劳动者发自内心的拥戴，真正实现了化理论为德性的伦理学说。

马克思主义伦理思想自觉地站在为无产阶级和广大人民群众利益服务并为之论证和辩护的立场上，公然宣称是无产阶级和广大人民群众的道德理论，将为人类谋福利的集体主义作为其道德的基本原则，把建设社会主义、实现共产主义作为最高的价值目标。

马克思主义伦理思想崇尚古希腊神话中从天国盗火种给人类的伟大天神普罗米修斯，并以超越普罗米修斯的巨大爱心和伦理精神致力于从理论上为人民大众的根本利益和长远利益作科学性的论证与辩护，从实践上站在人民大众的前列为其根本利益和长远利益作不遗余力的奋斗。正因为如此，马克思主义伦理思想自诞生之日起就受到了无产阶级和广大人民群众发自内心的拥护和欢迎。

3. 以改造世界为宗旨的实践伦理思想

以往的伦理思想总是以不同的方式解释世界，每每落在对道德生活的认识方面，而马克思主义伦理思想则把思维的视角伸向道德生活的改造方面，将道德实践和现实的道德生活作为伦理学研究的出发点，强调道德必须立根于实践的基础之上并为现实的道德生活服务。

马克思主义伦理思想直接来源于无产阶级的革命实践，是对无产阶级在反对封建地主阶级和资产阶级的伟大历史运动中所表现出来的崇高道德精神和崭新道德品质的理论概括。马克思主义伦理思想形成之后又成为指导无产阶级和广大劳动人民消灭私有制、解放全人类的思想武器，促使无产阶级道德不断进步和完善。无产阶级道德与马克思主义伦理思想存在一种水乳交融的关系，或者可以说，无产阶级道德是马克思主义伦理思想得以形成和发展的物质武器和现实形态，马克思主义伦理思想是无产阶级道德得以发展和完善的思想武器和精神灵魂。

马克思主义伦理思想的全部理论和全部规范，归根结底是为了指导人们的道德实践活动，特别是指导人们进行共产主义道德的实践活动。因此，它还必须研究和阐述人类历史上进行道德实践活动的经验和理论，特别是要总结无产阶级在革命斗争中进行道德实践活动的经验，从而提出进行共产主义道德评价、道德教育和道德修养的标准、依据、途径和方法。

（三）马克思主义伦理思想的历史地位与贡献

马克思主义伦理思想是人类伦理思想史上一种崭新的思想理论类型，它立于人类伦理文明的基础之上，深刻揭示了道德的起源、本质、功能作用及其发展规律，对无产阶级道德和社会主义道德共产主义道德作出了全面系统的论述，指明了人类道德生活发展的目标和方向，给人类伦理思想宝库贡献了许多新的内容和理论，极大地丰富了人类的道德生活和道德观念，推动和促进着人类道德观念和道德实践的不断向前发展和完善。

1. 人类伦理思想发展的新纪元

马克思主义伦理思想的形成和发展，开辟了人类伦理思想的新纪元。它不仅冲破了意识伦理学的本质主义思维局限，把被神学鄙弃、被理性贬斥的感性欲望和利益昭示于人们面前，揭示了理性的实质不过是现实生活的要求而已，进而肯定了旧唯物主义重视人的现实欲望和利益的观点，认为伦理学应当重视现实的利益，"道德一旦离开利益，就会使自己出丑"。同时冲破旧唯物主义伦理学的实体性思维局限，提出人的本质是一切社会关系的总和等命题，凸显了道德在利益关系中产生并通过利益关系调节来实现的特质和意义，克服了准则主义和科学主义的片面性，实现了准则主义和科学主义的辩证结合。"它是准则性的，但它的准则性立足于客观的科学分析。它是科学的，但它的科学性导致对一定的道德理想进行论证。"① 不仅如此，马克思主义伦理思想崇尚新的、更崇高道德关系的创造，提出尊重人和实现人的自由全面发展的伦理价值目标，主张"自由地独立地创造以纯人类道德生活关系为基础的新世界"②。马克思主义伦理思想因其所依托和崇尚的道德类型本身的先进性和价值性而具有更加深刻和高尚的道义性，这种道义性与科学性、革命性、实践性结合起来成为马克思主义伦理思想充满生机与活力的不竭源泉。

2. 无产阶级和广大人民群众道德生活和道德实践的指路明灯

马克思主义伦理思想自诞生之日起就受到了无产阶级和广大人民群众发自内心的拥护和欢迎，成为无产阶级和广大人民群众道德生活和道德实践的指路明灯。诚如列宁所说："马克思和恩格斯的具有世界历史意义的伟大功绩，在于他们向各国无产者指出了无产者的作用、任务和使命就是率先起来同资本进行革命斗争，并在这场斗争中把一切被剥削的劳动者团

---

① ［苏］季塔连科主编：《马克思主义伦理学》，愚生、重耳译，上海译文出版社 1981 年版，第 11 页。

② 恩格斯：《马克思恩格斯全集》第 3 卷，人民出版社 2002 年版，第 520 页。

结在自己的周围。"① 马克思主义伦理思想不仅科学地论述了无产阶级的历史使命和自身的解放，而且指出了无产阶级如何获得解放和实现自身价值的合理路径，对无产阶级道德的培育、发展作出了深刻的阐释。马克思主义伦理思想为无产阶级和广大人民群众锻铸了科学的人生观、价值观和道德观，为无产阶级和广大人民群众"指明了如何摆脱一切被压迫阶级至今深受其害的精神奴役的出路"②。无产阶级和广大人民群众自觉以马克思主义伦理思想为指导来改造和提升自己，抒写了人类道德生活史的崭新篇章，开辟了一个崭新的时代。

马克思主义伦理思想以对善与正义的探求尤其是对无产阶级道德和共产主义道德的论述，成为其哲学体系中最具价值理性和精神指向的思想元素，也构成马克思主义改造世界之目标追求的价值核心。在马克思主义看来，道德是人类实践精神把握世界的独特方式，是人类主体精神的自律。无产阶级道德和共产主义道德作为人类道德文明的先进类型，在共产主义运动和整个社会主义社会、共产主义社会中发挥着十分重要的作用，成为人们创造人生价值、推动社会不断发展进步的动力源泉。

3. 不断发展、与时俱进的伦理思想体系

马克思主义伦理思想不是凝固的而是发展的理论体系，不是封闭的而是开放的理论体系。发展性、开放性是马克思主义伦理思想的基本属性。马克思主义伦理思想是在指导国际共产主义、社会主义运动过程中，在同各种唯心主义、形而上学的伦理思想以及各种错误的伦理思想斗争中不断丰富、创新和发展的，同时也是吸收了人类伦理文明的许多优秀成果发展起来的。

在继承人类伦理思想精华的基础上结合时代和社会道德生活的实际需要予以新的创造和新的发展，是马克思主义伦理思想先进性的集中表现。马克思主义伦理思想的理论活力来源于现实的道德生活实践，它作为人类伦理智慧发展的现代结晶，是对以往伦理文化成果的批判继承，因而它也必然随着无产阶级革命和社会主义建设实践的发展，随着伦理文化的进步

---

① 列宁：《在马克思恩格斯纪念碑揭幕典礼上的讲话》，《列宁专题文集》（论马克思主义），人民出版社 2009 年版，第 81—82 页。

② 列宁：《马克思主义的三个来源和三个组成部分》，《列宁专题文集》（论马克思主义），人民出版社 2009 年版，第 71 页。

而不断总结新经验，吸取新成果，以丰富深化自己的理论内容和理论形式。正是由于道德实践和科学发展中的新鲜空气和新鲜血液不断滋补、丰富自己，马克思主义伦理思想才能永远保持自身的生机与活力，不断开辟未来发展的道路。马克思主义与其他非马克思主义的最大区别就在于马克思主义崇尚创造。道德生活需要不断革故鼎新和推陈出新，才能不断开创道德生活的新局面。

在世界伦理思想发展的历程中，没有哪一种伦理思想能够像马克思主义伦理思想一样成为人类道德文明建设的伟大旗帜，获得如此深远的影响和如此广阔的发展空间，拥有如此众多的信奉者和追随者。一代又一代马克思主义伦理思想的传人在新的历史时期和发展阶段结合新的道德生活的实际和情况，与时俱进地发展马克思主义伦理思想，不断开辟马克思主义伦理思想发展的新领域，提升马克思主义伦理思想发展的新境界。

马克思主义伦理思想的创立开辟了人类伦理思想史发展的新纪元，它不仅结束了旧的伦理思想以抽象的人性或神性来研究人类道德的神话，将伦理思想奠基于辩证唯物主义与历史唯物主义的基础之上，揭示了道德的社会本质及其功能作用，使伦理学真正成为科学；而且抛弃了旧的伦理思想割裂主观与客观关系的错谬，用唯物辩证法来研究道德现象，得出了人类道德一步一步跟随经济上的需要并对经济产生反作用的结论，使伦理学同生活实践密切联系起来，获得了不断发展的广阔空间。① 马克思主义伦理思想在历史上破天荒地表达了广大劳动人民特别是无产阶级的利益和要求，揭示了无产阶级利益同全人类整体利益和未来利益的高度关联性，阐释了无产阶级集体主义、国际主义以及人的自由全面发展等伦理原则的内在价值，论述了人类道德文明发展的广阔前途。

马克思主义伦理思想贡献给了世界以真正科学而又颇具普遍价值的伦理思想，揭示出人类道德文明发展的基本规律和趋势目标，故问世之后受到一切真正关心人类前途和命运的有识之士以及致力于追求真善美价值的人们的热烈欢迎，已经成为并将继续成为引领伦理革命和道德进步的灯塔与航标。马克思主义伦理思想的独特魅力和不朽价值总是在同各国各地具

---

① 参见王泽应：《20 世纪马克思主义伦理思想研究》，人民出版社 2008 年版，第 2 页。

体的道德生活实际相结合的过程中得以展现或表现出来的。马克思主义伦理思想只有在同各国各地具体的道德生活实际相结合的过程中，才能真正成为改造旧道德、建设新道德和推动人类道德进步的重要力量，才能不断开辟自身的发展道路，开拓新的发展空间，进入新的精神境界。

二 马克思主义伦理思想中国化的本质内涵

马克思主义伦理思想中国化，是马克思主义中国化的题中应有之义，也是马克思主义哲学中国化的重要组成部分。所谓马克思主义伦理思想中国化，就是马克思主义伦理思想的基本原理在中国具体道德生活实际中的创造性应用，意味着马克思主义伦理思想在与中国道德生活具体实际相结合、与中华民族伦理思想优秀传统相结合的过程中获得了新的发展形态，并形成了新的发展成果。马克思主义伦理思想中国化，在中国已经形成两大杰出理论成果，即毛泽东伦理思想和中国特色社会主义伦理思想两大理论体系。如果说，毛泽东伦理思想是马克思主义伦理思想与中国新民主主义革命和社会主义革命以及社会主义建设的具体的道德生活实际相结合的产物，代表着马克思主义伦理思想中国化的第一大成果，那么包含着邓小平伦理思想、"三个代表"伦理思想和科学发展伦理思想在内的马克思主义伦理思想中国化最新成果，就是马克思主义伦理思想与改革开放新时期道德生活实际相结合的产物，代表着马克思主义伦理思想中国化的最新成果。

（一）马克思主义中国化的界说

马克思主义是一门科学，它揭示了世界发展的普遍规律，特别是人类社会历史发展的普遍规律，揭示了社会主义必然代替资本主义和建设社会主义，并最终实现共产主义的普遍规律。它为工人阶级和劳动人民认识世界和改造世界提供了强大的思想武器。1848 年 2 月《共产党宣言》的发表，标志着马克思主义科学体系的形成。它在全世界无产阶级面前树立了一面光辉的旗帜，为无产阶级政党提供了第一个 "详细的理论和实践的党纲"。但由于各个国家、各个民族的实际情况和历史条件不同，马克思主义没有也不可能指出每一个民族的具体发展道路。不能把马克思主义看作是某种一成不变的和神圣不可侵犯的教条。列宁指出：马克思主义理论 "所提供的只是总的指导原理，而这些原理的应用具体地说，在英国不同于法国，在法国不同于德国，在德国又不同于俄国"。① 这就是说，马克思主义的实际运用必须随时随地以具体的历史条件为转移，与一定历史阶段的历史任务、一定国家和民族的具体情况相结合。而结合就会产生民族化和具体化的问题。马克思主义中国化即是马克思主义基本原理与中国具体实际相结合及其在中国的创造性发展。

近代中国是半殖民地半封建社会，资本主义尚未得到充分发展，既不同于欧美各国，也不同于俄国。因此，只有把马克思主义同中国的具体实际相结合，实现马克思主义的中国化，才能解决中国实践提出的新任务和新问题，并促进马克思主义自身的丰富和发展。鸦片战争以来，中国社会的根本任务是救亡图存、振兴发展，寻求向现代社会的转型。实现现代化，重构中华民族的生存方式和活动方式，构成了鸦片战争以来中国历史进程的悲壮主题，凝聚着几代中国人的思索与奋斗、光荣与梦想。马克思主义传入中国，在中国社会救亡图存、振兴发展的过程中发挥了巨大的理论指导作用，成为引领中国走向独立富强和社会现代化的伟大旗帜。

马克思主义中国化，是马克思主义在中国的具体运用和创造性发展，它要求运用马克思主义的立场、观点和方法去研究和解决中国的实际问题，借以丰富和发展马克思主义；要求运用中国人民喜闻乐见的民族语言、观念范畴和表达方式来阐述马克思主义理论，并对中国人民创造的文明成果和实践经验予以马克思主义的理论总结，赋予马克思主义以鲜明的中国特色、中国风格和中国气派。

马克思主义中国化的意识早在李大钊等中国马克思主义先驱那里即有一定的表现。在 1919 年 8 月发表的《再论问题与主义》一文中，李大钊就已经认识到：一个社会主义者，为使他的主义在世界上发生一些影响，必须要研究怎样可以把他的理想尽量应用于环绕着他的实境。我们只要把这个那个的主义，拿来做工具，用以为实际的运动，他会因时、因所、因事的性质情形生一种适应环境的变化。② 李大钊的这一思想是对马克思主义中国化的最早领悟。在 1922 年出版的《先驱》创刊号上，中国的马克

---

① 列宁：《我们的纲领》，《列宁专题文集》（论马克思主义），人民出版社 2009 年版，第 96 页。

② 李大钊：《再论问题与主义》，《李大钊文选》高瑞泉编选，上海远东出版社 1995 年版，第 198 页。

思主义者已经提出了"努力研究中国的客观的实际情形，而求得一最合宜的实际的解决中国问题的方案"，反对做"一定公式的奴隶"。

比较完整系统的表述了马克思主义中国化这一命题，并对之作出深刻论述的是毛泽东。毛泽东是较早地意识到马克思主义必须中国化、而且应该中国化，只有中国化才能真正坚持和发展马克思主义的共产党人。在1930年5月写的《反对本本主义》一文中，毛泽东从理论与实践、实际的关系的角度指出："马克思主义的本本是要学习的，但是必须同我国的实际情况相结合。我们需要本本，但是一定要纠正脱离实际情况的本本主义。"① 在该文中，毛泽东作出了"中国革命斗争的胜利要靠中国同志了解中国情况"的重要论断，实际上已经提出了马克思主义中国化的问题。1938年10月，在起草中共中央召开的六届六中全会报告中，毛泽东从马克思主义普遍真理和民族的特点、具体情况的关系的角度指出："马克思列宁主义的伟大力量，就在于它是和各个国家具体的革命实践相联系的。对于中国共产党说来，就是要学会把马克思列宁主义的理论应用于中国的具体的环境。成为伟大中华民族的一部分而和这个民族血肉相连的共产党员，离开中国特点来谈马克思主义，只是抽象的空洞的马克思主义。因此，使马克思主义在中国具体化，使之在其每一表现中带着必须有的中国的特性，即是说，按照中国的特点去应用它，成为全党亟待了解并亟须解决的问题。"② 这是马克思主义中国化的正式表述。"使马克思主义在中国具体化，使之在其每一表现中带着必须有的中国的特性，即是说，按照中国的特点去应用它，"揭示出马克思主义中国化的具体要求和精神实质。鉴于第二次国内革命战争时期王明教条主义错误及其对党和革命事业的严重损失，在抗战开始后，如何在中国革命的实际中科学把握和应用马克思主义，即如何解决马克思主义中国化的问题，就成为马克思主义在中国继续发展和把中国革命继续推向前进的内在要求。在1940年1月的《新民主主义论》一文中，毛泽东又说："必须将马克思主义的普遍真理和中国革命的具体实践完全地恰当地统一起来，就是说和民族的特点相结合，经

---

①　毛泽东：《反对本本主义》，《毛泽东选集》第1卷，人民出版社1991年版，第111—112页。

②　毛泽东：《中国共产党在民族战争中的地位》，《毛泽东选集》第2卷，人民出版社1991年版，第534页。

过一定的民族形式，才有用处，决不能主观地、公式地应用它。公式的马克思主义者，只是对于马克思主义和中国革命开玩笑，在中国革命队伍中是没有他们的位置的。"① 马克思主义要在中国发生作用，必须实现与中国革命的具体实际和与中国传统文化的结合，并通过中国优秀思想传统的作用内化为中华民族的思维方式。毛泽东强调按照中国的特点去应用马克思主义，使马克思主义在中国具体化和现实化；同时又非常注重总结升华中国革命和建设的实践经验，并结合中国优秀的传统文化，使实践经验马克思主义化，形成富有中国特色的马克思主义理论。

新中国成立以后，毛泽东一再强调坚持马克思主义中国化的立场和观点，认为只有把马克思主义中国化，才能真正解决中国的实际问题。1956年4月，他在《论十大关系》中指出：我们要学的是属于普遍真理的东西，并且学习一定要与中国实际相结合。我们的理论，是马克思列宁主义的普遍真理同中国革命的具体实践相结合。如果马克思的每句话都要照搬，那就不得了。② 在中国共产党第八次全国代表大会预备会议上，毛泽东说："马克思主义的普遍真理一定要同中国革命的具体实践相结合，如果不结合，那就不行。这就是说，理论与实践要统一。理论与实践统一，是马克思主义的一个最基本的原则。"③ 在毛泽东看来，学习和掌握马克思主义，主要是学立场、观点和方法，应当学以致用，切忌照搬照抄。把马克思主义教条化，只会阉割或扭曲马克思主义，而不是真正应用马克思主义。应用马克思主义，就要坚持与实际相结合，在实践中丰富和发展马克思主义。

毛泽东是马克思主义中国化的杰出典范，毛泽东思想本质上就是马克思主义中国化的理论成果。在1945年5月党的七大上，刘少奇代表党中央作《关于修改党章的报告》。报告指出："要使马克思主义系统地中国化，要使马克思主义从欧洲形式变为中国形式，就是说要用马克思主义的立场和方法来解决现代中国革命中的各种问题……乃是一件特殊的、困难的事业。这决不是如某些人所想的，只将马克思主义的著作加以熟读、背

---

① 毛泽东：《新民主主义论》，《毛泽东选集》第2卷，人民出版社1991年版，第707页。
② 毛泽东：《论十大关系》，《毛泽东文集》第7卷，人民出版社1999年版，第42页。
③ 毛泽东：《增强党的团结，继承党的传统》，《毛泽东文集》第7卷，人民出版社1999年版，第90页。

诵和摘引，就可成功的。这必须有高度的科学精神与高度的革命精神相结合。……不是别人，正是我们的毛泽东，出色地成功地进行了这件特殊困难的马克思主义中国化的事业。这在世界马克思主义运动的历史中，是最伟大的功绩之一，是马克思主义这个最好的真理在四万万七千五百万人口的民族中空前的推广。"① 刘少奇的这一论述，肯定了毛泽东非常出色地开创了马克思主义中国化的事业，并称颂这是马克思主义发展史上最伟大的功绩，正是由于毛泽东成功地使马克思主义中国化，所以马克思主义在中国大地获得了空前的推广，并结出了丰硕的果实，极大地改变了中国社会的发展面貌。

在马克思主义中国化发展史上，邓小平对马克思主义中国化也有许多重要的论述，强调在实际行动中践行马克思主义中国化的要求。在 1956 年 11 月的《马列主义要与中国的实际情况相结合》中，邓小平指出，马克思列宁主义的普遍真理与本国的具体实际相结合，这句话本身就是普遍真理。它包含两个方面，一方面叫普遍真理，另一方面叫结合本国实际，我们历来认为丢开任何一面都不行。离开本国的特点去硬搬外国的东西，这条普遍真理就不能实现。这个基本理念的普适性在于，每一个国家的共产党都必须把马克思列宁主义的普遍真理同本国的革命实践、本国的实际情况相结合，才能制定正确的战略和策略，才能赢得革命的胜利。在中国共产党第十一届三中全会上，邓小平特别强调解放思想、实事求是，认为"一个国家，一个民族，如果一切从本本出发，思想僵化，迷信盛行，那它就不能前进，它的生机就停止了，就要亡党亡国。……只有解放思想，坚持实事求是，一切从实际出发，理论联系实际，我们的社会主义现代化建设才能顺利进行，我们党的马列主义、毛泽东思想的理论也才能顺利发展。"② 在邓小平看来，过去搞民主革命，要把马克思主义中国化，现在搞社会主义现代化建设，也要把马克思主义中国化，使之适合中国国情，走出一条有中国特色的社会主义现代化建设道路。邓小平理论即是马克思主义在改革开放时代中国化的结晶，既主张反对本本主义，又主张反对修

---

① 刘少奇：《论党》，《刘少奇选集》上卷，人民出版社 1981 年版，第 335—336 页。
② 邓小平：《解放思想，实事求是，团结一致向前看》，《邓小平文选》第 2 卷，人民出版社 1994 年版，第 143 页。

正主义，强调在马克思主义指导下研究新情况，解决新问题，把坚持马克思主义与发展马克思主义有机地结合起来，是邓小平理论的基本特质和始终不变的价值目标。

邓小平之后，江泽民、胡锦涛、习近平等中国共产党人在新的历史条件下对马克思主义中国化又作出许多精深宏富的论述，并从多个方面推进了马克思主义中国化的发展。

（二）马克思主义伦理思想中国化的理论内涵

马克思主义中国化，必然要求伦理思想中国化。伦理思想是马克思主义思想中最能代表无产阶级利益和共产主义运动发展方向的思想，是以善与正当的形式表现人的解放、自由全面发展之丰富内涵的人生观、价值观之综合体现，是人类实践精神地把握世界之独特方式的思想呈现，也是贯穿马克思主义思想发展始终的人学主题。马克思主义中国化，只有在伦理思想中国化的情况下，才能真正成为掌握群众的重要力量，才能凸显理论征服人心的品格。早在五四新文化运动时期，陈独秀就指出："伦理思想，影响于政治，各国皆然，吾华尤甚。……继今以往，国人所怀疑莫决者，当为伦理问题。此而不能觉悟，则前之所谓觉悟者，非彻底之觉悟，盖犹在惝恍迷离之境。吾敢断言曰：伦理的觉悟，为吾人最后觉悟之最后觉悟。"① 伦理思想是价值理性和实践理性的集结和积淀，表达着人们对社会秩序和价值目标、人生意义和道德行为、精神家园和目的追求等的认识把握，是人们认识世界和认识自己的内在力量，指导和引领着人们对物质层面和制度层面的认识把握，是人之目的性和能动性乃至创造性的动力源泉。毛泽东在致黎锦熙的信中也指出："欲动天下者，当动天下之心，而不徒在显见之迹。动其心者，当具有大本大源。……当今之世，宜有大气量人，从哲学、伦理学入手，改造哲学，改造伦理学，根本上变换全国之思想。如此大蠹一张，万夫走集；雷电一震，阴曀皆开，则沛乎不可御矣！"② 改造伦理学，才能从根本上转换人们的思想，唤起理性的自觉，进而促成行为的发生，形成改造世界和改造自己的强大力量。

马克思主义伦理思想中国化，就是将马克思主义伦理思想基本原理同

---

①　陈独秀：《吾人最后之觉悟》，《青年杂志》第一卷第六号。

②　毛泽东：《致黎锦熙信》，《毛泽东早期文稿》，湖南出版社 1988 年版，第 85—86 页。

中国具体的道德生活实际相结合，同中华民族优秀的伦理文化传统相结合，并创造性地发展中国化的马克思主义伦理思想。具体地说，就是把马克思主义伦理思想的基本原理创造性地同中国具体的道德生活实践。中国伦理思想史、中国伦理文化传统结合起来，使马克思主义伦理思想在中国实现民族化、具体化和当代化。就马克思主义伦理思想中国化来说，也可以说是马克思主义伦理思想"化"中国，即用马克思主义伦理思想来"化"或改变中国道德生活的发展状况，用马克思主义伦理思想指导中国革命和社会主义建设的道德生活实践。同时又用中国道德生活实践和优秀伦理文化来"化"或提升发展马克思主义伦理思想，即用中国革命和建设的道德生活实践经验以及被升华为中国革命和建设的伦理思想理论来丰富和发展马克思主义伦理思想。马克思主义伦理思想中国化的两大杰出理论成果，可以说是马克思主义伦理思想"化"中国和中国"化"马克思主义伦理思想辩证统一的结晶和产物。

马克思主义伦理思想中国化首先是要用马克思主义伦理思想"化"中国即改造中国具体的道德生活实践，促使中国传统伦理文化发生创造性的转化。这就要求既要立足中国具体的道德生活国情又要有对马克思主义伦理思想的深刻领悟和把握，并创造条件将二者有机地统一起来。其次，是要将中国人民创造的道德生活实践经验予以创造性的总结以此来充实完善马克思主义伦理思想，推动中国马克思主义伦理思想的创造性发展。这两个方面都是马克思主义伦理思想中国化的有机构成。因此，仅仅只懂马克思主义伦理思想，或者仅仅只懂中国具体的道德国情，都不可能实现马克思主义伦理思想的中国化或中国伦理文化的马克思主义化。马克思主义伦理思想中国化就是马克思主义伦理思想在中国的创造性应用和发展，既要坚持用马克思主义伦理思想基本原理来解决中国具体的伦理道德问题，在实践中创新马克思主义伦理思想，又要对中国丰富的道德实践和道德生活经验予以马克思主义的理论总结，对中国优秀的伦理文化传统作出马克思主义的辩证分析和批判继承，使其成为马克思主义伦理思想的有机组成部分，以形成具有中国特色、中国作风和中国气派的中国化的马克思主义伦理思想。

马克思、恩格斯逝世后，马克思主义伦理思想一度在俄国即苏联获得过发展，并产生了列宁主义及其伦理思想，斯大林对列宁伦理思想又作出过一定程度的发展。但是斯大林之后，俄国马克思主义伦理思想遭遇教条主义和修正主义的双重夹击，苏联解体后马克思主义伦理思想被逐出主流意识形态领域，只在少数学者那里有一些研究。第一次世界大战后，虽然在德国、意大利、匈牙利等国出现了西方马克思主义伦理思想，第二次大战后还出现了人本主义的马克思主义、科学主义的马克思主义和法兰克福等学派，不同程度地解释和传播马克思主义伦理思想，但是从总体上来看，西方马克思主义伦理思想已经在很大程度上背离了马克思主义伦理思想的真正本意和原有的价值立场，实质上成为资产阶级伦理思想的有机组成部分。他们或者打着反对教条主义的幌子，在"重建马克思主义"的旗帜下干着阉割马克思主义伦理思想精神实质的勾当，或者对马克思主义伦理思想采取分割对立、制造马克思主义伦理思想内部矛盾的手法，用资产阶级伦理思想来修正补充马克思主义伦理思想，从而悄悄地使马克思主义伦理思想西方化和资本主义化。因此，无论是在二战后的苏联还是在欧美，马克思主义伦理思想都遭遇着前所未有的修正、扭曲、坎陷和危机，一些马克思主义伦理思想的所谓研究者和发展者都放弃了马克思主义伦理思想的科学理论、阶级立场和精神原则。只有在东亚大陆的中国，马克思主义伦理思想获得了真正意义上的继承和发展。从比较的角度完全可以这样说，世界上没有哪一个国家像中国这样始终如一地坚持马克思主义伦理思想，又与时俱进地发展马克思主义伦理思想，并实现了马克思主义伦理思想与中国道德生活具体实际的有机结合，与中华民族优秀伦理思想传统的有机结合。中国马克思主义伦理思想是中国共产党人的指导思想和行动指南，具有意识形态和主流伦理思想的崇高地位，又深深地扎根于中国社会的丰厚土壤，同中国社会主义伦理文化高度结合，同中国伦理文化的优秀因素有机结合。这就使得中国马克思主义伦理思想在坚持马克思主义伦理思想基本原理、精神实质和价值立场的同时还实现了自身的两个结合即同中国社会主义伦理文化的有机结合和同中国优秀伦理文化传统的有机结合，这是中国之所以能够在马克思主义经典作家逝世后成为马克思主义伦理思想大发展国度的重要原因。

（三）马克思主义伦理思想中国化的内在因由与实质

马克思主义伦理思想中国化之所以能够发生和成功开展，一是马克思主义伦理思想本身的科学性、人民性和先进性，这是马克思主义伦理思想之所以能够中国化的前提和理论价值之所在。二是中国社会和人民道德生活发展和建设的深刻需要，这是马克思主义伦理思想中国化的现实可能和实践基础。① 马克思主义伦理思想的形成开辟了一个新的伦理思想传统，它既继承吸收了人类伦理文明的优秀成果，又用唯物史观来研究道德现象，将价值视角转到为劳动人民和无产阶级谋利益上来，从而实现了伟大的革命变革。马克思主义伦理思想产生 80 年后经俄国十月革命传入中国，中国人接受马克思主义伦理思想是在经历了对封建主义道德和资本主义道德的双重失望后的一种理性选择，同时也是中国社会历史发展和伦理文化发展的必然。中国伦理文化的发展需要马克思主义伦理思想，马克思主义伦理思想恰好满足了中国社会和人民既反对封建主义道德又反对资本主义道德而朝着建设一种高于并优于历史上一切道德类型的新道德即社会主义道德和共产主义道德方向发展的内在需要。这是马克思主义伦理思想在中国之所以得到传播并获得发展的深刻因由。②

既然马克思主义伦理思想是放之四海而皆准的伦理思想，那有什么必要中国化呢？马克思主义伦理思想是普遍真理，可马克思主义伦理思想所面对的国家、面对的伦理道德问题是具体的和变化的。可以说，马克思主义伦理思想是普遍的，各国马克思主义者所要解决的具体伦理道德问题是特殊的。各国的马克思主义者都是在自己国家活动的，都是解决自己国家和民族面对的具体伦理道德问题。既不能借米下锅也不能越俎代庖。各国的伦理道德问题永远是具体的。立足道德生活的实际就是立足实际的伦理道德问题，立足变化着的伦理道德实际就是立足变化着的伦理道德问题。马克思主义伦理思想的真理性在于它不是包治百病的药方，而是观察伦理道德问题的基本理论和方法。中国的伦理道德问题需要中国人民自己解决。马克思主义伦理思想基本原理是解决伦理道德问题的思想理论武器而不是提出供解决一切现成伦理道德问题的结论。所谓马克思主义伦理思想中国化，就是运用马克思主义伦理思想基本原理，从中国具体的伦理道德问题中寻找适合中国社会和中国人民的解决方法。离开了中国化的马克思

---

① 王泽应：《论中国马克思主义伦理思想的本质特征》，《当代世界与社会主义》2009 年第 4 期。

② 同上。

主义伦理思想，就会成为毛泽东批评的"无的放矢"。无的放矢，只能是射乱箭，乱射箭，不能解决具体实际的伦理道德问题。"矢"和"的"的有机结合才能是一次完整理想的射击活动。马克思主义伦理思想普遍原理具有当代性的根本之点，在于马克思主义伦理思想基本原理，在于其价值观和道德观具有的当代适用性。马克思主义伦理思想作为正确的价值观和道德观仍然是指导当今社会道德建设的有效工具。

马克思主义伦理思想中国化，亦即马克思主义伦理思想在中国的创造性应用和继承性发展，贯穿于中国马克思主义伦理思想形成和发展的全过程，其实质就是将马克思主义伦理思想的基本原理同中国具体的道德生活实际相结合，同中华民族优良道德传统相结合，并在这种结合中形成新理论、产生新成果的过程。它包括两个方面的内容：一是把马克思主义伦理思想与中国优秀的传统伦理文化相结合，即既运用马克思主义伦理思想来审视、反思和改造中国的传统伦理文化，推动和促进中国先进伦理文化的形成和发展，又吸取中国传统伦理文化的精粹，用以丰富马克思主义伦理思想的内容和强化中国马克思主义伦理思想的民族特色；二是把马克思主义伦理思想与中国当前的道德生活现实相结合，即运用马克思主义伦理思想的基本原理考察和分析中国社会道德生活的具体实际，从中提升出具有时代性和根本性的伦理道德问题，并通过对这些问题的创造性回答，既指导中国社会的道德生活实践，又推进马克思主义伦理思想的发展。从上述内涵及其在不同历史时期的实际展开来看，马克思主义伦理思想中国化有理论和实践两个不同的层面。其中，理论层面的马克思主义伦理思想中国化就是运用马克思主义伦理思想研究中国的伦理文化和社会道德生活现实，创造并不断发展具有鲜明时代特色的中国化的马克思主义伦理思想；实践层面的马克思主义伦理思想中国化则是运用马克思主义伦理思想基本原理考察和解决不同时期中国社会道德生活发展所面临的实际问题，探索和确立中国特色的无产阶级革命道德和社会主义建设道德的发展路径并使之既符合中国社会发展进步的要求又符合人类伦理文明发展的趋势。马克思主义伦理思想中国化，既是马克思主义伦理思想的基本原理与中国革命、建设和改革的具体道德生活实践相结合的产物，又是指导这种结合和实践的过程及其伦理思想的创造性活动，体现着中国马克思主义者对马克思主义伦理思想的实践性运用和创造性发展。这种实践性运用和创造性发展，不特在马克思主义伦理思想发展史上具有独特的地位和贡献，而且在中国伦理思想发展史上亦具有划时代的意义和贡献。①

　　马克思主义伦理思想中国化既不是马克思主义伦理思想在中国的简单移植，也不是中国传统伦理思想在马克思主义新框架中的修正延续，它在根本性质上是马克思主义的，在表达方式和精神风格上却是中国的，具有中国作风和中国气派。因此，它既非原封不动的马克思主义伦理思想，也不是背离马克思主义伦理思想实质的非马克思主义伦理思想，它是马克思主义伦理思想在中国的实践性运用和创造性发展。马克思主义伦理思想中国化是马克思主义中国化在伦理思想和精神文明建设中的集中表现，代表了先进的中国共产党人对精神文明建设和思想道德建设的深刻思索和不懈创造。它要求从中国的特殊道德国情和具体道德生活实际出发，运用马克思主义伦理思想的基本原理和立场、观点、方法，总结中国革命、建设和改革的具体道德生活实践所形成的独创性经验，同时借鉴吸收中国传统伦理文化的精华，提炼出符合中国道德生活实际的马克思主义伦理思想命题、范畴和观点，并使之成为理论。马克思主义伦理思想中国化，就是马克思主义伦理思想在中国的具体化、民族化和时代化，它的实质是中国共产党人对马克思主义伦理思想的实际应用和在实际应用中的理论创新。

　　从马克思主义伦理思想中国化的实质来看，马克思主义伦理思想基本原理同中国具体的道德生活实际相结合是双向的、互动的。一方面，马克思主义伦理思想基本原理被运用于中国共产党领导中国革命、建设和改革的道德生活实践，用来解决中国的实际道德问题；另一方面，中国共产党人将中国革命、建设和改革的道德生活实践经验上升为伦理理论，丰富和发展了马克思主义伦理思想。中国共产党人既注重从实际的道德生活状况出发，灵活地运用马克思主义伦理思想基本原理；又善于总结道德生活经验，不断将其上升为伦理理论，使之马克思主义伦理思想化。这是中国化马克思主义伦理思想得以创立的重要原因。马克思主义伦理思想在同中国实际的道德生活相结合的过程中，使自己逐步"中国化"，成为中国化的马克思主义伦理思想。

---

① 　王泽应：《论中国马克思主义伦理思想的本质特征》，《当代世界与社会主义》2009 年第4 期。

　　从马克思主义伦理思想中国化的内涵来看，马克思主义伦理思想中国化不但要"民族化"，而且要"当代化"。马克思主义伦理思想中国化是具体的、历史的，其内涵是不断发展的。在革命战争年代，讲马克思主义伦理思想中国化，着重讲民族化、地域性，没有特别地提出时代化问题，这是因为当时战争与革命的主题没有改变。但在第二次世界大战后，世界的政治、经济、科技、文化、军事等都发生了深刻而巨大的变化，只强调"民族化"已经不够了，还需要与时俱进，强调"当代化"。邓小平伦理思想实现了马克思主义伦理思想同当代中国具体的道德生活实践和时代特征的成功结合，"三个代表"伦理思想和科学发展伦理思想又在新的实践基础上推进了邓小平伦理思想的新发展，促进了马克思主义伦理思想中国化最新成果的形成。它们作为马克思主义伦理思想中国化理论的最新成果，都是马克思主义伦理思想同当代中国具体道德生活实践和时代特征相结合的产物，包括了"民族化"和"当代化"两个方面的内涵。

　　从马克思主义伦理思想中国化的具体要求来看，既要真正掌握和运用马克思主义伦理思想的立场、观点和方法，又要正确认识和联系当代中国与世界道德生活发展的实际。坚持马克思主义伦理思想中国化的理念，并不等于在任何历史时期都能够真正掌握和运用马克思主义伦理思想的立场、观点和方法，也不等于能够正确认识和联系当代中国与世界发展的道德生活实际。我们党在革命和建设中遭遇过的曲折，既与一些重大决策严重脱离当时中国的实际情况和不完全了解世界发展的局势有关，也与对马克思主义伦理思想的某些误解或教条化理解有关。改革开放 30 多年来，我们党坚持运用马克思主义伦理思想的立场、观点和方法，正确地认识和联系当代中国与世界发展的道德生活实际，不断取得马克思主义伦理思想中国化的新的理论成果。在今后建设中国特色社会主义的历史进程中，中国共产党仍将坚持马克思主义伦理思想中国化的道路，反映时代精神和实践要求的马克思主义伦理思想中国化理论也将不断向前发展。

　　马克思主义伦理思想中国化的实质，是用马克思主义伦理思想基本原理分析和解决中国面临的实际伦理道德问题，并在这个过程中清理、改造、吸收中国传统伦理文化中具有现代价值的因素，从而使马克思主义具有"中国特性""中国作风与中国气派"。马克思主义伦理思想中国化的理论品格表现在始终坚持解放思想、实事求是和与时俱进的认识路线，坚

持立足本国、面向世界和面向未来的伦理建设思路，坚持以人为本、关注
民生和求真务实及和谐发展的伦理价值取向，不断赋予中国马克思主义伦
理思想鲜明的实践特色、民族特色和时代特色。

三　研究马克思主义伦理思想中国化及其成果的重大意义

推动和促进马克思主义伦理思想的发展，需要总结马克思主义伦理思
想中国化理论成果，并从中吸取理论营养。马克思主义伦理思想中国化最
新成果是当代伦理学理论创新和突破的集中体现，彰显着中国马克思主义
者在改革开放和发展社会主义市场经济条件下对伦理道德的认识智慧，其
中涉及对人类伦理文明发展规律和社会主义伦理文明发展规律的深刻认
识，对社会主义道德核心、原则、规范、范畴等的科学概括和论述，对社
会主义公民道德建设包括家庭美德、职业道德、社会公德、个人品德建设
的科学概括和论述，对社会主义"四有新人"及其培育等的阐释与论述，
而这些既反映着伦理学理论认识的深化和拓展，也必然成为伦理学基础理
论研究的标志性成果。伦理学基础理论要在体系、理论、观点和视角上实
现新的突破，必须而且应当认真研究马克思主义伦理思想中国化最新成
果，并以马克思主义伦理思想中国化最新成果为旗帜，引领、涵摄和统贯
其他方面的研究。只有这样，才能真正促成伦理学基础理论开辟新领域，
产生新成果，进入新境界，实现伦理学的发展和繁荣。

开拓马克思主义伦理学研究的新局面，需要也离不开对马克思主义伦
理思想中国化的研究。我们的时代是一个呼唤马克思主义伦理思想大发展
大繁荣的时代。马克思主义伦理思想的大发展大繁荣，必须而且应当认真
研究马克思主义伦理思想中国化及其最新成果，并以最新成果为指导，去
研究新问题，促进马克思主义伦理思想大发展大繁荣。马克思主义伦理思
想中国化取得的两大杰出理论成果，是我们党和人民最可宝贵的伦理精神
财富，是全党全国人民团结奋斗、不断进取、开拓创新的共同思想基础，
是扎根于当代火热道德生活的集真理与价值于一体的伦理智慧，代表着当
代中国马克思主义伦理思想发展的最高水平。我们要始终坚持用马克思主
义伦理思想中国化理论成果指导公民道德建设，武装人民的精神和头脑，
才能够真正打牢马克思主义伦理思想在精神文化领域的主体主导以及主流
的地位，推动马克思主义伦理思想的大发展大繁荣。

　　研究马克思主义伦理思想中国化发生发展的历史进程，是马克思主义伦理思想不断创新的迫切需要，也是建设社会主义先进伦理文化、推动人类伦理文化不断向前发展的必然要求。我们现在正处在一个马克思主义伦理思想不断开拓、创新和谱写伟大史诗的时代，马克思主义伦理思想中国化的研究必定会给我们提供许多伦理文化建设和伦理思想创新的智慧和营养，必定会更好地教会我们把坚持马克思主义伦理思想基本原理同推进马克思主义伦理思想中国化有机地结合起来，赋予当代中国马克思主义伦理思想以鲜明的时代特色和民族特色，为社会主义伦理文明建设提供思想指导和价值引领，为中华民族伟大复兴提供道义支撑和精神支持。

第一章　马克思主义伦理思想概说

马克思主义伦理思想的创立是人类伦理思想史上伟大的革命变革，具有十分深远的理论意义和现实意义。创立马克思主义思想体系的马克思、恩格斯同样有自己的伦理思想，马克思、恩格斯在领导无产阶级反对资产阶级的斗争、创立科学理论的过程中，深刻地揭露和批判了资产阶级伦理思想，阐述了共产主义道德的基本原则和规范，并对其道德品质作了全面的总结，形成了自己的伦理思想。19 世纪后半叶，马克思主义伦理思想传入俄国，普列汉诺夫、列宁、斯大林等俄国马克思主义者结合俄国革命的道德生活实际，对马克思主义伦理思想作出了创造性的阐释，不仅形成了列宁主义伦理思想，而且还开拓了俄国马克思主义伦理思想发展的新局面。马克思列宁主义的伦理思想，总体上可以视为马克思主义经典作家的伦理思想。在传播马克思列宁主义伦理思想的过程中，马克思、恩格斯、列宁、斯大林的一些学生和战友也作出了自己的贡献。

第一节　马克思主义伦理思想的形成和发展

19 世纪 40 年代形成的马克思主义伦理思想，是时代和西方伦理文化发展合乎规律的产物，诚如毛泽东所说，"由于欧洲许多国家的社会经济情况进到了资本主义高度发展的阶段，生产力、阶级斗争和科学均发展到了历史上未有过的水平，工业无产阶级成为历史发展的最伟大的动力"[1]，因而产生了马克思主义伦理思想。马克思主义伦理思想形成之后，经过 1848 年欧洲革命和 1871 年巴黎工人起义之后，得到了进一步的深化和发展。

---

[1]　毛泽东：《矛盾论》，《毛泽东选集》第 1 卷，人民出版社 1991 年版，第 300 页。

一　马克思主义伦理思想产生的历史条件和理论来源

马克思主义伦理思想的创立并不是它的创始人主观想象的产物，而是社会生产力和生产关系以及经济基础和上层建筑矛盾作用的产物，有它深刻的物质基础和阶级根源。

从物质基础上讲，马克思主义伦理思想是建立在机器大工业的基础之上，同发达的社会生产力紧密联系在一起的。18世纪中期，英国首先发生了产业革命。随着蒸汽机的大量应用和机器制造业的出现，产业革命迅速扩展到各个国家和部门，极大地改变了整个工业生产的面貌，社会生产力大幅度提高，社会财富成倍增长。随着生产规模的扩大和社会分工的发展，在欧洲诸国形成了统一的国内市场并使国内市场和国际市场连成一片。资本主义大工业"首次开创了世界历史"。世界市场的建立和国际交往的扩大，打破了民族的局限性和狭隘眼界。物质生活是如此，社会的精神生活和道德生活也是如此。这就使人们有可能通过对不同国家、不同民族的道德生活的比较研究，揭示人类道德生活发展的基本规律。

从阶级根源上讲，马克思主义伦理思想是建立在无产阶级反对资产阶级的阶级斗争的基础之上的，是代表无产阶级的根本利益和愿望的。资本主义大工业，不仅创造了一个大工业资本家阶级，而且也创造了一个与大工业相联系的无产阶级。在社会化大生产条件下从事劳动的无产阶级，逐渐地养成了一定的组织性、纪律性、协作和革新的精神。尤其是由于他们在资本主义生产体系中不占有任何生产资料，除了出卖自己的劳动力以外便一无所有，他们深受资本家的剥削和压迫，生活状况十分贫困，为了改善自己的生活状况，他们势必起来反抗资本家残酷的剥削和压迫。19世纪30—40年代，英、法等国在同封建势力的斗争中取得了决定性的胜利，资产阶级和无产阶级的矛盾上升为主要矛盾，无产阶级通过与资产阶级斗争的长期实践，觉悟水平和组织程度不断得到提高，日益发展成为一支重要的政治力量和一个独立的阶级。1830年和1834年法国里昂工人先后爆发了两次大规模的起义，1838年英国工人阶级爆发了长达10年之久的"宪章运动"，1844年德国西里西亚纺织工人爆发了声势浩大的起义和示威游行，上述三大工人运动不仅开展大规模的群众性的斗争，提出自己独立的政治要求，而且建立了第一个独立的工人政党，发出消灭私有制的呼声，表明无产阶级不只是一个深受苦难、生活贫困的阶级，而且是一个同先进生产力相联系、代表历史发展方向和人类未来的先进阶级，是一个能够带领和团结广大人民群众争取自身解放和全人类解放的革命阶级。无产阶级在进行反对资产阶级斗争的过程形成了许多优秀的品质需要总结，同时无产阶级要赢得反对资产阶级斗争的胜利迫切需要科学理论包括科学伦理思想的指导。马克思主义伦理思想正是适应这种需要而创立的无产阶级道德的科学形态。

此外，马克思主义伦理思想的创立也是以 19 世纪人类科学技术的重大发展为基础的。19 世纪人类所发现的能量守恒和转化定律、细胞学说和达尔文的生物进化论，不仅深刻地揭示了自然界的物质统一性及其过程的辩证性质，而且有可能使人们根据自然科学本身所提供的事实去说明自然界的主要过程，进而对认识社会的道德生活产生重要影响。马克思曾经指出：自然科学"通过工业日益在实践上进入人的生活，改造人的生活，并为人的解放作准备"①。工业是自然科学同人之间的现实的历史的联系。

马克思主义伦理思想同整个马克思主义一样，它既不是工人运动自发的产物，也不是马克思、恩格斯主观臆想出来的东西，而是马克思主义的创始人根据工人阶级的利益和社会发展的需要，批判地改造了人类伦理思想史上一切有价值的成果而建立起来的崭新的伦理思想体系。马克思主义理论直接来源于德国古典哲学、英国的古典政治经济学和法国的空想社会主义学说。同理，马克思主义伦理思想也是对德国古典哲学、英国的古典政治经济学和法国的空想社会主义学说进行批判改造的结果。英国古典政治经济学不仅是马克思主义政治经济学的直接理论来源，而且对马克思主义伦理思想的形成和发展也有相当的影响。它对劳动和利己心的描述，以及对资本主义社会阶级结构和利益关系状况的揭示，使马克思主义更加清醒地意识到利益在道德生活中的决定和支配作用。法国空想社会主义深刻揭露了资本主义私有制的罪恶，并对未来理想社会道德生活的情境作出了预测和描画，把人人相互关心和友爱视为新道德的核心，给马克思主义伦理思想以深刻的影响和启发。

---

① 马克思：《1844 年经济学哲学手稿》，《马克思恩格斯全集》第二版第 3 卷，人民出版社 2002 年版，第 307 页。

　　马克思主义伦理思想的直接理论来源为法国唯物主义和德国古典哲学。法国唯物主义的著名代表爱尔维修、霍尔巴赫从肯定个人利益的正当性出发，创立了合理利己主义的理论，并提出了"人是环境和教育的产物"的命题和观点。马克思主义认为，法国唯物主义的某些伦理思想与社会主义、共产主义的道德理论有着一种最为密切的关系。"既然正确理解的利益是整个道德的基础，那就必须使个别人的私人利益合乎全人类的利益"，"既然人的性格是由环境造成的，那就必须使环境成为合乎人性的环境。"① 德国古典哲学的代表人物康德、费希特、谢林、黑格尔、费尔巴哈专门探讨了人的本质和人的道德问题，伦理思想成为他们思想体系中最重要的内容。"德国哲学是从意识开始，因此就不得不以道德哲学告终，于是各色英雄好汉都在道德哲学中为了真正的道德而各显神通。"② 康德提出了"人是目的而不是手段"和"意志自律"的带有强烈义务论色彩的主体性伦理思想；费希特建立以人的道德使命为核心的自我实现的主体道德理论；黑格尔从意志自由的发展角度区分了伦理与道德，将抽象法视为客观的法，把道德视为主观的法，将伦理视为主观与客观的统一，认为道德是一种关系，是在如何处理普遍的法与特殊利益、个人利益与他人利益、普遍利益的关系中产生和发展的，是个人对普遍法的自觉认识，道德是自由意志通过内在良心的自觉向善来实现的，伦理实现了客观法与主观法、内在与外在的有机结合，国家是伦理观念的现实，个人只有成为国家成员才具有客观性、真理性和伦理性，从而获得真正的自由，建立了一个以自由意志为主线的、充满辩证色彩的自我实现论的伦理思想体系。费尔巴哈颠倒了黑格尔的伦理思想体系，将道德生活的视角从天国拉向人间，建立了一个以人的感觉性为出发点、以个人幸福为核心同时主张对人以爱的合理利己主义的伦理思想体系。马克思、恩格斯分别批判了他们伦理思想的错误，吸收其有价值的成分，创立了马克思主义伦理思想。

　　需要指出，马克思主义伦理思想在创立和形成过程中，不仅是对马克

---

　　① 马克思、恩格斯：《神圣家族》，《马克思恩格斯全集》第 2 卷，人民出版社 1957 年版，第 167 页。

　　② 马克思、恩格斯：《德意志意识形态》，《马克思恩格斯全集》第 3 卷，人民出版社 1960 年版，第 424 页。

思主义之前的伦理思想遗产进行革命的改造和批判的继承，而且也是和同时代的资产阶级、小资产阶级的思想家的道德理论及其在工人运动反映出来的错误观点进行斗争的产物。马克思、恩格斯在批判布鲁诺·鲍威尔、施密特、海因茨、魏特林、克利盖、杜林等人超阶级的永恒道德论的同时，阐明了道德与经济基础的关系，并对道德的阶级性和历史性、道德的功能和社会作用等一系列理论问题作出了科学的回答。

二 马克思主义伦理思想的形成

马克思（1818—1883）、恩格斯（1820—1895）并不是天生的科学伦理思想的创立者，他们成为马克思主义伦理思想的创始人，曾经历了一个从唯心主义到唯物主义、从革命民主主义到共产主义的转变过程。

马克思 1818 年 5 月 5 日出生于普鲁士莱茵省特利尔城的一个律师家庭，12 岁时进入特利尔中学读书。1835 年中学毕业，在中学毕业论文《青年在选择职业时的考虑》中，马克思表达了为全人类献身的崇高志向，指出："如果我们选择了最能为人类而工作的职业，那么，重担就不能把我们压倒，因为这是为大家作出的牺牲；那时我们所享受的就不是可怜的、有限的、自私的乐趣，我们的幸福将属于千百万人，我们的事业将悄然无声地存在下去，但是它会永远发挥作用。而面对我们的骨灰，高尚的人们将洒下热泪。"[①] 中学毕业后，马克思进入波恩大学学习，一年后转入柏林大学，从康德、费希特伦理思想转向对"应有"和"现有"作辩证理解的黑格尔主义，从头到尾阅读了黑格尔的著作，并结识了青年黑格尔派的布鲁诺·鲍威尔等人，参加了他们"博士俱乐部"的活动。1839—1840 年，马克思致力于研究古希腊德谟克利特和伊壁鸠鲁的自然哲学思想，并于 1841 年写出了《德谟克利特的自然哲学和伊壁鸠鲁的自然哲学的差别》的博士论文。在该文中，马克思强调通过改造环境来实现人的自由，并借普罗米修斯之口表达了反对宗教神学的坚决态度，"普罗米修斯的自白：总而言之，我痛恨所有的神。这是哲学自己的自白，是哲学自己的格言，表示它反对不承认人的自我意识是最高神性的一切天上

---

① 马克思：《青年在选择职业时的考虑》，《马克思恩格斯全集》第二版第 1 卷，人民出版社 1995 年版，第 459—460 页。

的和地上的神。不应该有任何神同人的自我意识相并列。"① 参加青年黑格尔派活动时期的马克思，以自我意识哲学为武器，勇敢地批判宗教神学，宣扬信仰自由和出版自由，并试图从黑格尔辩证法思想中引出变革封建政治制度的结论，被人认为是给"中世纪的宗教和政治以致命的打击"②。荣克称赞马克思是一个奋不顾身的革命者，是他所知道的最聪慧的思想家之一。

恩格斯 1820 年 11 月 28 日出生于普鲁士莱茵省的巴门，父亲是位纺织厂主，母亲出身于知识分子家庭。在上中学期间，恩格斯目睹了封建制度、宗教势力和资本主义制度对劳苦大众在肉体上和精神上的摧残，激发了他对反动势力和剥削制度的痛恨和对劳动人民的同情。1837 年中学尚未毕业，就被父亲逼迫去营业所当办事员。1838—1841 年到布莱梅一家巨大的贸易公司实习经商。他厌恶忙忙碌碌的生意经，把全部业余时间用来学习和研究历史、文学、哲学和音乐等。在布莱梅时期，他深为激进民主主义者伯尔尼、海涅和进步文学团体"青年德意志"的论著所吸引，高度评价伯尔尼和海涅的思想和主张，称赞"青年德意志"派提出的人民参加国家管理、取消一切宗教强制等主张是合乎时代潮流的"时代观念"。1839 年 3 月，恩格斯在《德意志电讯报》（青年德意志派的刊物）上发表了《乌培河谷的来信》一文，痛斥宗教虔诚主义和残酷剥削工人的工厂制度，指出宗教虔诚主义是工厂制度的精神支柱，工厂劳动摧残了工人的肉体，造成无产阶级的普遍贫困，宗教虔诚主义扼杀无产阶级的精神，成为工厂主的护身符。在布莱梅期间，恩格斯开始深入研究黑格尔的著作，成为一个黑格尔主义者。1839 年 11 月 20 日，他在致威廉·格雷培的信中写道："我正处于要成为黑格尔主义者的时刻……施特劳斯帮助了我了解黑格尔的思想，因而这对我来说是完全可信的。何况他的历史哲学本来就写出了我的心里话。"③ 1841 年 9 月—1842 年 10 月，恩格斯到

---

① 马克思：《德谟克利特的自然哲学和伊壁鸠鲁的自然哲学的差别》，《马克思恩格斯全集》第二版第 1 卷，人民出版社 1995 年版，第 12 页。

② 转引自科尔纽：《马克思恩格斯传》第 1 卷，生活·读书·新知三联书店 1980 年版，第 289 页。

③ 恩格斯：《致威廉·格雷培》，《马克思恩格斯全集》第 41 卷，人民出版社 1982 年版，第 540 页。

柏林服兵役，被编在炮兵旅。公余期间，他常到柏林大学旁听哲学，并和"博士俱乐部"的鲍威尔兄弟、科本等人建立了联系，参加青年黑格尔派的活动。在此期间，他发表了《谢林论黑格尔》一文，出版了《谢林和启示》《谢林——基督哲学家》两本书。在这些书和文章中，恩格斯把黑格尔哲学比作蕴藏丰富珍宝的迷宫，认为只要从黑格尔哲学独立和自由思考的原则出发就能得出强有力的、有如急流般的结论。1842 年 10 月，恩格斯服兵役期满，受父命去英国曼彻斯特经商，途中访问了科伦的《莱茵报》编辑部，与马克思初次见面。

1842—1843 年马克思在《莱茵报》工作的实践，使他接触了大量的社会现实问题，尤其是物质利益在社会生活中的作用问题。《莱茵报》的被查封，促使马克思对原有哲学信仰予以深刻反思。1843 年费尔巴哈出版的《关于哲学改造的临时纲要》和《未来哲学原理》，把被黑格尔颠倒了的思维与存在、主体和客体的关系重新颠倒过来，给马克思以深刻的影响。正是对《莱茵报》时期现实斗争的深刻反思和费尔巴哈哲学的影响，导致马克思开始向唯物主义转变，并第一次批判了黑格尔的思辨唯心主义，撰写了《黑格尔法哲学批判》。在《黑格尔法哲学批判》中，马克思批判了黑格尔在国家和市民社会关系问题上的错误观点，论证了市民社会决定国家的思想，从而开辟了通向历史唯物主义的道路。为了创办《德法年鉴》，马克思于 1843 年 9 月离开德国前往法国首都巴黎。《德法年鉴》创办后，马克思先后发表了《论犹太人问题》和《黑格尔法哲学批判导言》等文章，批判了鲍威尔等人把犹太人和其他人的解放归结为纯宗教问题的错误观点，认为不应该把世俗问题化为神学问题，而应该把神学问题化为世俗问题，指出："人并不是抽象的蛰居于世界之外的存在物。人就是人的世界，就是国家、社会。"① 产生社会压迫的根源不在宗教中，而是在现实的社会关系中。马克思还论述了政治解放和人类解放的关系，认为政治解放是市民社会中资产阶级的解放，它要求废除国教、承认信仰自由等，但以保护私有制为核心，因此是一种不触动社会经济基础的革命，人类解放则要触动社会大厦的基础本身，把废除私有制作为人类

---

① 马克思:《黑格尔法哲学批判导言》,《马克思恩格斯选集》第 1 卷, 人民出版社 1995 年版, 第 1 页。

解放的重要内容。在上述两篇文章中，马克思论证了无产阶级的历史使命和历史地位，认为无产阶级是随着封建社会的解体和近代大工业的发展而产生和发展起来的，无产阶级的阶级地位决定了它只有解放全人类才能最后解放自己。因为"它表明人的完全丧失，并因而只有通过人的完全回复才能回复自己本身。"①《论犹太人问题》和《黑格尔法哲学批判导言》标志着马克思已经实现了向唯物主义和共产主义的转变。

与此同时，恩格斯在英国通过对英国社会现实的观察和研究特别是深入了解工人的生活，参加工人运动，也推动了世界观和人生观向唯物主义和共产主义的转变。在英国，物质利益在社会生活中的地位相对德国来说表现得更加突出和明显。恩格斯看到，当时三个主要政党之间的斗争实质上是三种利益关系的斗争，托利党是土地贵族党，代表地主阶级的利益；辉格党是金钱贵族党，代表资产阶级的利益；宪章派是激进民主主义党，代表工人阶级的利益。物质利益的冲突是阶级对立和党派斗争的基础，因而也是全部政治历史的基础。1843 年 10 月，恩格斯撰写了《大陆上社会改革的进展》一文，第一次表述了自己对共产主义的坚定信念，指出："共产主义不是英国或任何其他国家的特殊状况造成的结果，而是从现代文明社会的一般实际情况所具有的前提中不可避免地得出的必然结论。""欧洲三个文明大国，英国、法国和德国，都得出了这样的结论：在财产共有的基础上进行社会制度的彻底革命，现在已经成为一种急不可待和不可避免的必然。"② 发表在《德法年鉴》上的《国民经济学批判大纲》一文，从社会主义立场出发，批判了英国古典政治经济学，指出它虽然探讨了私有制的各种规律，与重商主义比起来有相当的进步，但亚当·斯密和大卫·李嘉图等人预先假定私有制是合理的和合乎人性的，因而使得这种经济学成为"伪善、前后不一贯和不道德的。这种伪善、前后不一贯和不道德目前在一切领域中与自由的人性处于对立的地位"③ 恩格斯深入分

---

① 马克思：《黑格尔法哲学批判导言》，《马克思恩格斯选集》第 1 卷，人民出版社 1995 年版，第 15 页。

② 恩格斯：《大陆上社会改革的进展》，《马克思恩格斯全集》第二版第 3 卷，人民出版社 2002 年版，第 474 页。

③ 恩格斯：《国民经济学批判大纲》，《马克思恩格斯全集》第二版第 3 卷，人民出版社 2002 年版，第 444 页。

析了资本主义社会的经济矛盾，指出垄断、竞争、生产的无政府状态、劳动人民的日益贫困和整个社会的道德堕落等现象都是资本主义私有制导致的必然结果。要解决资本主义社会的经济危机和道德堕落现象，必须来一次深刻的社会革命，用消灭私有制的革命手段来结束人类道德堕落的现象。《政治经济学批判大纲》标志着恩格斯已经实现了向唯物主义和共产主义的转变。在《英国状况——评托马斯·卡莱尔的过去和现在》一文中，恩格斯批判了卡莱尔的英雄崇拜、劳动崇拜等思想，认为只有克服一切宗教观念，坚决地、诚心地回到自己本身，"把人因宗教而失去的内容归还给人"，才能重新获得自己的人性和本质。"为了认识人类本质的美好，了解人类在历史上的发展，……认识到人和大自然的统一，自由地独立地创造以纯人类道德生活关系为基础的新世界，——为了了解这一切的伟大，我们没有必要首先召来什么'神'的抽象概念，把一切美好的、伟大的、崇高的、真正人性的事物归在它的名下。为了确信人的事物的伟大和美好，我们没有必要采取这种迂回的办法，没有必要给真正人性的事物打上'神性的'烙印。"因此，人只需认识他自身，使自己成为衡量一切生活关系的尺度，"按照自己的本质去评价这些关系，根据人的本性的要求，真正依照人的方式来安排世界。"① 解决社会的腐败与道德堕落问题，不仅应当彻底地否定宗教，更应该改造社会和人自身。针对卡莱尔的英雄史观，恩格斯作了深刻的批判，强调无产阶级的伟大历史作用。他说：在英国，一切有教养的阶级都已日暮途穷，这些有教养的阶级对一切进步都置若罔闻。"只有大陆上的人们所不熟悉的那一部分英国人，只有工人、英国的贱民、穷人，才是真正值得尊敬的人，尽管他们粗野，尽管他们道德堕落。拯救英国要靠他们。"② 表达了对英国无产阶级的无比崇敬，说明恩格斯在立场和人生观上已发生了根本的转变。1845 年 5 月发表的《英国工人阶级状况》一书，第一次从经济上论述了工人阶级的历史地位、生活状况和道德面貌以及社会主义革命的必然性。在该书中，恩格斯通过实地考察和社会调查，用大量的事实揭露了资本主义制度是造成

---

① 恩格斯：《英国状况——评托马斯·卡莱尔的过去和现在》，《马克思恩格斯全集》第二版第 3 卷，人民出版社 2002 年版，第 521 页。

② 同上书，第 497 页。

工人阶级道德堕落的根源，满怀义愤地控诉英国资产阶级对工人犯下的种种罪行。恩格斯肯定并赞扬了逐渐形成的英国工人阶级的团结互助、勤劳诚实、大公无私、富于反抗的斗争精神等高尚道德品质，认为这是人类道德的希望。在该文中，恩格斯提出了"个人利益和全人类利益相一致"的道德理想和原则，认为只有工人阶级才有这种道德理想和原则，建立社会主义只有依靠在过去成长起来的、通过斗争成熟起来的工人阶级才有可能。号召工人阶级为自己的最终解放而斗争。

《1844年经济学哲学手稿》和《神圣家族》两部著作的写作，使马克思的世界观和人生观有了明显的转变。《1844年经济学哲学手稿》（以下简称《手稿》）是马克思未完成的一部独立著作的手稿汇编，（1932年在阿多拉茨基主编的《马克思恩格斯全集》德文版第3卷全文发表）。《手稿》较系统地阐述了马克思主义的三个组成部分，深刻论述了伦理学的一系列重大理论问题，指出私有制使劳动和人的本质发生异化，异化劳动使资本主义私有制造成人的异化达到顶点，主张扬弃异化劳动，即吸收资本主义大工业和自然科学为人的解放所提供的物质准备，通过无产阶级的政治革命，实行工人阶级一个阶级先解放的战略途径来实现人的本质和人的解放。共产主义是人的异化的克服和人的本质的真正实现。在《手稿》中，马克思开始注意用物质生产的规律来说明社会道德的根源和实质，指出私有制下的生产运动是以异化形式进行的。与此相关，道德也以异化的形式出现，即道德不是主体人的道德，而是以物为标准的道德。共产主义将克服道德的异化，使道德成为真正人的道德。《手稿》初步阐发了马克思新世界观的基本特征，为马克思主义及其伦理思想的形成奠定了基础，但仍残留有青年黑格尔派哲学和费尔巴哈人本主义伦理思想的痕迹。《神圣家族，或对批判的批判所作的批判。驳布鲁诺·鲍威尔及其伙伴》是马克思与恩格斯合作的第一部著作。在该著中，马克思、恩格斯批判了以布鲁诺·鲍威尔为代表的青年黑格尔派的哲学伦理思想，用接近完整科学的历史唯物主义原理阐释了一系列重大的伦理道德问题，第一次深刻地论述了个人利益与整体利益、阶级利益与全人类利益的辩证关系，指出利益决定思想，群众的实际利益决定思想的实际进程。工人的道德品质离不开工人争取实际利益的运动，是工人的实际利益决定工人的思想感情和伦理道德，初步表述了工人阶级的实际利益决定其道德观念的思想。

在该著中，马克思、恩格斯深刻评价了爱尔维修、曼德威尔、边沁等功利主义伦理学家的思想，揭示了道德的阶级性问题。通过对法国作家欧仁·苏的名著《巴黎的秘密》的分析，揭露了资本主义社会关系所表现出来的"自由的人性""人的欲望""爱情""妇女的解放"等道德关系的社会本质，明确指出资本主义私有制在其自身的经济运动中把自身推向灭亡，但这种灭亡不是自发进行的，而是通过意识到自己的非人性并要消灭这种非人性的无产阶级，才能使私有制灭亡。无产阶级要解放自己，必须消灭现代社会的一切违反人性的生活条件。该著把无产阶级的道德问题与无产阶级的历史使命联系起来，全面发展了《1844年经济学哲学手稿》中的哲学伦理思想，已经开始用历史唯物主义的基本观点分析伦理道德问题，是马克思主义伦理思想形成阶段的一部重要著作。

　　《德意志意识形态，对费尔巴哈，布·鲍威尔和施蒂纳所代表的现代德国哲学以及各种各样先知所代表的德国社会主义的批判》是马克思、恩格斯合著的一部十分重要的著作，标志着唯物史观的正式确立和马克思主义伦理思想的正式形成。在该著中，马克思、恩格斯通过对费尔巴哈唯物主义的批判，以及对鲍威尔、施蒂纳为代表的青年黑格尔派历史唯心主义的批判，全面系统地阐述了唯物主义的历史观，为马克思主义伦理学解释人类道德现象和揭示社会道德关系的本质提供了理论前提。马克思、恩格斯指出，人性是以社会关系为其现实基础的，人的物质生产及其条件才是最根本的人性的决定因素，必须把人放在生产活动以及生产活动的条件中去考察，才能科学地解决人是什么和人的本质问题。生产力和生产关系是历史发展着的，因而人性、道德也是历史地变化着的。未来共产主义社会个人将作为真正的个人参加生产和交往活动，联合起来的个人支配生产和交换条件，个人的智力和体力都得到自由而全面的发展，是人性得以真正的实现。在该著中，马克思、恩格斯阐述了道德作为社会意识形态是由社会存在所决定的思想，只有从经济基础出发才能科学地说明道德的本质及其变化，第一次科学地说明了个人利益与整体利益的辩证关系，把人的个性和人的全面发展看作是社会和个人彻底从私有制的压抑中真正解放出来的必要条件，深刻阐述了社会解放和个性发展的关系，论述了集体主义的道德原则和基本内容。唯物史观的创立为马克思主义伦理学的创立奠定了科学的理论基础，它第一次明确地、科学地说明了人类道德产生、发展和消亡的规律，使马克思主义伦理思想真正成为一门科学，实现了人类伦理思想的伟大革命变革。

1846 年，马克思写了《道德化的批判和批判化的道德》一文，批判了德国小资产阶级思想家卡尔·海因岑的唯心主义人性论和道德观及对共产主义道德的反动立场，认为超阶级的抽象人性是没有的，不能把历史运动看成是人的感情的运动，道德上的正义之类词句改变不了资本主义经济规律所造成的必然的巨大的贫富差别，因此不能把社会的政治问题、经济问题归结为道德问题，道德是社会生活的产物，是受社会存在和社会的经济关系、政治关系所制约的，进一步论证了道德是由社会经济关系所决定的唯物主义思想。1847 年马克思写了《哲学的贫困》一文，着重批判了蒲鲁东的唯心主义人性论和把一切社会经济关系归结为道德善恶关系的小资产阶级的伦理思想，指出现实的人性和道德是社会生活的产物，是由社会的经济关系所决定的，蒲鲁东歪曲、背叛了黑格尔的辩证法，把现实生活中的一切矛盾归结为道德上的善恶，这是典型的小资产阶级的道德观。他不懂得，在资本主义条件下，所谓"善"与"恶"、"富足"和"贫穷"是对立统一的关系，财富是由贫穷创造的，富足是由不足产生的；反过来说，资本主义形态下的富足必然产生贫困，两者是不可分割地联系在一起的。企图在资本主义制度下消除"恶"、消除"贫穷"是根本不可能的。唯一的办法是进行社会革命，推翻资本主义制度。

马克思、恩格斯于 1847 年 12 月至 1848 年 1 月合写并于 1848 年 2 月以单行本在伦敦出版的《共产党宣言》（以下简称《宣言》），是科学共产主义的第一个纲领性文件。《宣言》在伦理思想方面，以唯物史观为理论依据，论证了马克思主义的伦理道德观，进一步批判了反动的社会主义、资产阶级的社会主义和空想社会主义的道德观，将伦理道德观与阶级斗争学说，与无产阶级的历史使命结合起来，分析了无产阶级的道德观念和品质，认为无产阶级具有团结战斗、大公无私的高尚品德，具有为全人类谋幸福、求解放的崇高胸怀，敢于为绝大多数人的利益和全人类的解放事业而斗争。指出，共产党人与整个无产阶级的利益相一致，维护无产阶级的整体利益、共同利益和长远利益，既是共产党人的政治原则，又是一项基本道德原则；共产主义不仅不消灭个性、个人的独立性和自由，反而使之更加全面发展。《宣言》提出："代替那存在着阶级和阶级对立的资产阶级旧社会的，将是这样一个联合体，在那里，每个人的自由发展是一切人的自由发展的条件。"①《共产党宣言》完整系统而严密地阐述了马克思主义伦理思想的基本理论，对马克思主义伦理思想的传播和无产阶级伦理道德观的形成和发展有着深远的影响。

　　马克思主义伦理思想的形成是一个过程。在这一过程中，马克思、恩格斯经历了从革命民主主义到共产主义、从唯心主义到唯物主义的转变，经历了从不成熟到逐步成熟的新世界观人生观和道德观体系的探索。马克思、恩格斯站在时代道德生活的最前列，通过深入批判各种资产阶级和小资产阶级的伦理道德观，全面总结了无产阶级的道德观念和品质，科学揭示了人类道德生活发展的规律，并对共产主义道德的特征和基本内容作了系统的概括，创立了马克思主义伦理思想。马克思主义伦理思想的创立是人类伦理思想史上最伟大的革命变革，它使伦理学不仅获得科学的品质，而且成为改造现实道德生活的巨大力量。

三　马克思主义伦理思想的发展

　　1848 年，《共产党宣言》发表不久，欧洲爆发了大规模的社会革命。1848 年的欧洲革命是世界近代史上规模最大、影响范围最广的一次资产阶级革命。在此后的 30 多年的时间里，革命运动此起彼伏，阶级斗争错综复杂，社会矛盾层出不穷，社会的道德生活也在发生着深刻的变化，马克思主义伦理思想在实践中获得新的发展。马克思、恩格斯在亲身参加革命实践和艰巨的理论研究中，撰写了大量论著，丰富和发展了马克思主义伦理思想。在 1852 年所写的《路易·波拿巴的雾月十八日》一文中，马克思对资本主义社会中包括道德关系在内的复杂社会关系进行了分析，指出人们的各种情感、思维方式和世界观等都是社会的上层建筑，通过传统和教育承受了这些情感和观点的个人，会以为他们是自己的行为的真实动机和出发点，实际上这只是一种假象，而真正决定他们的道德面貌的则是他们实际的阶级利益。"正如在日常生活中应当把一个人对自己的想法和品评同他的实际人品和实际行动区别开来一样，在历史的战斗中更应该把

---

　　①　马克思、恩格斯：《共产党宣言》，《马克思恩格斯选集》第 1 卷，人民出版社 1995 年版，第 294 页。

各个党派的言词和幻想同它们的本来面目和实际利益区别开来，把它们对自己的看法同它们的真实本质区别开来。"① 马克思的这些思想和观点，不仅是当时阶级斗争经验的总结，而且也为科学的道德评价提供了正确的原则和方法。

在历时 40 多年写成的政治经济学名著《资本论》中，马克思的伦理思想得到了进一步的发展。他不仅深刻揭示了资产阶级道德的阶级实质和发展规律，把资本主义社会中各个阶级、阶层的政治状况和道德面貌真实地呈现出来，而且科学地预见了未来共产主义社会的道德特征。马克思分析了资本主义社会的生产方式，一方面认为它取代封建主义的生产方式具有历史的必然性和进步性；另一方面又指出："资本来到世界，从头到脚，每个毛孔都滴着血和肮脏的东西。"② 资本以贪得无厌地追逐剩余价值为目的和内容，造成了竞争的残酷和经济危机，给无产阶级带来了巨大的苦难。资产阶级建立在雇佣劳动关系基础上的道德更是充满了矛盾性。资产阶级一方面提倡所谓的天赋人权，鼓吹自由平等博爱，即对抽象人的崇拜；另一方面实际信奉的却是最粗俗的金钱拜物教和最卑劣的个人主义和利己主义。他们鼓吹的"勤劳""节欲"的美德，只是针对无产阶级和劳动人民的，这充分暴露了资产阶级道德的伪善。"资本是根本不关心工人的健康和寿命的，除非社会迫使它去关心。人们为体力和智力的衰退、夭折、过度劳动的折磨而愤愤不平，资本却回答说：既然这种痛苦会增加我们的快乐（利润），我们又何必为此苦恼呢?"这是由资本无限制地掠取剩余价值的本性所决定的，因为从总的方面说，"这也并不取决于个别资本家的善意或恶意。自由竞争使资本主义生产的内在规律作为外在的强制规律对每个资本家起作用。"③ 资本家拼命榨取个人剩余价值的全过程，无可辩驳地证实了资产阶级金钱至上的道德原则，必然导致资产阶级道德的日益腐败和堕落。同时也说明资产阶级道德必然要被无产阶级的先进道德所取代。在为创作《资本论》而写的《1857—1858 年经济学手稿》中，马克思首次提出了按照"前资本主义——资本主义——共产主义"

---

① 马克思：《路易·波拿巴的雾月十八日》，《马克思恩格斯选集》第 1 卷，人民出版社 1995 年版，第 611—612 页。

② 马克思：《资本论》第 1 卷，《马克思恩格斯全集》第 23 卷，第 829 页。

③ 同上书，第 299—300 页。

三大社会形态来揭示人类历史发展一般趋势的思想，指出人的依赖关系是前资本主义的基本特征，物的依赖关系是资本主义社会的基本特征，人的全面发展则是未来共产主义社会的根本特征。在《资本论》中，马克思对这一思想作了具体而生动的论证，指出在以自然经济为需要的前资本主义社会中，由于生产力极端低下，人们只是在狭窄的范围内和孤立的地点上活动，因此产生了对人的依赖。"农奴和领主，陪臣和诸侯，俗人和牧师，物质生产的社会关系以及建立在这种生产的基础上的生活领域，都是以人身依附为特征的。"① 在资本主义制度下，由于商品和货币的繁荣以及分工和交换的发展，人对物的依赖取代了人对人的依赖。人不再直接地依赖某种共同体和别人，而是依赖于商品和货币，人成为自己所创造出来的物的力量的奴隶。只有在以产品经济为基础的共产主义社会中，才能消灭人对人的依赖和人对物的依赖，实现人自身的全面发展。同时，马克思还在《资本论》中研究和探讨了工人阶级道德意识的形成、发展及现代社会的道德教育问题。《资本论》在马克思主义伦理思想发展史上具有重要的地位，它成功地运用唯物史观，分析资本主义道德及其发展趋势，使马克思主义伦理思想不是一般地作为一种观点和公式，不是一般地说明或阐释道德，而是说明以往社会形态的道德现象尤其是资本主义社会的道德现象并且被验证了的科学理论。

1871 年，法国巴黎无产阶级爆发了武装起义并成立了巴黎公社。巴黎公社虽然只存在 72 天，却为无产阶级专政学说提供了新鲜的经验和具体的形式。马克思撰写了总结巴黎公社经验教训的《法兰西内战》，对巴黎无产阶级的道德精神和品质给予了系统的总结。马克思为巴黎工人不屈不挠的斗争精神，崇尚平等和富于正义的精神所感奋，尊称为"我们英勇的巴黎同志"，指出巴黎公社"简直是奇迹般地改变了巴黎的面貌！第二帝国那个花花世界般的巴黎消失得无影无踪。法国的京城不再是不列颠的大地主、爱尔兰的在外地主、美利坚的前奴隶主和暴发户、俄罗斯的前农奴主和瓦拉几亚的封建贵族麇集的场所了。尸体认领处里不再有尸体了，夜间破门入盗事件不发生了，抢劫也几乎绝迹了。"总之，巴黎的新世界和凡尔赛的旧世界形成了鲜明的对比。"努力劳动、有心思

① 马克思：《资本论》第 1 卷，《马克思恩格斯全集》第 23 卷，第 94 页。

索、战斗不息、流血牺牲的巴黎……正放射着它的历史首创精神的炽烈的光芒。"① 巴黎公社以公仆制度代替官僚制度，破除了国家管理的神秘性，把军事、政治和行政职务变成了真正工人的职务，公社真正体现了为人民服务的功能，社会公职"不再是中央政府走卒们的私有物"，"骑在人民头上作威作福的老爷们"被随时可以罢免的勤务员所代替，旧政府权力的合理职能终于归还给"社会的负责任的勤务员"②。

1878 年恩格斯出版了《反杜林论》一书，对杜林的资产阶级人生观和道德观进行了深刻而全面的批判，阐明了马克思主义关于道德的本质、道德的历史类型、道德的阶级性和全人类性的关系、平等观的历史性和阶级性、道德评价中的自由和必然等问题。恩格斯深刻论述了道德的经济基础和阶级基础，指出道德的本质就是利益关系的反映。他具体分析了代表封建贵族利益的道德、资产阶级的道德和无产阶级的未来道德这三种道德，指出在阶级社会中，每个阶级都有自己的道德观。直到现在，社会总是在阶级对立中运动的，所以道德始终是阶级的道德；统治阶级要求道德为自己的利益辩护，而被压迫者运用道德来反抗压迫者的统治。以往的道德归根到底都是当时经济状况的产物。"人们自觉地或不自觉地，归根到底总是从他们阶级地位所依据的实际关系中——从他们进行生产和交换的经济关系中，吸取自己的道德观念。"③ 善恶观念从一个民族到另一个民族，从一个时代到另一个时代变更得如此厉害，以至它们常常是相互矛盾的。所以，在阶级社会中，道德始终是阶级或阶级利益的道德。只有随着经济的发展，阶级对立和阶级差别的消失，才会有真正的全人类的道德。为了进一步阐述经济关系对道德的决定作用，恩格斯还考察了科学技术发展对道德进步发展的作用，认为生产力和科学技术的发展，从最终意义上讲有利于道德水平的提高。但是，科学技术的发展对道德的影响在私有制占统治地位的社会却是相当复杂的。恩格斯还论述了平等观的历史变化，认为平等观念是一种历史的产物，杜林所说的抽象的超阶级的平等观是不存在的，在阶级社会中侈谈抽象的人的平等只能导致荒谬的结论，无产阶

---

①　马克思:《法兰西内战》,《马克思恩格斯选集》第 3 卷, 人民出版社 1995 年版, 第 66 页。

②　同上书, 第 55—57 页。

③　恩格斯:《反杜林论》,《马克思恩格斯选集》第 3 卷, 人民出版社 1995 年版, 第 434 页。

级的平等就是要消灭阶级。在《反杜林论》中，恩格斯提出并论述了自由不在于幻想摆脱自然规律，而只是对这些规律的认识和使这些规律为一定的目的服务。这一观点大大发展了马克思主义伦理学的道德评价理论。

1884 年恩格斯利用马克思在 1880—1881 年间对美国著名民族学家摩尔根的《古代社会》一书所作的摘要和评述材料，结合自己对古代社会的研究成果，撰写成了《家庭、私有制和国家的起源（就路易·亨·摩尔根的研究成果而作）》一书。该书系统地阐述了马克思主义关于爱情婚姻家庭道德方面的思想，驳斥了资产阶级历史学家和民族学家在这些问题上的种种错误观点。恩格斯回顾了人类两性关系的历史发展，指出从性欲升华为性爱的过程，也就是爱情逐渐形成发展的过程，并提出了只有出于爱情的男女性关系才是合乎道德的著名论断。在恩格斯看来，爱情"就是人们彼此间以相互倾慕为基础的关系"。① 又说："现代的性爱，同单纯的性欲，同古代的爱，是根本不同的。第一，它是以所爱者的互爱为前提的，在这方面妇女处于同男子平等的地位，而在古代爱的时代决不是一向都征求妇女同意的。第二，性爱常常达到这样强烈和持久的程度，如果不能结合和彼此分离，对双方来说即使不是一个最大的不幸，也是一个大不幸；仅仅为了能彼此结合，双方甘冒很大的危险，直至拿生命孤注一掷，而这种事情在古代充其量只是在通奸的场合下才会发生，最后，对于性交关系的评价，产生了一种新的道德标准，不禁要问：它是结婚的还是私通的，而且要问：是不是由于爱情，由于相互的爱而发生的？"② 恩格斯还详细考察了人类的婚姻家庭形式及其历史演变，认为家庭的演变大体可分为四个阶段或四种形式，即血缘家庭、普拉路亚家庭、对偶家庭和专偶制家庭。血缘家庭是群婚的一种形式，是家庭形式的最初阶段。在这种家庭里，父母与子女之间发生性交关系为道德所谴责，而兄弟姐妹之间发生性交关系则为道德所允许。"这种家庭的典型形式，应该是一对配偶的子孙中每一代都互为兄弟姐妹，正因为如此，也一概互为夫妻。"③ "在原始时

---

① 恩格斯：《路德维希·费尔巴哈和德国古典哲学的终结》，《马克思恩格斯选集》第 4 卷，人民出版社 1995 年版，第 234 页。

② 恩格斯：《家庭、私有制和国家的起源》，《马克思恩格斯选集》第 4 卷，人民出版社 1995 年版，第 75 页。

③ 同上书，第 33 页。

代，姊妹曾经是妻子，而这是合乎道德的。"① 普拉路亚家庭是从血缘家庭进化而来的，它排除了兄弟姐妹之间的性交行为，只允许族外婚，这必然形成互相通婚的两个集团，从而出现了氏族。"如果说家庭组织上的第一个进步在于排除了父母和子女之间相互的性交关系，那么第二个进步就在于对于姊妹和兄弟也排除了这种关系。"② 在普拉路亚家庭里，孩子只知其母，不知其父。家庭成员有一个共同的女祖先，后代的所有女性每一代都是姊妹，这些姊妹的丈夫们，已经不是他们的兄弟，而是别的血缘家庭的男子。对偶家庭是家庭演变的第三种形式。这时，"一男子在许多妻子中有一个主妻（还不能称为爱妻），而他对于这个女子来说也是她的许多丈夫中的一个主夫。"③ 主夫和主妻之间能够保持较长时期的同居关系，所以有可能发展夫妻之间的性爱，使得父亲也有可能辨认自己的子女。所以对偶家庭是向专偶制家庭过渡的一种形态。专偶制家庭是从对偶家庭中产生的，它的最后胜利乃是文明时代开始的标志之一。促使专偶制代替对偶家庭的不是自然选择，而是"社会动力"，即私有财产的出现。"专偶制的产生是由于，大量财富集中于一人之手，也就是男子之手，而且这种财富必须传给这一男子的子女，而不是传给其他任何人的子女。"④ 专偶制家庭要求排除杂乱的两性关系，要求夫妻之间保持忠贞专一的性生活，它标志人类对自己的性生活提出了更为严格的限制，是人类婚姻家庭道德的巨大进步。但是，在以私有制为基础的阶级社会里，专偶制并未得到真正的实现，它是一种历史意义上的专偶制，是仅仅针对妇女而言的专偶制，是仅仅存在于劳动群众中的专偶制。在富人和显贵人士中，明显地存在着一夫多妻制。在整个以私有制为基础的阶级社会里，通行的是通奸和卖淫为补充的专偶制。只有到了消灭了私有制的社会主义社会和共产主义社会里，"词源意义上的专偶制"才能真正成为现实。那时，"男子一生中将永远不会用金钱或其他社会权力手段去买得妇女的献身"，而"妇女除了真正的爱情以外，也永远不会再出于其他某种考虑而委身于男子，或

---

① 恩格斯：《家庭、私有制和国家的起源》，《马克思恩格斯选集》第 4 卷，人民出版社 1995 年版，第 33 页注 1。

② 同上书，第 34 页。

③ 同上书，第 43 页。

④ 同上书，第 73 页。

者由于担心经济后果而拒绝委身于她所爱的男子。"① 到那时，男女除了相互之间真正的爱慕以外，再也没有其他的任何动机了，男女两性权利真正实现平等，妇女解放成为现实。《家庭、私有制和国家的起源》是第一部科学阐述马克思主义关于爱情婚姻家庭道德观点的经典著作，在马克思主义伦理思想发展史上占有重要的地位。

1886 年恩格斯为适应德国工人运动的迫切需要，撰写了《路德维希·费尔巴哈和德国古典哲学的终结》一书，科学地分析和批判了费尔巴哈的唯心主义道德观，从而进一步阐明了马克思主义关于道德的本质、道德的阶级性、道德同物质生活条件的关系及什么是真正的幸福等思想观点。在该著中，恩格斯批判了费尔巴哈关于爱的说教的理论，指出费尔巴哈把爱看作是可以调和阶级对立的道德手段，这和他的一切前驱者一样，都是把道德看作是超阶级的、永恒不变的道德，但在阶级对立日益尖锐的现实社会中，这种道德论是极其软弱无力的，它不仅不能说明道德的本质和特征，反而掩盖了资本主义社会里日益尖锐的阶级斗争。在道德的历史作用的问题上，恩格斯批判了费尔巴哈对道德上善恶对立现象的肤浅的看法，指出他没有看到道德上的恶在阶级社会所起的真正作用，肯定了黑格尔在对道德上的恶的作用方面的认识的合理性。在幸福问题上，恩格斯批判了费尔巴哈超阶级超时代的幸福观，阐述了幸福需要物质手段和精神手段、幸福的时代性和阶级性，指明了无产阶级获得幸福的途径，认为无产阶级的幸福是与无产阶级的革命事业、人类的解放事业联系在一起的，是在人类解放事业中逐步实现的。《路德维希·费尔巴哈和德国古典哲学的终结》一书，对马克思主义伦理思想在德国工人中的传播和促进马克思主义伦理思想的发展，起了重要的作用。

第二节　马克思主义伦理思想的主要内容

马克思主义伦理思想包含着十分丰富的内容，就其大的方面而言，主要体现在以下几个方面，即对道德本质和发展规律的探讨，对旧道德和资产阶级伦理思想的批判，对无产阶级道德的总结与论述。

———————

① 恩格斯：《家庭、私有制和国家的起源》，《马克思恩格斯选集》第 4 卷，人民出版社1995 年版，第 81 页。

一 科学揭示道德的本质和发展规律

马克思主义在伦理思想领域所实现的革命变革，就在于把道德理论置于唯物史观的基础之上，科学地说明了道德的本质和发展规律。

关于道德的本质，历史上的伦理思想家有各种各样的解释，有的把道德视为一种永恒的天性，有的把道德看作是人类对幸福的追求，有的把道德当作是善良意志的化身，有的把道德视作是人类消费生活水平的反映。只有马克思主义坚持从唯物主义的历史观来说明道德的本质，认为道德是一种由经济基础所决定的以社会舆论、传统习俗和人们的内心信念来维系的表现为善恶对立的特殊的社会意识和上层建筑。马克思主义批判了唯心主义道德论的理论根源——抽象人性论，认为任何一个确定的现实的个人，都是在一定的社会关系中生活，都是一定社会关系的产物，这是人的本质规定性。人们对社会和他人的责任与义务以及人们的道德观念都是这种客观的社会关系的反映。物质的经济关系最终决定其他社会关系，也最终决定道德关系和道德观念。马克思主义认为，物质生产是社会生活的基础，人们总是结成一定的社会生产关系从事生产和交换活动的，与一定生产力发展相适应的社会生产关系的总和，构成了一个社会的经济基础。道德作为一种社会意识和社会活动，反映了人们在一定经济基础上的利益关系，归根结底是由社会经济关系决定的。利益是社会经济关系的集中表现，"每一个社会的经济关系首先是作为利益表现出来。"[1] 社会经济关系决定道德的体系及其性质，由一定社会的经济基础所产生的人与人之间的利益关系，即构成全部社会道德生活的本质。一定社会的经济关系集中表现为人与人之间的利益关系，而社会道德生活则正是人们在处理这些利益关系中发生的。因此，利益问题成为全部道德生活的主题。如何对待个人利益和社会集体利益的关系问题？依据什么样的原则和规范解决个人利益和社会集体利益的关系问题？这是一切道德体系都必须解决的最为关键也是最为基本的问题。在《神圣家族》一书中，马克思、恩格斯指出，"正确理解的利益是整个道德的基础"。人类最初的道德观念即是在利益关系

---

[1] 恩格斯：《论住宅问题》，《马克思恩格斯全集》第 18 卷，人民出版社 1984 年版，第 307 页。

中形成并在利益基础上发展的。在以原始公有制为基础的氏族社会，谁能为氏族赢得战争的胜利和猎取野兽以充饥，谁就被认为是英雄，谁的行为就被视为善，受到人们的褒奖和称赞。由于人们行为中的勇敢或怯懦，给氏族带来利或不利的结果，也就产生了原始的善恶观念。进入私有制和阶级社会以后，虽然善恶观念多有变化，但它总是与一定经济关系中的利益问题相联系。全部道德史也即是以利益关系为基础的善恶矛盾发展史，利益决定道德的性质及其变化。

　　在马克思主义看来，道德作为独特的社会意识现象，本质上是由社会经济关系及利益关系所决定的，反映了在一定经济基础之上的人们的利益关系。"财产的任何一种社会形式都有各自的道德与之相适应。"① 在历史上，与不同经济基础的社会形态相适应，道德具有不同的类型并反映着不同时代、不同范围内的人们的利益。在原始社会，道德以风尚习俗的形式出现，反映了原始公有制的经济基础，维护着氏族或部落的共同利益。在奴隶社会、封建社会和资本主义社会，统治阶级的社会经济地位决定了他们的道德都必然是以维护私有制和剥削为目的的，是为统治阶级的统治和利益服务的。而被统治阶级的道德也表达着被统治阶级的利益和要求。在阶级社会中，社会关系以人们之间的阶级利益冲突的方式表现出来。由于各阶级的地位和所维护的利益不同，因而道德观念和道德原则也必然不同。在资本主义社会，占统治地位的是资产阶级道德，它是直接从资本主义的生产关系和利益关系中所产生出来并直接为维护资本主义私有制和资产阶级利益服务的。与此同时，处于被压迫和剥削地位的无产阶级也有自己的道德，它代表着无产阶级对资本统治的反抗和无产阶级自身的未来的利益。恩格斯看到，现代社会的三个阶级即封建贵族、资产阶级和无产阶级都各有自己的特殊的道德，而每一种道德又总是为特定的阶级利益辩护，指出我们由此只能得出这样的结论："人们自觉地或不自觉地，归根到底总是从他们阶级地位所依据的实际关系中，从他们进行生产和交换的经济关系中，吸取自己的道德观念。"② 道德是经济关系的反映和表现，经济关系及其集中表现的利益决定道德的本质、基础和基本内容。没有脱

① 马克思：《法兰西内战》，《马克思恩格斯选集》第 3 卷，人民出版社 1995 年版，第 114 页。
② 恩格斯：《反杜林论》，《马克思恩格斯选集》第 3 卷，人民出版社 1995 年版，第 434 页。

离经济关系及其利益的抽象道德。

在道德与利益的关系问题上，马克思主义始终坚持利益决定道德而不是相反的观点，认为人们奋斗所争取的一切都同他们的利益有关，道德一旦离开利益，就一定会使自己出丑。"这种利益是如此强大有力，以至顺利地征服了马拉的笔、恐怖党的断头台、拿破仑的剑，以及教会的十字架和波旁王朝的纯血统。"① 即便是像德国古典伦理学家康德所宣扬的超利益超经验的义务论伦理思想，也并没有真正脱离利益的基础。马克思、恩格斯指出："在康德那里，我们又发现了以现实的阶级利益为基础的法国自由主义在德国所采取的特有形式。不管是康德或德国市民（康德是他们的利益的粉饰者），都没有觉察到资产阶级的这些理论思想是以物质利益和由物质生产关系所决定的意志为基础的。"② 康德等人受资产阶级的阶级局限和唯心主义历史观的束缚，将道德理论与现实利益割裂开来。而实际上，任何道德理论都表达着一定的利益关系并为一定的利益关系服务的。利益不仅是道德的基础、本质和主要内容，而且也决定着道德体系的性质和发展变化。当旧的社会经济关系日益腐朽，新的社会经济关系日益形成的时候，旧的社会道德关系也必然随之日益衰败，新的社会道德关系便随之日益兴起。新的经济关系和利益关系的出现，必然反映到伦理道德上，并形成与新的经济关系和利益关系相一致的道德观，由此推动着道德的发展变化。一旦经济利益关系发生了变化，人们的道德观念和道德生活或迟或早总要产生相应的变化。随着封建土地分封制度为资本主义雇佣劳动制度所取代，占统治地位的封建宗法关系的道德也必然要让位于以现金交易和贸易自由为特征的资产阶级道德；而随着生产资料的社会主义公有制取代资本雇佣劳动的制度，社会主义道德也必然要取代资产阶级道德。恩格斯指出，切勿偷盗是私有制社会的道德戒律，一旦消灭了私有制，这一戒律就将退出历史舞台。"在偷盗动机已被消除的社会里，就是说在随着时间的推移顶多只有精神病患者才会偷盗的社会里，如果一个道德宣扬

---

① 马克思、恩格斯：《神圣家族》，《马克思恩格斯全集》第 2 卷，人民出版社 1957 年版，第 103 页。

② 马克思、恩格斯：《德意志意识形态》，《马克思恩格斯全集》第 3 卷，人民出版社 1960 年版，第 213 页。

者想来庄严地宣布一条永恒真理：切勿偷盗，那他将会遭到什么样的嘲笑啊！"① 总之，利益关系的变化必将导致道德关系的变化，利益是道德的直接根源和基础，这是马克思主义伦理思想的一个基本原理，这一基本原理同马克思主义的唯物史观是完全一致的。

与道德的本质相关，道德的阶级性和共同性也受到经济关系或利益关系的制约。马克思主义认为，人类社会自分裂为阶级社会以来直到现在都是在阶级对立中运动的，所以道德始终是反映特定阶级利益的阶级道德，阶级性是阶级社会里道德的本质属性，永恒的、超阶级的道德是不存在的。义务、良心、荣誉、幸福等道德范畴在阶级社会中都有具体的规定性，各个阶级对其有不同的甚至是完全相反的理解。当然，这并不意味着不同阶级的道德毫无共同之处。恩格斯在讲到封建主义道德、资产阶级道德和无产阶级道德的关系时说："这三种道德论代表同一历史发展的三个不同阶段，所以有共同的历史背景，正因为这样，就必然具有许多共同之处。不仅如此，对同样的或差不多同样的经济发展阶段来说，道德论必然是或多或少地互相一致的。"② 封建主义道德、资产阶级道德和无产阶级道德毕竟都是在人类历史过程中产生的，具有共同的历史背景，因而必然具有许多共同之处；推而广之，在同样的或差不多同样的经济发展阶段，道德观也必然是或多或少地相互一致的。这是道德之所以具有继承性和共同性的重要理由。但是在阶级社会中，这种共同性不是道德的本质属性，普遍的全人类道德只有在消灭了私有制、消灭了阶级和一切人类不平等现象的社会主义社会和共产主义社会才能真正实现。

关于道德的发展规律。马克思主义认为，道德是由社会经济关系决定的特殊的社会意识，也是随社会经济关系的发展而发展，随着人类社会生产关系的不断更替，道德必然不断地发展到新的阶段，总的来说，道德的发展是越来越进步的。恩格斯在《反杜林论》中指出："在道德方面也和人类知识的所有其他部门一样，总的说是有过进步的。"③ 道德发展的规

---

① 恩格斯：《反杜林论》，《马克思恩格斯选集》第 3 卷，人民出版社 1995 年版，第 435 页。

② 同上书，第 434 页。

③ 同上书，第 435 页。

律主要有：第一，社会经济状况决定道德发展的规律。社会经济状况的变化，必然或迟或早地引起道德的变化。与原始氏族公有制相适应的道德，只能是粗俗而质朴的群体主义道德；与奴隶社会把奴隶当作私有财产的经济关系相适应，自然把奴役奴隶和不劳动看作美德；与封建社会的土地占有制相适应，只能是维护宗法等级秩序的忠君孝亲和男尊女卑的封建道德；与资本主义的经济关系相适应，道德只能是追逐个人利益的利己主义和拜金主义。总之，道德是由社会经济关系决定的，是适应经济关系的发展而发展，并随经济关系的变化而变化的。这是人类道德发展的第一条基本规律。第二，道德在善恶矛盾运动中发展的规律。社会经济状况决定道德发展是通过道德领域里的特殊矛盾即善恶矛盾运动的方式来实现的。恩格斯在《反杜林论》中指出：善恶"这一对立完全是在道德领域中，也就是在属于人类历史的领域中运动"①。在《路德维希·费尔巴哈和德国古典哲学的终结》一书中，恩格斯还专门探讨了善恶的矛盾运动，认为善与恶是相互斗争相互转化的，恶常常是历史发展的动力借以表达出来的形式，是推动社会前进的"杠杆"。第三，在阶级社会里，道德表现为阶级道德的规律。自从原始社会解体以后，道德的发展都是在阶级对立的善恶矛盾运动的过程中实现的。由于社会阶级关系的对立，因此反映社会物质关系的道德也是对立的，各个阶级有各个阶级的道德。在《反杜林论》一书中，恩格斯指出："一切以往的道德论归根到底都是当时的社会经济状况的产物，而社会直到现在还是在阶级对立中运动的，所以道德始终是阶级的道德。它或者为统治阶级的统治和利益辩护，或者当被压迫阶级变得足够强大时，代表被压迫者对这个统治的反抗和他们未来的利益。"②第四，在阶级社会中，劳动人民反对腐朽势力的斗争是道德进步动力的规律。人类进入阶级社会之后，统一的道德便分裂为阶级对立的道德，道德的发展受到阶级斗争的强烈影响和制约，以至于离开了阶级和阶级斗争便无法理解道德的发展。社会革命是阶级斗争的最高形式，革命是推动历史前进的动力，也是道德发展的动力。劳动人民正是在反对剥削阶级的残酷

---

① 恩格斯：《反杜林论》，《马克思恩格斯选集》第3卷，人民出版社1995年版，第433页。

② 同上书，第435页。

剥削和压迫的斗争中，形成和发展起了自己团结互助、英勇奋斗、前赴后继等优秀的道德品质，并一代一代地流传下来，成为人类道德发展的主流。劳动人民每一次反对腐朽势力的斗争"都带来道德上和精神上的巨大跃进"①。不管在剥削阶级那里道德如何堕落，在劳动人民那里总是可以发现真正高尚和纯洁的道德。道德发展的规律，还有道德是在批判继承中发展的规律，以及道德是在曲折中发展的规律，等等。

二　对剥削阶级道德和资产阶级伦理思想的批判

马克思、恩格斯从唯物史观出发，认为人类道德的发展要经历原始社会道德、阶级社会道德和共产主义道德三个阶段，其中阶级社会的道德又包括奴隶社会的道德、封建社会的道德、资本主义社会的道德等。在阐述和论证无产阶级道德即共产主义道德的过程中，马克思、恩格斯对以往的剥削阶级的道德进行了彻底的清理和批判，既分析了它们产生的历史必然性，肯定了其中所包含的有价值成分和曾起过历史进步作用的道德因素，又明确地指出了它们的历史局限性和阶级局限性，对它们所代表的阶级实质和所起的社会作用进行了全面深入的分析和揭露。

1. 对奴隶主道德和封建道德的批判

奴隶社会是人类历史上第一个阶级社会，也是第一个具有对立的阶级道德的社会。在奴隶社会，占统治地位的道德是奴隶主阶级的道德。这种道德的出现，从人类历史的发展进程上看，由于私有制的产生是合乎当时社会发展之必然性的，因此以私有制为基础之道德的产生也具有它的必然性。但是私有制的出现和奴隶主道德的形成，又是人类从古代纯朴道德高峰的堕落。奴隶主道德把奴隶当作私有财产和会说话的工具，以维护奴隶主对奴隶的人身占有和自由买卖为基本原则。在奴隶主眼里，奴隶根本不是人。在亚细亚古代和古典的古代，阶级压迫的主要形式是奴隶制，即与其说是群众被剥夺了土地，不如说他们的人身被占有。奴隶主阶级道德以自私自利、掠夺贪财为重要内容。恩格斯对此揭露说："最卑下的利益——庸俗的贪欲、粗暴的情欲、卑下的物欲、对公共财产的自私自利的

_____

① 恩格斯：《反杜林论》，《马克思恩格斯选集》第3卷，人民出版社1995年版，第528页。

掠夺——揭开了新的文明的阶级社会；最卑鄙的手段——偷盗、暴力、欺诈、背信——毁坏了古老的没有阶级的氏族制度，把它引向崩溃"。① 同时，奴隶主阶级道德还十分鄙视劳动和劳动者。垂死的奴隶制却留下了它那有毒的刺，即鄙视自由人的生产劳动。于是，罗马世界便陷入了绝境：奴隶制在经济上已经不可能了，而自由人的劳动却在道德上受鄙视。马克思、恩格斯在批判奴隶主道德的同时，对奴隶阶级道德给予了肯定，认为奴隶阶级在反抗奴隶主阶级反动统治的过程中形成了热爱自由、崇尚平等和不畏强权、勇敢斗争的新道德，代表了劳动人民道德的发展方向。

封建社会是继奴隶社会之后的又一个阶级社会。从奴隶社会发展到封建社会，剥削手段已由原来的人身奴役改变为主要是地租剥削，劳动者也从人身依附转变为土地依附。农民比奴隶有了较多的人身自由和一定的劳动兴趣。由于剥削方式的改变，在道德关系上，也不能不由原来对奴隶公开残暴的剥削与压迫铺上一层"温情脉脉的面纱"，使之变成一种"封建的、宗法的和田园诗般的关系"。② 但是封建社会在土地分封的等级的基础上，形成了新的人和人之间更复杂的等级关系，封建地主阶级为了维护自己的利益，制定了一整套更加严格的道德原则和规范。在封建社会，维护封建的等级制是封建地主阶级道德的基本原则。封建社会是一个等级森严的社会，等级特权、等级依附是封建制度赖以存在的基础和基本条件。在地主阶级眼里，人的道德品质和价值，人的尊严和人格，都是由他所处的等级地位决定的。皇帝地位最高，他拥有一切，他的品质和价值也就最高。诸侯、骑士、僧侣等地位依次有高低、贵贱之分，农民处于这一等级制度的最底层，故受到的压迫和剥削最重。"压在农民头上的是整个社会阶层：诸侯，官吏，贵族，僧侣，城市贵族和市民。无论是农民属于一个诸侯，或是属于一个帝国直属贵族，或是属于一个主教，或是属于一个寺院，或是属于一个城市，总之到处他都被当作一件东西看待，被当作牛

---

① 恩格斯：《家庭、私有制和国家的起源》，《马克思恩格斯选集》第 4 卷，人民出版社 1995 年版，第 94 页。

② 马克思、恩格斯：《共产党宣言》，《马克思恩格斯选集》第 1 卷，人民出版社 1995 年版，第 274 页。

马，甚至比牛马还不如。"① 封建地主阶级道德总是轻视劳动和劳动者，宣扬享乐主义和好逸恶劳的价值观。恩格斯指出：封建皇帝是地主阶级的总头子，他以"人间上帝"自居，贪得无厌，荒淫无耻。"宫墙内的奢侈生活，比武会和庆宴场上的豪华风尚"② 长年不断，骑士们专为洗劫和掠夺而出击。同时，封建道德又是与宗教道德结合和勾结在一起、相依为命的。封建主义道德主要表现为宗教道德和宗法道德。宗教道德是建立在人类软弱无力的幻想的基础之上的，它的道德观如"慈善""忏悔"等都是靠自我欺骗的幻想作为精神支柱的。这种幻想反映在人们的行为上即是软弱的容忍和虚伪的宽大。宗教道德告诉人们现世的苦痛不是由于对生就的罪恶的公正惩罚，就是上帝对人们赎罪的考验。因此宗教道德是被压迫生灵的叹息，是无情世界的感情。宗法道德使人依附于天然尊长的形形色色的封建羁绊。在所谓基督教国家，实际上发生作用的不是人，而是人的异化。唯一发生作用的人，即国王，是与众不同的存在物，而且还是被宗教神化了的、和天国与上帝直接联系着的存在物。封建道德以宗教化了的形式出现，往往以宗教道德的规范作为自己的规范，而封建地主阶级也往往借助于上帝的荣光来神化自己的道德，以维护封建社会的等级秩序。马克思指出：政治制度到现在为止一直是宗教的领域，是人民生活的宗教，是同人民生活现实性的人间存在相对立的人民生活普遍性的上天。宗教道德也往往把为封建的等级秩序辩护视为自己的尘世任务。"基督教的社会原则认为压迫者对待被压迫者的各种卑鄙龌龊的行为，不是对生就的罪恶和其他罪恶的公正惩罚，就是无限英明的上帝对人们赎罪的考验。"③ 基督教道德总是宣扬怯弱、自卑、自甘屈辱、顺从驯从，这对维护封建地主阶级的统治是极为有利的。恩格斯指出：德皇威廉四世"力图重新把基督教直接灌输到国家里面去，按照圣经道德的诫令制定国家法律"，其目的是为了调和和掩盖绝对对立的两极。马克思、恩格斯对封建主义道德作出

---

① 恩格斯：《德国农民战争》，《马克思恩格斯全集》第 7 卷，人民出版社 1959 年版，第 397 页。

② 恩格斯：《德国农民战争》，《马克思恩格斯全集》第 7 卷，人民出版社 1959 年版，第 390 页。

③ 马克思：《"莱茵观察家"的共产主义》，《马克思恩格斯全集》第 4 卷，人民出版社 1958 年版，第 218 页。

了深刻的揭露和批判，他们认为，从人类道德的发展来看，封建道德同奴隶主阶级的道德相比，无疑是一个历史进步，但它也是从剥削阶级的阶级利益中引申出来的，带有巨大的劣根性和反动性。

2. 批判资产阶级个人主义道德

资产阶级道德是资本主义生产关系的体现和资产阶级利益的表达。资本主义是商品经济发达程度最高也最广泛的社会形态，资产阶级一切活动的出发点和最终目的就是尽可能地多赚钱和榨取无产阶级和广大劳动人民所创造的剩余价值。因此构成资产阶级道德信条和伦理原则的只能是金钱万能和利己主义。

马克思主义首先批判了资产阶级唯利是图、金钱万能的拜金主义。马克思曾说，生产剩余价值或榨取剩余劳动，是资本主义生产的特定内容和目的，也是这个生产方式的绝对规律。正是在这个绝对规律的支配或宰制下，资本主义社会人和人的关系变成了赤裸裸的金钱关系，变成了冷酷无情的现金交易。"古代社会咒骂货币是换走了自己的经济秩序和道德秩序的辅币"，资本主义社会"则颂扬金的圣杯是自己最根本的生活原则的光辉体现"①。在资产阶级看来，世界上没有一种东西不是为了金钱而存在的，连他们自己本身也不例外，因为他们活着就是为了赚钱。"除了快快发财，他们不知道还有别的幸福；除了金钱的损失，也不知道还有别的痛苦。"② 在资本主义社会，货币是货币持有者的特性和本质力量，资本是资本家的人格化。资本以追逐剩余价值为其本质特征。一旦有适当的利润，它就保证到处被使用；有100%的利润，它就敢于践踏一切人间法律；有300%的利润，它不惜铤而走险，甚至甘冒绞首的危险。恩格斯指出："英国资产者对自己的工人是否挨饿，是毫不在乎的，只要他自己能赚钱就行。一切生活关系都以能否赚钱来衡量，凡是不赚钱的都是蠢事，都不切实际，都是幻想"，"正如卡莱尔所说的，除现钱交易外，他不承认人和人之间还有其他任何联系。甚至他和自己的老婆之间的联系百分

---

① 马克思：《资本论》第 1 卷，《马克思恩格斯全集》第 23 卷，人民出版社 1972 年版，第152—153 页。

② 恩格斯：《英国工人阶级状况》，《马克思恩格斯全集》第 2 卷，人民出版社 1957 年版，第 564 页。

之九十九也是表现在同样的现钱交易上。"① 马克思、恩格斯欣赏莎士比亚在《雅典的泰门》剧作中对金钱万能和拜金主义的抨击。指出关于金钱在资本主义社会里的地位问题，"莎士比亚要比我们那满口理论的小资产者知道得更清楚。"② 泰门说：金子！黄黄的、发光的、宝贵的金子！……这东西只这一点点儿，就可以使黑的变成白的，丑的变成美的，错的变成对的，卑贱变成尊贵，老人变成少年，懦夫变成勇士，……这黄色的奴隶可以使异教联盟，同宗分裂，它可以使受诅咒的人得福，使害着灰白色的癞病的人为众人所敬爱。它可以使窃贼得到高爵显位，和元老们分庭抗礼，它可以使鸡皮黄脸的寡妇重作新娘，即使她的尊容会使那身染恶疮的人见了呕吐，有了这东西也会恢复三春的娇艳！马克思、恩格斯对莎士比亚的这一段台词给予了很高的评价，说莎士比亚看到了货币对事物普遍混淆和颠倒的事实，看到了货币是人尽可夫的娼妇。他们从资本主义社会生产关系和人际关系现象的考察中，深刻揭露了资本主义金钱万能的实质，指出在资本主义社会"货币就是最高的善"，金钱决定人的价值和尊严。正如恩格斯所说的，在资本主义社会，金钱确定人的价值，谁有钱，谁就值得尊敬，就属于上等人，就有势力，而且在他那个圈子里在各方面都是领头的。正因为钱能通神，魔力无边，所以无休止地追逐金钱，不择手段地牟取金钱，便成了资产阶级道德的基础。等我赚了大钱，把钱收藏好之后，让雷电打在邻人的头上吧！是资产者的共同口号。既然追逐金钱是资产阶级的本性，而金钱的欲望又是无穷的，所以资产阶级在榨取了本国无产阶级的"一块筋肉、一束腱、一滴血"，获取金钱之后，便马不停蹄地把贪婪的触角伸出国界，把追逐金钱的活动扩展到全球各地。为了赚钱，他们远涉重洋，到处落户，到处创业，到处建立联系，以低廉的商品作为"摧毁一切万里长城，征服野蛮人最顽强的仇外心理的重炮，"③ 甚至不惜杀人越货，发动一次又一次的侵略战争。马克

---

① 恩格斯：《英国工人阶级状况》，《马克思恩格斯全集》第 2 卷，人民出版社 1957 年版，第 565 页。

② 马克思、恩格斯：《德意志意识形态》，《马克思恩格斯全集》第 3 卷，人民出版社 1960 年版，第 254 页。

③ 马克思、恩格斯：《共产党宣言》，《马克思恩格斯选集》第 1 卷，人民出版社 1995 年版，第 276 页。

思主义指出，资本主义为了追逐金钱而剥夺他国土地的历史是用血和火的历史载入人类编年史的。

　　资产阶级的拜金主义、金钱万能本质上是利己主义的深刻反映和表现，批判拜金主义必然要求对利己主义作出批判。马克思、恩格斯在深入批判资产阶级拜金主义的基础上，集中批判了资产阶级的利己主义道德观。利己主义产生于生产资料的私人占有制，早在奴隶制时代和封建制时代就有相当的表现，但只有到资本主义时代才得以普遍盛行。资本主义社会是商品关系占统治地位、商品经济高度发达的时代，也是公开为人的自私自利行为辩护并把利己自私视作金科玉律的时代。正是资本主义所特有的经济形式和经济关系，使得利己主义得天独厚地恶性膨胀起来。在资本主义社会，金钱，"被捧上宝座"，"成了世界的统治者。人已经不再是人的奴隶，而变成了物的奴隶；人的关系的颠倒完成了；现代生意经世界的奴役，即一种完善、发达而普遍的出卖，比封建时代的农奴制更不合乎人性、更无所不包。""现金支付成为人们之间唯一的纽带。"① 在资本主义商品经济和自由竞争的漩涡里，每个人都必然力图抓紧良机进行买卖，每个人都必然会成为投机家，就是说，都企图不劳而获，损人利己，乘人之危，趁机发财。这说明，利己主义的道德原则完全反映了资产阶级唯利是图、损人利己的天性。如果说，有一个社会公开宣扬人人为自己，上帝为大家，自私利己是人的天性，那就是资本主义社会。如果说有一个阶级拼命地鼓吹个人利益至上，利己主义合理，把一切追求个人利益和个人幸福的行为都说成是美德，那就是资产阶级。在《共产党宣言》一文中，马克思、恩格斯对资产阶级利己主义有过深刻而尖锐的批判。他们指出，资产阶级在它已经取得了统治的地方把一切封建的、宗法的和田园诗般的关系都破坏了。它无情地斩断了把人们束缚于天然首长的形形色色的封建羁绊，它使人和人之间除了赤裸裸的利害关系，除了冷酷无情的现金交易，就再也没有任何别的联系了。"它把宗教的虔诚、骑士的热忱、小市民的伤感这些情感的神圣激发，淹没在利己主义打算的冰水之中。"② 这是对

---

　　① 恩格斯：《英国状况》，《马克思恩格斯选集》第 1 卷，人民出版社 1995 年版，第 25 页。

　　② 马克思、恩格斯：《共产党宣言》，《马克思恩格斯选集》第 1 卷，人民出版社 1995 年版，第 275 页。

资产阶级实际奉行的道德原则的最深刻、最确切的概括和批判。

马克思主义认为，资本主义制度取代封建主义制度，私人利益被提升为普遍原则，人人都只为自己的个人利益而奋斗，其结果必然造成人与人之间的彼此隔绝，使人类成为一堆互相排斥的原子。在资本主义社会，个人的利益是要占有一切，社会的利益则是要使每个人所占有的都相等。所以，公共利益和私人利益是直接对立的。私人利益高于一切，必然使人们只顾自己，甚至损人利己，巧取豪夺，因此必然造成世风日下和道德堕落。资产阶级道德的基本原则是利己主义。资产阶级也确实是按照利己主义原则来思想和行为的。在《政治经济学批判大纲》一文中，恩格斯诘问资产阶级，"你们在什么时候做事情是纯粹从人道的动机出发，是从公共利益和个人利益之间不应存在对立这种意识出发的呢？你们什么时候讲过道德，什么时候不图谋私利，不在心底隐藏一些不道德的自私自利的邪念呢？"① 资产阶级讲的道德是受制于私人利益并始终为私人利益服务的。当道德与私人利益不符的时候，他们无论如何是宁取私人利益而不取道德的。因此，资产阶级从来就没有打算过真心地讲道德或践行道德，它所奉行的只是利己自私、为了利润而不择手段的伦理原则。资产阶级之间为了利润互相进行竞争，千方百计把自己的损失转嫁到他人头上。马克思指出，资本主义竞争和追求剩余价值的规律，决定了资本家在道德上是不顾工人死活和人类的生存发展的，"我死后哪怕洪水滔天，这就是每个资本家和每个资本家国家的口号。"② 在马克思主义看来，利己主义必然造成人的异化和道德堕落，造成一切人反对一切人的战争状况。人越变得利己或越是遵循利己主义而行动，人就越没有社会性，越同自己固有的本质相异化。在资本主义制度下，生产是为了一种自私自利的目的而进行的。生产者各自为自己而生产，而不是为对方而生产，因此只要能够赚钱，它是不考虑对方死活的。资产阶级在把他人视作生产物品的手段和工具时也把自己降低到了手段和工具的水平，使资产阶级自身也高度地异化了。私有制及其异化劳动不仅使工人非人化和不道德，同时也使资本家不道德和非

① 恩格斯：《政治经济学批判大纲》，《马克思恩格斯全集》第1卷，人民出版社1956年版，第603页。

② 马克思：《资本论》，《马克思恩格斯全集》第23卷，人民出版社1972年版，第299页。

人化，造成了整个社会的道德堕落。可见，要解决资本主义社会的问题，只有全面改革社会关系，使对立的利益融合起来以及消灭私有制。利己主义必然要被超越，资本主义必然要被更新的社会形态所取代。无产阶级的崛起代表了一种新道德的产生，无产阶级作为资本主义的掘墓人必然要起来推翻资本主义制度，创建新的没有剥削和压迫的社会主义社会。

3. 清算英法功利主义和康德的抽象道义论

近代西方的伦理价值学说主要表现为英法功利主义和德国义务论，它们代表了道德价值观对立的两极，二者之间的相互批判及其斗争构成近代西方伦理思想史的重头画卷。马克思主义创始人对这两种伦理思想都给予了深刻的揭露和批判，从而在一定意义上表现了超越两者对立之上的价值趋向和价值特点。

首先，马克思、恩格斯对法国爱尔维修、霍尔巴赫等为代表的功利主义运用唯物主义感觉论去说明人的本性，把人的一切精神活动包括道德意识都还原为人的肉体感受性，进而把道德建立在个人自爱自保的功利基础之上的思想进行了批判。指出法国唯物主义把道德建立在个人利益的基础之上的观点毕竟只是代表了资产阶级的利益和愿望，尽管他们"关于享乐的合理性等等唯物主义学说，同共产主义和社会主义之间有着必然的联系"，但同无产阶级的道德理论还是有着本质的区别。在马克思主义看来，爱尔维修等人把他们的机械唯物主义运用到社会生活和道德生活方面，使其道德理论建立在机械唯物主义和抽象人性论的基础之上，得出了一切人的本性都是利己自私的结论，带有浓厚的永恒道德论的色彩，不利于对道德作历史的、阶级的分析。有没有永恒普遍的人性？或者说利己自私是不是人的不可变更的天性？以爱尔维修、霍尔巴赫为代表的法国唯物主义对此问题的回答是肯定的，而马克思主义则是否定的。法国唯物主义认为，道德科学应该像自然科学那样，从客观事实本身及其关系出发，建立在确定的、自然的原则上，必然符合人的自然本性，科学地探讨人类行为的动因。霍尔巴赫指出："道德学如果不建立在必然要影响人类的意志、决定他们的行动的种种动因的认识上，那么它就会是一种幻影，就会丝毫没有确定的原则。"① 爱尔维修给自己提出的最重要的任务就是"像

---

① 霍尔巴赫：《自然的体系》上卷，管士滨译，商务印书馆1964年版，第184页。

建立一种实验物理学一样来建立一种道德学"，并且坚信人们一旦认识了自己的自然本性，就一定能够建立起一门真正的伦理科学。爱尔维修把人看作自然界的一部分，认为人是一架由感官感觉所发动的机器，人的欲望、情感、意志、思想和行为都是由肉体的感受性决定的，因此趋乐避苦、趋利避害、自爱自保即是人的永恒不变的天性。快乐和痛苦永远是支配人的行动的唯一原则，道德的善恶完全是由利益决定的。"自然从我们幼年起就铭刻在我们心里的唯一情感，是对我们自己的爱。这种以肉体的感受性为基础的爱，是人人共有的。不管人们的教育有多么不同，这种情感在他们身上永远一样：在任何时代，任何国家，人们过去、现在和未来都是爱自己甚于爱别人的。"[1]　在爱尔维修看来，利益原则源于人的本性，由自爱自私所派生出的对个人利益的追求构成人的一切行为的动因。"如果说自然界是服从运动的规律的，那么精神界就是不折不扣地服从利益的规律的。"[2]　"个人利益是人们行为价值的唯一而且普遍的鉴定者。因此，与一个个人相联系的正直，按照我的定义来说，无非就是对这个个人有利的行为的习惯。"[3]　法国唯物主义把自私自爱作为人的本质强调个人利益的合理性，否定中世纪基督教禁欲主义的说教，具有一定的历史进步性。但是他们所说的人性是自然的抽象的人性，他们把资产阶级自私自利的阶级本性当作是普遍的永恒的人性，表现出资产阶级唯心主义历史观和道德观的严重缺陷。

马克思主义认为，人性是具体的而不是抽象的，人的本质属性是社会属性而不是自然属性。马克思说："人是最名副其实的社会动物，不仅是一种合群的动物，而且是只有在社会中才能独立的动物。"[4]　人在社会中生活，社会关系制约着人的需要，决定着人的现实本性。人生下来无所谓自私利己，其思想品德是在后天各种社会关系的制约和影响下形成的。因此"人的本质并不是单个人所固有的抽象物。在其现实性上，它是各种

---

① 参见北京大学哲学系外国哲学史教研室编译：《十八世纪法国哲学》，商务印书馆 1963 年版，第 501 页。

② 同上书，第 460 页。

③ 同上。

④ 马克思：《1857—1858 年经济学手稿》，《马克思恩格斯全集》第 12 卷，人民出版社 1962 年版，第 734 页。

社会关系的总和。"① 人作为社会动物，就不能完全按照自然倾向来行为，他在追求自己个人利益的行为中，必须考虑到他人的需要及其他社会因素。马克思主义认为，利益是道德的基础，无疑是正确的，但作为道德的基础的利益绝不可仅仅归结为个人欲望或个人利益。马克思在批判爱尔维修等人的功利主义伦理观时指出："既然正确理解的利益是整个道德的基础，那就必须使个别人的私人利益符合于全人类的利益……既然人天生就是社会的生物，那他就只有在社会中才能发展自己的真正的天性，而对于他的天性的力量的判断，也不应当以单个人的力量为准绳，而应当以整个社会的力量为准绳。"② 也就是说，道德的基础并不是对个人利益的追求，而是对社会公共利益的追求。只有使个别人的私人利益符合于全人类的利益，亦即将个人利益与社会共同利益有机地结合起来，才能真正导向道德或产生道德。应该说，马克思主义经典作家对法国功利主义的批判是一语中的，富有战斗力的。

其次，马克思、恩格斯对边沁、密尔等英国的思想家所宣扬的功利主义也进行了深刻的批判。如果说爱尔维修、霍尔巴赫等法国思想家对个人利益的推崇与强调本质上是为法国大革命制造舆论，带有强烈的反封建反宗教禁欲主义的革命意义，那么边沁、密尔等英国思想家则是在英国资产阶级已经夺取政权，工业革命已经发生、劳资矛盾日益紧张的情况下，挺身而出为资产阶级的利益进行辩护，并通过"最大多数人的最大幸福"的倡扬来消解无产阶级的斗志。边沁公开承认法国唯物主义者是他的思想先驱，他从爱尔维修那里直接接过快乐主义，并将趋乐避苦作为论证功利主义原理的根据，认为功利主义原则指的就是，当我们对任何一种行为予以赞成或不赞成的时候，我们是看该行为是增多还是减少当事者的幸福。如果一种行为带来的快乐的成分占优势，它就是道德的、善的行为；如果一种行为带来的完全是快乐而没有痛苦，就是最大幸福；如果一种行为使最大多数人都得到了最大幸福，那就达到了功利主义的最高原则。值得注意的是，边沁宣扬"最大多数人的最大幸福"，并不是想得出与利己主义

---

① 马克思：《关于费尔巴哈的提纲》，《马克思恩格斯选集》第 1 卷，人民出版社 1995 年版，第 56 页。

② 马克思、恩格斯：《神圣家族》，《马克思恩格斯全集》第 2 卷，人民出版社 1957 年版，第 167 页。

相对立的道德结论。由于他把社会看作是一种虚构的团体，把社会利益看作是组成社会之所有单个成员的利益之总和，因而他所宣称功利主义恰恰是建立在利己主义的基础之上并以利己主义为归宿的。恩格斯在批评边沁功利主义时深刻地指出："边沁在自己的经验中犯了黑格尔在理论上犯过的同样错误；他没有认真地克服二者的对立，他使主语从属于谓语，使整体从属于部分，因此把一切都颠倒了，"他"不是把类的权利赋予自由的、意识到自身和创造自身的人，而是赋予粗野的、盲目的、陷入矛盾的人"①。边沁功利主义由于把个人利益视为唯一现实的利益，因而本质上是一种利己主义，而不是什么整体主义，或什么公益论。边沁等人的功利主义只不过是法国唯物主义者们公共利益的一个非常无力的、剥去了革命色彩的摹本而已。如果说爱尔维修和霍尔巴赫法国唯物主义对个人利益的强调还是一种伦理的启蒙和道德的进步，那么到了边沁、密尔那里公开为英国资产阶级利益辩护的功利主义，不但不是一种伦理的进步，而且是从法国功利主义的倒退。因为边沁、密尔的功利主义把利己主义视为天经地义的，在他们眼里，每个人都只顾自己，使人们连在一起并发生关系的唯一力量，"是他们的特殊利益，是他们的私人利益"。因此，边沁等人所提出的最大多数人的最大幸福原则，已经变成为资本主义金钱盘剥关系辩护的虚伪理论。基于对英国功利主义的批判，马克思主义认为，那种把一切关系都归结为功利关系的功利主义理论其实是很愚蠢的，是一种形而上学式的抽象。

最后，马克思主义经典作家也深入揭露和批判了康德等人为义务而义务的义务论。康德不赞同英法唯物主义的道德论，认为把快乐、幸福作为道德根据的经验主义伦理学说，其原则是没有客观的普遍必然性的。道德的根源不仅不能到人的趋乐避苦的自然本性中去寻找，而且恰恰是对趋乐避苦的自然本性的征服、控制与超越。一个行为之所以是道德的，不是因为他得到利益，而是因为他牺牲了自己的利益。康德主张从完全超感性经验和功利幸福的纯粹理性和善良意志中去寻找道德的根源，并坚持认为无论是在这个世界之中还是在这个世界之外，除了善良

---

① 恩格斯：《英国状况：十八世纪》，《马克思恩格斯全集》第二版第 3 卷，人民出版社 2002 年版，第 545 页。

意志，不可能设想一个无条件善的东西。善良意志不仅是一切高贵品质的道德价值不可缺少的条件，而且它本身自为地就是无比的善的。即使它没有产生任何结果，它仍然如一颗宝石一样，自身即会发射耀目的光芒。善良意志落实到人们的道德生活领域必然要求"为义务而义务"。善良意志之善的最高表现就是遵从绝对命令，凡是出于绝对命令的行为都是义务的行为，义务就是绝对命令对行为提出的要求，就是按照这种要求做应该做的事。

马克思主义经典作家分析批判了康德的善良意志理论，指出康德只谈善良意志，哪怕这个善良意志毫无效果他也心安理得，康德的这种善良意志和为义务而义务理论完全符合 18 世纪德国资产阶级的软弱和受压迫的状况。康德的义务论抽掉了德国资产阶级革命的物质动机和实践要求，使法国启蒙主义和唯物主义理论在德国"完全失去了直接实践意义"，变成了纯粹著作界的一个流派，表现为一种"关于实现人性的无谓冥想"。法国资产阶级革命的要求以及对个人利益的肯定和强调，在康德那里变成了实践理性和善良意志的要求。康德批判法国唯物主义主张自私是人的本性、个人利益是道德的基础等观点，强调道德的要求就在于自我牺牲，其伦理思想无疑包含着一定的合理性。但是康德在批判英法功利主义个人利益是道德的基础的观点时，把道德和利益完全割裂开来，陷入了道德与利益的二律背反之中，没有看到道德与利益之间的内在联系，从而把道德的"应该"或"正当"变成了毫无实际内容的空洞的道德设想，使其义务论成为基督教摩西十诫式的道德诫命。

通过批判英法功利主义和康德等人的抽象义务论，马克思、恩格斯已经意识到道德与利益是一对既有联系又有区别、既对立又统一的矛盾关系。认识和解决这一矛盾关系，既不能遵循机械唯物主义的思维路径，也不能重蹈思辨唯心主义的覆辙，应当在辩证唯物主义和历史唯物主义的理论基础上来认识和解决这一伦理学的基本问题。

三　共产主义道德的系统论述

共产主义道德是一种崭新的道德类型，它是从资本主义社会里的无产阶级道德形成和发展起来的，在无产阶级夺取政权后发展为社会主义道德，在进入共产主义社会后发展为一种全人类的公共道德。马克思主义在人类历史上第一次系统地阐述了共产主义道德的形成发展、基本原则和主要内容，建立起了共产主义道德的原则规范体系，从而为人类的道德追求和道德进步指明了方向。

1. 总结无产阶级的道德品质和价值观念

马克思主义认为，无产阶级道德产生于资本主义社会，是资本主义基本矛盾尖锐化的产物，是无产阶级在反对资产阶级的阶级斗争中形成和发展起来的，代表着无产阶级对未来理想社会的追求和愿望。19世纪中叶欧洲三大工人运动的兴起，标志着无产阶级反对资产阶级的阶级斗争进入了一个新的阶段，它表明工人群众已经意识到无产阶级的阶级本质，不仅提出了独立的政治要求，而且形成了自己的阶级道德。

马克思主义高度肯定无产阶级在反对资产阶级斗争中所表现出来的优秀品质，满腔热情地讴歌工人运动及其集体主义精神，并认为意识到自己阶级历史使命的无产阶级一定会在道德上坚强成熟起来，成为新道德的追求者、创造者和主人。无产阶级同农民和其他小生产者不同，"不戴上自私的眼睛来看一切"，"对他们来说，金钱的价值只在于能用它来买东西"，而不是"偶像"。虽然他们比有产阶级更迫切地需要金钱，但他们却并不贪财，他们完全没有金钱崇拜的感觉。[1] 他们对本阶级内部和其他劳动人民怀有深切的友爱和同情，"在他们看来，每一个人都是人"，都值得同情与尊重。"人与人之间的兄弟情谊在他们那里不是空话，而是真情，并且他们那由于劳动而变得坚实的形象向我们放射出人类崇高精神之光。"[2]

恩格斯在《英国工人阶级状况》中，并未否认工人阶级中存在着道德败坏、不文明的一面，对工人阶级的悲惨境地和贫困状况给予了无限同情，但恩格斯通过自己的实地考察不仅看到了英国工人阶级是个受苦受难、一贫如洗的阶级，而且看到了英国工人阶级也是一个最革命的阶级，从他们美好的道德心灵和道德精神中看到了希望，并把人类道德进步的希望同工人阶级联系起来。恩格斯认为，与自私自利、萎靡不振的资产阶级

---

① 恩格斯：《英国工人阶级状况》，《马克思恩格斯全集》第2卷，人民出版社1957年版，第411页。

② 马克思：《1844年经济学哲学手稿》，《马克思恩格斯全集》第二版第3卷，人民出版社2002年版，第348页。

不同，英国工人阶级崇尚道德文明和社会进步，如饥似渴地汲取着人类文化的精华。英国工人阶级其成员大多是无神论者，他们反对教会，不相信鬼神和上帝。在曼彻斯特英国社会主义者主办的"共产主义大厅"讲演会上，工人们的演讲时有揶揄牧师神甫，抨击基督教，甚至把基督教徒叫作"我们的敌人"。恩格斯肯定英国工人阶级的革命性与实现社会主义的献身精神，认为他们决不像贵族和资产者那样瞻前顾后，自私自利，他们具有同资本主义作斗争的无比勇气和热情，是推动社会进步、代表社会未来的重要力量。在《英国状况：评托马斯·卡莱尔的"过去和现在"》一文中，恩格斯写道："只有大陆上的人们所不熟悉的那一部分英国人，只有工人、英国的贱民、穷人，才是真正值得尊敬的人，尽管他们粗野，尽管他们道德堕落。拯救英国要靠他们，他们身上还有可造之材；他们没有文化知识，但也没有偏见，他们还有力量从事伟大的民族事业，他们还有前途。"①恩格斯对英国工人阶级的生活状况、斗争精神和组织力量的考察，使他认识到工人阶级的革命本质及其历史作用，确信工人阶级是从事社会革命的主要力量，未来属于工人阶级。

19世纪30—40年代，随着资本主义经济的发展，生产社会化和私人占有制的矛盾不断加深，无产阶级和资产阶级的斗争也日趋明朗化，先后爆发了"三大工人运动"，即英国的宪章运动、法国里昂工人运动和德国西里西亚纺织工人运动。在这些工人运动中，无产阶级充分地表现了自己的阶级意识和利益要求，形成了完全不同于资产阶级和贵族的道德品质和道德精神。马克思、恩格斯在谈到里昂工人运动时指出，工人阶级"即使没有批判的批判的神圣精神的直接庇佑"，"也能把自己提高到精神发展的更高水平"②。而英国宪章运动则是工人反抗资产阶级的集中表现，被剥削阶级以值得我们极力称颂的毅力、勇敢、觉悟和理智进行的斗争，是工人的觉悟和自制力的最好证明。德国西里西亚纺织工人起义一开始就意识到无产阶级的本质。三大工人运动在反对资产阶级的斗争中表现了工人阶级的诸多优秀道德品质，代表了人类道德发

---

① 恩格斯：《英国状况：评托马斯·卡莱尔的"过去和现在"》，《马克思恩格斯全集》第二版第3卷，人民出版社2002年版，第497页。

② 马克思、恩格斯：《神圣家族》，《马克思恩格斯全集》第2卷，人民出版社1957年版，第171页。

展的未来。工人阶级忠于本阶级，遵守纪律，互相援助，舍身奋斗和组织性等道德品质是人类道德发展的新希望，也是根治资本主义社会道德腐败的重要力量。

在《共产党宣言》中，马克思、恩格斯从无产阶级在资本主义社会中所处的地位和历史使命出发探讨了无产阶级的道德观念和品质。指出无产阶级在资本主义工厂里的劳动地位和社会地位决定它具有团结和战斗性的高尚品德，具有大公无私和为全人类利益而奋斗的道德精神。无产阶级的历史使命决定它是一个为绝大多数人谋利益的阶级。"无产者是没有私产的，他们和妻子儿女的关系是同资产阶级的家庭关系完全不同的；现代的工业劳动，现代的资本压迫，无论在英国或法国，也无论在美国或德国，都是一样的，都已经使无产者失去任何民族性了。法律、道德和宗教，在他看来全都是掩蔽资产阶级利益的资产阶级偏见。"① 无产阶级没有私有财产，同样也没有私有观念，无产阶级一无所有的社会地位和生活条件，决定它必须消灭一切私有制，形成全然不同于资产阶级利己主义的道德观念，并且能够超越民族、国家的局限而放眼世界，产生为全人类谋解放和幸福的崇高理想。马克思、恩格斯指出："过去的一切运动都是少数人的或者为少数人谋利益的运动。无产阶级的运动是绝大多数人的、为绝大多数人谋利益的独立的运动。"② 无产阶级作为资本主义社会受压迫受剥削的阶级，只有联合起来集体行动，炸毁构成官方社会的整个上层，才能抬起头来，挺起胸来。因此无产阶级如果不同时解放全人类，就不能最终解放自己。无产阶级的利益同全人类的利益具有高度的一致性。

1871 年 3 月 18 日巴黎工人发动武装起义，推翻了资产阶级反动政府，建立了人类历史上第一个无产阶级的政权——巴黎公社。巴黎公社是一个伟大的创举。马克思指出，巴黎公社的成立，本身就表现了巴黎工人阶级难能可贵的历史主动性和自我牺牲的英雄气概。公社的真正秘密就在于，它实质上是工人阶级的政府，是生产者阶级同占有者阶级斗争的结果。公社的终极任务是致力于消灭一切阶级，从而消灭一切阶级统治。巴

---

① 马克思、恩格斯：《共产党宣言》，《马克思恩格斯选集》第 1 卷，人民出版社 1995 年版，第 283 页。

② 同上。

黎公社激发工人无数美德，如英勇顽强、不屈不挠、视死如归、奋不顾身。马克思高度赞扬巴黎无产阶级在与反革命势力的搏斗中所表现出来的自我牺牲的英勇气概和集体主义精神，指出：这些巴黎人，具有何等的灵活性，何等的历史主动性，何等的自我牺牲精神，历史上还没有过这种英勇奋斗的范例。巴黎公社简直是奇迹般的改变了巴黎的面貌。第二帝国的那个花花世界般的巴黎消失得无影无踪，新的巴黎不再是"不列颠的大地主、爱尔兰的在外地主、美利坚的前奴隶主和暴发户、俄罗斯的前农奴主和瓦拉几亚的封建贵族麇集的场所了。尸体认领处里不再有尸体了，夜间破门入盗事件不发生了，抢劫也几乎绝迹了"。巴黎公社解放了妇女，大批妇女投身革命，出现在斗争最前列，"她们像古典古代的妇女那样具有英勇、高尚和献身的精神。"马克思充满赞美之情地写道："努力劳动、用心思索、战斗不息、流血牺牲的巴黎——它在培育着一个新社会的同时几乎把大门口外的食人者忘得一干二净——正放射着它的历史首创精神的炽烈的光芒！"① 认为巴黎工人阶级在反对资产阶级的斗争中所形成的道德品质及价值观念，"反映出他们事业的伟大。"工人的巴黎将永远作为新社会的光辉先驱而受到人们的称颂，它的英烈们将永远铭记在工人阶级的心坎里，并成为激励后人不断斗争和奋斗的力量源泉。

2. 论述无产阶级道德的基本原则

在道德原则问题上，马克思、恩格斯分析了人类伦理思想史上的各种利己主义和利他主义原则以后指出，共产主义者"既不拿利己主义来反对自我牺牲，也不拿自我牺牲来反对利己主义，理论上既不是以那情感的形式，也不是以那夸张的思想形式去领会这个对立，而是在于揭示这个对立的物质根源"②。马克思主义在总结无产阶级的道德品质及价值观念的过程中，已经相当清醒地意识到只有无产阶级的集体主义道德才能真正科学地解决道义与功利的关系问题，才能真正超越功利论与道义论的对立。只有无产阶级的集体主义道德观才有可能真正形成一种义利并重的道德价值观。

---

① 马克思：《法兰西内战》，《马克思恩格斯选集》第3卷，人民出版社1995年版，第66页。

② 马克思、恩格斯：《德意志意识形态》，《马克思恩格斯全集》第3卷，人民出版社1960年版，第275页。

　　马克思主义强调利益是道德的根源和基础，并认为道德就是利益关系的协调或为解决利益矛盾而产生的，因此在利益关系上，马克思主义既不像封建主义那样一味地只重社会整体利益，也不像资本主义那样片面地强调个人利益，而是从无产阶级个人与阶级、无产阶级与其他劳动阶级利益根本一致的事实出发，主张个人利益与社会集体利益的有机结合，倡导一种既不同于整体主义也不同于利己主义的集体主义道德观。

　　在马克思主义看来，人是名副其实的社会动物，人的本质并不是单个人所固有的抽象物，在其现实性上，它是一切社会关系的总和。人的个人利益与社会集体利益是密切相关的，尤其就无产阶级来说更是如此。如果说在私有制和阶级剥削的社会里，人和人的利益是彼此背离的，个人利益是要占有一切，社会的利益则是要使每个人所占有都相等。所以，公共利益和私人利益是直接对立的，那么在战斗的无产阶级消灭了私有制、利益对抗的社会主义共产主义社会里，个人利益与社会集体利益更是水乳交融地联系在一起，密不可分。

　　在私有制时代和阶级社会里，个人利益与公共利益之间存在着深刻的矛盾，个人利益反对公共利益，公共利益也反对个人利益。而事实上，由于剥削阶级的集体具有虚幻性，它维护的只是少数人的私人利益，而这种私人利益同组成集体的其他成员的私人利益恰恰是对立和冲突的。剥削阶级的国家、民族这样的集体，对广大被剥削阶级来说只是虚构的，因为它并不代表被剥削阶级的利益，被剥削阶级同剥削阶级没有共同的利益。相反，剥削阶级要巩固他们的"集体"利益，总是要以牺牲被剥削阶级的利益为代价。马克思、恩格斯指出："从前各个个人所结成的那种虚构的集体，总是作为某种独立的东西而使自己与各个个人对立起来：由于这种集体是一个阶级反对另一个阶级的联合，因此对于被支配的阶级说来，它不仅是完全虚幻的集体，而且是新的桎梏。"[①] 剥削阶级的集体是冒牌的或虚构的集体。在剥削阶级的集体如国家内，个人自由只是对那些在统治阶级范围内发展为个人来说是存在的。也就是说只有剥削阶级和统治阶级才有个人自由，他们之所以有个人自由，只是因为他们是这一阶级的个

---

　　① 马克思、恩格斯：《德意志意识形态》，《马克思恩格斯全集》第3卷，人民出版社1960年版，第84页。

人。而广大被剥削阶级和被统治阶级则被剥夺了个人自由。"正是由于私人利益和公共利益之间的这种矛盾，公共利益才以国家的姿态而采取一种和实际利益（不论是单个的还是共同的）脱离的独立形式，也就是说采取一种虚幻的共同体的形式。"① 剥削阶级为了证明其私人利益的正当性，总是把自己的阶级利益提升为普遍利益，并以普遍利益的要求来反对被剥削阶级的个人利益。无论是封建地主阶级还是资产阶级，他们为了达到自己的目的总是把自己的利益说成是社会全体成员的共同利益，抽象地讲，就是赋予自己的思想以普遍性的形式，使其成为唯一合理的、有普遍意义的思想。在私有制时代和阶级社会里，剥削阶级总要使自己的个人利益发展为阶级利益，提升为共同利益，而这种共同利益一旦脱离单独的个人而获得独立性，并在独立化过程中取得普遍利益的形式，那么它就会反过来与真正的个人利益发生矛盾。原本是封建地主阶级或资产阶级的个人利益，由于取得了普遍利益的形式必然反过来反对劳动人民或无产阶级的个人利益。被压迫和被剥削阶级要真正追求和捍卫自己的个人利益，就不得不反对阻碍它们实现的所谓普遍利益。马克思、恩格斯指出："正因为各个个人所追求的仅仅是自己的特殊的、对他们来说是同他们的共同利益不相符合的利益（普遍的东西一般说来是一种虚幻的共同体的形式），所以他们认为，这种共同利益是'异己的'，是'不依赖'于他们的，也就是说，这仍旧是一种特殊的独特的普遍利益，……另一方面，这些特殊利益始终在真正地反对共同利益和虚幻的共同利益，这些特殊利益的实际斗争使得通过以国家姿态出现的虚幻的'普遍'利益来对特殊利益进行实际的干涉和约束成为必要。"② 剥削阶级的特殊利益取得了普遍利益的形式，而这种普遍利益在被剥削阶级看来恰恰是"异己的"，是与其个人利益相冲突的。只要剥削阶级和私有制存在一天，这种利益冲突和利益矛盾就不会停止。只有消灭私有制和剥削阶级，才能真正消除个人利益和共同利益的对立和冲突。"只要阶级的统治完全不再是社会制度的形式，也就是说，只要那种把特殊利益说成是普遍利益，或者把'普遍的东西'说成

---

① 马克思、恩格斯：《德意志意识形态》，《马克思恩格斯全集》第 3 卷，人民出版社 1960 年版，第 37—38 页。

② 同上书，第 38 页。

是占统治地位的东西的必要性消失了，那末，一定阶级的统治似乎只是某种思想的统治这种假象当然也就会自行消失。"① 在私有制时代和阶级社会里，共同利益是狭隘的，并且常常是异己的，共同利益也并非是一种真正意义上的共同利益，因为它并不代表也无法代表组成共同体成员的利益，最后总是要成为某些统治阶级特殊利益的组成部分，这种利益对人民群众来说不仅是一种欺骗，而且还是一种沉重的枷锁和负担。因此，从根本上说，私有制和阶级社会无法达成真正的共同体和共同利益，同样也无法消除个人利益与共同利益实质是统治阶级的特殊利益之间的冲突。

　　无产阶级的集体和社会主义的集体则是真实的集体。所谓真实的集体实际是一种真正人的自由联合体。这种集体不是个人发展的桎梏，而是他们获得自由的前提条件。"在控制了自己的生存条件和社会全体成员的生存条件的革命无产者的集体中，情况就完全不同了。在这个集体中个人是作为个人参加的。它是个人的这样一种联合（自然是以当时已经发达的生产力为基础的），这种联合把个人的自由发展和运动的条件置于他们的控制之下。而这些条件从前是受偶然性支配的，并且是作为某种独立的东西同各个个人对立的。"② 无产阶级的集体，是现代社会化大生产的产物，它是无产者个人的自由联合体，是建立在利益一致基础上的，它有着共同的目标，担负着改造以私有制为基础的旧的社会关系的历史使命。无产者个人只有联合起来组织成集体，才有力量，才能赢得和捍卫自己的个人利益。不仅无产者之间的利益具有高度的一致性，无产者和全人类的利益也是息息相关的。这是因为无产阶级是人类历史上最后一个阶级，担负着推翻私有制和阶级统治、解放全人类的重任，无产阶级只有解放全人类才能最后解放自己。马克思、恩格斯指出："过去一切阶级在争得统治之后，总是使整个社会服从于它们发财致富的条件，企图以此来巩固它们已经获得的生活地位。无产者只有消灭自己的现存的占有方式，从而废除全部现存的占有方式，才能取得社会生产力。无产者没有什么自己的东西必须加

---

① 马克思、恩格斯：《德意志意识形态》，《马克思恩格斯全集》第 3 卷，人民出版社 1960 年版，第 54—55 页。

② 同上书，第 84—85 页。

以保护，他们必须摧毁至今保护和保障私有财产的一切。"① 以往的一切运动都是少数人或者为少数人谋利益的运动，而无产阶级反对资产阶级的斗争则是绝大多数人的、为绝大多数人谋利益的独立运动。无产阶级除了推翻私有制、解放全人类以外，并无任何特殊的阶级利益和私人利益。在无产阶级看来为巩固和完成共产主义事业而斗争的集体的利益是最重要的。个人利益必须服从集体利益，这样才是合乎道德的，否则就是不合乎道德的。当然，无产阶级决不是不重视或否认个人正当的利益，恰恰相反，只有无产阶级及其共产主义事业才真正重视个人利益，并以推动和促进全体社会成员个人利益的健康实现为目的。马克思主义认为，只有无产阶级"才发现了共同利益在历史上任何时候都是由作为私人的个人造成的。他们知道，这种对立只是表面的，因为这种对立的一面即所谓普遍的一面总是不断地由另一面即私人利益的一面产生的，它决不是作为一种具有独立历史的独立力量而与私人利益相对抗"②。每一个人的利益、福利和幸福同其他人的福利有着不可分割的联系，共同利益取决于也离不开社会成员的个人利益，这是显而易见的事实。另外，"私人利益本身已经是社会所决定的利益，而且只有在社会所创造的条件下并使用社会所提供的手段，才能达到；也就是说，私人利益是与这些条件和手段的再生产相联系的。这是私人利益；但它的内容以及实现的形式和手段则是由不以任何人为转移的社会条件决定的。"③ 一方面，社会的共同利益是由作为私人的个人所造成的；另一方面，私人利益又是在社会所创造的条件下并使用社会所提供的手段而实现的，这就说明个人利益与社会共同利益本质上是统一的，无产阶级应当把个人利益与社会集体利益有机地结合起来。

　　正是基于对无产阶级个人利益与社会集体利益统一性的分析，在马克思主义看来，无产阶级致力于推翻私有制，解放全人类、实现共产主义就

---

　　① 马克思、恩格斯：《共产党宣言》，《马克思恩格斯选集》第 1 卷，人民出版社 1995 年版，第 283 页。

　　② 马克思、恩格斯：《德意志意识形态》，《马克思恩格斯全集》第 3 卷，人民出版社 1960 年版，第 275—276 页。

　　③ 马克思：《政治经济学批判》，《马克思恩格斯全集》第 46 卷，人民出版社 1979 年版，第 102—103 页。

是为了破除个人利益与共同利益的对立，使个人利益与社会集体利益统一起来，人人都能过上幸福美好的新生活。因此无产阶级不要求个人作无谓的牺牲，也不因此而走向利己主义，它主张超越功利论与道义论的对立之上，倡导一种个人利益与社会共同利益相结合的集体主义道德观，这是马克思主义伦理思想的主要内容，也是其本质特征。

3. 阐说无产阶级的道德理想

马克思主义的伦理思想既强调利益决定道德的性质和变化，主张个人利益与社会集体利益的辩证统一，又坚持无产阶级的道义精神，倡导发扬公而忘私的共产主义品德，为全人类谋福利，为共产主义事业而献身。

早在 17 岁中学毕业时，马克思在《青年在选择职业时的考虑》一文中就提出"为人类谋福利"的观念，主张"为他人的幸福而工作"。在他看来，职业选择的主要指针是人类的幸福和自身的完美，这两个方面是统一的，"人只有为同时代人的完美、为他们的幸福而工作，自己才能达到完美"。[①] 马克思所说的幸福是人类的幸福，而不是某些人所追求的仅仅为了自己的、自私的乐趣。马克思所理解的自身的完美同以自我为中心的人的自我完善也是迥然相异的，自身的完美恰恰是同为人类谋福利、为他人而工作紧密联系在一起的。马克思强调指出，只是为个人争得一个可以炫耀一番的社会地位而奋斗，那是十分庸俗和低级的。如果一个人只是为自己而劳动，他也许能成为有名的学者，绝顶的聪明人，出色的诗人，但他永远不能成为一个真正完美的伟人。一个人只有超越自私自利的界限，树立起为同时代人的完美而工作的理想目标，才能使自己成为一个完美的人。什么样的人才是真正的伟人？什么是真正的幸福？马克思答道："历史把那些为共同目标工作因而自己变得高尚的人称为最伟大的人物；经常赞美那些为大多数人带来幸福的人是最幸福的人。"[②] 在这篇文章的最后，马克思写下了一段感人至深的话："如果我们选择了最能为人类而工作的职业，那么，重担就不能把我们压倒，因为这是为大家作出的牺牲；那时我们所享受的就不是可怜的、有限的、自私的乐趣，我们的幸福将属于千

① 马克思：《青年在选择职业时的考虑》，《马克思恩格斯全集》第二版第 1 卷，人民出版社 1995 年版，第 459 页。

② 同上。

百万人，我们的事业将悄然无声地存在下去，但是它会永远发挥作用，而面对我们的骨灰，高尚的人们将洒下热泪。"① 这一段话道出了马克思为人类幸福而献身的伟大理想和抱负，表述了马克思的幸福观、价值观和理想人格，充满着高尚的道义精神和优美襟怀，并奠定了马克思主义伦理观的基础。

进入大学后，马克思抱定为全人类造福的宗旨，把从哲学上批判宗教神学与政治上批判封建专制主义紧密地结合在一起，"反对一切天上和地上的神灵"，他决心要像普罗米修斯从天上盗火下来给人们建设家园、定居地上一样，改变世界的面貌。在《德谟克利特的自然哲学与伊壁鸠鲁的自然哲学的差别》这篇论文的序言中，马克思以豪迈的气概把普罗米修斯尊为争取自由的伟大英雄：对于那些以为哲学在社会中的地位似乎已经恶化因而感到欢欣鼓舞的懦夫们，哲学再度以普罗米修斯对众神的侍者海尔梅斯所说的话来回答他们：你好好听着，我绝不会用自己的痛苦，去换取奴隶的服役；我宁肯被缚在崖石上，也不愿作宙斯的忠顺奴仆。马克思认为普罗米修斯是哲学日历中最高尚的圣者和殉道者，并决心作一个新时代的普罗米修斯，把光明带给人间，驱散世上的黑暗。在这篇文章中，马克思主张理论的研究和实践中应有道德上的无私的态度，认为"凡是表现为良心的进步的东西，同时也是一种知识的进步"②。理论研究需要一种献身科学的无私精神和科学良心，决不能违背科学良心，使理论为少数人的私利服务。实践上也要求人们遵循良心，不损人利己。马克思坚决抨击普卢塔克认为把自己民族的幸福建立在别的民族毁灭之上是符合道德的观点，指出这是一种极端自私的荒谬理论。

从《莱茵报》到《德法年鉴》期间，马克思在反对普鲁士的封建专制主义和宗教的斗争中，十分重视人的价值和尊严，主张尊重人的价值，把人当人看，认为现代国家的任务是使有道义的个人自由联合起来以实现政治的法律的和伦理的自由，国家教育的任务就在于把个人的目

①　马克思：《青年在选择职业时的考虑》，《马克思恩格斯全集》第二版第1卷，人民出版社1995年版，第459—460页。

②　马克思：《德谟克利特的自然哲学与伊壁鸠鲁的自然哲学的差别》，《马克思恩格斯全集》第二版第1卷，人民出版社1995年版，第75页。

的变成大家的目的，把粗野的本能变成道德的意向，把天然的独立性变成精神的自由。马克思还在揭露批判普鲁士书报检查制度的过程中以道德作武器，指出道德是"一种本身神圣的独立范畴"，而普鲁士书报检查制度却用警察的礼貌，旧的拘泥的礼仪作为标准来检查书报是否合乎道德，这就否定了道德的本质。在《1844年经济学哲学手稿》中，马克思指出，共产主义是私有财产即人的自我异化的积极的扬弃，因而是通过人并且为了人而对人的本质的真正占有。共产主义是一个符合人性而非异化的社会，人与人之间的关系是一种真正的人的关系，你要别人爱你信任你，"那么你就只能用爱来交换爱，只能用信任来交换信任。"①从把人当人看的伦理要求出发，马克思强调尊重妇女，认为"拿妇女当作共同淫乐的牺牲品和婢女来对待，这表现了人在对待自身方面的无限的退化"。人和人之间的直接的、自然的、必然的关系是男女之间的关系，从这种关系的对待中可以判断人的整个教养程度，可以看出人在何种程度上成为人并把自己理解为人。"男女之间的关系是人和人之间最自然的关系。因此，这种关系表明人的自然的行为在何种程度上成了人的行为。"②

恩格斯在《英国工人阶级状况》一文中称赞工人阶级的崇高美德，认为大工业大城市的发展，使英国工人阶级克服了民族的利己主义，逐步具备了国际主义精神。他说："我看到你们同情每一个为人类的进步而真诚地献出自己力量的人，不管他是不是英国人；我看到你们仰慕一切伟大的美好的事物，不论它是不是在你们祖国的土地上产生的。我确信，你们并不仅仅是普通的英国人，不仅仅是一个孤立的民族的成员；你们是意识到自己的利益和全人类的利益相一致的人，是一个伟大的大家庭中的成员。"③恩格斯认为，工人阶级的这种国际主义精神代表了人类道德发展的大方向，每一个崇尚进步的人们都应当弘扬这种道德精神。事实上，马

---

①　马克思：《1844年经济学哲学手稿》，《马克思恩格斯全集》第二版第3卷，人民出版社2002年版，第364页。

②　马克思：《1844年经济学哲学手稿》，《马克思恩格斯全集》第二版第3卷，人民出版社2002年版，第296页。

③　恩格斯：《英国工人阶级状况》，《马克思恩格斯全集》第2卷，人民出版社1957年版，第277页。

克思、恩格斯本人不仅是无产阶级解放事业的伟大领袖，而且是为全世界无产阶级谋福利的伟大的国际主义战士。正如马克思自己说的，"我是世界的公民，我走到哪儿就在哪儿工作。"

马克思主义认为，要为无产阶级以及绝大多数人谋幸福，就得推翻剥削者的统治，消灭私有制。为了实现他们自己所提出的价值目标，马克思恩格斯本人顶逆风，战恶浪，同形形色色的反动派进行顽强的搏斗，把自己的毕生精力献给了人类最壮丽的事业——为全世界无产阶级的解放而斗争。马克思多次表示，工人阶级可以永远把我当作一个忠诚的先锋战士。如果我重新开始生命的历程，我还会投身革命斗争。在写作工人阶级的"圣经"《资本论》的过程中，马克思克服了无数令人难以想象的困难，牺牲了自己的健康、幸福和家庭。在给恩格斯的信中，马克思说，一个人不能像牛一样，只顾自己身上的皮。"照我的情况来看，本来应把一切工作和思考丢开一些时候；但是这对我来说，即使有钱去游荡，也是办不到的。"① 在马克思看来，"科学绝不是一种自私自利的享受。有幸能够致力于科学研究的人，首先应拿自己的学识为人类服务。"②

为了能使马克思专心写作《资本论》和向马克思一家提供物质上的帮助，恩格斯心甘情愿地作出一切牺牲，回到他父亲与人合伙经营的纱厂工作，从事那"该死的生意经"。马克思逝世后，恩格斯以满腔热情和全部精力投入编辑出版《资本论》第二、第三卷校订和出版马克思许多单行本作品、筹备出版马克思全集的工作，此外还领导创建了第二国际，密切注视和仔细研究欧美各国共产主义运动，同各国革命家通信并保持具体联系，一直战斗到生命的最后一息。回首自己为共产主义事业奋斗的一生，恩格斯说："如果说我在参加运动的五十年中的确为运动做了一些事情，那末，我并不因此要求任何奖赏。我最好的奖赏就是你们（指共产主义战士——引者注）！到处有我们的同志：在西伯利亚的监狱里，在加利福尼亚的金矿里，直到澳大利亚。……这使我感到骄傲！我们没有白活，我们能够自豪地、满意地回顾自己的事业。"③ 马克思、恩格斯用自

---

① 马克思：《致恩格斯》（1868 年 3 月 25 日），《马克思恩格斯全集》第 32 卷，第 51 页。

② 《回忆马克思恩格斯》，人民出版社 1973 年版，第 2 页。

③ 恩格斯：《1893 年 9 月 14 日在维也纳的社会民主党人大会上的演说》，《马克思恩格斯全集》第 22 卷，人民出版社 1965 年版，第 481 页。

己的一生谱写了为全人类谋幸福的壮丽乐章，将无产阶级革命的道义精神传播至四面八方，大大地推动了人类道德的进步。

马克思恩格斯伦理思想的形成和发展，开辟了人类伦理思想的新纪元。它将人类道德奠基于唯物史观的基础之上，从社会存在决定社会意识、社会意识反作用于社会存在的既唯物又辩证的角度肯定利益对道德的决定性和道德对利益的能动性，并自始至终将道德视为利益协调和促进个人利益与社会集体利益和谐发展的方式和力量，不仅结束了关于道德具有超自然的根源和关于道德规范道德评价具有纯主观性质的、仿佛是从自由意志而来的一切神话，而且结束了想靠自由、平等、博爱的符咒来推翻世界，以所谓爱的力量来战胜一切的幻想和神话，理性而科学地确立了道德在个人生活和社会发展中的地位，使研究道德的伦理学真正成为一门科学。马克思、恩格斯的伦理思想既批判了封建主义道德和宗教道德割裂道德与利益的关系，片面地推崇道德价值和作用的错误，也批判了资本主义道德把个人私利等同于道德，认为美德即是对个人私利的追求和维护的错误，坚持用唯物辩证法来分析道义与功利的关系，既强调利益对道德的决定作用，又重视弘扬革命的道义精神，旗帜鲜明地批判资产阶级利己主义和拜金主义，主张实现个人利益和社会共同利益的有机结合，使道义精神的弘扬服务于解放全人类的共产主义事业，造福于千百万人。不特如此，马克思、恩格斯的伦理思想，全面系统地阐述了无产阶级道德和共产主义道德的本质和内容，揭示了人类道德发展的规律和大方向，以人的自由的全面的发展作为共产主义道德的核心价值，强调超越人对人的依赖和人对物的依赖从而走向人的全面发展、建立新型人际关系的历史合理性和价值合理性。马克思、恩格斯的伦理思想是一种奠定在唯物史观和科学社会主义基础之上的具有严密的科学性、高度的革命性和强烈的实践性的崭新的伦理思想，它的问世是人类伦理思想发展史上划时代的伟大的革命变革。马克思、恩格斯本人不仅是无产阶级道德和共产主义道德的科学阐释者和热烈倡导者，而且是无产阶级道德和共产主义道德的积极实践者和光辉典范。他们在万恶的资本主义社会里，顶逆风，战恶浪，同形形色色的反动派进行顽强的搏斗，把自己毕生精力献给了人类最壮丽的事业——为全世界无产阶级的解放而斗争。马克思曾多次谈到，工人阶级可以永远把我当作一个忠诚的先锋战士。如果我重新开始生命的旅程，我还会无怨无悔地投身于无产阶级的解放事业。恩格斯说，我有幸参加了半个多世纪的无产阶级的斗争事业，我感到没有白活。致力于无产阶级解放和共产主义运动，是马克思、恩格斯的伟大信念，也是他们人生幸福的源泉。他们的伦理思想和共产主义道德品质、高尚人格，成为人类伦理思想史和道德生活史上的一盏明灯，一面旗帜，不断指引着人类前进和为美好的生活而奋斗！

　　马克思、恩格斯逝世后，他们的学生与后继者继承和发展了马克思主义伦理思想。拉法格、考茨基、狄慈根、梅林、拉布里奥拉等在传播和继承马克思主义伦理思想方面也做了大量工作，取得了一定的成就。狄慈根（1828—1888）是 19 世纪后半期出色的马克思主义理论家和伦理学家。他是一个制革工人，靠自学而成材，在马克思、恩格斯的关怀和帮助下，成为一个具有创造性的马克思主义哲学家，受到马克思、恩格斯的高度评价。著有《社会民主主义道德》《人脑活动的本质》《哲学的成果》《一个社会主义者在认识论领域中的漫游》等，在传播和发展马克思主义伦理思想方面作出了一定贡献。狄慈根强调道德的阶级性和历史性，指出："异教徒的道德不同于基督徒的道德。封建道德和现代资产阶级道德的区别在于前者尚勇，后者尚支付能力。简言之，时代不同，道德也不同；民族不同，道德也不同，这是十分明显的。"[1] 由此推论，正义，善恶，好坏也莫不如此。道德不仅是社会历史发展的结果，是随政治经济领域发生的变化而变化的，而且道德本身是社会经济利益关系的反映，各个利益集团形成了彼此不同的道德观，对于同一行为，他们往往有不同的，甚至是针锋相对的道德评价。弗兰茨·梅林（1846—1919）是 19 世纪末 20 世纪初著名的马克思主义活动家、思想家和伦理学家，德国共产党的创始人之一。在伦理思想方面先后写有《伦理学与阶级斗争》《有没有统一的伦理学》《伦理学，伦理学……没完没了的伦理学》等著作，力图用唯物史观来说明道德现象，批判各种错误的伦理学观念，为马克思主义伦理思想宝库增添了新的财富。梅林对 19 世纪末盛行的各种非马克思主义伦理思潮及其代表人物的观念作出了较为全面的系统的批判，提出了"保卫马克思主义"的战斗口号。他不仅批判了庸俗唯物主义和唯意志主义的伦理思想，而且还批判了伯恩斯坦"目的微不足道，运动就是一切"的"唯

---

① 《狄慈根哲学著作选集》，杨东莼译，生活·读书·新知三联书店 1978 年 12 月版，第 76 页。

工具主义"道德观，批判了新康德主义鼓吹的伦理社会主义。在《伦理学与阶级斗争》一文中，梅林驳斥了滕尼斯对自己发表在《新时代》第 9 号上的《混合伦理学》中的观点所作出的曲解，指出："滕尼斯先生看出'在我的全部论述中有那样一种隐蔽的思想'，即在搏斗者之间是没有道德的，在战争中是几乎一切都认为可被允许的。实际上，我远没有这样的意思；我完全不能想象，我在任何时候可以成为一个俾斯麦先生以及类似他的暴力政策的目光短浅的代表人物的道德论的拥护者。我说过，阶级斗争不服从于某种作为最高审级的普遍伦理学，因为每一个阶级都有自己的特殊道德。不错，这意味着；被压迫阶级不能按照压迫他们的阶级的道德规则进行斗争；但我这句话还并不是说，它们完全不遵守任何道德原则而进行斗争。它们只是遵守着他们自己的道德进行斗争。"① 承认道德的阶级性并不意味着否认一切道德标准和道德原则，意识到道德的相对性也不一定导致道德相对主义。拉法格（1842—1911）是 19 世纪末 20 世纪初欧洲杰出的马克思主义思想家、伦理学家和社会活动家，法国工人党的创始人之一。著有《思想起源论》《唯心史观和唯物史观》《财产的起源和发展》等著作，对善与正义观念的起源进行了较为深入的探讨与分析，揭示了善与正义这些道德观念的形成与发展同社会的财产关系、经济基础变化等的关系，认为善、善良的词语本身起源于人们对财富的用语，道德不是凌驾于经济关系之上的独立存在物，而是由经济关系决定的并为一定经济关系服务的行为规范和精神观念，丰富和发展了马克思主义伦理思想。

第三节　马克思主义伦理思想在俄国的发展

19 世纪末 20 世纪初，世界历史进入帝国主义和无产阶级革命的时代。列宁把马克思主义同俄国的革命实践相结合，彻底批判了第二国际修正主义和各种机会主义，阐明了共产主义道德与无产阶级利益的科学关系，将马克思主义伦理思想推进到一个新的阶段，即列宁主义阶段。列宁逝世后，以斯大林为代表的苏联共产党人，总结苏联社会主义建设的道德实践，系统明确地提出了集体主义的道德原则，发展了马克思、列宁主义

---

① 梅林：《伦理学与阶级斗争》，《保卫马克思主义》，人民出版社 1982 年 8 月版，第 307 页。

的伦理思想。在捍卫和宣传马克思主义伦理思想方面，俄国早期马克思主义者普列汉诺夫也作出了重要贡献。

一 普列汉诺夫伦理思想

普列汉诺夫（1856—1918）是俄国最早的马克思主义理论家和马克思主义传播者，著名的马克思主义哲学家和伦理学家。普列汉诺夫一生经历了四个时期，即民粹主义时期（1876—1983）、马克思主义时期（1883—1903）、孟什维克主义时期（1903—1914）和社会沙文主义时期（1914—1918）。在马克思主义时期，普列汉诺夫写作了《论一元论历史观之发展》《唯物主义史论丛》《论个人在历史上的作用》《车尔尼雪夫斯基》等著作，不仅批判了各种反马克思主义和非马克思主义的思想和观点，用许多独特的新论据有力地捍卫了唯物主义的历史观，而且阐发了马克思主义伦理学的基本观点，为促进真正科学的道德学说的建设，为丰富和发展马克思主义伦理思想，作出了重大的理论贡献。

普列汉诺夫对马克思主义伦理学的一个重大贡献在于他较为科学而明晰地论述了道德与利益的关系，提出了许多富有独创性的命题和理论。在普列汉诺夫看来，道德是社会关系的产物，不是道德创造了社会关系，而是社会关系创造了道德。道德的根源在社会生活的实践，同社会的经济关系有着最为密切的联系。他批判了 18 世纪法国功利主义者将利益同人的趋乐避苦的自然本性联系起来的错误，指出：“人类道德的发展一步一步跟随着经济上的需要；它确切地适应着社会的实际需要。在这种意义之下，可以也应当说，利益是道德的基础。”① 法国功利主义肯定利益是道德的基础，这在一定历史条件下是有进步意义的。但他们对利益的认识和理解是建立在抽象人性论或人的趋乐避苦的自然本性的基础之上的。在爱尔维修、霍尔巴赫等人看来，利益的根源是人的自爱心和主观上趋乐避苦的欲望，所谓利益是道德的基础，也就是人的自然情感是道德的根源，个人快乐是道德的基础。普列汉诺夫认为，这种从人自身的感觉欲望去寻找道德基础的观点必然陷入唯心主义和形而上学。作为道德基础的利益不是来源于趋乐避苦的感觉欲望和自然人性，而是来源于社会的经济关系。人

---

① 《普列汉诺夫哲学家作选集》第 2 卷，生活·读书·新知三联书店 1961 年版，第 48 页。

类道德是直接受经济生活条件和经济关系制约的，利益是经济关系的集中表现。他说，利益"是人类经济关系所创造的。利益一旦产生，即以某种方式反映在人们的意识中"①。因此利益是一个社会物质生活和经济关系的范畴，法国功利主义把利益自然化、主观化无疑是十分错误的。

　　普列汉诺夫批判了法国功利主义者以个人利益作为道德基础的错误，指出道德的基础不是对个人幸福的追求，而是对整体的幸福的追求，即对部落、民族、阶级、人类的幸福的追求。把道德建立整体的幸福基础之上，这是无产阶级的革命功利主义，它与资产阶级功利主义有着本质的区别。这种功利主义"和利己主义毫无共同之点。相反地，它总是要以或多或少的自我牺牲为前提"②。普列汉诺夫指出，道德涉及人与人、人与集体之间的利益关系，它绝不是个人利益在个人意识中的直接投射，而是他人利益和社会利益在个人意识中的显现。法国功利主义伦理学从个人利益出发来论证道德，因此他们是不能从利己主义的迷宫中走出来的。康德根据道德必须以自我牺牲为前提的理由反驳功利主义者的时候，总是针对"个人幸福"的原则即自私的原则而言的，这本来是正确的。但康德把道德看作是对利益的绝对否定，由此走上了另外一个极端，犯了割裂道德与利益的关系的错误。"正是因为这样，他就不能解决道德的基本问题。"③ 在普列汉诺夫看来，道德作为一种社会规范，必然强调个体对社会利益的服从和献身，限制和反对个人的利己行为，从而具有利他主义和整体主义的特征。道德调节体现着道德关系中的矛盾特殊性，它总是要求个人利益服从整体利益，要求个人作出或多或少的自我牺牲。"就个人倾听自己的个人利益的话这一点说，还不涉及我们要求解释的那些'道德'行为。如果涉及的是这些'道德'行为，那么利益就是全体的利益，就是法规所规定的社会利益。"④当然，在阶级对立和利益矛盾的私有制社会，不能简单地把凡是强调整体利益的阶级或社会集团都说成是符合道德的，而应该作出具体的阶级的分

---

　　① 《普列汉诺夫哲学著作选集》第 2 卷，第 287 页。

　　② 普列汉诺夫：《为恩格斯〈费尔巴哈……〉一书所写的序言和注释》，《普列汉诺夫哲学著作选集》第 1 卷，生活·读书·新知三联书店 1962 年版，第 550 页。

　　③ 普列汉诺夫：《为恩格斯〈费尔巴哈……〉一书所写的序言和注释》，《普列汉诺夫哲学著作选集》第 1 卷，生活·读书·新知三联书店 1962 年版，第 551 页。

　　④ 《普列汉诺夫哲学著作选集》第 2 卷，第 48—49 页。

析，要看其在社会发展中所处的地位和对历史发展所起的作用。一般来说，最有利于社会发展和历史进步的整体利益将被视为符合道德的，一个人越是把这种整体利益置于个人利益之上，他就越是有道德。

普列汉诺夫批判了法国功利主义者在解决个人利益与社会公共利益相结合问题上所犯的错误，指出只有在维护社会整体利益的基础上才能实现个人利益与社会公共利益的有机结合。爱尔维修等人从人的感觉欲望性出发谈论个人利益与公共利益的结合，因此他们没有也无法说明人何以能产生对他人利益和整体利益的尊重及其无私的奉献精神的问题。既然爱尔维修认为人天生是利己主义者，"那么，人怎样发生完全无私利的意图：对真理之爱、英雄主义呢？这是爱尔维修应解决的任务。他没有能够解决它，而为了逃避困难，他简简单单地将他要求得的那个 X，那个未知数划掉。"① 因为爱尔维修最终把无私的行为仍归结为自己的感官快乐或肉体欲望，这等于没有回答。爱尔维修等人之所以无法解决个人利益和社会公共利益的结合问题，完全是由于受他们机械唯物主义世界观和形而上学方法论的局限所致，是因为他们不能用历史发展的辩证法去说明问题。在普列汉诺夫看来，"只有历史的进化能够给我们解释，社会的幸福为什么以及怎样成为在该社会中占统治地位的道德基础。但这种进化的发生常常是个人不知道的。个人遵守自己社会或者自己阶级的道德的要求，就好像遵守具有宗教的或者形而上学的规则的绝对道德的规条那样。而指使个人进行这种或者那种行动的，是社会关系的客观逻辑，而不是个人的主观理智。"② 以社会幸福为基础的道德信念随着历史的进步在人们的思想中不断地积淀内化，这一切转变的关键是在社会环境的变化，是历史辩证运动的结果。普列汉诺夫指出："历史运动的辩证法……使每一个社会或一个阶级的为己利益，在每一个人心中常常完全转变为大公无私和英雄主义。这一个转变的秘密存在在于社会环境的影响之中。"③ 正确理解利己与利他、个人利益与共同利益之间内在联系的枢纽，在于把握基于人的社会本质的利益的辩证法。由于人的社会本质所决定，人的发展不是而且不可能

① 普列汉诺夫：《论一元论历史观之发展》，《普列汉诺夫哲学著作选集》第 1 卷，第 722 页。
② 普列汉诺夫：《为恩格斯〈费尔巴哈……〉一书所写的序言和注释》，《普列汉诺夫哲学著作选集》第 1 卷，第 722 页。
③ 《普列汉诺夫哲学著作选集》第 2 卷，第 49 页。

是直线式的肯定过程，它是通过一定的自我限制的中介否定环节而实现的。人的这种自我限制的否定性表现为社会关系的制约性。正是由于社会环境的影响、社会关系的制约，使得人发生从利己心到利他心的转变。普列汉诺夫提出了"社会的利己主义"和"个人的利他主义"等概念来加以说明，指出"个人的利他主义赖以在社会的利己主义的基础上成长起来的过程，是一个辩证的过程"①。这个辩证过程的枢纽环节是"社会的利己主义"，它是理解个人利益和社会利益之间辩证关系的关键。所谓社会的利己主义，指的是社会以实现自身（即普遍的个体）利益为目的，以整体利益为尺度评价和制约个体的行为。这种社会的利己主义把符合整体利益的个人行为视为善行，把违背整体利益的行为视为恶行。"因此，一种可以称之为整体的利己主义、社会利己主义的东西将成为判断善恶的基础。但是，整体的利己主义决不排斥个人的利他主义、个体的利他主义。相反，前者乃是后者的源泉，社会力求这样来教育它的各个成员，使他们把社会利益置于自己的私人利益之上；某人的行为越是能够满足社会的这种要求，这个人也就越是有自我牺牲精神，越是有道德，越是有利他主义精神。而他的行为越是破坏这种要求，那么他就越是自私自利，越是没有道德和抱有利己主义。这就是人们过去和现在评判一个人的某种行为是利他主义的行为还是利己主义的行为时，常常或多或少自觉地采用的标准；在这里，全部可能发生的区别都归结于这样一个问题，即人们在一定情况下把它的利益看得高于个人利益的那个整体，究竟是什么东西。"②社会的利己主义与个人的利他主义具有一致性，社会的利己主义要求个人的利他主义，而个人的利他主义正是满足了社会利己主义的要求。当社会用自己的基于整体利益的标准来评价个人的行为时，总是希望个人行为有利于社会的行动或利益，而不是出于个人利益的考虑。当一个为整体利益服务的人受自己的个人利益支配的时候，他就显示出或多或少的机灵性、或多或少的预见性，但却不是显示出或多或少的利他主义。用道德精神来教育人，就是使有利于社会的行为变成他的本能的要求。这种要求越强

---

① 普列汉诺夫：《尼·加·车尔尼雪夫斯基》，《普列汉诺夫哲学著作选集》第4卷，生活·读书·新知三联书店1974年版，第258页。

② 普列汉诺夫：《尼·加·车尔尼雪夫斯基》，《普列汉诺夫哲学著作选集》第4卷，生活·读书·新知三联书店1974年版，第252页。

烈，那么这个人也就越有道德。总之，从利己心到克服利己心，从社会的利己主义到个体的利他主义，这是道德内部的矛盾运动和辩证法。个人从追求个人利益转变到追求社会利益或为他人利益而献身，既是社会道德教育的结果，更重要的是社会环境的影响、社会关系的制约所造成的结果。

普列汉诺夫运用辩证法原理来分析阶级道德和全民道德的关系，深刻揭示了道德的阶级性和全民性。在阶级社会里，由于人们处在不同的经济关系之中，所以人们总是从不同的经济关系中吸取自己的道德观念，把符合自己利益的行为或现象视为道德的，这就决定了道德不可避免地具有阶级性。正是不同的经济关系和阶级利益，形成了不同阶级的道德观念、道德原则和道德规范。一般地说，在阶级社会里，道德始终是阶级的道德。但是，不应当狭隘地理解道德的阶级性，不能认为阶级社会里除了阶级道德再没有别的道德，不能认为任何时候任何阶级的道德同全民族的道德都是绝对排斥的。事实上，道德的阶级性和全民性，阶级道德和全民道德，是矛盾地联系在一起的。没有绝对离开阶级性的全民性，也没有完全不同全民性相关的阶级性。在阶级社会里，阶级道德是主流，但是还是存在作为支流的全民道德。认识阶级道德和全民道德关系的关键，在于把握利益关系的辩证法。普列汉诺夫以工人阶级的利益为例分析了其所包含的全民性。他说："工人阶级的利益是什么呢？这是那些不靠剥削别人劳动而生活的人的利益。这又是整个民族，或者更确切地说，整个民族 moins les privilegies（减去剥削者们）。剥削者的利益是一个负数；从全体人民的总的利益中减去剥削者的利益，就等于把一种正数加在全体人民的利益之中。对战争宣战的人是企求和平的；对经济的剥削宣战的人会站到工人阶级的利益的观点上，从而捍卫全体人类的利益。"[①] 所以，"关于人民的概念……同关于工人阶级的概念相符合。"[②] 工人阶级的利益不仅表现了道德的阶级性，而且表现了道德的全民性。就工人阶级的利益同资产阶级的利益的对立而言，工人阶级的利益是阶级的利益，体现利益的道德是阶级的道德；就它反映减去剥

---

① 普列汉诺夫：《维·格·别林斯基》，《普列汉诺夫哲学著作选集》第4卷，生活·读书·新知三联书店 1974 年版，第 517—518 页。

② 同上书，第 516—517 页。

削者们的整个民族的利益而言，它却是全民的道德。普列汉诺夫认为，不仅工人阶级的利益具有全民性，而且古希腊时代的奴隶阶级，封建社会的农奴阶级，以及 18 世纪法国大革命时期的资产阶级，他们的利益也包含了一定的全民性，其道德也具有一定的全民性。

普列汉诺夫的伦理思想批判了 18 世纪法国唯物主义的伦理思想，不仅揭示了利益是道德的基础，论述了利益是经济关系的集中表现，从而避免了法国唯物主义之利益自然化、主观化的错误；而且揭示了作为道德基础的利益不是个人利益而是社会共同利益，是对整体幸福的追求，强调道德总是要以或多或少的自我牺牲为前提，从而将无产阶级功利主义与资产阶级功利主义区别开来，避免了法国唯物主义的利己主义或个人本位主义错误。不特如此，他还深入探讨了个人利益与社会利益之间的辩证法，从社会环境、社会关系"社会利己主义"等角度来揭示个人为何能产生大公无私和英雄主义的问题，揭示了人的道德需求和道德行为的动因。由此可以说，普列汉诺夫对马克思主义的伦理思想作出了重大贡献，他的伦理思想构成马克思主义伦理思想发展的重要一环。

二　列宁伦理思想

列宁（1870—1924）是俄国著名的马克思主义理论家和苏联共产党的伟大领袖。列宁在 19 世纪末 20 世纪初的俄国将马克思主义的普遍真理与俄国革命的具体实践相结合，不仅创立了俄国共产党，而且创立了列宁主义，将马克思主义发展到一个新的阶段。列宁主义是"帝国主义和无产阶级革命时代的马克思主义"，"列宁主义不仅复活了马克思主义，而且更进一步，在资本主义和无产阶级阶级斗争的新条件下向前发展了马克思主义。"列宁主义是在资本主义的矛盾已经发展到极点的帝国主义时代，"无产阶级革命已经成为直接实践的问题、训练工人阶级去进行革命的旧时期已经达到尽头而转变为直接冲击资本主义的新时期的条件下成长和形成的。"[①] 在列宁主义的科学体系中，伦理思想是其有机的组成部分。从投身共产主义事业开始，列宁就一直重视对道德问题的研究，他遵循马

①　斯大林：《论列宁主义基础》，《斯大林选集》上卷，人民出版社 1979 年版，第 185—186 页。

克思、恩格斯的伦理思想，进一步揭示了道德的起源、道德的本质、道德的发展规律等重大理论问题，特别是批判了民粹主义的道德论，阐说了马克思主义的道德社会作用论，提出并论述了共产主义道德的概念及其主要内容，极大地丰富和发展了马克思主义伦理思想，将马克思主义伦理思想发展到一个新的阶段即列宁主义阶段。

第一，在道德作用问题上，批判民粹派的主观主义道德论，坚持马克思主义的决定论原则，认为道德是由一定的经济基础决定的，道德的作用是在经济基础决定基础上的对经济基础的反作用。不能对道德的作用作唯心主义的理解，不应该把道德看成是改造社会的决定力量，否则就会落入空想社会主义道德观的窠臼。空想社会主义者一味地从道德的角度去批评资本主义社会，幻想有比较好的制度出现，劝导主人，说剥削是不道德的。空想社会主义者在社会改革的问题上一味地诉诸道德的力量，寄希望于道德，企图用改变人们的道德观念的做法来达到社会改革的目的。针对民粹派的代表人物米海洛夫斯基把人类历史发展看作是符合人类天性和符合道德正义的发展，主张社会制度应建立在正义的理想之上亦即符合人类天性的观点，指出这是一种主观主义的道德说教，严重违背了马克思主义关于社会经济形态的发展是一种自然历史过程的理论。在列宁看来，马克思主义的唯物史观所使用的方法就是从社会生活的各个领域中划分出经济领域来，从一切社会关系中划分出生产关系来，并把它作为决定其余一切关系的基本的原始的关系。这样就使人们能够科学地分析研究历史问题和社会问题，包括道德问题。马克思主义认为，社会经济基础决定上层建筑和道德，没有什么脱离于经济基础之外的所谓抽象的道德，有什么样的经济关系就会有什么样的道德。米海洛夫斯基在道德与经济制度的关系问题上，想使道德占上风，以道德观念来决定经济制度，列宁指出，这是一种唯心主义的意志自由论的翻版。列宁认为，人类的天性，道德的正义本质上是社会经济关系的产物，受经济关系所制约，被经济关系所决定。同时，列宁还强调，马克思主义所讲的决定论不是机械的决定论，而是辩证的决定论。这种决定论"确认人的行为的必然性，摒弃所谓意志自由的荒唐的神话，但丝毫不消灭人的理性、人的良心以及对人的行动的评价。恰巧相反，只有根据决定论的观点，才能作出严格正确的评价，而不致把什么都推到自由意志上去"。① 在这里列宁论述了决定论和道德的辩证统一性。决定论强调经济对道德的决定作用，但并不否认道德在社会生活中的地位，不是把一切都推到必然性头上，为一切不道德的行径作辩护。生活在现实中的人，都必然会有自己的理智、感情、良心等道德意识，这些也都必然会影响人们对行为的选择和评价。因此，人对自己的行为无疑负有道德责任。否定伦理社会主义，并不意味着否定道德的社会作用，而是要把道德的作用放在一个恰当的地位来认识。列宁认为，提高自觉的道德认识，对于无产阶级和人民大众来说，是非常重要的事情。意识到自己的奴隶地位而与之斗争的奴隶，是革命家。没有意识到自己的奴隶地位而过着默默无言、浑浑噩噩的奴隶生活的奴隶，是十足的奴隶。津津乐道地赞赏美妙的奴隶生活并对和善的好心的主人感激不尽的奴隶是奴才，是无耻之徒。列宁以无产阶级英雄巴布什金这一道德榜样的作用，来说明和论证提高人民群众道德意识的重要性。巴布什金是一个具有崇高的共产主义道德品质和气概的无产阶级革命家，他始终不懈地为提高人民群众的共产主义道德觉悟、发扬人民群众的革命主动性而斗争。列宁动情地说，没有巴布什金这样的人，俄国人民就会永远做奴隶；有了巴布什金这样的人，俄国人民就能获得彻底解放。承认道德的地位和作用与坚持经济关系对道德的决定作用并不矛盾，二者是辩证的统一。列宁在总结与民粹派的分歧时说："我们与民粹派的意见分歧的最深刻的原因，可以说是对社会经济过程基本观点的不同。在研究社会经济过程时，民粹派通常作这种或那种道德上的结论；他们不把各种生产参加者集团看作是这种或那种生活形式的创造者，他们的目的不是把社会经济关系的全部总和看作是利益不同于历史作用各异的这些集团间的相互关系的结果……"② 如果说民粹派坚持的是一种道义主义的道德至上论，那么列宁坚持的则是一种唯物主义的经济决定论，这种经济决定论既不是一种道德至上论，也不是一种道德无用论或道德虚无主义，它将道德置于经济关系的制约之下来理解道德的本质，同时又不否认道德的社会功能和作用。这是列宁对马克思主义伦理思想所

---

① 列宁：《什么是人民之友以及他们如何攻击社会民主党人?》，《列宁全集》第 2 版第 1 卷，人民出版社 1984 年版，第 128—129 页。

② 列宁：《俄国资本主义的发展》，《列宁全集》第 2 版第 3 卷，人民出版社 1984 年版，第 552—553 页。

作出的一个重大贡献及其发展。

第二，列宁批判了民粹派抽象道德论的错误，强调经济基础对道德的决定作用在阶级社会是通过阶级斗争表现出来的。因此，马克思主义在理论上把伦理学观点从属于因果性原则，而在实践方面则把伦理学观点归结为阶级斗争。在阶级社会中，一定的道德归根到底取决于一定阶级的阶级利益，没有超阶级利益的抽象道德。资产阶级唯心主义者及步其后尘的党内机会主义分子以抽象的全民利益、绝对的道德原则的观点来消除阶级斗争，作为政治主张的依据。列宁揭露说："资产阶级民主派（以及跟在他们后面亦步亦趋的现代社会党内的机会主义者）以为民主制可以消灭阶级斗争，所以他们抽象地、笼统地、无条件地、从全民利益的观点、甚至从永恒的绝对道德原则的观点来提出自己的一切政治要求，"① 这是十分错误的。在列宁看来，不同的阶级有不同的利益因而必然有不同的道德。奴隶主和奴隶两个阶级是奴隶社会的基本阶级。奴隶主不仅占有一切生产资料，而且还占有奴隶本身。奴隶主为了维护自己的统治，建立了强大的国家机器，通过暴力手段来镇压奴隶的反抗与斗争。奴隶阶级要摆脱自己非人的地位，就必须展开同奴隶主阶级的斗争。奴隶阶级在反抗奴隶主阶级的残酷剥削和压迫中，也锻炼了自己的道德品质。列宁对古罗马斯巴达克领导的奴隶起义给予了高度的评价，称斯巴达克是一位最杰出的英雄。封建社会是人类历史上第二个阶级社会，封建地主阶级和农民阶级是封建社会的两大利益对立的阶级。封建社会的基本结构是封建地主阶级占有生产资料和不完全占有生产工作者——农奴。地主阶级的道德亦即农奴主的道德是同封建的土地关系联系在一起的，占有固着于土地上的农奴的剩余劳动的制度树立了农奴主的道德。它在残酷剥削和压迫农奴的同时却夸耀自己"大公无私"，夸耀自己仁慈正义，对此列宁以俄国农奴制的事实驳斥了这种恬不知耻地夸耀。列宁指出："我国高尚的贵族们是怎样大公无私地把农民剥得精光的呢：强迫他们赎买自己的土地，强迫他们以两倍于实价的价格赎买土地；用各种割地的形式把农民的土地攫为己有，用自己的砂地、谷地、荒地来换农民的好地，而现在仅恬不知耻地夸耀这些功

---

① 列宁：《我们纲领中的民族问题》，《列宁全集》第 2 版第 7 卷，第 220 页。

绩!"① 资产阶级推翻了封建制度，建立了资本主义社会。资产阶级大肆宣扬自由、平等、博爱、人权的道德观念，并认为资本主义社会是符合人的永恒理性和正义原则的。列宁指出，资本主义和封建主义相比，是朝着自由、平等、民主、文明的道路上迈进了具有世界历史意义的一步。虽然如此，资本主义始终是雇佣奴隶制度，始终是现代奴隶主即地主和资本家奴役千百万工农劳动者的制度。资本主义的剥削和压迫摆脱了封建社会宗法关系的羁绊，使剥削形式更加露骨、赤裸裸和毫无掩饰。资本主义用唯一的价值——金钱代替了人的价值，使金钱的奴役力量渗透到了社会生活的一切方面，不仅土地，而且人的劳动、爱情、良心、科学等都成了可以出卖的东西。由此而形成了资本主义社会所依据的道德原则："不是你掠夺别人，就是别人掠夺你；不是你给别人做工，就是别人给你做工；你不是奴隶主，就是奴隶。"② 在资本主义社会，人们从吃奶的时候就养成了一些反社会的心理和习惯，即只关心自己而不顾别人，我赚我的钱，其他的一切都与我无关，因而竞相把自己的幸福建立在别人的痛苦之上。总结历史上不同的道德类型，列宁认为都是生产关系和阶级斗争的产物。历史上不断更替着的道德类型，是由生产方式的改变所形成的新阶级而产生的。比如，资产阶级道德代替农奴主道德，其根源即在这里。列宁说，由于这个原因，占有固着于土地上的农奴的剩余劳动的制度，树立了农奴主的道德；而"靠别人养活"来做工、为货币占有者来做工的"自由劳动"的制度，树立了资产阶级道德。通过揭示某种道德所反映的阶级利益来认识道德的实质，这无论在政治上还是在伦理学上都具有重要的意义。

第三，列宁第一次提出了共产主义道德的概念，并对共产主义道德的基本原则和规范作了颇富创发性的阐释和论证。他指出，共产主义道德是"完全服从无产阶级阶级斗争的利益的"，"是从无产阶级阶级斗争的利益中引申出来的，"③ 是为无产阶级推翻资本主义私有制和一切剥削统治，为巩固和完成共产主义事业服务的。"为巩固和完成共产主义事业而斗争，这就是共产主义道德的基础。"④ 共产主义道德是由无产阶级的历史

---

① 列宁：《时评》，《列宁全集》第 2 版第 4 卷，第 370 页。
② 列宁：《青年团的任务》，《列宁选集》第 4 卷，人民出版社 1995 年版，第 291 页。
③ 同上书，第 289 页。
④ 同上书，第 307 页。

使命决定的，是指在社会主义建设时期共产主义者应当具备的为共产主义而奋斗的道德品质和应当遵循的道德规范。列宁强调指出："在我们看来，超人类社会的道德是没有的，那是一种欺骗。在我们看来，道德是服从于无产阶级阶级斗争利益的。"① 无产阶级否认从超人类和超阶级的概念中引申出来的一切道德，认为这种超人类超阶级的道德是一种欺骗，是"为了地主和资本家的利益来愚弄工农、禁锢工农的头脑"的一种骗术，无产阶级的道德理直气壮地宣称是无产阶级的精神武器，是为无产阶级的阶级斗争利益服务的。"我们说，道德是为摧毁剥削者的旧社会，把全体劳动者团结到创立共产主义者新社会的无产阶级周围服务的。"② 共产主义道德是为无产阶级反对资本主义的斗争"服务的道德，它把劳动者团结起来反对一切剥削，反对一切小私有制，因为小私有制把全社会的劳动所创造的成果交给了个人。"③ 共产主义道德的实质是忠于共产主义事业和为共产主义事业而奋斗。列宁认为，要正确理解共产主义道德的实质这个问题，必须以对人类社会发展的利益、无产阶级利益和无产阶级个人利益之间关系的科学认识为基础。无产阶级进行阶级斗争的根本目的是推翻资本主义私有制，建设社会主义，最后实现共产主义。工人运动的每个阶段上的具体任务，都是为实现这一最高目标服务的。比如说，进行反对封建主义的民主革命，这不仅是为了工人阶级的阶级利益，而且也是为了整个人类社会发展的利益。由此可见，无产阶级的利益与无产者个人的利益同整个人类社会发展的利益是密切联系在一起的，三者之间就其重要性而言，"社会发展的利益高于无产阶级的利益；整个工人运动的利益高于工人个别部分或运动个别阶段的利益。"④ 在列宁看来，社会发展的利益与无产阶级阶级利益的统一，以及这两者又高于无产者个人利益的原则，正是共产主义道德的基本原则，这一基本原则也就是集体主义原则。列宁明确指出，要教育工人群众，克服那种把行会利益看得高于无产阶级阶级利益的思想，克服那种为了眼前利益、局部利益而牺牲无产阶级阶级利益的狭隘观念，使大家逐步认识到阶级利益高于行会利益。与此相关，列宁主

---

① 列宁：《青年团的任务》，《列宁选集》第 4 卷，人民出版社 1995 年版，第 289 页。
② 同上书，第 288 页。
③ 同上书，第 291 页。
④ 列宁：《我们党的纲领和草案》，《列宁全集》第 2 版第 4 卷，第 192 页。

张坚决摒弃和破除资本主义社会"人人为自己,上帝为大家"这个可诅咒的信条,代之以"人人为我,我为人人"的伦理信条,把个人利益与他人利益有机地结合起来。在列宁看来,资本主义社会人与人之间的关系是一种彼此对抗的利益冲突关系,资产阶级的利己主义道德并不会随着资本主义制度的灭亡而自行消失,它像一具僵尸并不会随着旧社会的灭亡而被装入坟墓,它还在我们中间腐烂发臭并时刻毒害着我们。针对这一情况,列宁指出:"我们应当再三地发动尽可能多的群众,来打倒资本主义旧社会的,使我们每个人都或多或少受到污染和腐蚀的可恶的信条'人人为自己,上帝为大家'"。① 资本主义旧社会那个"人人为自己,上帝为大家"的可诅咒的信条,是一种顽固的习惯势力,是建设新社会的极大思想障碍。如果不打破这种习惯,我们就不能建设社会主义。列宁号召大家,要双手不停地工作几年以至几十年,克服"人人为自己,上帝为大家"这个可诅咒的信条,千方百计地把"人人为我,我为人人"的原则灌输到群众的思想中去,变成他们的生活常规和习惯。这一新的道德信条是以共产主义思想为核心的人与人之间新型关系的反映,它正确地解决了个人利益与他人利益的关系,成为建设社会主义的重要的道德基础。

列宁反对资产阶级利己主义和个人主义原则,倡导用"人人为我,我为人人"代替"人人为自己,上帝为大家"的原则。"人人为我,我为人人"的原则是人我之间互相关心、互相服务的原则,蕴含着尊重个人合法利益和实现个人利益与他人利益、个人利益与社会集体利益有机结合的因素。在此基础上,列宁还提出了"同个人利益结合和个人负责的原则",强调指出:"必须把国民经济的一切大部门建立在同个人利益的结合上面。共同讨论,专人负责。由于不善于实行这个原则,我们每走一步都吃到苦头。"② 在列宁看来,高尚的道德品质、优秀的道德情操,革命的英雄主义和自我牺牲精神无疑是最为宝贵的,但要建设社会主义,光靠道德是远远不够的。他说:只靠高涨的热情和英雄主义是决不可能完成革命事业,使革命事业获得完全胜利的。要使广大人民群众的热情、顽强精神体现、转移到社会主义建设中去,还必须贯彻物质利益原则,不断提高

---

① 列宁:《大家都来做粮食工作和运输工作》,《列宁全集》第 2 版第 35 卷,第 454 页。

② 列宁:《新经济政策和政治教育委员会的任务》,《列宁全集》第 2 版第 42 卷,第 191 页。

人民的生活。列宁在总结俄国十月革命四周年的经验时，指出人民通过激发起政治热情、军事热情夺取了政权，巩固了政权，但是建设社会主义不是直接依靠热情，而是借助于伟大革命所产生的热情，依靠个人兴趣，依靠个人利益、依靠经济核算。如果没有"对个人利益的多关心"，就不能够增加生产以恢复国民经济。所以关心个人利益是巩固苏维埃政权的物质手段，也是建设社会主义今后向共产主义过渡的首要的和必要的条件。在特定条件下所执行的军事共产主义已经结束，工作中心转到经济建设的形势下，为了建立巩固的社会主义物质基础，"必须把国民经济的一切大部门建立在同个人利益的结合上面，"① 必须用个人利益去调动广大人民群众的积极性。在列宁看来，关心个人利益并非是恢复私有制或助长个人主义。有人说关心农民的个人利益是恢复私有制，列宁驳斥说，我们从来不要求废除农民对消费品和工具的私有制，而是废除土地私有制。社会主义并不要求也没有必要废除消费资料的私人占有，在这一阶段也决不可能废除这种私有制。相反，要想方设法改善人民群众的物质生活，提高他们的消费水平，个人利益的原则是基于此基础之上，因而决不是什么助长自私心理。苏维埃应该善于关心个人利益，通过关心提高个人利益使劳动者学会为自己工作，为社会主义政权工作。因此，列宁得出结论说："不关心个人利益，是不会得到什么结果的。应该善于关心。"②

在社会主义建设问题上，依靠什么来调动广大人民群众参加社会主义建设的积极性，列宁指出既要靠工人和劳动群众高涨的革命热情、自我牺牲的精神和英雄主义的气概，同时必须贯彻社会主义物质利益原则，关心个人利益，依靠个人利益。

列宁通过总结十月革命后人民群众的首创精神和星期六义务劳动的经验，提出了共产主义劳动态度，并认为共产主义劳动态度是共产主义道德的重要内容。从比较狭窄和比较严格的意义上说，共产主义劳动态度"是一种为社会造福的无报酬的劳动，这种劳动不是为了履行一定的义务，不是为了享有取得某种产品的权利，不是按照事先规定的法定定额进行的劳动，而是自愿的劳动，是无定额劳动，是不指望报酬，没有报酬条

---

① 列宁：《新经济政策和政治教育委员会的任务》，《列宁全集》第 2 版第 42 卷，第 191 页。
② 同上。

件的劳动，是根据为公共利益劳动的习惯，根据必须为公共利益劳动的自觉要求（这已成为习惯）来进行的劳动，这种劳动是健康的身体的自然需要。"① 共产主义劳动态度是社会主义生产关系的产物。社会主义是以生产资料的公有制为基础的，劳动群众翻身当家成为社会的主人，劳动的产品归劳动者自己享有，这就有可能使劳动从一种沉重的负担变成光荣豪迈的事业，人们从劳动中感到的不是痛苦而是扬眉吐气的愉悦。共产主义劳动态度是对星期六义务劳动的一种总结。列宁高度评价星期六义务劳动，认为它是共产主义的实际开端，是人民群众的一种伟大的创举，为人与人之间新型良好人际关系的确立奠定了良好的基础。

　　列宁还谈到了无产阶级的爱国主义和国际主义问题，认为爱国主义和国际主义是共产主义道德的一个基本规范。列宁指出："爱国主义就是千百年来巩固起来的对自己祖国的一种深厚的感情。"无产阶级爱国主义与资产阶级小资产阶级爱国主义的本质区别之一就在于是否承认民族利益与国际无产阶级利益的联系，是否将爱国主义与国际主义统一起来。无产阶级爱国主义不是狭隘民族主义或各种形式的民族利己主义，也不是民族虚无主义，而是同国际主义相结合的爱国主义。

　　第四，对社会主义恋爱、婚姻、家庭道德作了比较深刻的论述。1920年秋，列宁在与克拉拉·蔡特金关于妇女问题的谈话中，指出性关系问题、婚姻和家庭问题，将成为社会主义建设中的重大问题。他从"恋爱自由"问题、性道德问题、离婚自由问题和关于妇女解放问题阐述了社会主义爱情婚姻家庭道德的本质和要求：（1）"恋爱自由"问题。列宁主张区分无产阶级和资产阶级的观点，认为资产阶级关于恋爱自由的观点就在于"摆脱爱情上的严肃态度，摆脱生育子女的义务"和"通奸的自由"，而无产阶级关于恋爱自由的观点则在于"在爱情上摆脱物质上的（钱财是的）考虑"，"摆脱物质上的操心"，"摆脱宗教偏见"，"摆脱父母等等的限制"等方面。② 无产阶级的恋爱自由要求爱情上摆脱物质的要求和操心，妇女不因钱财或经济上的考虑而委身男子，而是出于爱情；爱

---

　　① 列宁：《从破坏历来的旧制度到创造新制度》，《列宁选集》第 4 卷，人民出版社 1995 年版，第 130 页。

　　② 列宁：《致伊·费·阿尔曼德》（1915 年 1 月 17 日），《列宁全集》第 2 版第 47 卷，第 69—70 页。

情摆脱种种封建的、资产阶级的传统观念的束缚。（2）性道德问题。列宁反对资产阶级所谓的"杯水主义"，指出："作为一个共产党人，我毫不同情杯水主义，虽然它负有'爱情解放'的美名。无论怎样，这种爱情解放，既不是新的，也不是共产主义的。""我认为这个出名的杯水主义完全是非马克思主义的，并且是反社会的。在性生活上，不仅应该考虑到单纯的生理上的要求，而且也应考虑到文化的特征，看它们究竟是高等的还是低等的。……自然，渴是要满足的。但难道正常环境下的正常人会爬到街上去喝那里的脏水，或者从那沾有许多人的唇脂的脏杯子里喝水吗？最重要的还是社会的方面。喝水当然是个人的事情。可是恋爱牵涉到两个人的生活，并且会产生第三个生命，一个新的生命。这一情况使恋爱具有社会关系，并产生对社会的责任。"① 列宁指出性和婚姻问题必须服从无产阶级革命事业。两性关系不是单纯的生理需要，而且表现出文化的特征，即与整个社会意识形态发展相联系，只有出于爱情的性生活才是合乎文明和道德的。列宁指出："性生活的淫佚是属于资产阶级的，是衰颓的现象。无产阶级是个正在兴起的阶级。它不需要利用麻醉剂来谋陶醉或刺激。要像少用酒精一样地少用性欲的放纵来求得陶醉。无产阶级现在和将来都千万不要忘记资本主义的耻辱、丑恶和野蛮。"② （3）离婚自由问题。离婚自由是结婚自由的必要补充，只有充分实现离婚自由才是符合广大妇女利益，才是符合无产阶级婚姻家庭道德的。列宁指出："离婚的例子清楚地表明，谁不要求立即实现离婚的充分自由，谁就不配作一个民主主义者和社会主义者，因为不实现这种自由，就是把被压迫的女性置于惨遭蹂躏的境地，——虽然不难设想，承认妇女有离婚自由，并不等于号召所有的妻子都来闹离婚。"③ 离婚自由不等于号召妻子都来闹离婚，不等于轻率地离婚，实行离婚自由的目的是为了妇女争得社会和家庭中的平等和自由。（4）关于妇女解放问题。列宁提出妇女解放是无产阶级革命和社会主义建设事业的一个重要组成部分。首先要求妇女参加政治生活，实

---

① 转引自蔡特金：《列宁印象记》（1924 年 1 月），生活·读书·新知三联书店 1979 年第 2 版，第 69—70 页。

② 同上书，第 71—72 页。

③ 列宁：《论对马克思主义的讽刺和帝国主义经济主义》，《列宁全集》第 2 版第 23 卷，第 67 页。

现政治解放；然后吸引妇女参加经济建设，摆脱"家庭的奴役"。因此，列宁指出，更确切地说，大规模地开始把琐碎家务改造为社会主义大经济的地方和时候，才会开始有真正的妇女解放。妇女只有在家庭中不被琐碎家务所拖累，能自由参加经济活动，才能真正解放。

第五，阐释了共产主义道德教育的意义、内容和方法。共产主义道德教育的核心是反对旧社会的利己主义的习惯和心理，教育、训练和培养具有共产主义品质的一代新人，应当把树立具有共产主义因素的榜样、模范，以典型带动教育训练作为重要的方法。共产主义道德是在吸收和改造人类道德一切优秀成果基础上产生和发展起来的，因此，学习吸收人类有史以来的知识成果，是培养一代新人的重要途径。列宁强调，共产主义道德的巨大作用决定了进行这种道德教育的重要意义，因而要使培养、教育和训练现代青年的全部事业成为培养青年的共产主义道德的事业。进行共产主义道德教育的主要目的，是锻炼严整的革命人生观，把人们吸引和组织到无产阶级革命和社会主义建设的队伍中去。共产主义道德教育的内容决不是灌输关于道德的各种美丽动听的言辞和准则，而应当联系实际宣传共产主义道德的各个原则及其实质，以期实现使之成为人们自觉遵守的行为准则的任务。他还认为，为巩固和完成共产主义事业而斗争，既是共产主义道德的基础，也是进行这种道德教育的基础。因此，他十分强调在这种实践中加强锻炼，把它看作有效地进行共产主义道德教育的根本途径。在方法上，他注重道德榜样的作用，强调开展积极的思想斗争，主张把共产主义道德教育同知识教育结合起来，同革命队伍的自觉纪律教育结合起来，并以此作为培养和造就共产主义者的重要条件。

列宁的伦理思想除以上几个方面以外，还涉及道德的本质、功能和历史发展问题，涉及社会主义婚姻家庭道德、职业道德、社会公德以及人道主义等问题。透过这些问题的论述，列宁较为科学地阐发了道德特别是共产主义道德的社会作用，极大地发展了马克思主义的伦理观和道德理论。列宁结合俄国历史文化的传统和实际，考察了原始社会道德、奴隶社会道德、封建社会道德和资本主义社会道德，论证了无产阶级道德和共产主义道德产生、发展的主客观条件和发展规律，揭示了共产主义道德的阶级基础和社会基础，论述了共产主义道德的主要内容，并在此基础上论述了社会公共生活规范和共产主义劳动态度诸问题。斯大林在列宁逝世后曾写有

《悼列宁》《论列宁》《论列宁主义基础》《论列宁主义的几个问题》等文章，盛赞列宁对俄国革命和世界社会主义革命的贡献，认为"列宁不仅是俄国无产阶级的领袖，不仅是欧洲工人的领袖，不仅是殖民地东方的领袖，而且是全球整个劳动世界的领袖"，① 列宁是俄国共产党的"山鹰"，在斗争中不知恐惧为何物，大胆地引导着俄国共产党沿着前人未走过的道路前进，列宁具有"朴质谦逊""不愿表现自己""不想惹人注目、不摆架子的特点"，具有人类最下层普通群众的新式领袖的"最大长处"，列宁具有"不因胜利而骄傲""不因失败而灰心""相信群众"以及"坚持原则"等许多高贵的道德品质。② 具有"特殊的列宁主义的工作作风"，能够把"俄国人的革命胆略"与"美国人的求实精神"有机结合起来。俄国人的革命胆略是消除因循守旧的思想习惯以及对古老传统的盲从态度的药剂，是一种振奋人心的力量，美国人的求实精神不知道也不承认有什么阻碍，它一定要把已经开始的事情进行到底。"如果不把俄国人的革命胆略和美国人在工作中的求实精神结合起来，那么它在实际中就很可能堕落为空洞的'革命的'马尼洛夫精神。""可是，如果不把美国人的求实精神和俄国人的革命胆略结合起来，那么它就很可能堕落为狭隘的无原则的事务主义。"斯大林充满深情地指出："俄国人的革命胆略和美国人的求实精神结合起来，就是党的工作和国家工作中的列宁主义的实质。"③列宁的伦理思想，体现着列宁的精神品质和作风，体现着马克思主义伦理学基本原理与俄国革命的具体道德生活实际的有机结合，是马克思主义伦理思想发展史上最为宝贵的精神财富，曾对俄国的社会主义建设和世界范围内的伦理文化建设产生了十分深远的影响，至今仍然是社会主义国家对广大青少年和人们进行共产主义理想和道德教育的价值指南和动力源泉。

三　斯大林伦理思想

斯大林（1879—1953）是世界上第一个社会主义国家——苏联的缔造者与领导者，和列宁一起组织和领导了十月革命，列宁逝世后，担任苏

---

① 斯大林：《悼列宁》，《斯大林选集》上卷，人民出版社1979年版，第173页。
② 斯大林：《论列宁》，《斯大林选集》上卷，人民出版社1979年版，第174—183页。
③ 斯大林：《论列宁主义基础》，《斯大林选集》上卷，人民出版社1979年版，第273—275页。

联共产党和苏联政府的重要领导职务，在帝国主义包围的严峻形势下，推行全国工业化、农业集体化政策，取得了社会主义建设的巨大成就。斯大林还领导了共产国际的工作，在第二次世界大战中领导苏联军队开展伟大的卫国战争，战胜德、意法西斯的进攻。斯大林在领导苏联党和人民进行社会主义革命和社会主义建设的过程中阐发了一系列关于社会主义革命和建设的伦理思想，尤其是对社会主义集体主义作出了科学的界说，从而丰富和发展了马克思主义伦理思想。

首先，斯大林对集体主义道德原则作出了系统全面的论述。在马克思主义伦理思想发展史上，斯大林第一次系统地提出了社会主义集体主义道德原则。1934年他在接见英国作家威尔斯时指出："个人和集体之间，个人利益和集体利益之间没有而且也不应当有不可调和的对立。不应当有这种对立，是因为集体主义、社会主义并不否认个人利益，而是把个人利益和集体利益结合起来。社会主义是不能撇开个人利益的。只有社会主义社会才能给这种个人利益以最充分的满足。此外，社会主义社会是保护个人利益的唯一可靠的保证。"① 斯大林这一段话强调社会主义公有制消除了个人利益与社会利益的对立，实现了两者的统一，这是人类历史进步的表现和结果，同时肯定地指出社会主义不能撇开个人利益，而且只有社会主义社会才能给予这种个人利益以最充分的满足，个人利益的唯一可靠的保证是社会主义社会，即个人只有通过社会主义社会才能获得个人利益。

依据社会存在决定社会意识的唯物主义历史观，斯大林回顾了人类历史上个人利益与集体利益的关系，指出：在原始社会，人们在共产主义的基础上共同和自然作斗争，当时他们的所有制也是共产主义的，因而他们几乎不分"我的"和"你的"，他们的意识是共产主义的。原始社会末期，由于生产力的发展，人们在生产中开始了"我的"和"你的"之间的分别，于是所有制也就具有了私有性，即个人主义的性质。人们的意识中也就浸透了私有感。阶级社会，盛行的是私有制，人们的个人利益之间彼此是对抗的。到了社会主义时期，生产又具有社会性，因而所有制也具有社会性，正因为如此，人们的意识也就逐渐浸透社会主义思想。原始共产主义，个

---

① 斯大林：《和英国作家赫·乔·威尔斯的谈话》，《斯大林选集》下卷，人民出版社1979年版，第354—355页。

人利益与社会利益是直接同一的。私有制社会，个人利益与社会利益处于对立的状态。斯大林分析了资本主义社会中个人利益与社会利益对立的原因，指出资本家除他自己的利润以外别无所求，因此他从不服从集体的意志；工人为了维持生存不能不出卖劳动力给资本家，资本家购买了工人的劳动力之后却只顾榨取剩余价值而不管工人的死活，这就决定了工人和资本家之间的利益对立是不可避免的。资产者所处的社会地位，决定这个阶级成员必定奉行的是利己主义伦理原则，于是出现了"人人为自己，上帝为大家"的信条。消除了资本主义私有制之后的社会主义，同时也消除了个人利益与社会利益的对立，使两者获得了高度的统一，形成了集体主义的道德原则，这既是社会历史发展的必然，也是伦理文化发展的必然。斯大林在讲到如何巩固社会主义集体农庄时指出：把集体农庄庄员的个人利益同集体农庄的公共利益结合起来，这就是巩固集体农庄的关键所在。为了能够使集体农庄庄员的个人利益与集体农庄的公共利益结合起来，不仅需要发展满足集体农庄庄员需要的、公有的集体的劳动组合经济，而且需要发展满足庄员个人需要所必需的个人的经济。在斯大林看来，马克思主义的社会主义，不是要缩减个人需要，而是要竭力扩大和发展个人需要，不是要限制或拒绝满足这些需要，而是要全面地充分地满足社会成员的个人利益或个人需要。充分满足社会成员的个人利益或个人需要，并不等于实行粗陋的平均主义。斯大林肯定人们在需要的质量和数量上的差别，认为不同的人有不同的需要。社会主义承认个人利益，并不意味着进行平均分配或奉行平均主义。平均主义的根源是个体农民的思想方式，是平分一切财富的心理，是原始的农民共产主义的心理。平均主义和马克思主义的社会主义是毫无共同之处的。社会主义从来不否认人们在口味上、在需要的数量和质量上的差别。"只要读一读马克思对施蒂纳平均主义倾向的批判，只要读一读马克思在1875年对《哥达纲领》的批判，只要读一读马克思、恩格斯、列宁后来的著作，你就会看到他们对平均主义的抨击多么尖锐。""马克思主义以及俄国布尔什维克和这种平均主义的'共产主义'者是毫无共同之处的。"①

---

① 斯大林：《和德国作家埃米尔·路德维希的谈话》，《斯大林选集》下卷，人民出版社1979年版，第308—309页。

其次，斯大林论述了社会主义的基本道德规范和要求。认为社会主义社会对社会成员的道德要求或道德规范主要有以下几个方面：第一，诚实劳动。在斯大林看来，社会主义社会是建立在社会成员诚实劳动的基础之上的，没有劳动就没有社会主义经济、文化的发展。社会主义实行按劳分配原则，鼓励多劳多得，因此并不意味着任何一个社会成员在个人需要和生活水平上强求一律、彻底拉平。社会主义不是束缚个人自由和个人创造性的，而是真正使个人感到他是自由的，他能在这一制度下获得自由的全面的发展。斯大林还强调指出："社会主义是建筑在劳动上的。社会主义和劳动是彼此分不开的。我们的伟大导师列宁说过：'不劳动者不得食。'这是什么意思呢？列宁的话是反对什么人的呢？是反对剥削者，反对那些自己不劳动而强迫别人劳动，靠剥削别人发财致富的人的。还反对什么人呢？还反对那些好逸恶劳，想靠别人养活的人。社会主义需要的不是好逸恶劳，而是所有的人都诚实地劳动，不是为别人劳动，不是为富豪和剥削者劳动，而是为自己、为社会劳动。"①如果我们诚实地为自己、为社会而劳动，那么我们就能在较短的时间内提高全体人民的生活水平，使全体集体农庄庄员成为生活富裕的人。社会主义社会中诚实地自由劳动本身就具有重要的道德价值，人们通过劳动培养献身于社会主义事业的英雄主义，培养成掌握科学知识的有用之才，培养妇女的独立和自立性。斯大林对社会主义劳动竞赛予以充分的肯定和高度赞扬，他指出社会主义劳动竞赛的重大道德意义在于三个方面：一是表现了千百万劳动群众的创造主动性，因为劳动群众是为自己而工作，因而能够表现出进取心和大胆的创造精神。社会主义竞赛的任务在于为发挥群众的活力和创造主动性开辟广阔的场所，发掘蕴藏在我们制度内部的巨大的后备力量；二是劳动竞赛使人们对劳动的看法发生了根本的转变，它使过去被认为是可耻而沉重的负担的劳动变成光荣的事情，荣耀的事情，英勇豪迈的事情。在我们的苏联，为社会所称道的最合心愿的事情是能够成为受千百万劳动者尊敬的劳动英雄，突击英雄；三是劳动竞赛培养了一批斯达汉诺夫式的先进人物，开辟了培养社

---

① 斯大林：《在全苏集体农庄突击队员第一次代表大会上的演说》，《斯大林选集》下卷，人民出版社 1979 年版，第 323 页。

会主义一代新人的途径。斯达汉诺夫运动培养了一批又一批有文化、技术、有高度积极性和创造性的新人，提高了工人阶级的技术和思想道德水平，为社会主义向共产主义过渡准备了思想和道德条件。第二，爱国主义与国际主义。斯大林探讨了社会主义的爱国主义和国际主义，认为爱国主义和国际主义是社会主义道德的重要规范。在《伟大十月社会主义革命二十七周年纪念》一文中，斯大林论述了社会主义的爱国主义，认为社会主义爱国主义不以种族主义或民族主义偏见为基础，而是以各民族劳动人民的兄弟般的团结友爱和对自己祖国的无限忠诚为基础，同时尊重爱好自由的外国各族人民的权利和独立，反对法西斯主义的种族主义和狭隘民族主义。社会主义爱国主义是和国际主义紧密结合在一起的，确认一个国家无产阶级的利益和任务跟世界各国无产阶级的利益和任务的一致性和不可分割性，这是各国无产阶级革命运动获得胜利的最可靠的保证。在《论列宁主义基础》一文中，斯大林阐释了社会主义的民族观，强调"民族问题是无产阶级革命总问题的一部分"，"民族问题只有和无产阶级革命相联系并在无产阶级革命的基础上才能得到解决"，"统治民族的无产阶级必须援助、必须坚决地积极地援助各被压迫民族和附属国人民的民族解放运动"，发达国家的无产阶级运动和殖民地民族解放运动的利益，要求把这两种革命运动结合成一条反对帝国主义的共同战线，"如果不建立并巩固共同的革命战线，那么发达的国家中的工人阶级就不能胜利，被压迫民族就不能从帝国主义的桎梏下解放出来"，"如果压迫民族的无产阶级不直接而坚决地支援被压迫民族的解放运动来反对'本国的'的帝国主义，那么就不可能建立共同的革命战线，因为压迫其他民族的民族是不能获得解放的。"[①] 无产阶级的爱国主义必须而且应当同国际主义相结合，才有真正的意义和价值。无产阶级的国际主义也应当肯定和支持无产阶级的爱国主义才能真正有别于帝国主义的世界一体化。第三，掌握科学。掌握科学是社会主义社会对工人、农民、干部和知识分子的文化要求，也是极为重要的一个道德要求和道德规范，社会主义社会成员必须具有的一个重要品质。第

---

① 斯大林：《论列宁主义基础》，《斯大林选集》下卷，人民出版社 1979 年版，第 239—242 页。

四，爱惜国家财产。斯大林指出爱惜国家财产，反对铺张、反对盗窃国家财产，这种对社会的普遍的道德要求，是苏联的公有制所决定的道德要求。

再次，斯大林论述了共产主义道德教育和培养共产主义道德品质的问题。斯大林继承发展了列宁关于改造小农的重要性和艰巨性的思想，主张以集体主义精神教育农民，使其逐渐克服个人主义心理。并且认为以集体主义精神教育农民使其克服个人主义的过程，不只是一个纯粹的道德教育的过程，更为根本的是一个发展社会主义物质生产的过程，是一个兴办集体农庄，使农民参加集体劳动，加快集体农庄机械化的过程。只有在不断发展社会主义生产的过程中，才能逐渐以集体主义精神克服、代替农民的个人主义心理。这一思想实质是强调道德教育离不开一定的经济基础，社会主义道德教育同社会主义经济建设有着密不可分的联系。斯大林还探讨了共产主义的道德品质和人格，强调谦虚谨慎、务实求真、批评和自我批评，以及相信群众等的重大意义和价值。自我批评是一种对党、对工人阶级、对群众的教育方法，同时也可以说是一种道德教育的方法。对党和国家机关工作人员来讲，可以说是一种道德品质或道德要求。斯大林指出，马克思主义的政党和党员需要自我批评，"我们需要自我批评就像需要空气和水一样"，"没有自我批评，我们的党就无法前进，就无法割开我们的脓疮，就无法消灭我们的缺点。"① 自我批评是无产阶级专政的制度基础，也是布尔什维克党的基础和总的精神。自我批评是用来发展无产阶级文化力量，培养工人阶级管理技能的重要手段。与对自我批评的重视相关，斯大林也意识到了密切联系群众的意义。随着战胜反对派和社会主义事业的发展，在党内"出现了、历史地形成了一批领导者，他们的威信越来越高，同时几乎成了群众所无法接近的人物"②。因此，如何防范脱离群众的危险，就要求我们加强党的建设和修养，反对骄傲自满和自高自大，坚持批评和自我批评。"正是为了前进并改善群众和领袖之间的关系，就应当时时刻刻敞开自我批评的大门，应当使苏维埃人有可能责骂自

---

① 斯大林：《关于中央委员会和中央监察委员会四月联席全会的工作》，《斯大林选集》下卷，人民出版社1979年版，第7页。

② 同上书，第9页。

己的领袖，批评他们的错误，使领袖不会骄傲自大，而群众也不会离开领袖。"① 斯大林在《悼列宁》和《论列宁》等文章中阐发了无产阶级和共产党人的优秀品质。列宁不仅具有谦逊、不骄傲的优秀品质，而且具有相信群众和革命的原则性等优秀品质。斯大林指出：列宁朴质谦逊、不愿表现自己、不摆架子的特点，"正是他的最大长处，正是他这种新群众的新式领袖，即人类最'下层'普通群众的新式领袖所具有的最大长处。""不因失败而灰心"也是列宁的优秀品质。"失败使列宁更加精神百倍，鼓舞自己的拥护者去作新的战斗，争取未来的胜利。"斯大林回忆起斯德哥尔摩会议布尔什维克占少数遭遇失败、当时列宁的情形，感慨万千，"我记得当时我们这些布尔什维克代表都聚集在一起，望着列宁，问他的意见。在某些代表的言论中流露出疲倦和气馁的情绪。我记得列宁对于这种言论用讽刺的蔑视的口气回答说：'同志们，不要灰心，我们一定会胜利，因为我们是正确的。'憎恨灰心失望的知识分子，相信自己的力量，相信胜利，——这就是列宁当时告诉我们的。"②"不因胜利而骄傲"也是列宁性格中的一个特点。一般的人在胜利面前总是骄傲自大，被胜利冲昏头脑，但是列宁在胜利面前常常特别警惕，头脑特别清醒。我们要学习列宁的优秀品质，争取像列宁那样胜不骄、败不馁，永远充满无产阶级的革命朝气和不断奋斗的精神。

在俄国的马克思主义伦理思想发展史上，对马克思主义伦理思想作出过一定的理论贡献的还有苏霍姆林斯基、克鲁普斯卡娅、施什金、阿尔汉格尔斯基、季塔连科等人。从伦理学学科体系的建立和发展上讲，施什金的《共产主义道德概论》一书的出版标志着马克思列宁主义道德学说作为一门独立学科的确立。阿尔汉格尔斯基在 1974 年出版的《马克思列宁主义伦理学教程》及 1985 年出版的《马克思主义伦理学》，季塔连科 1976 年主编的《马克思主义伦理学》等教材和著作的出版，推动了马克思列宁主义伦理学学科的发展。季塔连科主编的《马克思主义伦理学》一书把马克思主义伦理学定义为"从道德的最发达形式——共产主义道

---

① 斯大林：《关于中央委员会和中央监察委员会四月联席全会的工作》，《斯大林选集》下卷，人民出版社 1979 年版，第 9—10 页。

② 斯大林：《论列宁》，《斯大林选集》上卷，人民出版社 1979 年版，第 174—183 页。

德——的观点来研究道德的一门哲学科学"。认为从性质和宗旨上讲，
"马克思主义伦理学克服了准则主义和科学主义的片面性。它是准则性
的，但它的准则性立足于客观的科学分析。它是科学的，但它的科学性导
致对一定的道德理想进行论证。这样，由马克思主义伦理学所实现的对现
代道德过程的价值分析，就显示了共产主义道德的准则和原则的优越性、
进步性和人道性。"[1] 该书在系统地回溯马克思主义以前伦理学学派及其
主要发展阶段的历程之后，理性而富有价值意义地指出："马克思主义的
辩证唯物主义伦理学的出现，标志了道德观点中的根本变革。马克思、恩
格斯和列宁客观地和全面地评价了伦理学的历史过程，对它的积极内容作
了批判性的加工，同时，对它的一般哲学原理作了原则性的批判。马克思
列宁主义伦理学不仅就其合乎科学的哲学原理而言，而且就其社会——阶
级方针而言，是一门崭新的伦理学理论。马克思列宁主义伦理学在历史上
破天荒第一次彻底地表达了劳动人民的利益，首先是工人阶级的利益。"[2]
不特如此，马克思列宁主义伦理学还通过对集体主义、国际主义和社会主
义劳动态度等的论述及其价值的提倡向人类揭示了前所未有的和崭新的道
德天地。马克思列宁主义伦理学解决了旧伦理学不能解决的诸如个人与集
体的矛盾、阶级与社会的矛盾、社会与个人的矛盾，它使集体成为个人获
得发展和自由的条件，它也使个人成为集体的生动分子并为形成人与人之
间真正的人道关系贡献自己的力量。马克思列宁主义伦理学提倡通过社会
的最高价值和目的来全面地、和谐地发展个人，因此马克思列宁主义伦理
学是新的更崇高道德关系的创造性伦理学。

　　马克思主义的伦理思想同其整个伦理思想一样，它的创立是伦理学史
上的伟大的革命变革。将伦理思想奠定在唯物史观的基础之上，自始至终
代表最广大人民群众的根本利益和长远利益，为无产阶级革命和社会主义
前途而欢欣鼓舞，主张为共产主义而奋斗，是马克思主义伦理思想的根本
特点和历史使命。马克思主义的伦理思想不仅具有严谨的科学性，而且因
其同无产阶级反对资本主义私有制的阶级斗争、同社会主义革命和社会主

---

　　[1]　季塔连科主编：《马克思主义伦理学》，愚生、重耳译，上海译文出版社1981年版，第
9、11页。

　　[2]　同上书，第24—25页。

义建设的伟大实践密切相关而具有高度的革命性和强烈的实践性，成为无产阶级和劳动人民改造社会和改造自身的强大精神力量。马克思主义伦理思想的创立和在世界范围内的不断发展，真正开辟了人类伦理思想发展的新纪元。马克思主义伦理思想是随着无产阶级革命和社会主义建设的不断发展完善的具有蓬勃发展生机与活力的伦理思想。马克思、恩格斯、列宁、斯大林并没有穷尽伦理道德问题的研究，他们只是使伦理思想发生了从古典向现代、从非科学向科学的伟大转折，为人类更高和更新道德生活的出现贡献了普遍真理和真正合乎道义的力量。马克思主义伦理思想是欧洲共产主义运动的精神旗帜和指路明灯，是十月革命和社会主义建设的强大的精神支柱和力量源泉，是中国摆脱半殖民地半封建社会的羁绊、获得民族新生和国家独立的思想武器和行动指南。马克思主义伦理思想本身是崇尚发展和创造性的，它只有与各个国家的具体道德生活实践和伦理文化实际相结合才能真正发挥其改造人心和社会道德关系的巨大功用。随着十月革命后马克思列宁主义传入中国，以李大钊、毛泽东、邓小平为代表的中国马克思主义者把马克思列宁主义伦理思想的普遍原理与中国革命和建设的具体道德生活实践相结合，创造性地发展了马克思列宁主义伦理思想，形成了中国化的马克思主义伦理思想，将马克思主义伦理思想推进到一个崭新的阶段，开辟了中国这样一个东方大国伦理文化发展的新时代，也书写了马克思主义伦理思想发展史上的辉煌篇章。

第二章　马克思主义伦理思想在中国的早期传播与初步研究

　　马克思主义伦理思想能够在中国得以传播并形成中国马克思主义伦理思想，是中国社会革命和伦理文化发展的必然。马克思主义伦理思想在中国的传播以及中国马克思主义伦理思想的形成，是在中国封建道德已经解体、资本主义道德无力解救中国近代以来所发生的深刻的道德危机，而中国人民又迫切需要一种既能反帝又能反封建的伦理思想武器的历史文化条件下开始的。

第一节　马克思主义伦理思想在中国传播的历史文化背景

　　马克思主义伦理思想中国化，是中国现代化和民族复兴的需要。"理论在一个国家的实现程度，总是决定于理论满足这个国家的需要的程度"。① 马克思主义及其伦理思想传入中国，是中国人向西方寻求救国救民真理这一漫长历史过程发展的必然结果。马克思主义伦理思想是西方资本主义社会的产物，同时又是作为对西方资本主义道德关系及其观念的批判者和对新社会道德关系、价值观念的确立者而出现于人类伦理思想的舞台的，它代表了一种既超越封建主义道德又超越资本主义道德的价值自觉和伦理努力。

　　马克思主义及其伦理思想在中国的传播，与中国自近代以来形成的时代主题、革命任务、阶级基础和文化要求等因素有着最为密切的关系。近

---

　　① 马克思：《〈黑格尔法哲学批判〉导言》，《马克思恩格斯文集》第 1 卷，人民出版社2009 年版，第 12 页。

代中国社会的深刻危机与救亡图存，中国无产阶级的成长壮大与工人运动，中国传统伦理文化和西方近代伦理文化的双重困境，十月革命的影响和进步知识分子的觉醒，这一切都成为马克思主义伦理思想在中国传播的独特的历史文化条件。

一　近代中国社会的深刻危机与救亡图存

1840 年发生的鸦片战争，是"五千年中国第一大变局"。中国社会性质由封建社会转变为半封建半殖民地社会。中国社会和中华民族面临着"亡国灭种"的严重危机。救亡图存，自然成了近代中国的时代主题。一部中国近代史，就是中国人民反帝反封建的革命斗争史。为了摆脱凌辱和压迫，为了摆脱贫穷和落后，中华民族的无数志士仁人抛头颅、洒热血，踏上了救亡图存的漫漫征程，苦苦探索着救国救民的真理和道路。太平天国运动、洋务运动、戊戌变法、义和团运动，直至辛亥革命，中国人民进行了无数次反对外国帝国主义的入侵和国内封建主义的反动统治的不屈不挠的英勇斗争。这些斗争，每一次都在一定意义上推动了中国的进步，但也一次又一次地失败了。

中国是一个有着五千年悠久历史的文明古国，在 18 世纪以前的相当长一段时间里一直走在世界前列，曾经对世界文明发展作出过重大贡献。即便是到最后一个封建王朝——清朝的初中期，还出现了康雍乾三代盛世，其繁华富庶令许多西方人心仪神往。直到清朝后期才开始由盛而衰。英国作为中欧贸易中最大的对华进口国，为了扭转巨大的贸易逆差，便从事罪恶的鸦片走私，并通过鸦片这把"利剑"推行它的殖民政策。随着鸦片烟毒在中国的蔓延，不仅导致中国的白银大量外流，而且使中国人的身心健康受到严重摧残。鸦片战争以前，大约有 300 万人包括大批官兵、八旗和绿营兵丁成为离开鸦片就不能生存的瘾君子，使清廷几乎陷入"中原几无可以御敌之兵，且无可以充饷之银"的困境。面对吸食鸦片所带来的严峻形势，清政府颁布命令力主禁烟，并在道光十九年（1839）达到高潮。1839 年 6 月 3 日，林则徐在广东虎门海滩亲自主持了销烟壮举，将一箱箱罪恶的鸦片用盐卤和石灰销毁。虎门销烟引起了英国的极大不满，他们以此为借口发动了蓄谋已久的鸦片战争。1840 年 6 月至 1842 年 8 月的鸦片战争，由于清王朝的政治腐败、军备废弛以及抵抗不力而沦为失败，英国强迫清政府签订了丧权辱国的《南京条约》。鸦片战争的失败，是中国历史上五千年来第一大变局，从此中国进入了半封建半殖民地的近代社会。

鸦片战争以后，世界范围内的资本主义列强均把侵略的魔掌伸向了中国这片富饶而广袤的大地，他们发动了一次次的侵华战争，掀起了瓜分中国的狂潮。他们强占香港，霸夺广州，火烧圆明园，血洗北京城，大肆掠夺中国的领土，勒索中国的"赔款"，取得在中国的土地上驻兵和开设银行、工厂等特权，控制中国的通商口岸、交通线和海关，并在中国的土地上挂起了"华人与狗不得入内"的牌子。从1840—1905年的65年中，西方列强强迫清政府签订了一个又一个不平等条约，侵占的中国领土达一百七十三点九万平方公里，相当于三个法国、七个英国本土的面积。西方列强瓜分中国的土地，并通过一系列不平等条约要求中国赔款，共计从中国掳去约数百亿两白银。其中仅《辛丑条约》赔款总额便达10亿两白银，而当时清政府一年的收入仅为8000万两白银。西方列强还在中国大地上制造了一幕幕惨绝人寰的悲剧，他们滥杀无辜，焚毁房屋和建筑物。1900年八国联军进攻北京，使繁华帝京在大火中变成了瓦砾场，到处是无人掩埋的死尸。西方列强的入侵，把中国推向了"亡国灭种"的边缘，中华民族到了岌岌可危的境地，民族危机和社会危机日益加剧。一方面社会危机不断使民族危机深化；另一方面民族危机引发更深刻的社会危机。诚如毛泽东所说："帝国主义列强侵略中国，在一方面促使中国封建社会解体，促使中国发生了资本主义因素，把一个封建社会变成了一个半封建的社会；但是在另一方面，它们又残酷地统治了中国，把一个独立的中国变成了一个半殖民地和殖民地的中国。"①

为了救斯民于水火，扶大厦之将倾，中华民族的无数志士仁人抛头颅、洒热血，踏上了救亡图存的漫漫征程，苦苦探索救国救民的道路。率先奋起的是中国农民阶级。1851年开始的太平天国运动，在洪秀全的领导下，历时十四年，起义烽火燃遍中华大地，汇成中国近代第一次革命高潮。太平天国运动是中国旧式农民起义和农民战争发展的最高峰，给清政

---

① 毛泽东：《中国革命和中国共产党》，《毛泽东选集》第2卷，人民出版社1991年版，第630页。

府和外国列强以沉重的打击。但是由于农民阶级自身的局限，又没有科学理论的指导，最后在中外反动势力的联合镇压下失败了。继太平天国运动失败后兴起的洋务运动是地主阶级改革派基于自强目的而掀起的一个以建立洋枪、洋炮和洋船的军事工业为中心的自强运动。洋务运动在"中学为体，西学为用"的思维框架内，企图通过引进西方的军事工业、学习西方的科学技术来解决当时中国面临的日益严重的危机和困局。然而，由于它既不能超越封建专制制度的樊篱，又不能摆脱对西方先进技术和资金的依赖，结果在甲午海战中以失败告终。洋务运动后，资产阶级改良派发起了戊戌维新的变法运动，试图通过自上而下的政治和经济改革推动中国资本主义的发展。但由于民族资产阶级的稚嫩和软弱，以及封建主义和帝国主义势力的强大，变法运动仅百余日就遭到封建顽固势力的扼杀。改良不成，必继之以革命。以孙中山、黄兴等革命党人领导的辛亥革命，在中国近代史上第一次把反帝反封建的任务结合起来，提出了"驱除鞑虏，恢复中华，创立民国，平均地权"的革命纲领，经过十余次的武装起义，终于在1911年结束了腐朽没落的清王朝的统治，建立了中国历史上第一个资产阶级政权。但是，由于民族资产阶级的软弱，辛亥革命以同旧的反动势力的妥协而告终，革命的果实落到了北洋军阀的手里，中国人民依旧生活在贫穷、落后、分裂、动荡、混乱的苦难深渊中。

　　江泽民在庆祝中国共产党成立八十周年大会上指出："事实表明，不触动封建根基的自强运动和改良主义，旧式的农民战争，资产阶级革命派领导的民主革命，以及照搬西方资本主义的其他种种方案，都不能完成救亡图存的民族使命和反帝反封建的历史任务。中国期待着新的社会力量寻找先进理论，以开创救国救民的道路。"① 中国历史发展的进程呼唤并需要一种全新的力量寻找先进理论来领导中国的救亡图存。

二　中国无产阶级的成长壮大与工人运动

　　正当中国的农民阶级、地主阶级和资产阶级领导的革命或改革相继陷入困局的时候，中国的工人阶级开始成长壮大，使山重水复的中国独立富强之路出现了新的转机。中国工人阶级是伴随着外国资本主义的入侵和民

---

① 《江泽民文选》第3卷，人民出版社2006年版，第265页。

族工业的产生而产生的，它首先出现在外国资本主义在中国开设的企业里，其次出现在封建官僚买办开设的企业中，最后才在民族资本主义企业中出现。从 19 世纪 50 年代到 1919 年五四运动前后，全国已形成大约 200 万人的产业工人。这个阶级的人数虽然不多，但他们深受帝国主义、封建主义和资本主义的三重压迫，过着极其痛苦的生活；同时由于现代大工业和集体劳动等特点，使得他们代表着先进的生产力和生产关系，具有革命要求特别强烈，斗争特别勇敢、坚决，在地区和产业部门的分布上特别集中，同广大农民、城市手工业者等劳苦阶级有着天然的联系等特殊优点。中国工人阶级有着反帝反封建的革命传统，从诞生的时候就开始了反抗剥削和压迫的斗争。

五四运动前，中国工人阶级队伍空前壮大，斗争的自觉性不断增强，初步进入了有组织的状态，越来越具有阶级斗争的性质。五四运动后，中国工人阶级正式登上政治舞台，公开声援北京学生运动，举行了声势浩大的大罢工。罢工工人突破了以往行会帮口观念，打破产业、地区界限，实行了联合罢工，充分显示了中国工人阶级的阶级意识，说明中国工人正在从自在阶级转变为自为阶级。

工人运动的深入发展呼唤科学的理论指导。但是，工人阶级不会自发地产生科学的理论，反而很容易产生工联主义。生活在资本主义制度下的工人阶级无法创立科学社会主义理论，不仅因为他们生活状况很差，所受的教育和知识水平有限，而且也因为他们很难有时间和精力对资本主义社会制度进行整体性的和全方位的研究，他们"没有时间也没有经费来做这件事情。"工人阶级单靠自己本身的力量，只能形成工联主义的意识。科学社会主义理论"是从有产阶级的有教养的人即知识分子创造的哲学理论、历史理论和经济理论中发展起来的。"[①] 科学的理论需要灌输。资本主义制度的本质被等价交换关系所掩盖，资产阶级专政也被人在法律面前的形式平等所掩盖。为了揭示资本主义制度的本质，就必须深入研究资本主义社会的基本矛盾，剖析资本主义的社会结构，揭露资本家剥削工人的秘密。马克思、恩格斯、列宁等人正是生活在资本主义社会中的知识分子，他们不满资本家对工人的残酷剥削和压迫，在总结无产阶级反对资产

---

① 列宁：《怎么办？》，《列宁选集》第 1 卷，人民出版社 1995 年版，第 318 页。

阶级斗争的过程中，在研究资本主义社会矛盾和社会结构的过程中，创立了科学社会主义理论。科学社会主义理论把无产阶级视为人类历史上最后一个被剥削阶级，认为无产阶级必须解放全人类才能最后解放自己，无产阶级的历史使命是消灭私有制和消除剥削压迫，建立社会主义社会并最后达到共产主义。只有掌握了科学社会主义理论的知识分子把这种科学理论灌输到工人运动中去，并使两者结合起来，工人阶级才有可能发现并理解资本主义社会制度的本质，理解并明确自己肩负的历史使命，才能使自己由一个自在阶级发展成为一个自为阶级，由一个自发阶级变为一个自觉阶级。同理，马克思主义的科学理论只有同工人运动结合起来，才能发挥改造社会的真正力量，才能真正成为指引社会解放和个人解放的旗帜和指路明灯。马克思主义与工人运动相结合，在欧洲产生了伟大的共产主义运动，许多国家相继成立了共产党，并成立了第一国际组织和第二国际组织，出现了巴黎公社那样的无产阶级政权形式，在俄国经由十月革命而建立了世界上第一个社会主义国家，开辟了无产阶级革命的新时代。

中国无产阶级从它诞生的时候起，就开始了反抗剥削和压迫的斗争，并在斗争中逐步学会了运用罢工这个武器。随着中国工人阶级队伍的壮大，工人阶级反抗帝国主义和资产阶级压迫和剥削的斗争规模也日益扩大。五四运动后，中国工人阶级正式登上中国历史舞台，开始了有组织有目标的反帝反封建的斗争。工人运动既显示了中国工人阶级的阶级意识，也迫切需要科学理论的武装。只有接受科学的理论武装，工人阶级才能真正从自在阶级转变为自为阶级，成为先进生产力的真正代表。中国的工人运动同样需要科学理论的武装。中国人民对马克思主义理论的接受，是在中国特定历史情况下的一种理性选择，是反帝反封建的民族民主革命的使命和目标使然。

三　中国传统伦理文化和西方近代伦理文化的双重危机

近代以来伦理学领域里的古今中西之争证明，中国面临着既要批判传统又要创新传统，既要学习西方又要超越西方的特殊的境遇，无论是选择传统文化还是西方文化都有自己特殊的难题或吊诡。对中国来说，既要享用西方伦理文明的成果又要杜绝西方伦理文化的严重弊端，由此产生的可能的结果就是选择既立于西方伦理文明之上又超越了西方近代伦理文化诸多缺陷并将其目光导向新的社会主义和共产主义伦理文明的马克思主义。

　　20世纪初至五四运动前夕，中国传统伦理文化和西方近代伦理文化均发生了深刻的意义和价值危机。在中国，伴随着近代民主革命而开展的道德革命矛头直指传统伦理道德，儒学及儒家伦理文化被视为封建主义的东西而遭到猛烈抨击和痛斥。1905年废除科举取士，切断了儒学与功名仕途的联系，1911年辛亥革命，制度化的儒学被彻底推翻，1915年开展的新文化运动，以"批判旧道德提倡新道德"而著称于世，整体上宣告了传统伦理文化的破产或寿终正寝。在西方，20世纪初的尼采在"上帝死了"的判断中对西方基督教文明和资本主义文明予以清算，认为西方近代伦理文明是"病态"或"将死"之文明，1914年发生的第一次世界大战是近代资本主义种种罪恶的大爆发，1918年斯宾格勒出版了《西方的没落》一书，把歌德式的观相方法和尼采式的批判精神结合在一起，从宏大的文化比较形态学的角度，通过对西方文化的精神逻辑和时代症状的描述，预言西方文化终将走向没落。1918年，梁启超自欧洲归国，出版《欧游心影录》，他以耳闻目睹、亲身考察的事实，向国人介绍欧洲资本主义世界在第一次世界大战和俄国十月革命后凄惨衰败的景象。认为现在欧洲"全社会人心，都陷入怀疑沉闷畏惧之中，好像失了罗针的海船遇着风遇着雾，不知前途怎生是好。"[1] 中国传统伦理文化和西方近代伦理文化在20世纪初发生的双重危机，给近代中国"古今中西"之争以当头棒喝，先进的中国人意识到"东洋文明衰颓于静止之中，而西洋文明又疲命于物质之下，为救世界之危机非有第三新文明之崛起不足以渡此危崖。"[2]

四　俄国十月革命的影响和进步知识分子的觉醒

　　正是在中国进步知识分子对中国传统伦理文化和西方近现代资本主义伦理文化双重失望的历史情势下，俄国发生了十月革命。1917年10月25日（公历11月7日），俄国布尔什维克党在列宁的领导下发动武装起义，

---

　　① 梁启超：《欧游心影录》，《晨报》副刊1920年3月6日至8月17日。
　　② 李大钊：《东西文明根本之异点》，《李大钊文集》（上），人民出版社1984年版，第560—561页。

推翻了克伦斯基临时政府，建立了世界上第一个社会主义国家。十月革命一声炮响，给中国人民送来了马克思列宁主义。"十月革命帮助了全世界也帮助了中国的先进分子，用无产阶级的宇宙观作为观察国家命运的工具，重新考虑自己的问题。走俄国人的路——这就是结论。"①"中国人找到了马克思列宁主义这个放之四海而皆准的普遍真理，中国的面目就起了变化了。"②李大钊、陈独秀等进步知识分子从俄国十月革命中看到了中国未来的希望，迅速从革命民主主义者向共产主义者转变，得出了向俄国人学习、走社会主义道路的结论。自从中国人学会了马克思列宁主义以后，中国人在精神上就由被动转为主动。对于当时的中国思想界来说，俄国十月革命胜利的消息犹如一阵清风，给处于困惑中的人们带来新的希望。1919年7月25日，巴黎和会不到一个月，苏俄政府发表宣言，宣布放弃帝俄时代在中国的一切特权。1920年4月苏俄政府代表来华，受到各界热烈欢迎。列宁领导的苏联，成为20世纪新公理新文明的象征。于是五四时期的知识分子由亲西方转向亲俄国，走俄国人的路，成为一大批中国知识分子的理性选择。在十月革命的影响下，以李大钊为代表的一批具有初步共产主义思想的知识分子，通过对各种学说、各种救国方案的反复比较和缜密思考之后，确立了对马克思列宁主义的信念，终于选择了科学社会主义，并以此来作为观察国家前途和命运的工具。

近代中国社会的深刻危机、无产阶级的成长壮大、俄国十月革命的影响等因素都为马克思主义及其伦理思想在中国的传播准备了条件。可以说，中国的救亡图存呼唤马克思主义，工人运动需要马克思主义，俄国十月革命又使中国人民看到了马克思主义的伟大胜利，这一切都促使先进的中国人选择马克思主义及其伦理思想，并以此来作为开展革命、推进道德生活革故鼎新的旗帜。

五　马克思主义伦理思想与中国传统伦理文化某些价值观念的契合

马克思主义伦理思想的中国化，又以马克思主义伦理思想本身的性质

---

① 毛泽东:《论人民民主专政》,《毛泽东选集》第4卷，人民出版社1991年版，第1470—1471页。

② 同上书，第1470页。

及其与中国伦理思想优良传统的某些相通之处为条件。马克思主义伦理思想之所以能在中国进行传播，在中国大地上生根开花结果，是因为在中国这古老而文明的国度里，存在着对马克思主义伦理思想的渴望，存在着与马克思主义伦理思想某些相通之处。中国传统伦理思想中的思想精华，为中国人接受马克思主义伦理思想提供了文化心理上的认同感，也为马克思主义伦理思想中国化提供了便利的思想桥梁。

中国传统伦理思想与马克思主义伦理思想具有某种精神或思想趋向上的一致性，马克思主义的产生地诚然不是在中国，但中国却有着适合马克思主义传播和发展的思想文化土壤，马克思主义伦理思想的某些内容在中国传统伦理思想中可以找到某种相契合的东西，这使得中国人民接受马克思主义伦理思想来有一种并不陌生或隔离的感觉。

马克思主义伦理思想与中国传统伦理思想相契合的地方主要表现在：

一是相同的道德追求和道德基础。"社会主义"这个概念，表述的是一种与个人主义相区别的集体主义观念。它提倡的是社会本位主义，否定了个人本位主义。与其说它是一种制度的选择，还不如说它是体现了一种道德价值的取向。这种相同的价值取向是中国传统伦理思想与马克思主义不谋而合的道德基础。西方近代个人主义和利己主义精神与中国自古以来形成的道统观念不相吻合。个人主义是西方人处理个人与社会关系的基本准则，强调个人自由、个人权利及个人的独立性，利己主义则是个人主义的出发点和最后归宿。而中国传统的道德观念强调的是"天下为公""天下兴亡，匹夫有责""老吾老以及人之老，幼吾幼以及人之幼"，主张"穷则独善其身，达则兼善天下"，崇尚明德与新民统一的内圣外王之道等，这些都体现了社会本位主义或整体主义的思想关怀，明显地不同于西方个人主义利己主义观念。马克思主义提倡的以集体主义为核心的道德原则与中国传统道德所推崇的社会本位主义有某种形异而神似的地方。

二是相同的积极进取的处世精神。传统伦理思想的基本精神是自强不息、奋发有为，体现了匡世济民、以天下为己任的社会关怀。它讲求"修身齐家治国平天下"，把"为天地立心，为生民立命，为往圣继绝学，为万世开太平"和"立德，立功，立言"作为人生的意义追求，欣赏"苟利国家生死以，岂因祸福避趋之"和"先天下之忧而忧，后天下之乐而乐"的担当精神，并有履仁由义、成仁取义的敢于牺牲、乐于奉献的精神和行为实践。而马克思主义更是以"解放全人类"作为自己奋斗的终生目标，并以一种庄严的责任感与使命感把这个奋斗目标理性化、制度化。马克思主义伦理思想与中国传统伦理思想在对人生意义的思索和对社会积极进取的态度方面有着某种相一致的地方。

三是相似的社会追求目标。儒家提出了"大同世界"的社会理想模式。此即《礼记·礼运》所说的："大道之行也，天下为公。选贤举能，讲信修睦。故人不独亲其亲，不独子其子，使老有所终，壮有所用，幼有所养，矜寡孤独废疾者皆有所养。男有分，女有归。货恶其弃于地也，不必藏于己；力恶其不出于身也，不必为己。是故谋闭而不兴，盗窃乱贼而不作，故外户而不闭。是谓大同。"两千多年来，大同理想已成为中华民族的共同理想。从陶渊明的"桃花源"，到康有为的"太平大同世"，从洪秀全的"太平天国"，到孙中山的"大同"说，以至到 1919 年毛泽东在"新村主义""工读主义"等影响下提出的"新村计划"，无不以大同社会为蓝图。而历代农民起义"等贵贱，均贫富"等口号，也寄托了农民对大同世界的向往。马克思主义所向往的社会主义和共产主义是以消灭了私有制和实现了生产资料的公有制为基础的，广大劳动群众在生产过程中建立起来的关系是一种平等互助的友好关系。中国传统伦理思想所向往的大同世界与马克思主义伦理思想所揭示的社会主义共产主义社会也有着某种目标上的相似性。

中国民主革命和现代化建设最终选择马克思主义并不是偶然的，它有着中国历史发展的客观必然性和中国社会的深刻期盼以及现实可能性多种因素的催生与支撑。近代中国社会的深刻危机与救亡图存的革命任务，中国无产阶级的成长壮大与工人运动，中国传统伦理文化和西方近代伦理文化的双重困境，俄国十月革命的影响和进步知识分子的觉醒，这一切促成了马克思主义及其伦理思想在中国的传播，而马克思主义伦理思想与中国传统伦理思想某些精华部分的契合加速了中国人民选择马克思主义及其伦理思想的过程，使马克思主义及其伦理思想获得了社会生活和社会心理的巨大支持。正是由于马克思主义伦理思想与中国传统伦理文化有着某种契合的道德价值取向和积极进取精神，有着某种大体一致的伦理基础和道德观念，使得马克思主义伦理思想比较容易为中国人民和中国历史的发展所接受并认可，成为中国人民选择和接受马克思主义伦理思想的思想文化基础。

第二节　中国马克思主义伦理思想的萌生与孕育

　　中国马克思主义伦理思想形成于十月革命后的五四运动及其社会主义论战，但它的萌生与孕育则是中国近代以来学习西方伦理文明的结果，没有近代以来向西方学习、大力引进和介绍西方文化的运动，就不可能有马克思主义在中国的传播和马克思主义伦理思想的形成。李大钊、陈独秀从革命民主主义向共产主义的转变及其在传播马克思主义伦理思想方面所做的创造性工作，特别是主张把马克思主义伦理思想同中国民族民主革命的具体实际联系起来，标志着中国马克思主义伦理思想的初步形成。

一　马克思主义及其伦理思想的早期传播

　　马克思主义诞生于 19 世纪 40 年代，而后在欧洲大地广泛传播。19世纪七八十年代，中国人就已经零星地对马克思主义有所耳闻。消息的来源，一是 19 世纪 70 年代香港的几家报纸，如《华字日报》《中外新报》就曾刊登过巴黎公社的有关情况；二是江南制造局编印的《西国近世汇编》。《西国近世汇编》自 1873 年至 1882 年初，逐周汇叙西国重要时事，成为中国人了解西方各国情况的一个重要窗口。戊戌变法后的第二年，英国在华传教士李提摩太在上海广学会出版的《万国公报》第 121—124 期上，以《大同书》为篇名，节译了英国社会学家本杰明·颉德著的《社会演化》一书的前四章。其中第一章《今世景象》提到"其以百工领袖著名者，英人马克思也。"① 第三章《相争相进之理》指出："今世之争，恐将有更甚于古者，此非凭空揣测之词也。试稽近代学派，有讲求安民新学之一家，如德国之马客士（即马克思），主于资本者也。"第八章《今世养民策》中说："德国讲求养民学者，名人有焉。一曰马克思，一曰恩格斯。"这是在中文刊物中第一次提到马克思、恩格斯的名字及他们的学说。颉德、李提摩太在这里把马克思的社会主义视为一种安民救世的政治伦理学说，并将其与中国传统的政

---

① 这里将马克思误认为英人，《大同书》第三章后作了改正。

治伦理学说——大同思想联系起来。

1901 年 1 月中国留日学生主办的《译书汇编》的一、二、三、六、八期，连载了日本人有贺长雄所写的《近世政治史》一书提到"麦克司"（即马克思）和社会主义学说，并把马克思与社会主义联系起来，指出："西国学者，悯贫富之不等，而为佣工者，往往受资本家之压制，遂有倡均贫富制恒产之说者，谓之社会主义。社会主义云者，盖谓统筹全局，非为一人一家计也。中国古世有井田之法，即所谓社会主义。"这里把马克思的社会主义视为一种均贫富的政治伦理学说，并与中国古代的井田制等量齐观。梁启超通过颉德知道马克思。他当时任《大同学》的译者、英国著名传教士李提摩太的秘书。他在《进化论革命者颉德之学说》一文中简要介绍了马克思的政治伦理学说，指出："麦喀士（即马克思）日耳曼人，社会主义之泰斗也。""今日之德国，有最占势力之二大思想，一曰麦喀士之社会主义；二曰尼志埃（即尼采）之个人主义。""麦喀士谓今日社会之弊，在多数之弱者为少数之强者所压伏。"[1]麦喀士所讲的与尼采所讲的今日社会之弊在少数优者为多数劣者所钳制，同为德国学术界的两大思潮，影响甚远。此后不久，又在《二十世纪之巨灵托辣斯》中说："麦喀士""社会主义之鼻祖，德国人，著述甚多"。

1902 年 4 月上海广智书店出版了日本社会主义研究会会长村井至著、罗大维翻译的《社会主义》一书，书中对马克思的社会主义作了比较系统的介绍，指出社会主义就是要"变资本之私有为共有"，把少数资本家所占巨大之利益，转而为多数劳动者之所共有，消灭贫富悬殊，消灭地主阶级、资本家阶级。1903 年 2 月马君武发表了《社会主义与进化论比较》一文，认为社会主义"发源于法兰西人圣西门、佛礼儿（即傅立叶），中兴于法兰西人鲁意伯龙（即路易·勃朗）、布鲁东（即蒲鲁东），极盛于德意志人拉沙勒（即拉萨尔）、马克司（即马克思）"。社会主义学说同进化论学说颇多类似，马克思的阶级斗争理论与达尔文的生存竞争思想异曲同工，故"凡热心图进步之国民，未有不欢迎社会主义者"。[2]

---

[1]　梁启超：《进化论革命者颉德之学说》，《梁启超选集》，上海人民出版社 1984 年版，第 340—347 页。

[2]　马君武：《社会主义与进化论比较》，《译书汇编》1903 年 2 月 15 日。

　　1905 年 11 月，朱执信（署名蛰伸）写的《德意志社会革命家小传》发表在同盟会的机关报《民报》第 2 号上，该文比较详细地介绍了马克思、恩格斯的生平活动，并节译了《共产党宣言》中的十项纲领，同时提到了《资本论》，认为马克思的社会主义旨在为多数人谋幸福。朱执信对马克思生平的介绍虽然概略，但是是怀着虔诚态度和敬意的，认为马克思"始读社会主义之书而悦之，其所为文，奇肆酣畅，风动一时，当世人士以不知马尔克（即马克思，笔者注）之名为耻"①；"前乎马尔克言社会主义而攻击资本者亦大有人，然能言其毒害之所由来，与谋所以去之之道何自者，盖未有闻也"；"马尔克之意，以为阶级争斗，自历史来，其胜若败必有所基。彼资本家者，啖粱肉刺齿肥，饱食以嬉至于今兹，曾无复保其势位之能力，其端倪亦即朕矣。故推往知来，富族之必折而侪于吾齐民，不待龟筮而了也。故其宣言曰：'自草昧混沌而将，至于吾今有生，所谓史者，何一非阶级争斗之陈迹乎！'取者与被取者相戕，而治者与被治者交争也。纷纷云云，不可卒记，虽人文发展之世，亦习以为常，莫之为讶，是殆亦不可逃者也。今日吾辈所处社会方若是，于此而不探之其本原以求正焉。则掠夺不去，压制不息，阶级之争不变犹昔，则中级社会与下级社会改善调和之方其又将于何而得求之也。"② 朱执信对马克思阶级斗争理论有深刻的理解，并且认为阶级斗争理论是阶级社会里社会发展动力和根源的一种正确解释。

　　资产阶级民主主义者孙中山先生亦十分推崇马克思的社会主义学说。他在 1912 年 10 月 14 日至 16 日上海中国社会党的演说中集中表达了他对社会主义的理解，其中也专门谈到了对马克思主义的认识。在讲演中，他说："有德国麦克司者出，苦心孤诣，研究资本问题，垂三十年之久，著为《资本论》一书，发阐真理，不遗余力，而无条理之学说，遂成为有统系之学理。研究社会主义者，咸知所本，不复专迎合一般粗浅激烈之言论矣。"③ 孙中山此处所说的"麦克司"，即马克思在当时中国的汉译名。孙中山已经看到马克思所潜心撰著的《资本论》为无产阶级阐发真理，

---

　　① 朱执信：《德意志社会革命家列传》，《朱执信集》上集，中华书局 1979 年版，第 10 页。
　　② 同上书，第 11—12 页。
　　③ 孙中山：《在上海中国社会党的演说》，《孙中山全集》第 2 卷，中华书局 1982 年版，第 506 页。

为现代社会主义运动奠定了理论基础，使社会主义运动有了科学理论的指导，而不再是无产阶级仅凭对资本主义的义愤而掀起的情感冲动。孙中山还认为，在社会主义思想家中，亨利·乔治主张土地公有，马克思主张资本公有，这两家的思想都值得重视，"亨氏与麦氏二家之说，表面上似稍有不同之点，实则互相发明，当并存者也"。他们二人的主张虽然有所不同，"而其为社会大多数谋幸福者一也。""社会主义家则莫不主张亨、麦二氏之学说，而为多数工人谋其生存之幸福也。"① 在有关三民主义的演讲中，孙中山称马克思是"世界上社会主义最大的思想家"，在马克思以前讲社会主义的人都是乌托邦派，只有马克思"用他的聪明才智和学问经验"，对社会主义作了极透彻的研究，解决了古人所不知道和不可能解决的问题。"马克思对于社会问题，好像卢骚对于民权问题一样，在一百多年以前欧美研究民权问题的人，没有那一个不是崇拜卢骚为民权中的圣人，好像中国崇拜孔子一样；现在研究社会问题的人，也没有那一个不是崇拜马克思做社会主义中的圣人。"② 在马克思以前，世界上讲社会主义的，多为"乌托邦派"，他们所阐发的是一种"陈义甚高的理论"，是一种空想社会主义理论，类似于中国古代黄老学派所向往的"华胥氏之国"，遥不可及，离现实太远。到了马克思出世之后，他使社会主义研究成为科学，"他的发明是全凭着经济原理。他照经济原理作透彻的研究之后，便批评从前主张社会主义的人，不过是有个人的道德心和群众的感情作用；其实经济问题，不是道德心和感情作用可以解决得了的，必须把社会的情状和社会的进化研究清楚了之后，才可以解决。这种解决社会问题的原理，可以说是全凭事实，不尚理想。"③ 所以，马克思的社会主义主张，被后世称为"科学派"，它与"乌托邦派"有着完全的不同，它是靠科学事实说话的。"马克思所求出解决社会问题的方法，就是科学的社会主义。"孙中山认为，马克思的发明，如同牛顿发明天文学之重心学说一样，令人信服，"所以从前许多反对社会主义的人，后来都变为赞成社会

---

①　孙中山：《在上海中国社会党的演说》，《孙中山全集》第 2 卷，中华书局 1982 年版，第 514—516 页。

②　孙中山：《三民主义·民生主义第一讲》，《孙中山选集》，人民出版社 1981 年第 2 版，第 807 页。

③　同上书，第 809 页。

主义。如果是过细研究了马克思学说的人，更是信仰他。""马克思所著的书和所发明的学说，可说是集几千年来人类思想的大成。所以他的学说一出来之后，便举世风从，各国学者都是信仰他，都是跟住他走。"① 孙中山把自己的社会主义称为民生主义，主张中国的社会主义者要采用欧洲的生产方式，使用机器和发展大工业，但要避免其种种弊病，通过节制资本和平均地权使工人农民不必经受资本家剥削、地主压迫的痛苦。孙中山作为接引马克思主义哲学和伦理思想的先驱，其拥护马克思学说的热情和态度，达到了资产阶级民主主义者的最高高度，其贡献不容忽视。

　　20 世纪初，信奉孙中山三民主义的宋教仁、廖仲恺、胡汉民、戴季陶等人，也对马克思主义作了程度不同的介绍和宣传。在 1906 年至 1907 年间，宋教仁的译作《万国社会党大会略史》，廖仲恺的译文《社会主义史大纲》，胡汉民的文章《告非难民生主义者》等文先后在《民报》上发表，其中对马克思主义的社会主义多有肯定性的评价。胡汉民后来还专门写了《唯物史观批评之批评》《中国哲学史之唯物的研究》等文，戴季陶写了《从经济上观察中国的乱源》等文，发表在孙中山支持的《建设》杂志和《星期评论》上。这些文章开始应用唯物史观来观察分析中国的历史和现实问题，对推动唯物史观在中国的传播起到了积极的作用。辛亥革命以后，国内一些报纸杂志陆续开始介绍马克思主义的著作和思想，《新世界》杂志不仅连载了恩格斯的《社会主义从空想到科学的发展》一文，而且还对《共产党宣言》《资本论》加以介绍和评述，认为《共产党宣言》"不啻是 20 世纪社会革命之引导线，大同太平新世界之原动力"。

　　19 世纪末 20 世纪初，伴随着中国向西方寻求救国救民真理而开始的对马克思的社会主义思想学说的介绍与传播，虽然还只是零星的、片断的甚至不乏曲解和比附，但是使马克思的名字和学说为中国人所了解，人们开始知道除封建主义和资本主义思想之外，还有马克思主义这种"异端邪说"的存在，这就不能不使人们的眼界有所开阔，思想有所打开，使更多的人也想从这种虽然零星、片断地介绍过来而又

---

　　① 孙中山：《三民主义·民生主义第一讲》，《孙中山选集》，人民出版社 1981 年第 2 版，第 809 页。

远非正确的马克思主义中找答案、寻出路，对它进行探讨和研究。这就为后来马克思主义的广泛传播和中国马克思主义伦理思想的形成起过积极的研究定向和理论准备作用，或许可以说中国马克思主义伦理思想的孕育与萌生正脱胎于 19 世纪末 20 世纪初人们对马克思及其学说的介绍与评析之中，正是这一时期的介绍与评析成了马克思主义伦理思想形成的前奏。

需要指出，中国马克思主义伦理思想的萌生与孕育不仅与 19 世纪末 20 世纪初人们对马克思及其学说的介绍与评析密切相关，而且也与新文化运动中陈独秀、李大钊、鲁迅等人战斗的革命民主主义思想有着不可分割的联系。他们对封建复古主义的批判，对纲常名教的抨击，对传统伦理弊端的深刻揭露，对科学、民主、自由、人权、人道主义价值的推崇以及对新的人际关系和道德精神的向往，无疑洞开了通向马克思主义伦理思想体系的大门，为接续和传承马克思主义伦理学，形成中国的马克思主义伦理思想作了历史文化的铺垫，布下了某种特定的历史文化意识背景。战斗的革命民主主义者之所以能够实现向马克思主义的伟大转变，除了十月革命和马克思主义的传播等因素外，他们原有的革命民主主义精神以及深沉的救国救民意识，亦是不容忽视的因素。当然，十月革命的胜利，极大地鼓舞了先进的中国人，加速了中国人民对马克思主义的选择和认同过程。诚如毛泽东所说：十月社会主义革命不只是开创了俄国历史的新纪元，而且开创了世界历史的新纪元。"十月革命帮助了全世界的也帮助了中国的先进分子，用无产阶级的宇宙观作为观察国家命运的工具，重新考虑自己的问题。走俄国人的路——这就是结论。"[1] 俄国十月社会主义革命胜利的意义，亦如汤因比说的"对于从中国到秘鲁、从墨西哥到热带非洲的世界的农民阶级是一个有力的号召。"世界人口四分之三的"被压抑的人们"对"从克里姆林宫传出来的马克思主义"，"有更多的亲切感。"[2] 十月革命唤醒了先进的中国人，中国人学得了一样新的东西，这就是马克思列宁主义。自从中国人学得了马克思列宁主义以后，中国人在精神上就由

---

① 毛泽东：《论人民民主专政》，《毛泽东选集》第 4 卷，人民出版社 1991 年版，第 1471 页。

② ［英］汤因比：《历史研究》（下），曹未风等译，上海人民出版社 1964 年版，第 413 页。

被动转入主动，"从这时起，近代世界历史上那种看不起中国人，看不起中国文化的时代应当完结了。"① 在俄国十月社会主义革命的影响下，李大钊、陈独秀、瞿秋白、恽代英、李达、毛泽东、蔡和森等一大批爱国志士先后相继成为马克思主义者，并开始了在灾难深重的旧中国传播马克思主义的进程，他们竞相把马克思主义中国化，形成着中国化马克思主义的传统。与此同时，也拉开了中国马克思主义伦理思想形成和发展的大幕。20 世纪 20 年代初，石夫著的《马克思主义的道德观》在《少年》杂志第 8 号上发表，该文如同李大钊的《物质变动与道德变动》、陈独秀的《调和论与旧道德》等文一样，系中国现代伦理思想史上研究马克思主义伦理思想的重要文献。作者针对一些人说马克思主义否认道德和不讲道德的谬论，理直气壮地指出："只有马克思第一次真正完全认识了什么是道德！"② 在马克思主义者或者共产主义者，对道德底问题如对一切社会的问题一样，他们总是时时抱着两个重要的认识："第一个认识是唯物主义的认识，这就是说道德是以经济为归宿的。经济是所有社会制度底基础。因经济的生产而发生社会的关系，由社会的关系而形成道德的观念，所以人说道德是社会的上部结构，是经济生产底反映"；"第二个认识是阶级的认识，所有人类底历史直到现在都是阶级斗争史，因此有史以来的人类社会都是阶级组成的，都是支配阶级和被支配阶级组成的；……支配某一个时代的道德观念，必然就是这时代底支配阶级底观念。"③ 道德对社会生活的作用受到经济和阶级斗争的影响，因此道德是经济利益关系和阶级斗争关系的反映。这样来理解道德，才算真正理解了道德的本质。1925年恽代英写的《马克思主义者与恋爱问题》一文，就马克思主义的恋爱观发表了自己的看法，认为"马克思主义者并不反对恋爱，他们愿意牺牲一切以谋改造经济制度，使人人得着美满的恋爱。但马克思主义者为了要改造经济制度有时要牺牲一切（包括恋爱在内），若在工作上所必要牺牲的不能牺牲掉，甚至于因为贪恋任何事物反牺牲了他的正当工作，这只

---

① 毛泽东：《唯心历史观的破产》，《毛泽东选集》第 4 卷，人民出版社 1991 年版，第 1516 页。

② 石夫：《马克思主义的道德观》，参阅《赴法勤工俭学运动史料》第 3 辑，北京出版社 1981 年版。

③ 同上。

是愚昧的鄙夫，绝不配称为马克思主义的信徒。"①

马克思主义伦理思想在中国的传播及特点。

马克思主义及其伦理思想经过日本、欧洲和俄国等渠道而传入中国。日本渠道的代表人物主要有陈博贤、李达、李汉俊、陈望道以及李大钊、陈独秀等人，他们或师从河上肇，或翻译辛德秋水的著述，使中国人民较早接触到了马克思主义及其主张的社会主义学说。诚如毛泽东所说："马克思主义的传播在日本要比中国早，一些马克思主义著作是从日本得到的。"② 欧洲渠道的主要代表人物有蔡和森、周恩来、朱德、邓小平、李立三、李维汉等人，他们留学法国、德国，进行集体性的研修，并向国内传播了马克思主义的思想和观念。俄国渠道是主渠道，"以其正统性和持续性令人瞩目。"③ 主要代表人物有瞿秋白、任弼时、沈志远等。李大钊、陈独秀等进步知识分子从俄国十月革命中看到了中国未来的希望，迅速从革命民主主义者向共产主义者转变，得出了向俄国人学习、走社会主义道路的结论。自从中国人学会了马克思列宁主义以后，中国人在精神上就由被动转为主动。

以李大钊、陈独秀、瞿秋白、恽代英、李达为代表的早期中国马克思主义者积极热情地宣传马克思主义及其伦理思想，并试图与中国社会的道德生活和伦理文化实际结合起来，他们对马克思主义伦理思想的早期传播和研究，成为毛泽东伦理思想的重要来源和依托。

首先，马克思主义伦理思想在中国的传播以及中国马克思主义伦理思想的形成，是在中国封建道德已经解体，资本主义道德无力解救中国近代以来所发生的深刻的道德危机，而中国人民又迫切需要一种既能反帝又能反封建的伦理思想武器的历史文化条件下开始的。

其次，马克思主义伦理思想在中国的传播是对新文化运动时期开展的"批判旧道德，提倡新道德"以及崇尚个性解放、追求科学民主等思潮的提升与超越，代表了中国人民对真正美好道德生活的向往和新型人际关系的追求。

---

① 恽代英：《马克思主义者与恋爱问题》，《恽代英文集》，人民出版社 1984 年版，第 692 页。

② 参阅盛邦和：《解体与重构》，华东师范大学出版社 2002 年版，第 97 页。

③ 郭建宁：《20 世纪中国马克思主义哲学》，北京大学出版社 2005 年版，第 25 页。

　　最后，马克思主义伦理思想在中国的传播一开始就具有实践理性的品格，同改造国民性、提升国民的道德观念进而以此改造中国社会有着最为密切的联系。马克思主义伦理思想既是早期中国马克思主义者信仰的支柱和精神的源泉，又是他们为之奋斗的真理和高举的旗帜。李大钊、瞿秋白、方志敏等人将马克思主义伦理思想与其生命合而为一，他们是使共产主义人间化的忠诚战士，并用实际行动抒写了"化理论为德性"的光辉篇章，在中国现代史上演绎出了一幕幕"铁肩担道义"和"为主义而献身"的革命英雄主义活剧，为中国人民的解放和祖国的独立树起了一个又一个道德标杆，引领着中华民族道德生活的不断进步和发展。

　　20 世纪 20 年代，马克思主义伦理思想在中国共产党的创立及其工农运动的开展中不断得到传播，并日益深入中国社会和人心，比较成功地成为中国共产党开展新民主主义革命的精神动能。当然，马克思主义伦理思想的中国化和中国马克思主义伦理思想形成的标志性成果是毛泽东伦理思想的形成和发展。但是，李大钊、陈独秀、瞿秋白、恽代英以及李达，还有方志敏等人对马克思主义伦理思想的早期传播与初步研究，为毛泽东伦理思想的形成奠定了坚实的基础。他们的伦理思想，构成中国马克思主义伦理思想发展史上早期的宝贵遗产。

二　李大钊对马克思主义伦理思想的传播与初步研究

　　李大钊（1889—1927），字守常，河北省乐亭县人，是中国早期马克思主义伦理思想的杰出代表和最早运用唯物史观分析和研究道德现象的理论先驱。十月革命后，他以极大的热情宣传和介绍马克思主义，并用马克思主义伦理观批判各式各样错误的伦理思想，为马克思主义伦理思想的形成和中国共产党的创立作出了重要贡献。著有《物质变动与道德变动》《由经济上解释中国近代思想变动的原因》《自然的伦理观与孔子》《青春》等文。李大钊的唯物主义伦理观是中国马克思主义伦理思想形成时期的主要成果之一。

　　李大钊是中国马克思主义伦理思想中第一个用唯物史观分析道德现象的人，他在反对孔门伦理道德，揭露孔门伦理道德的社会影响与历史作用的斗争中即已涉及道德基础与根源问题，并且较为成功地运用了经济分析的方法。李大钊探讨了道德的起源和本质，认为道德是人类社会本能进化的产物，道德的基础就是物质和生活的要求。他批判了近代西方某些人从"个人的经验""求快乐、求幸福的欲望""精练的利己心"等来说明道德起源和本质的错误，认为"这些都不能说明人心中的声音—牺牲自己爱他人的行为"，强调指出道德同现实的物质生活经济关系密切相关，"道德这个东西不是超自然的东西，不是超物质以上的东西，不是凭空从天上掉下来的东西。他的本原不在天神的宠赐，也不在圣贤的经传，实在我们人间的动物的地上的生活之中。他的基础就是自然，就是物质，就是生活的要求。简单的一句话，道德就是适应社会生活的要求之社会的本能。"① 李大钊坚决反对以"个人的经验""精练的利己心""对于他人的同情心""超自然的灵界""天神的宠赐"等来说明道德的起源与本质，批判了把伦理道德看作是"神秘主宰之惠与物""信为伦理之渊源而超乎自然之上"的唯心主义的伦理观，主张从物质生活来探讨道德的起源和本质。所谓物质生活实指社会的经济生活。他依据马克思主义的唯物史观指出，人类社会一切精神的构造都是表层构造，只有物质的经济的构造才是这些表层构造的基础构造。"所以思想、主义、哲学、宗教、道德、法制等等不能限制经济变化物质变化，而物质和经济可以决定思想、主义、哲学、宗教、道德、法制，等等。"② 他依据马克思主义经济基础与上层建筑关系的原理指出，道德与政治、法律、文艺、宗教一样，都是由经济基础决定的一种社会意识形态和上层建筑。道德决定于经济基础，并随着经济基础的变化而变化，有什么样的经济基础，就会有什么样的道德。

李大钊运用马克思主义的社会存在理论和阶级分析方法来开展对传统伦理道德的批判。他深刻揭露了孔学伦理道德的社会经济根源，认为以孔学为中心的伦理道德是中国大家族制度的产物。中国自古以来就是以农业立国，大家族制度在中国特别发达。中国两千年来社会的"基础构造"就是大家族制度，"一切政治、法度、伦理、道德、学术、思想、风俗、

---

① 李大钊：《物质变动与道德变动》，《李大钊文集》（下），人民出版社 1984 年版，第138 页。

② 同上书，第 139 页。

习惯，都建筑在大家族制度上作他的表层构造"，① 中国的一切伦理、风俗等都以大家族制度为基础，"而以孔子主义为其全结晶体"。孔学为中心的封建道德本质上是建立在"大家族制度"亦即自给自足的小农经济基础之上的，是适应大家族制度的要求而产生的，其目的在于论证和维护大家族制度的合理性，"孔子的学说所以能支配中国人心有二千余年的原故，不是他的学说本身具有绝大的权威永久不变的真理配作中国人的'万世师表'，因他是适应中国二千余年来未曾变动的农业经济组织反映出来的产物，因他是中国大家族制度上的表层结构，因为经济上有他的基础。"② 这就深刻揭露了孔学道德长期统治人民思想的社会经济基础。在李大钊看来，中国古代是一个以农业立国的国家，农业劳动以一家一户为主体，实行男耕女织，一家之长的父亲起着关键的作用，所以形成了大家族制度，一面是血统的结合；一面又是经济的结合。"中国的大家族制度，就是中国的农业经济组织，就是中国二千年来社会的基础构造。"③ 近代以来，西洋工业经济来压迫中国的农业经济，致使中国的农业经济及其大家族制度发生了严重的动摇，"孔门伦理的基础就根本动摇了""大家族制度既入了崩颓粉碎的运命，孔子主义，也不能不跟着崩颓粉碎了。"这就从经济上揭示了以孔学为中心的封建道德灭亡的历史必然性。"经济问题的解决，是根本解决。经济问题一旦解决，什么政治问题、法律问题、家庭制度问题……都可以解决。"而为了要改造社会经济制度，就必须进行"阶级斗争"，否则"那经济的革命，恐怕永远不能实现。"这样，李大钊不仅找到了铲除孔学伦理道德的根本途径——社会革命。而且还找到了实现这种革命的阶级力量，认为中国的无产阶级和劳动人民的解放运动，"也是打破孔子阶级主义的运动"。

李大钊揭示了道德的历史性和变革性。道德作为上层建筑和表层的精神构造，它的基础是物质和经济，即是由经济关系所决定的并为一定经济关系服务的。社会经济生活和物质的变化必将引起道德生活的变化。李大钊以人们对老人的态度和妇女贞操的变化为例来论述道德随物质的变动而

---

① 李大钊：《由经济上解释中国近代思想变动的原因》，《李大钊文集》（下），人民出版社1984 年版，第 178 页。

② 同上书，第 179 页。

③ 同上书，第 178 页。

变动。他说：在原始的狩猎时代，生产力水平十分低下，社会可供支配的物质财富不多，当时的人总是由此处到彼处的迁徙流转，故把老人当作一种社会的累赘，"常常被弃被杀被食"。到了畜牧时代和农业时代，由于生产力水平较狩猎时代有所提高，"衣食的资料渐渐富裕，敬老的事渐视为重要。而以种种经验与知识渐为社会所需要，当时还没有文字的发明，老人就是知识经济的宝库，遂为社会所宝重。"妇女在社会上的地位也和老人一样，随着经济状况的变化而变化。在母系氏族社会，妇女在居处附近的田地里从事耕作，比男人在外从事狩猎有比较稳定的收成，对家庭社会所作出的贡献比男人大，故妇女的地位很高，女子生理上性欲的要求强于男子，所以贞操问题绝不发生，而且有一妻多夫的风俗。到了畜牧、农业为男子独占职业的时期，妇女只做些煮饭缝衣的家务事，创造的财富远低于男人，故妇女的地位就渐渐低下。女子靠着男子生活，男子就由弱者地位转到强者地位，女子的贞操问题从而发生，且是绝对的、强制的、片面的。又因农业经济需要人口，一夫多妻之风盛行。到了工业时期，人口愈增，人类的欲望愈加复杂，虽因生产技术的进步、生产的数量增加，而资本主义的产业组织分配的方法极不平均，造成了很多的无产阶级。贫困迫使女子非出来工作不可。男子若不解放女子，使她们出来在社会上和男子一样工作，就不能养赡她们。男子没有力量养恤妇女，只得从家里把她们解放出来，让她们自由劳动，自己谋生，她们或入工厂工作，或当警察，或做电车司机，或在军队里做后方勤务，"结果是女子在社会上必占与男子平等的地位。"[1] 女子的贞操就由绝对的变为相对的，由片面的变为双方的，由强制的变为自由的。从前重从一而终，现在可以离婚了；从前重守节殉死，现在夫死可以再嫁了。将来资本主义崩坏之后，生产的方法由私据的变为公有的，分配的方法由独占的变为公平的，男女的关系也必日趋于自由平等的境界，贞操的内容也必大有变动了。[2] 贞操问题是这样，其他亦然。李大钊认为，道德作为社会物质生活的要求和经济关系的反映，必然会与社会物质生活和经济关系的发展保持相应的关系，并且随

---

[1] 李大钊：《物质变动与道德变动》，《李大钊文集》（下），人民出版社1984年版，第145页。

[2] 同上书，第147页。

社会物质生活和经济关系的变化而变化。因此，没有什么永恒不变的道德观念与道德行为样式。"一代圣贤的经训格言，断断不是万世不变的法则。什么圣道，什么王法，什么纲常，什么名教，都可以随着生活的变动、社会的要求，而有所变革，且是必然的变革。因为生活状态、社会要求既经变动，人类社会的本能自然也要变动。拿陈死人的经训抗拒活人类之社会的本能，是绝对不可能的事。"①

　　道德既然是变化的，是随物质生活的发展而发展的，那么"物质上应当开新，道德上应当复旧"的论调就是毫无道理的且十分荒谬的。李大钊批判了章士钊、杜亚泉等人"物质上应当开新，道德上应当复旧"的论调，指出："道德既是因时因地而常有变动，那么道德就也有新旧的问题发生。适应从前的生活和社会而发生的道德，到了那种生活和社会有了变动的时候，自然就失去了他的运命和价值，那就成了旧道德了。这新发生的新生活新社会必然要求一种适应他的新道德出来，新道德的发生就是社会的本能的变化，断断不能遏抑。"②"新道德既是随着生活的状态和社会的要求发生的，——就是随着物质的变动而有变动的，——那么物质若是开新，道德亦必跟着开新，物质若是复旧，道德亦必跟着复旧。因为物质与精神原是一体，断无自相矛盾、自相背驰的道理。可是宇宙进化的大路，只是一个健行不息的长流，只有前进，没有反顾；只有开新，没有复旧；有时旧的毁灭，新的再兴。这只是重生，只是再造，也断断不能说是复旧。物质上、道德上均没有复旧的道理！"③ 在李大钊看来，道德是一种特殊的上层建筑和社会意识形态，是社会物质生活和经济关系的反映，物质生活和经济关系既不能复旧，道德断无单独复旧的道理，物质既须急于开新，道德亦必跟着开新，何况宇宙进化的大路是只有开新没有复旧。李大钊认为，宇宙就像一条奔腾前进的大河，刻刻流转，时时运动，宇宙的这种永远奔流不息的品格决定了世界上的事物也是不断发展变化的，旧事物不断死亡，新事物不断产生，新生事物最终必定要战胜旧事物。就道德来说，私营的道德，占据的道德，宗教的道德，等级的道德等都是一

---

　　①　李大钊：《物质变动与道德变动》，《李大钊文集》（下），人民出版社1984年版，第151页。

　　②　同上。

　　③　同上。

些已经过时了的旧道德，而真正的新道德应当是"人的道德，美化的道德，实用的道德，大同的道德，互助的道德，创造的道德。"① 李大钊号召青年勇敢地告别旧道德，建设新道德，创造青春中华和青春自我。

李大钊批判了当时流行的"道德万能论"和"道德无用论"，旗帜鲜明地提出了"物心两面""灵肉一致"的伦理主张。在五四新文化运动中，李大钊十分重视道德对社会改造的巨大反作用，指出不从道德上改造人类的精神和人心，"单求改造经济组织也怕不能成功"。同时，新社会建立之初，由于人们习染恶性很深，物质的改造虽然成功，人心内部的恶，若不划除净尽，也会影响到新的社会组织，所以道德的改造一定要与物质的改造同步进行，而在物质改造开始的时期更是要紧。李大钊虽然重视道德和道德革命的社会作用，但他并不盲目夸大道德作用。他坚持认为，道德是精神现象的一种，受物质条件和经济关系的制约。"人类正不必以万物之灵自高，亦不必以有道德心自夸"。② 在李大钊看来，人类没有道德是不幸的，光有道德也是不幸的。道德问题的解决根本上取决于经济。只有经济问题的解决，才是根本解决。不改造经济组织，单求改造道德，必然是没有什么效果。他说："在以前的经济组织里，何尝没有人讲过博爱、互助的道理，不过这表面构造（就是一切文化的构造）的力量，到底比不上基础构造（就是经济构造）的力量大。"人类社会的经济生活是一切生活的根本条件。经济问题一旦解决，什么政治问题、法律问题、道德问题都可以解决。李大钊从物质与精神相统一的观点出发，提出功利与道义并重的价值观，主张将物质生活与精神生活、德行与幸福有机地结合起来，并以为吾东洋文明宜竭力打破其静的世界观，以容纳西洋的物质文明，西洋文明宜斟酌抑制其物质的生活，以容纳东洋的精神文明。

李大钊揭示了无产阶级道德的基本原则和主要规范，论述了人道主义和社会主义相结合的道德原则以及民本主义、爱国主义等道德规范。

（1）人道主义和社会主义相结合的道德原则。在李大钊看来，无产阶级的新道德"不是神的道德、宗教的道德、古典的道德、阶级的道德、

---

① 李大钊：《物质变动与道德变动》，《李大钊文集》（下），人民出版社 1984 年版，第 151 页。

② 同上。

私营的道德、占据的道德，"而是"适应人类一体的生活，世界一家的社会之道德"，是"大同的道德，互助的道德，创造的道德"。社会主义道德将真正实现道德上的自由平等和博爱，他说："我相信人间的关系只是一个'爱'字，我们相信我能爱人，人必爱我，故爱人即所以爱我。爱自己的家，爱自己的国，爱世界的人类，都是一个'爱'。爱力愈大，所爱愈博。充满爱的精神，应该爱世界的人类都像爱自己的同胞一般，断断不可把这个'爱'字关在一个小的范围内。总该知道爱世界人类的全体比爱一部分人更要紧，总该知道爱的生活才是人的生活。人间共同生活的关系既是以爱为基础，那么人类相互之间，自然要各尊重各的个性。各自的个性，不受外界的侵犯、束缚、压制、剥夺，便是自由。真实的自由，都是建立在'爱'字上的。"① 自由、平等的生活，都是以爱为基础的生活。在处理个人利益和社会整体利益的关系上，伦理学界有强调社会整体利益忽视个人利益的整体主义，也有推崇个人利益忽视社会整体利益的个人主义和利己主义。李大钊主张人道主义和社会主义相结合的道德原则，认为个人与社会、个人利益与社会集体利益是"同一事实的两方面，"二者"原是不可分的"，主张把个性解放与大同团结、把个人利益和集体利益有机地结合起来。在李大钊看来，"一云社会，即指由个人集成的群合；一云个人，即指在群合中的分子。离于个人，无所谓社会；离于社会，无所谓个人。"② 一方面，个人离不开社会，与社会相脱离的单个个人是不能存在的，人总是社会的人，是处于一定的生产关系之中的人，"个人的生存总在社会的构造组织以内进动而受他的限制，"③ 因此，只有社会才是个人存在的基础。为了维持社会的存在，个人要"把社会全体放在自己之上，"要有"自己牺牲"的精神，要有"为社会全体，舍弃自己的牺牲心。"另一方面，社会是由无数个人组成的，没有个人就不成其为社会。个人要求个性的发展，要求自我利益的实现。因此尊重个体的人格尊严和价值，承认个人利益的正当性和合理性，是无产阶级集体主义的

---

① 李大钊：《双十字上的新生活》，《李大钊文集》（下），人民出版社 1984 年版，第96—97 页。

② 李大钊：《自由与秩序》，《李大钊文集》（下），人民出版社 1984 年版，第 437 页。

③ 李大钊：《唯物史观在现代史学上的价值》，《李大钊文集》（下），人民出版社 1984 年版，第 360 页。

重要内容。李大钊依据马克思主义的唯物史观，把个性解放和大同团结的价值目标有机地结合起来，要求既尊重个性又维护无产阶级的团结，并认为尊重人的个性和价值，彻底废除统治与屈从的关系，使人的个性得到真正解放和自由发展，这是人道主义的实质，"各个性都得自由，都是平等，都相爱助，就是大同的景运。"他说：近代以来盛行两大运动，一是个性解放，即人道主义和民主主义运动；一是大同团结，即社会主义运动，"这个性解放的运动，同时伴着大同团结运动，这两种运动，似乎相反，实在相成。"① 李大钊主张以人道主义改造人类精神，以社会主义改造人类经济组织，认为这二者均不可偏废。李大钊指出："真正合理的个人主义，没有不顾及社会秩序的；真正合理的社会主义，没有不顾及个人自由的。个人是群合的原素，社会是众异的组织。真正的自由，不是扫除一切的关系，是在种种不同的安排整列中保有宽裕的选择机会；不是完成的终极境界，是进展的向上行程。真正的秩序，不是压服一切个性的活动，是包蓄种种不同的机会使其中的各个分子可以自由选择的安排；不是死的状态，而是活的机体。"② 李大钊还强调指出，人的个性的真正解放，只有在实现了大同团结的社会主义社会以后才有可能。只有社会主义才能消除人的异化和劳动的异化，才能真正顾及人的个性及其自由发展，也才能把人的个性的解放和自由发展当作自己追求的价值目标。

（2）民彝思想与民本主义。李大钊继承并发展了中国古代的民彝思想，并赋予其新的含义，强调把人民的意志和愿望作为判断善恶是非的标准。李大钊提出的民彝思想，主张把人民的意志作为社会进步和人类发展的一个基本法则，以尊重人民的意志作为判断道德进步与否的基本准则。认为以往政治上的神器在于宗彝即以宗族的意志为标准，而今政治的神器在于民彝即以人民的意志为标准。"民彝者，吾民衡量事理之器"；"民彝者，凡事真理之权衡"；"民彝者，可以创造历史，而历史者，不可以束缚民彝。"因此，"民彝者，悬于智照则为形上之道，应于事物则为形下

---

① 李大钊：《平民主义》，《李大钊文集》（下），人民出版社 1984 年版，第 598 页。

② 李大钊：《自由与秩序》，《李大钊文集》（下），人民出版社 1984 年版，第 437—438 页。

之器，虚之则为心理之澄，实之则为逻辑之用。"① 民彝是人民意志的体现和人民权利的象征，这种意志和权利的统一是民所固有的"秉彝"。意志体现形上之道，权利则代表着形下之器。他在《民彝与政治》一文中提出理想的政治便是建立一种"以惟民主义为其精神""以信其民彝，彰其民彝……为时代之精神"的民主共和制度。由民彝思想出发，李大钊特别强调尊重民众，批判了剥削阶级鼓吹的"英雄史观"，高度评价了人民群众的伟大力量，指出：人类的历史是人民群众创造的，"不是那个伟大圣人给我们造的，亦不是上帝赐予我们的。""无论何人，应该认识民众势力的伟大；在民众本身，尤应自觉其权威而毅然以张用之。时至今日，一切历史上传留下来的势力，都是一天一天的粉碎了。什么宗教咧、皇统咧、军阀咧，不遇民众的势力则已，遇则必降伏拜倒于其前；不犯则已，犯则必遭其殄灭。民众的势力，是现代社会上一切构造的唯一的基础。"② 因此，"真实胜利者，只是我们民众，其余的分子，不过是攀缘他的一种附属品。"③ "一个个人，除去他与全体人民的关系以外，全不重要；就是此时，亦是全体人民是要紧的，他不过是附随的。"④ 每一个革命者必须"始终听民众的指导，为民众效命。"在李大钊看来，历史是人民创造的，社会的物质文明和精神文明也是人民创造的。"我们要晓得一切过去的历史，都是靠我们本身具有的人力创造出来的，不是那个伟人圣人给我们造的，亦不是上帝赐予我们。将来的历史，亦还是如此。"⑤ 他时常告诫人们，"吾民当知国家之事，经纬万端，非一二人之力所能举，圣智既非足依，英雄亦莫可恃，匹夫之责，我自尸之。……盖迷信英雄之害，实与迷信历史同科，均为酝酿专制之因，戕贼民性之本，所当力自剪除者也。"⑥ 世界的历史，现在已进入平民时代了，我们每一个人都应该

---

① 李大钊：《民彝与政治》，《李大钊文集》（上），人民出版社1984年版，第157、164、153页。

② 李大钊：《要自由集合的国民大会》，《李大钊文集》（下），人民出版社1984年版，第239页。

③ 同上。

④ 李大钊：《唯物史观在现代史学上的价值》，《李大钊文集》（下），人民出版社1984年版，第363页。

⑤ 同上。

⑥ 李大钊：《民彝与政治》，《李大钊文集》（上），人民出版社1984年版，第157页。

自觉认识到自己肩负的历史使命，赶快联合起来，创造一种世界的平民的新历史。李大钊主张一切以人民的利益为重，为人民的利益而牺牲。

（3）爱国主义。爱国主义是人们对自己祖国一种强烈而真挚的感情。李大钊从青少年时就抱有愤世嫉俗、忧国忧民的深厚的爱国情感。在当时的中国，忧国忧民是志士仁人和先进知识分子的普遍情感，问题是怎样去行动。当时，由于国内政治腐败，社会黑暗，加以外祸日亟，民族危亡，因而在一部分知识分子中产生消极悲观思想，少数人并愤而自杀。陈独秀于1914年10月所发表的《爱国心与自觉心》一文，也流露了这种情绪。他认为我国极端黑暗腐败，没有什么可爱的地方，甚至认为与其如此，还不如当亡国奴为好，他对中国出路所作的结论是："其国也存之无所荣，亡之无所惜。"产生了很不好的影响。对此，李大钊特地写了《厌世心与自觉心》一文，善意地批评了陈独秀的悲观论调，强调要自觉奋发，改造国家，树立积极的爱国主义思想。他指出："自觉之义，即在改进立国之精神，求一可爱之国家而爱之，不宜因其国家之不足爱，遂致断念于国家而不爱。更不宜以吾民从未享有可爱之国家，遂乃自暴自弃，以侪于无国之民，自居为无建可爱之国之能力者也。"①他号召青年要做中华大地的主人，挑起操主九州沉浮的重担。当李大钊找到了救国救民的真理——马克思主义之后，他懂得了人类社会发展的客观规律，看到了俄国十月革命所开辟的社会主义道路的灿烂前景，对祖国的前途和民族的复兴更加充满信心。他根据中国几千年的历史经验，论述了中华民族前途远大的道理。他坚定地相信，我国有数千年的历史，有广大的国土和勇敢勤劳的人民，只要人民觉醒，卧薪尝胆，发奋图强，就可以"多难兴邦""振兴中国。"

（4）尊劳主义。李大钊从劳工神圣的思想认识出发，提出尊劳主义的伦理价值主张，认为尊劳主义是一种新的伦理观念，是社会主义道德的基本规范。他说："人生求乐的方法，最好莫过于尊重劳动。一切乐境，都可由劳动得来，一切苦境，都可由劳动解脱。劳动的人，自然没有苦境跟着他。这个道理，可以由精神的物质的两方面说。劳动为一切物质的富源，一切物品，都是劳动的结果。我们凭的几，坐的椅，写字用的纸笔墨砚，乃至吃的米，饮的水，穿的衣，没有一样不是从劳动中得来。这是很

---

①　李大钊：《厌世心与自觉心》，《李大钊文集》（上），人民出版社1984年版，第146页。

容易晓得的。至于精神的力量，一切苦恼，也可以拿劳动去排除它，解脱它。"① 道德堕落的人，"都是不知道尊重劳动，不知道劳动中有无限的快乐"，所以才陷入了鄙视劳动、无病呻吟的困境之中。他热忱歌颂劳动者的劳动，指出："青年呵！你们要晓得劳动的人，实在不知道苦是什么东西。譬如身子疲乏，若去劳动一时半刻，顿得非常的爽快。隆冬的时候，若是坐着洋车出门，把浑身冻得战栗，若是步行走个十里五里，顿觉周身温暖。免苦的好法子，就是劳动。这叫做尊劳主义。"② 尊劳主义就是尊重劳动者的劳动，就是以劳动为光荣，以不劳动为可耻。李大钊认为，劳动是真善美的化身，劳动者最真诚、客观和实事求是，劳动者也最善良和与人为善，同时劳动者的人生也是最美好的，他们"靠工作发挥人生之美。"李大钊也清醒地意识到，现在的社会存在着轻视劳动的现象，少数剥削者把多数劳动者的成果掠夺一空，致使劳动者成了最痛苦最悲惨的人，剥削阶级严重地压制和束缚着劳动者个性的自由发展。李大钊主张对现实社会进行社会主义改造，真正建立一种劳动成果归劳动者所有的社会制度。认为只有在社会主义制度下，尊劳主义才能真正成为大多数人的现实。

（5）热爱科学、坚持真理。李大钊反对一切封建迷信和偶像崇拜，宣传"真理之权威"，主张"知识是引导人生到光明与真实境界的灯烛，"人们有了科学知识并加以正确运用，就可以探明真理，获得一种改造世界和自身的力量。他说："与其信孔子、信释迦、信耶稣，毋宁信真理""人生最高之理想，在求达于真理"。而为了坚持真理，必须有牺牲自我的精神。十月革命后，李大钊终于找到了马克思主义这个放之四海而皆准的真理。他不屈服于当时反动派咒骂马克思主义为"邪说异端""洪水猛兽"的政治压力，毅然充当了中国第一个公开宣传马克思主义的先驱者。他自豪地宣布："我是喜欢谈谈布尔什维主义的""宣传我们的主义，使社会上多数人都能用他作材料，作工具，以解决具体的社会问题"，表现了一种宣传马克思主义学说与追求真理坚持真

---

① 李大钊：《现代青年活动的方向》，《李大钊文集》（上），人民出版社 1984 年版，第 665 页。

② 同上。

理相统一的科学精神。李大钊还指出，为了掌握科学和真理，必须有一种求实的态度："凡事都要脚踏实地去作，不驰于空想，不骛于虚声，而惟以求真的态度作踏实的工夫。以此态度求学，则真理可明；以此态度作事，则功业可就。"① 这充分表达了李大钊埋头苦干、不务虚名、不尚空谈的优良革命作风。

　　五四时期，李大钊既反对崇古非今、悲观厌世的人生观，也反对沉迷幻想、盲目乐观的人生观。他认为新时代的革命青年，必须有"脚踏实地""乐天努进""为今人奋力，为来者前驱"的生活态度。针对当时十分流行的"怀古派"和"悲观派"的人生观，他运用了唯物辩证法揭示了历史的发展规律，指出了中国和世界的光明前途。他认为，历史的进路是循环前进的、上升的，而不是循环着停滞、逆返和退落的。尽管"世间的黑暗，仍旧普遍存在，"但这只是暂时现象，它"终有灭绝的一天，""黑暗过去，就是光明。"因此，"怀古派"和"悲观派"的人生观都是毫无根据的，是错误有害的。他满腔热情地指出："我们既认定世界是进步的，历史是进步的，我们在此进步的世界中，历史中，即不应该悲观，不应该拜古，只应该欢天喜地的在这只容一趟过的大路上向前行走，前途有我们的光明，将来有我们的黄金世界。这是现代史学给我们的乐天努进的人生观。"② 此外，李大钊又坚决反对那种一味沉迷幻想，不愿艰苦奋斗的人生态度。他认为，新时代的革命青年，不仅要有崇高的革命理想，而且必须有脚踏实地、艰苦奋斗的革命精神。人生的最大乐趣，正在于与艰难险阻的搏斗。因此，他号召青年，"拿出雄健的精神，高唱着进行的曲调，在这悲壮歌声中，走过这崎岖险阻的道路。"他反复强调，在崎岖险阻的道路上前进，"有一种壮美的趣味""在艰难的国运中建造国家，亦是人生最有趣味的事。"

　　李大钊从宇宙进化论和事物的新陈代谢论出发，论述了"以青春之我，创建青春之人类"的革命人生观。李大钊的革命人生观气势磅礴，生机勃发，积极进取，奔放豪迈，充满着革命的乐观主义精神和新生事物不可战胜的气概，这是李大钊伦理思想中一个极为重要的组成部分。他运

① 李大钊：《史学要论》，《李大钊文集》（下），人民出版社 1984 年版，第 762 页。
② 同上书，第 764 页。

用马克思主义的宇宙观和人生观作为观察自己国家和民族命运的工具，认为中国正处在一个新旧交替的伟大变革时期，白发的中华行将死灭，青春的中华正在诞生，"试看未来的环球，必是赤旗的世界。"中国人民必定会从俄国十月革命中受到启发，联合全世界的同胞，打倒全世界的资本阶级，并"拿他们最大、最强的抵抗力，创造一自由乡土"，建立自己的"青春中华"。李大钊对中国的前途充满了必胜的信心，对"青春中华"的伟大理想，充满了热烈的期望。李大钊兴奋地说：新世纪的曙光已经照耀到中国了，"我们在这黑暗的中国，死寂的北京，也仿佛分得那曙光的一线，好比在沉沉深夜中得一个小小的明星，照见新人生的道路。"① 一切革命青年都要迎着"新世纪的曙光，"为消灭"世间的黑暗"，为劳苦大众的翻身解放而斗争，并以此作为自己的生活目标。为创造"青春中华""勇往奋进以赴之""断头流血以从之"，要勇敢地担当起历史赋予我们的重任。在李大钊看来，创建"青春中华"是时代的要求，也是当代青年责无旁贷的历史使命。他号召革命青年，以回天再造之精神，拔山盖世之气概，"急起直追，勇往奋进""以青春中华之创造为唯一之使命"，②"以青春之我，创建……青春之人类，青春之地球""为世界进文明，为人类造幸福。"③ 在李大钊看来，人生的价值在于"为世界进文明，为人类造幸福""人生本务，在随实在之进行，为后人造大功德，供永远的'我'享受，扩张，传袭，至无穷极。"④ 革命青年做历史和环境的主人，不要被困难和环境所束缚。人生必然会遇到各种各样的挫折与困难，对待挫折与困难的态度不应是消极畏缩、失望悲观，而应是积极向上、乐观豪迈，一千次摔倒，一千零一次地站起来，勇于迎战人生的困难与坎坷，愈挫愈奋，愈战愈强。他说："青春之字典，无困难之字；青年之口头，无障碍之语；惟知跃进，惟知雄飞，惟知本其自由之精神，奇僻之思想，敏锐之直觉，活泼之生命，以创造环境，征服历史。"⑤ 青年们不应该惧怕困难和挫折，而应该以堂堂七尺之躯克服困难，战胜挫折；不应做

---

① 李大钊：《新纪元》，《李大钊文集》（上），人民出版社1984年版，第608页。
② 李大钊：《〈晨钟〉之使命》，《李大钊文集》（上），人民出版社1984年版，第182页。
③ 李大钊：《青春》，《李大钊文集》（上），人民出版社1984年版，第205页。
④ 李大钊：《今》，《李大钊文集》（上），人民出版社1984年版，第535页。
⑤ 李大钊：《〈晨钟〉之使命》，《李大钊文集》（上），人民出版社1984年版，第179页。

环境的奴隶，而要做环境的主人；不应做历史的奴隶，而要做历史的主人。"务使其环境听命于我，不使其我奴隶于环境。"① 创造与奋斗应当成为青年人生的主旋律，一息尚存就应奋斗不息，创造不止。人类在奋斗中进化，社会在创造中发展。创造与奋斗是青春人生观的集中表现。青春人生观要求人们"冲决历史之桎梏，涤荡历史之积秽，新造民族之生命，挽回民族之青春"，② 强调的是创造与奋斗的价值。为了创造，为了奋斗，人们应当珍惜时间，置重现在。李大钊认为，人的生命和青春同无限的宇宙青春相比是有限的易逝的，"顾人之生也，苟不能窥见宇宙有无尽之青春，则自呱呱坠地，迄于老死，觉其间之春光，迅于电波石火，不可淹留"③，因此必须珍惜青春和生命，使有限的青春能够流光溢彩，为人类的进步、宇宙的进化作出更大的贡献。时间就是生命，就是价值，往者不可谏，来者犹可追。"吾人在世，不可厌'今'而徒回思'过去'，梦想'将来'，以耗误'现在'的努力。又不可以'今'境自足，毫不拿出'现在'的努力，谋'将来'的发展。宜善用'今'，以努力为'将来'之创造。"④ "现在"是无限"过去"的积累、流入和归宿，"将来"是"现在"的目标与发展，"过去"与"将来"中间，全仗"现在"以成其连续，以成其永久。

"铁肩担道义，妙手著文章。"李大钊是中国最早的马克思主义者，他最先完成了从革命民主主义者向马克思主义者的转变，并奠定了中国马克思主义伦理思想的基本格调和发展方向。他在 20 世纪初中国伦理文化的茫茫原野和崎岖山岭中，披荆斩棘，不畏艰险，开辟了马克思主义伦理思想之路，从而使中国近代以来伦理思想的基本架构发生了根本性的变化，即在中西古今之争的文化架构中开启了马克思主义的新天地。在我国，对马克思主义伦理思想的宣传，以及用马克思主义的观点去考察中国社会的道德问题，严格说来是从李大钊开始的。他最大的贡献就是在中国开拓了马克思主义伦理思想的研究。在中国伦理思想史上，他是第一个运用马克思主义的唯物史观深刻地揭露和批判了封建主义道德和资产阶级道

---

① 李大钊：《民彝与政治》，《李大钊文集》（上），人民出版社 1984 年版，第 174 页。
② 李大钊：《青春》，《李大钊文集》（上），人民出版社 1984 年版，第 200 页。
③ 同上书，第 202 页。
④ 李大钊：《今》，《李大钊文集》（上），人民出版社 1984 年版，第 535 页。

德以及其他各种错误的伦理思想，用马克思主义的观点较为正确地阐明了道德的起源、本质、社会作用和发展规律；阐明了集体主义、爱国主义等共产主义道德原则和规范以及婚姻家庭道德，并提出了无产阶级的新人生观，揭示了马克思主义为人类谋福利的人生哲学理论，初步建立了中国最早的马克思主义伦理思想体系，为我国马克思主义伦理思想的创立和发展作出了不可磨灭的贡献。在五四时期，当中国研究和了解马克思主义伦理思想的人还寥若晨星的时候，李大钊对马克思主义伦理思想的基本原理能够获得大体上正确的理解，并力图运用它来分析和解决中国社会的道德问题，应该说是难能可贵的。

李大钊不仅在中国介绍和传播了马克思主义伦理思想，而且开创了把马克思主义伦理思想与中国社会的道德建设实际联系起来，以马克思主义伦理思想去分析、研究现实的道德现象和伦理问题的新风尚。李大钊的伦理思想紧扣中国革命的具体实际和建设"青春中华"的时代要求，把树立共产主义的人生观与道德观提到了关系革命能否成功的高度来认识，较好地论述了革命道德在革命事业中的地位和作用。李大钊的青春人生观始终执着于"青春中华"的创建和对革命的满腔热忱，不只是对青年一代的希冀，而且也寄托着对一切献身革命的人士的期望。其青春人生观是中国马克思主义伦理思想中别开生面的新篇章，同时也是对马克思主义伦理思想的发展。李大钊的伦理思想与胡适的全盘西化伦理思想根本不同的地方在于它一开始就置重于马克思主义伦理思想的中国化，试图用马克思主义伦理思想寻求中国革命及其道德问题的根本解决，坚持把马克思主义的伦理科学同中国革命的道德建设实际有机地结合起来，为建立和发展有中国特色的马克思主义伦理思想体系服务。李大钊伦理思想的这一创造性努力后来为毛泽东等人所继承。毛泽东曾回忆在北京大学图书馆工作的经历，指出："我在李大钊手下在北京大学当图书馆助理员的时候，就迅速地朝着马克思主义的方向发展。"又说：我"遇见一个大好人，就是李大钊同志。他是我真正的好老师呀。没有他的指点和帮助，我今天还不知在哪里呢？"① 毛泽东的这一段话，情真意切，生动地说明了李大钊对其思想的影响。

---

① 转引自权延赤：《走下神坛的毛泽东》，中外文化出版公司 1989 年 4 月版，第 72 页。

李大钊对无产阶级道德和共产主义人生观的论述，更是矗立起了一盏新道德的航标，照亮了处于漫漫长夜中的中国人道德生活的方向。正如林伯渠在为《李大钊选集》所题诗句所云："登高一呼群山应，从此神州不陆沉。大智若愚能解惑，微言如闪首传真。"李大钊在中国介绍和传播了马克思主义伦理思想，把中国人民从沉睡中唤醒，其历史功绩终当永远被人们铭记。

三　陈独秀对马克思主义伦理思想的传播与倡扬

陈独秀（1879—1942），字仲甫，安徽怀宁人，中国早期的马克思主义宣传者，中国共产党的主要创建人之一和早期主要领导人。他一生经历了由激进民主主义者转变为马克思主义者和由马克思主义者蜕变为托洛茨基主义者。在五四新文化运动时期竖起科学与民主两面大旗，反对封建专制；提倡独立人格，反对奴隶道德；提倡妇女解放，反对男尊女卑；提倡个性自由，反对精神压制。五四运动时期，他开始由激进民主主义者向马克思主义者转变。他从中国劳动运动和社会利益出发，提出要输入马克思社会主义，以解决包括道德在内的社会问题，并热情地从事马克思主义伦理思想的传播工作。陈独秀伦理思想在当时的历史条件下，对于打破封建旧道德的束缚，推动中国新民主主义革命伦理思想的形成和发展，促进马克思主义伦理思想的传播，起了重要的作用。

在批判道德复古论和道德不变论的过程中，陈独秀阐发了道德随社会的经济变化而变化的思想，并以此批判孔子之道，指出孔子之道不适应现代生活。自从近代思想家发动"道德革命"以来，反动守旧势力始终以道德不变论作为维护旧道德的理论武器。在辛亥革命后，他们又提出"国体虽更而纲常未变"以及"物质上应当开新，道德上应当复旧"的论断，认为封建旧道德乃是根于人心、人性的万古不变的永恒的道德准则。对这种道德复古论和道德不变论，陈独秀给予了尖锐的抨击和深刻的批判。在陈独秀看来，道德是人类社会经济关系的产物，随着经济关系的变化而变化，因此没有什么一成不变或一劳永逸的道德。经济关系及其集中表现的利益决定道德的性质与内容，有什么样的经济关系及其利益，就会有什么样的道德。孔子生长于封建时期，受封建主义生产关系及其利益的影响，他提出了君臣父子夫妇兄弟等纲常及其封建道德，并以此维护封建主义的统治。孔子的道德，是封建时代所提倡的道德，它"所心营目注"的，"其范围不越少数君主贵族之权利与名誉，于多数国民之幸福无与焉。"①　我们生于 20 世纪的世界，应该阐发 20 世纪的伦理文化，对于数千年前的孔孟之道，应该施以比较的批评，以求新道德的建设与弘扬。

从孔子之道不适于现代生活的认识出发，陈独秀主张提倡以个性解放和自由平等为主要内容的新道德。这种道德，从基本特征上讲，是自主的而非奴隶的，进步的而非保守的，进取的而非退隐的，世界的而非锁国的，实利的而非虚文的，科学的而非想象的。

新的道德是建立在个人自主自决的基础之上的，人是道德的主体和主人。每一个人"各有自主之权，绝无奴隶他人之权利，亦绝无以奴自处之义务。"这种自主的道德坚持认为，"我有手足，自谋温饱；我有口舌，自陈好恶；我有心思，自崇所信；绝不认他人之越俎，亦不应主我而奴他人；盖自认为独立自主人格以上，一切操行，一切权利，一切信仰，唯有听命各自固有之智能，断无盲从隶属他人之理。"②　陈独秀大力呼吁人们去除一味听命于他人的奴隶道德，培养独自担当、敢于承担责任的主人道德。并认为只有这样，才能将一切善恶行为立于自由意志的基础之上，使道德成为真正的道德。自主的道德不仅崇尚自由，而且肯定平等，认为在道德面前人人平等，举凡把人分成三六九等并主张以不同的态度来对待的道德都不是真正意义上的道德。新的道德是以崇尚进步、开放和进取为其根本精神的，充满着面向世界和未来的蓬勃朝气。陈独秀强调指出："人之生也，应战胜恶社会，而不可为恶社会所征服，应超出恶社会，进冒险苦斗之兵，而不可逃遁恶社会，作退避安闲之想。"③　人生一息尚存即无守退安隐之余地，应当懂得"奋斗乃人生之职，苟安为召乱之媒"。因此应当尽人力振作自强。他认为人生来各人都有自主的权利，但是绝对没有奴役别人的权利，也没有"以奴自处的义务"。人与物不同，物可成为附属品，而人是有意识的，人只能听从"各自固有之智能"，绝不能盲从于

---

① 陈独秀：《孔子之道与现代生活》，《陈独秀文章选编》（上），三联书店 1984 年版，第155 页。

② 陈独秀：《敬告青年》，《陈独秀文章选编》（上），三联书店 1984 年版，第 74 页。

③ 同上书，第 76 页。

别人。如果"是非荣辱",听命于他人,"不以自身为本位",则必然会丧失"个人独立平等之人格",不仅不会拥有幸福,反而会沉入痛苦的深渊。陈独秀认为,"天地间无论什么事,能尽人力振作自强的,就要兴旺,不尽人力振作自强的,就要衰败。"因此,人生"一息尚存,即无守退安隐之余地",排万难而前进,是人生的天职。与中国传统伦理思想"安命知足"的人生态度相对立,陈独秀提倡进步的而非保守的,进取的而非退隐的新的人生态度,主张既要抛弃儒家那种"顺世堕落的乐观主义,"也要抛弃道家那种"厌世自杀的悲观主义,"而把适应新时代的"爱世努力的改造主义"作为基本人生态度。陈独秀说:"我们主张的新道德,正是要彻底发达人类本能上光明方面,彻底消灭本能上黑暗方面,来救济全社会悲惨不安的状态,"我们要"抛弃私有制度之下的一个人、一阶级、一国家利己主义的旧道德,开发那公有、互助、富于同情心、利他心的新道德。"①

陈独秀肯定伦理觉悟为吾人最后觉悟之最后觉悟,主张树立革命的进步的人生观和幸福观。陈独秀虽然肯定经济关系对道德的决定作用,提倡功利主义并为功利主义的道德合理性辩护,但并不因此而否认道德的社会作用。在《吾人最后之觉悟》一文中,陈独秀视伦理的觉悟为吾人最后觉悟之最后觉悟。他说,自西洋文明输入后,中国思想界最初觉悟者为学术,其次是政治,现在迫切需要的是伦理的觉悟。中国欲望政治问题之解决,必有待于吾人最后之觉悟。"伦理思想,影响于政治,各国皆然,吾华尤甚"。② 先进的伦理思想将导致民族整体精神素质的提高,从而推动社会政治、经济的发展。落后的道德必然造成民族道德素质的衰落,从而阻碍社会政治、经济的发展。要振兴中国,就必须进行道德革命和伦理启蒙,提高全民族的道德意识和道德水平。现在中国社会和中国人民迫切需要的是伦理的觉悟。伦理问题不解决,则其他一切问题的解决都将无从谈起。

伦理觉悟一个十分重要的方面是转换人生目的。陈独秀将人生目的的

---

① 陈独秀:《调和论与旧道德》,《陈独秀文章选编》(上),三联书店 1984 年版,第 445 页。

② 陈独秀:《吾人最后之觉悟》,《陈独秀文章选编》(上),三联书店 1984 年版,第 108 页。

转换看成是新青年精神世界里除旧布新的大革命。这种转换之一是要弄清人生的归宿问题。在陈独秀看来，人生的归宿在于"量力以求成相当之人物为归宿者得之。准此以行，则不得不内图个性之发展，外图贡献于其群"。① 人生目的在于实现个性的发展与对社会贡献的统一。确立正确的人生目的，是实现人生幸福的前提和保障。真正的伦理觉悟，还应当对应当追求的人生幸福重新认识。陈独秀依据社会进化论，承认人生求幸福、避痛苦是当然的天则，肯定人们追求幸福的天然合理性。他说："人之生也，求幸福而避痛苦，乃当然之天则。"但是他强调指出，一切幸福都是"自力造之"，是靠自己的劳动和努力奋斗求得的。他告诫青年说："节精力，避痛苦，乃云山隐者之生活，"是一种"田舍幸福"，决不是 20 世纪的青年所应效法的。奋斗不仅是人生的天职，而且是幸福之源。"人生幸福之大小，视其奋发之精力以为衡。欲享受幸福之一日，不可不一日尽力以劳动；欲享受一生之幸福，不可不尽力劳动以终其生。劳动者，获得幸福之唯一法门也。"② 人生的幸福，都是一点一滴地努力创造出来的，决不是靠安命知足、苟且偷生换来的。真正的幸福必须考虑国家和社会的利益，兼顾个人利益与社会公共利益的关系，应当避免个人主义和利己主义。真正的幸福，在于通过用自己的辛勤劳动、努力奋斗去获取，在于正确处理个人利益与他人利益、个人利益与社会集体利益的关系，尽量为他人和社会集体作出自己的贡献。陈独秀批判了那种以升官发财为幸福的错误观念，认为幸福与金钱有着本质的不同。虽然人生幸福需要金钱，但金钱并不是真正的幸福。"幸福之为物，既必准快乐与痛苦以为度，又必兼个人与社会以为量。以个人发财主义为幸福主义者，是不知幸福之为何物也。"③ 那种以发财为人生幸福的观点，最后只会导致"奢以贼己，贪以贼人""其为害于个人及社会国家者，宁有纪极！"④

在五四时期，面对汹涌而来的尊孔逆流，陈独秀站在时代潮流的最前面，挺身而出，冲锋陷阵，对封建伦理道德进行了猛烈而尖锐的批判，作

---

① 陈独秀：《新青年》，《陈独秀文章选编》（上），三联书店 1984 年版，第 113 页。

② 陈独秀：《当代二大科学家之思想》，《陈独秀文章选编》（上），三联书店 1984 年版，第 121 页。

③ 陈独秀：《新青年》，《陈独秀文章选编》（上），三联书店 1984 年版，第 114 页。

④ 同上。

出了不可磨灭的贡献，在中国近代伦理思想发展史上具有重要地位。陈独秀把科学与民主当作封建专制下求得解放的精神武器，当作中国摆脱落后状态赶上资本主义强国的重要手段，认定"只有这两位先生（按：指德、赛两先生即民主和科学），可以救治中国政治上、道德上、思想上一切的黑暗。"表示，"若因为拥护这两位先生，一切政府的压迫、社会的攻击笑骂，就是断头流血，都不推辞。"陈独秀站在民主主义的立场上，以近代西方民主和科学思想以及彻底的不妥协的姿态向封建的伦理道德作英勇挑战和无情冲击，深刻、有力地揭露和抨击了其专制和虚伪的本质，在中国近代历史上第一次给予封建伦理道德以毁灭性的打击。陈独秀那种与封建伦理道德空前决裂的精神，是以往的思想家所不曾有的，也是同时代人所不如的。正如郭湛波所说："陈先生是中国近五十年思想史上第一个大思想家，他在近五十年思想史上的贡献一是旧思想之破坏，如反对孔子及旧道德、旧文学、旧礼教。一是新思想之介绍及建设，如马克思学说之介绍，文学革命，中国社会革命理论之建设。"① 陈独秀对封建旧道德的批判，对资产阶级新道德的弘扬，点燃了反封建启蒙运动的火炬，启发了广大知识青年的民主主义觉悟，推动了民族反省与批判意识的进步，极大地促进了人们的思想解放。同时，唤起了人们对国家民族命运的关心，在广大青年中掀起了追求真理、追求新知识的热情，使他们清楚地认识到学习科学和革命思想的迫切性，从而在一定程度上为马克思主义伦理思想在中国的传播，扫除了思想障碍。有的《新青年》读者把陈独秀比之为思想界的孙中山。李大钊在《欢迎陈独秀出狱》的诗中写道："他们的强权和威力，终究战不胜真理。什么监狱什么死，都不能屈服了你；因为你拥护真理，所以真理拥护你。我们现在有了很多的化身，同时奋起：好像花草的种子，被风吹散在遍地。"毛泽东在《陈独秀之被捕及营救》一文中指出："我们对于陈君，认他为思想界的明星。陈君所说的话，头脑稍为清楚的听得，莫不人人各如其意中所欲出。"又说："陈君之被逮，决不能损及陈君的毫末，并且是留着大大的一个纪念于新思潮，使他越发光辉远大。政府决没有胆子将陈君处死，就是死了，也不能损及陈君至坚至高精

---

① 郭湛波：《近五十年中国思想史》，山东人民出版社 1997 年版，第 94 页。

神的毫末。"① 毛泽东在同美国记者斯诺的谈话中认为陈独秀对他朝着马克思主义方向发展"也大有帮助""我第二次去上海，曾与陈独秀探讨了我所读过的马克思主义著作，亲聆他谈自己的信仰，这在我一生也许是最关键的时期深深地影响了我。"② 他坦言，陈独秀对他的影响也许超过其他任何人。

当然，由于当时历史条件的限制，陈独秀的伦理思想仍然存在许多缺陷与不足。这主要表现在：在某些方面，陈独秀对封建旧道德和孔子伦理学说的批判还失于简单，比较粗糙，分析得也不够透彻，理论深度不够。陈独秀只是揭露和抨击了三纲学说的阶级实质和严重危害，这无疑是正确的，也确实击中了封建伦理文化的要害，显示了他所具有的敏锐的洞察力。但是，他没有具体分析和揭示三纲学说的起源、它所产生的社会经济根源以及在历史上所起的作用。这就不得不限制了他批判的深度和力度。在对待中国传统伦理道德的问题上，陈独秀是批判有余而继承不足，没有能够解决批判与继承的关系，这不能不是他的，也是五四前期思想家的共同缺陷。陈独秀的伦理思想还存在不少历史唯心论的观点。比如，在道德的根源上，他一方面认为道德随社会的变化而变化；而另一方面他又把道德的本质和根源归结为生物的本能。他把现实社会上道德的落后和不进步的根源归结为人的善的本能不易发达和恶的本能难以减少牵制，并公然申明，他所主张的新道德就是"要彻底发达人类本能上光明方面，彻底消灭本能上黑暗方面，来救济全社会悲惨不安的状态。"实际上，陈独秀把道德看成独立于人们的社会存在之外先天的东西。凡此等等，都说明了陈独秀伦理思想的局限性和非科学性，需要我们用马克思主义的观点予以实事求是的分析和评价。

陈独秀的思想影响和教育了五四时期的整整一代青年。它启发了广大青年的道德觉悟，推动了道德革命和伦理启蒙的进程，唤起了人们对国家前途民族命运的关心，为在中国传播马克思主义伦理思想作出了重大的贡献。

---

① 毛泽东：《陈独秀之被捕及营救》，《湘江评论》创刊号，见《毛泽东早期文稿》，湖南出版社 1990 年版，第 305—306 页。

② ［美］埃德加·斯诺：《红星照耀中国》，李方准等译，河北人民出版社 1992 年版，第 117 页。

第三节　马克思主义伦理思想的阐释与初步研究

五四运动至二三十年代，马克思主义伦理思想开始在中国传播，并成为一种崭新的社会思潮，同现代新儒家、自由主义的全盘西化派及其他伦理思潮开展着特殊的斗争。在 20 年代初，梁漱溟发表了《东西文化及其哲学》一书，公开倡导新孔学，提出世界未来文化就是中国文化的伟大复兴，引起伦理文化领域一次大论战。继之，张君劢在清华大学作《人生观》的演讲，主张为科学和玄学划界，认为科学不能支配人生观，挑起了科学与人生观的论战。梁漱溟、张君劢成为现代新儒家的代表人物。与此同时，李大钊与自由主义的旗手胡适之间还展开了问题与主义的论战。此后中国伦理学界基本上形成了马克思主义、现代新儒家和自由主义的西化派三种思潮相互颉颃论争的发展格局。在 20—30 年代传播马克思主义伦理思想过程中，瞿秋白、恽代英、李达等人作出了重要贡献。他们的伦理思想，构成马克思主义伦理思想传播和早期发展阶段的重要成果。

一　瞿秋白对马克思主义伦理思想的传播与研究

瞿秋白（1899—1935）与李大钊、陈独秀一样，也是中国早期著名的马克思主义理论家、思想家和宣传家，中国共产党早期主要领导人之一。他是《国际歌》的中文翻译者，是十月革命后直接考察报道苏维埃国家各方面情况的第一个中国人。在主编党的理论刊物《新青年》《前锋》，参加编辑中央机关报《向导》的过程中，瞿秋白介绍了马克思、恩格斯、列宁、斯大林的许多重要著作。他还写了《社会科学概论》《社会哲学概论》《现代社会学》等著作，阐述了马克思主义哲学和社会科学的基本理论。在 20 年代的科学与人生观论战中，瞿秋白既批评了现代新儒家复兴孔孟伦理道德的观点，也对丁文江、王星拱和胡适等科学派的自由主义伦理思想进行了理性的检讨，用马克思主义的立场和观点论述了伦理道德和人生哲学问题。

在伦理思想上，瞿秋白坚持运用马克思列宁主义的唯物史观来分析道德现象，比较好地揭示了道德的本质、作用和发展规律等问题。瞿秋白把道德这一普遍的社会现象归之于社会意识形态领域，认为道德是社会心理和社会思想的统一体。道德的本质在于它是经济关系的反映。在瞿秋白看来，社会的基础是一定物质的生产力状态，社会变易的根本原因取决于生产力的发展。生产力的状态是人对自然之关系的标准，社会内人对人之关系却以人对自然之关系而定。所以社会内人对人的关系，根本是经济关系。生产力的变化引起生产关系的变化，而生产关系的变化又将引起政治、法律及道德的变化。仔细分析起来，伦理道德是离不开社会的生产力和生产关系的，它的形成发展与变易"都有经济上的原因"。瞿秋白认为，道德作为社会意识的一种表现形式，本质上是由经济关系决定的人们行为的标准，是组织劳动的一种工具。道德起源于原始社会人的共同劳动，在阶级社会里演化为阶级的道德。只有到消灭了阶级的共产主义社会，才会有真正的社会道德。"道德的根据实在经济。经济——社会的协作及分工的方式，随着生产力而变更，组织劳动的方法当然亦在变更——道德因此流变不止。"① 经济基础是道德等上层建筑和意识形态得以产生和形成的根据，道德是围绕经济上的利益关系而发展变化的。物质的经济基础产生的道德现象，"好像树的发叶开花，"尽管道德亦"能返其影响于经济。不过经济是基础。"道德及其他社会意识"只能作经济数量上的变更之动缘。"② 依据道德的根据实在经济的思想，瞿秋白深刻分析了人类道德演化的过程，揭示了道德发展演变的路径。原始社会没有私有财产，人们共同劳动，产品实行平均分配，所以道德以维护这一经济关系为内容，并且是统一的，崇尚原始的平等和群体主义就成了原始人道德的基本原则。"社会中发生阶级之后，所谓'大道废有仁义'，——剥削制度之下，受治阶级的利益目的都和这制度冲突，他们的行为往往反抗现在秩序——不道德变成经常的现象，于是治者阶级不但要用强力制止（法律），而且要事前谆谆劝告，造作道德规范——实是治者阶级的道德。同时，受治阶级处于剥削制度之下，他们反抗这制度的斗争里锻炼出自己的阶级道德——以为阶级斗争的工具。……所以有阶级的社会，道德总是阶级的，而非社会的。"③ 在阶级社会里，受治阶级与治者阶级在利益上是

---

① 瞿秋白：《社会科学概论》，《上海大学史料》，复旦大学出版社 1984 年版，第 475 页。

② 同上书，第 496 页。

③ 同上书，第 474—475 页。

对立的，因此在道德上也是对立的。利益关系的变化引起道德上的变化。"宗法社会的家庭经济制度发生，已经需要生产及分配的管理者——家长；个人都是家庭经济里的一员，不容他不服从家长。所以孝悌为天经地义，灭汩一切个性；社会既有约束的需要，便有道德的发生。封建制度，以大小贵族及农奴佃人层层垒积而成，是一座极繁重的极压迫的生产机器。要维持这种强制性质极强的劳动组织，便需要尊卑的名分及温情的欺罔。所以忠君爱主，仁慈恭顺为道德。资本主义社会，以商品经济为基础——初期的资产阶级便反抗封建的名分主义；人人只要会经商会剥削——这叫做机会平等，所以尊崇独立性，不依赖；而有钱买货成了金科玉律，欠债还钱竟是人格标准，守契约，不偷盗，尤其是资产阶级拥护剥削制度及私产制度的工具；没收资产及罢工违约算是极不合理的行为。"①只有到消灭私产制度和剥削制度之后，新的道德才有可能。

瞿秋白运用唯物史观来分析考察人类历史上的道德现象，指出无论是封建主义的道德还是资本主义道德都是其特定的经济关系的反映，同经济关系的要求密切相关。"'伦常纲纪，孝悌礼教'的思想明明是宗法社会的反映，不必多论；'和平好生'更是因宗法社会中经济发展薄弱，虽争亦不能多得，祖孙父子兄弟伯叔在同一经济单位之中，求分配的相安，除此更无别法，中国的'天下四海观'，尤其是古旧的封建制度，崩坏，而经济发展刚到'简单的生产制'，不能前进，加上宗法社会的经济组织，所以大家只觉得'安居乐业'各人管各人的家事，各人做各人的生意……在如此恬静的农村生活里，威严的君主政治下，求不到什么物，所以只好养心，不会满愁，所以只好绝欲。"② 这就是说，封建主义那种安居乐业、养心绝欲、和平好让、孝悌忠顺的伦理道德，本质上是封建主义经济关系的产物，同当时生产力水平低下，社会财富缺乏的经济条件有不可分割的联系。瞿秋白还谈到中国近代资本主义受西方列强压迫和剥削的历史事实，认为这完全是因为中国资本主义不发达的缘故。"假设中国资产阶级真有极大的工厂，几万万的银行资本，他还肯如此俯就么？那时，恐怕此等敬长上不争夺的'美德'早已烟消云灭了。而此种物质力的自

---

① 瞿秋白：《社会科学概论》，《上海大学史料》，复旦大学出版社1984年版，第476页。
② 瞿秋白：《东方文化与世界革命》，《瞿秋白选集》，人民出版社1985年版，第16页。

然发展，决不能以一纸唯心论而打消，决不能以仁爱的空名来限制，其实容不得你预防，——中国的资产阶级还没长成，外国的已经现成。帝国主义无孔不钻的渗入中国的政治经济生活之中。你爱和平，他却不爱，你讲诚意，他却不讲，你自己老实，他却不老实呢。"①

随着中国资本主义经济的发展，封建的伦理道德已经成了社会进步的障碍。尽管封建道德曾在相当长时期适应经济发展，产生过维持社会秩序的作用。但是现在它已经不能适应经济的发达，变成了中华民族之社会进步的障碍。瞿秋白主张彻底破除封建旧道德，认为"宗法社会及封建制度的思想不破，则于帝国主义的侵略无法抗拒，所以不去尽帝国主义的一切势力，东方民族之文化的发展永无伸张之日"。只有用革命的手段推翻帝国主义和封建主义的统治，才能争取真正的属于人民的民主权利，才能推动人类道德进步。因为"必定有了自主之权者才讲得到善恶，必定要显示权力之后才有公理。"瞿秋白批判了东方文化派和戴季陶主义片面推崇儒家仁义道德的错误，指出东方文化派和戴季陶主义道德观的核心，是一种唯心主义的道统说或道德至上论，是一种反对工农群众起来进行社会革命的欺骗理论。

瞿秋白对资产阶级道德也给予了猛烈的抨击和尖刻的批判，指出资产阶级道德是资本主义经济关系的产物，是为资产阶级利益服务的。它虽曾在反封建反宗教神学道德的斗争中起过进步作用，但在资产阶级掌握政权后，其反动性野蛮性日益暴露出来。资产阶级道德成为资产阶级榨取工人剩余价值、维护独裁统治的工具，"为人类文化进步之巨魔，所以也成了苟延残喘的废物"。现在世界上的资产阶级已经"为他们所依附的经济制度（私有制及自给经济）所限，不能前进，"越来越表现出它自私利己、丑陋野蛮的本性。瞿秋白谈到，美国资产阶级在中国办学校，都要教授美国宪法，"还不是些自由平等法律之类的原则！"然而美国人什么时候真正奉行自由平等的原则呢？瞿秋白尖锐地揭露道，一个在中国的美国人克门私自偷运现银出境，犯了法被发觉，反与关卡兵士冲突，后受误伤致死，美国政府却不惜以改变对华政策为要挟，庇护这一犯法的人。驻中国的美国基督教青年会教中国学生踢球打球，可是等到和美国兵赛球时，中

---

①　瞿秋白：《东方文化与世界革命》，《瞿秋白选集》，人民出版社 1985 年版，第 17 页。

国人赢了美国人的球，基督教青年会的人却打中国人的巴掌。还有住在上海租界上的人，连看一本马克思主义的经济学都要被提到巡捕房里去。瞿秋白指出："请问真正民主共和国的民主主义在哪里？"自由平等人权又在哪里？西方列强什么时候对殖民地的人民讲过自由平等？西方列强侵入中国，绝不是为了中国发展资本主义，而是为了把中国变为它们的殖民地，它是"唯恐弱小民族因真得科学文明而强盛。"①

在批判封建宗法道德和资产阶级道德的基础上，瞿秋白论述了无产阶级的新道德。无产阶级道德是社会主义道德和共产主义道德的前提和基础，也是共产主义道德体系的一个发展阶段。共产主义道德就是从无产阶级道德发展起来的。"无产阶级要求社会公有生产资料及工具，以团结的伟大力量，经过自己的政府，行施经济政策，使全人类都成无产阶级，全社会都成大生产的经济。那时阶级消灭，政治消灭，一切约束消灭；各取所需之后，虽偷也无处卖钱；技术科学充分发达之后，教育及文化程度增高；那时的道德才是社会的而非阶级的。"消灭了私产制度和剥削制度之后的道德才是真正自律的而非约束的。"道德既有约束的意义，那么社会里人人的经济利益及目的相同的时候，无所用其约束——经济上的协作及分工制度，劳动的编制方法，合乎人人的心愿——那时人人的行为都是自律的，这是至高的道德。"② 共产主义道德无疑是人类道德的伟大理想，我们应当为这种理想而奋斗。

在瞿秋白看来，无产阶级的新道德不同于封建的整体主义和资产阶级的利己主义，它所崇尚的基本原则是群己合一、利己与利他统一。他从事实和价值两个方面论述了这一新的道德原则。从事实的层面来考察，个人与社会存在着不可分割的关系，一方面，"无我无社会，无动的我更无社会"；另一方面，"无交融合作的集体而又完整的社会与世界，更无所谓我。"③ 个人与社会的交融性产生的结果如何呢？瞿秋白认为，"人类往往以利己主义出发而得利他主义的结果，一切利他互助主义都产生于利己斗争的过程"。这可以从人的行为来看，最初人们行为的动机是利己的，

---

①　瞿秋白：《东方文化与世界革命》，《瞿秋白选集》，人民出版社 1985 年版，第 18 页。

②　瞿秋白：《社会科学概论》，《上海大学史料》，复旦大学出版社 1984 年版，第 474 页。

③　瞿秋白：《赤都心史·我》《瞿秋白诗文集》人民文学出版社 1982 年版，第 166 页。

"初民个人依利己主义而向自然进攻"，但是人在同自然的斗争中"不得不结合共产部落"，否则将无法达到利己的目的。而当个人与集体共同奋斗时，他的行为就不纯粹是利己的，也包含着利他的因素。所以，"绝对的利己主义的人生观只能存在于无社会的矿物世界里，其实是无己可利。"[1] 事实上，个人利益离不开他人利益和社会公共利益，离开了他人利益和社会公共利益，个人利益的实现就缺乏应有的保障和现实的条件。从价值层面上考察，瞿秋白认为，从认识群己关系、利己利他统一的客观事实出发，使其成为一种自觉的人生价值追求，便进入了一个道德自由的领域。对个人而言，应认识到自己是群体的一分子，努力为群体的利益去奋斗，并在追求群体利益的过程中实现自己的个人利益。瞿秋白本人经常把自己比喻为群体的一名小卒，决心为民族的解放和无产阶级的利益而奋斗。他说："我自然只能当一很小很小无足轻重的小卒，然而始终是积极的奋斗者。我自是小卒，我却编入世界的文化运动先锋队里，他将开全人类文化的新道路，亦即此足以光复四千余年文物灿烂的中国文化。"[2] 瞿秋白在反对个人主义和利己主义的基础上，明确提出了无产阶级集体领导的思想，"无产阶级之革命思想的指导，当然是集体的工作"，而每一个革命者哪怕是革命领袖也只能是"这集体中的一个个体。"20 年代后期，陈独秀在党内大搞唯我独尊的个人主义，瞿秋白对此予以了严厉的批评，他主张以无产阶级集体主义来克服个人主义倾向，"必须真切的理解群众的转变，群众的行动，群众的伟大的作用。个人只有在集体之中，作为集体的一分子，然后他的英勇，他的热心，他自己对于自己的个人主义的斗争，群众的克服他的个人主义。"[3] 与此相关，在道德建设上，瞿秋白明确提出要用"无产阶级的集体主义"反对个人主义和利己主义。他说"英雄主义的个人忽然像'飞将军从天而下'，落到苦恼的人间，于是乎演说，于是乎开会，于是乎革命，于是乎成功——这种个人主义，个人的英雄决定一切的公式，根本就是诸葛亮式的革命。这样，甚至于党都可以变作诸葛亮、剑仙、青天大老爷，无产阶级的集体主义必须完全克服这种

---

① 瞿秋白：《自由世界与必然世界》，《瞿秋白选集》，人民出版社 1985 年版，第 125 页。
② 瞿秋白：《赤都心史·我》，《瞿秋白诗文集》，人民文学出版社 1982 年版，第 165 页。
③ 瞿秋白：《普洛大众文艺的现实问题》，《瞿秋白选集》，人民出版社 1985 年版，第 475页。

倾向。"① 他强调学习鲁迅的"战斗的改造世界的集体主义",为中国人民争自由,为绝大多数人谋幸福。

无产阶级的新道德不同于封建主义道德敌视科学和资本主义道德使科学成为利己主义的专用品的地方还在于,它是崇尚科学和与科学精神一致的。无产阶级的新道德与科学都具有破除迷信、强化人们的理性认识、促进社会发展的作用。科学是迷信与愚昧的克星,科学旨在揭示事物的真相和客观规律,使人们获得对自然和社会的深刻认识并在此基础上成为自然的主人和社会的主人,获得真正意义上的自由。无产阶级的新道德是以马克思主义的科学世界观为指导而发展起来的,是在尊重人类道德生活发展规律基础上结合无产阶级的道德实践而形成的,它与科学是相辅相成,彼此需要的。在"科学与人生观论战"中,瞿秋白批判了张君劢科学与人生观二分法的观点,认为"科学的因果律不但足以解释人生观,而且足以变更人生观。每一'时代的人生观'为当代的科学知识所组成;新时代人生观之创始者便得凭借新科学知识,推广其'个性的人生观'使成'时代的人生观'。"瞿秋白还举例说明,人由于不知道电气的规律于是只好相信电神,而知道电气的规律以后就能应用电气;同理,人由于不知道资本的规律因而只得受它的奴役,知道之后便能应用此规律"以达无阶级无政府之共产社会"。所以,"各个性的努力足以促进历史的进化,正因为他们在斗争过程里不断发见历史的'必然因果',所以能使人类运用'自然律'及'社会律'同登'自由之域'。"② 瞿秋白把无产阶级的新道德称之为"真正的道德",它与"真正的科学""本非相消的",并认为"只有真正的道德,真正的科学是颠覆东方文化之恶性的利器。"不特颠覆东方文化之恶性,无产阶级的新道德和科学也是颠覆西方文化之恶性的利器。"宗法社会的思想代表还正在竭力拥护旧伦理,世界资产阶级也反过来否认新科学。这也难怪,原来他们俩,一在殖民地上,一在强国之中,都已游魂墟墓,看不见前途,所以不得不向后转。世界的资产阶级,既以科学的发明,作为少数人享福之用,他眼看着用了这许多精力,杀人

---

① 瞿秋白:《普洛大众文艺的现实问题》,《瞿秋白选集》,人民出版社1985年版,第475页。

② 瞿秋白:《自由世界与必然世界》,《瞿秋白选集》,人民出版社1985年版,第126—127页。

放火的机械制造得如此之精明，始终还是镇不住'乱'，保不住自己的统治地位，所以他的结论是'科学无能'。这刚刚迎合了宗法社会的心理，于是所谓'东方文化派'大得其意。其实那里是什么'科学破产'，不过是宗法社会及资产阶级文明的破产罢了。"① 如果说封建主义道德和资产阶级道德是敌视科学的，那么完全可以说无产阶级的新道德是崇尚科学并以科学为自己真正的价值追求和内涵的。因此，无产阶级的新道德是科学的道德，进步的道德。

无产阶级新道德不同于封建主义道德和资本主义道德对人的个性的压抑以及将人物化的地方还在于，它是十分重视人的个性的解放和反对把人物化的，认为道德的真正价值就在于促进每个人个性的自由发展。瞿秋白热情地赞同个性解放，认为我们处于各种不同的民族文化相交流或相冲突之时，就应当为人类进步而尽力，这同时也是实现自我的个性，即此增进人类的文化。他盼望自己成为一人类新文化的胚胎，强调我不是旧时代之孝子贤孙，而是新时代的活泼稚儿。因此，无产阶级的新道德必然反对封建专制，反对阻碍扼杀个性的宗法伦理纲常。在瞿秋白看来，封建主义无力救中国，资本主义也无法救中国，中国的出路在于既反对封建主义又反对帝国主义，走俄国十月革命的道路，只有消灭私有制和阶级压迫才能赢来真正的独立和解放。"等到私产绝对废除，阶级消灭时，科学愈发明，则体力劳苦的工作愈可减少，全社会的福利愈可增进；物质文明愈发达，经济生活愈集中，则精神文明愈舒畅，文化生活愈自由，——为'求生'的时间愈少，则为求乐的时间亦愈增多了。那时，才有真正的道德可言，不但各民族的文化自由发展，而且各个人的个性亦可以自由发展呢。"②

瞿秋白早年就致力于"为大家辟一条光明的路"，为的是"略尽一分引导中国社会新生路的责任"。他抛弃自己为文学而整理国故、研究佛学试解人生的"二元的人生观"，主张改革旧制度，打破旧习惯，建立"新的信仰、新的人生观"，并用这"新的信仰、新的人生观"去创造"新的生活"。他从分析"人与人关系的疑问"入手，对于人压迫人的旧社会以

---

① 瞿秋白：《东方文化与世界革命》，《瞿秋白选集》，人民出版社1985年版，第19—20页。

② 同上书，第20页。

及维护这一黑暗制度的旧道德予以猛烈的抨击，而对于被压迫的劳动人民则表示深切的同情。他明确提出要寻求一种能够指导群众运动的新的信仰和指导青年正确对待生活的新的人生观，投身于民众生活的改造、思想的启蒙，"一边启发他们的解放心理，一边增加他们的知识，提高他们的道德观念"。他认为，青年只有投身于这一运动，使自己的"生命溶化在大众的里面""就会领略到'永久的青年'"，而不是一个"浮生如梦"的人，因为"大众的事业是不死的"。在对苏俄革命后社会生活的考察期间，他参加了苏俄党和共产国际的会议，特别是多次听到伟大导师列宁的报告，使他的世界观发生了深刻的变化。从最初的寻求个性解放走向了民族的阶级的集体解放，树立了马克思主义的唯物主义世界观和全心全意为人民服务的思想，成为一名为"共产主义之人间化"而奋斗的忠诚战士。

瞿秋白的伦理思想对马克思主义伦理思想在中国的传播和发展作出了重要贡献，推动了中国现代伦理学的发展，为中国共产主义道德建设和毛泽东伦理思想的形成作了必要的准备。中国传统伦理思想虽则博大精深，但确实也有不少封建性的糟粕。近代以来，因西学东传而诱发的古今中西伦理文化的论争，在五四时期达到了高潮。瞿秋白站在马克思主义的立场上，对古今中西伦理文化论争作出了科学的总结，既主张抛弃中国传统的封建主义的旧道德，又主张批判和抵制西方资产阶级的个人主义和利己主义道德，他主张在批判继承古今中西伦理文化优秀成果的基础上，建设无产阶级的新的集体主义道德，创造灵肉一致的社会主义新型的伦理文明。瞿秋白在马克思主义传入中国的早期，以马克思主义伦理思想为武器，同胡适的实用主义道德观，同张君劢的新儒家道德观，同戴季陶的"道统说"，展开了论战和批评，一方面捍卫了马克思主义的伦理思想；另一方面对伦理学的基础理论、无产阶级新道德的基本原则和规范以及道德实践等问题进行了深入的探讨，提出了不少精湛的命题和观点，丰富和发展马克思主义伦理思想。瞿秋白对伦理道德问题的思考是同对文化问题的考量分析联系在一起的，因而他的道德理想是和他的文化理想相一致的。瞿秋白在对社会主义文明的论述中倾注了他为之追求的道德理想，在对无产阶级和社会主义道德理想的论述中又恰到好处地表达了对社会主义文明的道义肯定和价值认同。尤有意义的是，瞿秋白提出了社会主义文明是物质文明和精神文明高度统一的文明，主张把科学精神与人文精神有机地结合起来，认为"社会主义的文明是热烈的斗争和光明的劳动所能得到的，人类什么时候能从必然世界跃入自由世界，——那时科学的技术文明便能进于艺术的技术文明。那不但是自由的世界，而且还是正义的世界；不但是正义的世界，而且还是真美的世界！"① 瞿秋白在李大钊伦理思想的基础上，更加纯熟地运用辩证唯物论和历史唯物论的基本原理，全面地论述了道德与社会物质生活之间的辩证关系。他非常明了地指明社会经济关系对道德的决定作用，道德的根源就在于社会的经济关系。瞿秋白还通过对道德的起源及其历史演变的考察，深刻揭示了道德发展的规律性，并对无产阶级的新道德作出了较为深刻而全面的论述。从理论上看，瞿秋白极大地发展了李大钊的伦理思想，推动了马克思主义伦理思想在中国的传播。毛泽东在为《瞿秋白文集》作的题词中写道：在瞿秋白同志生前，"许多人不了解他，或者反对他，但他为人民工作的勇气并没有挫下来。他在革命困难的年月里坚持了革命的立场，宁愿向刽子手的屠刀走去，不愿屈服。他的这种为人民工作的精神，这种临难不屈的意志和他在文字中保存下来的思想，将永远活着不会死去。"② 毛泽东的这段话，高度评价了瞿秋白的革命精神及其伦理思想的伟大价值。瞿秋白同志的一生，是战斗的无产阶级革命家、理论家的一生。他是中国现代革命知识分子的一个杰出的代表人物。诚如杨尚昆在瞿秋白同志就义五十周年纪念会上的讲话中所说："在党还十分缺乏马克思主义理论和革命实践经验准备的幼年时期，他担负了中国革命道路的开拓者的重大责任。他没有辜负时代和人民的付托，为寻求中国革命的真理，为开创中国革命的大业，奉献了毕生的心血以至整个生命，作出多方面的卓越的贡献。无论是在疾病缠身的时候，在极端残酷的白色恐怖中，在党内遭受无理打击的逆境里，秋白同志始终保持了一个共产党人的革命气概。他无保留地为中国人民解放事业、为共产主义理想而献身的精神；勇于进取，坚持用马克思主义探索和解决中国革命根本问题的毅力；在对敌斗争和党内斗争中是非分明、立场坚定的原则态度；服从大局、不谋私利、团结同志、模范地遵守纪律的品德；言行一

---

① 瞿秋白：《现代文明的问题与社会主义》，《瞿秋白选集》，人民出版社 1985 年版，第109 页。

② 《毛泽东题词墨迹选》，档案出版社 1984 年版，目录第 10 页。

致、谦虚谨慎、严于律己、勇于自我批评的作风；所有这些，连同他在思想文化理论方面完成的五百多万字的著述和译作，是革命先驱者为后人留下的极为珍贵的精神遗产。"① 经过李大钊、陈独秀、瞿秋白等人的努力探索和理论传播，马克思主义伦理思想在中国生根开花，引起了中国道德观和伦理价值学说的伟大革命，从此马克思主义伦理思想、共产主义道德在中国土地上广泛被人们接受，成为改造人心，改造国民性和改造道德习俗的重要力量，中国伦理文化建设进入了一个崭新的时代。

二　恽代英对马克思主义伦理思想的阐释与研究

恽代英（1895—1931），字子毅，湖北武昌人。无产阶级著名的政治活动家、理论家，早期青年运动的杰出领导者。著有《义务论》《社会性之修养》《怎样才是好人》《做人的第一步》《救自己》等文，编入《恽代英文集》。学生时代即重视"砥砺行为，敦进学业"，声明自己"是学哲学伦理学的人"，并草拟了伦理学大纲，提出了伦理学当从根本上改组的主张。在他看来，改组后的伦理学应在本论中阐述人生之目的、善之意义、苦乐之真谛、自由的道德行为等内容。他当时主张，对于自己，应实行利己之原理。即：己生、勤俭、敬、勇、诚、求智、自我实现之原理。对于社会，应实行利他之原理，即师长、朋友、集会社、谋公益，牺牲生命。② 恽代英伦理思想在五四运动中后期产生了较为深刻的影响。

恽代英是五四时期比较清醒地意识到西方近代伦理价值观之偏弊的学者。在他看来，西方近代以来的伦理思想崇尚权利论，对人生的责任和义务缺乏应有的担当，故落入功利主义、实用主义和个人主义、利己主义之中，这种伦理思想反映了资产阶级的利益和愿望，是同资产阶级贪得无厌地追逐剩余价值，只想索取不想奉献的行为倾向联系在一起的。利己主义的伦理思想不可能带来真正的道德进步，只会诱发道德危机，导致道德上的堕落。恽代英向往义务论，并认为只有义务论可以救治世界的许多灾难，解决人与人之间、阶级与阶级之间、民族与民族之间、国家与国家之间的严重冲突与斗争，实现人与人之间、阶级与阶级之间、民族与民族之

---

① 参阅陈铁健等编：《瞿秋白研究文集》，中共党史资料出版社1987年版，第5—6页。
② 参阅《恽代英日记》，中共中央党校出版社1981年版，第120页。

间、国家与国家之间的和平共处与共同发展。义务论强调人对他人、家庭、集体、民族、国家乃至世界的义务，把个人的私欲和私利置于义务的宰制与规约之下，从而培养出一种爱心和公道之心，推动人类的道德不断进步。马克思主义对资本主义社会道德状况的批判，本质上是对权利论伦理思想的批判；对社会主义和共产主义道德的肯定和向往，本质上又是一种基于义务论的阐释与论证。

　　五四运动后，恽代英开始用唯物史观探讨伦理道德问题，认识到道德是随经济关系的发展变化而变化的，强调社会实践对道德的作用和影响，主张以人民大众的利益为行动的准绳。指出：我们的修养，若能以群众事业为目的，一切陈腐的德目，都会显出它的真价值。少年中国组织应该为中国的改造和独立服务，人人应该自觉承担起改造中国的历史使命。"就人类义务说，今天全世界正开始了他的大改造事业，进步些的各民族，都在这旗帜的下面做工；我们亦不应该不努力担任我们应担任的一部分。所以无论奴隶或其他相等阶级，不但是我们不甘忍受的，亦是不应忍受的，而且亦是不容忍受的。因为我们要站在人类水平线上，同时与各民族的觉悟者携手，努力前进。这不但是一个不应受剥夺的权利，亦是一个不应逃避的义务。"① 改造中国必须从培养人们的义务心入手，形成一种"舍我其谁"的使命和担当意识，为了社会主义和共产主义的伟大理想，哪怕是牺牲生命，献出自己的一切也应当在所不惜。他发起少年中国学会，主张以创造少年中国为己任，认为"少年世界，便是充满了活力的世界，是人人机会平等，本能的发展具足而圆满的世界；中国只有能适应于这个世界，才真算是返老还童。所以我们的目的，应该是以适应于少年世界为目标，求少年中国的实现。"② 为了建设少年中国，我们首先要联合同志，加强群众生活的修养。一般人总是太过于相信自己，看不起群众，因此总不能使自己的事业发展壮大。在恽代英看来，其实天下要做的事情很多，一个人的力量也非常有限，生命非常短促，我们要使生命有意义，实现自己的理想目标，就必须学会与他人共事，联合群众，形成一种强大的力

---

① 恽代英：《怎样创造少年中国?》，《恽代英文集》上卷，人民出版社 1984 年版，第 163 页。

② 同上书，第 165 页。

量。只有这样，才能谈得上改造中国和建设中国。

关于道德的作用，恽代英提出了道德是人生幸福的路的观点。在
1920 年 4 月所写的《怀疑论》中，恽代英大胆地提出："现在伦理学上已
经决定的理论，都值得重新考虑一番。"① 对传统的伦理学理论发出责难，
并不是否定一切伦理学。恽代英的目的，是希望人们在怀疑、思考、鉴
别，特别是在践行的基础上，追求和掌握能够指导人生进步向善的科学的
伦理学说。恽代英强调指出：我们的行止，应该决定于现在比较真正些的
良心的命令。我很信道德便是人生幸福的路。② 道德对人们追求幸福、拥
有幸福和创造幸福都具有十分重要的作用。舍弃了道德，人们是很难长久
地拥有幸福的。道德可以帮助我们求一种正当的生活，这种正当的生活，
对人来说："不但不是羞辱，而且是很大的荣耀。"③ 在《怎样创造少年中
国》一文中，恽代英对道德问题作出深刻的论断。他写道："学人生哲
学，便是要知道人生的真意义，道德的真意义，以确立道德的新根基，可
以为现在所谓新旧之争，求一个根本解决。""譬如说研究道德的起源，
这便是伦理学中间的一个特别问题：然而这一个问题，须从人类道德意识
进化的历史上研究，须从经济进化与道德进化的关系上研究，须从生物进
化与道德进化的关系上研究，那便是说，要研究道德的起源不可以不研究
伦理史、经济史、生物学、心理学。"④ 我们所以研究伦理史，不只是要
明白伦理思想的进化发展，更重要的是从具体事实的经过，看出伦理起源
的痕迹。人类需要伦理，比如人类之需要生活。生活是包含了伦理的内容
的，所以人类也按照伦理的原则来生活。按照伦理的原则来生活，就说明
了伦理对生活的作用。

1923 年，恽代英写了《怎样才是一个好人》一文，用马克思主义的
群众史观来解释好人，认为好人应该具备三个基本条件：第一好人是有操
守的；第二好人是有作为的；第三好人是要能为社会谋福利的。好人不因
为许多人都做坏事他就去做坏事，不因为许多人不做好事他就不做好事，

---

① 恽代英：《怀疑论》，《恽代英文集》上卷，人民出版社 1984 年版，第 152 页。

② 同上书，第 157 页。

③ 恽代英：《怎样创造少年中国》，《恽代英文集》上卷，人民出版社 1984 年版，第 209
页。

④ 同上书，第 200、203 页。

好人有自己判断善恶好坏的标准，他能够按照自己的善恶标准去扬善抑恶，保持并坚定自己的道德操守。好人要有操守，但有了操守，若只做一个与世无关的独行者，这种好人要他有何用处？不特如此，好人还是有所作为的，能把自己的好心变成好行，"好人不是一味的忠厚。好人少不了有眼光，有手腕。好人能正确的应付一切的问题，然后能够保持自己的好名誉，且做得出一些好事来。"好人要有作为，但有了作为，若只拿去做一些损人利己的事情，这简直是一个坏人了。好人要有操守以站住脚，能做事然后可以谈到为社会。好人的做事，要向着为社会谋福利的一个目标。好人的好，是说于社会有益。① 恽代英特别强调好人应当为社会谋福利，指出："好人的做事，要向着为社会谋福利的一个目标。好人的好，是说于社会有益。不于社会有益，怎么会称为好？"恽代英还谈到了怎样才能成为好人，认为要做好人，首先必须硬起脊梁，然后是多做事，多研究，多存心为社会谋福利。在恽代英看来，中国要有一万个好人便可以得救，他呼吁有志青年应加入做一万个好人的队伍中来，为改造中国作出自己的贡献。恽代英认为，列宁堪称具有崇高道德价值的伟大人物，他在《列宁与中国革命》中写道："我们诚心地赞美列宁，不但因为他是智识的，有能力的，有品格的，而且因为他的智识、能力、品格，使他成就了一个最有权威的革命领袖；使他成就了俄国无产阶级的革命领袖，而且亦成就了全世界被压迫阶级的革命领袖。"② 这里，实际上提出了无产阶级的理想人格问题。

恽代英主张加强社会性方面的修养，专门撰写了《社会性之修养》一文，并提出了从八个方面修养社会性的观点，其中第一是要讲"公德"。在恽代英看来，公德的讲求和遵循，是社会公共生活得以顺利进行和持续发展的有效条件。"吾人不欲为社会事业则已，苟欲为之，则公德之履行，当为重要之条件。不然，吾人社会永远如此，无进化于强固之望矣。"③ 公德的基本要求是把公共事业当作自己的事业，尽力去完成。第二是要有"公心。""吾人果为社会倡社会事业，则当以社会之利害为行

① 恽代英：《怎样才是一个好人》，《恽代英文集》上卷，人民出版社 1984 年版，362—363 页。

② 恽代英：《列宁与中国革命》，《恽代英文集》上卷，人民出版社 1984 年版，第 440 页。

③ 恽代英：《社会性之修养》，《恽代英文集》上卷，人民出版社 1984 年版，第 27 页。

事之标准，不可以以一己之利害参于其中。"① 公心就是要以社会公共利益为自己的行为动机和心理意向，不能时时想到自己或自己的个人利益。第三是要有"诚心。""诚心"就是待人真诚，与人为善，把他人当作目的来对待，而不是当作达到自己目的的手段。"吾人欲与他人协力以成事，则必望他人以至诚为吾协力。欲使他人以至诚为吾协力，吾必先有至诚之心，以感发之。"② 第四是要有谨慎的态度和美德。"吾意真有志为社会事业者，当随时守其谨慎之德，而作始尤甚。彼轻心以掉者，皆不崇朝而败者也。"因为改造社会的事业是非常复杂而又艰苦的事业，必须要有精密的计划和严密的组织，有谨小慎微的求实求细的精神与作风。第五是要有谦虚的态度和美德。恽代英指出："为社会事业，与一般事业无异，必守吾人谦虚之德，乃能日进光大之域。满招损，谦受益，此天地之常经，无论在何方面，皆可验其不诬。故吾人为社会事业，乃不能不秉守此德者也。"③ 第六是要有"服从"的德性。恽代英所讲的"服从"，不是指的服从权力。而是指的服从理性，遵循规则。他批判了一些人只知服从权力而不知服从理性和规则的劣根性，指出："权力所在，虽禽兽犹崇奉之；权力所不在，虽圣贤亦轻蔑之，此所谓奴隶性格也。"恽代英所强调的服从美德不是指的服从权力，而是指的"本于敬爱之心，以服从其应服从之事，如交际则服从其友人之规则，结社则服从多数人之意思是也。"第七是要有"礼貌"的修养和教养。礼貌是社会公共生活和人际交往的必要条件，它以尊重他人为要旨，也反映着人自身的基本素质。第八是要有"利他"的精神和行为。利他是利社会的基础，人人都利他，则社会风气良善而和谐，社会才能巩固和发展。恽代英关于社会性修养的论述，突出了人的社会性，强调了人应当培养"公心"，讲求"公德"，尽力为社会和他人多作贡献，有着重要的教育和启迪意义。在《怎样创造少年中国》一文中，恽代英更把社会性修养方面的思想发展了一大步，提出加强"群众生活的修养"问题。在恽代英看来，"向来所说的道德与修养，最缺乏两个要素：一便是活动的修养，一便是合群的修养，合而言

---

① 恽代英：《社会性之修养》，《恽代英文集》上卷，人民出版社1984年版，第27页。
② 同上书，第29页。
③ 同上书，第30页。

之，便是所说群众生活的修养了。"活动的修养，主要是针对做事的才干
而言的，合群的修养，则是针对与群众一同做事的才干而言的。群众生活
既要求我们做好事，又要求我们处理好关系。为了创造少年中国，我们需
要加强群众生活的修养。"要创造少年中国的人，既不能不注意从社会活
动上去改造国家，便不能不注意群众生活的修养。我们的修养，若能以群
众事业为目的，一切陈腐的德目，都会显出它的真价值。我很不信一般人
所假拟的道德本原，然而我终信有些道德是一条经验了有利益的途径，所
以我不敢菲弃一切道德。"① 只要从群众生活的角度出发，把为社会和他
人贡献力量作为修养的宗旨，那么许多传统的道德德目都会在改造中发挥
它的作用。这就是说，新的生活内容不必完全抛弃旧的道德范畴和德目，
相反还可以使其发生质的变化，为新的生活服务。新道德的建设可以吸取
传统道德的合理因素，也可以使传统道德发生根本的变化。

此外，恽代英还就恋爱、婚姻和家庭道德发表了许多深刻的见解。写
于 1925 年 10 月的《马克思主义者与恋爱问题》，便是其中精彩的一篇。
文章指出："在经济制度未完全改造以前，是没有美满的恋爱生活可言
的。马克思主义者并不反对恋爱，他们愿意牺牲一切以谋改造经济制度，
使人人得着美满的恋爱。但马克思主义者为了要改造经济制度有时要牺牲
一切（包括恋爱在内），若在工作上所必要牺牲的不牺牲掉，甚至于因为
贪恋任何事物，反牺牲了他的正当工作，这只是愚昧的鄙夫，决不配称马
克思主义的信徒。"②

纵观恽代英的光辉革命生涯，他始终非常热情地学习和传播马克思主
义及其伦理思想，并以此作为广大群众投身革命实践的思想武器。他在为
少年中国学会起草纲领时，特别写明："推阐经济压迫为国民道德堕落的
主要原因，以反证中华民族绝非劣等民族。应反对此类减少国民自信力的
各种宣传，且指示经济改造为国民道德改造的重要途径。"恽代英对马克
思主义伦理思想的传播，为马克思主义同中国工人阶级的道德实践相结
合，为毛泽东伦理思想的形成，作出了一定的贡献。

---

① 恽代英：《怎样创造少年中国》，《恽代英文选》上卷，人民出版社 1984 年版，第 194
页。

② 恽代英：《马克思主义者与恋爱问题》，《恽代英文集》下卷，人民出版社 1984 年版，第
682 页。

三　李达对马克思主义伦理思想的介绍与研究

李达（1890—1966），湖南零陵人，中国共产党的创始人之一，马克思主义哲学家、理论家、宣传家和教育家。李达是在中国传播马克思主义的先驱者之一。他把毕生的精力献给了马克思主义的理论事业，在哲学、经济学、科学社会主义等众多领域取得了开拓性的成就，其中以哲学上的成就尤为突出。伦理思想方面，李达也有多方面的精辟论述。

道德的本质是李达伦理思想的一个重要问题，李达对此作出了马克思主义的解释。在李达看来，道德是人类社会生活的产物，道德的本质其实就在于它是人的社会本能的体现和确证。他说："道德即人类之社会的本能，社会之所以存在，实由此社会的本能所维持。如为社会而牺牲，如矢忠勇以拥护社会，皆为社会的本能，此即人类最高之道德。故道德之根源在人类生活。"[①] 所谓社会的本能，他认为，即是"为社会献身的牺牲心，拥护社会的勇敢心，遵从社会意志的服从心，以及感知毁誉褒贬的名誉心，等等。"[②] 就此而论，李达直截了当地指出："道德的本质为牺牲，勇气，忠诚，服从，信义，公平，平等诸端"[③]，这些道德要素是人类社会的本能。道德规范和社会的要求关系密切。人唯有过社会的共同生活才能生存于自然界，所以人类的社会本能非常发达。"当社会关系继续着的时候""社会的要求反复发生作用，有命令个人遵守的力量，而化为道德的规范，日积月累，就变为人类生活的习惯"[④]。道德是社会关系的表现并为协调社会关系服务的，社会关系的要求化为道德的规范，遵循道德的规范一旦经常而自觉就变成一种习惯。

为了更好地揭示道德的本质和特征，李达深刻论述了道德与法律的关系。对道德和法律的关系，他从社会意识和个人意识相互关系的角度以及历史的角度予以考察。他指出：在阶级社会里，道德和法律作为社会意识均有支配个人意识并使之服从的拘束力。道德的拘束力对人来讲属于内部

---

① 李达：《社会之构造》，《李达文集》第 1 卷，人民出版社 1980 年版，第 248 页。

② 李达：《社会之基础知识》，《李达文集》第 1 卷，人民出版社 1980 年版，第 508—509 页。

③ 李达：《社会意识》，《李达文集》第 1 卷，人民出版社 1980 年版，第 292 页。

④ 李达：《社会之基础知识》，《李达文集》第 1 卷，人民出版社 1980 年版，第 509 页。

或内在的拘束力，它"能使个人之个性潜移默化"；法律的拘束力属于外部或外在的拘束力，它"能强制各个人牺牲其个性"。这是二者最为本质的区别。道德和法律的另一区别在于，是未经采订为法律的道德和包含了道德的法律的区别。道德不借公共权力的强制而放任社会自由遵守，法律凭借公共权力强制实行。道德与法律的联系在于，道德的拘束力须以法律的拘束力以强其后方可发生效用。它们同作为统治阶级的意识而有压迫个人的性质，"因时间上之连续，他阶级之人员，受生理的和心理的惰性之作用，不知不觉之中，竟认为一种'自然法''道德律'而遵守之"。不仅如此，道德还是法律的发源地。随着国家的发生，统治者首先把那种奴役并剥削他人的新道德编订为国家的法律。至于原有的道德，则视其对奴隶制经济有妨害或保障的功能而分别制定为禁止、命令的法规或容许的法规。于是，道德规范中"有一部分变成了法律，其余部分仍作为社会规范存留着"。其次没有必要用抽象的方法区分道德和法律。不仅在古代和中世纪，就是在现代，道德和法律各自都互有对方的成分。"法律中有道德的成分，道德中也有法律的成分。法律与道德的区别，只是国家规范中非道德部分的法律与道德规范中未经法律化的部分的道德之区别；又可以说是包含了道德的法律与未经采订为法律的道德之区别。那些已经采订为法律的道德，是借公权力强制实行的；那些未经采订为法律的道德，是不借公权力的强制而放任社会自由遵守的。至于已经采订为法律的道德，其本身已是法律，当然保持着法律的本质。"① 李达具体分析了道德与法律在封建时代和资本主义时代的互相包含且互相支持的表现。中国封建时代有所谓礼治与法治、德主刑辅的原则。"依据儒家主张，礼治为主，法治为从，即所谓德主刑辅，大致不差。礼之本体是道德仁义，礼之功用就是'序尊卑贵贱大小之位，而差外内远近新旧之级'。这样看来，礼是有维持等级制度的功用的了。……所以礼这种道德规范，确能维持封建的等级制度，保障封建的经济机构。事实上，礼式规范已被中国的封建王朝采用为法律，外国学者说中国的旧法律多含有道德的分子，这话是正确的。"②

---

① 李达：《法律与道德的关系》，《李达文集》第 1 卷，人民出版社 1980 年版，第 735—736 页。

② 同上书，第 736—737 页。

　　李达认为，不仅中国存在着道德与法律相互支持的现象，即便在西方也是如此。"欧洲中世纪支配人心的道德，是基督教的爱与行善的精神。基督徒以爱与行善的说教，教导人民服从封建的法律。……基督教在中世纪所宣传的爱与行善，确有维持封建的经济机构的功能。'爱就完全了律法'，道德就完成了法律。"① 资产阶级以追求利润为根本目的，其道德也着眼于这一目的。他们的最高道德，是勤、俭与贪（积蓄）。他们的法律也以保障私有财产为宗旨。资产阶级社会道德中"凡属具有保障市民经济机构的功能的东西""已经铸入于法律之中"。因此，"'法律是道德'的传统见解，确有片面的真理。不过所说的'道德'二字之上，省略了'特殊阶级'这个形容词罢了"。

　　道德是人类社会生活的产物，是人的社会性的表现和确证。李达指出，"据达尔文学说：一切动物对于环境皆行生存竞争。有结群以行生存竞争者，有孤立以行生存竞争者。前者谓之社会的动物，后者谓之非社会的动物。……社会的动物之中，又惟有团结力最坚固者最能适于生存，反是者灭亡。此等社会的动物群，谓之动物社会，人类亦属之。"② 人本质上是一个社会动物，"社会的动物所以营共同生活之原动力，则由于保存自身与繁殖种族之本能。"人如同荀子所说，既没有牛的力量，也没有马的速度，但是能够使牛马为其所用，关键在于人能够过群居的生活，能够集合多数人的力量以成其为社会，"集合之后，则强者与弱者，智者与愚者互相扶助，协力对外以行其生存竞争。如团体中之强者为自身而与敌战时，则弱者亦蒙其赐；有经验者为自身发见安全或食物较多之场所时，则稚鲁者亦受其益。于是团体中之自然分业以起。""自然分业"即自然分工。随着自然分工的发展，人类的社会性本能也日趋进化和发展，其中多种社会的本能成为社会生活存续之必需条件。"此种本能之最显著者，如为社会舍身之牺牲心是。营社会生活之动物苟无此种牺牲心，则其社会必至于灭亡。故牺牲心为社会的动物所必不可缺之社会的本能。此外，如拥护社会之勇气，对于社会之忠诚，对于全体意志之服从心以及感知毁誉褒

---

① 李达：《法律与道德的关系》，《李达文集》第 1 卷，人民出版社 1980 年版，第 737 页。
② 李达：《社会之起源》，《李达文集》第 1 卷，人民出版社 1980 年版，第 250 页。

贬之名誉心，皆为社会的本能，乃社会的动物所同具者也。"① 人类社会对于自然界力量之增大，意味着人类个体离开人类社会力量之减少，这使人类个体意识到必须将自己融合于社会，成为社会成员。"于是组成社会之各个人互相为工作，而社会遂愈有进步。"② 遵循这一思路，李达具体论述了道德的起源和发展，指出在原始时代，为了满足保存自身和繁衍保护种族的需要，当早期人类在共同的社会生活中懂得发挥为团体利益牺牲的本能时，道德即萌芽。生产资料公有、共同生产和平均分配，是人们其他一切行为以为根据的物质生存形态的根本原则。"我们若用文明时代所说的道德标准来观察当时人类的行为，那就可以说，平等、公平、互助、相爱，等等，确是当时万人共同遵守的普遍的全面的道德。这普遍的全面的道德，是太古社会中一切人的行为的规范，并且具有保障平等的经济机构的功能。"③ 但由于生产力极其低下，经济关系也非常简单，这种道德还包括于当时浑一的共同生活习惯之中。文明人所谓道德和宗教、艺术等正是从这种习惯中分化而出。

李达指出，自从生产手段变为私有而社会分裂为主人与奴隶、富人与穷人、剥削阶级与被剥削阶级之后，人类的道德观念和思想便发生了根本性变化："于是普遍的全面的道德，就变为偏颇的阶级的道德了；于是奴役他人、剥削他人变为特殊阶级的道德了。而在缺乏生产手段的一阶级，却还是以旧日分配平等的普遍的全面的道德为有利的。所以当时阶级利害的冲突，在两种道德的矛盾中也表现了出来。"④ 牺牲、忠勇这类道德在封建社会和资本主义社会中只是 "农民奴隶阶级对贵族阶级，劳动阶级对资本阶级之无形义务"⑤；道德规范的内容按时代、社会和阶级的不同而各不相同，并主要地依存于阶级利害；"何谓善，何谓恶，殆无一定之标准。其结果，道德遂成为一阶级检束他阶级之空想的制裁工具。"⑥ 总

---

① 李达：《社会之起源》，《李达文集》第 1 卷，人民出版社 1980 年版，第 251 页。

② 同上书，第 254 页。

③ 李达：《法律与道德的关系》，《李达文集》第 1 卷，人民出版社 1980 年版，第 734—735 页。

④ 同上。

⑤ 李达：《社会意识》，《李达文集》第 1 卷，人民出版社 1980 年版，第 293 页。

⑥ 李达：《社会之构造》，《李达文集》第 1 卷，人民出版社 1980 年版，第 248 页。

之，任何永久不变的道德规范不存在也不能存在。

在道德发展的问题上，封建社会的道德和资本主义社会的道德是他论述的重点。在他看来，在封建时代，封建阶级从事巩固其领地统治或开疆拓土的活动，对领地人民厉行其超经济的强制和剥削。他们以这类行为为道德，以维持等级制度为道德。这种道德，在中国有礼式规范；在欧洲，则有支配人心的基督教的爱与行善的精神。庶民为维持并改进生活而忍受领主的强制与剥削，努力增产，非不能聊生是不背叛领主的。他们的主要道德是忍辱负重和克勤克俭。在资本主义社会，资产阶级以追求利润增殖资本为一切行为的动机，"他们的最高道德，是勤、俭与贪（积蓄）"；反之，劳动大众则要求增加工资并废除剥削等，"他们的最高道德，是刻苦、耐劳、同阶级的互助与亲和"。资产阶级社会的道德规范约有三种特征：第一种特征在于"各阶级间已没有通用的道德原则。""所谓公平、正义或公道等等，只适用于同一阶级内部各分子之间"。第二种特征表现在"对于个人的行为，只能作局部的估价。""从某一角度去看，一个人可以具备一些美德，不失为道德上的好人"。例如，一个绅士对于自己的企业非常具有勤勉的德行。他孝敬自己的父母，爱怜自己的妻儿，对朋友讲求信用，对苦人也解囊救济，他的确可以算得上是一个有道德的君子。"但是当他走进自己的工厂，遇到工人向他诉说工作过于劳苦，损害了健康，请他减少工时；或者诉说物价高涨，不能够养家糊口，请他增加工资。在这种时候，他的和蔼可亲的态度，立刻从脸上滑去了。他不但对工人的诉说不予考虑，反而要讲求对付的手段了。"① 第三种特征表现在，"道德在资产阶级社会中，包含着商品的性质。所谓良心、爱情、贞操、名誉、信用、诚实等等，也都成了商品，都是有价格的。"② 他强调，在资本主义社会，道德规范充分表现出它的资产阶级的阶级性。主要的是：资产阶级创造出适应自己概念和利害的道德规范，却赋予它以普遍性和绝对性，赋予它以人类一般的性质，提出所谓最高善的规范和所谓人类独立存在的绝对正义、纯粹秩序或绝对义务等观念为道德理想。这是基于商品拜物教的资产阶级意识形态的拜物教在道德领域的表现形态；其次，当资

---

① 李达：《法律与道德的关系》，《李达文集》第 1 卷，人民出版社 1980 年版，第 738 页。
② 同上书，第 738—739 页。

产阶级和封建势力斗争时，这种道德理想作为概念或原则还没有现实的拘束力，但在这个阶级获得政权之后，它就充分显现为它所指导的新舆论并强制全社会遵守；最后，道德理想与现实的分离，即资产阶级"越是公然的残酷的实行阶级的压迫和榨取，越是用华美的言辞来粉饰所谓永久的道德、永久的真理和义务的主张"，资产阶级道德阶级性最鲜明的表现即在于此，彻头彻尾的伪善是这种道德阶级性的本质所在。

社会主义道德是与资本主义道德完全不同的两种道德类型。在《什么是社会主义》一文中，李达指出："社会主义，是反对个人竞争主义，主张万人协同主义。社会主义，是反对资本万能主义，主张劳动万能主义。社会主义，是反对个人独占主义，主张社会公有主义。"① 在《讨论社会主义并质梁任公》一文中，李达指出："社会主义在根本改造经济组织谋社会中最大多数的最大幸福，实行将一切生产机关归为公有。"② "要想为无产阶级谋幸福而除去一切悲痛，首先就要使他们获得生活必需的资料。"在社会主义社会，生产资料归社会全体成员共同占有，人们共同劳动，产品实行按劳分配。人与人的生存竞争完全消灭，"一人利用他人、压迫他人的事实绝对不会发生，也没有经济恐慌、人民失业的危险。"③ 平均消费社会主义社会，他指出，由于新社会在长时期中，在包括道德和意识在内的种种关系中，仍然没有脱去旧社会的熏染。因此在社会主义建设过程中需要无产阶级的文化革命，它包括"人类大量的改造""人们对于劳动的态度、道德观、世界观以及生活等等的改造"。他强调，社会主义建设的过程，也就是无产阶级本身的再教育过程，唯此"才能产生出人类的新质，即新社会建设者的质"。

李达肯定劳动的意义和价值，主张劳工神圣。他明确指出，在准备废除脑力劳动和体力劳动间矛盾的过程中，劳动从以前可耻的重担转变为光荣的事情，劳动者对劳动的态度发生了急剧的变化。这种对于劳动的新态度，是新的无产阶级道德的基础。"生产的劳动者，或耕或种，把地球装饰了。所以劳动者是地球的宠儿。他到了野外的时候，空中的鸟唱歌，兽

---

① 李达：《什么叫社会主义？》，《李达文集》第 1 卷，人民出版社 1980 年版，第 1 页。

② 李达：《讨论社会主义并质梁任公》，《李达文集》第 1 卷，人民出版社 1980 年版，第 61—62 页。

③ 同上书，第 64 页。

类嬉笑来赞美他。劳动者是地球的继续，礼拜一切东西之先，不可不礼拜劳动者。他与神灵一样，在地面上走动，随在什么地方为人类祝福，不贪，不吝，忍耐，克己，勤勉，勇敢，为人制面包。……他是普照世界的神，无论在什么地方，都可以看得见他的。"① 现在已经进入到劳工神圣的时代了。劳动者不仅是一个平常的人，而且是一个伟大的圣人。"劳动者什么东西都没有，可是无论什么他都有的。他造房子、织布、制面包。无论什么有不是劳动者造出来的么？土地是劳动者耕种的，利息是劳动者生出来的。劳动者是生金蛋的母鸡。" "劳动者是万物的创造主，资本、利息、土地、货币，都是劳动者创造的。劳动者对于这些东西，都可以主张所有权的。……他有宇宙万物的所有权，资本、土地、银行、货币、面包都归他所有。无论什么，不经他生产出来的东西没有。这其中神也是劳动者的第一人。"②

在他看来，共产主义道德的原则是个人和社会的协调，即个人利益服从于社会的利益，社会利益符合于个人利益。"社会是个人的系统，个人是社会系统的一员。有个人而有社会，有社会而有个人。所谓个人的，是含有社会意味的个人，不是绝对的个人。离个人没有社会，离社会没有个人。社会与个人，是相对的，实在的。"③ 它是社会主义社会的上层建筑和新时代最高的道德标准。并且，只有在社会主义新社会中，道德的积极作用才能充分发挥出来。共产主义道德是无产阶级在革命斗争中锻炼培养出来的，它一经成为广大劳动人民的道德，就能成为新社会发展的动力。

李达是最早在中国传播马克思主义的先驱者之一。在伦理思想方面，他以唯物主义历史观为指导研究伦理道德问题，为中国马克思主义伦理学的研究和建立奠定了基础。他在道德的起源和本质问题上坚持马克思主义的立场和观点，提出了道德是社会关系的产物，是适应人类调整各种社会关系的需要而产生的社会现象；道德同政治、法律一样，是一种由经济基础决定的社会上层建筑和意识形态；道德不同于法律的独特之处在于，它主要是一种诉诸于人的内在自觉的规范与约束，是一种凭借社会舆论、风

---

① 李达：《劳工神圣颂》，《李达文集》第 1 卷，人民出版社 1980 年版，第 43 页。
② 同上书，第 43—45 页。
③ 李达：《女子解放论》，《李达文集》第 1 卷，人民出版社 1980 年版，第 9 页。

俗习惯和人们的内心信念来起作用的行为规范。他还比较好地论述了道德的发展规律，认为人类道德是随社会变化而不断发展变化的。永久不变的道德是不存在的。在无阶级的原始社会，人们的经济欲望相同，道德观念和习俗也就相同。进入阶级社会以后，各阶级之间因利益的对抗使得道德观念也发生严重的对抗，"普遍的全面的道德，也就变为偏颇的阶级的道德了"。而占统治地位的道德只能是统治阶级的道德。只有发展到消灭阶级对立的社会主义和共产主义社会，才有可能形成统一的新的人类道德。李达还对道德与法律的关系，道德标准的相对性，道德的功能和社会作用等问题，作出了科学的揭示和论证，推动了中国马克思主义伦理学的研究，为在中国宣传马克思主义伦理思想和共产主义道德，作出了自己的贡献。

四　方志敏对马克思主义伦理思想的传播与研究

方志敏（1899—1935），中国无产阶级革命家。1919 年五四运动爆发后，他与邵式平等人发起组织学生在县城集会游行，开展抵制日货运动。1924 年在南昌加入中国共产党。1925 年 7 月国共合作的国民党江西省党部成立，他和赵醒侬等七人当选为执行委员。1927 年 4 月出席在武汉召开的中国共产党第五次代表大会。1929 年任江西省信江特委书记，在赣东北开辟第二块革命根据地，领导苏区军民粉碎敌人的"围剿"。1934 年 1 月在江西瑞金召开的中华苏维埃第二次全国工农代表大会上，方志敏继续当选为中央政府执行委员、主席团成员。1935 年 1月，方志敏率领红军北上抗日先遣队留在陈家村，等待后面大部队。他与大部队会合后，遭到七倍之敌的重重包围。几经浴血奋战，终于陷入弹尽粮绝的境地。1 月 29 日，在怀玉山高竹坑被俘。当晚写下了《方志敏自述》，3 月至 7 月，在狱中写下了《我从事革命斗争的略述》《可爱的中国》《清贫》等十多篇珍贵的手稿，共十三万多字。同年 8 月 6日在南昌英勇就义。

无产阶级爱国主义是马克思主义伦理思想的重要内容，方志敏的贡献在于将无产阶级爱国主义与中国人民的爱国主义联系起来，赋予其生动而深刻的含义。方志敏从小就有强烈的爱国主义思想感情。他的童年，中国社会正处于急剧动荡的年代，民族危机和社会危机空前严重，帝国主义的入侵使中国处于半殖民地半封建的黑暗社会。他对灾难深重的祖国寄予了深切的爱国主义情感，决心为祖国而牺牲自己的一切，被捕后，在狱中写出了《可爱的中国》。该文抒发了作者强烈而深厚的爱国主义感情，表达了作者痛恨日本帝国主义侵略和拯救中国的坚强决心。他把中国比喻为生育我们的"母亲"，认为这位"母亲"是"蛮可爱蛮可爱的"，并从气候、国土、天然风景的美丽等方面说明了祖国母亲的可爱。他写道："以言气候，中国处于温带，不十分热，也不十分冷，好像我们母亲的体温，不高不低，最适宜于孩儿们的偎依。以言国土，中国土地广大，纵横万数千里，好像我们的母亲是一个身体魁大、胸宽背阔的妇人，不像日本姑娘那样面条瘦小。中国许多有名的崇山大岭，长江巨河，以及大小湖泊，岂不象征着我们母亲丰满坚实的肥肤上之健美的肉纹和肉窝？中国土地的生产力是无限的；地底蕴藏着未开发的宝藏也是无限的；废置而未曾利用的天然力，更是无限的，这又岂不象征着我们的母亲，保有着无穷的乳汁，无穷的力量，以养育她四万万的孩儿？我想世界上再没有比她养得更多的孩子的母亲吧。至于说到中国天然风景的美丽，我可以说，不但是雄巍的峨眉，妩媚的西湖，幽雅的雁荡，与夫秀丽甲天下的桂林山水，可以傲睨一世，令人称羡；其实中国是无地不美，到处皆景，自城市以至乡村，一山一水，一丘一壑，只要稍加修饰和培植，都可以成流连难舍的胜景；这好像我们的母亲，她是一个天资玉质的美人，她的身体的每一部分，都有令人爱慕之美……"① 作者把自己的爱国之心比作一个"青年姑娘初恋时那样的真纯入迷。"但是，近代以来，我们可爱的母亲，却遭受着帝国主义残酷的压迫和剥削，日趋贫困和憔悴。方志敏饱含着对母亲的深情和对帝国主义的痛恨写道："母亲！美丽的母亲，可爱的母亲，只因你受着人家的压榨和剥削，弄成贫穷已极；不但不能买一件新的好看的衣服，把你自己装饰起来；甚至不能买块香皂将你全身洗擦洗擦，以致现出怪难看的一种憔悴褴褛和污秽不洁的形容来！啊！我们的母亲太可怜了，一个天生的丽人，现在却变成叫化的婆子……那些恶魔将母亲搂住呢！用他们的血口，去亲她的嘴，她的脸，用他们的铁爪，去抓破它的乳头，她的可爱的

---

① 方志敏：《可爱的中国》，《方志敏文集》，人民出版社1985年版，第132页。

肥肤……"① 他分析了当时来华的一些西方人,指出他们中有不少有学问、有道德的人,他们同情中国民族的解放运动,反对帝国主义对中国的侵略和压迫,是中国人民的朋友,只有那些到中国来赚钱,来享福,来散播精神鸦片——传教的洋人,才是最可恶的。他们自认为是文明,把中国人看成是野蛮人,他们是优种人,中国人是劣种人,他们昂首阔步,藐视中国人,不屑与中国人为伍,作者驳斥道:"中国人真是一个劣等民族吗?真该受他们的藐视吗?我不服的,决不服的。"作者追忆在上海公园看到"华人与狗不准进园"的牌子时,感到从来没有受过这般奇耻大辱。"在中国的上海地方让他们造公园来,反而禁止华人入园,反而将华人与狗并列。"这样无理地侮辱华人,就是所谓的"文明国"的人所做的事。作者悲愤地说:在上海到处是"国中之国"的租界,到处是"华人与狗"一类的难堪事,到处都可以看到高傲的洋大人的手杖,在黄面包车夫和苦力的身上飞舞,到处可以看到饮得烂醉的水兵,沿街寻人殴打;到处可以看到巡捕手上的哭丧棒,不时在那些不幸的人身上乱撬。作者发出了出自内心的悲叹"半殖民地民众悲惨的命运啊!中国民族悲惨的命运啊!"作者还叙述了搭乘一只日本国轮船时目睹三个同胞被欺凌,一个中国妇女被侮辱的场面,感到头像发热病似的胀痛,几乎要放声痛哭出来。他说,母亲!美丽的母亲!可爱的母亲!原是一个天资玉质的美人,身体的每一部分,都有圣人爱慕的美。可是只因为受着人家的压榨和剥削,变得贫穷已极。帝国主义恶魔居然向我们的母亲身上砍来。作者喊出了"救救母亲""无论如何,不能让母亲死亡的呵!"的呼声。方志敏相信,在中国虽然有汉奸,有傀儡,有卖国贼,他们认贼作父,为虎作伥;但是他们终究是少数。大多数的中国人,有良心的有民族热情的中国人,仍然是热心爱护自己的国家的,他们在那里决死战斗,"决不让中国被帝国主义所灭亡,所奴役,决不让自己和子孙们做亡国奴。"中国一定会有一个光明的前途。中国在战斗中一旦斩去了帝国主义的锁链,肃清自己阵线内的汉奸卖国贼,得到自由与解放,到那时,中国的面貌就会焕然一新。所有贫穷和灾荒,混乱和仇杀,饥饿和寒冷,疾病和瘟疫,迷信和愚昧,以及那慢性的杀灭中国民族的鸦片毒物,将随着帝国主义的赶走而离开中国。"朋

---

① 方志敏:《可爱的中国》,《方志敏文集》,人民出版社 1985 年版,第 133—134 页。

友，我相信，到那时，到处都是活跃跃的创造，到处都是日新月异的进步，欢歌将代替了悲叹，笑脸将代替了哭脸，富裕将代替了贫穷，康健将代替了疾苦，智慧将代替了愚昧，友爱将代替了仇杀，生之快乐将代替了死之悲哀，明媚的花园将代替了凄凉的荒地！这时我们民族就可以无愧色的立在人类的面前，而生育我们的母亲，也会最美丽地装饰起来，与世界上各位母亲平等地携手了。"① 他呼吁全国爱国同胞不要悲观，不要畏馁，要奋斗，要持久地艰苦奋斗，把每个人的智慧和才能，都贡献给民族的解放事业。绝不能让伟大的、可爱的祖国灭亡于帝国主义之手。

　　共产主义是一种远大的革命理想，信仰共产主义代表了一种对革命理想的赤诚热爱、矢志不渝和为理想而献身的精神，是一种高尚人格和美好情操的集中体现。在方志敏看来，共产主义战士和无产阶级革命者不信邪，不信任何宗教，而由衷地信仰共产主义，这是因为共产主义符合人类社会的发展规律和人民大众的利益和愿望，集科学性和先进性于一体，它是真理和正义的化身。他在《死——共产主义的殉道者的记述》一文的开头就这样写道："敌人只能砍下我的头颅，决不能动摇我们的信仰！因为我们信仰的主义，乃是宇宙的真理！为着共产主义牺牲，为着苏维埃流血，那是我们十分情愿的啊！"② 革命者入狱后面临着两条路和两种生命价值的选择，一条路是投降，抛弃自己的信仰而得暂时的苟生；一条路就是坚持自己的信仰而死。真正的革命者都会不约而同地选择坚持自己的信仰而死。方志敏指出：抛弃自己原来的主义信仰，撕毁自己从前的斗争历史，去出卖可爱的祖国，去残杀无辜的百姓；保住自己的头，让朋友的头落地，那还算人吗？那是猪狗畜生的东西！无论如何，不能做那叛党叛阶级的事情。"一个革命者，牺牲生命，并不算什么希奇事。流血，是革命者常常遇着的，历史上没有不流血的革命，不流血，会得成功吗？为党为苏维埃流血，这是我十分情愿的。"③ 方志敏批判了"烧饼主义"和国民党所鼓吹的个人主义人生观和价值观。所谓"烧饼主义"就是现实的物质满足或享受主义，认为能吃的才是值得信仰的和有价值的。在方志敏看

<hr />

① 方志敏：《可爱的中国》，《方志敏文集》，人民出版社 1985 年版，第 142 页。
② 方志敏：《死》，《方志敏文集》，人民出版社 1985 年版，第 144 页。
③ 同上书，第 148 页。

来，人并不是物质生活的奴隶，烧饼主义是注定要破产的。"许多难友，一个铜板都没有，想买一个烧饼，也只有空咽口水，"但他们信仰共产主义，革命意志高涨，他们宁愿选择死也不愿为烧饼而屈服，因此，对革命者来说烧饼主义是没有市场的。国民党所鼓吹的主义，说到底就是世俗的个人主义和利己主义，是"有私才有公"，并把"一心为公"视为不合时宜的东西，认为"随风转舵是作事人必要的本领"的主义。在方志敏看来，这种"主义"与共产主义是有本质的差别的，共产主义把一心一意为人类谋解放视为神圣的和最有价值的，把大公无私作为人生的准则和境界，主张为祖国、为人民的利益，随时准备牺牲自己的一切包括生命。在《死——共产主义的殉道者的记述》的最后，方志敏写下了一段不断被人所引用同时也感染了千千万万革命者的话语："我十分憎恨地主，憎恨资本家，憎恨一切卖国军阀；我真诚地爱我阶级兄弟，爱我们的党，爱我中华民族。为着阶级和民族的解放，我毫不希罕那华丽的大厦，却宁愿居住在卑暗潮湿的茅棚；不希罕美味的西餐大菜，宁愿吞嚼刺口的雹粟和菜根；不希罕舒服柔软的钢丝床，宁愿睡在猪栏狗窠似的住所；不希罕闲逸，宁愿一天做十六点钟工的劳苦；不希罕富裕，宁愿困穷！不怕饥饿，不怕寒冷，不怕危险，不怕困难。屈辱，痛苦，一切难于忍受的生活，我都能忍受下去！这些都不能丝毫动摇我的决心，相反的，是更加磨炼我的意志！我能舍弃一切，但是不能舍弃党，舍弃阶级，舍弃革命事业。我有一天生命，我就应该为它们工作一天。……一个共产党员，应该努力到死！奋斗到死！"[①] 他反复强调，为了革命事业，必须将自己的一切甚至生命都贡献给人民。必须团结广大工农兵群众共同战斗。

在方志敏看来，共产主义战士必须具备共产主义的道德品质。共产主义道德品质是共产主义道德在革命者个人身上的凝结和集中表现，除了坚定的共产主义信仰和不怕牺牲等优秀品质外，方志敏还特别强调了艰苦朴素、舍己为公、谦虚谨慎、勇敢坚强等品质。在《清贫》一文中，他曾说："我从事革命斗争已经十余年了。在这长期的奋斗中，我一向是过朴素的生活，从没有奢侈过。经手的款项，总在数百万元；但为革命而筹集

---

① 方志敏：《死——共产主义的殉道者的记述》，《方志敏文集》，人民出版社1985年版，第163页。

的金钱，是一点一滴的用之于革命事业的。这在国民党看来，颇似奇迹，或认为夸张；而矜持不苟，舍己为公，却是每个共产党员具备的美德。"①在《清贫》一文中，他还讲述了一个他自己亲历的一个故事。就在他被俘的那天，有两个国民党的士兵在树林中发现了他，这两个国民党的士兵渴望在他身上搜出一千或八百大洋，或者搜出一些值钱的金银首饰，发个意外之财，可是他们从他的上身摸到下身，从袄领摸到袜底，结果除了一只时表和一支自来水笔之外，一个铜板都没有搜出。他们之中的一个左手拿出一个手榴弹，右手拉出手榴弹中的引线，威胁地对方志敏说："赶快将钱拿出来，不然就是一炸弹，把你炸死去。"方志敏淡淡地说："我确实一个铜板都没有存；想从我这里发洋财，是想错了。"听完方志敏的话，那个拿手榴弹的士兵怎么也不相信，他说："你骗谁！像你当大官的人会没有钱。"方志敏回答说："你们要相信我的话，不要瞎忙吧！我不比你们国民党当官，个个都有钱，我今天确实是一个铜板也没有，我们革命不是为着发财啦！"在方志敏看来，"清贫，洁白朴素的生活，正是我们革命者能够战胜许多困难的地方！"②他号召革命者生活要尽量朴素化，不要做奢侈，不慕虚荣。应从自己节俭下来的钱和从旁人筹划来的钱，支出一批款子，来帮助中国革命运动。关于勤奋学习，方志敏认为，对于共产主义的书籍，"应多多的而且用力的去研究一番，一切非驴非马的东西，可丢去不看。在理论的政治的认识上，站稳脚步，才不至于随时为某些现象或谣言而动摇自己的革命信仰！"要引导一切有革命信仰和热诚的人们，从反革命营垒，跳入革命的营垒；从罪恶跳入正义，从黑暗跳入光明。切不可听到一两个懦夫的劝阻和黑暗的朋友的威吓，自己就软弱下来，就放弃应有的努力，特别在那稍纵即逝的紧要关头。关于谦虚谨慎和勇敢顽强，他在《监狱致全体同志书》中（1935.4）曾经指出：所有党员，特别是领导干部，要严格检查自己政治工作方法的优缺点，积极发扬优点，改正缺点。必须有刻苦的耐劳的工作精神，以提高勇气和胜利的信心。应有废寝忘食的工作精神，以提高勇气和胜利的信心。他呼吁全党同志，在艰苦的环境下，以百折不挠的精神，战胜敌人。"大家要咬紧牙

---

① 方志敏：《清贫》，《方志敏文集》，人民出版社 1985 年版，第 166 页。
② 同上书，第 167 页。

关，不怕困难，不怕危险，不怕劳苦，发扬布尔什维克最高的积极性、顽强性、坚持性，务要完全消灭敌人，为被日寇和法西斯'刮'民党屠杀的同志们复仇，为争得全国人民的民族解放和社会解放而奋斗。"① 他教导人们，大丈夫做事，应有最大的决心，见义勇为，见危不惧。要引导人走上光明之路，不要被人拖入黑暗之潭！要时时刻刻牢记革命责任，联合一切革命力量，结成坚固的反帝反封建的联盟，为民族解放事业而奋斗不息。他倡导真正的革命者应当具有民主、创造、进步、刻苦和自我批评的精神和美德。

无产阶级的人生观以为共产主义事业奋斗终身为人生的内容和目的，始终充满着革命事业必然胜利的坚定信念和革命乐观主义精神。方志敏写道："我们是共产党员，当然都抱着积极奋斗的人生观，绝不是厌世主义者，绝不诅咒人生、憎恶人生，而且愿意得脱牢狱，再为党工作。但是，我们绝不是偷生怕死的人，我们为革命而生，更愿为革命而死。到现在无法得生，只有一死谢党的时候，我们就都下决心就义。"② 表现了共产党人为无产阶级和人类的解放事业，将自己的生命置之度外的大无畏的革命精神。方志敏自述，"我是一个马克思主义笃诚的信仰者，大革命虽遭受失败，但我毫无悲观失望的情绪。"并且认识到 1927 年大革命的失败，"只能是暂时的，中国革命的复兴，革命新的高潮，必然要很快到来的。'资本主义的社会，必然要覆灭，代之而起的，必然是共产主义；反革命必然要失败，革命一定要得到最后的胜利。'这是绝对的真理，同时这也是我的基本信仰。"③ 在方志敏看来，共产主义是人类社会发展的大方向和大目标，是符合广大人民群众的根本利益和愿望的，因此，反革命分子"想消灭共产党"的企图是注定要落空的。"就算你再怎样残暴不人道，捉到共产党员就杀，我可以肯定地说，杀了一个共产党员，还有几十几百几千几万个新共产党员涌现出来，越杀越多，越杀越会顽强地干！历史注定了你们反革命一定要死灭，无出路，革命一定要得到最后的胜利。"④ 共产主义人生观是革命的人生观、进步的人生观，也是奋斗和乐观的人生观。"为着主义的信

---

①　方志敏：《在狱致全体同志书》，《方志敏文集》，人民出版社 1985 年版，第 117 页。

②　方志敏：《我从事革命斗争的略述》，《方志敏文集》，人民出版社 1985 年版，第 103 页。

③　同上书，第 35 页。

④　同上书，第 42 页。

仰，阶级的解放，抱定了斗争到底的决心，所以生活虽然痛苦，而精神还是非常愉快的。愈艰苦，愈奋斗！愈奋斗，愈快乐！"① 方志敏回忆起当年同国民党白军的艰苦斗争时说道，那时白军天天派队伍围山搜山，使得红军战士无处藏身，白天不能走路，要在晚上悄悄地走，大路不能走，只能走崎岖的山路，房屋不能住，要躲在树林里、岩石下或水沟里的茅棚里去住。有时，我们受着白军的追逐，飞快地爬山越岭，一旦摆脱了敌人的追逐，我们又唱起革命的歌曲，充满了革命的乐观主义精神。

　　方志敏是杰出的无产阶级革命家和伦理思想家。他用生命和鲜血写成的《可爱的中国》《清贫》《死——共产主义的殉道者的记述》等文章，是中国马克思主义伦理思想发展早期阶段的珍贵文献，影响了一代又一代先进的中国人。方志敏对祖国的满腔热爱，体现了无产阶级爱国主义的精神，不仅深深关心祖国的前途和命运，更表达愿意为祖国和人民的根本利益而献身，情感之热烈，认识之深刻，行动之彻底，在中国马克思主义伦理思想发展史上都占有重要的地位。毛泽东曾说："瞿秋白，方志敏……以身殉志，不亦伟乎！"② 叶剑英元帅曾在读方志敏同志狱中手书后赋诗一首，"血染东南半壁红，忍将奇绩作奇功；文山去后南朝月，又照秦淮一叶枫。"以表达对方志敏同志高尚人格的无比崇敬。江泽民同志指出："方志敏同志在敌人牢狱里写下的《死——共产主义的殉道者的记述》中有这么一段话：'为着阶级和民族的解放，为着党的事业的成功，我毫不希罕那华丽的大厦，却宁愿居住在卑陋潮湿的茅棚；不希罕美味的西餐大菜，宁愿吞嚼剌口的苞粟和菜根；不希罕舒服柔软的钢丝床，宁愿住在猪栏狗窠似的住所！……一切难于忍受的生活，我都能忍受下去！这些都不能丝毫动摇我的决心，相反地，是更加磨炼我的意志！我能舍弃一切，但是不能舍弃党，舍弃阶级，舍弃革命事业！'这是何等坚定的革命信念！何等高尚的精神情操！我讲这一段话，决不是说要大家去过方志敏所说的那样一种生活，而是说我们每个同志都要有这样一种精神，这样一种浩然正气。"③ 江泽民主张向方志敏等老一辈无产阶级革命家学习，发扬无产

---

①　方志敏：《我从事革命斗争的略述》，《方志敏文集》，人民出版社1985年版，第50页。

②　参阅张贻玖《毛泽东读史》，当代中国出版社2005年版，第102页。

③　江泽民：《大力发扬艰苦奋斗的精神》（1997年1月29日），《江泽民文选》第1卷，人民出版社2006年版，第620页。

阶级的革命道德和革命精神。方志敏伦理思想体现了高尚的无产阶级革命者的道义主义精神，它崇尚共产主义的远大理想和革命气节，将为无产阶级革命而牺牲视为光荣和幸福的象征，表达了共产主义者以苦为乐、以苦为荣的高风亮节。

第三章 马克思主义伦理思想中国化的第一大杰出成果:毛泽东伦理思想

　　毛泽东伦理思想是马克思主义伦理思想中国化的第一大杰出理论成果，是马克思主义伦理思想与中国革命和建设的具体道德生活实践相结合的产物，也是以毛泽东为代表的第一代中央领导集体培育中国革命道德、社会主义建设道德的经验总结。毛泽东既总结和概括了中国革命中道德建设特别是共产主义道德培育的一系列独创性经验，又批判地吸收和借鉴了中国近代以来道德革命的积极成果和历史上优秀的道德遗产和资本主义社会所创造的有益的伦理文化遗产，科学地阐释了为人民服务、无产阶级革命的功利主义、共产主义道德品质以及动机与效果相统一的道德评价等理论，为促进中国马克思主义伦理学科学理论的形成和发展作出了历史性的重大贡献。毛泽东伦理思想既丰富和发展了马克思主义伦理思想，又使马克思主义伦理思想实现了中国化的伟大转化。它既是中国化的马克思主义伦理思想，又是马克思主义化的中国伦理思想，是二者的创造性结合与统一。

第一节　科学揭示道德的本质与功能

　　毛泽东坚持以唯物史观分析道德现象和道德问题，科学而深刻地揭示出道德的本质和功能，为建设科学的伦理学基础理论奠定了基础。

一　道德既受经济关系的制约又对经济关系具有能动作用

道德是人类社会生活的产物，"是人们经济生活与其他社会生活的要求的反映。"① 道德属于观念形态的文化范畴。讨论文化问题不能忘记马克思列宁主义关于意识和存在关系的科学规定和能动的革命的反映论的基本观点。他根据中国社会的实际状况及政治、经济、文化三大领域革命的客观需要，以极为简练的语言阐明了文化和政治、经济的关系，从而对道德的本质、根源和社会作用作了精辟的概括。他认为，包括道德在内的"一定的文化是一定社会的政治和经济在观念形态上的反映"，是为一定社会的政治和经济服务的，并对一定社会的政治和经济产生着巨大的作用和影响。由于一定的道德是由一定的社会的政治经济所决定的，是政治经济的反映，所以毛泽东反对道德决定论，而把政治经济革命放在首要地位。他分析了农民反对封建的革命时指出，在代表全部封建宗法的思想和制度的政权、族权、神权和夫权中，地主阶级的政权是一切权利的"基干"。一旦地主阶级的政权倒台，农民权利升涨，那么，族权、神权和夫权便会跟着动摇。从这种认识出发，毛泽东指出："我们对农民应该领导他们极力做政治斗争，期于彻底推翻地主权力。并随即开始经济斗争，期于根本解决贫农的土地及其他经济问题。至于家族主义、迷信观念和不正确的男女关系之破坏，乃是政治斗争和经济斗争胜利以后自然而然的结果。"② 在毛泽东看来，道德是一定经济和政治关系的集中体现，受经济关系的制约，所以变革社会经济关系的斗争比之纯粹在道德生活领域开展的斗争要更为根本。

当然，毛泽东也深刻地意识到，社会意识、道德理论对经济关系也有着能动的反作用。"当着如同列宁所说'没有革命的理论，就不会有革命的运动'的时候，革命理论的创立和提倡就起了主要的决定作用。当着某一件事情（任何事情都是一样）要做，但是还没有方针、方法、计划或政策的时候，确定方针、方法、计划或政策，也就是主要的决定的东西。当着政治文化等等上层建筑阻碍着经济基础的发展的时候，对于政治上和文化上的革新就成为主要的决定的东西了。我们这样说，是否违反了

---

① 毛泽东：《关于人的基本特性及其他》，《毛泽东文集》第3卷，人民出版社1999年版，第84页。

② 毛泽东：《湖南农民运动考察报告》，《毛泽东选集》第1卷，人民出版社1991年版，第33页。

唯物论呢？没有。因为我们承认总的历史发展中是物质的东西决定精神的东西，是社会的存在决定社会的意识；但是同时又承认而且必须承认精神的东西的反作用，社会意识对于社会存在的反作用，上层建筑对于经济基础的反作用。这不是违反唯物论，正是避免了机械唯物论，坚持了辩证唯物论。"①

　　运用这种观点，他考察了无产阶级的革命文化及道德，指出，旧中国，半封建半殖民地的文化是半封建半殖民地的政治和经济的反映，是替帝国主义和封建地主阶级服务的。而无产阶级革命的"新文化则是在观念形态上反映新政治和新经济的东西，是替新政治新经济服务的。"② "革命文化，对于人民大众，是革命的有力武器。在革命前，是革命的思想准备；在革命中，是革命总战线中一条必要和重要的战线"。③ 以共产主义思想为指导的无产阶级文化思想和道德，是由无产阶级所代表的社会存在，所参与的社会实际生活决定的。毛泽东指出："人们的社会存在，决定人们的思想。而代表先进阶级的正确思想，一旦被群众掌握，就会变成改造社会、改造世界的物质力量。"④ 无产阶级道德和共产主义道德既是一定生产关系的集中反映，同时作为代表先进阶级的正确思想，也会反过来促进其产生的经济关系的发展与巩固，也会发挥其改造社会、改造世界的巨大作用。

二　阶级社会的道德是阶级性与共同性的辩证统一

　　在《〈伦理学原理〉批注》中，毛泽东考察了道德的普遍性与特殊性，认为"以广义言之，人类无普通之道德"。⑤ 这是因为人类原初就没有什么普遍使用的普通道德或全人类道德，道德之起源于各部落、各民族不同的生活习惯和行为要求。人类生活状态不同，语言表达和风俗习惯各异，决定了道德的差异性。"如英国人与非洲人，各道其所道而德其所

---

① 毛泽东：《矛盾论》，《毛泽东选集》第 1 卷，人民出版社 1991 年版，第 326 页。
② 毛泽东：《新民主主义论》，《毛泽东选集》第 2 卷，人民出版社 1991 年版，第 695 页。
③ 同上书，第 708 页。
④ 毛泽东：《毛泽东著作选读》下册，人民出版社 1986 年版，第 839 页。
⑤ 毛泽东：《〈伦理学原理〉批注》，《毛泽东早期文稿》，湖南出版社 1990 年版，第 128 页。

德，彼其生活之状态现已不同，而道德亦随之以不同。"① 但是，道德尽管是各部落、各民族生活习惯和行为实践的集中反映，仍然具有一定的普遍性。"以狭义言之，人类亦有普通之道德，惟直接应用时，须为之消息。"② 人类生活及需求具有一定的共通性，这就决定了维持其康健生活的纲纪"自不得不同。"道德虽然与时代同行，不同时代有不同的道德，但是"道德与时代俱异，而仍不失为道德。"③ 道德的普遍性与特殊性、共性与个性是辩证的统一。

在阶级社会里，人们总是在一定的阶级地位中生活，各种道德观念无不打上阶级的烙印，因此阶级性是道德的主要属性。"不同阶级有不同的道德观。"④ 毛泽东将道德的阶级性问题同人性、"人类之爱"的问题相联系，具体地揭示了无产阶级革命道德的阶级性同无产阶级和人民大众的人性之间的一致性。他明确指出，人性这种东西是有的，"但是只有具体的人性，没有抽象的人性。在阶级社会里只有带阶级性的人性，而没有什么超阶级的人性"。⑤ 所谓"人类之爱"也是这样，自从人类分化成阶级以后，就没有过这种统一的爱。过去的一切统治阶级喜欢提倡这个东西，许多所谓圣人贤人也喜欢提倡这个东西，但是无论谁都没有真正实行过。因为它在阶级社会里是不可能实行的。真正的人类之爱是会有的，那是在全世界消灭了阶级以后。无产阶级的革命道德要求无产阶级和人民大众不能爱敌人，不能爱社会的丑恶现象，而要消灭这些东西。这不仅符合无产阶级革命道德的阶级性，而且符合无产阶级和人民大众的人性。关于人性问题，这是中外伦理思想史上的一个长期争论不休的问题，是被弄得混乱不堪、莫衷一是的理论问题。在马克思主义以前，地主阶级、资产阶级的人性论尽管五花八门，多种多样，但他们大都宣扬抽象的超阶级的人性论。

---

① ［德］泡尔生：《伦理学原理》，蔡元培译，参阅《蔡元培全集》第 1 卷，中华书局 1984 年版，第 435 页。

② 毛泽东：《〈伦理学原理〉批注》，《毛泽东早期文稿》，湖南出版社 1990 年版，第 128 页。

③ 同上。

④ 毛泽东：《关于人的基本特性及其他》，《毛泽东文集》第 3 卷，人民出版社 1999 年版，第 84 页。

⑤ 毛泽东：《在延安文艺座谈会上的讲话》，《毛泽东选集》第 3 卷，人民出版社 1991 年版，第 870 页。

延安时期，有一些知识分子宣扬地主、资产阶级人性论和所谓人类的爱，主张以人性论作为文学理论的基础。毛泽东为了澄清模糊思想，批判了抽象的人性论，阐发了具体的人性论。首先，毛泽东指出人性是具体的，在阶级社会里人性带有阶级性。他说："有没有人性这种东西？当然有的。但是只有具体的人性，没有抽象的人性。在阶级社会里就是只有带着阶级性的人性，而没有什么超阶级的人性。"① 在阶级社会里，每个人都在一定的阶级地位中生活，人性必然要打上阶级的烙印。其次，毛泽东指出抽象的人性论实质上是地主资产阶级的人性论，地主资产阶级鼓吹的超阶级、超时代的人性实质上是把他们本阶级的人性冒充为全人类的人性。"地主资产阶级则主张地主资产阶级的人性，不过他们口头上不这样说，却说成为唯一的人性。"② 这就深刻揭露了抽象人性论的阶级本质。再次，毛泽东指出抽象人性论的实质不过是资产阶级个人主义，他说："有些小资产阶级知识分子所鼓吹的人性，也是脱离人民大众或者反对人民大众的，他们的所谓人性实质上不过是资产阶级的个人主义，因此在他们眼中，无产阶级的人性就不合于人性。"③ 最后，毛泽东肯定无产阶级也讲人性，主张无产阶级的人性论。"我们主张无产阶级的人性，人民大众的人性。"④ 无产阶级的人性就是要解放个性，为人民大众的解放和幸福而奋斗。解放个性发展个性，造就人的全面自由而和谐的发展，是无产阶级人性的要求和主要内容。无产阶级的人性是同反帝反封建的民族民主革命和社会主义共产主义事业联系在一起的，讲无产阶级的人性就应奋不顾身地为共产主义事业而奋斗。

三　对封建主义道德和资本主义道德的深刻批判

青年毛泽东在湖南一师求学期间就十分关心天下大事和国家民族的未来，喜欢杨昌济老师所教的伦理学，并潜心伦理学诸问题的研究，把伦理革命与变化民质、求亡图存联系起来，试图通过改造道德去改造人心进而

---

① 毛泽东：《在延安文艺座谈会上的讲话》，《毛泽东选集》第 3 卷，人民出版社 1991 年版，第 870 页。

② 同上。

③ 同上。

④ 同上。

重铸国魂和民魂。青年毛泽东既猛烈批判封建道德的"三纲五常"，也对资本家的利己主义持批判态度，指出"故凡有压抑个人、违背个性者，罪莫大焉。故吾国之三纲，在所必去，而教会、资本家、君主、国家四者同为天下之恶魔也。"①　中国传统道德观念及行为原则，扼杀了多少人的聪明才智及个性。中国几千年来的伦理文化所造成的结果是个性的匮乏，人人都习惯于做奴隶而全没有做自己主人的信念与要求。毛泽东大声呼喊个性解放，主张彻底冲破封建旧道德的网罗，把属于个人的一切还给个人。他写了许多要求男女平等、批判封建礼教的短小精悍的檄文，如1919 年 7 月 14 日在《女子革命军》中公然提出，男人是人，女人也是人，女子的头与男人的头实在是一样，女子的腰与男子的腰也差不多。"为甚么女子头上偏要高竖那招摇畏风的髻？女子腰间偏偏要紧缚那拖泥带水的裙？我道，女子本来是罪人，高髻长裙是男子加于他们的刑具。还有那脸上的脂粉，就是黔文。手上的饰物，就是桎梏。穿耳包脚为肉刑。学校家庭为牢狱。痛之不敢声，闭之不敢出。"②　怎样才能使妇女脱离受苦受难的虎口，获得人身自由和拥有自己的个性，青年毛泽东认为，别无他途，只有发动伦理革命，使妇女觉醒过来，组织起女子革命军。只要广大妇女在精神、信念上有了个人与自我，那么妇女解放的日子就为期不远了。五四新文化运动是一场以个性解放、精神启蒙为主要内容的"伦理革命"，它扭转了思想文化领域的倒退局面，使延续几千年的封建主义伦理道德陷入危机，也为马克思主义伦理思想在中国的传播打开了通道。

与此同时，面对国际形势和国内现实，一些先进分子感到学习西方资产阶级民主主义总是行不通，资产阶级伦理思想解决不了中国的现实道德问题，也不可能真正实现"伦理革命"。毛泽东在青年时代就认识到，中国传统的封建主义道德流毒深深，"非有大力不易摧陷廓清""西方思想亦未必尽是，几多之部分，亦应与东方思想同时改造也。"③　据张昆弟 1917 年 9 月记述，"毛君云，西人物质文明极盛，遂为衣食住三

---

① 毛泽东：《〈伦理学原理〉批注》，《毛泽东早期文稿》，湖南出版社 1990 年版，第 151—152 页。

② 毛泽东：《女子革命军》，《毛泽东早期文稿》，湖南出版社 1990 年版，第 335 页。

③ 毛泽东：《致黎锦熙信》（1917 年 8 月 23 日），《毛泽东早期文稿》，湖南出版社 1990 年版，第 86 页。

者所拘，徒供肉欲之发达已耳。若人生仅此衣食住三者而已足，是人生太无价值。"① 在 1917—1918 年阅读《伦理学原理》所写的批注中，他认为："故凡有压抑个人、违背个性者，罪莫大焉。故吾国之三纲，在所必去，而教会、资本家、君主、国家四者，同为天下之恶魔。"② 毛泽东在这里把资本家与君主并列，表明了他既反对封建专制，又反对资本主义的政治立场。1919 年 7 月在《湘江评论》创刊号上，毛泽东对资本主义制度有了进一步的认识。他认为资本主义这种制度不仅使殖民地、半殖民地国家深受其害，就是在其本国，实业专制也会使"几个人享福，千万人要哭。实业越发达，要哭的人越多"。只有推倒了资本主义制度，"才是人类真得解放的一日"③。在随后发表的《民众的大联合》一文中，更是认为资本主义是邪恶的化身，哪里有资本主义，哪里就有压迫和苦难，"到了近世，强权者、贵族、资本家的联合到了极点，因之国家也坏到了极点，人类苦到了极点，社会也黑暗到了极点"④。因此，他号召民众必须联合起来以推翻现存的社会制度，"天不要怕，鬼不要怕，死人不要怕，官僚不要怕，军阀不要怕，资本家不要怕"⑤。此时，毛泽东对资本主义的这些认识主要侧重于政治伦理方面，由于资本主义的剥削、压迫及其严重的社会不平，使他和他同时代的先进青年产生了对资本主义的否定。这应该是他接受马克思列宁主义的一个重要原因，也是马克思列宁主义在中国广泛传播的一个重要原因。

在《论人民民主专政》一文中，毛泽东指出："自从 1840 年鸦片战争失败那时起，先进的中国人，经过千辛万苦，向西方国家寻找真理。洪秀全、康有为、严复和孙中山，代表了在中国共产党出世以前向西方寻找真理的一派人物。"鸦片战争中清政府的惨败使一部分先进的中国人开始意识到：中国传统的封建儒家思想体系已经不能承担起实现民族独立和国

---

① 《张昆弟记毛泽东的两次谈话》，《毛泽东早期文稿》，湖南出版社 1990 年版，第 638 页。

② 毛泽东：《〈伦理学原理〉批注》，《毛泽东早期文稿》，湖南出版社 1990 年版，第 152 页。

③ 毛泽东：《不许实业专制》，《毛泽东早期文稿》，湖南出版社 1990 年版，第 321 页。

④ 毛泽东：《民众的大联合》（一），《毛泽东早期文稿》，湖南出版社 1990 年版，第 339 页。

⑤ 李锐：《毛泽东的早年和晚年》，贵州人民出版社 1992 年版，第 88 页。

家富强的历史重任。要实现民族独立和国家富强，就必须向中国以外的世界寻求救国救民的真理。对于当时开眼看世界的中国人来说，西方资本主义国家在世界体系中是先进的。因此，先进的中国人就首先把眼光投向了西方，向西方国家寻求真理。但是，"帝国主义的侵略打破了中国人学西方的迷梦。很奇怪，为什么先生老是侵略学生呢？中国人向西方学得很不少，但是行不通，理想总是不能实现。多次奋斗，包括辛亥革命那样全国规模的运动，都失败了"。中国人进行了太平天国运动、戊戌维新运动、义和团运动、辛亥革命等多次奋斗，但却都以失败而告终。辛亥革命虽然推翻了清王朝的统治，结束了统治中国几千年的君主专制制度，建立了中国历史上第一个资产阶级共和政府，但并没有改变中国半殖民地半封建的社会性质，没有改变中国人民的悲惨境遇，没有完成实现民族独立、人民解放的历史任务。

"十月革命一声炮响，给我们送来了马克思列宁主义。十月革命帮助了全世界的也帮助了中国的先进分子，用无产阶级的宇宙观作为观察国家命运的工具，重新考虑自己的问题。走俄国人的路——这就是结论。"① "走俄国人的路"，也就是走反帝反封建的民主革命道路，目标是向着社会主义方向前进。中国人找到马克思主义这个放之四海而皆准的普遍真理，就立刻在精神和道德上转入主动。

四　对待道德遗产应持批判继承的态度

为了把旧文化统治下愚昧落后的中国变为具有新文化的文明先进的中国，就必须反对旧道德、提倡新道德。毛泽东始终把变革道德作为文化思想战线以至整个中国社会革命的重要任务来看，并深刻地阐明了实现这种变革的基本方针。根据唯物辩证法的原理，毛泽东系统阐述了对人类文化遗产（包括道德遗产）应取的批判继承的态度和原则。他曾明确批判了五四新文化运动领导者那种"所谓坏就是绝对的坏，一切皆坏；所谓好就是绝对的好，一切皆好"的形式主义的态度和方法，指出对中外文化遗产既不能采取虚无主义，一概排斥，也不能毫无批判地盲

---

① 毛泽东：《论人民民主专政》，《毛泽东选集》第 4 卷，人民出版社 1991 年版，第 1471 页。

目搬用。他说："对于外国文化，排外主义的方针是错误的，应当尽量吸收进步的外国文化，以为发展中国新文化的借镜；盲目搬用的方针也是错误的，应当以中国人民的实际需要为基础，批判地吸收外国文化。……对于中国古代文化，同样，既不是一概排斥，也不是盲目搬用，而是批判地接收它，以利于推进中国的新文化。"① 毛泽东的这一论断，是对民族虚无主义和"全盘西化论"的有力批判。中国的文化、道德是世界文化、道德的一部分，它的发展不能脱离整个人类文明发展的总进程。中国的新文化、新道德，必须同一切别的民族、别的国家的进步文化、道德建立相互吸收和相互发展的关系，以共同形成世界的新道德、新文化。但是，中国的文化、道德应当带有自身的民族性，保持中华民族的尊严和独立。因此，对于外国的文化、道德，不能盲目搬用和一律排斥。

毛泽东认为，政治和经济的变革，是文化、道德变革的根据和基础，但是，这并不排除文化、道德发展过程中自身历史的继承性。他指出："我们必须尊重历史，决不能割断历史""给历史以一定的科学的地位""必须将古代封建统治阶级的一切腐朽的东西和古代优秀的人民文化即多少带有民主性和革命性的东西区别开来""剔除其封建性的糟粕，吸收其民主性的精华。"② 而"决不能无批判地兼收并蓄"。我们讲尊重历史。"是给历史以一定的科学的地位，是尊重历史的辩证法的发展，而不是颂古非今，不是赞扬任何封建的霉素。"这些论断，则是对封建复古主义的有力批判。

他提出要总结从孔子到孙中山的历史遗产，使它为无产阶级革命事业服务。中国历史文化悠久，中国数千年的封建社会创造了灿烂的古代文化，也创造了优良的道德传统。中华民族有哪些优良道德传统呢？毛泽东概括总结为下列几方面：第一，刻苦耐劳。中华民族以刻苦耐劳著称，以自己世世代代地辛勤劳动创造了古代发达的文明；第二，聪明睿智。中华民族聪明、有智慧、创造力强，发明了火药、印刷术、造纸术、指南针等，为人类文明发展作出了杰出的贡献；第

---

① 毛泽东：《论联合政府》，《毛泽东选集》第 3 卷，人民出版社 1991 年版，第 1083 页。
② 毛泽东：《新民主主义论》，《毛泽东选集》第 2 卷，人民出版社 1991 年版，第 707 页。

三，酷爱自由，富于革命传统。"中华民族不但以刻苦耐劳著称于世，同时又是酷爱自由、富于革命传统的民族。"① 在中华民族几千年历史上有过数百次农民起义以反抗地主阶级的统治，说明中国人民不甘忍受黑暗势力的压迫，具有追求自由和革命的传统；第四，具有强烈的民族自尊心和民族自信心，勇于反抗外来民族的侵略。中华民族有同自己的敌人血战到底的气概，有光复旧物的决心，有自立于世界民族之林的能力。中国人民不屈不挠的斗争和反抗，使得帝国主义不仅不能灭亡中国而且永远不能灭亡中国；第五，历史上的民族英雄和先进人物的忧国忧民，以天下为己任的崇高品质，勇于坚持真理、在逆境中奋发有为的精神，等等。

　　对于这些中华民族的优良道德传统，毛泽东主张给予批判地继承与发展。1939 年 2 月 20 日在致张闻天的信中，毛泽东对孔子提出的"知仁勇"作了分析。他说："关于孔子的道德论，应给以唯物论的观察，加以更多的批判，以便与国民党的道德观（国民党在这方面最喜引孔子）有原则的区别。例如，'知仁勇'，孔子的知（理论）既是不根于客观事实的，是独断的，观念论的，则其见之仁勇（实践），也必是仁于统治者一阶级而不仁于大众的；勇于压迫人民，勇于守卫封建制度，而不勇于为人民服务的。知仁勇被称为'三达德'，是历来的糊涂观念，知是理论，是思想，是计划，方案，政策，仁勇是拿理论、政策等见之实践时候应取的一二种态度，仁像现在说的'亲爱团结'，勇像现在说的'克服困难'了（现在我们说的亲爱团结，克服困难，都是唯物论的，而孔子的知仁勇则一概是主观的），但还有别的更重要的态度如像'忠实'，如果做事不忠实，那'知'只是言而不信，仁只是假仁，勇只是白勇。还有仁义对举，'义者事之宜'，可说是'知'的范畴内事，而'仁'不过是实践时的态度之一，却放在'义'之上，成为观念论的昏乱思想。'仁'这个东西在孔子以后几千年来，为观念论的昏乱思想家所利用，闹得一塌糊涂，真是害人不浅。我觉孔子的这类

　　① 毛泽东：《中国革命和中国共产党》，《毛泽东选集》第 2 卷，人民出版社 1991 年版，第 622—623 页。

道德范畴，应给以历史的唯物论的批判，将其放在恰当的位置。"① 历史唯物论的批判是将孔子的道德学说放在一个恰当的位置，亦即既不拔高，也不贬低，是既肯定它的合理性，又不能不分是非拿来就用，应当给以创造性的转化。毛泽东对"知仁勇"三个道德范畴重新作出唯物论的改造，拿来为无产阶级所从事的现实斗争服务。他以制定正确的理论政策释"知"，以"亲爱团结"释"仁"，以"克服困难"释"勇"，又加上做事"忠实"等，遂成别具一格的一家之言，也可视为无产阶级道德品格中的应有之义。1939 年 4 月 26 日，在起草为开展国民精神总动员运动告全国同胞书中，毛泽东说："对国家尽其至忠，对民族尽其至孝"并认为忠孝是古代封建道德，我们要改变它，发扬它。就是要特别忠于大多数人民，孝于大多数人民，而不是忠于少数人，孝于少数人。至于仁义，同情大多数人，拥护大多数人，对大多数人有益处的，叫仁；对大多数人利益有关的事情，处理得当，叫义。如农民的土地问题，工人们的吃饭问题，处理得当，才算是真正的行义者。② 在这里，毛泽东对传统的忠孝仁义范畴作出了新的解释，赋予其新的伦理内涵，使其成为中国革命道德的有机组成部分，是毛泽东依据唯物史观而对中国传统道德作出的批判继承的成功范例。

　　毋庸否认，中国数千年的道德文化遗产，也包含不少封建性的糟粕，对此我们必须予以深入的批判。道德遗产的批判继承的方针一是古为今用；二是洋为今用。向外国人学习是为了今天的中国人，向古人学习是为了现在的活人。对于批判继承的过程，毛泽东非常形象地用人对食物的消化吸收过程来加以比喻。他讲到对于一切道德文化遗产，"如同我们对于食物一样，必须经过自己口腔咀嚼和胃肠运动，送进唾液胃液肠液，把它分解为精华和糟粕两部分，然后排泄其糟粕，吸收其精华，才能对我们的身体有益，决不能生吞活剥地毫无批判地吸收。"③ 对待道德文化遗产的正确态度是引导群众向前看，而不是向后看，决不能厚古薄今，崇洋媚外，应当自始至终着眼于我们今天的新道德文化的建设。

---

① 毛泽东：《关于〈孔子的哲学思想〉一文给张闻天的信》，《毛泽东文集》第 2 卷，人民出版社 1993 年版，第 162—163 页。

② 《中共中央文件选集》第十二卷（1939—1940），人民出版社 2013 年版。

③ 毛泽东：《新民主主义论》，《毛泽东选集》第 2 卷，人民出版社 1991 年版，第 707 页。

第二节　系统论述共产主义道德的核心、原则与规范

　　道德原则规范是道德现象的重要内容，是各种道德体系和道德类型的中心环节。共产主义道德区别于其他诸种类型的道德，本质是原则规范的不同。共产主义道德有自己独特的基本原则和主要规范。毛泽东结合中国革命的性质、任务和共产主义实践，对共产主义道德规范体系作出了创造性的论述，从而既发展了马克思主义伦理思想，又推动了中国社会的道德建设。

一　为人民服务是共产主义道德的核心

　　为人民服务是共产党人的根本宗旨，也是共产主义道德的核心和灵魂。毛泽东继承并发展了马克思为全人类福利而劳动的观念，提出并系统阐发了为人民服务的思想或观点。1938 年 4 月 9 日在抗日军政大学第四期第三大队开学典礼大会上的讲话中，毛泽东希望抗大的学员们"要为中华民族的解放，为建设新中国而永不退缩，勇往直前，要坚决地为全国四万万五千万同胞奋斗到底！不是为了自己，而是为了全国四万万五千万同胞，不是为了自己的家，而是为了四万万五千万同胞的家，牺牲一切。所以第一个决心是要牺牲升官，第二个决心是要牺牲发财，第三更要下一个牺牲自己生命的最后的决心！现在你们牺牲升官、发财及吃小米饭、爬清凉山的初步决心是有了，但没有最后的决心是不够的，你们更要有为四万五千万同胞牺牲自己贡献生命的决心！"[①] "为全国四万万五千万同胞奋斗"实质上就是为全国人民奋斗，亦即为全国人民服务。1939 年 2 月 20 日在给张闻天的信中，毛泽东论及孔子的道德论，认为孔子的勇是"勇于压迫人民，勇于守卫封建制度，而不勇于为人民服务的。"[②] 这里第一次提到"为人民服务"。1939 年 12 月，毛泽东在为中央写的《大量吸收知识分子》的决定中提出党的各级组织应当欢迎"为工农服务"的知

---

　　① 毛泽东：《在抗大应当学习什么？》，《毛泽东文集》第 2 卷，人民出版社 1993 年版，第 119 页。

　　② 毛泽东：《关于〈孔子的哲学思想〉一文给张闻天的信》，《毛泽东文集》第 2 卷，人民出版社 1993 年版，第 163 页。

识分子，并主张区分"为地主资产阶级服务的知识分子"和"为工农阶级服务的知识分子"，指出："只要是愿意抗日的比较忠实的比较能吃苦耐劳的知识分子，都应该多方吸收，加以教育，使他们在战争中在工作中去磨炼，使他们为军队、为政府、为群众服务。"① 1940 年 1 月，在《新民主主义论》中，毛泽东指出："这种新民主主义的文化是大众的，因而即是民主的。它应为全民族中百分之九十以上的工农劳苦民众服务。"② 1942 年，在延安文艺座谈会上的讲话中，毛泽东指出："为什么人的问题，是一个根本的问题，原则的问题。"③ 革命的文艺应该确立为工农兵群众服务的立场，"真正地为工农兵群众服务""一定要在深入工农兵群众，深入实际斗争的过程中，在学习马克思主义和学习社会的过程中，逐渐地移过来，移到工农兵这方面来，移到无产阶级这方面来。只有这样，我们才能有真正为工农兵的文艺，真正无产阶级的文艺。"④ 毛泽东还指出："对于过去时代的文艺形式，我们也并不拒绝利用，但这些形式到了我们手里，给了改造，加进了新内容，也就变成革命的为人民服务的东西了。"⑤ 革命的为人民服务的文艺，就是要求我们的文艺工作者与工农群众打成一片，倾听他们的呼声，反映他们的要求，代表他们的利益，并为他们的利益与愿望鼓与呼。这样的文艺作品，必然受到工农群众的欢迎，也必然具有生命力和影响力。

　　1944 年 9 月 8 日，在纪念张思德的演讲中，毛泽东结合张思德因公殉职，对为人民服务作出了全面系统的阐释。毛泽东认为，人只有把自己的生死荣辱紧紧地和人民利益、人民的解放事业结合在一起，人生才有价值和意义。毛泽东说："人总是要死的，但死的意义有不同。中国古时候有个文学家叫做司马迁的说过：'人固有一死，或重于泰山，或轻于鸿毛。'为人民利益而死，就比泰山还重；替法西斯卖力，替剥削人民和压

---

① 毛泽东：《大量吸收知识分子》，《毛泽东选集》第 2 卷，人民出版社 1991 年版，第 619 页。

② 毛泽东：《新民主主义论》，《毛泽东选集》第 2 卷，人民出版社 1991 年版，第 708 页。

③ 毛泽东：《在延安文艺座谈会上的讲话》，《毛泽东选集》第 3 卷，人民出版社 1991 年版，第 857 页。

④ 同上。

⑤ 同上书，第 853 页。

迫人民的人去死，就比鸿毛还轻。张思德同志是为人民利益而死的，他的死是比泰山还要重的。"这里提出了评价生死意义的价值观或价值标准只能是"为人民服务"。① 又说，"要奋斗就会有牺牲，死人的事是经常发生的。但是我们想到人民的利益，想到大多数人民的痛苦，我们为人民而死，就是死得其所。"② 只有做到生为人民利益而奋斗，死为人民利益而献身，才是"生的伟大，死的光荣"，这样的死，"虽死犹荣"。毛泽东还由此推论出我们党的一切工作都是为人民服务的，都应该把为人民服务的精神发扬光大，坚持贯彻到工作的方方面面。"因为我们是为人民服务的，所以，我们如果有缺点，就不怕别人批评指出。不管是什么人，谁向我们指出都行。只要你说得对，我们就改正。你说的办法对人们有好处，我们就照你的办。"③ 在毛泽东看来，只要我们始终坚持为人民服务的原则、立场和精神，"只要我们为人民的利益坚持好的，为人民的利益改正错的，我们这个队伍就一定会兴旺起来。"④

新中国成立以后，毛泽东结合社会主义革命和建设的实际对为人民服务的思想作出了进一步的论述和发挥，使得为人民服务的思想观念日益深入人心，不仅成为共产党人的宗旨和基本精神，而且也成为全国人民的价值共识和根本价值理念。

毛泽东强调要以全心全意为人民服务这一共产主义道德最基本的行为规范，作为共产党人的最高宗旨，作为每个革命者应确立的道德品质和道德标准。为人民服务是共产党的一贯宗旨，也是从事各行各业工作的人们对社会应尽的职责。在为人民服务的过程中，人人是服务者，又是被服务者；人人都对社会负有义务，同时又有从社会得到福利的权利。为人民服务应当成为共产党人和一切革命战士的行为准则和人生座右铭。他指出："共产党人的一切言论行动，必须以合乎广大人民群众的最大利益，为最广大人民群众所拥护为最高标准。"⑤ 做到为人民服务，要求我们的每一个党员和革命干部始终要热爱人民；关心人民，一切从人民的利益出发，

① 毛泽东：《为人民服务》，《毛泽东选集》第 3 卷，人民出版社 1991 年版，第 1004 页。
② 同上书，第 1005 页。
③ 同上书，第 1004 页。
④ 同上书，第 1004—1005 页。
⑤ 毛泽东：《论联合政府》，《毛泽东选集》第 3 卷，人民出版社 1991 年版，第 1096 页。

和人民群众站在一起，彻底地为人民的利益而工作，不仅要帮助人民摆脱剥削和压迫，而且要关心人民群众的生活、注意广大群众的切身利益，要密切联系群众，从群众中来，到群众中去，时时处处和人民群众同呼吸，共命运，一刻也不脱离群众，虚心听取人民群众的意见和建议，尊重人民群众的革命热情和首创精神，为了人民的利益坚持好的，改正错的。要一切向人民负责，对工作精益求精，当人民需要的时候，不惜牺牲自己的一切乃至于生命。同志之间要互相关心，互相爱护，互相帮助，毫不利己、专门利人，善于团结自己的同志，包括反对过自己甚至反对错了的同志一道工作。要树立无产阶级的革命正义感，为了人民的利益而坚持真理，同一切违背和损害人民利益的言行作不疲倦的斗争。

二　集体主义是共产主义道德的基本原则

集体主义是无产阶级道德和共产主义道德的基本原则。马克思、恩格斯有比较深刻的集体主义思想，并将集体区分为虚幻的集体和真实的集体，认为无产阶级的集体是真实的集体。斯大林对集体主义作出了系统的论述。毛泽东在总结我国新民主主义革命和社会主义革命与建设的实践经验的基础上，对斯大林所论述的集体主义原则又作了更加明确和具体的发挥。毛泽东指出，要反对自私自利主义的自发倾向，提倡以集体利益和个人利益相结合的原则为一切言论行动的标准的社会主义精神，必须兼顾国家利益、集体利益和个人利益三个方面，并使其有机地结合起来。

早在抗战初期，毛泽东在《反对自由主义》的文章中就指出："一个共产党员，应该是襟怀坦白，忠实，积极，以革命利益为第一生命，以个人利益服从革命利益；无论何时何地，坚持正确的原则，同一切不正确的思想和行为作不疲倦的斗争，用以巩固党的集体生活，巩固党和群众的联系；关心党和群众比关心个人为重，关心他人比关心自己为重。这样才算得一个共产党员。"① 这里所讲的"以革命利益为第一生命，以个人利益服从革命利益"以及"关心党和群众比关心个人为重"，是对无产阶级集体主义原则内涵的科学揭示。无产阶级集体主义原则凸显了无产阶级整体利益和根本利益的重要性，并要求无产者个人自觉地将个人利益与集体利

---

① 毛泽东：《反对自由主义》，《毛泽东选集》第 2 卷，人民出版社 1991 年版，第 361 页。

益结合起来，使个人利益服从于无产阶级的整体利益和根本利益。那种
"以个人利益放在第一位，革命利益放在第二位"① 的自由主义行为其实
是资产阶级利己主义和个人主义的表现，与无产阶级集体主义是格格不入
的。反对自由主义，必然内在地包含有反对资产阶级个人主义和利己主义
的因素。在《中国共产党在民族战争中的地位》一文中，毛泽东又指出：
"共产党员无论何时何地都不应以个人利益放在第一位，而应以个人利益
服从于民族的和人民群众的利益。因此，自私自利，消极怠工，贪污腐
化，风头主义等等，是最可鄙的；而大公无私，积极努力，克己奉公，埋
头苦干的精神，才是最可尊敬的。共产党员应和党外一切先进分子协同一
致，为着团结全国人民克服各种不良现象而努力"。② 这里又强调了共产
党员以个人利益服从于民族的和人民群众的利益的重要性，强调共产党员
应该具有大公无私、克己奉公的集体主义道德品质，进一步揭示了集体主
义原则的内涵。

　　在毛泽东看来，集体主义是同利己主义相对立的道德原则，集体主义
所要反对的是利己主义而不是正当的个人利益，正当的个人利益恰恰是集
体主义所要保护的，并构成集体主义的主要内容。

　　社会主义的集体主义既要反对自私自利的个人主义倾向，反对把个人
利益看得高于一切或凌驾于集体利益之上的种种错误思想和行为，又要反
对不关心个人利益，把个人利益置之度外的抽象道义论。毛泽东说："我
们历来提倡艰苦奋斗，反对把个人物质利益看得高于一切，同时，我们也
历来提倡关心群众生活，反对不关心群众痛痒的官僚主义。"毛泽东特别
批评了那种把个人与集体对立起来，以为限制了个体就强化了集体，发展
个体就会削弱集体的错误观点，认为个人与集体是相互补充、相互促进
的，"从原则上说，统一性与独立性是对立的统一，要有统一性，也要有
独立性。比如我们现在开会是统一性，散会以后有人散步，有人读书，有
人吃饭，就是独立性。如果我们不给每个人散会后的独立性，一直把会无
休止地开下去，不是所有的人都要死光吗？个人是这样，工厂和其他生产

---

① 毛泽东：《反对自由主义》，《毛泽东选集》第 2 卷，人民出版社 1991 年版，第 361 页。
② 毛泽东：《中国共产党在民族战争中的地位》，《毛泽东选集》第 2 卷，人民出版社 1991
年版，第 522 页。

单位也是这样。各个生产单位都有一个与统一性相联系的独立性，才会发展得更加活泼。"① 毛泽东始终强调兼顾社会、集体、个人三者的关系，兼顾局部利益与全局利益、眼前利益与长远利益的关系，真正做到"公私兼顾"、把个人利益与集体利益结合起来。他指出："国家和工厂、合作社的关系，工厂、合作社和生产者个人的关系，这两种关系都要处理好。为此，就不能只顾一头，必须兼顾国家、集体和个人三个方面，也就是我们过去常说的公私兼顾、军民兼顾。鉴于苏联和我们的经验，今后务必更好地解决这个问题。"② 在制定党和国家的方针政策时，毛泽东指示"一切从人民的当前利益和长远利益相结合出发"，既考虑人民的当前利益，又要考虑人民的长远利益，力求将二者结合起来；在制定国家的分配政策时，应当"统筹兼顾"，正确处理生产、积累与分配的关系，正确处理国家利益、集体利益和个人利益的关系。当个人利益与集体利益、眼前利益与长远利益发生矛盾时，毛泽东主张个人利益服从集体利益，眼前利益服从长远利益，局部利益服从全局利益，以保证社会主义集体利益的发展壮大。一般情况下，这种服从表现为个人利益对集体利益的暂时妥协，和特殊情况下的自我牺牲，而这种妥协和自我牺牲使个体的伦理达到崇高的境界。当然，就社会集体来说，不应该使这种妥协和自我牺牲绝对化和神圣化，应力求使个人利益的牺牲有价值和减少不必要的牺牲。毛泽东强调，个人利益服从集体利益和为集体利益作出牺牲从来就不是绝对的和至高无上的，各级党委和政府应采取有效措施保护人民群众的积极性和正当的个人利益，力戒不必要的牺牲。在社会主义建设时期，他特别强调了兼顾国家、集体、个人三个方面利益关系的问题。他指出："我们历来提倡关心群众生活，反对不关心群众痛痒的官僚主义。"对于国家、集体和个人三个方面的关系。"都必须兼顾，不能只顾一头，无论只顾那一头，都是不利于社会主义，不利于无产阶级专政。"③ 在大力发展国家和集体利益的过程中，要更多地注意解决人民群众在劳动和生活中的迫切问题，使之逐步有所改进。

---

① 毛泽东：《论十大关系》，《毛泽东文集》第 7 卷，人民出版社 1999 年版，第 29 页。
② 同上书，第 28 页。
③ 同上书，第 30 页。

　　毛泽东不仅深刻地揭示了集体主义的理论内涵，论证了个人利益与集体利益的辩证关系，而且探讨了集体主义的本质特征，认为集体主义是以个人利益和社会集体利益相结合为特征的社会主义精神和社会主义道德原则。集体主义既不是封建时代的整体主义和国家主义，也不是资本主义时代的个人主义和利己主义，它是对这两种道德原则的超越，同时又批判地继承了这两种道德原则的合理因素，具有自身的道德进步性。

三　革命功利主义是共产主义道德的价值原则

　　毛泽东结合中国革命的实践对功利主义给予了马克思主义的分析。毛泽东认为唯物主义者并不一般地反对功利主义，但反对超阶级的功利主义，主张阶级的功利主义。他说："世界上没有什么超功利主义，在阶级社会里，不是这一阶级的功利主义，就是那一阶级的功利主义。"① 剥削阶级宣扬的超阶级的功利主义实质上是为其本阶级利益服务的功利主义。封建地主阶级、小资产阶级往往口头上反对功利主义，实际上抱着本阶级的最自私最短视的功利主义。毛泽东尖锐地批判了封建地主阶级、资产阶级的功利主义，认为这种功利主义是为少数剥削阶级服务的，是同劳动人民和广大人民群众的利益根本对立的。无产阶级"反对封建阶级的资产阶级的、小资产阶级的功利主义，反对那种口头上反对功利主义、实际上抱着最自私最短视的功利主义的伪善者"。② 但却提倡无产阶级的革命的功利主义。这种无产阶级功利主义是以广大人民群众长远利益为目标，以广大人民群众目前利益和长远利益统一为出发点。毛泽东说："我们是无产阶级的革命的功利主义者，我们是以占全人口百分之九十以上的最广大人民群众的目前利益和将来利益的统一为出发点的，所以我们是以最广和最远为目标的革命的功利主义者，而不是只看到局部和目前的狭隘的功利主义者。"③ 无产阶级的革命的功利主义基于无产阶级的解放全人类的历史使命，基于无产阶级政党的为人民群众的最大利益而奋斗的宗旨，主张

---

① 毛泽东：《在延安文艺座谈会上的讲话》，《毛泽东选集》第 3 卷，人民出版社 1991 年版，第 864 页。

② 同上。

③ 同上。

把广大群众的目前利益和将来利益统一起来，既考察照顾群众的目前利益，也不能损害群众的未来利益，必须给人民以看得见的物质福利，使人民群众得到真实的利益。无产阶级的革命的功利主义是以占全人口百分之九十以上最广大群众的目前利益和将来利益的统一为出发点，以最广和最远为目标的革命的功利主义，而不是只看到局部和目前的狭隘的功利主义。它主张个人利益服从集体利益，局部利益服从整体利益、暂时利益服从长远利益，主张使人民群众得到真实的利益，把合乎最广大人民群众的最大利益并为最广大人民群众所拥护，看作共产党人的一切言行的最高标准；把全心全意地为人民服务，完全、彻底地对人民负责，看作无产阶级革命道德的最高体现。

四　革命人道主义是共产主义道德的人际原则

毛泽东在对资产阶级人道主义的阶级本质进行分析批判的基础上，以唯物史观为指导，明确提出了"实行革命的人道主义"的思想。他反对资产阶级人道主义者所宣扬的超阶级的"人类之爱"。主张要区分"人民"和"敌人"，要对人民爱、对敌人恨，即"对己和、对敌恨。"毛泽东认为，无产阶级和劳苦大众，要推翻帝国主义、封建主义和资本主义的统治，就必须在广大人民群众中宣传和实行关心人民、尊重人民、为人民着想，甚至在必要时为了别人而牺牲自己利益的思想。在人民内部处理人与人之间关系时，时时处处都要强调，尊重人民、爱护人民，要说话和气、买卖公平，要关心群众生活，替群众解决有关切身利益，等等。在革命队伍中，官兵平等、同甘共苦，干部和战士都要互相关心，互相爱护，互相帮助。毛泽东认为，对人民的爱的另一种表现就是对敌人的恨，为了中国人民的彻底解放，就必须毫不留情地消灭敌人，绝不可以对敌视人民的反动派和反动阶级的反动行动采取仁慈的态度。对敌人的仁慈就是对人民的残忍，只有坚决同敌视人民的反动力量作斗争，才能做到对广大劳动人民的关心和爱护。毛泽东还指出，为了争取和团结大多数人，分化和瓦解敌人，挽救群众，对敌人营垒中的绝大多数人，也要坚持革命的人道主义原则。对于已经放下武器的俘虏，要给予优待，不许进行人身侮辱，尊重他们的人格。对一切有条件教育改造的敌对分子和犯罪分子，要尽可能地采取感化教育、劳动改造等方法，促使他们改变立场，改邪归正，重新做人。

五 "五爱"：社会主义道德的主要规范

毛泽东主张以"爱祖国、爱人民、爱劳动、爱科学、爱护公共财物为中华人民共和国全体国民的公德"，在全社会加以提倡。这"五爱"实质上是毛泽东伦理思想的综合反映，是对共产主义道德在社会主义时期的具体要求的科学概括。毛泽东倡导坚持爱国主义，他认为，国际主义者的共产党员，同时可以而且应当是一个爱国主义者。"只有民族得到解放，才能使无产阶级和劳动人民得到解放的可能。""因此，爱国主义就是国际主义在民族解放战争中的实施。"① 爱国主义是共产党人应具有的品德。他提倡"全心全意为人民服务"，并将其视之为共产党人的唯一宗旨和一切言行的最高标准，而"爱人民"则是"全心全意为人民服务"的应有之意。他倡导热爱劳动，尊重劳动人民，把劳动锻炼作为对人们进行思想道德教育的重要途径，主张干部参加劳动、教育同生产劳动相结合，认为勤劳、勇敢是劳动人民的美德，好逸恶劳，贪图享受、不劳而获是可鄙的。毛泽东认为：人的正确思想，只能从社会实践中来，只能从社会的生产斗争、阶级斗争和科学实验这三项实践中来。号召人们努力掌握科学知识和技术，正确认识社会和自然，将此作为反对封建迷信、反对唯心主义的有力武器，作为树立无产阶级世界观和人生观的一个重要方面。他还要求人们关心、珍惜和维护社会的公共财产，树立勤俭节约的良好风尚，同一切破坏和浪费公共财物的行为作斗争。1982 年第五届全国人民代表大会通过的新宪法规定："国家提倡爱祖国、爱人民、爱劳动、爱科学、爱社会主义的公德。""五爱"不仅是共产主义道德所要求的公民的道德行为，而且成了宪法所要求的公民的法律行为。这是对新中国成立初期毛泽东"五爱"道德的新发展。

第三节　倡扬共产主义人生观与道德理想

共产主义人生观又称"无产阶级人生观""革命人生观"，是在无产

---

① 毛泽东：《中国共产党在民族战争中的地位》，《毛泽东选集》第 2 卷，人民出版社 1991 年版，第 521 页。

阶级世界观指导下，批判地继承了历史上各种进步人生观的合理成分，在无产阶级的革命实践中产生和形成起来的。它是人类历史上最进步、最高尚的人生观，是无产阶级世界观的组成部分。道德理想指人们基于对一定社会或阶级基本道德要求的认识而自觉追求和向往的某种理想人格和理想社会中的道德关系。共产主义道德理想以忠诚共产主义事业、自觉维护社会整体利益、全心全意为人民等作为根本内容，集中表现为共产主义新人人格的培育或养成。它批判继承历史上所有进步道德理想中的积极因素，正确概括共产主义道德的基本要求，深刻反映当代社会关系发展的必然趋势，有着坚实的实践基础和成为现实的客观可能性。共产主义道德理想对于增强人们履行各种道德义务的责任感，提高人们道德品质修养的自觉性，具有巨大的感召力和鼓舞作用。

一　革命乐观主义与革命英雄主义

革命乐观主义与革命英雄主义是共产主义人生观的重要内容，是积极的人生态度和高尚的人生目的等的有机统一。革命乐观主义并不是盲目的乐观主义，而是建立在对社会发展规律和前途的远见卓识的基础上，是科学的、革命的乐观主义。革命乐观主义坚信，新生事物必然战胜旧事物，正义的力量必然战胜邪恶的力量，人民群众的力量是无穷的。毛泽东曾说："不论在自然界和在社会上，一切新生力量，就其性质来说，从来就是不可战胜的。而一切旧势力，不管它们的数量如何庞大，总是要被消灭的。因此，我们可以藐视而且必须藐视人世遭逢的任何巨大的困难，把它们放在'不在话下'的位置。这就是我们的乐观主义。"① 革命乐观主义与革命英雄主义有其内在的依据、科学的精神和革命性、人民性的支撑。

1. 自我实现的精神追求

毛泽东自青年时代起就崇尚圣贤豪杰，把实现自我或自我实现视为人生的目的，主张为理想而献身。他认为，"人类之目的在实现自我而已，实现自我者即充分发达吾人身体及精神能力至于最高之谓。"自我实现是人类生活的目的，是人的本质的必然表征与人的价值的确证，人人都应奉

---

① 毛泽东：《在中国共产党全国代表会议上的讲话》，《毛泽东文集》第 6 卷，人民出版社1999 年版，第 393 页。

行自我实现的生活原则和伦理价值目标。只有人人都有实现具足之生活的理想和行动，社会的进步与完善才有希望。"圣贤豪杰之所以称，乃其精神及身体之能力发达最高之谓。此精神及身体之能力发达最高，乃人人应以为期向者也。"① 发达身体，就是满足来自感性生命的欲望，同时强健筋骨，野蛮其体魄，以充溢血气；发达精神就是完成自己本乎自然冲动的义务，把思想所及者均付诸行动，以遂达情意。如此身心俱泰，内外畅达，就是自我实现。一句话，确立自己的人格，完善自己的身心以及充分发掘自己的潜能就是自我实现。自我实现是实现社会中的主体自我，同时也含有在个体自我的实现中求得整体自我的完善。因而自我实现决不仅仅是一个独善其身的问题，它包含有把他人和社会置于自己义务中来考虑的问题。毛泽东指出："吾则以为，吾人惟有对于自己之义务，无对于他人之义务也。凡吾思想所及者，吾皆有实行之义务，即凡吾所知者，吾皆有行之义务，此义务为吾精神中自然发生者，偿债、践约，及勿偷盗、勿作伪，虽系与他人关系之事，而亦系吾欲如此者也。所谓对于自己之义务者，不外一语，即充分发达自己身体及精神能力而已。至济人之急、成人之美，与夫履危蹈险舍身以拯人，亦并不在义务以上，盖吾欲如此，方足以安吾之心。设见人之危难而不救，虽亦可以委为无罪，而吾心究果以此见难不救为当然乎？不以为当然，则只是吾有救之之 义务也。救人危难之事，即所以慰安吾心，而充分发展吾人精神之能力也。"② 实现自我是人对于自己应当履行的道德义务，一切其他的义务都可以纳入此一义务之中。人生在世，自己对自己负有发展自己和完善自己的义务。自己对自己的义务说到底即是充分发达自己身体及精神能力而已。"义务者，对己者也，对己之义务无有在一程度中止之理，吾人须以实践至善为务，即以发达吾人身心之能力至于极高为义务也，即实践具足之生活为义务也。"③青年毛泽东所推崇和主张的道德是一种主体化和内在化的道德，亦即是一种人自己为自己确立行为的法度，同时自己又服从自己立法的主人道德。在青年毛泽东看来，道德律不能来源于、服从于或建立在任何客观外在规

---

① 毛泽东：《〈伦理学原理〉批注》，《毛泽东早期文稿》，湖南出版社 1990 年版，第 237 页。

② 同上书，第 235 页。

③ 同上书，第 238 页。

定或事物上，而必须建立在个体自我基础之上。道德并不是社会为个人设立的外在标准与行为规范，而是人们自我实现或自我完善的内在要求与必要形式。因此它同人们的主体意识、主动精神以及自主自为的行为品格密切相关，它要求主体有一种明确的行为目的与精神意向，在从事道德实践活动时都要有一种主体自我意识，必须有一个我在，即我为什么要这样做，我这样做对于完善自己的人格精神、实现自我意志有什么作用。如果人们缺乏自我意识和主体精神，没有明确的价值目标和伦理观念，即使他们做了一些如修桥补路之类的好事，但充其量也只是一种盲目的道德，道德的价值仍然很低，他们只是凭一种良能办事。良能是纯客观的社会道德行为的潜在积淀，而不是对自我意识冲动的自觉察知。凭良能办事，虽也可以为善，但那种善不属于"我"的，因此并不值得人们效法。"良能乃祖先以来多代相传之经验，其始固有意识存乎其间，及脱然而出的之反射运动"。良能是自发的而非自觉的，是外在的而非内在的，是经验的而非意识的，因此良能之善并非真善，良能之诚亦非真诚。道德的施行与推广不能以良能为主，只能以培养道德主体的自主意识、自为人格为主。

在青年毛泽东看来，主观之道德律，"此纯出其自计，决非服从外来之道德律与夫所谓义务感情也。大凡英雄豪杰之行其自己也，发其动力，奋发踔厉，摧陷（廓）清。砥砺推挢，一往无前，其强如大风之发于长谷，如好色者性欲发动而寻其情人，决无有能阻回之者……泡尔生所谓大人君子非能以义务感情实现，由活泼之地感情之冲动而陶铸之，岂不然哉！岂不然哉！"① 可见，青年毛泽东的主观之道德律实质是其自我实现论的道德表现。这是一种包含体魄物质性内容在内的个体生命力量的向外倾泄，是活泼鲜亮的生命境界，同时也是人格的无所阻挡的完满的实现方式。它是一种完全由自己作主的感性的意志力量，是一种同行为、实践相关的主人意识和主体人格，是一种合理性的良知与感情欲望于一体的生命冲动。

2. 乐观主义的英雄气概

毛泽东的乐观主义，是建立在对社会发展规律和前途的远见卓识的基

---

① 毛泽东：《〈伦理学原理〉批注》，《毛泽东早期文稿》，湖南出版社1990年版，第219—220页。

础上，是科学的、革命的乐观主义。他坚信新生的事物必然战胜旧的事物，社会主义终将代替资本主义，人民群众蕴藏着巨大的潜力。基于对客观事物、对革命事业和社会发展规律的科学认识和把握，毛泽东始终对共产主义事业充满必胜的信心，始终以革命乐观主义的精神引导人们要看到革命必胜的光明前景，指出这是历史发展的必然趋势，鼓舞人民坚定斗争的信心。毛泽东说："我是乐观主义者。"他早在 1925 年写的《沁园春·长沙》一词中，就提出"问苍茫大地，谁主沉浮？"的命题，昭示未来主宰世界的力量，决非反动派，而是人民，他鼓励有志青年"中流击水"，充满了革命乐观主义。在井冈山革命斗争时期，由于当时井冈山斗争环境异常艰苦，深处在四周白色政权包围之中，不断遭受湘赣国民党军队的"围剿"，在党内和红军内部多次有人提出"红旗到底打得了多久"的疑问，右倾悲观主义情绪有所滋长和蔓延。为了教育右倾悲观主义者，澄清他们的错误思想，鼓舞他们的斗志，毛泽东着眼于实际，先后撰写了《中国的红色政权为什么能够存在？》《井冈山的斗争》《星星之火，可以燎原》等一系列经典著作，从理论上正确地回答了关系着中国革命的前途和命运的最基本问题，驳斥了怀疑红色政权能否存在的悲观论调，以革命家的豪情和诗人的气度，描绘了中国革命"星火燎原"的前景："它是站在海岸遥望海中已经看得见桅杆尖头了的一只航船，它是立于高山之巅远看东方已见光芒四射喷薄欲出的一轮朝日，它是躁动于母腹中的快要成熟了的一个婴儿。"[①] 这一革命乐观主义和革命英雄主义思想，就像茫茫黑夜的一盏明灯，极大地激发了军民坚持长期根据地斗争的坚强意志，坚定了广大红军指战员对敌斗争必胜的革命信心。井冈山斗争时期，红军战士生活艰苦，形成了井冈山精神。"红米饭，南瓜汤，秋茄子，味好香，餐餐吃的精打光。干稻草，软又黄，金丝被儿盖身上，不怕北风和大雪，暖暖和和入梦乡。"这首红军战士的革命歌谣，活脱脱地再现了红军战士的革命乐观主义精神和革命英雄主义精神。

　　红军长征是中国革命战争史上的伟大史诗。毛泽东动情地写道："自从盘古开天地，三皇五帝到于今，历史上曾经有过我们这样的长征吗？十

---

①　毛泽东：《星星之火，可以燎原》，《毛泽东选集》第 1 卷，人民出版社 1991 年版，第106 页。

二个月光阴中间，天上每日几十架飞机侦察轰炸，地下几十万大军围追堵截，路上遇着了说不尽的艰难险阻，我们却开动了每人的两只脚，长驱二万余里，纵横十一个省。请问历史上曾有过我们这样的长征吗？没有，从来没有的。长征又是宣言书。它向全世界宣告，红军是英雄好汉，帝国主义者和他们的走狗蒋介石等辈则是完全无用的。长征宣告了帝国主义和蒋介石围追堵截的破产。长征是宣传队。它向十一个省内大约两万万人民宣布，只有红军的道路，才是解放他们的道路。"① 1935 年 10 月 12 日，红军在甘肃通渭召开红军副排级以上干部会，会上毛泽东朗诵了《七律·长征》：红军不怕远征难，万水千山只等闲。五岭逶迤腾细浪，乌蒙磅礴走泥丸。金沙水拍云崖暖，大渡桥横铁索寒。更喜岷山千里雪，三军过后尽开颜。这是一首关于红军长征伟大胜利的赞歌，是一首红军将士用双脚跋山涉水描绘出的诗篇。全诗短短 56 个字，涵盖了五岭山脉、乌蒙山、岷山以及两条河——大渡河与金沙江。毛泽东以欢快轻松的笔触描绘的却是长征中巨大的困难，他以无比的英雄豪迈气概藐视长征途中的万水千山。这是一种超越的情怀，挑战的情怀和乐观的情怀。逶迤的五岭、磅礴的乌蒙山在英勇的红军将士面前都仿佛是不值得一提的小事。曾经困扰过诸葛孔明的金沙江、葬送了太平天国石达开的大渡河也被大无畏的红军一一跨越。面对长征路上的一切艰难险阻，红军表现出了一种凛然的虎气，惊人的豪气和令人折服的英雄气。长征精神来源于红军对革命理想高于天的坚定信念，长征精神是大无畏的革命英雄气概和必胜的革命乐观主义精神的体现和展示。抗日战争时期，面对日本帝国主义的强大，一些悲观主义宣称中国必然亡国，而一些盲目乐观主义则宣称中国必然会速胜。毛泽东对中日双方军事力量和人心向背作出了深刻的理性分析，指出"亡国论"是错误的，"速胜论"是没有根据的，抗日战争是持久战，但是最终胜利是属于中国的。从现在看，日本虽然是一个强国，然而日本是处于垂死没落的帝国主义，它所发动的战争是侵略的、野蛮的、不正义的战争，这就决定了它必然会在战争中由强变弱，最后失去人心和舆论支持，以致失败。中国虽然是一个弱国，但它处于进步时代，它所进行的战

---

① 毛泽东：《论反对日本帝国主义的侵略》，《毛泽东选集》第 1 卷，人民出版社 1991 年版，第 150 页。

争是反侵略的正义战争，这就决定了它有一个由弱变强的过程，能够赢得人心和舆论支持，最后取得胜利。在抗日战争最艰苦、最困难的时候。毛泽东说："日本帝国主义正在大举进攻，我们的工作是很紧张的，但我们都很快乐健康。"① 毛泽东从困难中看到前途，在黑暗中看到光明，坚信"黑暗即将过去，曙光即在前头"。

在不同革命时期，毛泽东写的"雄关漫道真如铁，而今迈步从头越""不管风吹浪打，胜似闲庭信步""为有牺牲多壮志，敢教日月换新天""世上无难事，只要肯登攀"的雄浑豪迈的诗词，形象地赞扬了无产阶级革命者在战略上敢于藐视敌人，敢于藐视困难，敢于同敌人作斗争，敢于同困难作斗争，而且能够战胜敌人和战胜困难的精神，抒发了革命英雄主义的气概和革命乐观主义的豪情壮志。

3. 现实主义的道德态度

毛泽东革命乐观主义与革命英雄主义也是与现实主义紧密结合在一起的。毛泽东崇尚的现实主义，不是时间观上的现实主义，而是指"吾之一生所团结之精神、物质在宇宙中经历，吾人务须致力于现实者。如一种行为，此客观妥当之实事，所当尽力遂行，一种思想，此主观妥当之实事，所当尽力实现。吾只对子吾主观客观之现实者负责。"② 现实主义强调重视现实的社会和人生，踏着社会和人生的实际说话，脚踏实地，真切笃行，一切从实际出发，实事求是。他在《讲堂录》中，便记下了"士要转移世风，当重两义：曰厚曰实。厚者勿忌人；实则不说大话，不好虚名，不行架空之事，不谈过高之理""不谈过高之理，心知不能行，谈之不过动听，不如默尔为愈""古者为学，重在行事""为学之道则不得不重现在，何也？某氏有言曰，以往之事追悔何益，未来之事预测何益，求其可据，惟在目前，有目前乃有终身。谅哉言矣！"③ 等话语，表明了自己重视今天和把握现实的心志。

毛泽东深刻地认识到，善同道德上的修养和积累相关，"夫善，积而成者也。是故万里之程，一步所积；千尺之帛，一丝所积。差一步，不能

① 《毛泽东书信选集》，人民出版社1983年版，第115页。

② 毛泽东：《〈伦理学原理〉批注》，《毛泽东早期文稿》，湖南出版社1990年版，第203—204页。

③ 毛泽东：《讲堂录》，《毛泽东早期文稿》，湖南出版社1990年版，第581、586、601页。

谓之万里；差一丝，不能谓之千尺。朱子学问，铢积寸累而得之，苟为不蓄，则终身不得矣。"① 因此，行为重于语言，他十分欣赏孔子"君子欲讷于言而敏于行"的格言。注重现实总是同崇尚勤奋、反对懒惰联系在一起的。毛泽东认为，"人情多耽安逸而惮劳苦，懒惰为万恶之渊薮。人而懒惰，农则废其田畴，工则废其规矩，商贾则废其所鬻，士则废其所学。业既废矣，无以为生，而杀身亡家乃随之。国而懒惰，始则不进，继则退行，继则衰弱，终则灭亡。可畏哉！故曰懒惰万恶之渊薮也。"② 懒惰为万恶之渊薮，勤奋则为万善之本原。毛泽东崇尚奋斗，指出："夫以五千之卒，敌十万之军，策罢乏之兵，当新羁之马，如此而欲图存，非奋斗不可。"③ 以不断运动、顽强奋斗、克服"抵抗"、实现自我为人生快乐，是毛泽东思想和行为的主要特征。他崇尚，"与天奋斗，其乐无穷！与地奋斗，其乐无穷！与人奋斗，其乐无穷！"革命不是苦役，工作不是苦役，乐观精神能让人们在其中体会到无穷的乐趣。人们劳动和工作的过程，本身就应该是一种充满快乐的过程，是一种高级的精神享受。

二　共产主义道德品质

在《论鲁迅》的演讲中，毛泽东谈到了中国革命需要大批的精练的先锋队来开辟道路，"这些先锋分子是胸怀坦白的、忠诚的、积极的与正直的；他们是不谋私利的，唯一地为着民族与社会的解放；他们不怕困难，在困难面前总是坚定的，勇往直前；他们不是狂妄主义者，不是风头主义者，而是脚踏实地富于实际精神的人们，他们在革命的道路上起着向导的作用。"④ 共产党人的品质包括大公无私、艰苦奋斗、谦虚谨慎、团结友善、勤俭节约，等等，而这是革命胜利的必要保证。

1. 大公无私

青年时代的毛泽东站在劳苦大众的立场上，主张为工农大众争实际的利益，去改变中国社会贫富不均的现实。在《民众的大联合》等文章中，毛泽东提出工农民众联合起来去争取自己的实际利益和幸福。"诸君！我

---

① 毛泽东：《讲堂录》，《毛泽东早期文稿》，湖南出版社1990年版，第601页。
② 同上书，第585页。
③ 同上。
④ 毛泽东：《论鲁迅》，《毛泽东文集》第2卷，人民出版社1999年版，第42页。

们是农夫。我们就要和我们种田的同类，结成一个联合，以谋我们种田人的种种利益。我们种田的利益，是要我们种田人自己去追求，别人不种田的，他和我们利益不同，决不会帮我们去求"；"诸君！我们是女子。我们更沉沦在苦海！我们都是人，为甚么不许我们参政？我们都是人，为甚么不许我们交际……破坏恋爱自由的恶魔！破坏恋爱神圣的恶魔！整天的对我们围着。什么'贞操'却限于我们女子！'烈女祠'遍天下，'贞童庙'又在那里……苦！苦！自由之神！你在那里！快救我们！我们于今醒了！我们要进行我们女子的联合！要扫荡一般强奸我们破坏我们身体精神的自由恶魔！"《民众的大联合》已经明确地意识到，绝没有什么超越人世的救世主，要创造人类的幸福，维护自身的利益，全靠我们自己。人人应当树立起主体性的道德观念和自己救自己的价值观念，"天下者我们的天下。国家者我们的国家。社会者我们的社会。我们不说，谁说？我们不干，谁干？"如果人人都树立起了这种主体性的道德观念，并能将其落实到具体行动上和社会实践中，那么"他日中华民族的改革，将较任何民族为彻底。中华民族的社会，将较任何民族为光明。"①

　　大公无私是共产党人的优秀品德。"共产党员无论何时何地都不应以个人利益放在第一位，而应以个人利益服从于民族的和人民的利益。"② 共产党人就是要全心全意地为人民服务，不要半心半意或者三分之二的心三分之二的意为人民服务。他要求共产党人以人民的利益为第一生命，革命第一，工作第一，他人第一，个人利益服从革命利益，大公无私，助人为乐，毫不利己，专门利人。他认为，全心全意为人民服务的最高境界是"俯首甘为孺子牛"，鞠躬尽瘁，死而后已。毛泽东说："一个共产党员，应该是襟怀坦白，忠实，积极，以革命利益为第一生命，以个人利益服从革命利益；无论何时何地，坚持正确的原则，同一切不正确的思想和行为作不疲倦的斗争，用以巩固党的集体生活，巩固党和群众的联系。"③

---

① 毛泽东：《民众的大联合》（二），（三）《毛泽东早期文稿》，湖南出版社1990年版，第373—376、390—394页。

② 毛泽东：《中国共产党在民族战争中的地位》，《毛泽东选集》第2卷，人民出版社1991年版，第522页。

③ 毛泽东：《反对自由主义》，《毛泽东选集》第2卷，人民出版社1991年版，第361页。

2. 艰苦奋斗

延安时期，毛泽东发表了《永久奋斗》的著名演讲，认为永久奋斗是中国青年运动的光荣革命传统，是模范青年的标志和最根本的精神特征。他说："什么是模范青年？就是要有永久奋斗这一条。其他的当然也要有……但据我看来，永久奋斗才是最主要的一条。没有这一条，什么都是空的。奋斗到什么程度呢？要奋斗到五年、十年、四十年、五十年，甚至到六十年、七十年，总之一句话，要奋斗到死，没有死就还没有达到永久奋斗的目标。……这个永久奋斗是非常要紧的，如要讲道德就应该讲这一条道德。"① 在毛泽东看来，模范青年就应该做永久奋斗的模范。其他方面要做模范是非常之多，比如在政治上要有正确的方向，但是光有正确的政治方向是不够的，有了正确的政治方向还要有坚定的意志和操守，还要有"富贵不能淫，贫贱不能移，威武不能屈"的骨气来坚持这个方向。"这样的青年，才是真正的模范青年。这样的道德，才是真正的政治道德。我们对道德是这样的看法。"② 在《纪念孙中山逝世十三周年及追悼抗敌阵亡将士大会上的讲话》中，毛泽东认为孙中山的伟大不仅在于他的三民主义纲领，统一战线的政策，而且在于他的艰苦奋斗的精神。毛泽东指出："孙先生的伟大，还在他的艰苦奋斗、不屈不挠、再接再厉的革命毅力与革命精神，没有这种毅力，没有这种精神，他的主义与政策是不能实现的。"我们纪念孙中山先生，就是要发扬孙中山先生"艰苦奋斗、不屈不挠、再接再厉的革命精神"③。"艰苦奋斗、不屈不挠、再接再厉的革命精神"是孙中山先生留给我们最本质最伟大的遗产。我们一定要好好地继承并予以发扬光大。毛泽东明确指出解放全中国，建设新中国，是一项伟大而艰巨的事业，因此，每个共产党人和革命者都必须具有艰苦奋斗的品质和作风。在困难的时候，要看到成绩，看到光明，要有战胜困难的勇气，要有"下定决心，不怕牺牲，排除万难，去争取胜利"④ 的坚定信心和革命精神。为建立中华民族的新社会、新国家脚踏实地、勤勤恳恳

① 毛泽东：《永久奋斗》，《毛泽东文集》第 2 卷，人民出版社 1999 年版，第 190—191 页。
② 同上。
③ 毛泽东：《在纪念孙中山逝世十三周年及追悼抗敌阵亡将士大会上的讲话》，《毛泽东文集》第 2 卷，人民出版社 1999 年版，第 111—112 页。
④ 毛泽东：《愚公移山》，《毛泽东选集》第 3 卷，人民出版社 1991 年版，第 1101 页。

地工作。在工作中，要吃苦在前，享受在后。在革命胜利前夕，他及时告诉全党，要警惕资产阶级"糖衣炮弹"的进攻，防止骄傲自满、贪图享乐情绪的滋长，要"继续保持艰苦奋斗的作风。"① 在社会主义建设时期，他曾多次强调要"把我们党艰苦奋斗的传统好好发扬起来"，"要保持过去革命战争时期的那么一股劲，那么一股革命热情，那么一种拼命精神，把革命工作做到底。"②

　　毛泽东深刻论述了在社会主义时期艰苦奋斗的伦理价值。艰苦奋斗是一种不怕艰难困苦、顽强奋斗的高贵品德和优良作风，是中华民族的传统美德，也是社会主义、共产主义道德的基本内容和要求。毛泽东在新中国成立前夕就告诫全党和全国人民，必须保持和发扬艰苦奋斗的精神和作风。他说："我们面前的困难是有的，而且是很多的，但是我们确信，一切困难都将被全国人民的英勇奋斗所战胜。中国人民已经具有战胜困难的极其丰富的经验。如果我们的先人和我们自己能够渡过长期的极端艰难的岁月，战胜了强大的内外反动派，为什么不能在胜利以后建设一个繁荣昌盛的国家呢？只要我们仍然保持艰苦奋斗的作风，只要我们团结一致，只要我们坚持人民民主专政和团结国际友人，我们就能在经济战线上迅速地获得胜利。"③ 1949 年 10 月 26 日，毛泽东给延安和陕甘宁边区的同胞写信，祝愿延安和陕甘宁边区的人民继续团结一致，迅速恢复战争的创伤，发展经济建设和文化建设。"我并且希望，全国一切革命工作人员永远保持过去十余年间在延安和陕甘宁边区的工作人员中所具有的艰苦奋斗的作风。"④ 1954 年 9 月 15 日，毛泽东在中华人民共和国第一届全国人民代表大会第一次会议上致开幕词，提出经过几个五年计划的艰苦奋斗，将我们这样一个经济文化上落后的国家建设成为一个工业化的具有高度现代文化程度的伟大的社会主义国家的目标，并说"我们有充分的信心，克服一

---

　　① 毛泽东：《在中国共产党第七届中央委员会第二次全体会议上的报告》，《毛泽东选集》第 4 卷，人民出版社 1991 年版，第 1438—1439 页。

　　② 毛泽东：《坚持艰苦奋斗，密切联系群众》，《毛泽东文集》第 7 卷，人民出版社 1999 年版，第 284 页。

　　③ 毛泽东：《中国人从此站立起来了》，《毛泽东文集》第 5 卷，人民出版社 1999 年版，第 345 页。

　　④ 毛泽东：《永远保持艰苦奋斗的作风》，《毛泽东文集》第 6 卷，人民出版社 1999 年版，第 17 页。

切艰难困苦，将我国建设成为一个伟大的社会主义共和国。我们正在前进。我们正在做我们的前人从来没有做过的极其光荣伟大的事业。我们的目的一定要达到。我们的目的一定能够达到。"① 1956 年 11 月 15 日，毛泽东在中国共产党第八届中央委员会第二次全体会议上发表讲话，主张军队要继续发扬艰苦奋斗的优良作风，做全国人民的模范。他说："现在部队的伙食改善了，已经比专吃酸菜有所不同了。但根本的是我们要提倡艰苦奋斗，艰苦奋斗是我们的政治本色。锦州那个地方出苹果，辽西战役的时候，正是秋天，老百姓家里很多苹果，我们战士一个都不去拿。我看了那个消息很感动。在这个问题上，战士们自觉地认为：不吃是很高尚的，而吃了是很卑鄙的，因为这是人民的苹果。我们的纪律就建筑在这个自觉性上边。这是我们党的领导和教育的结果。人是要有一点精神的，无产阶级的革命精神就是由这里头出来的。"② 毛泽东指出，军队这几天开会，决心继续发扬艰苦奋斗的精神，军队这样，其他的人更要艰苦奋斗。艰苦奋斗是我们的传家宝，必须世世代代地传下去。

3. 谦虚谨慎

1937 年毛泽东在给朱德、彭德怀、任弼时等人的信中，强调指出"对日本帝国主义的战争是一个艰苦奋斗的长过程。凡那种自称天下第一、骄气洋溢、目无余子的干部，须以深切的话告诉他们，必须把勇敢精神与谨慎精神联系起来，反对军队中的片面观点与机械主义。"要下决心纠正那种轻视敌人，以为自己了不得的骄傲自满错误。③ 在新中国成立前夕中国共产党第七届中央委员会第二次全体会议上，毛泽东发表了热情洋溢却又充满哲理的讲话，论述了革命胜利后保持谦虚谨慎、不骄不躁精神和品质的重要意义。他说："我们很快就要在全国胜利了……因为胜利，党内的骄傲自满情绪，以功臣自居的情绪，停顿起来不求进步的情绪，贪图享乐不愿再过艰苦生活的情绪，可能生长。因为胜利，人民感谢我们，

① 毛泽东：《为建设一个伟大的社会主义国家而奋斗》，《毛泽东文集》第 6 卷，人民出版社 1999 年版，第 350 页。

② 毛泽东：《艰苦奋斗是我们的政治本色》，《毛泽东文集》第 7 卷，人民出版社 1999 年版，第 162 页。

③ 毛泽东：《必须把勇敢精神与谨慎精神联系起来》，《毛泽东文集》第 2 卷，人民出版社 1999 年版，第 46 页。

资产阶级也会出来捧场。敌人的武力是不能征服我们的，这点已经得到证明了。资产阶级的捧场则可能征服我们队伍中的意志薄弱者。……我们必须预防这种情况。夺取全国胜利，这只是万里长征走完了第一步。如果这一步也值得骄傲，那是比较渺小的。"① 在毛泽东看来，中国的新民主主义革命是伟大的，但是革命胜利以后的路程更长，工作更伟大，任务更艰巨，因此"务必使同志们继续地保持谦虚、谨慎、不骄、不躁的作风。"② 毛泽东的这一讲话，可谓言简意赅，语重心长，道出了谦虚谨慎和不骄不躁的深刻道理，为中国共产党和中国人民上了一堂生动的道德教育课。

新中国成立以后，毛泽东在许多讲话和文章中，力倡培养谦虚谨慎和不骄不躁的品德和精神，并认为这是我们的政治优势和优良作风，是我们的事业必定要胜利的保证。1950 年 9 月 25 日，毛泽东在全国战斗英雄代表会议和全国工农兵劳动模范代表会议上发表祝词，号召全体代表同志和全国的战斗英雄、劳动模范同志们，继续在战斗中学习，向广大人民群众学习。"只有决不骄傲自满并且继续不疲倦地学习，才能够对于伟大的中华人民共和国继续作出优异的贡献，并从而继续保持你们的光荣称号。"③ 毛泽东提倡谦虚、学习和坚忍的精神，他强调要学习，不要骄傲，不能看不起人，认为看不起人的态度是不科学的。中国是大国，党是大党，也没有理由看不起小国小党。对兄弟国家人民要永远保持学习的态度，要有真正的国际主义精神。即便我国强大了，也要谦虚和永远保持学习的态度。

毛泽东特别强调遵循七届二中全会的一些规定，如党内同志不做寿，不送礼，少敬酒，少拍掌，不把中国同志与马克思、恩格斯、列宁、斯大林平列等，并认为遵守这些规定，就是谦虚态度。1955 年 3 月，毛泽东在中国共产党全国代表会议上致开幕词，先后多次讲到谦虚谨慎的问题，指出："不要因为我们的工作有成绩就骄傲自满起来，应该保持谦虚态度，向先进国家学习，向群众学习，在同志间也要互相学习，以求少犯错

---

① 毛泽东：《在中国共产党第七届中央委员会第二次全体会议上的讲话》，《毛泽东选集》第 4 卷，人民出版社 1991 年版，第 1438 页。

② 同上。

③ 毛泽东：《在全国知道英雄和劳动模范代表会议上的祝词》，《毛泽东文集》第 6 卷，人民出版社 1999 年版，第 30 页。

误。在这次会议上，我感觉仍然需要重复地将这些话说一遍。鉴于高岗、饶漱石的反党事件，骄傲自满情绪在我们党内确实是存在着，在有些同志的身上这种情绪还是严重的，不克服这种情绪，就会妨碍我们建设社会主义社会这个伟大任务的完成。"① 在论及高岗、饶漱石反党集团的成因与教训时，毛泽东谈了六点看法，其中第五点专门讲骄傲情绪的危险。他说："不要逞英雄。事业是多数人做的，少数人的作用是有限的。"② 在毛泽东看来，唯物主义虽然也承认少数人的作用，但是并不夸大这种作用，认为领导干部的作用并没有什么了不起，真正了不起的是人民群众。没有人民群众，什么事也做不成。没有领导干部，地球还是照样地转，事业还是照样地进行。同时，毛泽东还谈到了老资格与年轻人的关系，指出："有些同志，因为自己是老革命，就骄傲起来，这是很不应当的。比较起来，如果说允许骄傲的话，倒是青年人值得骄傲一下。四五十岁以上的人，年纪越大，经验越多，就应当更谦虚。让青年人看到我们确实是有经验的。"③ 毛泽东认为，人上了一定的年纪，积累了相当的经验，是没有任何理由骄傲的。毛泽东主张老同志应当夹紧尾巴做人，他说："我希望，我们所有的同志，首先是老同志，不要翘尾巴，而要夹紧尾巴，戒骄戒躁，永远保持谦虚进取的精神。"④

4. 团结友善

与谦虚谨慎的品德相表里，在处理同志关系时应当团结友善，发扬批评和自我批评的精神，形成健康向上、和睦融洽的人际关系。毛泽东认为，任何人都是会犯错误的，犯错误并不可怕，关键是应当有知错就改的意愿和表现，对待他人的错误有从团结的愿望出发经过批评达到新的团结的良好道德素质。对那些犯错误的同志，我们应当采取这样的态度，"就是希望他们改正错误，对他们不但要看，而且要帮。就是讲，不但要看他们改不改，而且要帮他们改。人是要有帮助的。荷花虽好，也要绿叶扶

① 毛泽东：《在中国共产党全国代表会议上的讲话》，《毛泽东文集》第 6 卷，人民出版社 1999 年版，第 390 页。

② 同上书，第 401—402 页。

③ 同上。

④ 同上书，第 402—403 页。

持。一个篱笆要打三个桩，一个好汉要有三个帮。单干是不好的，总是要有人帮，在这样的问题是尤其要有人帮。看是要看的，看他们改不改，但单是看是消极的，还是要帮助他们。对受了影响的人，不管有深有浅，我们一律欢迎他们改正，不但要看，而且要帮，这就是对待犯错误同志的积极态度。"① 毛泽东在《论十大关系》中论及是非关系时特别强调对待犯错误同志的态度是一要看，二要帮，并指出："人大概是没有不犯错误的，多多少少要犯错误，犯了错误就要帮助。只看，是消极的，要设立各种条件帮助他改。……对犯错误的同志不给帮助，反而幸灾乐祸，这就是宗派主义。"在毛泽东看来，好意对待犯错误的同志，既是好心的表现，又可以团结人。因此，"对待犯错误的同志，究竟是采取帮助态度还是采取敌视态度，这是区别一个人是好心还是坏心的一个标准。"总的来说，毛泽东主张对待犯错误的同志应采取"惩前毖后，治病救人"的方针。在《关于正确处理人民内部矛盾的问题》一文中，毛泽东提出了解决人民内部矛盾的方法和原则，强调对待人民内部矛盾不能用简单的方法、强制的方法、压服的方法去处理，只能采取讨论的方法、批评的方法、说理的方法去解决。这一方法，具体化为一个公式即"团结——批评——团结"。具体地说，"就是从团结的愿望出发，经过批评或者斗争使矛盾得到解决，从而在新的基础上达到新的团结。"② 团结是力量的源泉，是党的事业必然要胜利的基本保证。如果我们在意识上没有团结的愿望，在方法和过程中不注重团结，那就势必把事情搞乱，造成"残酷斗争，无情打击"的局面，损害党的团结和党与人民的团结。但是，毛泽东又强调，共产党人所强调的团结不是无原则的团结，而是有原则的团结，亦即主张分清是非，区别对错，并在此基础上改恶从善，改过自新，使大家都能在思想上道德上有所进步。

5. 勤俭节约

毛泽东多次专门谈到勤俭节约的问题。毛泽东认为："中国是一个大国，但是现在还很穷，要使中国富起来，需要几十年时间。几十年以后也

---

① 毛泽东：《在中国共产党全国代表会议上的讲话》，《毛泽东文集》第 6 卷，人民出版社1999 年版，第 399 页。

② 毛泽东：《关于正确处理人民内部矛盾的问题》，《毛泽东文集》第 7 卷，第 210 页。

需要执行勤俭的原则。"① 我国是一个社会主义的大国，但又是一个经济落后的穷国，这是一个很大的矛盾，要使我国富强起来，必须实行艰苦奋斗、勤俭建国的方针。"勤俭办工厂，勤俭办商店，勤俭办一切国营事业和合作事业，勤俭办一切其他事业，什么事情都应当执行勤俭的原则"。② 勤俭建国是毛泽东建国初期伦理思想的一个重要方面，也是中国共产党和中国人民勤劳俭朴光荣传统和伦理美德的集中体现。勤俭建国要求用勤劳俭朴的精神来建设新中国。早在中国人民政治协商会议第一届全体会议上的开幕词中，毛泽东就满含激情地说道，中国人民从来就是一个勤劳勇敢的伟大民族。人民共和国的建立使我们的民族从此列入爱好和平自由的世界各民族的大家庭，我们的民族将以勤劳勇敢的姿态工作生活，创造自己的文明和幸福，同时也促进世界的和平和自由。1955 年，当着农业合作化运动蓬勃发展之时，毛泽东肯定一些合作社提出的"勤俭办社"的口号，认为这个口号很好，指出：要严格地节约，反浪费。要提倡勤俭持家，勤俭办社，勤俭建国。我们的国家一要勤，二要俭，不要懒，不要豪华。懒则衰，就不好。要勤俭办社，就要提高劳动生产率，严格节约，降低成本，实行经济核算，反对铺张浪费。在毛泽东看来，勤俭办社、勤俭建国是我们一切事业必须坚持的基本方针，也是进行社会主义建设的重要保证。在《中国农村的社会主义高潮的按语》中，毛泽东肯定了王国藩领导的"穷棒子社"的做法和精神，指出勤俭经营应当是全国一切农业合作社的方针和全国一切经济事业的方针。在中国共产党第八届中央委员会第二次全体会议上，毛泽东发表讲话，重申勤俭建国的方针，指出要勤俭建国，反对铺张浪费，提倡艰苦朴素，同甘共苦。并说"艰苦奋斗是我们的政治本色"。长征路上过草地，根本没有房子，就那么睡，朱总司令走了四十天草地，也是那么睡，都过来了。我们的部队，没有粮食，就吃树皮、树叶。同人民有福共享，有难同当，这是我们过去干过的，为什么现在不能干呢？只要我们这样干了，就不会脱离群众。在《关于正确处理人民内部矛盾的问题》一文中，毛泽东在谈到知识分子问题时特别

---

①　毛泽东：《中国农村的社会主义高潮》，《毛泽东文集》第 7 卷，人民出版社 1999 年版，第 447 页。

②　同上。

强调对知识分子尤其是青年进行勤俭建国教育的重大意义。他说："要勤俭建国。要使全体青年们懂得，我们的国家现在还是一个很穷的国家，并且不可能在短时间内根本改变这种状态，全靠青年和全体人民在几十年时间内，团结奋斗，用自己的双手创造出一个富强的国家。社会主义制度的建立给我们开辟了一条到达理想境界的道路，而理想境界的实现还要靠我们的辛勤劳动。有些青年人以为到了社会主义社会就应当什么都好了，就可以不费气力享受现成的幸福生活了，这是一种不实际的想法。"① 在毛泽东看来，勤劳俭朴的观念和精神是十分宝贵的，具有崇高的伦理道德价值，我们一定要在全国范围内大力提倡勤俭建国、勤俭持家和勤俭办一切事业的精神，无论是搞经济建设还是从事其他各种事业，都应该而且也必须从我国的基本国情出发，坚持勤俭建国和勤俭办一切事业的方针，在生产和建设事业中厉行节约，努力克服各个领域内铺张浪费的现象，让有限的财力、物力创造出更多的物质财富。

三 共产主义道德理想

理想人格是指各个时代塑造的让人们学习、追求的最完美的人格典范，是人格所要达到的最高境界。作为一代哲人和道德理想主义者，毛泽东对这一问题作了长期的探索，提出了共产主义理想人格理论。在毛泽东看来，共产主义新人的理想人格首先必须树立为共产主义事业努力奋斗的崇高理想。追求共产主义事业和全人类的解放，并为这一事业努力奋斗是共产主义新人理想人格的内在要求。1937 年 10 月 23 日，他在为陕北公学成立与开学纪念的题词中说："要造就一大批人，这些人是革命的先锋队。这些人具有政治的远见。这些人充满着斗争精神与牺牲的精神。这些人是胸怀坦白的，忠诚的，积极的与正直的。这些人不谋私利，唯一地为着民族与社会的解放。这些人不是狂妄分子，也不是风头主义者，而是脚踏实地的富于实际精神的人们。"② 我们现在需要造就一大批为民族解放而斗争到底的先锋队，要他们去领导群众，组织群众，来完成中国革命的艰巨任务。

---

① 毛泽东：《关于正确处理人民内部矛盾的问题》，《毛泽东文集》第 7 卷，第 226 页。

② 毛泽东：《为陕北公学成立与开学纪念题词》，《解放军报》1970 年 4 月 10 日。

　　毛泽东十分重视道德理想的激励作用，并认为中国共产党内部和无产阶级革命战士中涌现了一批堪称典范的优秀人物，他们集中体现了共产主义理想人格，号召人们向鲁迅、徐特立、吴玉章、白求恩、张思德、刘胡兰、雷锋等为代表的具有崇高的革命理想和道德操守的英雄模范人物学习。

　　在《论鲁迅》一文中，毛泽东指出，鲁迅先生的第一个特点是他的政治的远见。他并不是共产党组织中的一员，但他的思想和政治见解都是马克思主义的。"他是党外的布尔什维克。尤其在他的晚年，表现了更年轻的力量。"鲁迅先生的第二个特点，就是他的斗争精神。"他在黑暗与暴力的进袭中，是一株独立支持的大树，不是向两边偏倒的小草。他看清了政治的方向，就向着一个目标奋勇地斗争下去，决不中途投降妥协。"鲁迅先生的第三个特点，就是他的牺牲精神。"他一点也不畏惧敌人对于他的威胁、利诱与残害，他一点不避锋芒地把钢刀一样的笔刺向他所憎恨的一切。他往往是站在战士的血痕中，坚韧地反抗着、呼啸着前进。"综合上述三个方面的特点，便形成了伟大的鲁迅精神。"鲁迅的一生就贯穿了这种精神。所以，他在文艺上成了一个了不起的作家，在革命队伍中是一个很优秀的很老练的先锋分子。我们纪念鲁迅，就是要学习鲁迅的精神，把他带到全国各地的抗战队伍中去，为中华民族的解放而奋斗！"[1]

　　徐特立是毛泽东在湖南第一师范学校读书时的老师，大革命失败时参加革命并加入共产党，在长期的革命斗争中始终走在第一线。1937 年 1 月30 日，徐特立六十岁生日时，毛泽东写信表示祝贺，其中写道："你是任何时候都是同群众在一块的，而在有些人却似乎以脱离群众为快乐。你是处处表现自己就是服从党与革命的纪律之模范，而在有些人却似乎认为纪律只是约束人家的，自己并不包括在内。你是革命第一，工作第一，他人第一，而在有些人却是出风头第一，休息第一，与自己第一。你总是拣难事做，从来也不躲避责任，而在有些人则只愿意拣轻松事做，遇到担当责任的关头就躲避了。"[2] 通过将徐特立与其他人的比较，毛泽东肯定徐特

---

　　① 毛泽东：《论鲁迅》，《毛泽东文集》第 2 卷，人民出版社 1999 年版，第 43—44 页。
　　② 毛泽东：《为徐特立六十岁生日写的贺信》，《毛泽东文集》第 1 卷，人民出版社 1999 年版，第 477—478 页。

立是革命党人和全体人民的模范，自己非常佩服徐特立同志的道德操守，并号召全党全国人民向徐特立同志学习。

吴玉章是延安时期与徐特立并称的道德典范。1940 年 1 月 15 日，毛泽东在为吴玉章六十寿辰写的祝词中指出：可贵与老并没有必然的联系。"如果老就可贵，那么可贵的人太多了。因此我们一定要有一个标准。就是说，可贵的是他一辈子总是做好事，不做坏事，做有益于人类的事，不做害人的事。如果开头做点好事，后来又做坏事，这就叫做没有坚持性。一个人做点好事并不难，难的是一辈子做好事，不做坏事，一贯地有益于广大群众，一贯地有益于青年，一贯地有益于革命，艰苦奋斗几十年如一日，这才是最难最难的啊！我们的吴玉章老同志就是这样一个几十年如一日的人。他今年六十岁了，他从同盟会到今天，干了四十年革命，中间颠沛流离，艰苦备尝，始终不变，这是很不容易的啊。从同盟会留下到今天的人，已经不多了，而始终为革命奋斗，无论如何不变其革命节操的更没有几个人了。要这样做，不但需要有坚定正确的政治方向，而且需要艰苦奋斗的精神，不然就不能抵抗各种恶势力恶风浪，例如死的威胁，饿饭的威胁，革命失败的威胁等等，我们的吴玉章同志就是经过这样无数的风浪而来的。"[1] 毛泽东号召大家学习吴玉章各方面的好处，特别是要学习他对于革命的坚定性，并认为革命的坚定性是我们党的光荣和中国革命的光荣。

张思德是中共中央警卫团的一名战士，1944 年在陕北安塞县山中烧炭不幸以身殉职，毛泽东发表了《为人民服务》的著名演讲，指出："张思德同志是为人民利益而死的，他的死是比泰山还要重的。"[2]

白求恩同志是加拿大共产党员，为了中国的抗日战争，不远万里，来到中国，不幸以身殉职。毛泽东写了《纪念白求恩》一文，指出："白求恩同志毫不利己专门利人的精神，表现在他对工作的极端的负责任，对同志对人民的极端的热忱。每个共产党员都要学习他。""我们大家要学习他毫无自私自利之心的精神。从这点出发，就可以变为大有利于人民的

---

① 毛泽东：《吴玉章寿辰祝词》，《毛泽东文集》第 2 卷，人民出版社 1999 年版，第 261—262 页。

② 毛泽东：《为人民服务》，《毛泽东选集》第 3 卷，人民出版社 1991 年版，第 1004 页。

人。一个人能力有大小，但只要有这点精神，就是一个高尚的人，一个纯粹的人，一个有道德的人，一个脱离了低级趣味的人，一个有益于人民的人。"① 一个高尚的人是指一个情操高尚、人格高尚和精神境界高尚的人，意味着这个人是一个有高远理想和崇高精神追求的人；一个纯粹的人是指充分占有自己人性本质的人，亦即在人性修养和人的本质实现中达到纯粹境界的人，一个堂堂正正的真正的人；一个有道德的人是指一个有道德觉悟和道德践履的仁人君子，一个时时刻刻能够以道德立身处世和安身立命的人；一个脱离了低级趣味的人，是指一个能够向低级趣味或庸俗、低俗、粗俗说不，自觉抵制庸俗、低俗、粗俗的人，亦即像莲花那样"出淤泥而不染，濯清涟而不妖"的人；一个有益于人民的人，是指一个能够对人民群众有所贡献、有所助益的人。这五种人即是毛泽东崇尚的理想人格，从内在精神到外在事功凸显了理想人格的特质与内涵，是毛泽东伦理思想的重要组成部分。

此外，毛泽东伦理思想还提出了动机和效果统一的道德评价论。毛泽东批评了动机和效果关系问题上的错误观点——动机论和效果论，指出动机论是一般唯心论，其错误在于否认动机和效果的统一，只看到动机而否认效果；效果论即机械唯物论，其错误在于强调效果否认动机。毛泽东主张动机和效果的辩证统一，认为在道德评价上既要看动机又要看效果，要联系效果去看动机，结合动机去看效果，并且认为动机和效果统一于为人民大众谋利益的基础之上，必须使为大众的动机与被大众欢迎的效果统一起来。他说："为大众的动机和被大众欢迎的效果是分不开的，必须使二者统一起来。为个人的和狭隘集团的动机是不好的，有为大众的动机但无被大众欢迎、对大众有益的效果也是不好的。"② 毛泽东主张的动机和效果统一论，一方面坚持了马克思主义认识论的实践第一的观点，认为"社会实践及其效果是检验主观愿望或动机的标准"③，这就与唯心主义的动机论划清了界限；另一方面又把动机和效果的统一看作在实践基础上的一个辩证发展过程，强调"真正的好心，必须顾及后果，总结经验，研

---

① 毛泽东：《纪念白求恩》，《毛泽东选集》第 2 卷，人民出版社 1991 年版，第 660 页。

② 毛泽东：《在延安文艺座谈会上的讲话》，《毛泽东选集》第 3 卷，人民出版社 1991 年版，第 868 页。

③ 同上。

究方法"①，使好的动机收到好的效果，这就与不顾动机的机械唯物论根本区别开来。

第四节　毛泽东伦理思想的基本特点和历史地位

毛泽东伦理思想是马克思主义伦理思想基本原理与中国革命的道德建设实际和中国伦理文化中优秀传统的结合，它既总结和概括了中国革命中道德建设的一系列独创性经验，又批判地借鉴和吸收了近代以来道德革命的积极成果，既丰富和发展了马克思主义伦理思想，又使马克思主义伦理思想中国化。

一　毛泽东伦理思想的基本特点

毛泽东伦理思想是马克思主义伦理思想与中国革命的具体道德实践及其中国伦理文化的优秀传统的密切结合，是中国化的马克思主义伦理思想或马克思主义伦理思想的中国化，这是毛泽东伦理思想最为根本的特点。毛泽东之成为毛泽东就在于他特别善于把其主体的社会理想同社会运动的实践统一起来，他通晓中国的历史文化，深谙传统中国社会的内部结构以及各个阶级的处境，尤其是对占中国人口百分之九十以上的农民阶级心理和愿望有深入地把握，且具有非凡的务实能力和创造智慧，这就使得他能将异域的马克思主义同中国革命的实际需要、同中国传统文化灵活地结合起来，使马克思主义思想转化为连村野百姓也喜闻乐见的民族化的思维方法和语言形式，这是那些言必称共产国际而把理论搞得貌似深奥、只能照搬马克思主义教条的自诩为"百分之百的布尔什维克"们所远远不能比拟的。在中国共产党内，有些人懂马克思主义却不懂中国的历史文化和中国革命的具体实际，有些人懂中国的历史文化和中国革命的具体实际却不懂马克思主义，只有毛泽东实现了两者的结合。他不仅能提纲挈领、总体把握和自如地运用马克思主义的基本原理，而且也能如鱼得水、灵活轻松地在浩瀚的中国文化传统中漫游。"当毛泽东在马克思主义范畴中思考现

①　毛泽东：《在延安文艺座谈会上的讲话》，《毛泽东选集》第 3 卷，人民出版社 1991 年版，第 873 页。

实课题时，他那意识深处的传统智慧和行为方式往往得到淋漓尽致的发挥；当他怀着伟大的民族感情一意要在尽可能短的时间内改造中国社会使之强大起来时，他确实又在自觉地同某些传统的价值观念实行决裂，并一意尊奉马克思主义提供的思想武器和社会目标。"① 毛泽东把马克思主义伦理思想中国化并不是把马克思主义和中国传统文化简单地相加，我们既不能把毛泽东所信仰主张的马克思主义当作是一种被他简化或外在工具化的东西，从而掩盖着他对中国文化传统主线的深沉而持久的信仰，也不能简单地说他只深深扎根于马克思主义思想土壤，并仅仅用他对马克思主义的理论方法、价值观念的公开宣传和信仰来解释他的行为和思想特征。毛泽东把马克思主义伦理思想中国化有他自身的特点，一是通过民族形式来实现马克思主义，赋予马克思主义伦理思想普遍原理一种新鲜活泼的并为中国老百姓所接受的中国作风和中国气派，比如，毛泽东全心全意为人民服务伦理思想的提出就是对马克思主义为人类谋福利思想的中国化改造；二是把中国历史和现实中的一些道德范畴和道德现象上升到马克思主义伦理思想普遍原理的高度来说明和发挥，比如，他在给张闻天的信中就肯定孔儒思想中也有一些真理性的因素，主张以马克思主义对之进行改造。他说："关于孔子的道德论，应给以唯物论的观察，加以更多的批判，以便与国民党的道德观（国民党在这方面最喜引孔子）有原则的区别。"他谈到孔子提出的智、仁、勇三达德的局限时指出，孔子的知是观念论的，"则其见之仁勇（实践），也必是仁于统治者一阶级而不仁于大众的，勇于压迫人民、勇于守卫封建制度，而不勇于为人民服务的。"所以，我们应对之进行批判性的改造，我们所说的"智是理论，是思想，是计划、方案、政策，仁勇是拿理论、政策等见之实践时应取的一二种态度，仁像现在说的亲爱团结，勇像现在说的克服困难，但还有别的更重要的态度如像忠实，如果做事不忠实，那知只是言而不信，仁只是假仁，勇只是白勇。"② 在 1939 年 4 月 29 日做的关于国民精神总动员的号召的讲话中，毛泽东说，对国家尽忠，对民族尽孝，我们赞成，这是古代封建道德，我

---

① 　陈晋：《毛泽东的文化性格》，中国青年出版社 1991 年版，第 166—167 页。
② 　毛泽东：《关于〈孔子的哲学思想〉一文给张闻天的信》，《毛泽东文集》第 2 卷，人民出版社 1999 年版，第 163 页。

们要改变它，发扬它，就是要特别忠于大多数人民，孝于大多数人民，而不是忠于少数人。对大多数人有益处的叫做仁，对大多数人利益有关的事情，处理得当，叫义。对农民的土地问题，工人的吃饭问题，处理得当，就是真正的行义者。① 毛泽东改造了孔孟儒家的仁义道德，主张爱人民恨敌人，认为对敌人的仁慈就是对人民的残忍，号召人民向鲁迅学习，"横眉冷对千夫指，俯首甘为孺子牛。"讲到气节，毛泽东在《别了，司徒雷登》一文中主张弘扬中华民族的骨气，但他对唐朝韩愈写的《伯夷颂》不以为然，认为韩愈颂的是一个对自己的国家民族不负责任、反对周武王讨伐殷朝、饿死于首阳山的伯夷，那是颂错了。我们应当写闻一多颂，朱自清颂，"闻一多拍案而起，横眉怒对国民党的手枪，宁可倒下去，不愿屈服。朱自清一身重病，宁可饿死，不领美国的救济粮"，"他们表现了我们民族的英雄气概。"② 总之，毛泽东伦理思想既非原封不动的马克思主义，亦非儒家伦理文化的简单复归，它是一种对马克思主义伦理思想的创造性发展，这种创造既在马克思主义伦理思想的发展史上赢得了特殊地位，使马克思主义伦理思想实现了从西方到中国的转变，又在中国伦理文化的发展史上赢得了特殊地位，揭示出了中国伦理文化从传统到现代转变的一条有效途径。

具体来说，毛泽东伦理思想的基本特征还可从以下几个方面来认识：第一，理想主义与现实主义的统一。早在青年时代，毛泽东就提出了寓精神之个人主义于现实主义之中的自我实现论，强调把理想与现实结合起来。青年毛泽东崇拜的理想人格是像曾国藩那样既"传教"又"办事"的"圣人"，向往既立德又建功的德业俱全。他曾说过："要做马克思加秦始皇。"③ 渴望设立正确的理想目标与在实践中贯彻实施正确的理想目标的统一。在成为马克思主义者以后，毛泽东始终不曾改变浪漫情怀与务实能力相统一的个性。毛泽东具有党内一般的实干家所不具备的理想主义精神，即使在任何艰难困苦的场合都不会失去对未来的希望与信心。井冈山革命斗争时期当有人灰心失望，怀疑"红旗到底能打多久"时，毛泽

---

① 陈晋：《毛泽东的文化性格》，中国青年出版社 1991 年版，第 158 页。

② 毛泽东：《别了，司徒雷登》，《毛泽东选集》第 4 卷，人民出版社 1991 年版，第 1495—1496 页。

③ 陈登才：《毛泽东的领导艺术》，军事科学出版社 1989 年版，第 28 页。

东却坚信革命的高潮将再次重现，并用诗的笔调描绘了它的诱人景象，"它是站在海岸遥望海中已经看得见桅杆尖头了的一只航船，它是立于高山之巅远看东方已见光芒四射喷薄欲出的一轮朝日，它是躁动于母腹中快要成熟了的一个婴儿。"① 长征途中，毛泽东躺在担架上或骑在马上，想到的是"今日长缨在手，何时缚住苍龙"，是"安得倚天抽宝剑"，进而实现太平世界的"环球同此凉热"。抗日战争时期，毛泽东在延安的窑洞里写作《论持久战》，坚信中国是在为永久和平而战，最后胜利一定属于中国。毛泽东不仅是理想主义者而且也是现实主义者，他致力于中国现实的改造，强调实行，是一个特别领会现实的内涵，懂得实践的作用的人。1919 年他在上海黄浦江边送别第一批去法国的朋友时说，要有人到外国去看些新东西学些新知识，好贡献给自己的国家；同时也要有人留在本国，好好研究中国的实际问题，读中国这本大书。他说他对中国问题还未能充分了解，愿意留在本国更好地作些研究。他十分重视从实际出发，强调要踏着人生社会的实际说话，主张作深入细致的调查研究工作。他在1920 年 12 月给蔡和森的信中提出"理想固要紧，现实尤其要紧"的命题，认为无产阶级的当务之急是进行革命改变现实，而并非是停留在对理想的向往之上。井冈山革命斗争时期，毛泽东写下了《反对本本主义》的文章，提出"马克思主义不是教条而是行动的指南"和从实际出发、理论联系实际的观点，他说："共产党的正确而不动摇的斗争策略，决不是少数人坐在房子里能够产生的，它是要在群众的斗争过程中才能产生的，这就是说要在实际经验中才能产生。因此，我们需要时时了解社会情况，时时进行实际调查。"② 认为调查就像十月怀胎，解决问题就像一朝分娩，调查就是为了解决问题。

　　第二，阶级性与人民性的统一。毛泽东的伦理思想首先强调道德的阶级性，认为在阶级社会中，每一个人都在一定的阶级地位中生活，各种思想无不打上阶级的烙印。毛泽东指出："世上决没有无缘无故的爱，也没有无缘无故的恨。至于所谓人类之爱，自从人类分化成为阶级以后，就没

---

① 毛泽东：《星星之火，可以燎原》，《毛泽东选集》第 1 卷，人民出版社 1991 年版，第106 页。

② 毛泽东：《反对本本主义》，《毛泽东选集》第 1 卷，人民出版社 1991 年版，第 115 页。

有过这种统一的爱。过去的一切统治阶级喜欢提倡这个东西，许多所谓圣人贤人也喜欢提倡这个东西，但是无论谁都没有真正实行过，因为它在阶级社会里是不可能实行的。"① 阶级社会里只有阶级的爱而无超阶级的爱。毛泽东强调区分敌和友，指出我们的革命要有不领错路和一定成功的把握，不可不注意团结我们的真正的朋友，以攻击我们的真正的敌人。他主张对人民以爱，对敌人以恨，我们不能爱敌人，不能爱社会的丑恶现象，我们的目的是消灭这些东西。马克思主义基本原理中对毛泽东影响最大的是阶级斗争观念和阶级分析方法，毛泽东运用得最自如和最多的也是马克思主义的阶级斗争学说。毛泽东伦理思想，除带有鲜明的阶级性以外，还有突出的人民性。毛泽东把为人民服务视作共产主义道德的基本原则的集中体现，指出共产党人的一切言论行动，必须以合乎最广大人民群众的最大利益，为最广大人民群众所拥护为最高标准，强调共产党的责任是向人民负责，每句话，每个行动，每项政策都要适合人民的利益，为人民谋福利。毛泽东伦理思想的人民性集中地体现在他对农民问题的了解与关注上。由于农民而不是资产阶级成为了革命的主体力量，这就决定了中国革命必须依靠和挖掘农民身上的革命潜力，调动农民群众的革命积极性。毛泽东对农民阶级的心理和愿望有一种异乎寻常的了解，他理解农民，了解农民。农民作为一种支柱，一股力量深深处于叱咤风云、气吞山河的毛泽东的心灵深处。在感情上，在气质上，他与中国的农民有一种割舍不断的联系，诸如他相信"农民的眼睛，全然没有错的"，"农民的举动，完全是对的"，认为中国革命必须团结和依靠绝大多数农民，以解决农民的土地问题及其他问题作为主要内容。埃德加·斯诺在《红星照耀中国》一书中也认为，毛泽东的非凡之处，"皆出自他集中并表达千百万中国人，尤其是农民的迫切要求"②，毛泽东的伟大就在于使这种表达达到了"出神入化的境地。"毛泽东在相信农民、肯定农民、了解农民的基础上发展起了其思想中最有特色的部分——群众史观和群众路线，提出"历史是人民创造的"和"一切从人民的利益出发"，"从群众中来，到群众中去"

---

① 毛泽东：《在延安文艺座谈会上的讲话》，《毛泽东选集》第3卷，人民出版社1991年版，第871页。

② ［美］埃德加·斯诺：《红星照耀中国》，河北人民出版社1991年版，第53页。

的著名论断，充分显示了毛泽东伦理思想的人民性。

第三，功利论与道义论的统一。或者更准确地说革命功利论与革命道义论的统一。毛泽东的伦理思想，从其精神上讲首先是一种功利论。它十分强调功利效用在人们道德生活中的意义和价值。但它又不是一般的功利论或资产阶级的什么功利主义，而是无产阶级的革命的功利主义，是以占全人口百分之九十以上的最广大群众的目前利益和将来利益的统一为出发点的，是以最广和最远为目标的革命功利主义。这种功利主义的核心内容便是为最广大群众谋取最大的利益，充满着对人民群众的物质利益的高度尊重与关心，因而又包括革命道义论的因素。革命的道义论就是将道义纳入无产阶级革命和解放全人类、实现共产主义的轨道，强调从道义上去关心尊重每一个无产阶级革命战士的利益、人格，形成革命队伍互相关心、互相爱护、互相帮助的道义氛围；就是救死扶伤，实行革命的人道主义，包括"不调戏妇女""不虐待俘虏"，等等，就是像白求恩那样毫不利己专门利人，对工作极端的负责任，对同志对人民满腔热忱，对技术精益求精。毛泽东说："我们都是来自五湖四海，为了一个共同的革命目标，走到一起来了。……我们的干部要关心每一个战士，一切革命队伍的人都要互相关心，互相爱护，互相帮助。"[1] 革命道义论的核心是全心全意为人民服务，是毫不利己专门利人，而这同革命功利主义是十分一致的，革命的道义论所指向的也是为人民服务，二者血浓于水，水乳交融，不可分割。没有离开功利的所谓抽象的道义，也没有不同道义相关的纯粹孤独的功利。无产阶级的革命功利主义即是无产阶级的道义论，它们的关系是一种辩证统一的关系。

第四，爱国主义与国际主义的统一。无产阶级所处的历史使命，在各国生产力及相应的其他社会生活条件尚未趋于一致之前，在各民族间隔离和对立状况尚未消失之前，无产阶级还只能是民族的，以本民族为主要活动场所，反对和推翻本国资产阶级。此外，资本是一种国际力量，各国无产阶级的状况又是国际性的，在这样的条件下，无产阶级不能不要求本阶级的成员及其领导下的本族人民，在处理个人和祖国整体利益关系中，在自己民族、国家与其他民族、国家的利益关系中采取正确的态度和合宜的

---

[1] 毛泽东：《为人民服务》，《毛泽东选集》第 3 卷，人民出版社 1991 年版，第 1005 页。

行为。爱国主义和国际主义就是这种环境及其客观要求的反映和表现。毛泽东指出："国际主义者的共产党员，是否可以同时又是一个爱国主义者呢？我们认为不但是可以的，而且是应该的。……中国共产党人必须将爱国主义和国际主义结合起来。我们是国际主义者，我们又是爱国主义者，我们的口号是为保卫祖国反对侵略者而战，……因为只有为着保卫祖国而战才能打败侵略者，使民族得到解放。只有民族得到解放，才有使无产阶级和劳动人民得到解放的可能。中国胜利了，侵略中国的帝国主义者被打倒了，同时也就是帮助了外国的人民。因此爱国主义就是国际主义在民族解放战争中的实施。"① 毛泽东的伦理思想，一方面主张弘扬中华民族在悠久历史文化基础上产生和发展起来的爱国主义精神，主张"为保卫祖国流最后一滴血"，倡导共产党人做爱国主义的模范。在《纪念孙中山逝世十三周年及追悼抗敌阵亡将士大会上的讲话》中，毛泽东指出："中华民族决不是一群绵羊，而是富于民族自尊心与人类正义心的伟大民族，为了民族自尊与人类正义，为了中国人一定要生活在自己的土地上，决不让日本法西斯不付重大代价而达到其无法无天的目的。我们的方法就是战争与牺牲，拿战争对抗战争，拿革命的正义战对抗野蛮的侵略战。这种精神，我们民族的数千年历史已经证明，现在再来一次伟大的证明。"② 在毛泽东看来，中华民族不但是一个勤劳勇敢的伟大民族，同时又是一个酷爱自由、富于革命传统的伟大民族。"中国人民，百年以来，不屈不挠、再接再厉的英勇斗争，使得帝国主义至今不能灭亡中国，也永远不能灭亡中国。"③ 另一方面又从共产主义事业出发，主张把爱国主义与国际主义统一起来，反对狭隘的民族主义，号召大家向国际主义战士白求恩学习，做国际主义的模范。"我们要和一切资本主义国家的无产阶级联合起来，要和日本的、英国的、美国的、德国的、意大利的以及一切资本主义国家的无产阶级联合起来，才能打倒帝国主义，解放我们的民族和人民，解放

---

① 毛泽东：《中国共产党在民族战争中的地位》，《毛泽东选集》第 2 卷，人民出版社 1991 年版，第 520—521 页。

② 毛泽东：《纪念孙中山逝世十三周年及追悼抗敌阵亡将士大会上的讲话》，《毛泽东文集》第 2 卷，第 113 页。

③ 毛泽东：《中国革命和中国共产党》，《毛泽东选集》第 2 卷，人民出版社 1991 年版，第 632 页。

世界的民族和人民。"① 1938 年 7 月 2 日，在延安同世界学联代表团的谈话中，毛泽东说："诸位代表着广大的国际学生团体来华视察，给我们以广大的同情，全中国人都感谢你们，我代表中国共产党与中国人民向你们致敬！希望你们回去之后，把中国伟大抗日战争的真相带给世界学生与人民。我们与你们永远团结起来，为中国的自由平等而战，为世界的永久和平与永久幸福而战！"② 在毛泽东一生的奋斗中，始终用爱国主义和国际主义相统一的道德观点教育中国人民，倡导既立足本国又放眼世界，以爱国主义实现国际主义的伦理要求，以国际主义生发爱国主义的伦理行为，使爱国主义和国际主义在新的起点和基础上统一起来。

二　毛泽东伦理思想的独特贡献

毛泽东伦理思想是在世界进入帝国主义和无产阶级革命时代，对新民主主义革命和社会主义革命的道德生活实际和伦理文化建设深度把握和科学总结的产物。"当毛泽东同志等中国共产党的缔造者们登上历史舞台的时候，中华民族正处在帝国主义、封建主义的黑暗统治之下，国家四分五裂，民族备受凌辱，军阀混战不已，人民在苦难中挣扎。"③ 毛泽东伦理思想产生和形成于 20 世纪前中期，当时时代的主要特点是战争与革命。1914 年第一次世界大战的爆发造成了革命形势，随后俄国爆发了十月社会主义革命。俄国十月革命开辟了无产阶级社会主义革命的新时代，这是毛泽东伦理思想产生的国际背景。十月革命对中国革命运动产生了极为重要的影响，一大批"赞成俄国革命的具有初步共产主义思想的知识分子"成长起来，认识到必须"走俄国人的路"，用马克思主义指导中国革命。因而，把马克思主义与中国实际结合起来，形成适合中国情况的科学指导思想，就成为时代的基本要求。近代中国工业的兴起和工人运动的发展，是毛泽东伦理思想产生的物质基础和阶级条件。新文化运动的兴起和马克思列宁主义的传播与引进，为毛泽东伦理思想的产生和形成准备了思想理

---

① 毛泽东：《纪念白求恩》，《毛泽东选集》第 2 卷，人民出版社 1991 年版，第 659 页。

② 毛泽东：《同世界学联代表团的谈话》，《毛泽东文集》第 2 卷，人民出版社 1999 年版，第 136 页。

③ 江泽民：《在毛泽东同志诞辰一百周年纪念大会上的讲话》，《江泽民文选》第 1 卷，人民出版社 2006 年版，第 340 页。

论条件。

　　毛泽东对马克思主义伦理思想的贡献表现在伦理学基础理论、共产主义道德原则和规范体系以及共产主义道德品质培育等方面。

　　毛泽东对道德的一般理论作出了科学的揭示与探讨。他运用唯物史观研究道德现象，对道德的根源和作用、道德的阶级性与共同性以及道德遗产的批判继承问题作出了科学的论述，丰富和发展了马克思主义的理论伦理学和道德哲学理论。毛泽东运用辩证唯物论和历史唯物论的基本原理论述新民主主义的新文化建设，科学地阐发了文化遗产和道德遗产的批判继承问题。在毛泽东看来，新文化在观念形态上反映了新民主主义的新政治和新经济，是为新政治新经济服务的。但新文化不是凭空产生的，而是吸取中国古代文化的精华，剔除糟粕发展而来的。毛泽东强调不能割断历史，认为今天的中国是昨天的中国发展而来的，"从孔夫子到孙中山，我们应当给以总结，承继这一份珍贵的遗产。"①

　　他结合中国革命的道德实际，创造性地论述了为人民服务、无产阶级革命的功利主义和革命人道主义思想，丰富和发展了马克思主义的规范伦理学理论。毛泽东在领导中国人民进行反帝、反封建的革命斗争中从革命的性质和目的出发，系统地阐述了为人民服务的道德宗旨。毛泽东指出，为人民服务就是要使我们的一切言论行动"必须以合乎最广大人民群众的最大利益，为最广大人民群众所拥护为最高标准"；就是要密切联系群众，与群众打成一片，"一刻也不脱离群众，一切从人民的利益出发，而不是从个人或小集团的利益出发"；② 就是要勇于为人民的利益而献身，冲锋在前，享受在后；就是要"以革命利益为第一生命，以个人利益服从革命利益，……关心党和群众比关心个人为重，关心他人比关心自己为重"。

　　他从培养无产阶级的先锋战士和理想人格出发，论述了共产主义道德品质和道德人格，丰富和发展了马克思主义的美德伦理学理论。结合民主革命的伟大实践，毛泽东对共产党人的品质进行了概括和总结。毛泽东指

---

　　① 毛泽东：《中国共产党在民族战争中的地位》，《毛泽东选集》第 2 卷，人民出版社 1991 年版，第 534 页。

　　② 毛泽东：《论联合政府》，《毛泽东选集》第 3 卷，人民出版社 1991 年版，第 1094—1095 页。

出，共产党员在八路军和新四军中，"应该成为英勇作战的模范，执行命令的模范，遵守纪律的模范，政治工作的模范和内部团结统一的模范。共产党员在和友党友军发生关系的时候，应该坚持团结抗日的立场，坚持统一战线的纲领，成为实行抗战任务的模范；应该言必信，行必果，不傲慢，诚心诚意地和友党友军商量问题，协同工作，成为统一战线中各党相互关系的模范。共产党员在政府工作中，应该是十分廉洁、不徇私情、多做工作、少取报酬的模范。共产党员在民众运动中，应该是民众的朋友，而不是民众的上司，是诲人不倦的教师，而不是官僚主义的政客。共产党员无论何时何地都不应以个人利益放在第一位，而应以个人利益服从于民族的和人民群众的利益。因此，自私自利，消极怠工，贪污腐化，风头主义等等，是最可鄙的；而大公无私，积极努力，克己奉公，埋头苦干的精神，才是可尊敬的。"①

他以唯物辩证法研究伦理学问题，创造性地提出了动机与效果辩证统一论，理论与实践相结合的道德修养论，丰富和发展了马克思主义的实践伦理学理论。在进行道德评价时究竟看一个人的行为动机还是看行为的效果？关于这个问题，在中外伦理学史上存在着不同的看法，有的主张动机论，有的主张效果论，有的试图把二者调和起来，毛泽东从辩证唯物主义观点出发，论述了动机与效果之间的关系。他说："唯心论者是强调动机否认效果的，机械唯物论者是强调效果否认动机的，我们和这两者相反，我们是辩证唯物主义的动机和效果的统一论者。"在毛泽东看来，检验一个人的主观愿望即其动机是否正确，是否善良，不是看他的宣言，而是看他的行为在社会大众中产生的效果。"社会实践及其效果是检验主观愿望或动机的标准"。② 真正的好心，就应当在事前顾及事后的效果，如果有了缺点错误，就必须进行完全诚意的自我批评，并决心加以改正。

就此而论，毛泽东伦理思想整体上推动了马克思主义伦理思想的理论创新，使其实现了中国化的伟大发展，开辟了马克思主义伦理思想发展的新天地。

---

① 毛泽东：《中国共产党在民族战争中的地位》，《毛泽东选集》第 2 卷，人民出版社 1991 年版，第 522 页。

② 毛泽东：《在延安文艺座谈会上的讲话》，《毛泽东选集》第 3 卷，人民出版社 1991 年版，第 868 页。

　　毛泽东伦理思想的独特贡献是实现了马克思主义伦理思想的一般原理与中国革命的道德实践及中国伦理文化优秀传统的结合。这种结合不是对马克思主义伦理思想的简单移植，也不是马克思主义伦理思想与中国传统的伦理思想的糅合或混合，而是在完整准确地把握马克思主义伦理思想基本精神的基础上的一种卓越的创造。即以马克思主义伦理文化为指导来审视和重估中国伦理文化，对中国伦理文化作出辩证唯物主义的理解与分析进而扬长避短；同时以马克思主义伦理文化的基本精神来指导中国革命过程中的道德建设，既注重保持民族道德的特色又将其纳入共产主义道德的轨道。这种创造性的结合使毛泽东伦理思想获得了理论与实践相统一、历史和现实相统一的品格，从而揭开了中国乃至世界伦理文化史上空前辉煌的一页。

　　毛泽东之所以能够对马克思主义伦理思想作出独创性的伟大贡献，根本原因在于他实现了马克思主义伦理思想的一般原理与中国革命的道德实践及中国伦理文化优秀传统的结合。这种结合不是对马克思主义伦理思想的简单移植，也不是马克思主义伦理思想与中国传统伦理思想的糅合或混合，而是在完整准确地把握马克思主义伦理思想基本精神的基础上的一种创造性的发展。这种发展既坚持马克思主义伦理思想的基本原理、立场和方法，并以此来指导中华民族的道德生活，使其实现激浊扬清的价值转化和境界提升，又对中国革命道德予以马克思主义的理论总结和概括，推动中国马克思主义伦理思想的发展与创新。毛泽东伦理思想是马克思主义伦理思想的基本原理与中国革命的具体道德实践及中国伦理文化的优秀传统相结合的产物，它在思想实质上是马克思主义的，而在表现形式上又是中华民族的，具有鲜明的中国特色、中国作风和中国气派。正是这种结合使其具有理想性与现实性相统一、阶级性与人民性相统一、功利性与道义性相统一等特征，从而揭开了中国乃至世界伦理文化史上空前辉煌的一页。

　　毛泽东成功实现了马克思主义伦理思想的一般原理与中国革命的道德实践及中国伦理文化优秀传统的结合，整体上推动了马克思主义伦理思想的理论创新，使其实现了中国化的新发展，开辟了马克思主义伦理思想发展的新天地。毛泽东伦理思想催生、孕育了井冈山精神、长征精神、延安精神、西柏坡精神和铁人精神、雷锋精神，培育了一大批共产主义的先锋战士，对中国革命道德、社会主义道德的形成和中国伦理文化的革命性变革产生了极为深远的影响。从某种意义上说，中国革命的伟大胜利是毛泽东伦理思想的伟大胜利，是毛泽东伦理思想孕育出来的革命精神和共产主义道德的伟大胜利。毛泽东伦理思想过去是、现在是、将来还必定是中国人民追求新的道德生活、建设新的伦理文化的动力源泉。

三　毛泽东伦理思想的历史地位

毛泽东伦理思想是毛泽东思想一个十分重要的组成部分，毛泽东伦理思想是马克思主义伦理思想的中国化，它的形成发展在中国土地上实现了从西方传来的马克思主义伦理文化与中国革命的道德实践及中国伦理文化优秀传统的结合，不仅使马克思主义伦理思想获得新的发展，成为马克思主义伦理思想发展史上的一种新的提升，而且使中国伦理文化发生了根本性的革命变革，形成中国伦理思想史上拔地而起的一座高峰，架通了由传统伦理向现代化的伦理过渡的现实的桥梁。毛泽东伦理思想在人类伦理发展史上具有极其重要的历史地位和历史意义。

古今中外的历史上，没有一个人的伦理思想能像毛泽东伦理思想那样拥有如此多的信奉者和实践者，它在影响几代人、十几亿人口道德生活方式的同时使其自身获得了超时空的力量，因此毛泽东伦理思想不再是一个单独的人的伦理思想，毛泽东的意志"不再是他青年时代苦苦呼唤的巨大伟人的意志，不再是他青年时代大力提倡的圣贤精神，不再是如红日孤悬在浩渺天际中透射出来的神秘的本源力量，而是象征着一个民族的智慧、冲动和毅力，象征着一个国家的历史、现实和理想。是博大精深的民族精神养育了他，创造了他，是 20 世纪前半叶苦难的中国召唤着他。"[①]毛泽东伦理思想是中华民族伦理精神的卓绝代表，是东方伦理思维和伦理智慧的象征，它的精义已化为炎黄子孙的行动信念，转为龙的传人的价值追求。因此，毛泽东伦理思想涵盖了毛泽东个人的伦理思想又超越了毛泽东个人的伦理思想，在数十年的岁月沉淀和价值整合中，它已经成为中华民族共同认可的"价值中心"并已经还将继续成为中华民族建设新伦理文化的价值源泉。毛泽东伦理思想已经成为时代精神和民族精神的化身。它标志和代表着中华民族普遍的伦理道德价值取向，不断地激励中华民族

---

① 　陈晋：《毛泽东的文化性格》，中国青年出版社 1991 年版，第 222 页。

向未来挺进，建设自己的国家和复兴伟大的文化。毛泽东伦理思想将继续指导中国人民的道德实践和中国现阶段的伦理建设，成为中国人民建设新的伦理文化的推动力量。

毛泽东伦理思想之所以在中国现当代伦理文化史上占有着如此显赫而又重要的地位，原因是多方面的，仅从社会或政治伦理的角度考察，是因为毛泽东无与伦比地将马克思主义伦理思想的基本原理同中国传统伦理文化的精华，同中国下层民众的伦理价值取向创造性地结合起来了，是他在马克思主义伦理思想的旗帜下敏锐地、深刻地把握住了中国社会政治、历史和伦理观中最深层的结构体系，将占中国人口最大多数人的利益、愿望、意志和要求，科学地挖掘、再现和总结出来，使潜在的巨大社会能量成为改造社会、推动伦理文明不断向前发展的直接的推动力和创造力。美国记者埃德加·斯诺在 20 世纪 30 年代的访问中曾经写道："毛泽东的生平故事是整整一代人的包罗丰富的横断面，是了解中国动向根源的一个重要指南。……你从这个人身上无论感到多少非凡之处，皆出自他集中并表达千百万中国人，尤其是农民的迫切要求，所达到的这种出神入化的境地。如果他们的要求和正推动他们向前的运动是能够使中国恢复生机的道理，那么在这样一个深层的历史意义上，毛泽东有可能成为一个非常伟大的人。"① 毛泽东对中国人民大众特别是农民的利益、价值和愿望之了解，简直达到了不可思议的程度，这就使他完全有可能急人民之所急，想人民之所想，总结概括出与人民大众利益和愿望相一致的伦理价值观和道德理想。毛泽东欣赏和器重劳苦大众，注重向人民大众学习，注重从人民群众中吸取智慧和价值营养。可以说民间伦理文化既是他"自我伦理意识"萌发的基础，又是他"社会伦理意识"形成的条件。他的伦理思想真正的源泉是中国社会的劳苦大众，他自己也深以为能够代表劳苦大众的利益讲话而自豪。在《民众的大联合》《为人民服务》和《论联合政府》等诸多文章中，他都是颇带理性自觉而且颇带情感自然地站在中国社会劳苦大众的立场上，为其正当合理利益作理直气壮的辩护，而中国革命正是在这种争取正当利益，使千百万劳苦大众获得自由和解放的旗帜下进行的。

---

① ［美］埃德加·斯诺：《红星照耀中国》，李方准等译，河北人民出版社 1992 年版，第 53 页。

当代美国史学理论家伊格斯和英国马克思主义史学家希尔斯等均强调真正高深的文化只有扎根泥土和底层才能形成，指出："如果从基层往上看，而不是从上头去看社会，我们就可能获得对整个社会和国家的较为确切的图景。"① 毛泽东具有农民本色和平民情怀，他有一颗伟大的对生活在底层的人们的同情心，他的伟大在于他始终心系人民，毛泽东伦理思想的深刻性和崇高性正在于它始终是以全心全意为人民谋利益作为终极关怀和至上价值目标的。

也许，同毛泽东的政治思想、经济思想、军事思想和文化思想相比，毛泽东伦理思想更会有它独特的精神魅力和相对永恒的意义。这其中的原因不仅在于它深入地洞见了人生的真义，发现了人生的真精神，而且在于它将人类伦理关系的思考纳入全新的价值框架，赋予至善至美的精神品性，从而照亮了人类伦理建设的漫漫通途。或许我们可以说，游击战运动战会随着现代军事科学和战争技术的发展成为历史，但是"人总是要有一点精神"和"为人民服务"的伦理信念却永远不会也不应该成为历史。如果毛泽东伦理思想连同它的价值内核真的完全成为历史，那既是我们民族的不幸也是人类的不幸。随着社会现代化进程的加快，伦理高于经济、高于政治的伦理化色彩自会减弱，但这丝毫不意味着人类不需要伦理甚至不需要自己的精神生活和人格。从人类文明发展的总流程上看，社会越是向前发展、越是现代化就越需要人格的现代化和伦理的现代化。健康的精神生活和新型合理的伦理道德始终是人类抵御物质化和工具化的有效武器。不管人类的物质文明发展到何种程度，人类总有肯认公正、平等、仁爱的价值的必要，而不至于去讴歌奢侈、浪费进而反对勤劳，反对进取，反对创造。就此一意义上讲，毛泽东伦理思想自会与中国人民的道德生活同在，有一种穿越历史时空的相对恒定价值！

毛泽东伦理思想是中国革命的宝贵财产，是整整一代中国人精神生活的横断面。毛泽东伦理思想的滋润催开了井冈山的精神之花和延安的精神之花，形成了名闻遐迩的井冈山精神和延安精神。井冈山革命斗争时期，红军战士吃红米饭、喝南瓜汤、睡门板、盖稻草，却精神振奋、斗志昂扬。当时流行一首歌谣："红米饭，南瓜汤，秋茄子，味好香，餐餐吃得

---

① A Medieval Sosiety: The West Midlands at the End of the Thirteenth Century, London, 1966.

精打光；干稻草，软又黄，金丝被儿盖身上；不怕北风和大雪，暖暖和和
入梦乡"，形象地描绘了红军战士以苦为荣、以苦为乐的革命乐观主义精
神和英雄气概。延安时期，由于共产党人和八路军战士大公无私，勇于为
民请命，保家卫国，使延安迅速成为一代青年向往、崇拜的革命圣地。艾
青曾写诗描绘延安的精神风貌："在这些山沟里有什么秘密，把它们向世
界宣布吧——我们的政府不进行财政的偷窃，没有购买外汇的官吏，没有
侵吞公款的职员，没有私带金条乘飞机到外国去的人，没有因大家消瘦而
肥胖起来的家伙。……一切为了反对法西斯主义，为了几万万人民的自
由与幸福，为了这个古老的国家的独立与解放，……所有的人们团结在
信仰的周围，一切的技术组织在共同的目的里，人人获得了自由、博爱
与平等。"① 在毛泽东伦理思想的指引与哺育下，中国共产党内涌现出
一大批杀身成仁、舍生取义的民族英雄：张思德、刘胡兰、董存瑞、江雪
琴……，他们正是为了"东风浩荡人欢笑"，面对着千重艰险不辞难，
"正为了祖国解放红日照大地，愿将这满腔热血染山川""不贪慕荣华富
贵，不留恋安乐温暖，威武不屈贫贱不移，百折不挠志如山""一生战斗
为革命，不觉辛苦只觉甜"。② 从某种意义上说，中国革命的伟大胜利是
毛泽东伦理思想的伟大胜利，是毛泽东伦理思想孕育出来的革命精神和共
产主义道德的伟大胜利。

　　毛泽东伦理思想不仅是 20 世纪中国宝贵的精神文化财富，也对世界
伦理文化的发展作出了重要的贡献。美国学者 R. 特里尔在《毛泽东传》
中指出："毛泽东不仅是中国的，而且是全世界的，他的影响早已超出了
他的国家。""毛泽东的伟大在于他的不屈不挠，在于他的精神锐气以不
可抵御之势注入世界意识中。在许多国家'毛泽东'这一有助于跨越文
化障碍的亲切的尊名，已成为大多数国家家喻户晓的用语。""不论怎样，
毛是我触及的历史人物中最伟大者之一，不论历史舞台怎样变幻，他永远
与中国与世界同在。"③ 毛泽东伦理思想不仅是中国一个时代民族伦理精
神的象征和中华民族当代伦理品格的标志，而且也以全心全意为人民服务

---

① 《艾青诗选》，人民文学出版社 1955 年版，第 195—197 页。
② 参阅歌剧：《江姐》"我为共产主义把青春献"一段歌词。
③ ［美］R. 特里尔：《毛泽东传》，河北人民出版社 1989 年版，第 2、486、493 页。

的伦理宗旨，社会主义集体主义的道德原则和大公无私的伦理品质，贡献给了世界伦理思想宝库以许多精湛的藏富，推动着世界伦理思想向着正义和光明的前途迈进，抒写了人类伦理思想发展的崭新篇章。

　　总之，毛泽东伦理思想是毛泽东思想一个十分重要的组成部分，它是马克思主义伦理思想的中国化，又是中国化的马克思主义伦理思想。它的形成与发展在中国大地上实现了从西方传来的马克思主义伦理思想与中国革命的道德实践及中国伦理文化优秀传统的结合，不仅使马克思主义伦理思想获得新的发展，成为马克思主义伦理思想发展史上的一座丰碑，而且使中国传统的伦理思想发生了根本性的革命变革，形成中国伦理思想史上拔地而起的一座高峰，架构了由传统伦理向现代伦理过渡的现实的桥梁。毛泽东伦理思想在人类伦理思想发展史上具有极其重要的历史地位和历史意义，它曾经影响几代中国人的道德观和道德生活方式，现在也不无影响，它是中国走向新的伟大复兴世纪的宝贵的伦理文化资源。毛泽东伦理思想是马克思主义伦理思想发展史上的一朵璀璨夺目的奇葩，是中国马克思主义伦理思想发展的关键性环节和核心点，也是中国马克思主义者对世界伦理文化作出的伟大贡献。

第四章 刘少奇、周恩来等对毛泽东伦理思想的创造性贡献

毛泽东伦理思想主要是毛泽东的伦理思想，但又绝不仅仅是毛泽东一个人的伦理思想，它实质上是以毛泽东为代表的中国共产党人的集体创造的结晶，集中着党和人民的智慧、需要和利益。在毛泽东伦理思想形成和发展过程中，刘少奇、周恩来、朱德、张闻天、陶铸等人也作出过重要贡献。

第一节 刘少奇对毛泽东伦理思想的发展和贡献

刘少奇（1898—1967），湖南省宁乡县人，著名的马克思主义理论家、政治家，党和国家杰出的领导人。在长期的革命斗争生涯和领导中国革命的过程中，注重把马克思主义伦理思想基本原理和中国革命的具体道德生活实践相结合，形成了刘少奇伦理思想。刘少奇伦理思想是毛泽东伦理思想的一个重要组成部分，它以无产阶级的革命道德即共产主义道德为中心，论及和阐明了伦理学的一系列根本问题。在实践上，对于新民主主义革命时期中国无产阶级革命道德的形成和发展、提高无产阶级队伍的战斗素质、鼓舞人民群众的革命斗志、促进中国革命胜利，起了十分重要的作用；在社会主义革命和建设时期，它对于提高共产党人和人民群众的道德水平、改善社会道德风尚、建设高度的社会主义精神文明，具有深远的影响。在理论上，它是马克思主义伦理思想同中国人民道德生活实际相结合的产物，对毛泽东伦理思想的形成、发展、丰富和完善具有重要意义。主要伦理著述有：《用新的态度对待新劳动》（1934年）、《论共产党员的修养》（1939年）、《论党》（1945年）等。

一　对道德阶级性的系统论述

刘少奇按照马克思列宁主义、毛泽东思想的基本原理，对阶级社会的道德作出了历史的科学的分析。他指出，人类社会是一种历史发展的过程，当人类社会发展到一定的历史阶段，就产生了阶级和阶级斗争。在阶级社会中，每个社会成员，作为一定阶级的人而存在，都在一定的阶级斗争的条件下生活。人们的社会存在，决定人们的思想意识，不同阶级的人们的思想意识，包括人们的道德意识，反映着不同阶级的地位和利益。在阶级社会里，道德是有阶级性的。历史上一切剥削阶级鼓吹的所谓"超阶级的、一般的道德，只是骗人的鬼话，事实上，是保障少数剥削者利益的'道德'。这种道德观，从来都是唯心的"。① 他们所讲的并不需要照着去做，甚至认为不可能照着去做。他们尽管满篇满口的"仁义道德""圣贤之道"，实际上是彻头彻尾的男盗女娼。"仁义道德""圣贤之道"，只不过是他们用于欺骗人民、压迫被剥削者的手段而已。无产阶级的共产主义道德具有鲜明的阶级性，"它公开宣称保障无产阶级解放和全人类解放的利益。"② 它是建立在历史唯物论的科学基础之上的，是人类历史上最伟大、最崇高的道德。

刘少奇指出，历史上一切剥削者要发展自己都必然损害别人，以损害别人作为发展自己的必要条件，把自己的幸福建立在别人的痛苦之上。所以剥削者相互之间不可能有真正的团结，不可能有真正的互助，不可能有真正的人类同情心。他们只会说假话，假装"圣人"和"公道的主持者"。无产阶级和一切剥削阶级完全相反，无产阶级内部没有基本利害的矛盾，无产阶级和其他被压迫被剥削的劳动群众之间也没有基本利害的矛盾。无产阶级要发展自己，求得自己的解放，不但不需要损害其他劳动人民的利益和发展，而且必须和其他劳动人民大众团结一致，共同奋斗。无产阶级的这种客观地位，决定了无产阶级的思想意识同剥削阶级的思想意识完全相反。只有无产阶级才具有真正的人类的同情心。他们一方面要用

---

① 刘少奇：《论共产党员的修养》，《刘少奇选集》上卷，人民出版社 1981 年版，第 134页。

② 同上。

无情的手段对付人民的敌人；另一方面对待自己阶级中的兄弟和同志们及一切被压迫、被剥削的劳动人民，具有伟大忠诚的友爱、热情和同情心，具有伟大的互助精神、牢固的团结精神、真正的平等精神。他们在思想上、政治上不甘心落后，而有极高的前进心，但他们同时又尊敬、爱护和帮助在这些方面强过他们的人，努力向他们学习，绝无嫉妒之心。他们极关心自己阶级和世界全体劳动人民的痛苦和困难，关心每一个地方的劳动者的解放斗争及其胜利和失败，表现出极大的同情心。他们爱护自己的同志和兄弟，对于自己同志和兄弟的弱点与错误，进行坦白诚恳的批评，绝不在原则上敷衍、迁就，更不去助长别人的错误。"他们能够对自己严格，对同志宽大。他们有坚定的严格的原则立场，光明、正直而严肃的态度，不在原则上作任何让步，不容许别人对阶级和人民的利益有任何损害，也不容许别人对自己的无礼侮辱，尤其是鄙视别人对自己无原则的奉承、阿谀和诌媚。他们反对一切无原则斗争，同时不使自己被牵扯到无原则的斗争中去，不被那些不负责任的、非法式的、在自己背后的批评所牵动的刺激，而丧失自己原则的立场、冷静的思考和镇定的态度。""这些都是现今社会中人类的正气"。①

总之，剥削阶级宣传超阶级的道德实质表达了剥削阶级的利益和愿望，无产阶级道德宣扬为无产阶级解放和人类解放服务。阶级性是阶级社会里道德的基本特性。

二　对共产主义道德原则的科学阐释

刘少奇结合共产党员的道德要求，系统地论述了共产主义道德的基本原则。他认为，"个人利益服从党的利益，地方党组织的利益服从全党的利益，局部利益服从整体的利益，暂时利益服从长远的利益，这是共产党员必须遵循的马克思列宁主义原则。"② 他指出，共产党是无产阶级的政党，除无产阶级解放的利益以外，共产党员没有自己特殊的利益。无产阶级的最后解放，必须是全人类的最后解放。无产阶级解放的利益，同一切

---

① 刘少奇：《论共产党员的修养》，《刘少奇选集》上卷，人民出版社 1981 年版，第 145、146 页。

② 同上书，第 129 页。

劳动人民解放的利益是一致的、分不开的。因此，无产阶级解放的利益、社会发展的利益，就是共产党的利益。党员个人的利益服从党的利益，也就是服从阶级解放的民族解放的、共产主义的、社会发展的利益。"一个共产党员，在任何时候，在任何问题上，都应该把党的利益摆在前面，把个人问题、个人利益摆在服从的地位。党的利益高于一切，这就是共产党员的思想和行动的最高原则。根据这个原则，在每个党员的思想和行动中，都要使自己和个人利益和党的利益完全一致，在个人利益和党的利益不一致时，能够毫不踌躇、毫不勉强地服从党的利益、牺牲个人利益，"必要时甚至不惜牺牲自己的生命。"这是共产主义道德的最高表现，是无产阶级意识纯洁的最高表现。"① 但是，这并不是说，共产党和共产主义道德，不承认党员的个人利益，要抹煞党员的个人利益，要消灭党员的个性。"党员总还有一部分私人的问题需要自己来处理，并且也要根据党员的个性和特长来发展自己。因此，党允许党员在不违背党的利益的范围内，去建立个人的以至家庭生活，去发展个人的个性和特长"，② 并在可能的条件下，顾全和保护党员个人的不可缺少的利益，如给以教育学习的机会，解决疾病和家庭问题，以至在反动派统治的环境下，在必要时还要放弃党的一些工作来保存同志等，使党员能够在无产阶级的革命事业中不断地发展自己，提高自己，以利于党的更大利益。我们的国家要求人民群众奉行集体主义道德原则，但并不意味着要求人民群众一味地牺牲或丝毫不能有自己的个人利益，恰恰相反，"我们的国家是充分地关心和照顾个人利益的，我们国家和社会的公共利益不能抛开个人利益，社会主义，集体主义不能离开个人利益，我们的国家充分保障国家和社会的公共利益，这种公共利益正是满足人民群众个人利益的基础。"③

在刘少奇看来，社会主义集体主义要求国家集体关心人民群众的个人利益，要求人民群众关心国家和社会的公共利益，这两个方面的有机统一构成社会主义集体主义的完整内涵。因此，我们的国家应反对不关心人民群众个人利益的官僚主义，我们的人民应反对把个人利益置于国家社会利

---

① 刘少奇：《论共产党员的修养》，《刘少奇选集》上卷，人民出版社 1981 年版，第 130、131 页。

② 同上书，第 135 页。

③ 同上。

益之上的个人主义或自私自利。1956 年 4 月刘少奇在全国先进生产者代表大会上发表祝词，提出与官僚主义作斗争的问题。指出官僚主义的最流行表现就是不关心职工群众的切身生活利益。"在社会主义社会中，国家的利益、集体的利益和劳动者个人的利益应当是一致的，其中没有不可调和的矛盾。国家企业、公私合营企业、合作社营企业的工人，国家机关中和文化、教育、卫生事业机关工作中的工作人员，合作社的农民，他们的劳动是为着国家和集体的利益，同时是直接为着他们个人的利益。而国家的利益则是劳动人民的共同利益，也是每个劳动人民最根本的利益。当然，把个人的利益跟国家和集体的利益对立起来，离开生产的发展而追求生活的改善，这种意见是不正确的。但是只注意增加生产，增加国家和集体的利益，而不注意增加劳动者个人的利益，也是不正确的。要求在发展生产的基础上逐步增加个人的收入，改善个人的生活，这是完全正当的和必要的。只有这样，劳动者的积极性才会不断提高，先进生产者运动才能获得巩固的基础。"[①]

刘少奇认为，只有坚决克服领导工作中的各种官僚主义倾向，正确处理国家利益、集体利益与个人利益的关系，才能使我们国家的经济、文化、建设得到普遍的持久的发展。1957 年 4 月，刘少奇在《关于中小学毕业生参加农业生产问题》一文中谈到，在社会主义建设时期，同样需要革命战争年代那种不计名利、艰苦奋斗、英勇牺牲的"傻子"精神。"在社会主义建设时期，还需要不需要这样的傻子呢？我们的理想是美丽的，我们的途程又是艰难的。祖国建设的各方面需要更多的这类傻子，需要更加发挥这样的傻劲。……我们要劝告一切干部和一切青年……要向那些傻子学，不要怕吃苦，不要怕自己吃了一点亏。必须懂得光想占便宜、生怕吃亏的人，是思想上、政治上不健康的人，是不值得信任的人。而为了国家和人民的利益不怕自己吃亏的人，才是高尚的、有道德的、脱离了低级趣味的人，才是真有理想，能够站得住脚、能够得到人民信任的人。……吃苦在前，享受在后，这是取得党和人民群众信任的基本条件。我们希望青年都能够向着这个方向锻炼自己，把自己锻炼成为'先天下

---

　① 刘少奇：《在全国先进生产者代表大会上的祝词》，《刘少奇选集》下卷，人民出版社1981 年版，第 199—200 页。

之忧而忧、后天下之乐而乐'这种美德的人。"① 刘少奇阐述了青年人应
该先公后私和把个人利益与国家社会利益结合起来的道理，认为那种专门
想占便宜和自私自利的人最终是要吃大亏的，而那种吃苦在前享受在后的
人最后将得到他所应得的待遇，这就是人类利益关系的辩证法。刘少奇的
这些思想是对毛泽东伦理思想的具体应用和发展，在社会主义建设时期极
大地推动了集体主义道德观念的形成。

三　对共产主义道德修养的系统论述

刘少奇认为，人类在和自然界的不断斗争中，不断地改造自然界，同
时也不断地改造着人类自身，改造着人们的社会关系。每一个无产阶级的
先锋战士，每一个革命者，都必须从各个方面加强自己的锻炼和修养，其
中包括共产主义道德品质的修养。他围绕共产党员的修养标准，系统地阐
述了共产主义道德修养的一系列理论和实践问题。

1. 道德修养的必要性和重要性

担纲解放全人类的历史使命需要加强道德修养。刘少奇说："共产党
员，是历史上最先进的革命者，是改造社会、改造世界的现代担当者和推
动者。共产党员是在不断同反革命的斗争中去改造社会、改造世界，同时
改造自己的。"② 共产党员作为改造世界的担当者，要完成这一伟大的历
史使命就必须加强自身的道德修养，只有在不断的道德修养中才能提高自
身的道德素质和精神境界。

实现共产主义事业需要加强道德修养。共产主义事业是人类历史上空
前伟大的事业，但是"共产主义事业的胜利，必须经过长期的艰苦的斗
争过程。没有这种斗争，就没有共产主义事业的胜利。"③ 实现共产主义
是一个艰苦漫长的历史过程，需要我们具备崇高的道德品质来战胜前进道
路上的一切艰难险阻，需要我们必须经过长期的艰苦的曲折的斗争。建设
共产主义社会更是人类历史上的一个崭新的任务，批判旧道德，建设新道

---

① 刘少奇：《关于中小学毕业生参加农业生产问题》，《刘少奇选集》下卷，第292—294
页。

② 刘少奇：《论共产党员的修养》，《刘少奇选集》上卷，人民出版社1981年版，第98—
99页。

③ 同上书，第123页。

德始终是建设共产主义社会所最为需要的，这就决定了共产党员的道德修养将是一个长期的过程。

　　保持共产党的先进性和战斗力需要加强道德修养。中国共产党是中国最先进的阶级无产阶级的先锋队组织，集中了中国最先进的分子。但是，毋庸讳言的是，在中国共产党内部，也存在良莠不齐的现象。刘少奇一方面充分肯定了中国共产党是世界上最好的共产党之一，"代表中国社会中最先进最光明的方面，""集中着中华民族最优秀的儿女"；但另一方面"在我们的组织中还不是尽善尽美的，还不是没有缺点和错误的。在我们的队伍中还不是没有不健全的人以至坏人的"。因此，"共产党就有改造社会的任务，党员就有改造自己的必要，就有修养和锻炼的必要。"他指出，共产党员不仅在夺取政权的斗争中即在"艰苦的、困难的以至失败的革命实践中"要加强自己的道德修养，在无产阶级革命胜利后，即在"顺利的、成功的、胜利的革命实践中"，为了保持共产党员的先进性更要加强自身的道德修养。

　　道德修养的可能性在于人性是可变的，道德典范是可以学习的。在刘少奇看来，人性不是一成不变的，而是可变的，而且完全可能朝着不断完善的方向变化发展。他说，"人类本身，人类社会，是一种历史发展的过程……人们的社会存在，决定人们的思想意识"，① 也决定着人本身的性质。在原始社会，人们共同生产，共同劳动和消费，形成了原始的、共同的人性；到了阶级社会，人性就表现为阶级性；到了共产主义社会，人们的阶级区别消灭了，人们的阶级特性也随之消灭。他认为，人性的这种可变性不仅贯穿于整个人类的发展进程之中，而且反映在每个人的身上。人性的可变性说明人们进行道德修养实现自身完善是具有内在的可能性的，道德修养对于人的完善具有积极的作用。他明确肯定"我们应该把自己看作是需要而且可能改造的"，而"不要把自己看作是不变的、完美的、神圣的，不需要改造、不可能改造的。"② 道德修养之所以需要，就是因为没有人天生就是完善的，道德修养之所以可能，就是因为人性是可变的、具有可塑性。刘少奇在道德修养上主张树立理想的道德人格和道德楷

────────────

① 刘少奇：《论共产党员的修养》，《刘少奇选集》上卷，人民出版社 1981 年版，第 98 页。
② 同上。

模，但他不是把古代圣贤作为道德楷模，而主张把"马克思列宁主义创始人一生的言行、事业和品质，作为我们锻炼和修养的模范"，努力"学习马克思和列宁的思想和品质，做马克思和列宁的好学生。"他指出，"有人说，马克思列宁主义创始人那样伟大的天才革命家的思想和品质，是学习不到的，要把自己的思想和品质提高到马克思列宁主义创始人的思想和品质那样的高度，也是不可能的"的观点是不对的。在刘少奇看来，我们普通的党员或干部，今天远没有马克思列宁主义创始人那样高的天才，那样渊博的科学的知识，我们大多数的同志在无产阶级革命理论方面不能达到他们那样的高深和渊博。但是，马克思主义是可以学习的，我们的同志只要真正有决心，真正自觉地始终站在无产阶级先锋战士的岗位，真正具有共产主义的世界观，并且始终不脱离当前无产阶级和一切劳动群众的伟大而深刻的革命运动，努力学习、锻炼和修养，那么，"掌握马克思和列宁主义的理论和方法，在工作和斗争中培养马克思和列宁那样的作风，不断提高自己的革命品质，成为马克思、列宁式的政治家，这是完全可能的。"①

2. 共产主义道德修养的实质和目的

共产主义道德修养不同于传统道德修养，"古代许多人的所谓修养，大都是唯心的、形式的、抽象的、脱离社会实践的东西。他们片面夸大主观的作用，以为只要保持他们抽象的'善良之心'，就可以改变现实，改变社会和改变自己。这当然是虚妄的。"②刘少奇认为，道德修养从根本上说并非闭门内省，而是一种实践活动。修养不是简单地觉悟先验具有的东西，而是在实践活动中锻炼和培养自己善的品性。"我们共产党员的修养，是无产阶级革命家所必需的修养。"共产党员的修养，包括共产党员的道德修养，就是"用无产阶级的思想意识去同自己的各种非无产阶级思想意识进行斗争；用共产主义的世界观去同自己的各种非共产主义的世界观进行斗争；用无产阶级的、人民的、党的利益高于一切的原则去同自己的个人主义思想进行斗争。"③共产主义的道德修养是一个自觉地以共

----

① 刘少奇：《论共产党员的修养》，《刘少奇选集》上卷，人民出版社 1981 年版，第 105 页。

② 同上书，第 109 页。

③ 同上书，第 121 页。

产主义的世界观、人生观和道德观去克服和肃清各种非无产阶级的世界观、人生观和道德观的斗争过程。

道德修养的目的就是要把自己锻炼成为一个忠诚纯洁的共产主义战士，成为有高尚的共产主义道德品质的人。共产党员道德的五条基本要求，也是共产主义道德修养的五个目标。第一，必须"有明确坚定的无产阶级立场"，"他对待人类的蟊贼，能够坚决地进行斗争，能够为保卫党的、无产阶级的、民族解放和人类解放的利益和敌人进行坚持的战斗"，有着"'富贵不能淫、贫贱不能移、威武不能屈'的革命坚定性和革命气节"；第二，必须有"最大的革命勇敢"，"没有任何私心"，"没有做过'亏心事'"，所以能"无所畏惧"，"永远不怕真理，勇敢地拥护真理，……为真理而战斗"，甚至"牺牲自己的生命"；第三，必须"最好地学习到马克思列宁主义的理论和方法"，"有明确而坚定的无产阶级立场和马克思列宁主义的修养"，能够"实事求是，在革命实践中检验一切理论和是非"，能够"把马克思列宁主义的普遍真理和革命的具体实践结合起来"；第四，必须"最诚恳、坦白和愉快"，"在党内没有要隐藏的事情"，要能够做到"慎独"，不做任何坏事，"绝不害怕别人去检查"，"不畏惧别人的批评，同时他也能够勇敢地诚恳地批评别人"；第五，必须"有最崇高的自尊心、自爱心"，"没有私人的目的和企图要去奉承人家，也不要人家奉承自己。他在私人问题上善于自处，没有必要卑躬屈节地去要求人家帮助"。①

共产主义道德修养要求共产党员要从马克思列宁主义的理论学习和革命实践中，来建立自己的共产主义世界观，建立自己的无产阶级的坚定立场，培养马克思和列宁那样的作风，不断提高自己的革命品质。通过修养要使自己能够始终把个人利益服从于党的、无产阶级的、人民的利益，为了党的、无产阶级民族解放和人类解放的事业，能够毫不犹豫地牺牲个人利益，甚至牺牲自己的生命；能够忠诚热爱、热心帮助、平等对待一切同志、革命者和劳动人民，关心他人、体贴他人；能够为保卫党的、无产阶级的、民族解放和人类解放的利益和敌人进行坚决的斗争；能够"先天

---

① 刘少奇：《论共产党员的修养》，《刘少奇选集》上卷，人民出版社1981年版，第131—133页。

下之忧而忧，后天下之乐而乐"，吃苦在前，享受在后，不同别人计较享受的优劣，而同别人比较革命工作的多少和艰苦奋斗的精神；能够在患难时挺身而出，在困难时尽自己最大的责任；能够有"富贵不能淫，贫贱不能移，威武不能屈"的革命坚定性和革命气节；能够坚持真理，无私无畏、诚恳坦白，自尊自爱，忍辱负重，等等，具有人类最伟大、最高尚的一切美德。

　　加强共产党员的修养，需要继承传统美德。刘少奇认为："共产党人应该是具有人类最伟大、最高尚的一切美德。"① 无产阶级革命的重要任务之一，就是要把数千年来在阶级社会中受旧习惯、旧传统影响的人类逐渐地改造过来，提高成为大公无私的人类。对传统道德的批判继承应是共产主义道德建设的一个重要组成部分。他指出，中国古代许多剥削阶级代表人物所谓的道德，其实质是为了保障少数剥削者的利益，大都是唯心的、形式的、抽象的、脱离社会实践的东西，其目的是为了欺骗人民、压迫被剥削者。无产阶级的共产主义道德完全不能采取这种态度，它必须同一切剥削阶级的思想意识作坚决的斗争，消除由此造成的人类社会中长期存在的各种落后、愚昧、自私自利、尔虞我诈、互相损害、互相残杀等现象以及由此带来的极坏的影响。同时要学习历史上的一切优秀遗产，包括优秀的道德遗产，来充实、丰富和发展共产主义道德。为此，刘少奇在这方面作了可贵的尝试，为丰富马克思主义思想的理论宝库作出了重要贡献。在许多对共产主义道德的论述中，他引用了我国古代思想家的有关言论，提取了其思想中积极进步的因素，赋予其全新的意义，如以"先天下之忧而忧，后天下之乐而乐，"说明共产主义者崇高的道德情操和理想；以"富贵不能淫，贫贱不能移，威武不能屈"，说明共产主义者的革命坚定性和革命气节；以"杀身成仁，舍生取义"，说明共产主义者的自我牺牲精神；用"人皆可以为尧舜"，论证共产主义道德修养的可能性；用"慎独"，强调共产主义道德的自觉性，等等。对人们加深对共产主义道德的理解，认识共产主义道德的崇高和伟大，继承中华民族优良的道德传统，具有重要的启发和指导意义。

---

① 刘少奇：《论共产党员的修养》，《刘少奇选集》上卷，人民出版社 1981 年版，第 133 页。

　　与重视共产主义道德修养相联系，刘少奇也十分重视共产主义道德教育。在他看来，无产阶级政党建设中最主要的问题，"首先就是思想建设问题，就是以马克思列宁主义——无产阶级的科学思想去教育与改造党员的问题，""同各种非无产阶级思想进行斗争并加以克服的问题。"① 因此要使无产阶级及其先锋战士和革命者，具有高尚的共产主义品质，除了促使他们加强自身的道德修养之外，还要对他们进行全面系统、认真严肃的共产主义道德教育。要用马克思列宁主义的基本理论和共产主义道德理论教育共产党员和革命者，使他们懂得，共产党是无产阶级的政党，除无产阶级解放的利益以外，共产党没有自己特殊的利益。无产阶级的最后解放，必然是全人类的最后解放。共产党人必须时时处处视党的利益、人民的利益高于一切，以个人利益服从党和人民的利益，从而在思想和行动上，在工作和生活中严格要求自己，成为一个具有高尚的共产主义道德品质的人。同时还必须加强对工人农民及其他劳动群众的教育，用共产主义的革命理论和道德来吸引和影响广大群众，提高他们的阶级觉悟和道德觉悟，使广大群众不论在什么困难的情况下都不动摇对共产主义的信仰，跟着共产党走，消除剥削阶级在群众中长期造成的影响及由此而存在的各种落后、愚昧、自私、自利、尔虞我诈、互相损害、互相残杀等现象。"要把数千年来生活在阶级社会中受了各种旧习惯、旧传统影响的人类逐渐地教育改造过来，提高成为有高等文化程度和技术水平的、聪明的、大公无私的、共产主义的人类。"② 共产主义道德教育，要始终贯彻理论与实践相结合的原则，通过无产阶级的革命道德实践，对广大党员和人民群众进行共产主义道德教育，使人们学会用马克思列宁主义的立场、观点和方法，以及共产主义道德的原则规范等去解决实际工作和生活中的各种问题，正确处理各种关系，反对理论脱离实际的空谈和说教。要以马克思、列宁、毛泽东等无产阶级革命家的思想、作风和品质为典范，学习他们高尚的共产主义道德情操，做他们的好学生。要积极鼓励和宣传人民群众中具有共产主义道德品质的先锋和模范，充分发挥榜样的教育作用。同时主

---

　　① 刘少奇：《论党》，《刘少奇选集》上卷，人民出版社 1981 年版，第 327 页。
　　② 刘少奇：《论共产党员的修养》，《刘少奇选集》上卷，人民出版社 1981 年版，第 125页。

张积极的思想斗争，把批评和自我批评作为教育党员和人民及其自我教育的方式，对于犯错误的同志采取说服的教育和积极疏导的态度，一方面要严格、不放任；另一方面要热情帮助，给予改过纠错的机会。要把严格和热情结合起来，反对放任和冷酷，不要"不教而诛"。对经教育不改者，可以给予处分，处分也是为了教育。通过正反两个方面的教育，发扬和提高无产阶级的正气，克服一切非无产阶级的邪气。

刘少奇是杰出的马克思主义理论家和伦理思想家。刘少奇的《论共产党员的修养》是一篇专论共产党员道德修养的马克思主义文献，不仅深刻论述了共产党员为什么要加强道德修养，怎样进行道德修养等问题，而且对共产主义道德的实质和特点作出了科学的阐释，指出共产主义道德之所以伟大，就在于它不是建筑在保护个人和少数剥削者的利益的基础上，而是建筑在无产阶级和广大劳动人民的利益的基础上，建筑在最后解放全人类、拯救世界脱离资本主义灾难、建设幸福美好的新生活的基础之上，建筑在马克思列宁主义科学共产主义的理论基础之上。除了共产主义道德这种最伟大、最崇高的道德以外，在阶级社会中没有什么比这更伟大、更崇高的道德。把道德观建立在历史唯物主义的科学基础上，公开地宣称自己的道德是为保障无产阶级解放全人类的战斗利益服务的，这就是共产主义道德的实质。共产主义道德要求正确处理个人利益同党的利益、阶级利益、社会整体利益的关系，使个人利益服从党和社会集体利益，与个人主义道德原则作坚决的斗争。集体主义是共产主义道德的基本原则，是我们处理一切问题的总原则。刘少奇还专门对共产党员的道德修养作了全面深刻的论述，十分关注共产主义道德在中国的进一步发展，并对如何在全党和全社会弘扬共产主义道德作了颇富创发性的探讨，丰富并发展了毛泽东伦理思想。

第二节　周恩来对毛泽东伦理思想的发展和贡献

周恩来（1898—1976），江苏省淮安人，伟大的马克思列宁主义者、中国无产阶级革命家、中国共产党和中华人民共和国的卓越领导人，也是毛泽东伦理思想形成和发展的主要参加者和贡献者。早在民主革命时期，周恩来就十分注重伦理道德问题的研究，发表了大量论及伦理道德问题的讲话和文章，对蒋介石所宣扬的"四维八德"的抽象的伦理思想给予了尖锐的批判，对国民党所宣扬的法西斯主义道德观给予了猛烈地抨击；同时在革命根据地道德建设的问题上，主张清除非无产阶级的道德意识，加强革命根据地的道德风气建设，建立良好的军民、军政和官兵关系。中华人民共和国成立以后，周恩来主持政务院后改为国务院的工作，他结合社会主义革命和社会主义建设的形势和任务，撰写了不少有关伦理道德问题的文章，并在许多讲话和文稿中对在社会主义时期如何进行社会主义道德建设发表了很好的看法。遗著编有《周恩来选集》（上、下卷，由人民出版社分别于 1980 年和 1984 年出版）。主要伦理著述有：《我的修养要则》《怎样做一个好的领导者》《在上海鲁迅逝世十周年纪念会上的演说》《学习毛泽东》等。

一　对为人民服务和集体主义原则的阐述

诚恳老实地为人民服务，这是周恩来伦理思想的核心，是对毛泽东全心全意为人民服务思想的形象化、具体化和深化。他号召人们"要诚诚恳恳、老老实实地为人民服务"，"应该像头牛一样努力奋斗，团结一致，为人民服务而死。"① 他指出，为人民服务，必须把对人民的热爱和对敌人的憎恨有机地结合起来，"要有所恨，有所怒，有所爱，有所为"。对人民，要像孺子一样地为他们做牛，诚恳老实地为他们服务，为他们的利益而奋斗。对敌人，要横眉冷对，无所畏惧，以眼还眼，以牙还牙。他认为，为人民服务的首要前提是尊重人民，信任人民，关心人民。他告诫全党不要脱离群众，要深入群众，要相信群众的力量，尊重人民的意见，向群众学习，自觉地爱护民众，保护民众的利益，所做的一切都应该有利于人民。在《四八烈士永垂不朽》一文中，周恩来盛赞王若飞、博古、叶挺、邓发、黄齐生等烈士（他们于 1946 年 4 月 8 日由重庆飞返延安时不幸遇难）的功德，指出他们是人民的英雄、群众的领袖、青年的导师和坚强不屈的革命战士。"你们是中国人民的瑰宝。""若飞！你最后一句话，是为中国人民及其代表所受到统治者的压迫鸣不平的。我记住，我永

---

① 周恩来：《在上海纪念鲁迅逝世十周年纪念会上的演说》，《周恩来选集》上卷，人民出版社 1980 年版，第 241 页。

远记住。我敢向你保证：万万以上的中国人民已经觉醒了，已经起来了，中国共产党在毛泽东同志思想领导下永远不会离开他们的。我们要为人民的中国、人民的世纪奋斗到底！""你们每一个人的优点和成就，都是人民中的希望。我们要向你们学习。"① 把革命烈士遗留下来的为人民服务的精神发扬光大，永远坚持下去。

周恩来认为，要全心全意为人民服务，做人民大众的老黄牛，就必须正确处理个人利益和社会集体利益的关系，坚持社会主义的集体主义，反对资产阶级的个人主义。集体主义是社会主义的道德原则，是从无产阶级的劳动和阶级斗争中发展起来的。无产阶级同现代大工业相联系，本质上最具有集体性；无产阶级要获得自己的翻身解放，也只有依靠无产阶级集体才能得到实现。集体主义作为无产阶级道德的基本原则体现了无产阶级个人利益和集体利益的有机统一。在周恩来看来，集体主义道德原则强调集体利益但并不否定正当的个人利益。因为无产阶级的整个集体是由无数个人所组成的。集体主义正是要充分发挥无产阶级个人的作用和保护、促进无产阶级个人利益。与毛泽东一样，周恩来谈到了公私两利或公私兼顾的问题，认为集体主义在一般情况下总要考虑既对公有利，又对私有利，实现个人利益与集体利益的结合。他指出："如果个人或少数人利益与大多数人不冲突时，则大多数加少数；如果少数人或个人利益与大多数发生根本冲突时，则抛弃少数而顾大多数。"② 同时必须把注重的重点放在长远利益上面，不能只看到眼前的利益而忽视了长远利益。"一切只顾个人不顾社会、只顾局部不顾全体、只顾眼前不顾将来、只顾权利不顾义务、只顾消费不顾生产的观点和行为，都是必须反对的。"③ 但是，集体主义在个人利益与社会集体利益发生矛盾或冲突的情况下，要求个人利益服从社会集体利益，要求先公后私或把集体利益摆在第一位，把个人利益摆在第二位。如果我们能以先公后私的原则来安排生活，那就无愧于社会主义

① 周恩来：《四八烈士永垂不朽》，《周恩来选集》上卷，人民出版社1980年版，第234—235页。

② 周恩来：《新民主主义的经济建设》，《周恩来选集》上卷，人民出版社1980年版，第305页。

③ 周恩来：《把我国建设成为强大的社会主义的现代化的工业国家》，《周恩来选集》下卷，人民出版社1980年版，第145页。

社会的公民。先公后私即是集体主义，先私后公则是资产阶级个人主义。个人主义可以有各种不同形式和不同程度的表现，但是个人主义总是与集体主义对立，其思想根源都是从属于资产阶级的。我们党主要的危险就是资产阶级个人主义思想。共产党员和党的干部，必须一切从集体出发，"反对任何共产党员由满腔热忱、勤勤恳恳地全心全意为人民服务的高贵品质堕落到资产阶级卑鄙的个人主义。"① 个人主义就是只顾个人的利益，而不顾集体的利益，不顾人民大众的利益的思想观念。对个人主义，我们必须反对。"犯有资产阶级个人主义严重错误的同志，只能听好的，不能听坏的，成绩既冲昏了头脑，利欲就必定会熏心，蒙蔽了共产主义的良知，这是最危险不过的事了。"② 他号召全党全国人民引起注意，提高警惕，增强团结，不断克服骄傲情绪，以缩小资产阶级个人主义的市场，理直气壮地同资产阶级个人主义作斗争。

周恩来还认为，在社会主义革命和建设时期的中国，不能孤立地讲公私兼顾，"而一定要在服从国家经济领导的条件下讲公私兼顾，就是说要在符合全国最大多数人民的最高的和长远的利益的原则下照顾私人利益。"③ 周恩来的这些论述，既论述了集体主义与个人主义的本质对立，又深刻阐发了集体主义与个人正当利益的关系，认为集体主义要求实现个人利益与社会集体利益的兼顾与统一，但又不是孤立地讲二者的统一，而是必须在追求集体利益和长远利益前提下的兼顾与统一，是一种把集体利益放在第一位、个人利益放在第二位的兼顾与统一。这些论述对毛泽东伦理思想既有继承和捍卫又有丰富和发展，在 20 世纪 50 年代学习毛泽东思想和著作的过程中具有重要的意义。

二　对革命人道主义和爱国主义的论述

革命人道主义思想在周恩来伦理思想中占有重要地位。他历来主张革

---

① 周恩来：《增强党的团结，反对资产阶级个人主义》，《周恩来选集》下卷，人民出版社1980年版，第 119 页。

② 周恩来：《增强党的团结，反对资产阶级个人主义》，《周恩来选集》下卷，人民出版社1980年版，第 123 页。

③ 周恩来：《三反运动与民族资产阶级》，《周恩来选集》下卷，人民出版社1980年版，第82—83 页。

命队伍中的同志之间应该有同志式的友爱，像兄弟一样。要尊重自己、尊重别人、同时互相尊重。在革命武装建立初期，由于受旧军队影响，存在有长官打骂士兵甚至施以肉刑的现象。对此，周恩来明确指出，革命军队的军风军纪的建立，部队的巩固，是建筑在政治的觉悟之上的，而不是依靠皮鞭、军棍、打骂及肉刑的。必须禁止肉刑与打骂，禁止克扣军饷。长官要爱护士兵，干部要爱护群众，军队要爱护老百姓，在干群之间，军队和人民之间，党和人民之间建立无产阶级的阶级友爱。对于人民的敌人，要有所恨，横眉冷对，但对那些已经放下武器、不再与人民为敌的人，则要用革命的人道主义来对待。尽管他们以前与人们为敌，残杀了无数仁人志士，坑害了成千上万的老百姓，但是，只要他们能够认清是非、幡然悔悟，真心实意地作出有利于人民事业的表现，就应表示欢迎，就应给予宽大待遇，经过教育改造，使他们重新做人。

周恩来主张坚持国际主义和爱国主义，新中国成立后，周恩来长期主持外交工作，为发展中国人民同世界各国人民的友谊作出了巨大贡献。在这个过程中他十分强调国际主义和爱国主义精神，阐明了他的国际主义和爱国主义思想。他指出，"每一个民族都有它的优点，值得我们尊重和学习。要肃清狭隘的民族主义思想，确立国际主义思想。"① 中国人民是热爱和平的。我们要在独立、平等、互利和互相尊重领土主权的基础上，同世界各国人民建立友好的关系。要关心和支持各国人民的革命斗争和正义事业，团结世界各国人民，巩固和发展国际主义的和平力量。同时要"坚持爱国主义""反对失去民族自信心的、投靠大国接受其奴役和剥削的世界主义。"② 我们的爱国主义是社会主义的爱国主义，是在国际主义指导下的加强民族自信心的爱国主义，不是资产阶级的沙文主义，不是狭隘的民族主义。我们反对失去民族自尊心和自信心的、投靠大国的"世界主义"，那种"说中国一切都好或一切都不好，都是不对的，应该批判地接受一切中外的文化。"③ 要热爱社会主义祖国，反对没有立场地对资本主义文明的盲目崇拜。反对因新中国的胜利而表现出狭隘的民族主义和

---

① 周恩来：《我们的外交方针和任务》，《周恩来选集》下卷，人民出版社 1980 年版，第90 页。

② 同上书，第 91 页。

③ 同上。

大国主义。

三　对革命人生观及其优秀品质的论述

周恩来认为，树立正确的世界观和人生观，是全心全意为人民服务的思想基础，因此，他十分强调共产党员尤其是党的领导干部，"要有坚定的马列主义的世界观和革命的人生观。"① 要坚持马列主义一切从实际出发，实事求是的思想路线，反对脱离实际的空头政治、主观主义和形而上学，要相信人民群众的力量，尊重群众的意见，一切对人民负责，做到"（1）与群众接近和联系，在某种程度上要与他们打成一片；（2）倾听群众意见；（3）向群众学习；（4）教育群众，不做群众的尾巴。"② 将教育群众与向群众学习结合起来，做群众的知心朋友。反对个人英雄主义和风头主义。要把马列主义的世界观和革命的人生观结合起来，把正确的思想和高尚的行为融为一体。要有"憎爱分明的阶级立场，言行一致的革命精神，公而忘私的共产主义风格和奋不顾身的无产阶级斗志。"③ 树立为共产主义事业而奋斗的远大理想和全心全意为人民服务的崇高信念，把个人利益服从于集体利益，献身于民族的解放、阶级的解放和全人类的解放事业，在革命斗争中培养和锻炼自己的无产阶级品质。

周恩来认为，一个共产党员和革命者，必须要在社会实践中改造自己的思想。思想改造是长期的任务，"一个共产党员如果以为自己改造完成了，不需要再改造了，他就不是好的共产党员。我常说，改造没个完，一直到死，那时也不能说改造够了，只是比现在好一点。改造是好事，不是坏事"，"改造，包括对非马克思主义思想和习惯势力的改造。"④ 改造的目的，就是确立马克思主义的世界观和革命的人生观，树立全心全意为人

---

① 周恩来：《怎样做一个好的领导者》，《周恩来选集》上卷，人民出版社1980年版，第128页。

② 周恩来：《怎样做一个好的领导者》，《周恩来选集》上卷，人民出版社1980年版，第131页。

③ 周恩来：《学习雷锋》，《周恩来选集》下卷，人民出版社1980年版，第417页。

④ 周恩来：《在文艺工作座谈会和故事片创作会议上的讲话》，《周恩来选集》下卷，人民出版社1980年版，第335页。

民服务的思想，培养自己的共产主义品质。他强调要经常不断地、有意识地对党员干部进行无产阶级道德品质教育，以纯洁党的队伍。他认为，政治工作人员和党的干部必须以身作则，起模范带头作用，必须在思想上政治上行动上能够作群众的模范，忠实于共产主义，以百折不挠的意志、艰苦耐劳的作风，去影响群众；以谦逊和睦的态度、耐心说服的精神，去团结群众去教育群众。要严于律己、宽以待人，对于有缺点错误的同志，本着团结的愿望，开展积极的批评教育，通过批评教育达到纠正缺点、改正错误的目的，在新的基础上达到新的团结。他指出，共产党员尤其是党的领导干部要自觉地加强自己的道德修养。要胸怀宽广、豁达大度，以党和人民的利益为重，不计较个人的得失、荣誉；要敢于正视自己的错误，并能勇于改正；要善于团结同志，团结那些自己不喜欢和不愿意接近的同志；要养成艰苦奋斗、勤俭朴素的作风。周恩来十分推崇列宁和毛泽东的工作作风，认为列宁的工作作风是"俄国人的革命胆略"再加上"美国人的求实精神"；毛泽东的工作作风是"中华民族的谦逊实际；中国农民的朴素勤勉；知识分子的好学深思；革命军人的机动沉着；布尔什维克的坚韧顽强。"① 要自重自爱自洁，自觉抵制各种腐朽思想的诱惑，要戒骄戒躁，谦虚谨慎，永葆优良的革命传统。在《团结广大人民群众一道前进》中，周恩来对年轻人谆谆教诲，要谦虚谨慎，要戒骄戒躁。他说："党内每个人都有长处，我们应该互相学习。党外人士也有许多长处，我们也应该向人家学习。"② "青年人一定要非常谦虚，不要骄傲，应该觉得自己差得很；事情还做得很少。"③ 周恩来特别强调团结，认为中国革命是非常艰苦的，需要党和人民的精诚团结；中国革命胜利以后的任务是非常艰巨的，需要社会各界力量的亲密团结。团结广大人民群众一道前进，这是我们事业胜利的必要保证。因此，他强调，"要团结广大的非党人士，要同党外人士合作。""我们还要团结所有能够争取的人。这就是说，对自己应该自勉自励，应该严一点，对人家应该宽一点，'严以律己，宽

---

① 周恩来：《怎样做一个好的领导者》，《周恩来选集》上卷，人民出版社 1980 年版，第132 页。

② 周恩来：《团结广大人民群众一道前进》，《周恩来选集》上卷，人民出版社 1980 年版，第 327 页。

③ 同上书，第 328 页。

以待人。'"① 团结更多的人与我们一道走，这样事业才能发达。他认为，加强道德修养的最好途径是加紧学习马列主义、毛泽东思想，深入到群众中去，深入到实践中去，从群众和实践中吸取丰富的营养。反对脱离实际的理论空谈和脱离人民群众的社会实践的闭门思想。他为自己订立的修养要则中就明确地告诫自己：要加强学习；永远不与群众隔离，向群众学习；过集体生活，注意调研，遵守纪律；同自己的他人的一切不正确的思想意识作原则上的坚决斗争；发扬自己的长处，纠正自己的短处；② 等等，反映了他进行道德修养的高度自觉性，在对别人进行不断的道德教育的同时，对自己也提出了极高的道德要求。他的一生就是不断地进行自我教育和自我修养的一生。

四　对剥削阶级道德意识和观念的批判

周恩来在阐述和宣传共产主义道德的过程中，还十分注意对剥削阶级道德意识的批判和对优秀道德遗产的肯定和继承。他认为，要建设文明强大的新中国，就必须铲除或改造封建地主阶级、资产阶级和反动军阀、官僚的旧道德、旧伦常和顽固思想，清除社会上存在的各种不文明、不道德的习惯和现象。他指出，一切剥削阶级的道德观，实质上都是抽象的唯心主义的道德观。损人利己、唯利是图、投机取巧，是剥削阶级及其道德的本质。他特别对蒋介石鼓吹的诚论和"四维八德"的抽象道德观进行了深刻的批判。他指出，蒋介石"强调诚，但他是最不诚的。从第一次国共合作到这次抗战合作，对苏对共对人民，也就是对革命对抗战，他都没有诚意。并且他讲诚，是要别人对他诚心诚意地盲从，他对别人却丝毫也没有诚意的。"他要消灭共产党，便装着"不诚无物"的样子，很沉痛地说："不解决中共问题，死了也不瞑目"，这就是他的无物不诚的真实面目。"在伦理道德方面，蒋介石强调四维八德的抽象道德。若一按之实际，则在他的身手乃至他领导的统治群中，真是亡礼弃义、寡廉鲜耻！他们不给孙夫人居住自由，不给国民政府主席林森养病自由，得苏联帮助而

---

① 周恩来：《团结广大人民群众一道前进》，《周恩来选集》上卷，人民出版社 1980 年版，第 328 页。。

② 周恩来：《我的修养要则》，《周恩来选集》上卷，人民出版社 1980 年版，第 125 页。

反苏，得共产党帮助而反共，得人民的帮助而压迫人民，满朝囤积、遍地贪污而不惩，通敌叛国、走私吃饷而不办。"蒋介石及其集团"抗战不勇，内战当先，还谈什么忠孝！捆上疆场，官逼民反，还谈什么仁爱！抗战业已六年，还和日寇勾搭，对德既已宣战，还有信使往还，这哪能说到信义！挑拨日本攻苏，飞机轰炸民房，这哪能说到和平。所以，他这套唯心主义的道德观，都是虚伪的。同时也是以此惑人，要人们对他实行忠孝仁爱信义和平，好便利他的压迫和进攻。"① 周恩来对蒋介石为代表的中国法西斯主义丑恶道德的批判，真可谓一针见血，力透纸背！

周恩来在批判剥削阶级旧道德的同时，对于劳动人民的道德和中华民族的传统美德则给予了高度的肯定，指出，中华民族是一个伟大的，可爱的民族，中华民族有许多优良的道德传统，其中突出的两大优点是勇敢和勤劳。尽管"我们相信一代胜过一代，历史的发展总是今胜于古，但是古代总有一些好的东西值得继承"。"要继承优秀的文化遗产，批判地吸收其中一切有益的东西，'弃其糟粕，取其精华'，使它发扬光大，一代胜过一代，到了共产主义社会就更加发扬光大。"② 但不论是学习古代的东西还是学习外国的东西，都是为了今天的创造，都要把它们融化在我们的创造之中，为社会主义建设和共产主义事业服务。

周恩来伦理思想是他关于道德问题的一系列的观点和论述，是毛泽东伦理思想的一个重要组成部分。它以无产阶级的革命道德即共产主义道德为中心，论及并阐明了许多伦理学问题。周恩来伦理思想是马克思主义伦理思想同中国人民革命道德实践相结合的产物，是周恩来几十年革命实践的光辉结晶。在新民主主义革命期间，它对于提高共产党员和革命群众的阶级觉悟和道德觉悟，增强党的团结，鼓舞人民的斗志，争取全中国的解放，起到了十分重要的作用。在社会主义革命和建设时期，它对于共产党人和全民族道德素质的提高，鼓足干劲建设社会主义现代化的强国，对于社会主义精神文明建设，发挥了重大的积极作用。周恩来对于毛泽东伦理思想的形成和发展，作出了杰出的贡献。

---

① 周恩来：《论中国的法西斯主义》，《周恩来选集》上卷，人民出版社 1980 年版，第 147 页。

② 周恩来：《在文艺工作座谈会和故事片创作会议上的讲话》，《周恩来选集》下卷，人民出版社 1980 年版，第 343 页。

第三节　陶铸、张闻天等对毛泽东伦理思想的贡献

在毛泽东伦理思想形成和发展过程中，周恩来、刘少奇作出了重大贡献，陶铸、张闻天等人也作出了自己独特的贡献。

一　陶铸对毛泽东伦理思想的贡献

陶铸（1908—1969），湖南祁阳人，中国共产党和中华人民共和国卓越的领导人之一，坚定的无产阶级革命家和伦理思想家。著有《理想·情操·精神生活》《松树的风格》等。

陶铸伦理思想的一贯特点是坚持用共产主义人生观、用社会主义思想教育青年一代，努力提高人民群众的思想道德觉悟水平。1954年，他在广东省青年第一次代表大会上发表讲话，提出要系统地加强对青年的社会主义思想教育，使他们养成热爱祖国、热爱人民、热爱劳动、热爱科学和爱护公共财产的良好习惯和道德品质。并强调指出：第一，要对广大青年加强社会主义劳动观点的教育，使他们形成劳动光荣、懒惰可耻的观念；第二，必须用道理、事实来加强集体主义观念的教育，使人们认识到国家和人民的利益高于一切的道理，认识到国家、人民利益与个人利益的一致性，从而自觉地使个人利益服从于国家、人民利益。1954年8月，他在广州市高等学校青年干部学习班上指出：要确立社会主义思想，除了要有对一般的革命道理的真正理解与基于此种理解而产生的拥护党的表现外，还需要从以下三个方面来进一步巩固与提高：（1）树立高度的集体主义思想；（2）树立强烈的劳动观点；（3）养成自觉遵守纪律的习惯。陶铸认为，社会主义与集体主义有一种内在的精神联系，走社会主义道路，必须坚持集体主义原则，必须把国家、人民利益放在个人利益之上，随时准备为国家、人民利益牺牲自己的个人利益。集体主义思想"即国家利益和人民利益高于一切的思想"。社会主义是为了集体的幸福的，"每个人都应当服从社会主义的国家利益。"① 坚持集体主义思想，必须要有国家观念，特别是当个人利益与集体利益发生矛盾的时候，必须而且应当牺牲

① 陶铸：《大学生要树立社会主义思想》，《陶铸文集》，人民出版社1987年版，第112页。

个人利益以成全国家集体利益。只有当国家集体利益发展壮大的时候，才有可能为更多的个人发展提供保障。树立强烈的劳动观点，是社会主义建设的需要。社会主义的劳动观点或劳动态度，就是要树立社会主义是奋斗和干出来的，因此劳动是建设社会主义的重要途径。要养成劳动光荣、劳动人民最伟大、劳动创造世界的思想观念，并能自觉地、主动地、创造性地开展劳动，用艰辛的劳动来改造自己的思想。陶铸强调，"没有劳动便没有社会主义，便没有世界。"① 在社会主义中国，一切劳动不管是体力劳动还是脑力劳动都是十分光荣的。我们要建设社会主义社会，就要充分发挥每个劳动者的积极性和创造性。要把中国建设得很富强，变成工业国，使大家过幸福的生活，靠什么呢？只能靠劳动。因此，"树立劳动观点是一个根本性的问题，不强调这个问题，不发挥全国人民的劳动积极性和创造性，要建设社会主义社会是不可能的。"② 陶铸批判了那种轻视劳动特别是轻视体力劳动的错误倾向，主张用劳动观点来批判过去反动统治遗留下来的轻视劳动的言论和行动，向劳动模范和劳动英雄学习，热爱劳动，把自己的聪明才智献给国家和人民，推动社会主义建设事业不断前进。养成自觉遵守纪律的习惯也特别重要。陶铸指出："在旧社会里，我们要干革命，可以不遵守那些反动的纪律；在学校中要罢课，游行，破坏反动统治的秩序，以便把反动统治推翻。可是，今天不同了，一切法令都是我们自己制定的，都是对国家和人民有利的，所以我们就要好好遵守。"③ 总之，集体主义思想、社会主义劳动观点和纪律观点，是社会主义道德的重要内容和有机组成部分。

讲道德，还要有无产阶级的操守和志节，要有为共产主义事业奋不顾身的情怀和高尚人格。在1959年1月写的《松树的风格》一文中，陶铸借松树的风格比喻为共产主义风格，要求人们像松树那样具有高风亮节，为理想和信念而奋斗。陶铸怀着深厚的感情指出："我对松树怀有敬佩之心"，认为松树是共产主义崇高品质的象征。他说："你看它不管是在悬崖的缝隙间也好，不管是在贫瘠的土地上也好，只要有一粒种子——这粒

①　陶铸：《大学生要树立社会主义思想》，《陶铸文集》，人民出版社1987年版，第114页。

②　陶铸：《更好地培养青年一代》，《陶铸文集》，人民出版社1987年版，第96页。

③　同上。

种子也不管是你有意种植的，还是随意丢落的，也不管是风吹来的，还是从飞鸟的嘴里跌落的，总之，只要有一粒种子，它就不择地势，不畏严寒酷热，随处茁壮地生长起来了。它既不需要谁来施肥，也不需要谁来灌溉。狂风吹不倒它，洪水淹不没它，严寒冻不死它，干旱旱不坏它。它只是一味地无忧无虑的生长。松树的生命力可谓强矣！松树要求于人的可谓少矣！"[①] 从对松树的油然敬佩出发，陶铸谈到了人所应有的精神品格和道德品质，强调向松树学习，就应当学习松树的风格，培养起共产主义的风格。陶铸指出："所谓共产主义风格就是要求人的甚少，而给予人的却甚多的风格。所谓共产主义风格，就是为了人民的利益和事业不畏任何牺牲的风格。每一个具有共产主义风格的人，都应像松树一样，不管在怎样恶劣的环境下，都能茁壮地成长，顽强地工作，永不被困难吓倒，永不屈服于恶劣环境。每一个具有共产主义风格的人，都应该具有松树那样的品格，人民需要我们做什么，我们就去做什么，只要是为了人民的利益，粉身碎骨，赴汤蹈火，也在所不惜；而且毫无怨言，永远浑身洋溢着革命乐观主义的精神。"[②] 陶铸还谈到了革命坚定性的问题，强调革命者就是要具有革命的坚定性，不能因环境的变化而动摇，因生活条件的好转而松懈，而要将革命进行到底，将革命坚定性发扬到人生的最后关头。他说："革命的坚定性，是我们无产阶级政党的一种非常宝贵的品德。在过去革命战争的年代里，我们需要革命的坚定性，需要高度发扬这种崇高的品德；在现在社会主义革命和社会主义建设的年代里，我们更需要革命的坚定性，使这种崇高的品德大放光芒。"[③]

《理想·情操·精神生活》原系陶铸 1960 年 5 月对华南师范学院与暨南大学学生的一次讲话，后整理发表，收入《陶铸文集》（人民出版社1987 年版）。该文系陶铸同志伦理思想的代表作。共分三部分：第一部分"崇高的理想"，提出理想是有阶级性的，不同的阶级有不同的理想。"在封建社会，'洞房花烛夜，金榜题名时'，往往是那些地主阶级或者是向往于地主阶级生活的人的理想；在资本主义社会，资产阶级的理想是希望

---

① 陶铸：《松树的风格》，《陶铸文集》，人民出版社 1987 年版，第 154 页。
② 陶铸：《松树的风格》，《陶铸文集》，人民出版社 1987 年版，第 155—156 页。
③ 陶铸：《革命的坚定性》，《陶铸文集》，人民出版社 1987 年版，第 172 页。

钱越赚越多，利润越来越高，而且希望这个人剥削人、人压迫人的社会是永恒的。而无产阶级，却要打破这个永恒，把这个人剥削人、人压迫人的社会推翻。在社会主义社会，为人民服务，建设社会主义事业，就成为广大人民的共同理想。"① 在诸多的理想中，唯有社会主义、共产主义的理想是最崇高最伟大的理想，是合乎社会的进步、合乎人民利益的要求、合乎社会发展的规律的。"为什么说实现共产主义是我们最崇高最伟大的理想呢？这不仅因为共产主义，也只有共产主义能够使人类从私有制的束缚下彻底解放出来，能够使人类过着最快乐、最美满、最幸福的生活，能够实现古人所常说的'使老有所终，壮有所用，幼有所长，鳏寡孤独废疾者皆有所养'的'大同世界'，而且因为这个理想是完全能够实现的。"② 我们的时代，我们的社会，是树立崇高理想和实现崇高理想的最好社会，青年人应该树立共产主义的远大理想。这一理想是合乎社会发展规律的科学理想，因而也是完全可以实现的理想。第二部分"高尚的情操"，强调具有高尚情操的人，才能实现崇高伟大的理想。没有高尚的情操，再崇高再伟大的理想也是不能达到的。在陶铸看来，高尚的情操就是无产阶级的感情，集体主义的感情和革命的坚定性。革命青年要具有高尚的情操，不仅要有正确的世界观和崇高的理想，有坚强的革命毅力和丰厚的群众感情，还要与个人主义思想彻底决裂。"一个人只是为了自己家庭的温暖而'奋斗'，他的情操是不高的。鲁迅在年轻的时候，就写下了'我以我血荐轩辕'的诗句，立志为国家、为广大人民贡献出毕生精力；而到后来，他也确实做到了'横眉冷对千夫指，俯首甘为孺子牛'。我们说鲁迅是有着高尚情操的人，原因也正在这里。"③ 高尚的情操，必须有丰厚的群众的感情，丰厚的劳动人民的感情。陶铸强调，每一个人都要记住，我们是生活在群众之中的，是群众养大的，因此我们要把我们所学到的一切知识和能力奉献给群众。要时时刻刻想着：我能够为群众做些什么？我为群众做了些什么？只有经常这样想的人，情操才能高尚。第三部分"革命的精神生活"，指出革命者不仅要有必要的物质生活，也要有充实的丰富的

① 陶铸：《理性·情操·精神生活》，《陶铸文集》，人民出版社1987年版，第189—190页。

② 陶铸：《理性·情操·精神生活》，《陶铸文集》，人民出版社1987年版，第193页。

③ 同上书，第197—198页。

精神生活。陶铸认为，精神生活就是一个人的理想和情操，一个精神生活很充实的人，一定是一个很有理想、很高尚、做物质主人的人。反之，一个受物质支配的人，一定是缺乏理想、精神生活很空虚的人。一个人无论是在物质生活充裕或是困难的时候，精神生活都是十分重要的。人们之所以能够充满活力，朝气蓬勃，意气昂扬，勇往直前，就在于有高尚的精神生活。陶铸强调在社会主义时期追求革命的精神生活的重要性，指出："革命的精神生活，对我们说来，更是极为重要的。因为有了它，我们就可以清楚地认识到目前的困难是前进中的困难，是由于我们要把自己的国家建设速度加快一点（只有这样，我们才可以尽快地摆脱贫困，才可以再也不受帝国主义的欺侮）而出现的困难，从而我们就可以从积极方面去想办法克服这些困难；因为有了它，我们每个人便能够懂得我们目前从事的工作的重大意义，从而对目前所遇到的某些物质上的困难就无所怨尤；因为有了它，我们就懂得不能只从个人利益、目前利益出发，更不能成为物质的奴隶，从而就会自觉地解决个人利益与集体利益、目前利益与长远利益的矛盾，就会保持朝气蓬勃、坚强饱满、勇往直前的革命气魄。"[①] 一个人只有物质生活没有精神生活是一种不完整也没有意义的生活，而一旦有了充实的革命的精神生活，哪怕物质生活较差，哪怕困难再大，也能够忍受和克服。总之，在陶铸看来，理想、情操、精神生活三者是一个有机联系的整体。如果能把这三个问题都解决好，人们就不会为物质所束缚，就会创造出一个有丰富的物质生活和精神生活的新世界。

二　张闻天对毛泽东伦理思想的贡献

张闻天（1890—1976），杰出的无产阶级革命家、理论家，中国共产党在一个较长时期的重要领导人。著有《论待人接物问题》《论青年的修养》等伦理学著作。张闻天伦理思想在物质利益原则、公私关系及道德修养等方面颇有建树，发展了马克思主义伦理思想。

张闻天认为，马克思主义道德观的基本原理是认为道德是利益关系的反映，人们奋斗所争取到的一切都同他们的利益相关，利益决定道德的内容及其变化。社会主义道德同样是建立在物质利益原则基础之上，并且以

---

① 陶铸：《理性·情操·精神生活》，《陶铸文集》，人民出版社 1987 年版，第 203 页。

维护国家、集体和个人正当利益为目的。因此，计较物质利益并不是反马克思主义的，恰恰是符合马克思主义的基本原理和基本精神的。他说："计较物质利益，并不只是计较个人利益，也是计较国家、集体的利益。我们不是利他主义者，也不是利己主义者，是两者的统一。今天的评工计分、三包一奖、劳动定额、计时和定额奖励，等等，经济核算，等等，都是要斤斤计较物质利益。目的不仅是为了个人，也是为了集体，为了建设社会主义，也就是为了共产主义。"① 张闻天还提出了"集体利益同个人利益结合，是社会主义社会的优越性"的命题，创造性地发展了毛泽东提倡以个人利益与集体利益相结合的社会主义精神的思想。张闻天指出："集体的利益，同个人的利益是密切结合在一起的，——这正是社会主义社会的优越性。不去谈多劳多得，怕谈多劳多得，实际上对社会不是有利，而是有害。"同时"改善生活的愿望无疑是推动人民群众积极参加革命、发展生产的伟大动力。经济生活决定人们的思想意识、人们的精神。精神一经发动，也就成为巨大的物质力量。"② 在《社会主义经济若干问题》一文中，张闻天对社会主义物质利益原则作了进一步的论证。他说：生活比较困难的人，吃不饱饭的人，他们对眼前利益特别重视，甚至"斤斤计较"，这是不足为怪的。党的力量和伟大就在于能够采取办法去改善他们的生活。给人民群众以实实在在的物质利益，是党的使命和职责。物质利益对人民群众是一个巨大的推动力量。思想教育必须同物质利益原则相结合。

　　与此相关，张闻天还专门探讨了社会主义社会的公私关系，认为社会主义社会内的公私关系包含以下三层内涵：第一，私应该为公。在社会主义社会内的公私关系中，公的、集体的利益居于首位，私的、个人的利益必须服从公的、集体的利益。第二，公中有私。社会主义社会不反对个人利益或应该得到的私，而且社会主义社会公共的利益还包含有私的、个人的利益。第三，公应该关注私。社会主义社会公共利益应当促进个人利益的发展和实现。"只有个人为集体而集体不为个人，这样的集体必然会脱离群众，得不到群众的积极拥护和支持，因而这样的做法也不利于集体。

---

① 张闻天：《关于按劳分配提纲》，《张闻天选集》，人民出版社 1985 年版，第 508 页。
② 张闻天：《关于按劳分配提纲》，《张闻天选集》，人民出版社 1985 年版，第 513 页。

要使人人为集体，必须集体为人人。"① 基于自己对社会主义社会公私关系的分析，张闻天得出结论："个人集中力量为了集体，使集体的力量不断壮大，集体也切实关心个人，使个人生活不断改进——这是社会主义社会高度发展的一条重要规律。所以我们既反对片面为了个人利益而违反或破坏集体的利益的右的偏向，也反对片面为了集体利益而不顾个人利益的左的偏向，这种偏向实际上也不利于集体利益。"② 应该说，张闻天上述对社会主义社会公私关系即个人利益与集体利益关系的分析是颇为深刻而又符合辩证法基本原理的，是对毛泽东集体主义学说的新发展。

张闻天十分注重道德修养问题。1938 年 4 月，他在陕北公学作了《论青年的修养》的讲演。该演讲从革命者与时代关系的高度来谈个人修养问题，它紧贴着抗战的现实，围绕着青年的理想这一青年修养的核心问题，结合着青年的特点（优点与缺点），从四个方面全面阐述了青年修养的问题：第一，要有高尚的、坚定的理想。理想同空想不同，它是建筑在现实社会的物质基础之上的，是适合于人类社会发展的必然趋势的，因而是能够实现的。共产主义的最高理想，离开工人阶级的社会力量，就会成为乌托邦，成为空想。第二，要有为理想奋斗到底的意志和精神。理想是超越现实的目标追求，集中了人们对真善美的向往和肯定，而现实社会则是丑恶的。要把丑恶的现实社会变成一个理想的社会，必须依靠一代又一代人的艰苦奋斗。第三，要更好地进行自身的道德修养，必须学习实现理想的办法。在理想确立和有了为理想而奋斗的决心、意志之后，学习实现理想的具体方法就有了决定的意义。第四，要更好地进行自身的道德修养，必须坚持同群众在一起去实现自己的理想。任何个人的力量都是有限的，只有群众的力量才是无穷的、巨大的。因此，有道德修养的人总是能够正确处理群众关系，把自己置于群众之中，依靠群众、带领群众来实现理想的目标。1938 年 7 月，他在延安抗日军政大学第三期毕业生大会上作了《论待人接物问题》的讲演。《论待人接物问题》是《论青年的修养》的姊妹篇，它着重就实现理想的办法问题深入开掘，探讨了在建立、

① 张闻天：《关于社会主义社会内的公私关系》，《张闻天选集》，人民出版社 1985 年版，第 612 页。

② 同上。

巩固、扩大抗日民族统一战线的要求下，革命者在具体工作中如何处理好人与人之间的关系问题，就道德修养问题发表了更深入的看法。在张闻天看来，我们共产党人，在待人接物方面，同样应该站在马克思列宁主义的立场上，坚持马克思主义伦理思想的基本原理和精神。他强调，首先，共产党人的待人接物首先要有伟大的胸怀与气魄，要能打破一切成见、公式、小圈子和一切私人的好恶等限制，要容纳、使用、善待各种人才，使他们在民族抗战中起应有的作用。其次，要有中国古代哲人那种所谓循循善诱和诲人不倦的精神，对于人们的错误和缺点，要诚恳地采取劝导、批评的态度。再次，对人要谦虚、和气、尊敬、仁爱，真诚坦白，与人为善，只有这样才能有所进步有所完善。最后，要以光明正大、仁至义尽的态度去劝导坏人走向正路，对于坏人表现的转变，应该表示欢迎。

此外，张闻天还对共产主义道德教育、树立无产阶级人生观等问题也发表了很好的看法，丰富和发展了毛泽东伦理思想。

在对毛泽东伦理思想的继承和发展中，朱德、董必武、吴玉章、徐特立、艾思奇、胡绳等一批革命家和理论家也作出了自己独特的贡献。

第五章　马克思主义伦理思想中国化第二大杰出理论成果的形成和发展

　　马克思主义伦理思想中国化取得的第二大杰出理论成果是中国特色社会主义伦理思想的创立。中国特色社会主义伦理思想，是中国特色社会主义理论体系的重要组成部分，是以邓小平、江泽民、胡锦涛、习近平等为代表的中国共产党人在改革开放和社会主义现代化建设新时期对社会主义伦理文明和道德建设的不断探索与理论创新的成果总汇，是中国共产党带领中国人民追求幸福生活、创建和谐社会之道德生活实践的深刻反映，是对当代中国及人类所面临的现实道德生活难题的科学解答和对人类道德生活规律、社会主义道德建设规律、中国特色社会主义道德建设规律的深刻把握，凝聚着全党全国各族人民的伦理品质和道德智慧，标志着马克思主义伦理思想在中国的新发展及其所达到的新境界，对推动马克思主义伦理思想的发展和建设社会主义先进伦理文化已经作出并必将继续作出历史性的巨大贡献。

　　中国特色社会主义伦理思想是马克思主义伦理思想基本原理与中国具体实际和当今时代条件相结合的产物，是改革开放 30 多年来社会主义现代化建设伟大实践特别是人民群众丰富的道德生活实践的理论总结。它既继承和坚持了科学社会主义和马克思主义伦理思想的一般原理、原则和方法，又开辟了科学社会主义和马克思主义伦理思想发展的新境界、新时代。马克思主义伦理思想中国化最新成果秉承马克思主义与时俱进的理论品质，正确把握当今时代脉搏，着眼当今时代需要，既继承前人，又开拓创新，顺应了时代潮流，体现了时代精神，具有鲜明的时代特征。

第一节　中国特色社会主义伦理思想形成的历史背景

马克思、恩格斯曾说过：一切划时代体系的真正内容都是由于产生这个体系的那个时期的需要而形成起来的。一个理论体系的形成总是和当时的国内国际形势紧密相连的。马克思主义伦理思想中国化最新成果，"是在和平与发展成为时代主题的历史条件下，在我国改革开放和社会主义现代化建设的实践过程中，在总结我国社会主义胜利和挫折的历史经验并借鉴其他国家社会主义兴衰成败历史经验的基础上，逐步形成和发展起来的，"[1] 是在对社会主义道德建设规律深刻总结基础上的产物。

一　和平与发展的时代主题

20 世纪下半叶尤其是 20 世纪 70 年代，世界形势发生了重大变化，和平与发展已成为新的时代主题。马克思主义伦理思想中国化最新成果是在和平与发展成为时代主题的历史条件下形成和发展起来的。

1917 年苏联十月革命开辟了从资本主义向社会主义过渡的时代，帝国主义战争与无产阶级革命、民族解放运动的交错发展，战争与革命成为时代的主题。列宁把帝国主义与战争联系在一起，称帝国主义是无产阶级社会主义革命的前夜。斯大林继承了列宁的时代观，认为只要资本主义制度存在，战争就不可避免。不仅如此，他还认为战争将在资本主义国家之间首先爆发，然后，无产阶级将在革命中夺取政权。然而，20 世纪下半叶尤其是 20 世纪 70 年代以后，世界形势发生了深刻变化，美苏关系开始缓和，整个世界形势出现了由对抗转为对话，紧张转为缓和的大趋势，包括中国在内的第三世界国家以及苏美和其他发达国家的人民经过战争的摧残不希望再次卷入战争，要和平不要战争成为时代的呼唤。"冷战"结束后，虽然世界上地区性冲突和局部战争不断，但新的世界大战在可预见的一个时期内是完全可以避免的，越来越多的国家采取通过谈判协商的方式来解决争端，已成为世界的潮流和趋势。从总体上看，和平与发展成为世

---

[1]　江泽民：《加快改革开放和现代化建设步伐，夺取有中国特色社会主义事业的更大胜利》，《江泽民文选》第 1 卷，人民出版社 2006 年版，第 221 页。

界的主题，世界多极化的趋势在进一步发展，世界范围内和平因素的增长超过了战争因素的增长，国际力量对比朝着有利于维护世界和平的方向发展，世界和平与发展的大局总体稳定。邓小平根据长期领导中国革命和建设的实践，透彻分析战后世界的变化，经过深思熟虑，于1985年3月4日，在会见日本工商会议所访华团的讲话中明确指出："现在世界上真正大的问题，带全球性的战略问题，一个是和平问题，一个是经济问题或者说发展问题。和平问题是东西问题，发展问题是南北问题。"① 由此形成了"和平与发展是当代世界的两大问题"的著名论断。当今世界，求和平、求发展、谋合作是时代的主流。谋求经济的繁荣与发展是世界各国面临的普遍问题。国家间的较量不再是以意识形态为主的较量，而是综合国力的较量，主要是经济实力（特别是人民生活水平）的较量。

重视发展成为各国主要的政策取向，经济优先成为世界潮流，发展已成为普遍的、全局性的重大问题。中国必须突出"发展"这个主题，走和平崛起之路，实现中华民族的伟大复兴。2003年6月1日，胡锦涛在法国艾维昂举行的南北领导人非正式对话会议上作了题为《推动全面合作，促进共同发展》的讲话，指出："和平与发展是当今时代的主题。但必须看到，实现人类社会的持久和平与普遍发展任重道远。……发展是人类文明进步的基础，是解决全球面临的各种矛盾和问题的关键所在。只有实现全球协调、平衡、普遍发展，才能实现世界的持久和平与稳定。"② 近年来，经济全球化加快了世界经济的发展，使更多的国家分享到了经济增长的成果。只有坚持以经济建设为中心，不断解放和发展生产力，不断增强经济实力和综合国力，才能在日趋激烈的国际竞争中占据有利的地位，才能为世界和平与人类共同发展作出重大的贡献。

时代主题由"战争与革命"转向"和平与发展"，为我国的社会主义现代化建设提供了一个十分难得的、时间较长的和平发展的国际环境，这样有利的国际和平环境在20世纪五六十年代是根本不存在的。同时，由

---

① 邓小平：《和平与发展是当代世界的两大问题》，《邓小平文选》第3卷，人民出版社1993年版，第105页。

② 胡锦涛：《推动全面合作，促进共同发展》，《十六大以来重要文献选编》（上），中央文献出版社2005年版，第311页。

于世界各国经济文化联系的进一步加强，发展经济文化成为世界各国普遍关注的问题，这就为中国结束"闭关锁国"的局面，实行对外开放的基本国策，发展与世界各国的经济、文化、科学技术的交流与合作，创造了十分有利的国际环境，这样有利的国际环境在过去也是没有过的。中国特色社会主义理论包括马克思主义伦理思想中国化最新成果就是在这样的外部环境中产生发展起来的。

中国特色社会主义理论体系包括伦理思想体系，产生于 20 世纪 70 年代末 80 年代初，形成于整个 20 世纪 90 年代，发展于本世纪。这前后 30 多年的时间，是整个世界发生大变动大调整的时期，这种变动调整的剧烈和深刻程度远远超出了人们的预料，最显著的变化，就是和平与发展成为时代的主题。政治多极化、经济全球化、科技信息化的趋势加速发展，引起全球经济格局、利益格局和安全格局发生前所未有的重大变化。以增强经济实力、国防实力、民族凝聚力为主要内容的综合国力的竞争日趋激烈。特别是新科技革命在各个领域的发展和深化，推动着在世界范围内生产力、生产方式、生活方式，以及经济、政治、文化、社会发生深刻变化。与时代主题和时代变革相联系，20 世纪 70 年代后期以来，在世界范围内兴起了以增强综合国力为中心目标的改革浪潮，其遍布国家之广泛、涉及领域之全面、改革程度之深刻、持续时间之长久都具有标志性的时代意义。"和平发展"是中国特色社会主义理论体系的大思路，在这一思路下形成的理论、路线、方针和政策，充分反映了和平与发展成为主题的时代特征及发展要求。马克思主义伦理思想中国化最新成果，也是如此，它是紧紧围绕和平与发展的时代主题而展开，是将时代主题融入精神文明和道德建设之中，凸显要和平、要发展的精神因子，矗立起和平、和谐与发展、完善的价值坐标。

二　改革开放与社会主义现代化建设的伟大实践

改革开放和社会主义现代化建设的伟大实践，是中国特色社会主义理论体系包括伦理思想体系形成的实践基础。

恩格斯在《致奥托·冯·伯尼克》的信中指出："我认为，所谓'社会主义社会'不是一种一成不变的东西，而应当和任何其他社会制度一样，把它看成是经常改革和变化的社会。"① 社会主义社会以实现共产主义为最高目标，它从诞生之日起，就使自己的前途命运同创新熔铸在一起，始终要通过改革为自己开辟通向更高境界的道路。这种创新、改革，并不是要超越生产力发展阶段搞生产关系"大跃进"，而是要从体制机制上变革与生产力发展要求不相适应的生产关系，不断完善和发展社会主义。改革是要解放和发展生产力。生产力的发展没有止境，为其发展扫除障碍的改革同样没有止境。改革贯穿于社会主义发展的全过程。

由于历史原因，我国在社会主义制度建立初期学习"苏联模式"，建立起了高度集中统一的计划经济体制。这种体制有其合理性，也曾取得了让世人瞩目的伟大成就，但这种体制在经济上推行单一公有制和指令性计划，政治上推行高度集权的党和国家领导体制，文化上推行过于集中的管理体制，发展到后来弊端日趋明显，严重阻碍经济社会发展，迫切需要改革。中国共产党人在深刻总结社会主义建设经验教训的基础上，大胆突破"苏联模式"，实行改革开放，开辟了中国特色社会主义道路，以社会主义市场经济取代计划经济，以社会主义民主法治取代高度集权的政治体制，以马克思主义指导下的文化多样性取代文化单一性。"改革开放是党在新的时代条件下带领人民进行的新的伟大革命，目的就是要解放和发展社会生产力，实现国家现代化，让中国人民富裕起来，振兴伟大的中华民族；就是要推动我国社会主义制度自我完善和发展，赋予社会主义新的生机活力，建设和发展中国特色社会主义。"②

新时期最鲜明的特点是改革开放。党的十一届三中全会以来，我国进入了改革开放和社会主义现代化建设的新的历史时期。十一届三中全会以来的30多年，我们党带领人民坚持以经济建设为中心，坚持四项基本原则，推进改革开放，这是立足中国国情所进行的新的伟大实践，是中国特色社会主义的必由之路。这一从农村到城市、从经济领域到其他各个领域，从沿海到沿江沿边，从东部到中西部的深刻变革和全面开放，使我国成功地实现了从高度集中的计划经济体制，到充满活力的社会主义市场经

---

① 恩格斯：《致奥托·冯·伯尼克》，《马克思恩格斯文集》第10卷，人民出版社2009年版，第588页。

② 胡锦涛：《高举中国特色社会主义伟大旗帜，为夺取全面建设小康社会新胜利而奋斗》，《十七大以来重要文献选编》（上），中央文献出版社2009年版，第5—6页。

济体制，从封闭半封闭到全方位开放的伟大历史转折，使中国的社会生产力获得了新的巨大解放，使经济、政治、文化、社会取得了新的伟大进步。事实雄辩地证明：没有改革开放，就没有今天中国的一切。改革开放是决定当代中国前途命运的关键选择，是发展中国特色社会主义、实现中华民族伟大复兴的必由之路，是中国一切发展进步的活力源泉。只有社会主义才能救中国，只有改革开放才能发展中国、发展社会主义、发展马克思主义。改革开放极大地调动了我国亿万人民群众的积极性、主动性和创造性，使中国这块古老的土地焕发出无穷无尽的勃勃生机与创造性，经济从一度濒于崩溃的边缘发展到总量跃居世界第二，进出口总量位居世界第一，人民生活从不足温饱发展到总体小康，农村贫困人口从两亿五千多万减少到不足两千万。改革开放使得全党全国人民的思想得到大解放，进一步深化了对什么是马克思主义、怎样发展马克思主义，什么是社会主义、怎样建设社会主义，建设什么样的党、怎样建设党，实现什么样的发展、怎样发展等重大理论和实际问题的认识，使得社会主义在中国焕发出前所未有的强大生命力，马克思主义在中国焕发出前所未有的强大感召力，共产党在中国焕发出前所未有的强大创造力和战斗力。这些年来，我们之所以能够经受住来自经济、政治、社会和自然领域一次次严峻考验，之所以能够战胜各种困难和风险，使社会主义现代化建设的航船始终沿着正确的方向破浪前进，取得一个又一个伟大的胜利，就在于改革开放所形成的有利局面，和凭借改革开放所积累起来的宝贵经验和社会财富，还有伴随改革开放而得以全面提升的人们的思想道德素质和科学文化素质。

马克思主义伦理思想中国化最新成果，正是对改革开放和社会主义现代化建设伟大实践及其宝贵经验进行科学总结而形成的理论成果。这一理论体系，博大精深而又与时俱进，完全是建立在中国特色社会主义伟大实践基础之上，是这一实践所具有的开创性、丰富性、承前启后与继往开来等鲜明特性的能动的反映和科学的体现。

三　国际国内社会主义曲折发展的经验教训

国际国内社会主义建设成败的历史经验是中国特色社会主义理论体系形成的经验借鉴。20 世纪下半叶发生的社会主义体制危机要求社会主义必须进行理论创新，采取新的理论与策略。中国特色社会主义理论体系就是适应这种要求而产生的重大创新理论成果。

　　20世纪下半叶的社会主义体制性危机包括两个部分：内部体制的危机，即各社会主义国家内部高度集中的经济、政治体制的危机；外部体制的危机，即各社会主义国家、各马克思主义政党之间相互关系的危机，或称世界社会主义运动体制的危机。社会主义国家的内部体制与外部体制是互为表里，互相联系，相互作用的。早在1948年发生的苏南冲突，就是社会主义体制出现危机的最初征兆。此后，社会主义体制性危机不断发展和深化，大致可划分为三次：第一次危机从20世纪50年代至60年代中叶，其标志是波匈事件和中苏论战，最后导致社会主义运动的分裂；第二次危机从20世纪60年代下半叶至80年代中叶，其标志是中国的"文化大革命"和苏联入侵捷克斯洛伐克，最后导致社会主义体制改革陷入更严重的困境；第三次危机从20世纪80年代中叶至90年代初，其标志是苏联东欧的剧变，最后导致世界社会主义运动坠入发展的低谷。

　　20世纪下半叶发生的社会主义体制危机从根本上来说，是一件坏事，危机的发展产生了严重的后果，造成了巨大的损失；但它在一定条件下又能变成好事，危机的发展促使各国共产党独立思考"苏联模式"的弊病，进行社会主义理论创新，探索社会主义发展的新道路。危机有利于破除迷信，解放思想，促使人们以批判的眼光重新审视传统社会主义发展的道路或模式。危机本身积累了深刻的教训，为改革和发展社会主义提供了有益的参照，特别是它集中地暴露了传统社会主义体制的弊病和难以解脱的矛盾，为社会变革提供了比较明确的重点和突破口。危机为社会主义理论和制度的创新提供了新的途径和方法，因为解决社会矛盾的物质手段，并不是存在于社会生活之外，而是存在于社会生活的矛盾之中，危机发展的愈深刻，社会为解决矛盾提供的物质手段也就愈成熟。

　　中国特色社会主义理论无疑是马克思主义与中国实际和时代特征相结合的产物，但是，社会主义体制危机的发展对中国特色社会主义理论的产生起到了推动的作用。其中，"文化大革命"和苏联解体和东欧剧变对中国特色社会主义理论体系的产生和发展所起到的促进作用最为直接和巨大。

　　"文化大革命"的发生及其所造成的严重后果深刻地表明，当时中国的体制危机比其他任何社会主义国家的体制危机都要严重，它对中国特色社会主义理论产生的催生作用也特别明显。1986 年 9 月 2 日，邓小平在《答美国记者迈克·华莱士问》谈到"文化大革命"时指出："那件事，看起来是坏事，但归根到底也是好事，促使人们思考，促使人们认识我们的弊端在哪里。毛主席经常讲坏事转化为好事。善于总结'文化大革命'的经验，提出一些改革措施，从政治上、经济上改变我们的面貌，这样坏事就变成了好事。为什么我们能在七十年代末和八十年代提出了现行的一系列政策，就是总结了'文化大革命'的经验和教训。"[①] 正是"文化大革命"越穷越革命、宁要穷的社会主义不要富的资本主义的叫嚣，对国家经济生活所导致的严重恶果，才使得以邓小平为核心的中国共产党人深刻地认识到没有什么穷的社会主义，社会主义虽然诞生在相对贫穷的国家，但社会主义的本质就是消灭贫穷，实现国家的富强和人们生活水平的富裕，"社会主义原则，第一是发展生产力；第二是共同致富。我们允许一部分人先好起来，一部分地区先好起来，目的是更好地实现共同富裕。"[②] 此后，中国共产党人又从苏联剧变的严酷的事实中吸取了深刻的教训，在世界社会主义运动的发展处于极端困难的低潮时期，继续坚定不移地走改革开放的社会主义现代化建设道路，坚定不移地走社会主义市场经济道路。2001 年江泽民在全国宣传部长会议上的讲话中指出："苏联解体，东欧剧变以及最近南斯拉夫政局的演变等事件，除了政治、经济等方面的原因外，执政党内和群众中发生思想变化、思想混乱也是一个很重要的原因。历史和现实都表明，一个社会，没有共同的精神支柱及其以此为基础的思想上的稳定，是很难保持社会政治稳定的。"[③] 马克思主义诞生以来，社会主义在理论和实践上既取得了历史性伟大成就，也发生了严重性挫折，这表明如何建设、巩固和发展社会主义还需要进行长期而艰巨的探索。东欧剧变、苏联解体，使这一关系社会主义命运的重大课题更加突出，也更加引人深思，促使我们党在理论和实践的结合上，对如何走出具有中国特色的社会主义建设和发展道路进行深入思考，从经验教训中得出

---

① 《答美国记者迈克·华莱士问》，《邓小平文选》第 3 卷，人民出版社 1993 年版，第 172 页。

② 同上。

③ 江泽民：《在全国宣传部长会议上的讲话》，《江泽民论有中国特色社会主义》（专题摘编），中央文献出版社 2002 年版，第 588 页。

正确的结论。我们党正是在对世界社会主义国家的兴衰成败进行正确分析、对我国社会主义建设的经验教训进行科学总结的基础上，得出规律性的认识并形成中国特色社会主义理论的。

马克思主义伦理思想中国化最新成果充分汲取了苏联和东欧一些社会主义国家兴衰成败的经验教训。社会主义社会是一个不断改革的社会，社会主义国家的改革，最根本的是要毫不动摇地坚持社会主义方向。苏联和东欧一些社会主义国家在 20 世纪 80 年代改革的过程中，脱离自己的国情，使改革背离社会主义方向，从而导致国家的分裂和这些国家共产党的垮台。吸取苏联解体、东欧剧变的教训，使我们在改革开放的过程中能够更加自觉地坚持社会主义方向，坚持四项基本原则，有领导、有步骤地稳步推进改革开放，同时更加清醒地坚持从具体实际出发，走自己的路，建设有中国特色的社会主义。

马克思主义伦理思想中国化最新成果深刻反思了苏联和东欧共产党执政以后严重脱离群众的教训。社会主义事业是人民的事业，人民群众是社会主义发展的力量之源和胜利之本。无产阶级政党执政以后，最大的危险就是脱离群众。我们必须看到，苏联和东欧共产党在领导人民夺取政权建设国家的过程中，是受到人民群众高度拥护的，执政初期也比较注意密切党群、干群关系，注意发展生产力，满足人民群众的物质文化生活需要，取得了巨大的成就和辉煌的业绩。但是，随着时间的推移，党就逐渐脱离群众，形式主义、享乐主义、官僚主义和腐败之风开始在党内蔓延、泛滥，使这些国家的共产党严重脱离群众，最终导致失败。以江泽民为核心的中央领导集体坚持以邓小平理论指导改革和建设，明确提出了关于党的历史方位的科学判断和新时期执政党建设面临的"两大历史性课题"，主张以强烈的紧迫感加强党的执政能力建设，丰富和发展了马克思主义伦理思想中国化的最新成果。面对新的时代课题，以胡锦涛为总书记的党中央坚持以邓小平理论和"三个代表"重要思想为指导，从党和国家事业发展全局出发，总结我国发展实践，借鉴国外发展经验，适应新的发展要求，科学回答了"实现什么样的发展、怎样发展"等重大问题，把以人为本作为科学发展观的核心，坚持科学发展、全面发展、协调发展、可持续发展、和谐发展、和平发展，不断推进中国特色社会主义经济建设、政治建设、文化建设和社会建设，把中国特色社会主义关于发展问题的认识提升到新的高度，表明我们党对发展的本质、目的和意义的认识更为深刻、更为科学。

我们党总结国内外社会主义革命和建设的历史经验，指出科学社会主义从学说到实践，从一国建设社会主义的实践到多国建设社会主义的实践，到当前世界社会主义国家改革的实践，都是社会主义再认识的扩展和深化，都是科学社会主义理论同各国实践和时代发展的结合。社会主义制度的发展和完善是一个长期的历史过程，社会主义必将通过各国人民自愿选择的、适合本国特点的道路逐步取得胜利。应当根据社会主义普遍规律的要求，从本国社会的实际情况出发，寻找适合本国的特殊形式和方法。社会主义存在于多样性之中，存在于丰富多彩的具体表现形式之中，而不是只是单一模式或刻板的形式。别的社会主义国家的经验应该学习借鉴，但绝不能照抄照搬，只有正确地总结历史的经验教训，才能在实践中不断探索，创造出一条适合本国实际和特点的社会主义发展道路。

马克思主义伦理思想中国化最新成果是马克思主义伦理思想基本原理与中国实际和当今时代条件相结合的产物。它是在和平与发展成为时代主题的历史条件下，在我国改革开放和社会主义现代化建设的实践过程中，在总结我国社会主义事业的成败得失和世界社会主义的兴衰成败的经验教训的基础上，形成和发展起来的。马克思主义伦理思想中国化最新成果是我国改革开放 30 多年以来伟大实践的理论总结，是马克思主义伦理思想在当代中国发展的最新成果，是中国共产党和中国人民最宝贵的精神财富。

第二节　中国特色社会主义伦理思想产生的理论渊源

恩格斯在《社会主义从空想到科学的发展》一书中指出："现代社会主义……就其理论形式来说，它起初表现为 18 世纪法国伟大的启蒙学者们所提出的各种原则的进一步的、据称是更彻底的发展。同任何新的学说一样，它必须首先从已有的思想材料出发，虽然它的根子深深扎在物质的经济的事实中。"[①] 马克思主义伦理思想中国化最新成果既是对马克思主

---

① 恩格斯：《社会主义从空想到科学的发展》，《马克思恩格斯文集》第 4 卷，人民出版社 2009 年版，第 523 页。

义伦理思想、毛泽东伦理思想的继承和发展，又是对世界优秀伦理文明成果和中华民族优秀传统伦理文化的传承和创新。

一　马克思主义伦理思想是中国特色社会主义伦理思想的主要理论来源

马克思主义伦理思想中国化最新成果的主要"思想材料"来源于马克思主义伦理思想，确切地讲，马克思主义伦理思想既是中国特色社会主义伦理思想的理论基础，又是中国特色社会主义伦理思想的主要理论来源，它们既一脉相承，又与时俱进。

马克思主义伦理思想，是指以唯物史观分析研究道德现象和道德问题，探讨道德及其发展规律特别是关于社会主义道德和共产主义道德形成和发展规律的思想和学说，是马克思主义哲学的重要组成部分。马克思主义伦理思想是时代道德精神的精华，是无产阶级和广大劳动人民争取自身解放和追求进步、光明的社会前景与人生幸福的道德观和价值观的总汇，体现着科学性与革命性、理想性与现实性的有机统一。马克思主义伦理思想是资本主义向社会主义转变时代的无产阶级人生观、价值观和道德观的集中反映，是 19 世纪资本主义机器大工业和资产阶级与无产阶级阶级斗争的产物，是马克思、恩格斯批判继承人类伦理思想特别是德国古典哲学伦理思想和英法唯物主义伦理思想，总结概括无产阶级道德品质和对社会主义道德共产主义道德科学论述的结晶。

马克思主义伦理思想萌生于《青年选择职业时的考虑》，形成于《德意志意识形态》。在《青年选择职业时的考虑》中，马克思表达了为全人类献身的崇高志向，提出了自己的幸福观和价值观。马克思与恩格斯合著的《神圣家族》批判了以布鲁诺·鲍威尔为代表的青年黑格尔派的哲学伦理思想，用接近完整科学的历史唯物主义原理阐释了一系列重大的伦理道德问题，第一次深刻地论述了个人利益与整体利益、阶级利益与全人类利益的辩证关系，初步表述了工人阶级的实际利益决定其道德观念的思想，揭示了道德的阶级性问题。该著把无产阶级的道德问题与无产阶级的历史使命联系起来，全面发展了《1844 年经济学哲学手稿》中的哲学伦理思想，已经开始用历史唯物主义的基本观点分析伦理道德问题，是马克思主义伦理思想形成阶段的一部重要著作。《德意志意识形态》是马克思、恩格斯合著的一部十分重要的著作，标志着唯物史观的正式确立和马克思主义伦理思想的正式形成。在该著中，马克思、恩格斯通过对费尔巴哈唯物主义的批判，以及对鲍威尔、施蒂纳为代表的青年黑格尔派历史唯心主义的批判，阐述了道德作为社会意识形态是由社会存在所决定的思想，只有从经济关系出发才能科学地说明道德的本质及其变化，论述了个人利益与整体利益的辩证关系，揭示了集体主义的道德原则和基本内容。

马克思主义伦理思想以唯物史观来分析研究道德现象，揭示了道德的根源、实质和功能作用，具有严谨的科学性。马克思主义从社会存在决定社会意识、社会意识反作用社会存在的既唯物又辩证的角度肯定利益对道德的决定性和道德对利益的能动性，并自始至终将道德视为利益协调和促进个人利益与社会集体利益和谐发展的方式和力量，揭示了道德运行发展的基本规律，从而结束了旧的伦理思想以抽象的人性或神性来研究人类道德的神话，结束了关于道德具有超自然的根源和关于道德规范道德评价具有纯主观性质的、仿佛是从自由意志而来的一切神话，结束了想靠自由、平等、博爱的符咒来推翻世界，以所谓爱的力量来战胜一切的幻想和神话，理性而科学地确立了道德在个人生活和社会发展中的地位。

马克思主义伦理思想自觉地站在为无产阶级和广大人民群众利益服务并为之论证和辩护的立场上，公然宣称是无产阶级和广大人民群众的道德理论，具有鲜明的人民性和先进性。马克思主义伦理思想崇尚古希腊神话中从天国盗火种给人类的伟大天神普罗米修斯，并以超越普罗米修斯的巨大爱心和伦理精神致力于从理论上为人民大众的根本利益和长远利益作科学性的论证与辩护，从实践上站在人民大众的前列为其根本利益和长远利益作不遗余力的奋斗，将为人类谋福利的集体主义作为其道德的基本原则，把建设社会主义、实现共产主义作为最高的价值目标。正因为如此，马克思主义伦理思想自诞生之日起就受到了无产阶级和广大人民群众发自内心的拥护和欢迎。

马克思主义伦理思想强调道德实践和在实践中运用理论发展理论，使伦理思想成为无产阶级和广大劳动人民改造自我发展完善自我的具体实践，实现了化理论为德性的功能，具有强烈的实践性和应用性。马克思主义伦理思想直接来源于无产阶级的革命实践，是对无产阶级在反对封建地主阶级和资产阶级的伟大历史运动中所表现出来的崇高道德精神和崭新道德品质的理论概括。马克思主义伦理思想形成之后又成为指导无产阶级和广大劳动人民消灭私有制、解放全人类的思想武器，促使无产阶级道德不断进步和完善。无产阶级道德与马克思主义伦理思想存在一种水乳交融的关系，或者可以说无产阶级道德是马克思主义伦理思想得以形成和发展的物质武器和现实形态，马克思主义伦理思想是无产阶级道德得以发展和完善的思想武器和精神灵魂。马克思主义伦理思想的全部理论和全部规范，归根到底是为了指导人们的道德实践活动，特别是指导人们进行共产主义道德的实践活动。

马克思主义伦理思想是人类伦理思想史上一种崭新的思想理论类型，它立于人类伦理文明的基础之上，深刻揭示了道德的起源、本质、功能作用及其发展规律，对无产阶级道德和社会主义道德、共产主义道德作出了全面系统的论述，指明了人类道德生活发展的目标和方向，给人类伦理思想宝库贡献了许多新的内容和理论，极大地丰富了人类的道德生活和道德观念，推动和促进着人类道德观念和道德实践的不断向前发展和完善。

马克思主义伦理思想中国化最新成果坚持了马克思主义伦理思想的基本原理。马克思主义伦理思想高度重视发展生产力，强调利益是道德的基础和核心，人们奋斗所争取的一切，都同他们的利益相关。马克思主义伦理思想中国化最新成果坚持了马克思主义伦理思想这一理论渊源，把发展生产力作为社会主义的根本任务，强调贯彻社会主义物质利益原则，认为"不讲多劳多得，不重视物质利益，对少数先进分子可以，对广大群众不行，一段时间可以，长期不行。革命精神是非常宝贵的，没有革命精神就没有革命行动。但是，革命是在物质利益的基础上产生的，如果只讲牺牲精神，不讲物质利益，那就是唯心论。"[①] 马克思主义伦理思想崇尚为大多数人的利益而劳动，主张无产阶级集体主义，并认为只有在集体中，才可能有个人自由。马克思主义伦理思想中国化最新成果继承了这一思想传统，强调在社会主义制度下，个人利益应当服从集体利益，局部利益应当服从全局利益，眼前利益应当服从长

---

① 邓小平：《解放思想，实事求是，团结一致向前看》，《邓小平文选》第 2 卷，人民出版社 1994 年版，第 146 页。

远利益。马克思主义伦理思想强调人的自由全面发展，马克思主义伦理思想中国化最新成果继承并发展了这一思想传统，提出了以人为本、尊重人的尊严和价值，实现好、发展好、维护好人民群众的根本利益等主张，把关注和改善民生视为和谐社会的重要价值目标，促进了马克思主义伦理思想中国化的最新发展。

二　毛泽东伦理思想是中国特色社会主义伦理思想的直接理论来源

毛泽东伦理思想是马克思主义伦理思想中国化第一大杰出理论成果，是中国特色社会主义伦理思想体系的直接理论来源。毛泽东在领导中国革命和社会主义建设的长期实践中，始终注意把马克思主义伦理思想的基本原理与中国革命和社会主义建设的具体道德生活实际相结合，与中华民族的优秀伦理文化传统相结合，创立了毛泽东伦理思想。毛泽东伦理思想是20世纪中华民族伦理文化发展史上最辉煌的理论成果，揭示出在半封建半殖民地的东方大国如何开展道德革命和道德建设的特殊路径，代表了中国共产党人在道德理论上的探索与创新，对于中国革命道德的形成和发展，对于中国社会主义道德的培育和建设，具有深刻的理论指导意义和现实价值。

毛泽东伦理思想科学地论述了道德的本质和道德遗产的批判继承问题，发展了马克思主义的道德基本理论。毛泽东认为，道德是人类社会生活的产物，"是人们经济生活与其他社会生活的要求的反映。"① 在阶级社会里，人们总是在一定的阶级地位中生活，各种思想无不打上阶级的烙印。"不同阶级有不同的道德观。"② 并从道德的阶级性出发阐释了无产阶级的人性论，批判了抽象的人性论和人类之爱。为了把旧文化统治下愚昧落后的中国变为具有新文化的文明先进的中国，就必须反对旧道德、提倡新道德。毛泽东始终把变革道德作为文化思想战线以至整个中国社会革命的重要任务来看，并深刻地阐明了实现这种变革的基本方针。他认为，政治和经济的变革，是文化、道德变革的根据和基础。但是，这并不排除文

---

① 毛泽东：《关于人的基本特性及其他》，《毛泽东文集》第 3 卷，人民出版社 1999 年版，第 84 页。

② 同上。

化、道德发展过程中自身历史的继承性。他在给张闻天的信中就肯定孔儒思想中也有一些真理性的因素，主张以马克思主义对之进行改造。他说："关于孔子的道德论，应给以唯物论的观察，加以更多的批判，以便与国民党的道德观（国民党在这方面最喜引孔子）有原则的区别。"[①] 毛泽东还认为，中国的伦理文化是世界伦理文化的一部分，它的发展不能脱离整个人类文明发展的总进程，必须同一切别的民族、别的国家的进步的伦理文化建立相互吸收和相互发展的关系。道德遗产批判继承的方针一是古为今用，二是洋为今用。向外国人学习是为了今天的中国人，向古人学习是为了现在的活人。对待道德文化遗产的正确态度是引导群众向前看，而不是向后看，决不能厚古薄今，崇洋媚外，应当自始至终着眼于新道德文化的建设。

　　毛泽东伦理思想科学地论述了为人民服务、无产阶级革命功利主义和革命人道主义，发展了马克思主义关于无产阶级道德原则规范的理论。在领导中国人民进行反帝、反封建的革命斗争中，毛泽东从革命的性质和目的出发，创造性地提出"为人民服务"的命题和思想，并使全心全意为人民服务成为共产党人的宗旨和共产主义道德的核心。在毛泽东看来，为人民服务就是要使我们的一切言论行动"必须以合乎最广大人民群众的最大利益，为最广大人民群众所拥护为最高标准"；就是要密切联系群众，与群众打成一片，"一刻也不脱离群众，一切从人民的利益出发，而不是从个人或小集团的利益出发"；[②] 就是要以革命利益为第一生命，以个人利益服从革命利益，关心党和群众比关心个人为重，关心他人比关心自己为重，勇于为人民的利益而献身。为人民服务应当成为共产党人和一切革命战士的行为准则和人生座右铭。人只有把自己的生死荣辱紧紧地和人民的利益、人民的解放事业结合在一起，人生才有价值和意义。结合中国革命的实践和道德生活发展的要求，毛泽东对超阶级的功利主义作出了深刻的批判，提出并阐发了无产阶级的革命的功利主义。他说："世界上没有什么超功利主义，在阶级社会里，不是这一阶级的功利主义，就是那

[①] 毛泽东：《关于〈孔子的哲学思想〉一文给张闻天的信》，《毛泽东文集》第 2 卷，人民出版社 1999 年版，第 163 页。

[②] 毛泽东：《论联合政府》，《毛泽东选集》第 3 卷，人民出版社 1991 年版，第 1094—1095 页。

一阶级的功利主义。"① 唯物主义者并不一般地反对功利主义，但"反对封建阶级的资产阶级的、小资产阶级的功利主义，反对那种口头上反对功利主义、实际上抱着最自私最短视的功利主义的伪善者。"② 无产阶级坚持和奉行革命的功利主义。这种功利主义"是以占全人口百分之九十以上的最广大人民群众的目前利益和将来利益的统一为出发点的"，所以"是以最广和最远为目标的革命的功利主义者，而不是只看到局部和目前的狭隘的功利主义者。"③ 无产阶级的革命的功利主义基于无产阶级的解放全人类的历史使命，基于无产阶级政党的为人民群众的最大利益而奋斗的宗旨，主张把广大群众的目前利益和将来利益统一起来，既考虑照顾群众的目前利益，也不能损害群众的未来利益，必须给人民以看得见的物质福利，使人民群众得到真实的利益。

　　毛泽东伦理思想科学地论述了道德评价、道德品质和道德人格修养等问题，发展了马克思主义关于道德实践的理论。在进行道德评价时究竟看一个人的行为动机还是看行为的效果？在中外伦理学史上存在着不同的看法，有的主张动机论，有的主张效果论，有的试图把二者调和起来。毛泽东从辩证唯物主义观点出发，论述了动机与效果之间的关系。他说："唯心论者是强调动机否认效果的，机械唯物论者是强调效果否认动机的，我们和这两者相反，我们是辩证唯物主义的动机和效果的统一论者。"④ 毛泽东批评了动机和效果关系问题上的两种错误观点——动机论和效果论，主张动机和效果的辩证统一论，坚持在道德评价上既要看动机又要看效果，要联系效果去看动机，结合动机去看效果，并且认为动机和效果统一于为人民大众谋利益的基础之上，必须使为大众的动机与被大众欢迎的效果统一起来。动机与效果辩证统一论是对马克思主义伦理思想的重大发展。结合民主革命的伟大实践，毛泽东对共产党人的品质进行了概括和总结，认为共产党人"无论何时何地都不应把个人利益放在第一位，而应以个人利益服从于民族的和人民群众的利益。因此，自私自利，消极怠

---

① 毛泽东：《在延安文艺座谈会上的讲话》，《毛泽东选集》第 3 卷，人民出版社 1991 年版，第 864 页。

② 同上。

③ 同上。

④ 同上书，第 868 页。

工，贪污腐化，风头主义，等等，是最可鄙的；而大公无私，积极努力，克己奉公，埋头苦干的精神，才是可尊敬的。"① 共产党人为共产主义事业奋斗终身，需要培养与共产主义事业相适应的种种品质，包括"以革命利益为第一生命，以个人利益服从革命利益"② 的大公无私、克己奉公品质，以及奋不顾身地投入党的事业，全心全意地为共产主义事业而奋斗的积极努力、埋头苦干的品质。与此相关，谦虚谨慎、团结合作、信用诚实、正直勇敢也是共产党人所需要的优秀品质。道德人格是道德品质的凝结和集中体现。共产党人的道德人格既是历史上理想人格特质的合理继承，又反映着共产主义事业和运动的内在要求，它集"高尚的人"、"纯粹的人"、"有道德的人"、"脱离了低级趣味的人"和"有益于人民的人"于一体，其具体内容表现在"毫无自私自利之心"以及"对工作的极端的负责任，对同志对人民的极端的热忱"，"对技术的精益求精"③ 等方面，张思德、白求恩、刘胡兰等人即是共产主义的道德人格典范。

中国特色社会主义伦理思想，继承并发展了毛泽东伦理思想的根本精神，把为人民服务提升为社会主义道德的核心，将无产阶级功利主义发展为社会主义功利主义，将共产党人的革命美德发展为社会主义现代化建设时期的建设美德，从多方面丰富并发展了毛泽东伦理思想。马克思主义伦理思想中国化最新成果始终以广大人民群众的根本利益为其价值目标和终极目标。邓小平指出："社会主义现代化建设是我们当前最大的政治，因为它代表着人民的最大的政治，因为它代表着人民的最大的利益、最根本的利益。"他反复强调，制定党的各项方针政策必须以"人民拥护不拥护，人民赞成不赞成，人民高兴不高兴，人民答应不答应"作为出发点和落脚点。中国特色社会主义伦理思想作为和毛泽东伦理思想一脉相承的统一的科学体系，其基本依据之一就在于两者都站在人民群众的根本立场上，都主张全心全意为人民服务。此外，中国特色社会主义伦理思想还发展了毛泽东的集体主义思想、道德人格思想及其它伦理思想。

---

① 毛泽东：《中国共产党在民族战争中的地位》，《毛泽东选集》第 2 卷，人民出版社 1991 年版，第 522 页。

② 毛泽东：《反对自由主义》，《毛泽东选集》第 2 卷，人民出版社 1991 年版，第 361 页。

③ 毛泽东：《纪念白求恩》，《毛泽东选集》第 2 卷，人民出版社 1991 年版，第 660 页。

三　当代世界优秀伦理文明成果为中国特色社会主义伦理思想提供了重要思想材料

马克思主义伦理思想中国化最新成果绝不是离开世界文明发展大道而凭空创造的学说，而是在综合人类伦理思想的优秀成果和总结当代道德生活实践经验的基础上形成的，也是在道德生活实践运用中不断得到验证和发展的。善于吸收借鉴人类伦理文化的优秀成果，在已有的人类优秀伦理文化成果的基础上不断实现理论创新，是马克思主义伦理思想中国化最新成果的基本品格。

中国马克思主义者把大胆吸收和借鉴人类社会创造的一切文明成果，包括伦理文明成果，作为发展中国特色社会主义伦理文化、建设社会主义精神文明的一个十分重要的条件。邓小平认为，在我们这样经济文化落后的国家建设社会主义，实现现代化，吸收和借鉴人类文明成果，是一个基本的要求，也是一条捷径。社会主义作为一种崭新的社会制度，只有在继承和利用资本主义社会已经创造出来的全部生产力和全部优秀文化成果的基础上，并结合新的实际进行新的创造，才能顺利取得成功。中国马克思主义者在对待资本主义的问题上，不仅看到社会主义同它对立和斗争的一面，而且看到社会主义同它还有学习、借鉴、合作和利用的一面，并从资本主义产生的优秀文化成果中吸收了大量养分用来充实丰富中国特色社会主义理论体系。社会主义要赢得与资本主义相比较的优势，就必须大胆吸收和借鉴人类社会创造的一切文明成果，吸收和借鉴当今世界各国包括资本主义发达国家的一切反映现代社会化生产规律的先进经营方式、管理方法。"我们必须树立一个明确认识，不管是哪种社会制度下创造的文明成果，只要是进步的优秀的东西，都应积极学习和运用。"①"三个代表"重要思想十分注重对当代资本主义优秀文明成果的吸收，尤其在学习借鉴先进自然科学和现代技术、先进经营方式和管理方法方面有大的成就。科学发展观更是立足中国实际，大胆吸收西方的可持续发展观、综合发展观、以"人类发展"为核心的现代发展观的精髓，合理借鉴了西方发达资本主义国家在发展实践和发展理论方面所创造的优秀文明成果。

马克思主义伦理思想中国化最新成果，继承并吸收了当代世界崇尚科

---

① 《江泽民论有中国特色社会主义》，中央文献出版社 2002 年版，第 206 页。

学精神、关注科技伦理的合理因素，特别强调弘扬科学精神和按科学规律办事，强调建设科技伦理，以保证科学技术成果正当合理利用。"科学知识、科学思想、科学方法和科学精神，可以引导人们奋发图强、积极向上，促进人们牢固地形成正确的世界观、人生观和价值观，促进人们实事求是地创造性地进行社会实践活动。"① 大力弘扬科学精神，积极引导人民群众学科学、用科学、爱科学、讲科学，培育科学、文明、健康的生活方式，形成热爱科学、崇尚真理、善于思考、勇于创新的社会风气，是社会主义伦理文化建设的重要内容。"在二十一世纪，科技伦理的问题越来越突出。核心问题是，科学技术进步应服务于全人类，服务于世界和平、发展与进步的崇高事业，而不能危害人类自身。建立和完善高尚的科学伦理，尊重并合理保护知识产权，对科学技术的研究和利用实行符合各国人民共同利益的政策引导，是二十一世纪人们应该注重解决的一个重大问题。"②

　　马克思主义伦理思想中国化最新成果继承并发展了当代世界崇尚开拓创新的合理成果，并结合中国特色予以创造性发展，在不断致力于理论创新的同时大胆地进行制度创新，坚持认为闭目塞听、坐井观天、因循守旧、墨守成规，无视世界发展潮流，必然会被世界所抛弃。只有应用当代世界先进的伦理文明成果武装自己，不断推进理论创新、体制创新和科技创新，才能不断形成伦理文化的新知识，开拓人类道德生活发展的新局面。

　　马克思主义伦理思想中国化最新成果在自己形成和发展过程中，还吸收了当代世界注重公平正义和生态伦理建设的有益成果，并予以创造性地转化，提出了一系列促进公平正义实现的新观念、新思想，极大地丰富并发展了马克思主义伦理思想。

四　中华民族优秀传统伦理文化是中国特色社会主义伦理思想的丰厚资源

　　胡锦涛在耶鲁大学的讲话中提出："科学发展的理念是在总结中国现

---

　　①　江泽民：《致全国科普工作会议的信》，《江泽民论有中国特色社会主义》（专题摘编），中央文献出版社 2002 年版，第 269 页。
　　②　江泽民：《在北戴河会见诺贝尔奖获得者时的讲话》，《江泽民论有中国特色社会主义》（专题摘编），中央文献出版社 2002 年版，第 271 页。

代化建设经验，顺应时代潮流的基础下提出来的，也是在继承中华民族优秀文化传统的基础上提出来的。中华文明是世界古代文明中始终没有中断，连续五千多年发展至今的文明。中华民族在漫长历史发展中形成的独具特色的文化传统，深深影响了古代中国，也深深影响着当代中国。现代中国强调的以人为本，与时俱进，社会和谐，和平发展，既有着中华文明的深厚根基，又体现了时代发展的进步精神。"① 胡锦涛在这里实际上肯定了中国传统伦理文化是中国特色社会主义伦理思想的重要来源之一。

马克思、恩格斯在《德意志意识形态》中指出，任何划时代的理论"都是以本国过去的整个发展为基础的，是以阶级关系的历史形式及其政治的、道德的、哲学的以及其他的后果为基础的。"② 马克思主义伦理思想中国化最新成果作为马克思主义伦理思想中国化的最新理论成果，与中华民族源远流长的优秀传统伦理文化是分不开的。

传统伦理文化是一个国家和民族在长期的历史发展过程中，为了生存、发展和相互交往而积淀、传承下来的反映其成员共同价值追求和人文品质的精神成果的总和。在五千多年的历史长河中，中华民族形成并发展起了亘古不绝、一脉相承的优秀伦理文化，凝聚起了以爱国主义为核心的民本、革新、义利合一、自强、融合、重德、和谐的优秀传统伦理文化。正是在"认真钻研、吸收、融化和发展"中华民族优秀传统伦理文化的基础上，形成了具有中国风格、中国作风和中国气派的马克思主义伦理思想中国化最新成果。

中国优秀的传统伦理文化是五千年来中国人民道德生活实践经验和智慧的结晶。中华伦理文化源远流长、博大精深，善于接纳和吸收外来伦理文化，是马克思主义在当代中国赖以生存和发展不可或缺的重要文化载体。中国特色社会主义伦理思想不断从中华伦理文化中吸取营养，激发着创造活力。从文化形态上看，马克思主义伦理思想中国化最新成果是马克思主义伦理思想基本原理与中国优秀伦理文化有机融合的产物。"马克思主义必须和我国的具体特点相结合并通过一定的民族形式才能实现。因

---

① 胡锦涛：《在美国耶鲁大学的演讲》，《十六大以来重要文献选编》（下），中央文献出版社 2008 年版，第 428 页。

② 马克思、恩格斯：《德意志意识形态》，《马克思恩格斯全集》第 3 卷，人民出版社 1960年版，第 544 页。

此，必须使马克思主义在中国具体化，使之在其每一个表现中带着必须有的中国的特性。"① 这使得马克思主义伦理思想中国化最新成果在理论风格上蕴含着浓郁的民族性。从这一内涵讲，我们不断推进马克思主义伦理思想中国化的进程，就是将本土伦理文化，即中国传统伦理文化与马克思主义现阶段的表现形式中国特色社会主义不断融合、同化的过程。这种民族性首先表现在马克思主义伦理思想中国化最新成果继承了中华民族的优秀传统伦理文化。这些优秀传统伦理文化所集中体现出来的以"爱国主义"为核心的，包含团结统一、独立自主、爱好和平、自强不息等精神在内的民族精神，为我们建设中国特色社会主义伦理思想奠定了深厚的精神底蕴。

爱国主义是中华民族精神的核心，也是中华民族优秀传统文化的核心。在不同的历史发展时期，爱国主义有不同的内容和特点。在中国古代，爱国主义主要体现为对民族分裂、破坏国家统一等自私行径的无比鄙视，以及对励精图治、治国安邦、民族和睦、造福于民等仁爱精神的无比崇敬。在近现代中国则主要体现为反对帝国主义侵略、求得民族独立；反对封建压迫，争得人民解放的救国救民的伟大情怀。在当代中国，爱国主义与社会主义在本质上是一致的，爱国主义就是要热爱社会主义祖国，献身于建设和保卫社会主义现代化事业和祖国统一大业当中去，建设中国特色社会主义已经成为新时期爱国主义的主题。只有把爱国主义和社会主义有机统一于建设中国特色社会主义的伟大实践中，才能实现国家统一和中华民族的伟大复兴。不难看出，建设中国特色社会主义时期的爱国主义思想是对中国优秀传统文化中爱国主义思想的历史传承和创新。

民本观念和革新精神是中华民族优秀传统伦理文化的重要内容。传统民本观念主张"民为邦本，本固邦宁"，要求"因民之所利而利之"，既要"重民""亲民""爱民"，又要"富民""利民""教民"，并把"得民心"与"得道""得天下"联系起来，使"民心"获得与"天意"等值的道德意义。传统革新精神强调"苟日新，日日新，又日新，作新民"，主张革故鼎新，除旧布新，送旧迎新，并以"德莫贵于日新"为职

---

① 毛泽东：《中国共产党在民族战争中的地位》，《毛泽东选集》第 2 卷，人民出版社 1991 年版，第 534 页。

志倡导变法改革，新故相资而新其故，推进理论创新、制度创新和实践创新，推动社会不断进步。民本观念和革新精神就成为中华民族伦理文化的价值核心，成为中国兴旺发达的不竭动力。在改革开放和社会主义现代化建设的新时期，民本思想主要体现为共同富裕的社会主义本质观、代表人民根本利益的党的先进性思想和"以人为本"的科学发展观等。革新精神主要表现为"解放思想、实事求是、与时俱进"的思想认识路线，以及理论创新、科技创新、制度创新、文化创新、知识创新、机制创新等方面。由此可见，中国特色社会主义伦理思想中的民本思想和改革创新思想是对中国传统优秀文化中民本观念和革新精神的历史传承和创新。

自强精神和融合观念是中华民族伦理文化源远流长的主要原因，也是中华民族传统伦理文化的重要组成部分。它在崇尚自强不息、坚忍不拔、艰苦奋斗、自力更生、开拓进取精神的同时，又不排斥与外来文化的相互渗透、相互兼容和吸收，对外来事物能够去其糟粕、取其精华。在马克思主义伦理思想中国化最新成果的创立过程中，中华民族的自强精神和融合观念体现在我们以史为鉴，吸收当代世界的优秀伦理文明成果，在努力将马克思主义伦理思想与时代特征和中国实际相结合的过程中，坚持走自己的路，不断探索具有中国特色的伦理文化建设道路，不断构建社会主义核心价值体系，推进伦理文化的大发展大繁荣，不断探索以改善民生为主的社会主义和谐伦理建设。中国优秀传统伦理文化中的自强精神和融合观念在马克思主义伦理思想中国化最新成果中得到了很好的传承和创新。

重德观念与和谐观念是中华民族传统伦理文化区别于世界其他文化的最鲜明特征。在人与自然的关系上，它强调"道法自然"；在人与社会关系上，它主张"中庸之道""义利合一"；在人与人的关系上，它突出仁爱礼让；在国与国之间的关系上，它重视"协和万邦"。这些观念在当代中国都得到了很好的传承和创新，如马克思主义伦理思想中国化最新成果强调建设社会主义和谐社会，建设资源节约型、环境友好型的社会，推崇生态文明发展战略，大力弘扬社会主义核心价值观，坚持走和平发展道路。

中华民族优秀传统伦理文化是孕育马克思主义伦理思想中国化最新成果的深厚土壤，中国特色社会主义伦理思想是马克思主义伦理思想在中华民族优秀传统伦理文化的丰厚土壤上绽放出来的一朵奇葩。中华民族优秀传统伦理文化为中国特色社会主义伦理思想的产生和发展提供了重要的理论生长点和直接结合点，发挥了巨大的不可替代的作用。因此，建设与传统美德相承接的社会主义道德规范体系，是马克思主义伦理思想中国化最新成果的重要内容。

马克思主义伦理思想中国化最新成果正因为有马克思主义伦理思想、毛泽东伦理思想的直接理论来源，有世界伦理文明和中国传统伦理思想的丰厚资源，所以能够博采广纳，"坐集千古之智"，并予以创造性的转化创新，成就一个彪炳史册的杰出伦理思想体系，不仅贡献给中华民族以精深厚重的伦理思想成果，而且贡献给人类一种真正广大精微、博大精深的伦理思想成果。

第三节　中国特色社会主义伦理思想的主要内容与理论贡献

中国特色社会主义伦理思想是随着改革开放和社会主义现代化建设的道德生活实践，适应建设中国特色社会主义精神文明与道德文明的伦理文化主题而逐步形成和发展起来的，是以邓小平、江泽民、胡锦涛、习近平等为代表的中国共产党人对社会主义伦理文明和道德建设的不断探索与理论创新的成果总汇。它依据改革开放和现代化建设的新的实践，以立足中国、放眼全球的开放视野，用马克思主义伦理思想的基本原理分析当今世界和中华民族道德生活发展的趋势和状况，创造性地提出了一系列关于建设社会主义精神文明和道德建设的新命题、新判断、新范畴和新观点，标志着马克思主义伦理思想在中国的新发展及其所达到的新境界，对推动马克思主义伦理思想的发展和建设社会主义先进伦理文化作出了历史性的巨大贡献。

一　中国特色社会主义伦理思想的主要内容

中国特色社会主义伦理思想的内涵十分丰富，底蕴博大精深，涵盖物质文明、政治文明、精神文明、社会文明、生态文明以及党的建设文明等领域，是一个以社会主义核心价值体系和核心价值观为灵魂，以社会主义道德建设为主体，以全面提升我国公民道德素质、培育"四有新人"为目的追求的具有鲜明的时代性、突出的实践性、强烈的前瞻性以及高度的开放性等特点的伦理思想体系，它由一系列关于道德基本理论、关于社会主义道德原则规范、关于社会主义伦理文化建设以及当代道德实践各个方面紧密联系、相互贯通的新思想、新观念、新论断及其基本理论和原则所构成，体现了马克思主义的唯物史观、人生观、价值观、道德观的智慧，吸收了当代世界经济、科技、社会管理等学科和应用伦理学的优秀成果，反映了我们党对道德建设规律和社会主义道德建设规律以及人类伦理文明发展规律的新认识。

1. 理论精髓：解放思想、实事求是、与时俱进

解放思想、实事求是、与时俱进既是马克思主义的理论品质和中国共产党人的优秀品质，更是推进伦理思想创新和形成中国特色社会主义伦理思想体系所呼唤、要求和内涵的优秀品质，是中国特色社会主义伦理思想体系的精髓。"解放思想是发展中国特色社会主义的一大法宝。"[①] 实事求是是马克思主义的活的灵魂，邓小平指出："过去我们搞革命所取得的一切胜利，是靠实事求是；现在我们要实现四个现代化，同样要靠实事求是。"[②] 解放思想同实事求是是统一的，它要求我们的思想认识应符合客观实际，"冲破落后的传统观念，改变因循守旧、不接受新事物的精神状态"。[③] 马克思主义及其伦理思想是开放的发展的和不断与时俱进的理论，一部马克思主义的历史，就是马克思主义创始人及其后继者，对已经改变的实践进行新的理论概括，又用创新理论指导发展了的实践的历史。因此，对待马克思主义及其伦理思想，切忌把它在特定历史条件下作出的个别结论僵死化、凝固化，而应当根据不同历史条件，创造性地加以运用。那种只知背诵马克思主义词句，把马克思主义个别结论神圣化的教条主义态度，不但不符合马克思主义，恰恰是马克思主义的大敌。早在马克思主义创建时期，恩格斯就曾说过："我们的理论是发展着的理论，而不是必

---

① 胡锦涛：《高举中国特色社会主义伟大旗帜，为夺取全面建设小康社会新胜利而奋斗》，《十七大以来重要文献选编》（上），中央文献出版社 2009 年版，第 1 页。

② 邓小平：《解放思想，实事求是，团结一致向前看》，《邓小平文选》第 2 卷，人民出版社 1994 年版，第 143 页。

③ 江泽民：《加快改革开放和现代化建设步伐，夺取有中国特色社会主义事业的更大胜利》，《江泽民文选》第 1 卷，人民出版社 2006 年版，第 246 页。

须背得烂熟并机械地加以重复的教条。"① 解放思想、实事求是、与时俱进，要求根据道德实践的需要和时代的道德要求，自觉地把思想认识从那些不合时宜的道德观念的束缚中解放出来，从对马克思主义伦理思想错误的和教条式的理解中解放出来，从主观主义和形而上学的桎梏中解放出来，勇于变革、勇于创新，不断赋予马克思主义伦理思想以鲜明的中国特色、中国作风和中国气派。

2. 价值基点：消除贫穷和实现共同富裕的社会主义本质论

中国特色社会主义伦理思想源于对社会主义本质的深刻认识与科学把握。社会主义的本质内涵着既要消灭贫穷，又要消除两极分化，实现共同富裕的伦理深蕴。脱贫致富应当允许一部分人、一部分地区先富起来，这是符合实际的尽快解决温饱问题的有效途径。允许一部分人先富起来的目的是为了带动大家一起致富，最终实现共同富裕。十八大报告强调："共同富裕是社会主义的根本原则。要坚持社会主义基本经济制度和分配制度，调整国民收入分配格局，加大再分配调节力度，着力解决收入分配差距较大问题，使发展成果更多更公平惠及全体人民，朝着共同富裕方向稳步前进。"② 共同富裕的伦理思想要求关注民生幸福，提升社会群体的普遍幸福指数，本质上是一种"大家好才是真的好"的伦理思想，它所要反对的是那种利己自私而不顾他人和社会公共利益的行为和现象，是那种"为富不仁"和"安于贫穷"的思想和行为。共同富裕是社会主义集体主义原则的具体体现，也同社会公平正义原则息息相关。公平正义作为中国特色社会主义的内在要求和伦理原则，要求保证人民平等参与、平等发展的权利，要求建立以权利公平、机会公平、规则公平为主要内容的社会公平保障体系，实现和促进分配公平。而分配公平的实质则是共同富裕。

3. 价值核心：社会主义核心价值体系和核心价值观

社会主义核心价值体系和核心价值观反映着中国特色社会主义的根本性质和精神主旨，是中国特色社会主义伦理思想的方向盘和指向器，具有立国之本、强国之要和兴国之魂的独特意义和价值。坚持不懈地用马克思

①　恩格斯：《致弗洛伦斯·凯利—威士涅威茨基》，《马克思恩格斯文集》第 10 卷，人民出版社 2009 年版，第 562 页。
②　胡锦涛：《坚定不移沿着中国特色社会主义道路前进，为全面建成小康社会而奋斗》，《十八大报告辅导读本》，人民出版社 2012 年版，第 15 页。

主义中国化最新成果武装全党教育人民，用中国特色社会主义共同理想凝聚力量，用以爱国主义为核心的民族精神和以改革创新为核心的时代精神鼓舞斗志，用社会主义荣辱观引领风尚，是社会主义核心价值体系的根本要求。社会主义核心价值体系是根源于民族优秀文化和社会主义先进文化并吸收人类文明成果发展起来的，适应了时代发展要求，集中反映着当代中国人民的理想信念和精神追求，是我国社会主义文化的主旋律和主基调。社会主义核心价值观是核心价值体系的集中表现。党的十八大报告提出："倡导富强、民主、文明、和谐，倡导自由、平等、公正、法治，倡导爱国、敬业、诚信、友善，积极培育社会主义核心价值观。"① "三个倡导"，体现了国家层面、社会层面、公民道德层面的价值取向，涵盖了最广大人民群众的普遍愿望，是对社会主义核心价值体系的具体化，是对民族精神、时代精神，以及爱国主义、集体主义、社会主义的生动诠释。"三个倡导"，涉及国家、社会、个人三个层次，个人是基础，社会要共同努力，才能实现国家的富强、民主、文明、和谐。"三个倡导"，分别从国家、社会、个人三个层面，高度概括社会主义核心价值观，清晰而凝练，不仅展现了党对社会主义核心价值观的全新认识，而且让社会公众找到核心价值观里的"主心骨"，为多元时代凝聚思想共识指明了方向。在当代中国，伦理思想只有生动地体现了社会主义核心价值体系和核心价值观这个"魂"，才有主心骨，才有精气神，才能得到更好地发展和传承。

4. 伦理实质：以人为本与促进人的全面发展

以人为本是科学发展观的核心，是中国特色社会主义伦理思想体系的主旨和基本原则。"以人为本"与"以物为本""以钱为本""以官为本""以己为本"，乃至于与"以虚假的共同体为本"相对立，科学地回答了相信谁、依靠谁、为了谁等根本问题，突出了在社会历史发展中人民群众是历史的创造者、人民群众是社会发展的价值主体，也突出了对人民群众包括每个个人的人文关怀和价值关怀。它坚持发展为了人民，发展依靠人民，发展成果由人民共享的原则，并把关注人的价值、权益和自由，关注人的生活质量、发展潜能和幸福指数置于十分重要的地位，以实现人的全

---

① 胡锦涛：《坚定不移沿着中国特色社会主义道路前进，为全面建成小康社会而奋斗》，《十八大报告辅导读本》，人民出版社 2012 年版，第 32 页。

面发展为根本的价值目标。以人为本把为最广大人民群众谋利益作为发展的最高价值追求。"以人为本"中的"人"不是抽象的人，是最广大的人民，"本"是指根本、本体和目的，实质是指人民群众的根本利益。因此，实现好、维护好、发展好最广大人民的根本利益是"以人为本"的内在要求和本质内涵。以人为本把促进人的全面发展作为社会和人的发展的根本目的，把社会的经济、政治、文化的发展，归于满足人的全面发展的需要。以人为本集尊重人、为了人、依靠人、提高人于一体，突显了人在道德生活和整个社会生活中的地位和价值。

5. 精神武装：弘扬创业精神和塑造高尚人格

中国特色社会主义伦理思想立定于新时期人的健康成长和全面发展的价值目标，特别强调在坚定马克思主义理想和共产主义信念的基础上陶冶高尚的道德情操，培育优秀的道德品质，追求崇高的精神境界，锻铸理想的道德人格。基于中国特色社会主义现代化建设事业的需要，邓小平主张发扬"五种精神"即"发扬革命和拼命精神，严守纪律和自我牺牲精神，大公无私和先人后己精神，压倒一切敌人、压倒一切困难的精神，坚持革命乐观主义、排除万难去争取胜利的精神。"邓小平强调要把这"五种精神""推广到全体人民、全体青少年中间去，使之成为中华人民共和国的精神文明的精神支柱，为世界上一切要求革命、要求进步的人们所向往，也为世界上许多精神空虚、思想苦闷的人们所羡慕。"①

伟大的事业、伟大的时代和创业实践，需要有伟大的创业精神来支撑和鼓舞。江泽民将创业精神概括为解放思想、实事求是，积极探索、勇于创新，艰苦奋斗、知难而进，学习外国、自强不息，谦虚谨慎、不骄不躁，同心同德、顾全大局，勤俭节约、清正廉洁，励精图治、无私奉献64字，指出："这些都应该成为新时期我们推进现代化建设，所要大力倡导和发扬的创业精神。"② 同时，建设中国特色社会主义，还需要大力弘扬井冈山精神、长征精神、延安精神、西柏坡精神和铁人精神、雷锋精神、"两弹一星"精神、九八抗洪精神、抗"非典"精神以及抗震救灾精

---

① 邓小平：《贯彻调整方针，保证安定团结》，《邓小平文选》第 2 卷，人民出版社 1994 年版，第 368 页。

② 《毛泽东 邓小平 江泽民论世界观人生观价值观》，人民出版社 1997 年版，第 490 页。

神、航天精神等，使这些优秀而崇高的精神成为社会主义精神文明的主要支柱。只有这样，才能构筑新时代的精神长城，将中国特色社会主义事业不断推向前进。

6. 价值追求：崇尚社会和谐与致力和平发展

"社会和谐是中国特色社会主义的本质属性。"① 社会主义和谐社会以民主法制、公平正义、诚信友爱、充满活力、安定有序、人与自然和谐相处为基本的价值目标和内涵，主张把经济建设、政治建设、文化建设、社会建设统筹起来协调发展，实现人与人、人与社会、人与自然的和谐发展。

和平发展是中国特色社会主义的必然选择。构建社会主义和谐社会要求建设一个持久和平、共同繁荣的和谐世界。"和谐世界"承认世界多样性的现实，主张各国以包容精神平等相待，和平共处，代表了中国特色社会主义关于全球治理伦理的新认识。

人与自然和谐相处，是和谐伦理价值观的重要方面。它要求人类从过去一味强调"战胜自然"，转变为"与自然和谐共处"，从大自然的征服者，转变成为自然界的"善良公民"，把道德调节的范围从人与人的关系，扩大到人与自然的关系，主张人与自然和谐相处，建设生态文明。

7. 根本任务：公民道德建设

中国特色社会主义现代化建设事业要求培养一批又一批"有理想、有道德、有文化、有纪律"的社会主义公民，因此加强公民道德建设就成为中国特色社会主义伦理思想的根本任务。公民道德建设的主要内容有，在全民族牢固树立建设中国特色社会主义的共同理想和正确的世界观、人生观、价值观，以为人民服务为核心，以集体主义为原则，以爱祖国、爱人民、爱劳动、爱科学、爱社会主义为基本要求，在全社会大力倡导"爱国守法、明礼诚信、团结友善、勤俭自强、敬业奉献"的基本道德规范，以增强诚信意识为重点，加强社会公德、职业道德、家庭美德、个人品德建设，发挥道德模范的榜样带头作用，引导人们自觉履行法定义务、社会责任和家庭责任，引导人们在遵守基本行为准则的基础上，追求更高的思想道德目标。

---

① 胡锦涛：《坚定不移沿着中国特色社会主义道路前进，为全面建成小康社会而奋斗》，《十八大报告辅导读本》，人民出版社 2012 年版，第 15 页。

8. 精神保障：党的执政伦理建设

中国共产党是领导中国特色社会主义事业的坚强核心，党的思想道德建设和执政伦理建设是建设和发展中国特色社会主义的关键。始终依靠人民群众，始终保持同人民群众的血肉联系，是我们党战胜各种困难和风险、不断取得事业成功的动力源泉和根本保证。面对新形势新任务和新要求，各级领导干部一定要树立马克思主义的世界观，共产主义的人生观和价值观，树立正确的权力观、政绩观和金钱观，培养正确的政治立场，坚定正确的政治方向，提升政治觉悟，为人民掌好权、用好权，真正做到"情为民所系，权为民所用，利为民所谋"，常修为政之德，常怀律己之心，常思贪欲之害，经得起权力、金钱、美色的考验，使自己真正具有高尚的道德情操和精神境界。

此外，建设人民民主的政治伦理，发展天人合一的生态伦理，建构当代科技伦理，关注网络伦理，等等，也是中国特色社会主义伦理思想体系的重要内容。

二　中国特色社会主义伦理思想的理论贡献

中国特色社会主义伦理思想，是围绕解答改革开放和建立社会主义市场经济过程中所面临的重大伦理道德问题而展开的，是对社会主义现代化建设过程中一系列重大伦理道德问题的理性思考和科学解答，是马克思主义伦理思想基本原理与中国当代改革开放的道德实践有机结合并获得新的发展的产物，代表着马克思主义伦理思想在中国发展的新阶段，是我们党最可宝贵的伦理精神财富，是全党全国各族人民团结奋斗的动力源泉和价值支撑。

首先，它不断探索和回答了"什么是马克思主义伦理思想、怎样坚持和发展马克思主义伦理思想"的问题。马克思主义伦理思想是建立在唯物史观基础上并用辩证法来认识和探讨道德现象，揭示无产阶级道德和社会主义道德形成发展规律的伦理思想，是面向人们丰富的道德生活实践并促进人们的道德生活实践不断丰富发展的伦理思想，是随着社会主义现代化建设而不断解放思想、实事求是和与时俱进的伦理思想。坚持马克思主义伦理思想，就是要坚持马克思主义伦理思想的基本原理来分析现实的道德现象，坚持马克思主义伦理思想为人民服务、为社会主义服务的基本立场，坚持用联系的观点、发展的观点和辩证的观点来看待现实的道德问题。发展马克思主义伦理思想，就是要推进马克思主义伦理中国化发展，在改革开放实践中，大力发扬求真务实和开拓创新精神，不断深化对人类伦理文明发展规律和社会主义道德建设规律的认识，自觉地把思想认识从那些不合时宜的观念、做法和体制机制的束缚中解放出来，从对马克思主义伦理思想的错误的和教条主义理解中解放出来，从主观主义和形而上学的桎梏中解放出来，以实践基础上的理论创新回答现实生活中提出的一系列重大伦理道德问题，开辟马克思主义伦理思想发展的新领域，提升新境界，推动马克思主义伦理思想中国化深入发展，取得新成就。

其次，它不断探索和回答了"什么是社会主义伦理文化、怎样建设社会主义伦理文化"的问题。社会主义伦理文化是随着社会主义革命、建设和改革开放的实践而逐步形成和发展起来的，它是马克思主义伦理思想中国化最新成果的主体，其中主要包括中国特色社会主义道德本质理论、道德原则理论、道德建设理论、市场经济伦理理论、社会和谐伦理理论、生态文明建设理论等，构成了马克思主义伦理思想中国化最新成果最基本、最核心的内容。建设具有中国特色的社会主义伦理文化，要求建立与社会主义市场经济相适应，与现代法律规范相协调，与传统美德相承接的社会主义道德体系，加强公民道德建设，全面推进家庭美德、职业道德、社会公德和个人品德建设，培养一代又一代有理想有道德有文化有纪律的"四有新人"，建设高度的社会主义精神文明和道德文明。对社会主义伦理文化的深刻认识以及如何建设社会主义伦理文化的实践性推扩，发展起了具有中国特色和风格的社会主义伦理文化，在人类伦理文明史上树立起了一座丰碑，也贡献给世界伦理文化宝库以精湛的智慧和超越既往的独特成就。

再次，它不断探索和回答了"建设什么样的政党伦理、怎样建设政党伦理"的问题。社会主义执政党伦理建设理论，是马克思主义伦理思想中国化最新成果的重要内容。中国共产党是中国工人阶级的先锋队和中华民族的先锋队，是中国特色社会主义事业的领导核心。加强党的执政伦理建设，提高党的思想道德素质和先进性，事关社会主义现代化建设的成败和党的生死存亡。坚持立党为公、执政为民的宗旨，强化"情为民所系、权为民所用、利为民所谋"的政治伦理理念，始终保持党同人民群众的血肉联系，常修为政之德，常思贪欲之害，常怀律己之心，坚持问政于民、问需于民、问计于民，虚心向人民群众学习，把人民群众当亲人，才能全面提高党的执政能力，提高拒腐防变和抵御风险的能力，使党始终成为中国特色社会主义事业的坚强领导核心。

最后，马克思主义伦理思想中国化最新成果，创造性地回答了"建设什么样的发展伦理、怎样建设发展伦理"的问题。发展是我们党执政兴国的第一要务。聚精会神搞建设，一心一意谋发展，坚持发展为了人民、发展依靠人民、发展成果由人民共享，坚持走全面发展、协调发展和可持续发展的道路，促使生产发展、生活富裕、生态良好，才能有效解决中国特色社会主义现代化建设的许多问题，也才能真正建设好社会主义的伦理文明。社会主义发展伦理不仅创造性地探索和总结了社会主义伦理文化建设的一般规律，而且创造性地探索和总结了中国特色社会主义伦理文化发展的特殊规律，实现了马克思主义伦理思想普遍原理与中国改革开放以来的道德生活实际相结合的历史性飞跃，开辟了马克思主义伦理思想中国化发展的新境界。

中国特色社会主义伦理思想的实质，是用马克思主义伦理思想基本原理分析和解决当代中国面临的实际伦理道德问题，并在这个过程中清理、改造、吸收中国传统伦理文化中具有现代价值的因素，从而使马克思主义具有"中国特性""中国作风与中国气派"。马克思主义伦理思想中国化的理论品格表现在始终坚持解放思想、实事求是和与时俱进的认识路线，坚持立足本国、面向世界和面向未来的伦理建设思路，坚持以人为本、关注民生和求真务实、和谐发展的伦理价值取向，不断赋予中国马克思主义伦理思想鲜明的实践特色、民族特色、时代特色。

中国特色社会主义伦理思想是对毛泽东伦理思想的继承和发展，是中国共产党人在改革开放不同时期和不同阶段、为解决社会主义现代化建设面临的重大伦理道德问题作出的理论创新。它用一系列紧密联系、相互贯通的新思想、新观点和新论断，进一步回答了在改革开放和市场经济的条件下如何坚持和发展马克思主义伦理思想，如何建设社会主义伦理文化，如何发展有中国特色的社会主义伦理文化体系等问题，贡献给了人类伦理思想宝库以许多精湛深幽的道德智慧。中国特色社会主义伦理思想鲜明地体现了伦理思想的合规律性与合目的性的统一。它从当代中国与世界道德生活与道德文化建设的现实出发，把对我国精神文明和社会主义道德文化建设的探索建立在马克思主义关于人类道德发展规律、社会主义道德建设规律和中国特色社会主义道德建设规律的基础上，具有洞观人类伦理文化发展趋势和把握道德生活发展潮流的深刻智慧。它坚持尊重道德建设发展规律与尊重道德主体地位的一致性，坚持为崇高理想奋斗与为最广大人民谋利益的一致性，坚持保障人民利益与促进人的全面发展的一致性，鲜明地体现了伦理思想的先进性、崇高性与人民性、实践性。

　　中国特色社会主义伦理思想是对时代伦理精神精华的总结和汇聚，反映着时代伦理精神的本质和内在要求。伦理精神是一种实践精神，是一种从人的目的性出发来改造世界包括改造人自身的自觉自为精神，体现了人对世界的能动把握和人对自己生命的深刻认识和价值把握。伦理精神不是让人盲目听从外界权威、屈从于现实中的邪恶势力，而是增强人的主体意识和选择能力，动员全部身心力量克服恶行、培养德行，既提高自身的道德境界，又实现社会的道德理想。伦理精神既包含"一般伦理的内在概念和普遍可能性"，又包含个体成员的自我意识或个体道德意识，或者说是民族伦理精神和个体伦理精神的辩证结合，体现着普遍性与特殊性的矛盾统一。"伦理精神是道德体系的核心，它既是时代道德意识的精华，又是最根本的道德准则，它在一定的意义上，对于规范人们的行为，具有极其广泛性和极为深远性的重大价值。"① 伦理精神不仅具有历史性和民族性，而且具有时代性和现实性，所以能够比较深刻地集聚和兼容民族精神和时代精神，而且能够面向未来，通过向历史扎根、向现实贴近来更好地向未来探求，彰显出承前启后、继往开来的价值特质。中国特色社会主义伦理思想的形成是从和平与发展的时代主题出发，正确认识时代伦理精神的深刻变化，并总结时代伦理精神和促进时代伦理精神的不断发展和完善，提出了一系列反映时代伦理精神的命题、观点和理论，开辟了马克思主义伦理思想中国化发展的新局面。

　　中国特色社会主义伦理思想推动了马克思主义伦理思想中国化和中国伦理思想马克思主义化的进程，并有效地改变了当代中国社会的道德面貌。它是当代伦理学理论创新和突破的集中体现，彰显着中国马克思主义

---

① 吴灿新：《当代中国伦理精神》，广东人民出版社 2001 年版，第 53—54 页。

者在改革开放和发展社会主义市场经济条件下的对伦理道德的认识智慧，其中涉及对人类伦理文明发展规律和社会主义伦理文明发展规律的深刻认识，对社会主义道德核心、原则、规范、范畴等的科学概括和论述，对社会主义公民道德建设包括家庭美德、职业道德、社会公德、个人品德建设的科学概括和论述，对社会主义"四有新人"及其培育等的阐释与论述，而这些既反映着伦理学理论认识的深化和拓展，也必然成为伦理学基础理论研究的标志性成果。

中国特色社会主义伦理思想是我们党和人民最可宝贵的伦理精神财富，是全党全国人民团结奋斗、不断进取、开拓创新的共同思想基础，是扎根于当代火热道德生活的集真理与价值于一体的伦理智慧，代表着当代中国马克思主义伦理思想发展的最高水平。我们要始终坚持用中国特色社会主义伦理思想指导公民道德建设，武装人们的精神和头脑，才能够真正打牢马克思主义伦理思想在精神文化领域的主体主导以及主流的地位，推动马克思主义伦理思想的大发展大繁荣。

总之，中国特色社会主义伦理思想，体现了我们党对当代道德生活和对人类伦理文明发展规律的深刻认识，反映了我们党对社会主义伦理文化建设和道德建设的规律认识不断深化的智慧，已经成为并将继续成为推动中国特色社会主义事业不断发展与促进中华民族伟大复兴的伦理价值基础和精神保障。

第六章　中国特色社会主义伦理思想
的创立:邓小平伦理思想

马克思主义伦理思想中国化最新成果是一个由邓小平伦理思想、"三个代表"伦理思想和科学发展伦理思想等构成的中国特色社会主义伦理思想体系,凝结了几代中国共产党人带领人民不懈探索社会主义精神文明和道德生活实践的智慧和心血,是在改革开放和社会主义现代化建设过程中逐步形成和发展起来的并对当代中国社会的道德生活产生了巨大影响的科学的伦理思想体系。邓小平伦理思想是这一最新成果的奠基形态,有着创业垂统、建纲立极的独特功用和价值。"三个代表"伦理思想和科学发展伦理思想是在邓小平伦理思想基础上形成和发展起来的,是对邓小平伦理思想的再发展、再提升,形成为一个承前启后、继往开来的伦理思想体系,推动着中国特色社会主义事业不断发展。

第一节　社会主义现代化建设的伦理意义

邓小平伦理思想是在和平与发展成为时代主题的历史条件下,在我国改革开放和现代化建设的实践中,在总结我国社会主义胜利和挫折的历史经验教训并借鉴其他社会主义国家兴衰成败历史经验教训的基础上,逐步形成和发展起来的,是在立足本国而又面向世界,在研究新情况、解决新问题的过程中逐步形成和发展起来的。马克思主义伦理思想的基本原理和方法,是邓小平伦理思想形成的理论基础,对新中国成立以来道德生活正反两方面经验教训的总结,是邓小平伦理思想形成的历史依据,改革开放和社会主义现代化建设的实践是邓小平伦理思想形成的现实条件。

中国特色社会主义是在社会主义现代化建设中逐渐明晰思路,逐步形成理论和探索出一条正确道路的。社会主义现代化凝聚着中华民族的理想追求和价值目标，凝结着无数仁人志士和中华儿女的精神渴盼和伦理信念，是在以毛泽东为核心的第一代领导集体探讨基础上，由邓小平开启大幕，江泽民、胡锦涛、习近平等对之作进一步的发展推扩，进而不仅极大地改变了中国的面貌，也迎来了国家富强和民族复兴的新曙光。

一 社会主义物质文明的本质内涵

物质文明是指人类物质生活的进步状况和改造客观世界创造物质生活成果的总和。内容包括社会生产力的发展，生产工具和技术的改进，生产规模的扩大，社会财富的积累，人的物质生活水平的改善，衣食住行水平的提高，生活方式的变化等。它与社会生产力发展水平相一致，并受生产关系、地理条件和人口因素的制约和影响。科学技术的发展对物质文明的发展起决定作用。物质文明的发展对整个社会文明和历史发展处于基础地位。人类在原始社会的早期生产能力很小，生活是非常困苦的。那时人们穴居野外，茹毛饮血。人们主要依靠双手，集体采集各种野生植物的果实、块根来维持生存。后来人们学会打制石器，发明弓箭，制作简单生产工具，加强了人们猎取动物的能力。人们由旧石器时代进入到新石器时代后，又逐渐学会冶炼技术，能够使用金属工具，进入青铜时代和铁器时期。马克思说过："各种经济时代的区别，不在于生产什么，而在于怎样生产，用什么劳动资料生产。劳动资料不仅是人类劳动力发展的测量器，而且是劳动借以进行的社会关系的指示器。"① 不同的生产方式区分了不同的经济时代。蒸汽机的发明使人类进入了近代文明的时期。从此以后，人类社会的生产能力和科学技术更得到迅速发展。物质文明愈高，表明人类离开野蛮状态愈远，依赖自然的程度愈小，控制自然的能力愈强。物质文明的高度发展给人类改造自然、认识和开发宇宙、推动人类社会本身的进步创造了优越的、必要的、先决的条件。

从渔猎时代开始，经过农业文明、工业文明，人类对自然改造的能力越来越强大。特别是进入工业文明以后，人类改造自然的能力空前提高，

---

① 马克思：《资本论》第 1 卷，《马克思恩格斯文集》第 5 卷，人民出版社 2009 年版，第 210 页。

通过获取资源创造了巨大的物质财富，推动了物质文明的发展。马克思、恩格斯在《共产党宣言》中写道："资产阶级在它的不到一百年的阶级统治中所创造的生产力，比过去一切世代创造的全部生产力还要多，还要大。自然力的征服，机器的采用，化学在工业和农业中的应用，轮船的行驶，铁路的通行，电报的使用，整个整个大陆的开垦，河川的通航，仿佛用法术从地下呼唤出来的大量人口——过去哪一个世纪料想到在社会劳动里蕴藏有这样的生产力呢？"① 但是工业文明由于同资本家贪得无厌地追求剩余价值紧密地联系在一起，资产阶级的生产关系发展到后来已经不能容纳物质文明的健康发展，造成社会财富的大量被破坏，产生了前所未有的经济危机、生态危机和社会危机。

社会主义物质文明是人类物质文明发展的新阶段，具有明显的优越性。它的基本特征表现在：一是有着比资本主义高得多的劳动生产率，因此能更有效地更迅速地发展社会生产力；二是物质财富以按劳分配的方式为全社会劳动者平等合理地共同享用；三是发展社会生产力、最大限度地满足全体社会成员日益增长的物质生活的需要是社会主义生产的目的；四是能实现与精神文明建设的协调发展。社会主义物质文明为社会主义精神文明的发展提供物质条件和实践经验，社会主义精神文明为社会主义物质文明的发展提供精神动力和智力支持，为物质文明建设顺利健康地发展提供有力的思想保证。二者相互促进、协调发展。

社会主义物质文明是社会主义社会人们改造自然的物质成果，表现为物质生产的进步和物质生活的改善。社会主义物质文明建设可以分为社会主义物质生产建设和社会主义物质生活建设两个方面。物质生产建设指的是工业、农业、建筑业、运输业、公共饮食业以及从事管理、加工工作的那一部分服务性行业等各种物质生产行业的发展和劳动生产率的提高。社会主义物质生活建设是指人们吃、穿、住、行等物质生活条件的改善、物质生活水平的提高，以及物质生活方式的改进。

社会主义的根本任务是发展生产力。生产力是社会发展的最根本的决定性因素。处在社会主义初级阶段的当代中国，发展生产力的任务尤为突

---

① 马克思、恩格斯：《共产党宣言》，《马克思恩格斯文集》第 2 卷，人民出版社 2009 年版，第 36 页。

出。我们必须始终把集中力量发展社会生产力摆在首位，始终把经济建设作为党和国家工作的中心任务。发展生产力，必须遵循经济发展的客观规律，善于抓住机遇，利用各种有利条件，促进经济的发展，并坚持速度与效益的统一，使经济发展与资源、环境、人口相协调，走可持续发展之路。随着经济的发展，科学技术在生产力中的作用愈来愈重要，必须把加速发展科学技术放在十分重要的地位。在经济发展的基础上，促进社会的全面进步，逐步缩小地区之间、城乡之间发展水平的差距，不断提高人民的物质文化生活水平。生产关系一定要适应生产力的发展水平，要改革生产关系中不适应生产力发展的环节，促进社会主义市场经济体制不断完善。

社会主义物质文明是建设现代化社会主义强国的一项根本战略目标，是向共产主义过渡的物质前提。目前，我国还处于社会主义初级阶段，生产力水平不高，社会主义物质文明还很不发达。摆脱这种状态，充分发挥社会主义制度的优越性，尤其要把发展生产力作为党和国家全部工作的中心，长期坚定不移地大力进行社会主义物质文明建设，促进整个社会的物质生产的进步和物质生活的改善。

加强物质文明建设、大力发展社会主义经济是参与国际竞争、提高综合国力的客观要求。当今世界，国家、民族或不同集团间的竞争主要就是以经济实力为后盾进行的。我们只有坚持以经济建设为中心，大力发展社会生产力，才能增强综合国力，保证中国在经济全球化条件下的激烈国际竞争中处于主动地位，维护国家的主权和独立，为促进世界和平和人类的共同发展作出我们应有的贡献，为基本实现现代化进一步奠定坚实的基础。

二　中国现代化道路的艰辛探索

中国社会走向现代化，是一百多年来中国人民的梦想和追求。鸦片战争失败后，中国在西方国家的挑战和压力下开始了艰难的现代化进程，经历了世界上其他国家现代化不曾有过的痛苦。中国社会现代化进程不是一种平稳的自身演进，而是一个充满了冲突的革命性变革过程。旧的社会制度、腐朽的体制和观念严重地阻碍着现代化的发展，尤其是西方殖民主义政治经济侵略，又极大地阻碍着中国社会的现代化进程。所以，中国社会的现代化在一个相当长的历史阶段里，不得不经历反帝反封建的革命斗争，以扫除现代化道路上的巨大障碍。

中国共产党从诞生之日起，就把实现民族独立和解放，建设社会主义现代化强国作为自己的历史责任。以毛泽东为核心的第一代领导集体带领全党和全国人民，抛头颅、洒热血，经过二十八年的浴血奋战，推翻了压在中国人民头上的三座大山，建立了中华人民共和国，为中国现代化建设事业创造了基本条件。对于社会主义现代化道路的探索，第一代领导集体早在新中国成立以前就开始了。在西柏坡召开的中国共产党第七届中央委员会第二次全体会议上，毛泽东在报告中不仅提出了"在革命胜利以后，迅速地恢复和发展生产，对付国外的帝国主义，使中国稳步地由农业国转变为工业国，把中国建设成伟大的社会主义国家"，而且向世界表明，中国共产党人不但善于破坏一个旧世界，还将善于建设一个新世界。"中国人民不但可以不向帝国主义讨乞也能活下去，而且还将活得比帝国主义国家要好些。"① 在新政治协商筹备会上的讲话中，毛泽东提出，使我们伟大的祖国"走上独立、自由、和平、统一和强盛的道路"，并且充满深情地说："中国的命运一经操在人民自己的手里，中国就将如太阳升起在东方那样，以自己的辉煌的光焰普照大地，迅速地荡涤反动政府留下来的污泥浊水，治好战争的创伤，建设起一个崭新的强盛的名副其实的人民共和国。"② 新中国成立后，为建设一个社会主义现代化的新中国，中国共产党带领全国人民开始了艰辛的探索实践，在短短的三年时间内，基本完成了政权的巩固和经济的恢复，使整个社会的运行正常化。此后，又成功地进行了有中国特色的社会主义改造，实现了社会主义制度在中国的确立。1954 年毛泽东提出："我们的总目标，是为建设一个伟大的社会主义国家而奋斗。我们是一个六亿人口的大国，要实现社会主义工业化，要实现农业的社会主义化、机械化，要建成一个伟大的社会主义国家，究竟需要多少时间？现在不讲死，大概是三个五年计划，即十五年左右，可以打下一个基础。到那时，是不是就很伟大了呢？不一定。我看，我们要建成一个

---

① 毛泽东：《在中国共产党第七届中央委员会第二次全体会议上的报告》，《毛泽东选集》第 4 卷，人民出版社 1991 年版，第 1437—1439 页。

② 毛泽东：《在新政治协商筹备会上的讲话》，《毛泽东选集》第 4 卷，人民出版社 1991 年版，第 1464、1467 页。

伟大的社会主义国家，大概经过五十年即十个五年计划，就差不多了，就像个样子了，就同现在大不一样了。"① 周恩来1954年9月在第一届全国人民代表大会第一次会议的《政府工作报告》中提出："我国的经济原来是很落后的。如果我们不建设起强大的现代化的工业、现代化的农业、现代化的交通运输业和现代化的国防，我们就不能摆脱落后和贫困，我们的革命就不能达到目的。"② 这是对四个现代化的最早概括，这里没有把科学技术现代化概括在四个现代化之内。1959年12月，周恩来在提出"建成一个独立的经济体系"任务的同时提出，"需要加快建设我们的国家，使我们的国家更快地成为具有现代工业、现代农业、现代科学文化和现代国防的社会主义强国"。较之五年前的提法有了明显的不同，交通运输业不再单列，归入工业，增加了科学文化一项。1960年1月4日，他明确指出："在社会主义经济建设方面，我们提出四个现代化的要求：现代化工业、现代化农业、现代化科学文化和现代化国防。这样才会建成一个既富且强的社会主义国家。"这段话对现代化目标表述没有变化，但却首次提出"四个现代化"这一概念。1964年12月，在第三届全国人大一次会议上，周恩来正式提出，"要在不太长的历史时期内，把我国建设成为一个具有现代农业、现代工业、现代国防和现代科学技术的社会主义强国。"③ 然而，自1957年以后，中国社会发展在战略指导上出现了严重的探索性失误。"苏联模式"带来的种种弊端使中国共产党人和毛泽东重新思考中国社会主义现代化的新路子。在回答中国社会主义经济和社会现代化这一新的时代课题时，由于缺乏经济建设经验，特别是忽视经济规律的作用，片面夸大人的主观能动性等原因，偏离了中共八大的战略思路和方向，没有认真的调查研究和试点，急于求成，轻率地发动了"大跃进"和人民公社化运动。后来，又错误地估计了阶级斗争形势，发动了"文化大革命"。自"大跃进"以至"文化大革命"，中国社会发展偏离了社会主义现代化主题，使现代化事业遭受了严重损失。

对新中国成立后头8年中国社会的发展，邓小平给予了高度评价，认

---

① 毛泽东：《关于中华人民共和国宪法草案》，《毛泽东文集》第6卷，人民出版社1999年版，第329页。

② 《建国以来重要文献选编》第5册，中央文献出版社1993年版，第584页。

③ 《建国以来重要文献选编》第19册，中央文献出版社1998年版，第483页。

为"发展是健康的，政策是恰当的。"① 对于社会主义改造，邓小平认为搞得很成功，很了不起，并说："这是毛泽东对马克思列宁主义的一个重大贡献。"② 但对 1957 年后二十年中国社会的发展，邓小平则持批评态度。他曾说过："中国社会从 1958 年到 1978 年二十年时间，实际上处于停滞和徘徊的状态，国家的经济和人民的生活没有得到多大的发展和提高。"③ 毛泽东晚年过分地强调阶级斗争，把反资本主义复辟提到首要位置，因而不能大胆地学习和借鉴已经工业化的资本主义发达国家的现代化经验，某种程度上的闭关自守，使中国与世界隔离，这是 1957 年后二十年停滞徘徊的重要原因。

党的十一届三中全会后，以邓小平为代表的中国共产党人在总结新中国成立以来正反两方面经验的基础上，开辟了中国现代化的伟大历程。邓小平从当代的时代特征和我国社会主义的发展阶段出发，以其沉着果断的胆略，机敏深邃的智慧，极富现代化变革意识的作风和气魄，引导中国开始了实现社会主义现代化事业的伟大变革，开启了中国改革开放和社会主义现代化建设的历史新时期。

邓小平立足于中国的现实，观察思考着中国的未来，深切感到中国前途与命运就在于现代化能否实现。作为改革开放和现代化建设的总设计师，他坚持并发展了党的实事求是的思想路线，带领全党果断地将"以阶级斗争为纲"转移到以经济建设为中心上来，将中国社会由封闭状态和墨守成规推向了全面改革开放，找到了我国如何建设社会主义，如何进行现代化建设的道路，即一条建设有中国特色社会主义的新道路。改革开放是党在新的时代条件下带领人民进行的新的伟大革命，目的就是要解放和发展社会生产力，实现国家现代化，让中国人民富裕起来，振兴伟大的中华民族；就是要推动我国社会主义制度自我完善和发展，赋予社会主义新的生机活力，建设和发展中国特色社会主义。1978 年邓小平在全国科

① 邓小平：《我们干的事业是全新的事业》，《邓小平文选》第 3 卷，人民出版社 1993 年版，第 253 页。

② 邓小平：《对起草〈关于建国以来党的若干历史问题的决议〉的答复》，《邓小平文选》第 2 卷，人民出版社 1994 年版，第 302 页。

③ 邓小平：《改革的步子要加快》，《邓小平文选》第 3 卷，人民出版社 1993 年版，第 237 页。

学大会开幕式上发表讲话，提出："在二十世纪内，全面实现农业、工业、国防和科学技术的现代化，把我们的国家建设成为社会主义的现代化强国，是我国人民肩负的伟大历史使命。"并指出："四个现代化，关键是科学技术的现代化。没有现代科学技术，就不可能建设现代农业、现代工业、现代国防。没有科学技术的高速度发展，也就不可能有国民经济的高速度发展。"① 在十一届三中全会上的报告中，邓小平强调指出："实现四个现代化是一场深刻的伟大的革命变革。在这场伟大的革命中，我们是在不断地解决新的矛盾中前进的。因此，全党同志一定要善于学习，善于重新学习"，"要努力把马克思主义的普遍真理同我国实现四个现代化的具体实际结合起来"，"为改变我国的落后面貌，把我国建成现代化的社会主义强国而奋勇前进！"② 1979 年 3 月，他在《坚持四项基本原则》一文中，邓小平明确提出："现在搞建设，也要适合中国情况，走出一条中国式的现代化道路。"③ 要使中国实现四个现代化，至少有两个重要特点即"底子薄""人口多"是必须看到的。由于底子太薄，现在中国仍然是世界上很贫穷的国家之一。中国的科学技术力量很不足，科学技术水平从总体上看要比世界先进国家落后二三十年。人口多特别是农民多，这种情况不是很容易改变的。因此，他提出："中国式的现代化，必须从中国的特点出发。比方说，现代化的生产只需要较少的人就够了，而我们人口这样多，怎样两方面兼顾？不统筹兼顾，我们就会长期面对着一个就业不充分的社会问题。这里问题很多，需要全党做实际工作和理论工作的同志共同研究，我们也一定能找出适当的办法来妥善解决。"④ 党的十二大，邓小平在总结我国革命和建设经验的基础上，提出了"建设有中国特色社会主义"的科学论断和现代化的基本方向。1984 年 10 月，邓小平强调"革命和建设都要走自己的路"，"中国革命的成功，是毛泽东把马克思列

---

① 邓小平：《在全国科学大会开幕式上的讲话》，《邓小平文选》第 2 卷，人民出版社 1994 年版，第 85—86 页。

② 邓小平：《解放思想，实事求是，团结一致向前看》，《邓小平文选》第 2 卷，人民出版社 1994 年版，第 152—153 页。

③ 邓小平：《坚持四项基本原则》，《邓小平文选》第 2 卷，人民出版社 1994 年版，第 163 页。

④ 同上书，第 163—164 页。

宁主义同中国的实际相结合，走自己的路。现在中国搞建设，也要把马克思列宁主义同中国实际相结合，走自己的路。"① 1985 年 8 月，邓小平指出："我们要实现工业、农业、国防和科技现代化，但在四个现代化前面有'社会主义'四个字，叫'社会主义四个现代化'。"② 1987 年 10 月，中共十三大正式确认了邓小平提出的三步走发展战略：第一步，实现国民生产总值比 1980 年翻一番，解决人民的温饱问题；第二步，到 20 世纪末，使国民生产总值再增长一倍，人民生活达到小康水平；第三步，到 21 世纪中叶，人均国民生产总值达到中等发达国家水平，人民生活比较富裕，基本实现现代化。然后，在这个基础上继续前进。这个三步走战略，体现了中国共产党和中国人民实现中华民族伟大复兴的雄心，也反映了社会发展阶段的连续性和一致性。

邓小平将中国社会主义建设主题从战略上转向现代化经济建设，认为现在世界上真正的大问题，带全球性的战略问题除和平问题之外，就是经济发展问题。因此他主张应该把经济发展提到全人类的高度来认识，要从这个高度去观察问题和解决问题。经济的真正起飞才能为中国社会主义现代化的尽早实现奠定坚实的基础。从以乡村为主的农业社会转变为以城市为中心的工业社会，是现代化进程中关键的一步。其中，经济发展的程度是决定这一转变能否成功的决定性因素。正是在这个意义上，邓小平强调加紧经济建设，就是加紧四个现代化建设，四个现代化集中起来讲就是经济建设，他主张要硬着头皮把经济建设搞上去，因为这是一个关乎现代化"大局"的问题。要坚持社会主义，首先就要摆脱贫穷落后状态，大力发展社会生产力，体现出社会主义优于资本主义的特点。而要做到这一点，"就必须把我们整个工作的重点转移到建设四个现代化上来，把建设四个现代化作为几十年的奋斗目标。"③

在改革开放的十几年中，邓小平谈得最多的是有关发展生产力问题。从

---

① 邓小平：《革命和建设都要走自己的路》，《邓小平文选》第 3 卷，人民出版社 1993 年版，第 94—95 页。

② 邓小平：《改革是中国发展生产力的必由之路》，《邓小平文选》第 3 卷，人民出版社 1993 年版，第 138 页。

③ 邓小平：《社会主义必须摆脱贫穷》，《邓小平文选》第 3 卷，人民出版社 1993 年版，第 224 页。

20 世纪 80 年代开始，他多次强调，社会主义的任务很多，但最根本的任务就是发展生产力，逐步摆脱贫困，使国家富强起来，使人民生活得到改善。

邓小平现代化思想紧紧把握当今世界和平与发展的主题，把马克思主义的基本原理与当代社会主义建设的实践紧密结合起来，把社会主义的发展与中国现代化建设的时代课题紧密结合起来，给当代中国社会主义带来了蓬勃生机，赋予了新的时代内涵。在邓小平那里，社会主义的现代化和现代化的社会主义是高度统一、融为一体的。邓小平的伟大历史功绩在于，领导全党实现了工作重心转移，确立了现代化建设的宏伟目标，绘制了中国现代化建设的宏伟蓝图，提出了一系列切实可行的方针政策，从而把中国人民凝聚到社会主义现代化建设上来，极大地推进了中国迈向现代化的进程。在世界社会主义运动遭受挫折、处于低潮的形势下，由于有了邓小平现代化思想的指导，才使中国社会主义在逆境中奋起，才给世界社会主义带来了新的希望。邓小平现代化思想为中国的现代化绘制了宏伟蓝图，是实现中华民族伟大复兴的强大思想武器。实现国家的富强，是鸦片战争后中国无数志士仁人孜孜以求、为之奋斗的目标，也是中国共产党人肩负的伟大使命。在邓小平现代化思想指引下，中国共产党领导全国人民经过三十多年的艰苦奋斗，现代化建设取得了举世瞩目的辉煌成就，初步改变了中国贫穷落后的面貌，为实现中华民族的伟大复兴打下了坚实的基础。

三　中国特色社会主义现代化建设的伦理意义

"现代化"既是一个多层次、多元素、多侧面的发展过程，又是一种推动社会发展和人的观念变革的驱动"力量"，一种在人、物和社会各要素之间除旧布新，从而推动社会迅猛发展的巨大力量。

中国的现代化是一种后起外生的现代化，与原初内生的英美国家的现代化颇为不同。中国置身于前现代和后现代夹缝间的特殊历史文化境遇里，要大力实施而不是放弃现代化工程，要充分参照而不是完全拒绝后现代主义已展开的对现代主义的问题和弊端的批判，以保障中国现代化进程朝着合理完善的方向发展。我们要超越西方高消费、高投入、高污染的现代化发展弊端，努力去谋求人、自然、经济、文化、社会相互协调的可持续发展，走一条中国式的社会主义现代化道路。中国式的社会主义现代化的发展目标绝不仅仅在于发展经济、发展生产力、发展科学（虽然这是首要的任务，但绝不是唯一的任务），除了满足人们的物质生活需要外，还应创造丰富多彩的精神生活。我们要塑造的主体是全面自由发展的主体，而不是片面和异化的主体。中国特色社会主义现代化建设理论吸收了各种现代化理论的精髓，抓住了马克思主义的真谛，立足于中国，放眼世界和未来，着眼于中国的发展，它符合中国的实际，又代表了世界先进思想潮流；它既有高层次的宏观透视，又有低层次的运行机制。所以，它的科学性与实践性形成了有机的结合，这也就确定了它的历史地位，只有把马克思主义同当代实践和时代特征结合起来的中国特色社会主义现代化建设理论，而没有别的理论能够解决社会主义的前途和命运问题。

现代化建设关系着我们国家的前途和民族的命运。"能否实现四个现代化，决定着我们国家的命运、民族的命运。……社会主义现代化建设是我们当前最大的政治，因为它代表着人民的最大的利益、最根本的利益。"[①] 四个现代化，就是要改变中国贫穷落后的面貌，不但使人民生活水平逐步有所提高，也要使中国在国际事务中能够恢复符合自己情况的地位，对人类作出比较多一点的贡献。

中国的社会主义现代化建设是在人口多、底子薄，发展很不平衡的基础上迈开步伐的。我们在推进改革开放和社会主义现代化建设中所肩负任务的艰巨性和繁重性世所罕见，我们在改革发展稳定中所面临矛盾和问题的规模和复杂性世所罕见，我们在前进中所面对的困难和风险也世所罕见。我们在一个十几亿人口的社会主义发展中大国取得的摆脱贫困、加快现代化进程、巩固和发展社会主义的宝贵经验，闪耀着马克思主义的真理光芒，是辩证唯物主义和历史唯物主义的胜利。

现代之所以不同于传统，一个突出的特点就是它超越了传统的束缚，完全按照它现在所面临的问题，以一种"新"的精神安排未来的事业。从这种意义上看，现代性的精神气质是"新"，也就是说，现代性表示的是某种注重当代与未来、超越过去与传统的向度。可以说，求新、革新、创新构成了现代性的灵魂，成为了现代性的一项伟大事业。现代性不仅仅

---

① 邓小平：《坚持四项基本原则》，《邓小平文选》第2卷，人民出版社1994年版，第162—163页。

是一个时间的概念，它还是一种未竟的事业，造就的是一种注重现在的精神气质；同时，现代性在某种意义上又与理性化密切相关。理性作为现代性主流的意识形态之一，通过一系列的制度安排建构起现代社会的政治、经济结构。现代性关涉到的是现代社会生活中一个最抽象、最深刻的层面，也就是价值观念的层面。现代性是以实现商品价值和人的解放为核心的一种不断寻求发展和创新的精神状态。现代性本身是和不断寻求发展与创新联系在一起的，而实现创新的主体是人。也就是作为主体的人通过自己的理性来认识世界，同时也是通过理性的运用来改造世界。主体在思考和认识世界中，所依据的不再是某种先验的规定，而是人本身的认识和理解。理性本身构成了人的主体的本质规定。现代性在把理性作为人的规定性的过程中凸显出两种意义：一种是人文理性。这种理性把维护和确定人的尊严作为内容，人是目的、不是工具构成了这一人文理性的箴言。人文理性的确立，把人和社会之间明确划分开来，并在人的外部确立起了一个神圣的保护，人权具有了重要的意义。另一种是工具理性。所谓工具理性，指的是一种我们在计算最经济地将手段应用于目的时所凭靠的合理性。最大的效益、最佳的支出收获比率，是工具主义理性成功的度量尺度。毫无疑问，工具理性确实给现代社会带来了负面影响，它使社会出现了严重的"物化"，使功利主义盛行。但工具理性作为商品经济的必然产物，它在追求经济效率的同时也促进着社会物质文明的发展与进步。

现代化是人类社会由传统社会向现代社会转变的过程。不同国家、不同地区各有转变的时间和过程。从宏观上说，到目前为止，人类经历了两次现代化：第一次现代化指的是从农业社会向工业社会、农业经济向工业经济、农业文明向工业文明的转变过程及其深刻的变化。第一次现代化的主要特点是工业化、专业化、城市化、民主化、法治化、理性化、世俗化等。在第一次现代化过程中，经济发展是第一位的，满足人类物质追求和经济利益的需要具有优先和重要的地位和价值。第二次现代化是由工业社会向知识社会、工业经济向知识经济、工业文明向知识文明的转变过程及其深刻变化。第二次现代化的主要特点是知识化、信息化、网络化、创新化、个性化、多样化、生态化。在第二次现代化过程中，生活质量是第一位的，知识和信息生产扩大了精神生活的空间，在保证物质生活的基础上，满足人类幸福追求和自我表现的需要；物质生活的质量可能趋同，精神和文化生活可以多样化。

从现代化赖以推进的现代物质基础和物质关系层面上看，现代化主要以两个重要的方面作为基础。一是市场化，二是工业化。市场化始终是以流动的资本作为前提，以追求利润的最大化作为目标的。在这一强大的物质利益的推动下，各国不断地打破地方的和国家的狭隘性，表现出一种外向的、突破国界、洲界的限制，走向全球的趋向。工业化抛弃掉了落后的手工业技术，通过其强大的工业生产能力，通过采用和消耗掉来自不同国家和不同地区的能源和材料，生产出产品，并把他们销往到世界各地。现代化带来了全球化，由此也导致了现代化与全球化之间形成了一种互动关系。一方面，现代性的培育和发展、现代化的实现是全球化中的现代化。也就是现代化从一开始就具有它的外延性，即现代化从来不把一个地方、一个地区作为它的疆界，而是把人类生活的星球作为它的活动区域；另一方面，全球化也必然影响到一个国家现代化建设。全球化的发展是以不同国家之间广泛的经济关系为基础的。在广泛的经济交往中，国家间围绕贸易交换、经济交往形成了一整套的运行规则和机制。

在全球化过程中，现代化从来是全球化中的现代化，这是问题的一个方面；但现代化的发展还有另一个方面，即民族特色的现代化。在目前的条件下，全球化只是指全球不同民族、不同国家之间的联系得到了加强，任何一个国家的经济和社会的发展不再是一种独立的现象。但不能由此得出结论，全球相互联系的加强，作为全球化的参与者的国家或民族就失去了独立地位。事实恰恰相反，随着全球化的加强，不同国家在选择自己现代化的发展道路上，都努力按照本民族的特色来发展自己。在亚洲不少国家中，当他们从原来宗主国的统治下解放出来后，把确立民族特色和自身的文化属性作为走向现代化的基础。

中国的现代化不能简单地看作是为了中国的富强，它基本上是中国寻求新的文明秩序的一个历史过程。能不能既实现现代化，又成功地避免现代化的弊端？这就是后现代主义给发展中国家提出的问题。在某种意义上，西方国家已实现了现代化，所以对我们来说，这一问题更多的是现实意义，因为我们尚未实现现代化，可以西方为前车之鉴，少走弯路，避免重蹈覆辙，从而将实现现代化的代价减少到最低限度。这是西方在为现代化付出沉重代价之后我们获得的一个重要启示。中国置身于前现代和后现代夹缝间的特殊历史文化境遇里，要大力实施而不是放弃现代化工程，要充分参照而不是完全拒绝后现代主义已展开的对现代主义的问题和弊端的批判，以保障中国现代化进程朝着合理完善的方向发展。

中国特色社会主义现代化建设理论，是马克思主义目的论与价值论的有机统一，明确肯定了中国现代化模式的社会主义性质和共产主义目的。邓小平多次强调，中国的现代化绝不能背弃社会主义，中国现代化的最终目标是实现共产主义。这样，他就坚持了中国现代化的马列主义目的论与价值论。为了使全党坚定以社会主义为价值取向的现代化建设，邓小平从 20 世纪 80 年代中期起就在党内外反复强调："现在我们搞四个现代化，是搞社会主义的四个现代化，不是搞别的现代化。我们采取的所有开放、搞活、改革等方面的政策，目的都是为了发展社会主义经济。我们允许个体经济发展，还允许中外合资经营和外资独营的企业发展，但是始终以社会主义公有制为主体。社会主义的目的就是要全国人民共同富裕，不是两极分化。"① 为了坚持中国现代化的社会主义价值取向，邓小平一方面强调要加强对年轻一代的理想教育；另一方面提出要坚决反对资产阶级自由化，并指出"这个斗争将贯穿在实现四化的整个过程中。"② 他尖锐地指出：如果走资本主义道路，可能在某些局部地区少数人更快地富起来，形成一个新的资产阶级，产生一批百万富翁，而大量的人仍然摆脱不了贫穷，甚至连温饱都不可能解决。"只有社会主义制度才能从根本上解决摆脱贫穷的问题。"③ 邓小平还从中国所处的国际关系的角度论证了中国坚持社会主义道路的必然性。他指出：目前整个帝国主义西方世界企图使社会主义各国都放弃社会主义道路，最终纳入国际垄断资本的轨道。在这样的背景下："如果我们不坚持社会主义，最终发展起来也不过成为一个附庸国"，"不走社会主义道路中国就没有前途。"④ 中国之所以是一个独立

---

① 邓小平：《一靠理想二靠纪律才能团结起来》，《邓小平文选》第 3 卷，人民出版社 1993 年版，第 110—111 页。

② 邓小平：《用中国的历史教育青年》，《邓小平文选》第 3 卷，人民出版社 1993 年版，第 204 页。

③ 邓小平：《中国只能走社会主义道路》，《邓小平文选》第 3 卷，人民出版社 1993 年版，第 208 页。

④ 邓小平：《第三代领导集体的当务之急》，《邓小平文选》第 3 卷，人民出版社 1993 年版，第 311 页。

自主的国家，就是因为坚持了有中国特色的社会主义道路。邓小平关于中国现代化必须走社会主义道路的结论，已被近代中国整个现代化历史进程所证明是正确的道路选择和战略选择。

从我国社会主义现代化建设的总体布局出发，邓小平提出在加强物质文明建设的同时，必须坚定不移地加强社会主义精神文明建设。社会主义现代化不只是物质经济的现代化，而是一个包括经济、政治、文化和思想道德在内的整体性社会变革。在中国，由于生产力水平低，因而加强经济建设是全国人民的中心工作。但是，中国又是一个文化教育落后的国家，并且有着数千年的封建历史，有着一百多年的半殖民地半封建的历史，旧思想观念的残余仍然严重存在；另外，随着对外开放的发展，西方资本主义的某些腐朽现象也传了进来。所有这些，都严重地影响着社会主义现代化建设。因此，如果放松了社会主义精神文明建设，那么，经济建设和整个现代化建设事业就会因缺乏正确的价值导向，缺乏精神动力和智力支持而遭到失败。因此，邓小平指出，对物质文明和精神文明必须坚持两手抓，两手都要硬，只有物质文明和精神文明都搞好了，才是有中国特色的社会主义。这是基于对世界现代化和中国现代化科学认识而提出的又一战略方针。

邓小平规定了中国现代化战略步骤和战略重点。追赶型现代化建设不像早发式现代化进程那样，可以有一定的随意性、试验性，追赶型现代化建设一方面必须考虑到既成的现代化经验、教训；另一方面又要考虑到自己的特点；既要继承，又要创新；既要追赶，又不能过多地磕磕碰碰。这就要求追赶型现代化建设必须有一个可行性的战略计划，这个战略计划必须要宏观上规定现代化战略目标实现大致经历的阶段。邓小平理论从宏观上勾画了中国现代化的初步发展目标。现代化水平的衡量当然要重视定量分析，但对其目标的确定只能从定性的角度着手。邓小平从定性的角度对中国现代化作了规定：富强、文明、民主。这一思想，在党的十三大报告中被规范地表述为：把我国建设成为富强、民主、文明的社会主义现代化国家。党的十四大、十五大继续沿用这一表述，党的十六大以后又加上和谐，从而使得富强、民主、文明、和谐成为社会主义现代化建设的价值目标，找到了一条以经济建设为中心的全面现代化的发展道路。

第二节　社会主义功利主义和物质利益原则

邓小平伦理思想是邓小平有中国特色社会主义理论的重要组成部分，是社会主义初级阶段党、国家和人民伦理实践经验的科学总结和集体智慧的结晶。它具有极为丰富而又深刻的内涵，是马克思主义伦理思想基本原理与中国当代改革开放的道德实践有机地结合起来并获得新的发展的产物。

一　承认物质利益并主张个人利益与集体利益相结合

作为中国改革开放的总设计师，邓小平以他非凡的马克思主义理论气概和无产阶级革命家、战略家的勇气和胆识，理直气壮地肯定社会主义物质利益原则，认为共产主义将更多地承认个人利益，满足个人需要。社会主义虽然诞生在生产力不发达的国家，但贫穷不是社会主义的本质，社会主义应当也必须消灭贫穷，富强应当是社会主义追求的价值目标，因此，允许一部分地区、一部分人通过诚实劳动首先富起来进而推动全国人民共同富裕成为一种基本的政策和伦理导向。

中国的改革开放，从伦理道德的层面上讲，是以肯定物质利益原则为突破口的。而肯定物质利益原则则是同发展生产力、建设四个现代化的社会发展目标有机地联系在一起的。基于"文化大革命"时期否定正当的个人利益，甚至将人们对个人利益的追求斥之为封资修的黑货等错误言论或现象，邓小平主张正本清源，拨乱反正，理直气壮地主张坚持社会主义的物质利益原则，"为全体人民的物质利益奋斗"。在邓小平看来，"革命精神是非常宝贵的，没有革命精神就没有革命行动。但是，革命是在物质利益的基础上产生的，如果只讲牺牲精神，不讲物质利益，那就是唯心论。"[1] 人们奋斗所争取的一切，都同他们的利益相关。道德原则一旦离开物质利益就会使自己出丑。因此，"不讲多劳多得，不重视物质利益，对少数先进分子可以，对广大群众不行"。1980

---

[1]　邓小平：《解放思想，实事求是，团结一致向前看》，《邓小平文选》第 2 卷，第 146 页。

年 8 月，邓小平在回答意大利记者奥琳埃拉·法拉奇关于共产主义是否也承认个人利益时，作了肯定的回答"承认"。并且认为共产主义"将更多地承认个人利益，满足个人的需要"。① 同时，邓小平又主张克服狭隘的功利主义，反对那种只顾自己个人利益而不顾他人利益和国家利益的利己主义和个人主义。"我们提倡按劳分配，承认物质利益，是要为全体人民的物质利益而奋斗。每个人都应该有他一定的物质利益，但是这决不是提倡各人抛开国家、集体和别人，专门为自己的物质利益而奋斗，绝不是提倡各人都向'钱'看。"② 社会主义物质利益原则肯定的是全国人民的物质利益，着眼的是绝大多数人的最大幸福。因此必须正确认识和解决社会整体利益与个人利益的关系。"在社会主义制度下，个人利益要服从集体利益，局部利益要服从整体利益，暂时利益要服从长远利益，或者叫作小局服从大局，小道理服从大道理。我们提倡和实行这些原则，决不是说可以不注意个人利益，不注意局部利益，不注意暂时利益，而是因为在社会主义制度下，归根结底，个人利益和集体利益是统一的。局部利益和整体利益是统一的，暂时利益和长远利益是统一的。我们必须按照统筹兼顾的原则来调节各种利益的相互关系。如果相反，违反集体利益而追求个人利益，违反整体利益而追求局部利益，违反长远利益而追求暂时利益，那么，结果势必两头都受损失。"③ 从总体上讲，个人利益和集体利益是统一的，但从一定时期和一定阶段上看，个人利益和集体利益又是存在矛盾的。这是因为个人利益和集体利益是社会主义利益体系内部一组既各自具有相互联系而又互相独立，存在矛盾着的利益形式。当个人利益与集体利益发生矛盾的时候，个人利益要自觉地服从国家和集体利益，而不是违反集体利益而追求个人利益。邓小平还认为，当个人利益与集体、国家利益发生矛盾时，不仅要讲服从，还要讲兼顾，要按照统筹兼顾的原则来调节各种利益的相互关系，使出让利益的一方损失减小到最低限度，保证个人利益随集体、国家利益的增长而增长，切不可把服从当作一种无限制的盲目行为，不能使个人利益

---

① 邓小平：《答意大利记者奥琳埃拉·法拉奇问》，《邓小平文选》第 2 卷，第 352 页。
② 邓小平：《党和国家领导制度的改革》，《邓小平文选》第 2 卷，第 337 页。
③ 邓小平：《坚持四项基本原则》，《邓小平文选》第 2 卷，第 175—176 页。

因服从集体利益和国家利益受到严重或不必要的损害。

二　鼓励一部分人先富起来、带动后富实现共同富裕

改革是解放生产力和发展生产力的重要举措，是社会主义制度的自我更新和自我完善。改革要求实现职、责、权、利四者的有机结合，有什么职、责、权就享受什么待遇、利益、报酬。要根据人们工作成绩的大小、好坏，有赏有罚，有升有降。有什么劳动能力就安排什么职务，有什么职务就分配什么权力，有什么职权就负什么责任，真正做到有职有权有责，并将其同物质利益密切联系起来。

邓小平反对平均主义，主张一部分地区、一部分人通过合法经营、诚实劳动先富起来。平均主义是中国传统的道德观念。邓小平认为，改革就是要破除平均主义的束缚，不打破平均主义，就不能解放生产力，调动起人们的生产积极性、主动性和创造性。他说："不能搞平均主义，不能吃大锅饭。在一个研究所里，好的研究员工资可以比所长高。在一个学校里，好的教授的工资可以比校长高。这样才能鼓励上进，才能出人才。"[①]在现实生活中，我们要打破平均，鼓励冒尖，不能为了照顾上下左右平衡，人才与非人才、贡献大的与贡献小的一样拉平，毫无区别。为了打破平均主义，邓小平多次强调指出，要允许一部分地区、一部分企业、一部分工人农民先富裕起来，并认为，一部分地区和一部分人先富起来，就必然产生极大的示范力量，影响左邻右舍，带动其他地区、其他单位的人们向他们学习。如果硬要大家一同富，那只能压抑一部分人的生产积极性，助长大多数人的依赖思想和懒惰思想，最后导致普遍的贫穷。提倡通过诚实劳动、合法经营致富，反对通过非法手段牟取暴利。邓小平说：我们提倡按劳分配，对有特别贡献的个人和单位给予精神奖励和物质奖励；也提倡一部分人和一部分地区由于多劳多得先富裕起来。"农村、城市都要允许一部分人先富裕起来。勤劳致富是正当的。一部分人先富裕起来的办法是好的，是大家都拥护的新办法。"[②]邓小平认为，允许一部分地区和一

---

① 邓小平：《高级干部要带头发扬党的优良传统》，《邓小平文选》第 2 卷，第 224 页。

② 邓小平：《各项工作都要有助于建设有中国特色的社会主义》，《邓小平文选》第 3 卷，第 23 页。

部分人先富起来的目的，是要用先发展起来的地区带动后发展的地区、以先富帮后富、走共同富裕的道路。邓小平强调指出："我们允许一些地区、一些人先富起来，是为了最终达到共同富裕"，"我们提倡一部分地区先富裕起来，是为了激励和带动其他地区也富裕起来，并且使先富裕起来的地区帮助落后的地区更好地发展。提倡人民中有一部分人先富裕起来，也是同样的道理。"① 社会主义的目的就是要全国人民共同富裕，不是两极分化。鼓励一部分地区、一部分人先富裕起来，也正是为了带动越来越多的人富裕起来，达到共同富裕的目的。

三　"三个有利于"的评价标准

在建设有中国特色的社会主义的伟大实践中，应当根据什么来判断我们各方面工作的是非得失？邓小平指出，判断的标准应该主要看是否有利于发展社会主义的生产力，是否有利于增强社会主义国家的综合国力，是否有利于提高人民群众的物质生活水平。这"三个有利于"是邓小平社会主义功利主义的重要组成部分，是邓小平依据马克思主义对我们党领导社会主义现代化建设、特别是改革开放以来的实践经验的科学总结。改革开放以来，国内有关于"姓社姓资"问题的争论，一些人受"左"的错误的影响，力图用"左"的教条的社会主义来裁制现实生活，改革开放每前进一步，他们几乎就要站出来以革命的名义问一个姓资姓社的问题，并常常把改革开放说成是引进和发展资本主义，认为和平演变的主要危险来自经济领域。如果听信他们的那一套，就会从根本上否定改革开放，葬送建设有中国特色的社会主义事业。正是基于此种认识。邓小平主张摆脱姓资姓社争论的束缚，提出社会主义建设应警惕右，但主要是防止"左"。他提出的"三个有利于"就是为了统一全党和全国人民的认识，摆脱姓资姓社的抽象争论，为社会主义现代化建设提供科学的行动指南。"三个有利于"是邓小平在1992年南方讲话中正式提出来的，但这种思想却早在20世纪80年代初就形成了。早在1983年，邓小平就说："总之，要以是否有助于建设有中国特色的社会主义，是否有助于国家的兴旺发达，是否有助于

---

① 邓小平：《一靠理想二靠纪律才能团结起来》，《邓小平文选》第 3 卷，第 110—111 页。

人民的富裕幸福，作为衡量我们各项工作做得对或不对的标准。"① 这里所提出的"三个是否有利于"同90年代初所提出的"三个是否有利于"，内容一致、形式相似，只是后者更强调发展社会生产力，使之从而更为严密而已。

"三个是否有利于"的标准，贯穿着马克思主义关于社会基本矛盾原理的科学精神。这个标准的首要的和根本的内容，是"是否有利于发展社会主义社会的生产力"。在邓小平看来，生产力标准与道德标准本质上是一致的。社会主义的根本任务是解放和发展生产力，创造比资本主义更高的劳动生产率和充裕的物质财富。社会主义如果不能解放和发展生产力，它就没有优越性。出于对生产力的重视和强调，邓小平主张，我们的一切任务都要服从和服务于经济建设这个中心，要始终扭住经济建设这个中心不放。"离开了经济建设这个中心，就有丧失物质基础的危险。"②"不发展生产力，不提高人民的生活水平，是不能说符合社会主义要求的。"③

第三节 社会主义精神文明和道德建设

邓小平伦理思想既强调坚持社会主义物质利益原则，更多地满足人们的物质利益需求，使全体人民过上幸福美好的新生活，又主张在富裕的基础上加强社会主义精神文明和道德建设，形成新的和谐人际关系和良好的社会风气，并认为社会主义道德建设一定要从实际出发，鼓励先进，照顾多数，注意层次性，力求取得实效。

一 "两个文明一起抓"的战略思想

世界现代化发展正反两方面的教训启示我们，当代中国在道德价值观领域面临着双重的任务和挑战：一是要实现从传统的计划经济体制所形成的道德价值观向社会主义市场经济体制所要求的道德价值观的转型或过

---

① 邓小平：《各项工作都要有助于建设有中国特色的社会主义》，《邓小平文选》第3卷，第23页。

② 邓小平：《目前的形势和任务》，《邓小平文选》第2卷，第250页。

③ 邓小平：《政治上发展民主，经济上实行改革》，《邓小平文选》第3卷，第116页。

渡；二是要在肯定市场经济伦理道德价值取向的同时注意防范其负面影响及有可能出现的各种弊病。邓小平以战略家的远见卓识和思想家的深刻智慧意识到了市场经济的双面效应，既大力主张发展社会主义市场经济伦理，又主张加强社会主义条件下的道德建设，形成并发展起了"两个文明一起抓"的战略思想和义利统一思想。

面对市场经济在伦理道德上既有可能促进人的观念的解放和整个社会的道德进步又有可能导致拜金主义、个人利益至上等道德风险的两难问题，邓小平"既没有把眼光投向过去，也没有把目光设定为对市场经济的跨越，而是选择了社会主义市场经济这一艰巨的但却是唯一正确的道路。"[①] 在邓小平看来，当代中国虽然超越了资本主义的"卡夫丁峡谷"，却不能绕过市场经济这一通向现代化的发展之路。市场经济作为现代资源配置和经济要素组合的有效方式，是促进现代生产力发展的重要机制。市场经济包含着伦理的进步性，内蕴着自由、平等、独立和公平的伦理道德要求，我们应当加快建构社会主义的市场经济伦理。此外，邓小平对市场经济在伦理道德上的负面影响又有着高度的警觉，他决心不让道德的衰退作为生产力发展的代价。为此，他提出了两个文明一起抓、两手都要硬的思想，强调加强社会主义市场经济条件下的道德建设，并认为道德建设搞不上去，就有可能毁掉社会主义现代化建设。他说："没有共产主义思想，没有共产主义道德，怎么能建设社会主义？党和政府愈是实行各项经济改革和对外开放的政策，党员尤其是党的负责干部，就愈要高度重视、身体力行共产主义思想和共产主义道德。""要教育全党同志发扬大公无私、服从大局、艰苦奋斗、廉洁奉公的精神，坚持共产主义思想和共产主义道德。"[②] 在邓小平看来，社会主义物质文明建设需要伦理道德的支持和引导，共产主义思想和道德是我们建设社会主义物质文明的精神基础和价值保障。我们必须在大力发展生产力和改变贫穷落后面貌的同时大力加强社会主义精神文明和道德建设。只有两个文明都搞好，才是有中国特色社会主义的完整内涵。

邓小平主张正视我国正处在社会主义初级阶段的基本国情，并以此作

---

① 郑谦主编：《毛泽东与邓小平》，湖南人民出版社2003年版，第64—65页。

② 邓小平：《贯彻调整方针，保证安定团结》，《邓小平文选》第2卷，第367页。

为考虑道德建设的基本视角，注意道德要求的层次性。在社会主义发展阶段上，邓小平强调指出我国还处在社会主义初级阶段，生产力不发达，经济文化落后。如果说社会主义初级阶段还存在着以公有制为主体的多种经济成分，以按劳分配为主要形式的多种分配形式，那么反映在人们的精神生活和道德生活中就必然出现一个多层次、多形式、多取向的复杂的状态，形成一种多种道德并存、社会主义道德在斗争中逐步取代其他旧道德观的多元动态的网络型社会道德结构。因此社会主义初级阶段的伦理道德建设一定要从实际出发，鼓励先进，照顾多数，把先进性的要求同广泛性的要求结合起来，形成凝聚亿万人民意志的强大精神力量。社会主义伦理道德建设，既要注意针对不同道德觉悟的人们提出不同的行为要求，又要注意鼓励他们向更高的道德层次努力攀登；既要肯定人们在分配方面的合理差别，反对小生产者的平均主义道德观念，又要鼓励人们发扬国家利益、集体利益、个人利益相结合的社会主义集体主义精神，发扬顾全大局、诚实守信、互助友爱和扶贫济困精神，在全社会形成一个以共产主义道德为指导，以社会主义道德为主体，坚决抵制和清除封建主义道德、资本主义道德影响的社会主义道德体系。

在邓小平主持制定的《中共中央关于社会主义精神文明建设指导方针的决议》（中共中央第十二届中央委员会第六次代表大会通过，简称十二届六中全会决议）对社会主义道德建设的指导方针作出了科学的论述，主张社会主义初级阶段全民范围内的道德建设，应当肯定由按劳分配和商品经济竞争所引起的人们在收入分配方面的合理差别，同时鼓励人们发扬社会主义集体主义精神，发扬顾全大局、诚实守信等精神。决议指出，"社会主义道德所要反对的是一切损人利己、损公肥私、金钱至上、以权谋私、欺诈勒索的思想和行为，而决不是否定按劳分配和商品经济，决不能把平均主义当作我们社会的道德准则。同时指出，社会主义是向共产主义高级阶段前进的历史运动。我们社会的先进分子，为了人民的利益和幸福，为了共产主义理想，站在时代潮流前面，奋力开拓，公而忘私，勇于献身，必要时不惜牺牲自己的生命，这种崇高的共产主义道德，应当在全社会认真提倡。共产党员首先是领导干部，尤其要坚定不移地身体力行。总之，在道德建设上，一定要从实际出发，鼓励先进、照顾多数，把先进性的要求同广泛性的要求结合起来，这样才能联结和引导不同觉悟程度的人们一起向上，形成凝聚亿万人民的强大精神力量。"决议的这段论述，明确地规定了我国社会主义初级阶段道德建设的指导方针，它包括①从社会主义初级阶段还存在商品经济和按劳分配的实际出发，肯定人们在收入分配方面的合理差别，反对小生产者的平均主义道德观念；②鼓励人们发扬国家利益、集体利益、个人利益相结合的社会主义集体主义精神，反对资产阶级利己主义和一切剥削阶级道德的腐蚀侵袭；③在全社会认真提倡公而忘私、勇于献身的共产主义道德，共产党员尤其是党的领导干部要身先士卒，身体力行；④把先进性的要求与广泛性的要求有机地结合起来，鼓励先进，照顾多数，形成凝聚亿万人民的强大的精神力量。决议中的这四个重要思想既相互联系又相互促进，构成一个不可分割的统一整体。

以邓小平为代表的中国共产党人，在改革开放的新的历史条件下，主张正视初级阶段道德建设的客观实际，正视初级阶段人们精神生活的主要矛盾，避免在社会主义道德建设问题上"左"的或右的错误干扰，突显并强调了道德建设的层次性，对先进性和广泛性的要求均有相当程度的兼顾。既肯定共产主义道德的合理性，认为共产党人尤其是党的领导干部应该身体力行共产主义道德，又肯定诚实劳动、正当谋利的合理性，主张弘扬社会主义道德。社会主义道德所要反对的是资产阶级自私自利的利己主义和赤裸裸的个人主义，而不是否定按劳分配和商品经济，决不能把平均主义作为我们社会的道德原则。个人主义是一种从人的趋乐避苦的自然性出发，将自私神圣化，强调个人和个人利益的至上性，以个人利益的实现和维护为行动的出发点和归宿的道德价值学说及其行为理论。遵循个人主义，必然造成个人利益和集体利益的尖锐冲突和对立，必然对国家集体利益造成严重的危害。邓小平主张在改革开放和建设有中国特色社会主义的整个历史时期都要旗帜鲜明地反对资产阶级个人主义和利己主义。他说："特别要防止只顾本位利益、个人利益而损害国家利益、人民利益的破坏性的自发倾向"，"要批判和反对资产阶级损人利己、唯利是图、一切向钱看的腐朽思想，批判和反对无政府主义、极端个人主义。"[①]

社会主义初级阶段的伦理道德建设不仅要反对伦理文化上的民族虚无主义和全盘西化论，而且也要反对伦理文化上的复古主义和国粹主义，应

---

① 邓小平：《贯彻调整方针，保证安定团结》，《邓小平文选》第2卷，第362—369页。

当在继承和发扬中华民族的优良伦理传统，吸收世界各国包括西方发达国家伦理文明优秀成果基础上，创造出一种既适应时代前进步伐又不失民族伦理文化特质的、既优于和高于资本主义伦理文明又适应现代伦理文明发展趋势的、既立足本国而又面向全世界的高度文明的社会主义伦理文化体系。

二　以"五爱"为基础推进社会主义道德建设

"五爱"即爱祖国、爱人民、爱劳动、爱科学、爱社会主义，这是每一个中国公民都必须遵守的行为准则，是全中国各行各业人们的共同道德规范。邓小平主张在新的历史条件下大力弘扬以"五爱"为基本内容的社会主义道德。

爱祖国是最主要的国民公德。邓小平在许多文献、讲话中都明确要求人们热爱祖国、热爱社会主义新中国，要求人们用爱国主义来规范自己的行为，尊重自己的国家和民族，诚心诚意拥护祖国，把我国建设成为现代化的伟大的社会主义强国，绝不做任何有损国格和人格的事。爱国主义作为一种体现人民群众对自己祖国深厚感情的崇高精神，历来是动员和鼓舞人民团结奋斗的一面旗帜，是推动我国社会历史前进的巨大力量，是全国各族人民共同的精神支柱。邓小平认为，爱国主义是一个历史范畴，在社会发展的不同阶段、不同时期有不同的具体内容。在新民主主义革命时期，爱国主义主要表现为致力于推翻帝国主义、封建主义和官僚资本主义反动统治的斗争，把黑暗的旧中国改造成为光明的新中国。在社会主义现阶段，爱国主义主要表现为献身于建设和保卫社会主义现代化的事业，献身于促进祖国统一的事业。实现社会主义的四个现代化是中华民族振兴的理想，是中国人民的执着追求，是爱国主义的题中应有之义。邓小平指出："中国人民有自己的民族自尊心和自豪感，以热爱祖国、贡献全部力量建设社会主义祖国为最大光荣，以损害社会主义祖国利益、尊严和荣誉为最大耻辱。"① 这是对我国现阶段爱国主义特征的精辟概括。在当代中国，爱国主义与社会主义本质上是统一的。社会主义是中国人民的历史选择，是中国走向现代化的必由之路。越来越多的中国人已自觉地认识到，

---

① 邓小平：《中国共产党第十二次全国代表大会开幕词》，《邓小平文选》第3卷，第3页。

只有社会主义才能救中国，也只有社会主义才能发展中国，只有把爱国主义与社会主义有机地统一于建设有中国特色社会主义的伟大实践，才能在改革开放中胜利实现中华民族的全面振兴。邓小平认为，新时期弘扬社会主义爱国主义，必须坚持中华各民族的团结，牢固树立汉族离不开少数民族、少数民族离不开汉族的思想，自觉克服大汉族主义和地方民族主义，反对民族分裂和一切干扰祖国统一的行为。同时也必须克服狭隘民族主义，认真学习世界各民族的长处，尊重一切和我们平等交往的外国政府和外国朋友，努力扩大同他们之间的友好合作。我们既要为中华民族在历史上享有的光荣及其流传数千年的优良传统而感到自豪，又要看到和承认中国今天发展中的落后，并有决心和信心改变这种落后，使中华民族再度复兴起来，迎头赶上发达国家。弘扬爱国主义，必须在全国人民特别是青少年中进一步加强社会主义爱国主义教育，要引导人们了解祖国的大好河山和历史文化，了解我国各族人民对人类文明和世界历史所作出的巨大贡献，从而增强对祖国的深厚感情，增强民族自尊心和民族自信心。邓小平说：我是中国人民的儿子，我深深地爱着我的祖国和人民。他对社会主义祖国充满深刻而真挚的热爱之情，用自己的真实行动树立了社会主义爱国主义的榜样。

爱人民是爱祖国的重要表现，也是社会主义时期最基本的道德规范。只有深深地热爱人民，才能够更好地践行社会主义道德。热爱人民意味着对人民有一种深度的关怀和热爱之情，人民成为热爱的对象和目的。人民群众是社会物质财富和精神财富的创造者，是推动社会历史前进的根本动力。人民群众的根本利益真正代表了社会的整体利益。无论在什么历史条件下，人民群众都是社会的主体。把爱人民确立为社会主义道德的基本规范，对于增进人民团结、稳定国家秩序都有十分重要的意义。爱人民就是要尊重人民的意志、愿望和人格，关心人民的利益和疾苦，虚心听取人民群众的意见和呼声，勇于同一切危害人民利益的邪恶现象作斗争。社会主义道德建设就是要坚持为人民服务的伦理价值观。邓小平忠于人民、热爱人民，把为人民服务视为社会主义道德建设的主旋律和一条红线，倡导把"人民拥护不拥护""人民赞成不赞成""人民高兴不高兴""人民答应不答应"作为党和政府制定各项方针政策的出发点和归宿。早在改革开放初期，邓小平就明确指出："我们是社会主义国家，社会主义制度优越性的根本表现，就是能够允许社会生产力以旧社会所没有的速度迅速发展，使人民不断增长的物质文化生活需要能够逐步得到满足……我们要想一想，我们给人民究竟做了多少事情呢？我们一定要根据现在的有利条件加速发展生产力，使人民的物质生活好一些，使人民的文化生活、精神面貌好一些。"[1] 他强调，不坚持为人民服务的精神和宗旨，就不能更好地建设社会主义。不发展社会生产力，不提高人民群众的物质文化生活水平，不能说是符合社会主义本质的。邓小平提出判断社会主义标准的"三个有利于"，把生产力标准、综合国力标准与人民的根本利益标准有机地统一起来，从而把党的为人民服务的宗旨落实到发展社会生产力、提高人民生活水平上，这是对毛泽东为人民服务思想的重大发展。此外，邓小平的为人民服务的思想还根据改革开放和社会主义现代化建设的具体实际，将人民的范围作了新的界定与拓展，他把知识分子视为工人阶级的一部分，大力疾呼尊重知识、尊重劳动、尊重人才。坚持为人民服务的宗旨和精神同贯彻社会主义人道主义是紧密联系在一起的。邓小平认为，"人道主义有各式各样，我们应当进行马克思主义的分析，宣传和实行社会主义的人道主义（在革命年代我们叫革命人道主义），批评资产阶级的人道主义。"[2] 社会主义人道主义是社会主义社会生活中处理人与人之间关系的一项伦理原则和道德规范，是社会主义国家、社会主义社会对人民的权利、权益、人格的尊重和关心，以及绝大多数人对共同利益的共同关心和人民群众之间的相互尊重。社会主义人道主义要求尊重每个普通人的价值与尊严，关心每个人的生存、生活、成长与发展，并且要求爱人民、恨敌人，同危害人民群众利益和国家整体利益的现象和行为进行坚决的斗争。在邓小平看来，社会主义社会中人与人之间的关系是平等互助的，任何人在与他人的关系上都不能享有特权，我们的各级领导干部都是人民的勤务员，领导的本质就是为人民服务，因此我们必须反对各种形式的官僚主义，反对以强凌弱、以大欺小、以壮欺老的不人道主义行为。只有同那些危害人民利益的不人道现象作斗争，才能更好地坚持和贯彻社会主义人道

---

① 邓小平：《高举毛泽东思想旗帜，坚持实事求是的原则》，《邓小平文选》第 2 卷，第 128 页。

② 邓小平：《党在组织战线和思想战线上的迫切任务》，《邓小平文选》第 3 卷，第 41 页。

主义。

爱劳动就是要热爱并努力做好自己的本职工作，尽快提高自己的劳动素质和劳动技术，在劳动实践中充分发挥自己的主动性和创造性，并自觉地遵守劳动纪律，勇于参加社会主义劳动竞赛。劳动是人类存在和发展的基础。任何一个民族，如果停止劳动，不用说一年，就是几个星期，也要灭亡。一个国家、一个民族，如果停止劳动就无法生存，更谈不上发展。劳动创造了人本身，促进了人类智力和体力的全面发展；劳动推动了生产力的发展，劳动创造了人类社会，形成了社会生产关系，同时也产生了调整人与人之间关系的道德；劳动创造了人类的一切文明。社会的一切发展和进步最终都要靠劳动来实现。在社会主义社会，劳动既是每个公民的义务，又是每个公民的权利，每一个有劳动能力的人都应该通过诚实劳动和合法经营为社会创造财富，以正当手段获取劳动报酬。劳动既然是光荣的、体面的事情，理应受到尊重，受到保护。国家实行按劳分配、多劳多得、不劳动者不得食的分配原则是为了更好地保护劳动者的积极性。

爱科学不仅要求有为我国的四化建设而学习科学文化知识、掌握科学技术的热切愿望，而且要求刻苦钻研科学技术，以顽强的毅力奋发努力锐意进取，并把自己所学的科学知识和技术无条件地运用到四化建设的实践中去，努力为人民造福。科学知识和技术是人类社会文明的重要标志和成果。科学对于解放人的思想，增进人的智慧，提高人类在自然界面前和社会生活中的主动性、自觉性都具有重大的意义。邓小平多次强调，全党全社会都要真正尊重科学，按科学规律办事。科学技术是第一生产力，科学直接地、并且在很大程度上间接地生产出完全改变了人类生活的工具，给人类带来了物质上的最大实际利益。知识和人才是最宝贵的社会财富。只有尊重知识、尊重人才，才能实现科学技术的现代化进而实现工业、农业和国防的现代化，才能促进社会生产力的发展，繁荣我国的经济和文化建设。

爱社会主义要求人们认识到只有社会主义才能救中国，只有社会主义才能发展中国，进而产生一种对社会主义制度的热爱与信仰，并在行动上为建设有中国特色的社会主义而奋斗。社会主义是中国人民的历史选择，走社会主义道路，建设社会主义国家，开辟中国特色社会主义道路，是中国历史发展的必然。社会主义使古老的中国重新焕发了青春，社会主义制度的建立，建设社会主义的探索，为当代中国的一切发展进步奠定了根本政治前提和制度基础，为中国特色社会主义事业的开拓提供了重要前提条件。社会主义是中华民族自立于世界民族之林的制度保证，是中国发展前进的方向。

爱祖国、爱人民、爱劳动、爱科学、爱社会主义是社会主义道德的基本要求和主要规范，也是每一个公民必须培养的基本道德品质，是社会主义精神文明的重要组成部分。

三　培育社会主义"四有新人"

建设有中国特色的社会主义，需要培养一代又一代社会主义新人和提高全民族的思想道德素质和科学文化素质。邓小平根据社会主义初级阶段的历史任务及其战略目标，创造性地提出了培养"四有新人"的理论并以此作为社会主义道德教育和道德修养的目标。1982 年，他指出："搞社会主义精神文明，主要是使我们的各族人民都成为有理想、讲道德、有文化、守纪律的人民。"① 1985 年，他强调"要教育全国人民做到有理想、有道德、有文化、有纪律"。此后，培养"四有新人"明确写入了党的历次代表大会的报告和有关决议之中。邓小平所提出的"四有新人"是现阶段全国各族人民都应努力追求的理想人格，它具有全面发展的理论涵蕴和时代品格。

在邓小平看来，理想是人生的精神支柱，是人们对未来社会及其人自身的发展的向往和追求。理想是人们以现实的可能性为内在根据的关于美好未来的构思或设计，包括社会理想和人格理想两个方面。理想特别是科学的理想是人的社会本质和主体性的确证，人作为能动的社会存在物首先通过理想表现出来，理想是人们不甘于现状并立志改变现状的心理基础，是人生的航标和指路明灯。理想一经确立，它就可以使人方向明确、精神振奋，不论前进的道路如何曲折、斗争环境如何复杂，它都可以使人透过乌云和阴霾，看到未来的希望和曙光，永不迷失自己的方向。"为什么我们过去能在非常困难的情况下奋斗出来，战胜千难万险使革命胜利呢？就

---

① 邓小平：《在军委座谈会上的讲话》，《邓小平文选》第 2 卷，第 408 页。

是因为我们有理想，有马克思主义信念，有共产主义信念。"① 邓小平认为，有理想主要是指有建设社会主义、实现共产主义的理想，他说：有理想就是"有马克思主义信念，有共产主义信念。我们干的是社会主义事业，最终目的是实现共产主义。"② 共产主义的理想是我们的精神支柱。"我们马克思主义者过去闹革命，就是为社会主义、共产主义崇高理想而奋斗。现在我们搞经济改革，仍然要坚持社会主义道路，坚持共产主义的远大理想。"③ 我们不仅要用共产主义的理想教育人民，更要用共产主义理想教育下一代，使他们树立共产主义的远大理想，这是社会主义道德建设事业必然要胜利的根本保证。邓小平多次指出，四有中我们最强调的是有理想。"我们一定要经常教育我们的人民，尤其是我们的青年，要有理想。""要特别教育我们的下一代下两代，一定要树立共产主义的远大理想。一定不能让我们的青少年作资本主义腐朽思想的俘虏，那绝对不行。"④ 我们目前尚处在社会主义初级阶段，现阶段我国人民的奋斗目标和共同理想，就是建设有中国特色的社会主义，实现社会主义现代化。共同的理想和信念，是团结全国各族人民同心同德建设有中国特色社会主义的强大凝聚力。邓小平强调，理想教育必须与艰苦奋斗的教育联系起来。要教育广大干部和人民特别是青少年有理想，就必须要使他们具有艰苦奋斗的精神和品质。"中国搞四个现代化，要老老实实地艰苦创业。我们穷，底子薄，教育、科学、文化都落后，这就决定了我们还要有一个艰苦奋斗的过程。"⑤ "艰苦奋斗是我们的传统，艰苦朴素的教育今后要抓紧，一直要抓六十年至七十年。我们的国家越发展，越要抓艰苦创业。"⑥ 对全体人民尤其是青少年进行艰苦创业的教育是有理想教育的重要内容。抓好以艰苦奋斗和艰苦创业为主要内容的理想信念教育，要求反对浪费、力戒奢侈，勤俭办一切事业，同时还要发扬"五种精神"即"发扬革命和

---

① 邓小平：《一靠理想二靠纪律才能团结起来》，《邓小平文选》第 3 卷，第 110 页。

② 同上。

③ 邓小平：《政治上发展民主，经济上实行改革》，《邓小平文选》第 3 卷，第 116 页。

④ 邓小平：《一靠理想二靠纪律才能团结起来》，《邓小平文选》第 3 卷，第 110—111 页。

⑤ 邓小平：《目前的形势和任务》，《邓小平文选》第 2 卷，第 257 页。

⑥ 邓小平：《在接见首都戒严部队军以上干部时的讲话》，《邓小平文选》第 3 卷，第 306 页。

拼命精神，严守纪律和自我牺牲精神，大公无私和先人后己精神，压倒一切敌人、压倒一切困难的精神，坚持革命乐观主义、排除万难去争取胜利的精神。"① 邓小平强调要把这"五种精神""推广到全体人民、全体青少年中间去，使之成为中华人民共和国的精神文明的精神支柱，为世界上一切要求革命、要求进步的人们所向往，也为世界上许多精神空虚、思想苦闷的人们所羡慕。"②

有道德是指在建设社会主义现代化强国的伟大实践中，人们能够按照社会主义道德和共产主义道德的标准来要求自己，正确处理人与人、人与社会之间的各种利益关系，做一个思想纯正、品德崇高的社会主义新人。道德是调整人与人之间、个人与集体、个人与国家以及集体与集体之间关系的心理意识、原则规范和行为活动的总和。道德规范着人们的行为，是评判人们的行为品质、道德人格的标尺，它具有强大的权威和力量。道德，是富有的物质财富所替代不了的，它具有恒常的功能，无量的价值。邓小平指出："我们一定要在全党和全国范围内有领导有计划地大力提倡社会主义道德风尚，热爱社会主义祖国，提高民族自尊心，还要进行坚持社会主义道路、反对资本主义腐蚀的革命品质教育。"③ 主张"用共产主义道德约束共产党员和先进分子的言行，"在全社会普遍推行和实践社会主义道德，深入批判并坚决摒弃"自私自利的利己主义"道德观，"批判和反对资产阶级损人利己、唯利是图、'一切向钱看'的腐朽思想。"④ 邓小平认为，没有共产主义道德，怎么能建设社会主义？在当代建设社会主义物质文明的伟大征途中，一定要加强社会主义和共产主义道德建设，提倡共产主义道德，身体力行社会主义道德，建立新型的平等互助的社会主义人际关系和良好的社会主义道德风尚。有道德，在现阶段就是要坚持为人民服务的精神，发扬集体主义原则，遵循爱祖国、爱人民、爱劳动、爱科学、爱社会主义的基本规范，正确处理好竞争与协作、自主与监督、先富与共富、效率与公平、经济效益与社会效益等关系。邓小平指出："要教育全党同志发扬大公无私、顾全大局、艰苦奋斗、廉洁奉公的精神，坚

---

① 邓小平：《贯彻调整方针，保证安定团结》，《邓小平文选》第 2 卷，第 368 页。
② 同上。
③ 邓小平：《目前的形势和任务》，《邓小平文选》第 2 卷，第 262 页。
④ 邓小平：《贯彻调整方针，保证安定团结》，《邓小平文选》第 2 卷，第 369 页。

持共产主义思想和共产主义道德。"① 要向全体人民进行为了国家利益和集体利益勇于牺牲自己利益的崇高道德品质教育。此外，还要进行家庭美德、职业道德和社会公德教育，大力倡导尊老爱幼、男女平等、夫妻和睦、勤俭持家的家庭美德，大力倡导爱岗敬业、诚实守信、办事公道、服务群众、奉献社会的职业道德，大力倡导文明礼貌、助人为乐、扶贫帮困、保护环境的社会公德，在全社会形成团结互助、平等友爱、共同前进的人际关系和良好的道德氛围。

有文化是指在建设社会主义的伟大实践中要求人们认真学习马克思主义、毛泽东思想，学习各类社会科学人文科学知识，努力钻研现代科学技术，使人民成为有高度文化素养并能用人类创造的全部知识财富来丰富自己头脑的人。邓小平认为，现代科学文化知识是我们建设四个现代化的强大力量。没有文化的军队是愚蠢的军队，没有文化的人民是愚蠢的人民，而愚蠢的人民是不能完成建设社会主义现代化强国的历史任务的。他在全国科学技术工作会议上的讲话中指出，科学技术是生产力，"我很高兴，现在连山洞里的农民都知道科学技术是生产力。"农民把科技人员看作是帮助自己脱贫致富的亲兄弟。他对"文化大革命"中林彪、"四人帮"批判"白专路线"、鼓吹"宁要社会主义的草，不要资本主义的苗"不以为然，认为那是愚昧的象征，反动的标志。如果一个国家的人民都是文盲加白痴，何谈建设社会主义的"红"；"红"如果不与"专"结合起来，又何能呈现?! 那样的"红"于国于民有何助益?! 在邓小平看来，只有不断地提高中华民族的科学文化素质，掌握社会主义建设所需要的文化知识和科学技术，才能实现建设现代化的社会主义强国的总目标和总任务，才能振兴我们的民族和国家。

有纪律是有道德的直接表现。纪律是指一定的社会组织所制定和要求该组织的成员必须共同遵守的行为规则，是维护该组织的存在和发展的必要条件。有纪律要求我们每一个中国人都必须遵守社会主义的经济纪律、政治纪律、组织纪律、劳动纪律。邓小平认为，遵守纪律的最高标准，是真正维护和坚决执行党的政策，国家的政策。党的政策是党的路线、方针的具体化，是党和人民的根本利益所在。为了维护党和人民的利益，我们

---

① 邓小平：《贯彻调整方针，保证安定团结》，《邓小平文选》第 2 卷，第 367 页。

必须遵守纪律。革命的纪律是实现理想、讲究道德的保证。遵守革命纪律是具有社会主义理想和道德的表现。有纪律的人才能自完其身，做一个人格高尚的人。

邓小平的"四有新人"是一个相互联系、相互补充、有机联系的整体，它们共同体现了社会主义理想人格的完整内涵。"四有新人"理论的提出，是对马克思主义伦理学的重大贡献，对激励中国人民更好地进行自我教育和自我修养，更好地建设有中国特色的社会主义，无疑具有重大的理论意义和现实意义。不仅如此，邓小平还主张在造就社会主义"四有新人"的实践中要认真贯彻"面向世界、面向未来、面向四个现代化"的方针。在邓小平看来，当代科学技术的迅猛发展，传播工具的现代化，使得国际交流日趋活跃，任何一个国家关起门来搞建设的历史已经过去；当今一个世界、一个市场、两种制度并存和竞争的新格局，也使我们必须把目光投向世界。我们要在面向世界、面向未来、面向四个现代化的起点上来设计我们的人格理想，大胆地吸收和借鉴人类创造的一切伦理文化成果，真正使自己成为具有开放意识，符合时代要求的复合型人才。

第四节　邓小平伦理思想的历史贡献

江泽民在中国共产党第十五次全国代表大会上的报告中高度评价了邓小平作为中国特色社会主义设计师的地位和作用，指出马克思列宁主义同中国实际相结合有两次历史性飞跃，产生了两大理论成果，即毛泽东思想和邓小平理论。"实践证明，作为毛泽东思想的继承和发展的邓小平理论，是指导中国人民在改革开放中胜利实现社会主义现代化的正确理论。在当代中国，只有把马克思主义同当代中国实践和时代特征结合起来的邓小平理论，而没有别的理论能够解决社会主义的前途和命运问题。邓小平理论是当代中国的马克思主义，是马克思主义在中国发展的新阶段。"① 党的十五大将邓小平理论确立为中国改革开放的指导思想，它与党的七大确立毛泽东思想的领导地位一样对中国社会的发展产生了巨大影响。胡锦

---

① 江泽民：《高举邓小平理论伟大旗帜，把建设有中国特色社会主义事业全面推向二十一世纪》，《江泽民文选》第 2 卷，第 9 页。

涛在纪念邓小平同志 100 周年诞辰大会上的讲话中指出："邓小平同志以其深厚的马克思主义理论修养和高瞻远瞩的政治远见，抓住什么是社会主义、怎样建设社会主义这个根本问题，深刻揭示了社会主义的本质，第一次比较系统地初步回答了在中国这样经济文化比较落后的国家如何建设社会主义、如何巩固和发展社会主义的一系列基本问题，实现了马克思主义与中国实际的又一次历史性飞跃。"① 邓小平伦理思想，是马克思主义伦理思想原理与中国当代改革开放的道德实践有机地结合起来并获得新的发展的产物，代表着马克思主义伦理思想在中国发展的新阶段。如果说毛泽东伦理思想实现了马克思主义伦理思想与中国革命和社会主义革命及建设的道德实践的有机结合，那么邓小平伦理思想则实现了马克思主义伦理思想的基本原理与社会主义建设特别是改革开放时代的道德实践的有机结合。

一　邓小平伦理思想的独特风格与个性

邓小平伦理思想是当代中国的马克思主义伦理思想，代表着马克思主义伦理思想在中国发展的新阶段。

第一，邓小平伦理思想坚持解放思想、实事求是，将坚持马克思主义伦理思想与发展马克思主义伦理思想有机地结合起来，既秉承"老祖宗不能丢"，又强调冲破"两个凡是"的禁锢，体现了在新的实践基础上既继承前人又突破陈规的开拓创新精神，推动了马克思主义伦理思想的当代发展。实事求是是马克思列宁主义和毛泽东思想的精髓，也是邓小平理论的精髓。"文化大革命"结束邓小平再度复出后，他就极力强调必须恢复党的实事求是的思想路线。1978 年他在党的十一届三中全会上作的《解放思想，实事求是，团结一致向前看》的讲话，是在中国面临向何处去的历史关头，冲破"两个凡是"的禁锢，开创建设有中国特色社会主义新理论的宣言书。他把能否恢复和坚持实事求是的思想路线，看作是关系党和国家命运和前途的根本问题。实事求是不仅是党的思想路线，而且也是中华民族的传统美德和优秀的道德精神，它在伦理上的根本要求就是忠

① 胡锦涛：《在纪念邓小平同志诞辰 100 周年大会上的讲话》，《十六大以来重要文献选编》（中），人民出版社 2006 年版，第 151 页。

诚老实和敢讲真话。邓小平把大庆工人阶级"做老实人，说老实话，办老实事"与实事求是直接联系起来，他说："我看大庆讲'三老'，做老实人，说老实话，干老实事，就是实事求是。"① 这是以"三老"来诠释和揭示实事求是的伦理内涵，或者说"三老"就是实事求是的内在要求和道德准则。邓小平伦理思想强调在用共产主义理想武装人们的头脑，坚持共产主义的信仰，执着地为共产主义事业而奋斗的同时，特别强调脚踏实地，实事求是，主张正视现阶段道德建设的实际情况，注意道德建设的层次性，从实际出发，鼓励先进，照顾多数，把先进性的要求同广泛性的要求结合起来，联结和引导不同觉悟程度的人们一起向上，形成凝聚亿万人民的强大精神力量。邓小平坚持以实事求是的理论指导中国的社会主义伦理道德建设，注意从"左"和右两个方面抵制各种错误思想的侵袭，既反对教条主义，也反对经验主义。他不固守定式成格，不拘泥陈规旧习，坚持解放思想，正本清源，纠偏改错。他的伦理思想为我们建设有中国特色的社会主义伦理文化体系提供了强有力的理论指导，并将不断转化为中国人民的真正的道德行为实践。

第二，邓小平伦理思想抓住"什么是社会主义、怎样建设社会主义"这个根本问题，论述了贫穷不是社会主义，社会主义的本质就是要消灭贫穷，实现共同富裕，并提出社会主义功利主义的道德建设观，主张一切以是否有利于发展社会主义社会的生产力，是否有利于增强社会主义国家的综合国力，是否有利于提高人民群众的物质文化生活水平作为判断善恶是非的标准，并在大力发展生产力和社会进步的基础上实现个人利益与国家利益、先富与共富、公平与效率的有机统一。邓小平伦理思想立根于以经济建设为中心，坚持改革开放，坚持四项基本原则的党的基本路线，集中体现了为经济建设和社会主义精神文明建设服务的伦理使命，并由此开启了新中国伦理学的新转向。如果说改革以前的伦理学主要是建立在以阶级斗争为纲基础上的革命化的、政治化的或批判化的伦理学，侧重于阶级与阶级之间的斗争和党内的路线斗争，那么党的十一届三中全会以后的伦理学由于是建立在以经济建设为中心基础之上的，因而它大量地表现为是一种社会化的、经济化的和建设性的伦理学，它注重经济效率和社会生产力

---

① 邓小平：《完整地准确地理解毛泽东思想》，《邓小平文选》第 2 卷，第 45 页。

水平的提高，并认为"四个现代化就是中国最大的政治"。因此重视经济建设和实效，重视给人民以实实在在的利益或好处，反对空对空的形式主义或抽象的道义论，就成了邓小平有中国特色社会主义伦理思想的重要内容。这是邓小平在新的历史时期对马克思主义伦理思想的新贡献。邓小平伦理思想既主张尽快让一部分地区和一部分人通过改善管理、合法经营和诚实劳动首先富裕起来，同时又主张使全国各族人民都能比较快地富裕起来，要求一部分先富裕的人帮助没有富裕的人共同富裕，要扶持老小边穷地区的人们尽快地脱贫致富，关心和帮助那些丧失劳动能力和自卫能力的老弱病残者，使他们也能过上幸福美满的生活。

第三，邓小平伦理思想坚持用马克思主义的宽广眼界观察中国与世界，提出伦理道德建设要坚持面向世界、面向未来、面向四个现代化，把坚持马克思主义伦理思想的基本原理与在新的时代发展马克思主义伦理学说有机地结合起来。当代社会，世界变化很大很快，特别是日新月异的科技进步深刻地改变了并将继续改变社会经济生活和世界面貌，还有"冷战"结束以后世界政治格局的多极化发展趋势，以及中国经过改革开放多年社会生活和人们观念发生的巨大变化，这一切都要求马克思主义开拓新视野，发展新观念，进入新境界。随着对社会主义认识的不断深化和日趋科学化，必然要求抛弃前人囿于历史条件而带有空想因素的个别结论，破除对马克思主义的教条式的理解和附加到马克思主义名下的种种错误观点，必然要求根据新的实践使马克思主义伦理学说得到新的发展。当代科学技术的迅猛发展，传播工具的现代化，使得国际交流日趋活跃，任何一个国家关起门来搞建设的历史已经过去；当今一个世界、一个市场、两种制度并存和竞争的新格局，也使我们必须把目光投向世界。我们要在面向世界、面向未来、面向四个现代化的起点上来设计我们的人格理想，大胆地吸收和借鉴人类创造的一切伦理文化成果，真正培育出具有开放意识，符合时代要求、德才兼备的优秀人才。邓小平伦理思想强调现代化与民族化的有机结合，既反对伦理文化上的民族虚无主义和全盘西化论，又反对伦理文化上的复古主义和国粹主义，主张继承和发扬中华民族的优良伦理传统，努力寻找传统和现实的结合点。结合我国社会主义道德建设的实际进行新的创造，创造出一种既适应时代前进步伐又不失民族伦理文化特质的、既优于和高于资本主义伦理文明又适应现代伦理文明发展趋势的、既立足本国而又面向全世界的高度文明的社会主义伦理文化体系。

二　邓小平伦理思想的理论贡献

邓小平伦理思想是继毛泽东伦理思想之后，对中国社会的道德实际发生了巨大作用并深刻地改变了人们的道德面貌和道德品格的伦理思想。

邓小平伦理思想对繁荣和发展马克思主义伦理思想作出了卓越的贡献。具体来说：

（1）重视革命的道义精神与坚持社会主义功利主义的统一。邓小平伦理思想强调发扬革命的道义精神，倡导用"大公无私""毫不利己专门利人""一不怕苦二不怕死"的精神来教育我们的人民和青年，使广大人民群众树立起他人利益和国家利益为重的道德观，勇于牺牲，乐于奉献，立志振兴我们的民族和国家，同时又指出"革命是在物质利益的基础上产生的，如果只讲牺牲精神不讲物质利益那就是唯心论"，主张坚持社会主义功利主义原则，最大限度地满足每一个个人的物质利益，使人民享受到改革开放所带来的实实在在的好处。邓小平伦理思想既主张尽快让一部分地区和一部分人通过改善管理、合法经营和诚实劳动首先富裕起来，同时又主张使全国各族人民都能比较快的富裕起来，要求一部分先富裕的人帮助没有富裕的人共同富裕，要扶持老小边穷地区的人们尽快地脱贫致富，关心和帮助那些丧失劳动能力和自卫能力的老弱病残者，使他们也能过上幸福美满的生活。

（2）强调贫穷不是社会主义，社会主义的本质就是要消灭贫穷，因此，贫穷不是光荣和善的化身。如果社会主义长期贫穷而且贫穷日益普遍化，那么它不仅没有优越性，而且也会遭到广大人民的唾弃。从某种意义上说，社会主义道德建设就是要激发起我们的人民勤劳致富奔小康，激发起中国人民治穷治愚、立志消灭贫穷和落后的信心和热忱。贫穷不是社会主义是贯穿邓小平伦理思想的一条红线。邓小平伦理思想推崇的不是"安贫乐道"的传统义利观，而是"富而有德"的现代义利观。它魂系梦牵的是综合国力的提高和人民群众生活水平的改善。关心人民群众的冷暖疾苦，想方设法改善人民群众的生活水平，是邓小平伦理思想的真精神。

（3）提出"三个有利于"的价值评判标准，强调判断改革姓资姓社的标准是看改革是否有利于发展社会生产力，是否有利于提高综合国力，是否有利于人民生活水平的提高。在邓小平伦理思想中，发展社会主义生产力，提高综合国力，提高人民群众的物质文化生活水平成了最高的价值目标或至善，凡是与此相关联或为其服务的行为或现象就是善的，反之则为恶。这是一种真正的利国利民道德观，它使国家的利益、人民的利益占据了支配一切的地位，并成了评价改革评价社会主义的重要价值尺度。"三个有利于"是邓小平关于判断社会主义的价值标准和道德标准，是对我们党领导社会主义现代化建设、特别是改革开放以来的实践经验的科学总结，体现着社会主义功利主义的原则和精神。这一标准将道德标准置于生产力标准之下，同时又彰显了人民群众利益的极端重要性，使国家利益与人民利益同发展社会生产力有机结合起来，实现了历史评价与道德评价的辩证统一。

（4）提出了要在建设高度物质文明的同时建设高度的社会主义精神文明，主张批判剥削阶级思想和极端个人主义，恢复和发扬党和人民的优良革命传统，培养和树立良好的社会道德风尚，并主张以对社会主义现代化有利还是有害为判断一切是非善恶的根本标准。邓小平强调在社会主义现代化建设过程中加强社会主义道德教育，主张用共产主义道德约束共产党员和先进分子，发扬革命和拼命精神，严守纪律和自我牺牲精神，大公无私和先人后己精神，压倒一切敌人、压倒一切困难的精神，坚持革命乐观主义、排除万难去争取胜利的精神五种精神，指出"党和政府愈是实行各项经济改革和对外开放的政策，党员尤其是党的高级负责干部，就愈要高度重视、愈要身体力行共产主义思想和共产主义道德"。① 邓小平强调弘扬爱国主义精神，指出"中国人民有自己的民族自尊心和自豪感，以热爱祖国、贡献全部力量建设社会主义祖国为最大光荣，以损害社会主义祖国利益、尊严和荣誉为最大耻辱"。②

三　邓小平伦理思想的历史地位

邓小平伦理思想形成了新的建设中国特色社会主义伦理思想的科学体

① 邓小平：《贯彻调整方针，保证安定团结》，《邓小平文选》第 2 卷，人民出版社 1994 年第 2 版，第 367 页。

② 邓小平：《中国共产党第十二次全国代表大会开幕词》，《邓小平文选》第 3 卷，人民出版社 1993 年第 1 版，第 3 页。

系。它是在和平与发展成为时代主题的历史条件下，在我国改革开放和现代化建设的实践中，在总结我国社会主义胜利和挫折的历史经验并借鉴其他社会主义国家兴衰成败历史经验的基础上，逐步形成和发展起来的。邓小平有中国特色的社会主义伦理思想，第一次比较系统地论证了社会主义伦理道德建设的客观环境和现实条件、指导方针和战略步骤、伦理原则和主要任务等问题，为新中国伦理学的繁荣与振兴作出了巨大的历史性的贡献。邓小平一贯坚持以实事求是的理论指导中国的社会主义伦理道德建设，注意从"左"和右两个方面抵制各种错误思想的侵袭，他不固守定式成格，不拘泥陈规旧习，坚持解放思想，正本清源，纠偏改错。他的伦理思想为我们建设有中国特色的社会主义伦理文化体系提供了强有力的理论指导，并将不断转化为中国人民的真正的道德行为实践。实践证明，作为毛泽东伦理思想的继承和发展的邓小平伦理思想，是指导中国人民在改革开放的新形势下中建设有中国特色社会主义伦理文明的正确理论。在当代中国，只有把马克思主义伦理学基本原理同当代中国道德建设的实践和时代特征结合起来的邓小平伦理思想，而没有别的什么伦理思想能够解决社会主义伦理文明建设的前途和命运问题。邓小平伦理思想已经成为并必将继续成为中国特色社会主义伦理文明建设的指路明灯。

邓小平伦理思想是继毛泽东伦理思想之后我们党和人民又一重大的伦理学成果和宝贵财富，它以"解放思想，实事求是，团结一致向前看"为精神实质，以改革开放和建设有中国特色社会主义现代化强国为时代的主旋律，以面向世界、面向未来和面向现代化为基本的价值视野，以培养社会主义的"四有新人"和促进中华民族的伟大腾飞为宗旨，体现着与时俱进的伦理品格和道德气质。如同一首歌中所唱的"我们唱着东方红，当家做主站起来；我们讲着春天的故事，改革开放富起来。"邓小平伦理思想是使中国人民富裕起来同时也是使中国社会的道德生活更加开放、民主和文明，新品质不断产生并得到强化的伦理思想。邓小平伦理思想是马克思主义伦理学原理与中国当代改革开放的道德实践有机地结合起来并获得新的发展的产物，代表着马克思主义伦理思想在中国发展的新阶段。它开辟了人类伦理文化史发展的新阶段，实现了中国革命道德向社会主义建设道德、从计划经济道德观念向社会主义市场经济道德观念的转变，开创了中国马克思主义伦理思想发展的新局面。

第七章 中国特色社会主义伦理思想的 发展:"三个代表"伦理思想

自党的十三届四中全会以来,以江泽民为总书记的中央领导集体结合新的时代特征、形势和道德建设的实际对邓小平伦理思想作了新的发展,提出了许多富有建设性和创造性的社会主义道德建设的新观点、新思想和新举措,形成了既继承邓小平伦理思想又发展邓小平伦理思想的"三个代表"伦理思想。"三个代表"伦理思想的提出具有深刻的时代背景和历史条件,它是站在千年更替、世纪之交的历史高度,面对世界多极化趋势继续发展、经济全球化进程加快、现代科学技术迅猛发展的时代潮流,着眼于我国改革开放和社会主义现代化建设的全局,继承历史,立足现实,面向未来,对中国共产党的历史使命以及社会主义精神文明和道德建设所作出的科学把握和深刻关切,是在马克思主义伦理思想的基础上,将毛泽东伦理思想和邓小平伦理思想的科学因素有机地统一起来,结合新的时代形势和任务予以创造性发展的产物,并构成马克思主义伦理思想中国化最新成果即中国特色社会主义伦理思想的重要组成部分。

第一节 执政党伦理建设的提出及其重大意义

加强党的执政能力建设,是我们党从保证党和国家的事业兴旺发达、长治久安的高度提出的一项带有全局性、根本性的战略任务。推进中国特色社会主义伟大事业必然要求加强和改进党的建设,把实现伟大事业与加强党的建设的伟大工程紧密结合起来,实现伟大事业和伟大工程的互相促进,保证党始终成为中国特色社会主义事业的坚强领导核心。

加强党的执政能力建设的过程,既是不断提高党的执政能力的实践过程，也是不断把实践经验上升为理论、深入把握执政规律的过程。正确认识和自觉运用共产党执政规律、社会主义建设规律和人类社会发展规律，对我们党的发展壮大、对中国特色社会主义事业的兴旺发达具有决定性意义。

一　政党伦理与执政伦理建设

政党伦理作为政党文明的价值内核和价值基准，对政党的发展和政治文明建设具有导向、规范和终极价值关怀的意义。政党伦理是一个政党伦理品格、道德精神和价值取向的集中反映，是党的道德性和先进性的深刻体现。政党虽然是一种政治组织，但与伦理道德有着内在的密切联系。任何政党的成立，都代表着一定阶级或阶层的利益，也都是基于一种道德价值上的认同。一个政党追求什么样的伦理道德，形成着这个政党的党德和伦理精神，制约着这个政党的执政能力和水平，也决定着这个政党是否伟大和先进，能否保持住这种伟大和先进。

政党伦理主要由以下三个方面组成：

第一，政党伦理理念，这是政党政治的价值基础，关涉政党追求的精神价值和存在意义。政党伦理理念的确立，在政党发展与建设中具有优先和基础的地位。政党提出或形成什么样的伦理理念，代表着它的伦理价值取向和政党伦理的基本架构，反映着政党的性质及其在政治格局中的地位。马克思、恩格斯在《共产党宣言》中指出："共产党人为工人阶级的最近的目的和利益而斗争，但是他们在当前的运动中同时代表运动的未来"，"共产党人可以把自己的理论概括为一句话：消灭私有制。"[①] 这里，共产党为无产阶级的眼前利益和未来利益而奋斗，以消灭私有制即是共产党的伦理理念和价值追求。中国共产党提出的全心全意为人民服务，以及立党为公、执政为民即是自身的伦理理念。伦理理念的确立或形成对政党的性质、政党存在的正当性以及政党建设等起着一种价值导向与根本准则的作用。

第二，政党制度伦理，这是政党活动的组织建构，关乎政党活动的行

---

① 马克思、恩格斯：《共产党宣言》，《马克思恩格斯文集》第 2 卷，人民出版社 2009 年版，第 65、45 页。

为原则和运行机制，是政党伦理理念的具体化和现实贯彻。政党制度伦理是保证政党伦理理念正当存在与付诸实践，并追求可能实现的基本规则体系，它最大的价值在于使政党价值理念获得具体的落实。政党价值理念与政党制度伦理的关系就是"价值规定了行为的总方向。然而，价值并不告诉个人在既定的情境中干些什么，价值太一般抽象了……价值通过合法与社会系统结构联系的主要参照基点是制度化"①。因此，政党价值理念的维系要通过政党制度伦理来实现。

第三，政党党员伦理，是价值理念与制度伦理的人的载体，表现为政党党员的伦理道德操守和道德品质。党员伦理是在实践政党伦理理念、政党制度伦理的过程中，开展政党活动的实践中，所遵循的道德规范和行为准则以及由此所形成的道德操守和道德品质。政党党员伦理与政党伦理理念、政党制度伦理之间，应当是始终保持一致的，因为党员是在伦理理念和制度伦理的指引下从事党员活动，理应一脉相承。但现实的情况与理论往往相忤，个别政党领袖乃至某些党员有可能在违背党的伦理理念和制度伦理，在道德操守和道德品质上与其格格不入。这就需要加强党员伦理建设，使党员伦理与伦理理念、制度伦理相吻合。

执政伦理，是指在现实的社会政治生活中形成的、执政党在运用国家权力管理国家事务过程中需要遵守的道德规范体系，包含执政理念的先进性、政策制度的伦理性和执政主体的道德性，是执政党世界观、价值观和道德观的集中反映。执政伦理是一个执政党构建其执政制度、指导其执政行为的价值取向和伦理依据的总和。执政党的执政伦理品格，是执政党在治党治国实践中，将社会生活的客观要求内化于自身，按照一定的伦理观念和伦理准则，在执政行为中表现出来的持续、稳定的倾向。执政党的执政伦理品格是规范、约束自身行为的基本尺度，它综合表现于执政党的思想、作风、纪律以及执政能力和执政水平之中。执政党的执政伦理品格与自身的存亡、兴衰命运相连，并决定着国家、社会民族的命运与发展方向。如果一个执政党不具备时代要求的执政伦理品格，就会失去生存的基石，从而被其他政党所战胜以至取代，或者失去生命活力和动力而自行

---

① ［美］道格拉斯·诺斯：《制度、制度变迁与经济绩效》，上海三联书店 1994 年版，第13 页。

灭亡。

　　在政党伦理中，处于不同政治地位的政党，在伦理价值取向和伦理思维方式上是不尽相同的。由此造成了执政党的执政伦理与其他政党的政党伦理之间的区别。执政党的执政伦理是相对于在野党的在野伦理、参政党的参政伦理而言的。在西方国家中，由于实行两党制或多党制，除了执政党之外，还有参政党、在野党等。我国实行的是共产党领导下的多党合作和政治协商制度，因而存在着作为参政党的民主党派。执政伦理与参政伦理、在野伦理相比，对整个社会政治生活和伦理生活的影响更大，更直接，因而执政伦理应该更加突出对整个社会的责任感，更加需要维护和建设。

　　执政能力建设是执政合法性维系的基础，是执政伦理持续实现的保证。价值层面的合道德性催生出执政党的道德权威。合法性的核心价值基础是合道德性，合法性是指一种政治统治或政治权力能够让被统治的客体认为是正当的、合乎道义的，从而自愿服从或认可的能力与属性。对合法性"认可"的本身就蕴含着一种道德判断。因此，人们通常所说的"合法的统治"、"合法的权力"首先是指被人们从内心中"认可"的统治或权力。所谓"得民心者，得天下；失民心者，失天下"，就体现了对政治权力合法性的一种道德判断。

　　与执政合法性直接相关的问题是执政党的执政责任与执政使命，这是执政合法性的进一步深化与落实。一个没有执政责任感与执政使命感的政党注定是要被人民抛弃，最终丧失执政合法基础的。由执政党执政理念与执政合法性内在规定的执政责任与执政使命要求执政党必须深刻地分析与洞见当下阻碍执政党执政的诸多不利因素，通过提高自身执政能力来满足作为国家"权力——权利主体"的人民对执政党的情感依托、价值期待与利益需要。

二　中国共产党执政伦理的基本特征

　　中国共产党已经从领导人民为夺取全国政权而奋斗的党，成为领导人民掌握全国政权并长期执政的党。党从革命党向执政党的历史性转换，要求作为党的执政制度和执政行为之价值取向和伦理依据的伦理观念也作出相应的转变。虽然这种转变在新中国成立前后已经开始，但对这一转变的理性认识和自觉反思是一个在实践中不断深化的过程。

中国共产党执政伦理的基本特征，是由中国共产党的性质和执政地位这两个方面共同决定的。具体说来，中国共产党执政伦理的基本特征主要体现在以下几个方面：

第一，从价值取向来说，中国共产党的执政伦理应当是一种先进伦理。先进伦理是相对于落后伦理或反动伦理而言的，是无产阶级政党的执政伦理必须具有的根本特征。在现代法制社会中，任何一个政党要想取得或保持执政地位，都会提出一些符合时代潮流和民众要求的政策主张，否则这个党就难以赢得民众的支持而成为执政党。但我们不能把这种相对而言的适时性与本质上的先进性混为一谈。如果说资产阶级政党所表现出来的适时性是服从于获取或保持执政地位这一根本目的的话，那么无产阶级政党的执政地位本身就是服从并服务于其先进性要求的。中国共产党的先进性是由党的性质宗旨所决定的。党的先进性并不是抽象的而是具体的，它应该具体体现在积极推进中国社会的发展和进步上。由于当代中国社会的前进方向是由先进生产力、先进文化和最广大人民的根本利益所决定的，所以能够代表中国先进生产力的发展要求、代表中国先进文化的前进方向、代表中国最广大人民的根本利益的政党，就一定能够站在时代发展的最前列，永远保持其先进性。党的先进性要求并决定了党的执政伦理的先进性。党应该把"三个代表"作为执政伦理的最高要求，以是否符合"三个代表"作为衡量党的执政理念、执政制度和执政行为的最高伦理标准。

第二，从涉及领域来说，中国共产党的执政伦理无疑是一种公共伦理。公共伦理是相对于私德伦理而言的。党的执政伦理是公共伦理，是因为它所调节的活动领域是公共领域而不是私人领域。它是用来调节社会公共关系的，其中包括党和政府的关系、党和人民群众的关系以及人民内部的各种关系等。正因为执政伦理所调节的活动领域是公共领域，所以它所诉诸的理性是公共理性。公共理性是在正义基本原则、普遍信念的认同与共享，实质正义与程序正义的共识与承诺的基础上形成的公共活动规则和公共推理，是公民就社会政治问题进行交流沟通、展开讨论对话所必须遵循的价值共识。公共理性包含了价值观基础的公共性、主体的公共性和主旨的公共性。执政伦理必须建立在公共理性的基础之上。执政伦理要获得公民的认可，就必须诉诸公共理性。也正因为执政伦理所调节的活动领域是公共领域，所以它所着眼的是公共利益。共产党执政并不是为了一党之私利或少数人之私利，而是为了中国最广大人民的根本利益。立党为公，执政为民，是中国共产党先进性的集中体现。它们也构成了中国共产党的执政伦理的本质特征。

第三，从基本内容来说，中国共产党的执政伦理还是一种建设伦理。党在取得执政地位以前的主要任务是破坏一个旧世界，而取得执政地位以后的主要任务则是建设一个新世界。与建设一个新世界的任务相适应，党的执政伦理也应该是建设伦理。从根本目标上说，革命伦理与建设伦理是一致的，那就是要推动社会的进步。但在具体的伦理评价上，两者是有根本区别的：在革命伦理的视野中，为了实现社会的进步这一善的目的，某些暂时的"恶"——如社会失序、暴力、生命财产的损失等，也被赋予善的意义。而在建设伦理的视野中，实现社会进步这一善的目的不允许以某种暂时的"恶"作为代价。按照建设伦理的要求，我们不仅要赋予经济发展和社会进步以崇高的伦理意义，而且要赋予和平、秩序、稳定、和谐以崇高的伦理意义。

第四，从表现形式来说，中国共产党的执政伦理主要是一种制度伦理。制度伦理是相对于德性伦理而言的。德性伦理着眼的是个体的内在德性，依靠的是主体的伦理自觉。制度伦理着眼的则是群体的外在规范，依靠的是社会的制度制约。具体来说，制度伦理是指伦理价值的制度化，即把党的伦理原则体现到法律制度和各种社会体制中去，使党所坚持的伦理价值以制度的形式体现出来，使党执政的各项制度体现出深厚的伦理价值意蕴。党在取得执政地位以前虽然也有伦理的制度化建设，但相对而言，这种制度化建设只限于党内和解放区内，不但尚不完善，而且对国家事务缺乏法定的约束力。这就决定了党在革命时期在涉及国家事务时，只能通过党员和党的领导干部的伦理信念和伦理德性来体现党所倡导和坚持的伦理原则，通过发挥党的伦理感召力来弥补法定约束力上的欠缺。而党在取得执政地位以后，就必须把党所倡导和坚持的伦理原则体现到党执政的各项制度中去。只有这样，才能避免因党员和党的领导干部对党的伦理原则理解上的差异而导致执政行为上的差异；也才能避免因某些党员和党的领导干部在伦理信念和伦理德性上的堕落而导致执政行为变异。

中国共产党是中国工人阶级的先锋队，同时是中国人民和中华民族的先锋队，是中国特色社会主义事业的领导核心，代表中国先进生产力的发展要求，代表中国先进文化的发展方向，代表中国最广大人民群众的根本利益。中国共产党的执政伦理集先进伦理、公共伦理、建设伦理和制度伦理于一体，是先进性、公共性、建设性和制度性有机统一的整体，这一基本特征使得中国共产党同其他一切政党区别开来。

三　党的执政伦理建设的重大意义

党的兴衰存亡始终与党的伦理道德建设密切相关。加强党的执政伦理建设，密切党同人民群众的血肉联系，坚持立党为公、执政为民和全心全意为人民服务，不断提升党的战斗力、凝聚力和向心力，保持党的先进性和纯洁性，无疑具有重大的理论意义和现实意义。党的十六届四中全会《决定》指出"党的执政地位不是与生俱来的，也不是一劳永逸的。我们必须居安思危，增强忧患意识，深刻汲取世界上一些执政党兴衰成败的经验教训，更加自觉地加强执政能力建设，始终为人民执好政、掌好权"。这不仅充分表明了执政党对执政合法性的深切关注、对执政思维的历史检讨与现实判断，也表达了执政党明确的执政为民的根本价值归宿，由此更为清晰地彰显了执政能力建设以提升执政伦理为价值取向的原则与立场。

无论是现代化建设事业，还是实现中国社会发展，或是建设有中国特色社会主义，都是在党的领导下进行的。国家和社会的创新要求及其实践，决定了执政党的建设也必须创新。随着改革开放的深入和现代化建设的发展，我们党所处的历史条件和历史方位已发生了很大变化，"我们党历经革命、建设和改革，已经从领导人民为夺取全国政权而奋斗的党，成为领导人民掌握全国政权并长期执政的党；已经从受到外部封锁和实行计划经济条件下领导国家建设的党，成为对外开放和发展社会主义市场经济条件下领导国家建设的党。"① 由此，党所面临的历史任务也发生了很大变化。一方面，党领导我国人民在改革开放和现代化建设事业上取得了举世瞩目的伟大成就：我国的经济实力、国防实力、科技实力明显增强；十二亿多中国人不仅解决了温饱问题，而且总体上达到了小康水平；党的队

① 江泽民：《全面建设小康社会，开创中国特色社会主义事业新局面》，《江泽民文选》第3卷，人民出版社2006年版，第536—537页。

伍日益壮大。另一方面，党在新的历史条件下也面临着许多新情况和新问题。苏联、东欧的剧变，国际形势的改变，经济结构的调整，多种经济成分的并存，收入差别的扩大，社会阶层构成的变化，经济犯罪的增加，腐败现象的蔓延等，使得"在新的历史条件下建设一个什么样的党和怎样建设党"成为我们党必须解决的基本问题，而"进一步解决提高党的执政能力和领导水平，提高拒腐防变和抵御风险的能力"，则成为党的建设所面临的两大历史性课题。只有加强党的执政伦理建设，才能真正提高中国共产党拒腐防变和抵御各种风险的能力，才能使中国共产党在日益复杂的国际国内环境中始终立于不败之地，才能使党更好地肩负起艰巨而伟大的历史使命，团结和带领全国人民把改革开放和社会主义现代化建设事业不断推向前进。

第一，加强执政伦理建设是增强党和政府执政能力的迫切需要。执政党的道德力、公信力是执政党的执政能力的重要基础。一个道德力强的党和政府，必然具有强大的社会动员能力，其出台的方针政策能够更容易得到老百姓的认同和接受。孔子曰："政者，正也。子帅以正，孰敢不正？不能正其身，如正人何？"但从目前各种调查来看老百姓对执政者的认同度比较低，而且层级越低的地方政府老百姓认同度相应也更低，这是值得我们高度重视的一个问题。自改革开放以来，我们党高度重视自身建设，坚持党要管党、从严治党，全面推进党的建设新的伟大工程，推动党的建设在不断改进中得到加强，党风廉政建设也进一步加强。同时，我们必须清醒地看到，随着改革开放和社会主义市场经济不断发展，随着党执政时间的增加和党的队伍的变化，党的自身建设面临许多新课题新考验，党面临的执政考验、改革开放考验、发展社会主义市场经济考验将是长期的、复杂的，管党治党的任务比过去任何时候都更为繁重。当前，党的执政能力与新形势新任务的要求还有一定距离，一些党员、干部的思想观念、能力素质与党的先进性要求还不太符合，一些基层党组织的管理手段和创新能力与经济社会发展任务还不完全适应，一些地方的党组织、领导班子、领导干部党性党风党纪方面还存在这样那样的问题。一是"以权谋私"。公与私的关系问题，是任何官员都无法回避的问题，而公与私的问题又集中表现在如何运用手中权力方面，如果能够用权为公，就能实实在在地为国家谋利益，为人民谋幸福，为社会谋发展。如果是用权为私，就必然是非颠倒、黑白不分，不顾廉耻，失德违规，最终陷入犯罪的泥潭。二是"弄虚作假"。一些官员为了升迁，不顾当地实际情况，大搞"政绩工程"、"形象工程"，专干"显山露水"、"表面风光"的事，对百姓疾苦、群众困难漠不关心；有的官员为了名利双收，台上一套，台下一套，当面一套，背后一套。弄虚作假还表现在官员喜欢讲虚话、套话、假话，对组织自吹自擂，讲成绩可以摆一大堆，谈问题却往往只是轻描淡写，讳莫如深；对群众开空头支票，口惠而实不至。三是"腐化堕落"。有的官员之所以在权、钱、色等的诱惑下坠马，究其根源无不是为欲所困、为欲所牵、为欲所害，尤其是色欲。一份调查报告显示，腐败的干部60％以上跟包"二奶"有关，被查处贪官中95％有情妇。这说明，财和色是官员思想防御体系中最薄弱的环节。当前的官德不正问题，已经成为吏治腐败的一个重要特征。官德，不仅反映官员的为官、为人，关系官风、世风，影响社会和谐，也涉及民众的福祉和安全问题，务必引起高度重视。只有抓紧解决党员干部队伍中存在的突出问题和群众反映强烈的问题，才能提高党的执政能力和水平。面对执政条件和社会环境的深刻变化，各级党委和领导干部都必须以宽广的眼界观察世界，正确把握时代发展的要求，善于进行理论思维和战略思维，不断提高科学判断形势的能力；必须坚持按照客观规律和科学规律办事，及时研究解决改革和建设中的新情况新问题，善于抓住机遇加快发展，不断提高驾驭市场经济的能力；必须正确认识和处理各种社会矛盾，善于协调不同利益关系和克服各种困难，不断提高应对复杂局面的能力；必须增强法制观念，善于把坚持党的领导、人民当家作主和依法治国统一起来，不断提高依法执政的能力；必须立足全党全国工作大局，坚定不移地贯彻党的路线方针政策，善于结合实际创造性地开展工作，不断提高总揽全局的能力。提高党的执政能力和水平，迫切需要执政伦理建设。执政伦理建设既管方向，又涉及素质，更是一种道德力量，是属于能力系统中目标性、指向性、引领性和全局性都十分突出的能力，或者说是一种没有能力可以形成能力，有了能力可以使能力更优，有了更优的能力可以使能力形成更持久的本源性能力和创发性能力。只有使广大党员干部始终坚持立党为公、执政为民，始终把人民群众安危冷暖放在心上，权为民所用，情为民所系，利为民所谋，坚持讲党性、重品行、作表率，努力在改进作风上取得新的成效，才能真正提升党的执政能力。

第二，加强执政伦理建设是建树党的执政形象、巩固党的执政地位的迫切需要。执政能力建设是现代执政党的重要特征，它表征着执政党执政意识的自觉，体现着执政党执政思维的转换，以及执政党对执政绩效、执政合法性基础的关注与落实，以及对执政未来性的理性判断。是否具备良好的执政道德，关系着执政党的形象和执政地位的稳固，关系着执政党提供的秩序是否得到民众的认可与支持。自20世纪90年代以来，苏联解体，东欧剧变，世界上一批大党、老党相继失去政权，丧失执政地位。总结国际共产主义运动的深刻教训，关键是执政党内部出了问题，严重脱离了人民群众，没有也未能重视党的执政伦理建设。苏共失去执政地位的最深层次的原因就是执政党执政伦理建设存在问题并且长期未能得到执政党的重视，导致执政的价值目标偏离了广大人民群众的需求，甚至走向了人民的反面，最终失去了执政的合法性。"历史和现实都表明，一个政权也好，一个政党也好，其前途与命运最终取决于人心向背，不能赢得最广大群众的支持，就必然垮台。"① 无产阶级政党夺取政权不容易，执掌好政权尤其是长期执掌好政权更不容易。党的执政地位不是与生俱来的，也不是一劳永逸的。执政党要巩固自己的执政地位，必须采取切实措施加强执政伦理建设，确确实实让人民群众感觉到共产党始终代表最广大人民的根本利益。但目前由于历史的、社会的、思想的多方面因素，部分党员脱离群众、道德败坏、生活腐化。这些问题的存在，败坏了党的声誉，极大地破坏了执政党在人民群众心目中的形象，严重影响执政党群众基础的巩固与扩大。因此，加强党的执政伦理建设，是我们党巩固自己的执政地位、建树自己良好形象的迫切需要。

第三，加强执政伦理建设是建设社会主义政治文明的深刻需要。发展社会主义民主政治，建设社会主义政治文明，是我国社会主义现代化建设的重要目标。建设社会主义政治文明，最根本的是要坚持和改善党的领导、保证人们当家作主和坚定推行依法治国方略的有机结合和辩证统一。而坚持和改善党的领导，就需要加强党的执政伦理建设。党的执政伦理建设，涉及党的思想建设、组织建设、制度建设和作风建设等各个方面，要

---

① 江泽民：《在新世纪把建设有中国特色社会主义事业继续推向前进》，《江泽民文选》第3卷，人民出版社2006年版，第129页。

求我们党始终代表先进生产力的发展要求，始终代表先进文化的发展方向，始终代表最广大人民群众的根本利益，坚持立党为公、执政为民，全心全意为人民服务，真正做到权为民所用，情为民所系，利为民所谋，把我们党真正建设成为永葆无产阶级性质、永远充满生机与活力的马克思主义政党。党的执政伦理建设，不仅能够有效地引领和统帅政治文明建设，而且本身也是一种政治文明，在政治文明建设中起着独特而重要的作用。

此外，加强执政伦理建设也是有效转变社会风气的迫切需要。当前，我国已进入全面建设小康社会承前启后的关键时期。这个关键时期既是"黄金发展期"，也是"矛盾凸显期"。伴随经济持续快速发展而来的是资源、环境压力加大，城乡、区域发展不平衡，社会收入分配差距拉大，腐败犯罪猖獗。与此同时，经济全球化趋势不断发展、金融风波此起彼伏、科技进步日新月异、各种思想文化相互激荡的复杂国际环境，也对我们党的执政能力提出了严峻挑战。加强执政伦理建设，有利于促进良好社会风气的形成。领导干部的行为及其体现出来的价值取向、精神面貌、道德情操，是社会行为规范的风向标，对于全社会良好道德风尚的形成具有重要的示范和导向作用。官风正则民风清，官有德则民有德。加强执政伦理建设，有利于协调各方面利益关系，形成风清气正的社会风气，为改革开放和社会主义现代化建设营造良好的社会氛围和发展环境。

在新的历史条件下，党的执政伦理建设任务艰巨。办好中国人民的事情，关键在我们党。以党的执政能力建设为重点，不断推进党的建设新的伟大工程。以改革的精神研究和解决党的建设面临的重大理论和现实问题，进一步解决好提高党的领导水平和执政水平、提高拒腐防变和抵御风险的能力这两大历史性课题，使党始终保持先进性和纯洁性，不断提高创造力、凝聚力、战斗力，始终成为建设中国特色社会主义的坚强领导核心，意义无比重大且十分深刻。

第二节　以德治国与政治伦理建设

"三个代表"伦理思想依据我们党从革命党成为执政党所面临的新形势和新任务，从开创中国特色社会主义事业新局面关键在党的认识出发，强调党的执政伦理和思想道德建设的极端重要性，提出了一系列紧密联系、相互贯通的新思想、新观点和新论述，极大地促进了马克思主义伦理思想在中国的新发展。

一　以德治国的提出及基本内涵

"以德治国"，是以江泽民为核心的党中央第三代领导集体在我国社会经济步入新的发展时期提出的重要治国方略，是在深刻总结国内外治国经验的基础上作出的科学论断。"我们在建设有中国特色社会主义，发展社会主义市场经济的过程中，要坚持不懈地加强社会主义法制建设，依法治国，同时也要坚持不懈地加强社会主义道德建设，以德治国。对一个国家的治理来说，法治和德治，从来都是相辅相成、相互促进的。二者缺一不可，也不可偏废。"① 以德治国强调的是以社会主义道德治国。以社会主义道德治国是一种全新的"德治"，这种德治是在继承和弘扬中国古代"德治"思想的优良成分的基础上，以为人民服务为核心、以集体主义为原则，重视道德教育和道德感化的作用，强调选拔干部必须德才兼备的重要性，以及领导干部和公务员应当以身作则、注意发挥示范带头作用的"德治"。以德治国强调的是以社会主义道德治国。社会主义道德是无产阶级道德与中华民族优良传统道德有机结合的产物，是植根于中华民族五千年的优秀道德传统的土壤上，融传统美德与现代美德为一体的现代道德，是充分体现了时代性与历史继承性相统一的新道德。

以德治国，就是要以马列主义及其中国化成果为指导，树立建设有中国特色社会主义的共同理想和正确的世界观、人生观、价值观，坚持继承优良传统和弘扬时代精神相结合，尊重个人合法权益与承担社会责任相统一，注重效率与维护社会公平相协调，把先进性要求与广泛性要求有机联系起来，建立与社会主义市场经济相适应，与现代法律规范相协调，与传统美德相承接的社会主义道德体系，发展社会主义道德文明和精神文明。社会主义道德是以为人民服务为核心，以集体主义为基本原则，以爱祖国、爱人民、爱劳动、爱科学、爱社会主义为基本要求，以社会公德、职业道德和家庭美德建设为落脚点，大力倡导文明礼貌、助人为乐、爱护公

---

① 江泽民：《大力弘扬不懈奋斗的精神》，《江泽民文选》第 3 卷，人民出版社 2006 年版，第 200 页。

物、保护环境、遵纪守法的社会公德，爱岗敬业、诚实守信、办事公道、服务群众、奉献社会的职业道德，尊老爱幼、男女平等、夫妻和睦、勤俭持家、邻里团结的家庭美德，其宗旨在于在全体人民中形成普遍认同和自觉遵守的行为规范，在全社会形成团结互助、平等友爱、共同进步的人际关系。

以德治国思想，对承担着治理国家任务的各级领导干部即人们常说的"官"提出了更高的道德要求。为"官"者，必须有"德"，且不断提升其自身道德修养，才能通过言传身教，提高全社会的道德水平，达到治国安邦的目的。因此，以德治国重在以德治官和培育弘扬"官德"。

领导干部在国家政治生活中的地位和作用，决定了"官德"建设对以德治国进程的影响和导向。从某种意义上说，治国就是治吏，"官"为民之表率，"官风"决定着民风。领导干部特别是高级领导干部，是从群众中产生的，他们的道德行为和价值取向成为群众的楷模和标杆。领导干部对自己所倡导的道德身体力行，就会以自己的榜样和模范行动，来影响广大群众，他就有人格魅力，就有威望，诚如古人所言："未有身正而影曲，上治而下乱者。"正所谓"其身正，不令而行，其身不正，虽令不从"。人们常说的"上梁不正下梁歪"就是这个意思。

为"官"要有"德"，是以德治国的固有之义。以德治国首先要求执政党的党员干部通过道德修养的手段来树立正确的官德。只有树立了正确的官德，才能胜任领导职务和工作，才能更好地为百姓服务，为人民群众办实事，做好事，取得人民群众的信任。以德治国要求领导干部必须具有坚定的政治信念，坚定的共产主义信仰和党性原则，自觉履行"三个代表"的要求。只有这样，才能做到立党为公，才能增强责任意识，处理好权力与责任、权利与义务的关系。

树立正确的"官德"，要求建立健全与社会主义市场经济体制相适应的领导干部道德规范体系。从本质上说，领导干部的道德也是一种职业道德，是执政党、国家机构和全体公职人员在治理国家的过程中，在公共行政领域所应遵循的道德要求，既包括作为个体的公职人员所应遵循的道德要求，如公正廉洁、恪尽职守、勤政爱民、热爱学习、掌握政策等，也包括作为群体的各级党组织和各级国家机构所应遵循的道德要求，如廉洁、勤政、务实、高效等。

树立正确的"官德"，要靠领导干部的自身努力。道德是人类主体精神的自律。这种自律表现为通过不断地强化自身内在的道德良知，逐步养成道德责任感和道德评判力，做到"自重、自省、自警、自励"。中国古代伦理文化十分重视个人修身，把修身同个人立身处世、治国平天下联系起来，强调修身才能治国平天下。我们党和政府，本质上是代表最广大人民利益的。因而，各级领导干部都必须按照领导干部职业道德原则的要求，以"君子检身，常若有过"的态度，自觉地努力提高自己的道德修养，时刻注意以德修身、以德立威、以德服众，在道德修养方面成为人民群众的表率。要求别人做到的，自己首先做到；要求别人不做的，自己坚决不做。只有这样，才能提高执政能力和水平，才能成为受群众欢迎的领导干部。

树立正确的"官德"，还要强化领导干部道德的监督机制。在领导干部的选拔任用中，认真贯彻德才兼备原则，将干部道德素质作为一条重要的标准；要加大监督力度，特别要加强主动监督，把监督的关口前移，把事前监督、事中监督和事后监督有机结合起来，做到领导干部的权力行使到哪里、领导活动延伸到哪里，对他们的监督就实行到哪里。这样，自律与他律紧密结合，必将有助于形成与社会主义现代化建设相适应的"官德"，从而推动以德治国方略的实现。

"以德治国"与"依法治国"是社会主义国家治国方略的两个相辅相成的方面。法治属于政治建设和政治文明，德治属于思想建设和精神文明，二者范畴不同，功能各异，但却有相互补充、相互促进、相互完善之功效，有结合起来的必要，也有能够结合起来的机理，合则两美，离则两伤。因此，我们必须而且应该在坚持社会主义法制建设、依法治国的同时，切实加强社会主义道德建设，以德治国，把法制建设与道德建设、依法治国与以德治国有机地结合起来。

二　立党为公、执政为民的伦理价值理念

我们党历经革命、建设和改革，已经从领导人民为夺取全国政权而奋斗的党，成为领导人民掌握全国政权并长期执政的党，已经从受到外部封锁和实行计划经济条件下领导国家建设的党，成为对外开放和发展社会主义市场经济条件下领导国家建设的党。贯穿中国共产党建党90余年的一条主线，就是全心全意为人民服务。在领导中国革命的时候，中国共产党明确提出了"为人民服务"的党的宗旨，在社会主义建设和改革开放新时期，更把"立党为公，执政为民"上升为中国共产党的执政理念，作为党一切执政活动的最高标准。

1. 立党为公、执政为民伦理理念的形成

中国共产党是中国工人阶级的先锋队和中华民族的先锋队，代表着中国最广大人民群众的根本利益。人民群众的拥护和支持是党的力量源泉和胜利之本。"党只有一心为公，立党才能立得牢；只有一心为民，执政才能执得好。"① 密切党同人民群众的血肉联系，牢记全心全意为人民服务的宗旨，坚持权为民所用，情为民所系，利为民所谋，是中国共产党执政的基本伦理理念。

在民主革命时期，以毛泽东为主要代表的中国共产党人，把马克思列宁主义关于人民群众是历史创造者的原理系统地运用于党的全部理论和全部活动之中，形成了"一切为了群众，一切依靠群众，从群众中来，到群众中去"的群众路线和群众观点。群众路线是毛泽东思想活的灵魂的重要组成部分。

自党的十一届三中全会以后，以邓小平为核心的党的第二代中央领导集体继承和发展了毛泽东思想的群众路线和群众观点，指出要尊重群众、热爱人民，时刻关注最广大人民的利益和愿望，把"人民拥护不拥护"、"人民赞成不赞成"、"人民高兴不高兴"、"人民答应不答应"作为制定各项政策的出发点和落脚点。邓小平以人民的根本利益作为社会价值评价的根本标准。社会主义社会的首要特征，是人民当家做主，生产力本质上是"人民的生产力"，综合国力实际上是人民国家的综合实力，而提高人民的生活水平正是社会主义生产的目的。这都是以人民的主体地位和根本利益为前提的，离开了人民的主体地位和根本利益，也就不会有真正的社会主义。

东欧剧变，特别是随着我国改革开放的深入和社会主义市场经济体制的建立，世情、国情、党情发生深刻而广泛的变化，出现了许多新情况、

---

① 《中共中央关于加强党的执政能力建设的决定》，《十六大以来重要文献选编》（中），中央文献出版社 2006 年版，第 274 页。

新特点、新规律。特别是我国社会经济成分、组织形式、就业方式、利益关系和分配方式日益多样化，新的社会阶层出现，"人民"的内涵又有新的成分，党"服务"的内容既包括人们的经济发展、政治发展、文化发展，还包括人们日常生活等。如何保持党的工人阶级先锋队性质，如何更好地代表和实现最广大人民的根本利益等问题呢？江泽民围绕"建设一个什么样的党，怎样建设党"的时代主题，提出了"三个代表"重要思想，把"代表最广大人民的根本利益"作为我们党各项工作的出发点和归宿，把它看作是我们党的立党之本和执政之本。

　　"三个代表"是中国共产党"立党为公、执政为民"的本质体现，实现了我们党指导思想的与时俱进，同时也丰富和发展了党的根本宗旨。"总结八十年的奋斗历程和基本经验，展望新世纪的艰巨任务和光明前途，我们党要继续站在时代前列，带领人民胜利前进，归结起来，就是党必须始终代表中国先进生产力的发展要求，代表中国先进文化的前进方向，代表中国最广大人民群众的根本利益。"① 立党为公，执政为民，是中国共产党同一切剥削阶级政党的根本区别。党除了最广大人民群众的利益，没有也不应该有自己的特殊利益。党的一切工作必须以维护实现最广大人民群众的利益为最高标准。执政为民必须始终把体现人民群众的意志和利益作为我们一切工作的出发点和归宿，始终把依靠人民群众的智慧和力量作为我们推进事业的根本工作路线，坚持不懈地为人民谋利益，坚定不移地去实现人民的根本利益。

　　"执政为民"是"三个代表"伦理思想的核心之所在，它是一种把人民群众的根本利益视为政治伦理的主旋律和核心的伦理，是一种以人民伦理为最高价值取向的政治伦理。"三个代表"的政治伦理高度体现了人民伦理的要义和价值目标，以代表最广大人民群众的根本利益为基本的价值导向和判断善恶是非的标准，因此是一种以人民伦理为核心的政治伦理，集中体现了社会主义道德的核心——为人民服务的价值要求。它将为人民服务的道德践履和人民伦理的价值取向有机地整合起来，要求共产党人既要把自己归属于人民，永远不忘自己来自人民的本色，与人民生活在一

---

　　① 江泽民：《在庆祝中国共产党成立八十周年大会上的讲话》，《江泽民文选》第 3 卷，人民出版社 2006 年版，第 272 页。

起，战斗在一起，又要把自己献身于人民，永远为人民的利益而奋斗，以人民的利益为自己最大的利益。

"三个代表"伦理思想的本质是立党为公，执政为民。怎样实践执政为民？首先，是"两个树立"、"四个做到"，即：牢固树立全心全意为人民服务的思想和对人民负责的精神，做到心里装着群众，凡事想着群众，工作装着群众，一切为了群众。其次，坚持"权为民所用，情为民所系，利为民所谋"。最后，达到"三为"，即：为群众诚心诚意办实事，尽心竭力解难事，坚持不懈做好事。立党为公、执政为民是中国共产党全部奋斗的最高目的，是判断马克思主义政党的试金石。以"立党为公，执政为民"阐释"三个代表"伦理思想的精神实质，体现了中国古已有之传承至今的"先天下之忧而忧，后天下之乐而乐"，"苟利国家生死以，岂因祸福避趋之"的高尚道德自我要求，也体现了当代政治家"以百姓之心为心"的坦荡胸怀。只有理解了党与人民的关系，看到了中国共产党人的坚守，才能破译中国共产党的"成功密码"：为什么能够从各种政治力量中脱颖而出，为什么历经挫折还能得到人民的信任支持，为什么能不断创造一个又一个奇迹。从一定意义上讲，人民就像一块永恒的试金石，时刻考验着每一位共产党员的政治本色；为人民服务是永远的"生命工程"，关系到中国共产党的根基、血脉和力量。

2. 立党为公、执政为民的具体要求

坚持立党为公、执政为民，始终保持同人民群众的血肉联系，是我们党执政 60 多年来的主要经验之一。中国共产党成立以来所进行的一切奋斗，归根到底都是为了最广大人民群众的根本利益。中国共产党之所以能够赢得人民群众的衷心拥护，就在于它始终是为人民的利益而奋斗的。始终依靠人民群众，始终保持同人民群众的血肉联系，是我们党战胜各种困难和风险、不断取得事业成功的动力源泉和根本保证。

同时，也必须看到，来自人民并不意味着共产党能够自发或自然地代表人民群众的利益。事实的合理性并不能完全取代价值的合理性。新中国成立以后，中国共产党成了执政党，获得了更好的为人民服务的条件，同时也增加了脱离群众甚至是腐败变质的危险。特别是在改革开放的新形势下，党面临着严峻的挑战和考验。因此，如何加强党的建设，就变成了事关党的前途和命运的重大问题。而其中的关键就在于是不是能够做到代表人民群众的根本利益，真正做到"立党为公，执政为民"。党的执政地位从根本上说来自于人民，是人民的委托。人民群众的拥护和支持，是党执政最牢固的政治基础和最深厚的力量源泉。离开人民群众的拥护和支持，党的执政地位就会成为无源之水、无本之木。因此，能否始终保持同人民群众的血肉联系，是对党的执政能力和执政地位最根本的考验。"执政为民"就是党领导、支持、保证人民当家作主，带领全国人民实现国家富强、民族振兴、社会和谐、生活幸福。党的执政能力，说到底，就是党为了人民、依靠人民、领导人民治国理政的能力。

尽管当今社会价值观念出现了多样化的走向，但共产党员的价值观念必须恪守立党为公、执政为民，这是由党的宗旨和共产党人的党性所决定的。能不能落实立党为公、执政为民的要求，是衡量当代共产党员价值观的重要标志。坚持立党为公、执政为民，应当贯穿于我们党的全部工作中，体现在每一个党员和干部的思想行动上。

立党为公，执政为民要求共产党人在实际的生活和社会实践中做到以下几点：

第一，坚持我们党的根基在人民、血脉在人民、力量在人民的基本观点。相信谁、为了谁、依靠谁，是否站在最广大人民的立场上，是区分唯物史观和唯心史观的分水岭，也是判断马克思主义政党的试金石。对于马克思主义执政党来说，坚持立党为公、执政为民，实现好、维护好、发展好最广大人民的根本利益，充分发挥全体人民的积极性来发展先进生产力和先进文化，始终是最紧要的。坚持为了人民、依靠人民，诚心诚意为人民谋利益，从人民群众中汲取智慧和力量，始终保持党同人民群众的血肉联系。全国各族人民是建设中国特色社会主义事业的主体，人民群众积极性创造性的充分发挥是我们事业成功的保证，不断实现最广大人民的根本利益是我们党全部奋斗的最高目的。一个政党，如果不能保持同人民群众的血肉联系，如果得不到人民群众的支持和拥护，就会失去生命力，更谈不上先进性。我们党的根基在人民、血脉在人民、力量在人民。保持党同人民群众的血肉联系，是我们党无往不胜的法宝，也是我们党始终保持先进性的法宝。

第二，坚持问政于民、问需于民、问计于民，尊重人民的主体地位，发挥人民首创精神。建设社会主义现代化，一定要尊重人民主体地位，紧紧依靠人民群众，切实体现人民意愿，把全社会的发展积极性引导到推动现代化建设上来。深入贯彻落实"三个代表"重要思想，必须把实现好、维护好、发展好最广大人民群众的根本利益作为一切工作的出发点和落脚点，使贯彻落实"三个代表"重要思想的过程成为不断为民造福的过程，最大限度地把人民群众的智慧和力量凝聚到推动社会主义现代化建设上来。真诚倾听群众呼声，真实反映群众愿望，真情关心群众疾苦，用我们的真心换取老百姓的笑容。要求我们各级党政机关和干部要坚持工作重心下移，经常深入实际、深入基层、深入群众，做到知民情、解民忧、暖民心，引导干部在同群众朝夕相处中增进对群众的思想感情、增强服务群众本领，当好群众的"领路人、主心骨"。建立健全深入了解民情、充分反映民意、广泛集中民智、切实珍惜民力、真心为民服务的决策机制、工作机制，保证决策符合人民利益和愿望，使工作方法科学有效，使出台的工作措施"立竿见影"、取得实效、惠及百姓。

第三，坚持实干富民、实干兴邦，多干让人民满意的好事实事。求真务实是党的思想路线的核心内容，真抓实干是做好一切工作的根本途径。实干要求坚持深入基层、深入群众，深入实际，倾听群众呼声，关心群众疾苦，带领群众创造自己的幸福生活。实干富民要求克服主观主义、个人主义和"官本位"意识，坚决克服形式主义、官僚主义，坚决防止急功近利、急于求成的短期行为和不良心态，不搞脱离实际的政绩工程和劳民伤财的"形象工程"，多办一些顺民意、解民忧、惠民生的实事好事，把实事做实，好事做好，尽量或尽最大努力去实现人民的愿望、满足人民的需要、维护人民的利益。

第四，坚持群众利益无小事的行为准则。党的各级领导干部，要把为人民服务作为最高追求，在任何时候任何情况下都要把最广大人民的根本利益放在首位。做到心里装着群众，凡事想着群众，工作依靠群众，一切为了群众，时刻把人民群众的安危冷暖放在心上，深怀爱民之心，恪守为民之责，善谋富民之策。要从群众最关心、最迫切需要解决的实际问题入手，急群众之所急，想群众之所想，办群众之所需，倾听群众呼声，体察群众情绪，反映群众诉求，关心群众疾苦，为群众诚心诚意办实事，尽心竭力解难事，坚持不懈做好事。大力增强公仆意识，切实转变工作作风，努力做到思想上尊重群众、感情上贴近群众、行动上深入群众、工作上依靠群众，时刻把群众的安危冷暖放在心上，多为群众办好事、办实事，真正做到为民、务实、清廉。

爱民、亲民、敬民的政治伦理，是我们党获得人民群众拥戴和战胜一切艰难险阻的宝贵财富。广大共产党员特别是各级领导干部要身体力行立党为公、执政为民的伦理理念，努力克服脱离群众的危险，高度重视并切实做好群众工作，真正做到倾听民意，化解民怨，关心民瘼，解决群众的实际问题，为凝聚人心、促进和谐贡献力量。

3. 树立正确的权力观

加强党的先进性建设和执政伦理建设，要求共产党人特别是各级领导干部树立正确的权力观。权力观是人们关于权力的来源、使用等问题的看法和态度。正确的权力观亦即马克思主义的权力观，它认为党和政府的权力来自人民，党的各级组织及政府应当牢固确立公仆意识和服务意识，为人民掌好权、用好权。我们党是在人民群众的拥护和支持下执政的，是在人民群众当家作主的条件下为人民而执政的。权力来自于人民，理应为人民服务。

马克思主义政党执政以后，能否正确看待和行使人民赋予的权力，始终保持同人民群众的血肉联系，是一个必须长期经受的根本性考验，也是一个关系社会主义事业前途命运的根本性课题。我们党已经从领导人民为夺取全国政权而奋斗的党成为领导人民掌握全国政权并长期执政的党，从在受到外部封锁的状态下领导国家建设的党成为在全面改革开放条件下领导国家建设的党。这种客观实际向我们提出了两个问题，需要全党同志尤其是领导干部保持清醒的认识。一是各级领导干部手中掌握着这样那样的权力，这同我们党执政以前的情况是完全不同的。二是社会环境复杂，领导干部受到外部各种消极东西的影响会日益增多。

当前一些干部在权力是谁给予的问题上存在模糊认识，主要有以下几种：一是认为权力是上级给的，所以只对上级负责，为上级服务，从根本上忘记了用权力为人民服务。二是认为权力是自己用血汗换来的，过去流血流汗，今天一旦步入领导层，就鸡犬升天，还认为是理所当然的；有的认为权力是自己凭本事争来的，自己在竞争中得胜了，掌权后就忘乎所以，骄横跋扈，独断专行。有的认为权力是论资排辈上来的，"多年的媳妇熬成婆"，信奉有权不用，过期作废。三是认为权力是靠计谋和势力夺取的，于是拉选票，拉帮结伙，搞阴谋，进行贿选，企图占有更大的权力。四是认为权力是可以用金钱买来的，一旦掌权就用权力捞取更多的金钱，有的甚至认为，权力是可以变换的商品，将等价交换的商品规则引入人际关系和工作交往之中。在工作中出现不思进取、得过且过、作风漂浮、弄虚作假；好大喜功、急功近利、随心所欲、贪图享受；心态浮躁、追名逐利、以权谋私、脱离群众等严重违背党的宗旨和性质的问题，持这种从政理念，势必害党、害国、害民、害自己。

在这样的情况下，领导干部要坚持正确的权力观，为人民掌好权、用好权，的确很不容易。不牢固树立正确的权力观，难免要犯错误，甚至走上犯罪的道路。对此，江泽民指出："努力使各级领导干部树立正确的权力观，要作为党的一项长期的重大任务，坚持不懈地抓下去。"对领导干部来说，打牢思想政治基础、筑严思想政治防线，最根本的就是要牢固树立马克思主义的世界观、人生观、价值观，牢固树立正确的权力观、地位观、利益观。在世界观、人生观、价值观中，世界观是基础，是起决定作用的，有什么样的世界观，就有什么样的人生观、价值观。"在权力观、地位观、利益观中，权力观是基础，是起决定作用的，有什么样的权力观，就有什么样的地位观、利益观。"① 在公共行政领域，世界观特别是权力观集中表现为从政道德观。从政道德观在根本价值的层面上影响或指导着每一位领导干部和公务员的行政行为。

树立正确的权力观，最根本的是要解决好始终保持党同人民群众的血肉联系的问题。领导干部树立正确的权力观，必须正确认识手中权力的性质。只有把这个问题真正搞明白了，才能正确地看待和运用手中的权力。必须认识到：第一，党在革命战争时期是代表人民并领导人民夺取政权的，革命胜利以后则代表人民并领导人民掌握和行使好国家的各项权力。第二，我国是社会主义国家，人民是国家的主人，中国共产党的执政地位、社会主义国家的一切权力都是来自人民，领导干部手中的权力说到底都是人民赋予的。第三，领导干部必须运用人民赋予的权力为国家的发

---

① 江泽民：《领导干部要牢固树立正确的权力观》，《江泽民文选》第 3 卷，人民出版社 2006 年版，第 419 页。

展、富强、安全服务，为人民群众的团结、富裕、安宁服务，一句话，必须始终为国家和人民谋利益。第四，每一位领导干部都必须始终信守为人民掌握和行使权力的原则，同时要自觉接受党和人民对自己行使权力的监督。这些，应成为正确权力观的重要内容。在公共行政活动中，从政道德的基本问题就是权力与利益的关系问题，也就是公共行政主体（执政党、国家机构和国家公务员）如何利用所掌握的公共权力调节社会中各种利益关系的问题；从政道德的基本问题包括两个相互联系的方面，其一是权力代表谁的利益；其二是怎样利用手中的权力谋取利益。这一基本问题的解决，决定着对其他问题的回答，从政道德判断都是以对这个基本问题的回答为依据的。

树立正确的权力观，必须自觉摆正同人民群众的关系，增强公仆意识。一个真正的共产党人，必须而且应该把心思用在工作上，用在为人民群众谋利益和服务上，"要经常想一想，过去参加革命是为什么，现在当干部应该做什么，将来身后留点什么"？[①] 人为什么而活着，是一个需要弄清的重大问题，它涉及人生的目的和意义。"如果只是为自己、为家庭而活着，意义是很有限的。只有为国家、为社会、为民族、为集体、为他人的利益，尽心竭力地工作，毫无保留地贡献自己的聪明才智，这样的人生才有真正的意义，才是光荣的人生、闪光的人生。"[②] 为人民服务既是党的宗旨，也是党的优良传统和作风。

树立正确的权力观，必须破除"官本位"意识，肃清封建主义的残余思想。一些同志"官本位"思想严重，脑子里装满了个人升官发财的思想，有的到处拉关系、找靠山，跑官要官，买官卖官，造假骗官，结果演绎出一幕幕人生的悲剧，使党的事业受到损失。"各级领导干部必须明白，我们是共产党人，要立志做大事，不要立志当大官，千万要防止把升官发财作为自己的人生目的。如果你的'官'不是为国家和人民的利益干出来的，而是靠'跑'、'要'、'买'来的，那不仅不光彩，最后还要

---

① 江泽民：《领导干部要牢固树立正确的权力观》，《江泽民文选》第 3 卷，人民出版社 2006 年版，第 419 页。

② 江泽民：《必须把思想政治建设摆在全军各项建设的首位》，《毛泽东邓小平江泽民论社会主义道德建设》，学习出版社 2001 年版，第 138—139 页。

栽跟头。"① 领导干部要把心思用在工作上，用在为人民群众谋利益、促发展上。树立正确的权力观，应不断加强党性修养和道德修养，运用人民赋予的权力为国家的富强、发展和安全服务，为人民群众的团结、富裕、安宁服务。各级领导干部必须从巩固党的执政地位的高度出发，"深怀爱民之心，恪守为民之责，善谋富民之策，多办利民之事，更好地为广大人民群众服务"②，才能不负人民的期望并得到人民群众的拥护，才能使自己的人生有价值。

权力是人民赋予的，理当为人民服务，只有充分依靠人民，相信人民，才能打牢党的执政基础。只有把关心爱护人民群众和服务方便人民群众的工作切实做好，我们的党才会受到人民群众的欢迎和拥护，党的执政伦理建设才算落到了实处，我们的事业才能无往不胜。

党员领导干部要树立正确的权力观，掌权必须为民所掌、用权必须为民所用，自己手中的权力只能用来为人民服务、为人民谋利益。权为民所用，不仅要为群众做好事、办实事，还要敢于管坏事。党员领导干部，一定要牢记和坚守权为民所用，常修为政之德、常怀律己之心，自觉做到自重、自省、自警、自励。自觉地真诚对待所有的服务对象，包括普通群众，这是全心全意为人民服务的道德要求。真诚、守信，是社会伦理的基本底线，公务员服务人民群众更要讲真诚，讲信用，要真正做到全心全意，不做假，不掺水，不忽悠。不仅要在接待群众的形式上解决"门好进、脸好看、话好听"，还要在内容上解决"办实事"、"办好事"、"事好办"、"事办实"，真心实意地为老百姓办事，成为人民群众信得过的公务员。承诺的事就一定要做，而且要做好。对于群众提出来的问题，要认真研究，切实解决。即使解决不了，或一时解决不了的，那就要诚心诚意、耐心细致地做好说服工作。对于关系到群众的吃、穿、住、行、物价、就业、税费、环境等基本生活和切身利益问题，都要诚心以待，将心比心，换位思考，真正去了解老百姓的心愿，按照他们的心愿办事。

---

① 江泽民：《领导干部要牢固树立正确的权力观》，《江泽民文选》第 3 卷，人民出版社 2006 年版，第 423 页。

② 江泽民：《在中央政治局常委会议上的讲话》（2002 年 2 月 4 日），《江泽民论有中国特色社会主义》（专题摘编），中央文献出版社 2002 年版，第 646 页。

4. 树立正确的政绩观

政绩观是对政绩的总的看法，包括对什么是政绩、为谁创造政绩、如何创造政绩和怎样衡量政绩等问题的认识。它直接反映领导干部从政的价值取向，是领导干部创造政绩的思想基础。有什么样的政绩观，就会有什么样的工作追求和施政行为，同时也在很大程度上决定着能取得什么样的政绩以及创造多大的政绩。领导干部的政绩观正确与否，影响着领导干部的健康成长，更关系到党和国家的事业发展，关系到党在人民群众中的威信和形象。良好的道德素质是每一位干部特别是领导干部发挥自己才能、事业成功的基础，是克服前进道路上各种艰难险阻的思想武器，是干部抵御各种腐朽思想乃至金钱、女色诱惑的精神支柱。骄纵、奢侈是祸国殃民之源。树立和落实正确的政绩观，必须正确理解从孔子的"君子惠而不费"到墨子的"俭节则昌，淫逸则亡"，从"有德皆由俭来也"到"历览前贤国与家，成于勤俭败于奢"等千古名句的真正内涵与外延，保持高尚的道德水准，不断提升自己的精神境界，保持良好的、严肃的生活作风和工作作风，自觉地抵御资产阶级腐朽思想和生活作风的侵蚀与诱惑。

领导干部要清醒地认识到，什么样的政绩才是符合科学发展观要求、人民群众满意的真正政绩，要以什么样的标尺检验政绩。各级领导干部要切实按照客观规律谋划发展，求真务实、埋头苦干，察实情、讲实话，鼓实劲、出实招，办实事、求实效，努力作出经得起实践、人民、历史检验的实绩。这些要求为各级领导干部树立了检验政绩的一个标尺。作为领导干部的政绩或绩效，可以说是对领导干部的领导实践活动过程和目标客观考评的结果。积极创造并关注自己的政绩，是每一个领导干部树立良好社会形象的动机需要，是每一个领导干部的重要社会责任。有的领导干部在发展观念上存在重"显绩"轻"潜绩"、重当前轻长远、见物不见人，甚至制造虚假政绩等问题。作为一名领导干部，要在脑海里进一步巩固并强化树立正确的政绩观，即领导干部的政绩要能够达到显性绩效和隐性绩效的有机统一。从表面上看，显性绩效容易得到人们的认可和赞扬，而社会发展的实践证明，隐性绩效往往比显性绩效更有生命力，更能经得起历史和实践的考验。树立正确的政绩观，要求领导干部真正以科学的、发展的、多维的眼光来审视和对待自己的政绩。对此，领导干部要有敬畏之心，一要敬畏历史，使自己的工作能经得起实践和历史的检验；二要敬畏百姓，让自己做的事情对得起养育我们的人民；三要敬畏人生，将来回首往事的时候不会感到后悔。

领导干部的政绩活动要体现出公共意志和优秀的公共精神。公共性表现为一种价值取向，一种精神理念，一种行为方式和行为结果。领导干部在履行领导活动的过程中，要以为公众服务为出发点，强调以社会民主、公平、公正、参与和责任为内容的公共精神。公共精神是公民在公共生活中应该具备的基本精神，是精神文明的重要组成部分，它维护社会整体利益，关注社会共同体中每个人的权利和尊严。领导干部的政绩要体现出公共精神的思想。社会的和谐发展是公共精神得以孕育的前提，这既是公共精神的内在要求，也是和谐社会的本质使然。领导干部政绩涵盖的公共精神主要包括社会公德意识、公仆意识、奉献意识、民本意识、公平正义、共享共建、自治自律的行为规范等社会价值理念。要由单纯重视货币资本的意识向重视人力资本的意识升华，从以物为中心回到以人的全面发展为中心，由物欲冲动的诱惑向公益心和社会责任感升华，使政绩建立在一种更高的道德层面上。由片面追求对大自然的索取和征服向给予大自然报答和回归升华，坚持科学技术与人文伦理精神有机统一，由片面追求个人政绩向社会的和谐发展的理性追求升华。领导干部只有认清自己的重要使命，充分觉悟所肩负的社会责任，自觉地为执政行为提供智力支持，才能确保其政绩实践活动更加符合人民群众的要求。

三　以"三讲"教育推进政治伦理建设

"讲学习、讲政治、讲正气"的"三讲"教育，涉及领导干部的政治立场和政治品质教育，既是我们党在领导中国革命和建设的长期斗争中培养起来并坚持发扬的一个好传统和重要优势，亦是新形势下加强政治伦理建设的内在需要和深刻呼唤。

讲学习，要求广大党员特别是领导干部树立爱学习、勤于学习和善于学习的观念，"学习、学习、再学习"，以学习为美德。"学习问题，关系到广大干部自身的进步，关系到国家、民族的兴衰和社会主义现代化事业

的成败。我们全党全民族都必须有这个共识。"① 我们党肩负着神圣而繁
重的责任，必须通过加强学习来不断提高理论水平和执政水平。勤于学习
和善于学习，也是共产党人充实自己精神生活，提升自己精神境界的有效
方式。

讲政治，要求领导干部树立正确的权力观，培养正确的政治立场，坚
定正确的政治方向，提升政治觉悟，讲求政治德操。政治问题从根本上说
是同人民群众的关系问题，是对人民群众的态度问题。我们的国家是人民
当家作主的国家，我们的政权是人民政权，我们党的唯一宗旨是全心全意
为人民服务。党和国家的各级领导机关，都必须牢固树立为人民服务的思
想，坚持为人民服务的宗旨，为人民掌好权、用好权。

讲正气，要求树立和保持共产党人的高尚情操和革命气节，追求积极
向上的生活情趣，养成并保持共产党人的高风亮节。在《讲学习，讲政
治，讲正气》一文中，江泽民指出："讲正气，是中华民族也是我们党的
一个优良传统。古语所说的'我善养吾浩然之气'，'一点浩然气，千里
快哉风'，等等，都是讲一个人必须树立正气，必须有正义感。有了一腔
浩然正气，才能无所畏惧地前进，才能不屈不挠地为国家为社会建功立
业。文天祥专门写过一篇《正气歌》，他在《过零丁洋》中写下的'人生
自古谁无死，留取丹心照汗青'以及顾炎武的'天下兴亡、匹夫有责'，
等等，为什么会成为千古传颂的名句，就是因为充满着高昂激越的爱国正
气。我们党的宗旨是全心全意为人民服务，这就是全党同志首先是各级领
导干部，必须坚持树立和发扬的最大的正气。"② 共产党人是为人民谋利
益而执政的，应该有高尚的精神追求，有崇高的革命气节，经得起金钱、
权力、美色的考验，"做到在拜金主义、享乐主义、极端个人主义和灯红
酒绿的侵蚀影响面前，一尘不染，一身正气"。③ 马克思主义政党的党性
要求领导干部的浩然正气，不仅要做到政治上坚定正确，而且要做到作风

---

① 江泽民：《学习学习再学习》，《江泽民论有中国特色社会主义》（专题摘编），中央文献
出版社 2002 年版，第 696 页。

② 江泽民：《讲学习，讲政治，讲正气》，《江泽民文选》第 1 卷，人民出版社 2006 年版，
第 485 页。

③ 江泽民：《党的作风是党的形象》，《江泽民文选》第 3 卷，人民出版社 2006 年版，第
331 页。

上清正廉洁，用人上公道正派，执纪上扶正祛邪。

第三节　义利结合与弘扬主旋律的伦理文化建设

　　"始终代表中国先进生产力的发展要求"，从伦理上要求把生产力标准与道德标准有机地统一起来，建立与市场经济相适应的经济伦理，不断提高人的思想道德素质和科学文化素质，推动科学技术造福于人类，整体提升中国的综合国力和现代化水平。"三个代表"所蕴含的经济伦理贯通生产力和生产关系两个方面，体现着既要重视生产力发展和效率的思想，又要重视生产关系改革和公平的思想，具有把效率与公平、先富和共富、竞争和协作、功利和道义有机结合起来的意义和价值。

一　建立和完善高尚的科技伦理

　　"三个代表"理论把发展和解放生产力放在第一位，认为，生产力是最活跃最革命的因素，是社会发展的最终决定力量。先进生产力是生产力中起关键和决定因素并能推动和促进生产力发展进而导致革命的生产力，在当今时代是指那些现代科技和信息含量越来越高的生产力，既包含了掌握现代高新科技知识并能创造新的科学技术的高素质的人才，也包含了引导和促进生产力发展的以信息科学、生命科学和纳米技术为代表的现代科学技术，亦即是人化的生产力和物化的生产力的有机统一。

　　先进生产力蕴含着生产力的发展必须依靠科技创新、依靠人的潜能的开发和素质的全面提升来达成。当今世界，先进生产力主要体现在科技创新和人的素质的全面提升等方面。在我们这样一个经济文化欠发达且发展水平不平衡的国家，依靠什么来实现社会主义现代化建设的宏伟目标呢？"具有决定意义的一条，就是把经济建设转到依靠科技进步和提高劳动者素质的轨道上来，真正把教育摆在优先发展的战略地位，努力提高全民族的思想道德素质和科学文化水平。这是实现我国现代化的根本大计。"[1]始终代表先进生产力发展的要求，必须注重人的素质的全面提升，不断推动科技进步与创新。

---

①　江泽民：《振兴民族的希望在教育》，《江泽民文选》第3卷，第369页。

　　人是生产力中最活跃、最革命、最能动的因素，是社会财富的创造者和社会发展的最终决定力量。"不断提高工人、农民、知识分子和其他劳动群众以及全体人民的思想道德素质和科学文化素质，不断提高他们的劳动技能和创造才能，充分发挥他们的积极性、主动性、创造性，始终是我们党代表中国先进生产力发展要求必须履行的第一要务。"① 人的劳动技能和创造才能构成人力资源的内在基质，只有把人的积极性、主动性和创造性充分调动起来，使之与先进的科学技术结合在一起，才能极大地促进生产力的发展和进步。我们要在全社会形成尊重知识、尊重人才、珍惜人力资本的氛围，使一切创造财富的源泉得以充分涌流，使人民群众干事创业的积极性得以尽情释放。

　　科学技术的突飞猛进，给世界生产力和人类经济社会的发展带来了极大的推动，也引发了一系列科技伦理问题。诸如基因治疗、克隆技术的适用范围，转基因食品的安全性，网络技术和信息技术的保密、守法以及对人的隐私等的尊重，空间技术的利用与合理开发，核能的开发以及潜存的风险，等等。科技伦理是对科学技术研制和应用中所产生的诸种伦理道德问题的调节应对以及由此所形成的道德规范、道德品质等的总和。科技伦理要求科学技术在合乎道德的框架内得以研发利用，使科学技术的成果造福人类。

　　21 世纪科技伦理问题越来越突出。发展先进生产力要求建立高尚的科技伦理。所谓高尚的科技伦理，包含着高尚的科技目的、科技手段和科技应用的方法，是科技工作者社会良心和职业责任感的综合体现，其本质是"科学技术进步应该服务于全人类，服务于世界和平、发展与进步的崇高事业，而不能危害人类自身"。②

　　"建立和完善高尚的科学伦理，尊重并合理保护知识产权，对科学技术的研究和利用实行符合各国人民共同利益的政策引导，是二十一世纪人们应该注重解决的一个重大问题。"③ 高尚的科技伦理要求广大科技工作者纯化科学技术的使用目的，在科学技术的研发和科技产品的使用过程中

---

　　① 江泽民：《庆祝中国共产党成立八十周年大会上的讲话》，《江泽民文选》第 3 卷，第 275 页。

　　② 江泽民：《科学的本质就是创新》，《江泽民文选》第 3 卷，第 104 页。

　　③ 同上。

彰显为人类造福的动机，并且能够以其良心、荣誉和责任感来对待各种科技伦理问题，确保科技成果的正当利用，使人们生活得更幸福而不是更痛苦，社会更和谐而不是更动荡，世界更太平而不是更威胁。

二　树立社会主义义利观

市场经济体制和市场模式必然产生与之相关的义利观。而这种义利观反过来又成为市场经济伦理的核心和灵魂，不仅指导着市场经济伦理的发展和完善，而且也必将大大地推动市场经济本身的发展和完善，为市场经济提供价值的动因和道义的支撑。发展社会主义市场经济，必须坚持义利并举的伦理价值观。社会主义义利观是一种义利并重、义利兼顾、义利统一的义利观。

1. 社会主义义利观的提出

改革开放是在尊重物质利益原则、贯彻按劳分配和充分调动劳动者积极性的基础上拉开大幕的。物质利益是一切经济活动的基础，是推动社会发展的内在动力。只有充分尊重人们的正当物质利益，鼓励个人追求正当物质利益，尽量满足人们的物质需要，保护个人的合法权益，才能广泛调动人民群众建设社会主义和谐社会的积极性。重视人民群众的物质利益，强调每个人都应该有他一定的物质利益，本质上应当指向共同富裕，指向利益的兼顾与协调，因此应当反对狭隘的功利主义、利己主义，应当发扬国家利益、集体利益、个人利益相结合的社会主义集体主义精神。在社会主义制度下，归根结底，个人利益和集体利益是统一的，但在一定时期，一定阶段存在矛盾，当个人利益，集体利益、国家利益发生矛盾时，不仅要讲服从，还要讲兼顾，按统筹兼顾的原则调节各种利益的相互关系，使出让利益的一方损失减少到最低限度，保证个人利益随集体利益、国家利益的增长而增长，切不可把服从当作无限制的盲目行动，不能使个人利益因服从集体利益、国家利益而受到严重或不必要的损害。

在义利关系上，应当提倡以义制利。因为在市场经济条件下，提倡利是普遍原则，但当义与利产生矛盾时，以义制利就成为义利统一的关键。以义制利是社会主义集体主义的内在要求，社会主义集体主义作为整个社会的价值导向和基本道德原则，一方面，它强调集体利益高于个人利益，在二者发生矛盾时，个人要顾全大局，以集体利益为重，必要时个人应为集体利益放弃个人利益。甚至为集体利益而献身。另一方面，它强调集体必须尽力保障个人正当利益得到满足，促进个人价值的实现，并力求使个人的个性和才能得到最好的发展。这种既要求把国家和人民的利益放在首位，同时又要求充分尊重公民个人的合法利益的思想和做法，体现了社会主义道德建设在义利问题上的价值导向，为正确处理国家、集体、个人三者的利益关系提供了理论依据。

市场经济对人们道德面貌的积极影响和负面影响集中反映在人们对利益关系的看法上。因此，面对这样一种新情况和新变化，我们当前在认识和调整社会的道德关系时，最重要和最迫切的，是要正确区分正当的个人利益和不正当的个人利益，要正确认识和处理各种利益关系，把个人利益与集体利益、局部利益与整体利益、当前利益与长远利益正确地统一和结合起来，努力形成把国家和人民利益放在首位而又充分尊重公民个人合法利益的社会主义义利观。

建设与市场经济相适应的社会主义伦理道德，要求树立和培育社会主义义利观。党的十四届六中全会通过的《关于加强社会主义精神建设若干重要问题的决议》中明确指出："反对见利忘义、唯利是图，形成把国家和人民利益放在首位而又充分尊重公民个人合法利益的社会主义义利观。"社会主义义利观不同于历史上各种义利观的最基本特征在于，社会主义义利观是义利辩证统一的伦理价值观，是为绝大多数人谋利益、以为人民服务为价值取向的义利观，是以集体主义为根本原则的义利观，是尊重、维护和发展个人的正当合法利益的义利观。就社会主义市场经济本身来说，它虽然具有一般地商品经济的逐利性特点，但由于公有制基础上各经济主体根本利益的一致，使得一切群体和个人的逐利行为都必须服从于社会主义的生产目的，服从于社会主义市场经济共同富裕的最终目标。这就决定了商品生产者的经济活动既要追求自身利益和经济效益，又不能把追求自身利益和经济效益当作唯一的目的，要求经济主体把国家人民利益放在首位的基础上兼顾自身利益，培育社会主义义利观。社会主义义利观是一种主张"把国家和人民利益放在首位而又充分尊重公民个人合法利益"的义利统一的伦理价值观，它要求处理好竞争与协作、自主与监督、先富与共富、效率与公平的关系，把个人利益与集体利益、局部利益与整体利益、当前利益与长远利益正确地统一和结合起来，形成利益关系的协调、互利和共同发展的格局。

2. 义利统一是社会主义义利观的基本特征

义与利的性质及相互作用决定了利益协调的根本原则既不是空谈道义的"贬利崇义",也不是不讲道义的"以利背义"。空谈道义的"贬利崇义"是在忽视利益的基础上抽象地强调义的重要性,其结果必然是唯心主义的"贬利崇义"或"唯义是从"盛行。我国西汉的董仲舒主张"正其义不谋其利,明其道不计其功",宋明理学倡导"存天理,灭人欲",基督教宣扬个人拯救之路是"去利取义"就是这方面的典型。"贬利崇义"的义利取向并不能从根本上杜绝人们对利益的追求,在现实生活中,其结果往往会适得其反,使人们产生逆反心理,更加肆无忌惮地追求功利,从而使人们的利益关系不能协调,进而使社会不能和谐发展。利益和谐也不是不讲道义的"以利背义",即不是唯利是图,见利忘义。"以利背义"的意识一旦成为一种普遍的社会意识,社会大多成员就会顺水推舟,将功利的东西放在不恰当的位置,长此以往就会导致功利意识的恶性膨胀,使道德对功利的制约成为虚设,这种行为一旦传播开来,整个社会就变成名利场,结果是唯利是图的功利原则成为支配人们生活的最高原则。这种背离与错位造成的总体后果不是人主宰功利的东西,而是功利的东西主宰人,从而使利益关系不和谐,进而也使社会不能和谐发展。如果说在漫长的封建社会与高度集权的计划经济体制下,"以义背利"的义利取向压抑了人们对利益的合理追求的话,那么"以利背义"的现状就是当今阻碍社会和谐一个毒瘤。利益和谐只能是"以义制利",也即按道德规范追求个体利益。这一原则有两方面的要求:其一是社会个体求"利"必须先"义",即"求利"之举无可厚非,但一定要做到"以义取利","生财有道";其二是社会要保障"义"者成为"利"者,也就是说,有义之人不应该视"利"为"义",更不能为"利"而失"义",但社会应该因为其义举而给其利,从而使其得到完整的幸福,实现社会真正的和谐。这一点既体现了"德行有用"的世俗认识,又是对社会提出的义的要求,因为一个"高尚是高尚者的墓志铭,卑劣是卑劣的通行证"的不义社会是无法保证义者有利,社会和谐的。在相当长的时期内,我国广大农民、中西部地区的人民为国家的整体发展是作出过巨大贡献与牺牲,是有德于国的,因而对广大农民、中西部地区的人民进行利益补偿就成了利益协调的重要内容。

正确处理各种利益关系，保护、发展和维护好人民群众的根本利益。统筹协调各方面利益关系，妥善处理社会矛盾。适应我国社会结构和利益格局的发展变化，形成科学有效的利益协调机制、诉求表达机制、矛盾调处机制、权益保障机制，是实现公平正义、建设和谐社会的内在要求，也是社会主义义利观的题中应有之义。我们应当正确把握最广大人民的根本利益、现阶段群众的共同利益和不同群体的特殊利益的关系，统筹兼顾各方面群众的关切。正确处理个人利益和集体利益、局部利益和整体利益、当前利益和长远利益的关系，善于从各方利益的结合点上考虑问题、谋划工作。

3. 树立社会主义义利观的内在要求

在发展社会主义市场经济的条件下，主要依靠市场配置资源，激发全社会的积极性和创造力，提高经济效益，加快经济发展，是在发展水平较低的背景下的必然选择。因此，1993 年，党的十四届三中全会提出，"建立以按劳分配为主体、效率优先、兼顾公平的收入分配制度，鼓励一部分地区一部分人先富起来，走共同富裕的道路"，这是抓住了当时经济社会发展的主要矛盾。但是，在注重效率的同时，也不能忽视社会公平问题，"我们发展社会主义市场经济体制，既要追求资源配置的效率目标，也要兼顾公平原则，更要对贫困地区采取有效的扶持政策"。[①] "社会主义应当创造比资本主义更高的生产力，也应当实现资本主义难以达到的社会公正。从根本上说，高效率、社会公正和共同富裕是社会主义制度本质决定的。"[②]

树立社会主义义利观，要求开展"致富思源，富而思进"的财富伦理观教育。2000 年 2 月，江泽民在与广东党政军领导同志座谈时，语重心长地指出：经过 20 多年的改革开放，我国的经济和社会发展取得了巨大的成就，人民生活水平显著提高。这是很了不起的。越是在这样的情况下，我们越有必要在广大干部群众特别是发展较快地区的干部和群众中开展"致富思源、富而思进"的教育活动，使广大干部群众都清楚，为什

---

① 江泽民：《论社会主义市场经济》，中央文献出版社 2006 年版，第 166 页。
② 同上书，第 137 页。

么我们能够取得改革和建设的显著成就，怎样坚定信念，戒骄戒躁，在已经取得成就的基础上继续不懈奋斗。"致富思源"，是讲富从何来。"富而思进"，是讲富了以后怎么办。"致富思源"，架起连接过去与未来的桥梁，看到成就，认清"富从何来"，坚定马克思主义的信仰和社会主义的信念，增强对党和政府的信任，增强对有中国特色社会主义道路的信心，永不迷失方向。富而思进，要求破除"小富即满，小富则安"的满足感，牢固树立干大事业，求大发展，力争上游，不断开拓的创业精神。开展"致富思源，富而思进"的财富伦理观教育，要在全社会倡导"富而尚勤"、"富而好学"、"富而重教"、"富而崇德"、"富而求序"的价值观念，树立正确的财富伦理观，实现由"小康"之"富"、"宽裕"之"富"到"中等发达"之"富"的转变，实现由一部分人、一部分地区先富到全国各族人民、各个地区共富的转变，实现由片面追求物质上的"富"到追求物质与精神协调发展的"富"的转变，使广大人民群众牢固树立建设有中国特色社会主义的共同理想，不断提高自身的思想道德修养和精神境界。

树立社会主义义利观，要求建立社会主义分配伦理。社会主义分配伦理坚持既反对平均主义，又防止收入过分悬殊的原则，初次分配注重效率，以充分发挥市场的作用，鼓励一部分人通过诚实劳动、合法经营先富起来。再次分配注重公平，通过国家的宏观调控调节差距过大的收入，规范分配秩序，取缔非法收入，同时采取切实措施，扩大中等收入者比重，提高低收入者水平，逐步实现共同富裕。

树立社会主义义利观，要求特别注重信用体系建设。市场经济是信用经济，信用是市场关系的基本准则，也是基本的道德准则。市场信用体系是衡量一个社会是否文明进步的重要标志。"没有信用，就没有秩序，市场经济就不可能健康发展。"[①] 社会主义市场经济，应当更加注重信用、信誉，更加关心消费者的利益。加强社会主义信用体系建设，"要在全社会强化信用意识，加强诚实守信的道德教育。建立严格的信用制度，规范契约关系。各类经济主体都要守法经营。依法严厉打击制假售假、偷税漏

---

① 江泽民：《当前经济工作需要把握的几个问题》，《论"三个代表"》，中央文献出版社2001年版，第95页。

税、经济欺诈、恶意逃避债务等行为，创造良好的市场秩序"①。信用意识是社会主义市场经济伦理的重要内容。市场经济内涵离不开信用伦理，没有信用，市场经济就不能健康发展。社会主义信用体系的建立，需要加强公民诚实守信的道德教育，通过诚信教育，使全社会的人们都认识到诚信的重要性，强化诚信光荣、不诚信可耻的观念，形成诚信者受尊重、不诚信者遭鄙视的社会氛围，对那些不讲诚信的人进行道德鞭挞、舆论谴责。同时，加强社会主义信用体系建设，还应当建立严格的信用制度，把信用意识变为一种法制的力量，依法严厉打击各种违背信用体系的行为，以此来推动和促进市场经济的健康发展。

三　在弘扬主旋律中发展先进伦理文化

代表先进文化的前进方向是"三个代表"重要思想的基本内容和价值维度。坚持什么样的伦理文化方向，推动建设什么样的伦理文化，是一个政党在思想文化上的一面旗帜。"三个代表"所蕴含的文化伦理是一种既有民族意识又有时代意识，既立足中国又放眼全球，既崇德又尚智的先进的社会主义文化伦理，这种文化伦理所追求的是社会的全面进步和人的全面发展，是完整健康意义上的精神文明。它坚持以马克思主义、毛泽东思想、邓小平理论为指导，立足于建设有中国特色社会主义的实践，着眼于世界科学文化发展的前沿，把发展健康向上、丰富多彩的具有中国风格和特色的社会主义文化，培养一代又一代有理想、有道德、有文化、有纪律的公民作为主要任务。"三个代表"强调要发展社会主义的先进文化，即真正建设面向世界、面向未来和面向现代化的、民族的科学的大众的社会主义的文化，不断提高全民族思想道德素质和科学文化素质，并主张唱响社会主义文化的主旋律，坚持为人民服务和为社会主义服务的方针，帮助人们树立正确的世界观、人生观和价值观，增强自立意识、竞争意识、效率意识、民主法制意识和开拓创新精神，"以科学的理论武装人，以正确的舆论引导人，以高尚的精神塑造人，以优秀的作品鼓舞人"②。我们

---

① 江泽民：《当前经济工作需要把握的几个问题》，《论"三个代表"》，中央文献出版社2001年版，第95页。

② 江泽民：《论"三个代表"》，中央文献出版社2001年版，第159页。

党要建设的伦理文化是先进的社会主义伦理文化，这种伦理文化是以爱国主义、集体主义和社会主义为主旋律的伦理文化，是立足本国而又面向世界的继承吸收了人类伦理文化精华的伦理文化，是着重于创新和与时俱进的伦理文化。

1. 弘扬爱国主义、集体主义和社会主义的时代主旋律

加强社会主义思想道德建设，是发展先进文化的重要内容和中心环节。注目于思想道德建设的社会主义伦理文化建设，应当而且必须弘扬时代主旋律。我们时代的伦理文化主旋律就是以爱国主义、集体主义和社会主义为核心的主流价值观和思想道德观念。

爱国主义是动员和鼓舞人民团结奋斗的一面旗帜，是各族人民共同的精神支柱。中华民族有着深厚的爱国主义传统，在维护祖国统一和民族团结、抵御外来侵略和推动社会进步的过程中，爱国主义发挥了十分重大的作用。"在进行改革开放和现代化建设的新时期，我们仍然需要大力弘扬爱国主义精神。有了这种精神，就能最大限度地凝聚和动员全民族的力量，为不断夺取社会主义现代化事业的胜利而团结奋斗。"[1] 当代的爱国主义是与社会主义密切结合在一起的爱国主义，同狭隘民族主义有着本质的区别，这种爱国主义，把中国的前途和命运放在世界格局中考察，把中国社会的发展与整个人类社会的进步紧密联系在一起，所以是中华民族、中国人民爱国主义的最高风范。

集体主义是社会主义基本制度的客观要求。坚持集体主义原则，要正确地处理国家、集体和个人三者利益的关系。重视个人的正当利益，维护个人的尊严和价值，并使每个人的个性能够充分发展，是集体主义的一个重要方面。当个人利益同国家利益、集体利益发生矛盾时，个人要顾全大局，以国家、集体利益为重，使个人利益服从国家利益和集体利益。在必要的情况下，个人应当为集体利益而放弃个人利益，甚至为集体利益而献身。

社会主义是指引世界上处于剥削制度压迫之下的无产阶级和劳动人民改变自己命运、获得社会解放、建设幸福生活的正确道路。社会主义是中

---

① 江泽民：《在纪念抗日战争胜利五十周年驻京部队老战士座谈会上的讲话》，《人民日报》1995 年 8 月 26 日。

国人民的历史选择，是中国走向现代化的必由之路。今天，绝大多数中国人越来越深刻而自觉地意识到，只有社会主义才能救中国，只有社会主义才能够发展中国。社会主义在中国蓬勃发展，显示出强大的生命力和创造力。

弘扬主旋律，是建设社会主义伦理文化应有的价值维度。弘扬主旋律，就是要在建设有中国特色社会主义的理论指引下，大力倡导一切有利于发扬爱国主义、集体主义、社会主义的思想和精神，大力倡导一切有利于改革开放和现代化建设的思想和精神，大力倡导一切有利于民族团结、社会进步、人民幸福的思想和精神，大力倡导一切用诚实劳动争取美好生活的思想和精神。

2. 弘扬民族和人类优良道德传统

有中国特色社会主义伦理文化的建设，必须继承发扬民族优秀伦理文化传统而又充分体现社会主义的时代伦理精神，立足本国而又充分吸收世界伦理文化优秀成果，既同伦理文化上的民族虚无主义倾向作斗争，又坚决反对闭关自守和不思进取的国粹主义。

社会主义伦理文化的建设离不开对民族优秀伦理道德遗产的继承和弘扬。中华民族历史悠久，我们的祖先在这块土地上创造了灿烂的物质文明和精神文明，形成了具有民族特色的文化传统，为人类文明作出了卓越的贡献。在伦理道德方面，"我们的民族历来有勤俭节约的好风尚好传统"，[①] 有艰苦奋斗、艰苦朴素的好传统，更有公忠体国、忧国忧民、崇尚气节和人格的好传统。江泽民认为，新伦理的建设离不开对民族优秀伦理道德遗产的继承和弘扬。中华民族历史悠久，我们的祖先在这块土地上创造了灿烂的物质文明和精神文明，形成了具有民族特色的文化传统，为人类文明作出了卓越的贡献。在伦理道德方面，"我们的民族历来有勤俭节约的好风尚好传统"，[②] 有艰苦奋斗、艰苦朴素的好传统，更有公忠体国、忧国忧民、崇尚气节和人格的好传统。1991 年 12 月 19 日，江泽民在与厦门大学师生座谈时发表讲话，对中华民族的伦理传统作过分析，指出，中国的历史文化，其中有糟粕，但也有许多精华。古往今来，这些民

---

①　《毛泽东 邓小平 江泽民论世界观人生观价值观》，人民出版社 1997 年版，第 530 页。

②　同上。

族文化的精华，一直教育着人民。我们的老一辈革命家就很注重对这些精华的继承和应用。刘少奇同志在《论共产党员的修养》里就引用过孟子"富贵不能淫，贫贱不能移，威武不能屈"的话语以教育我们的党员干部和人民。岳飞的《满江红》对于激励人们的爱国热忱也是很有作用的。"还有文天祥的'人生自古谁无死，留取丹心照汗青'，林则徐的'苟利国家生死以，岂因祸福避趋之'，以及'谁知盘中餐，粒粒皆辛苦'，'一粥一饭，当思来之不易'，'少壮不努力，老大徒伤悲'，'只要功夫深，铁棒磨成针'，'三人行，必有吾师'，'学而时习之，不亦说乎'等等。应该说这些都是我们民族文化中富有哲理，教人勤奋、正直、忠贞、有抱负、不断进取的名言。学习和掌握它们，对于自己的立身行事，为国家为人民建功立业，会受用不浅的。"① 这些名言，是中华民族伦理智慧的结晶，具有指导人们立身处世、律己待人的不朽的价值，值得我们在新的时期发扬光大。

在中国革命和社会主义现代化建设过程中形成的井冈山精神、长征精神、延安精神、雷锋精神、"两弹一星"精神、抗洪精神等都是中华民族精神的宝贵财富，值得我们珍惜和大力弘扬。江泽民不仅主张继承中华五千年传统文明的优良传统，而且特别强调继承和发展五四运动以来党和人民形成的革命道德传统。他在为《中国传统道德》丛书题词中写道："弘扬中国古代优良道德传统和革命道德传统，吸取人类一切优秀道德成就，努力创建人类先进的精神文明。"1991 年 9 月 24 日在纪念鲁迅诞生 110周年纪念大会上，江泽民发表重要讲话，号召全党全国人民进一步学习和发扬鲁迅的爱国主义精神和坚韧的战斗精神，进一步学习和发扬鲁迅博采众长、勇于创新的精神。他说："鲁迅从青年时代起，就立下了'我以我血荐轩辕'的宏伟志向。他成为共产主义者之后，便更加自觉地把自己的一切献给民族解放和社会解放事业。他对敌人毫不留情，对祖国和人民怀着真挚的爱。'横眉冷对千夫指，俯首甘为孺子牛'这一广为传诵的名句，正是他的爱国主义精神和崇高人格的生动写照。为了使祖国摆脱凌辱、人民得到解放，他一生毫不懈怠地进行战斗，一直站在时代潮流的最

---

① 《毛泽东 邓小平 江泽民论青少年和青少年工作》，中央文献出版社、中国青年出版社 2000 年版，第 264—265 页。

前列。……中国知识分子的'富贵不能淫、贫贱不能移、威武不能屈'的崇高气节，中国人民决不甘受外人凌辱、为维护民族尊严而进行英勇斗争的光荣传统，在鲁迅身上得到集中体现，后来又由于共产主义世界观的指导而得到升华，获得了全新的性质和时代内容。"[①] 江泽民盛赞鲁迅无私无畏，骨头最硬，斗争最坚决，吃进去的是草，挤出来的是奶，鲁迅是冲锋陷阵的模范，是全心全意为人民服务的模范。从鲁迅先生的身上，我们可以清楚地看到什么是马克思主义的大智大勇，什么是真正的革命者应该具有的高风亮节，什么是中华民族的筋骨和脊梁。我们要用鲁迅的光辉典范教育广大干部群众和青少年，铭记祖国备受欺凌的耻辱历史和一代又一代革命者英勇斗争的光荣历史，懂得祖国的今天来之不易，坚定社会主义信念，以贡献全部力量推进社会主义现代化建设为最大光荣，以损害社会主义祖国的利益、尊严和荣誉为最大耻辱。在纪念红军长征六十周年大会上的讲话中，江泽民肯定了长征精神的巨大意义和价值，指出伟大的长征给党和人民留下了伟大的长征精神，并将长征精神概括为"把全国人民和中华民族的根本利益看得高于一切，坚定革命的理想和信念，坚信正义事业必然胜利的精神，""为了救国救民，不怕任何艰难险阻，不惜付出一切牺牲的精神，""坚持独立自主、实事求是，一切从实际出发的精神，""顾全大局、严守纪律、紧密团结的精神，""紧紧依靠人民群众，同人民群众生死相依、患难与共、艰苦奋斗的精神"[②]。长征精神是中华民族百折不挠、自强不息的民族精神的最高体现，是保证我们革命和建设事业从胜利走向胜利的强大精神力量。今天，我们要把长征精神作为加强社会主义精神文明建设的重要动力，作为在全体人民特别是青少年中进行理想信念和思想道德教育的重要内容，使长征精神一代一代地传下去，在建设有中国特色社会主义的新长征道路上不断夺取新的胜利。

社会主义伦理文化的建设也离不开对人类一切优秀道德成果的借鉴与吸收。我们应当抵制全盘西化和民族伦理虚无主义，批评伦理文化观上的保守主义倾向和盲目排外倾向，批判继承人类社会包括西方资本主义社会

[①]　江泽民：《进一步学习和发扬鲁迅精神》，《江泽民文选》第 1 卷，人民出版社 2006 年版，第 170—171 页。

[②]　江泽民：《把长征精神一代一代传下去》，《江泽民文选》第 1 卷，人民出版社 2006 年版，第 590 页。

所创造的一切先进的伦理文明成果。1992 年 5 月 20 日，江泽民在首都应届高校毕业生代表座谈会上的讲话中指出，实行改革开放的一个重要目的和内容就是要把外国包括资本主义国家的一切好的先进的东西学过来，用来改进、提高和发扬中国的东西，创造有中国特色的新东西。"我们在学习和利用西方国家的一切有用的东西时，思想要更解放一些，胆子要更大一些，步子要更快一些，不要被'姓社还是姓资'问题的抽象争论所束缚而迈不开步子。因为学习和利用这些有用的不西，不存在'姓社姓资'的问题，它们是人类的共同文明成果，资本主义社会可以用，社会主义社会也可以用。""我们应当有一个明确的认识，不管是哪种社会制度下创造的文化成果，只要是进步的优秀的东西，都应当积极学习和运用。当然糟粕的东西应当剔除，不能学。"① 吸收西方国家一切有价值的成果内在地包含着伦理道德方面的成果。1997 年 11 月 1 日在美国哈佛大学的演讲中，江泽民既向美国人介绍了中华五千年悠久文明的历史和伦理文化传统，又肯定每个国家、每个民族都有自己的历史文化传统，都有自己的长处和优势，应该相互尊重，相互学习，取长补短，共同进步。他说："中国人民一向钦佩美国人民的求实精神和创造精神。昨天，我参观了国际商用机器公司、美国电话电报公司和贝尔实验室，领略了当代科技发展的前沿成就。科学技术的突飞猛进，越来越深刻地影响着世界政治经济的格局和人们的社会生活。坚持变革创新，理想就会变为现实。我们在扩大开放实现现代化的进程中，重视学习和吸收美国人民创造的一切优秀文化成果。"② 江泽民还表示十分欣赏哈佛大学校门上的一段话："为增长智慧走进来，为服务祖国和同胞走出去。"并希望中美两国青年在建设各自国家、促进世界和平与发展的事业中互相学习，增进友谊，为创造人类美好的未来而努力奋斗。

　　3. 创新是社会主义伦理文化建设的主题

　　创新是一个民族的灵魂和生命力之所在，是一种十分宝贵的伦理品质和道德精神。伦理文化建设同样需要创新。只有不断地与时俱进，开拓创

---

　　① 《毛泽东 邓小平 江泽民论青少年和青少年工作》，中央文献出版社、中国青年出版社 2000 年版，第 273—274 页。

　　② 江泽民：《增进相互了解，加强友好合作》，《江泽民文选》第 1 卷，人民出版社 2006 年版，第 64 页。

新，才能真正开创中华民族经济文化建设的新局面。江泽民认为，有中国特色社会主义伦理文化的建设，必须继承发扬民族优秀伦理文化传统而又充分体现社会主义的时代伦理精神，立足本国而又充分吸收世界伦理文化优秀成果，既同伦理文化上的民族虚无主义倾向作斗争，又坚决反对闭关自守和不思进取的国粹主义。

伟大的创业实践需要伟大的创业精神来支持和鼓舞。江泽民将创业精神概括为解放思想、实事求是，积极探索、勇于创新，艰苦奋斗、知难而进，学习外国、自强不息，谦虚谨慎、不骄不躁，同心同德、顾全大局，勤俭节约、清正廉洁，励精图治，无私奉献64字，指出："这些都应该成为新时期我们推进现代化建设，所要大力倡导和发扬的创业精神。"①这64字创业精神的核心和精髓，就是邓小平同志所一再倡导和论述的解放思想、实事求是。江泽民要求全体共产党员尤其是党的领导干部要做解放思想、实事求是的模范，做艰苦奋斗、无私奉献、全心全意为人民服务的模范，做脚踏实地、勤奋工作、忠于职守的模范。他在谈到学习邓小平文选第三卷时指出，小平同志尊重实践，思想敏锐、善于把握时代发展的脉搏和契机，既继承前人又突破陈规，既借鉴世界经验又不照搬别国模式，总是从中国的现实和当代世界发展的特点出发，去总结新经验，创造新办法，寻找新路子。全党同志一定要认真学习小平同志务实创新的精神，使我们的党和国家永远保持旺盛的战斗力和创造力。

2000年在西北五省区党建工作和西部开发座谈会上，江泽民指出，创新是一个民族的灵魂，是一个国家兴旺发达的不竭动力，也是一个政党永葆生机的源泉。创新包括理论创新、体制创新、科技创新及其他创新。改革开放二十多年来，中国共产党领导人民进行社会主义现代化建设所取得的伟大成就，都是与不断地进行理论创新、体制创新、科技创新等分不开的。有中国特色社会主义伦理文化建设，同样需要理论创新、体制创新和其他创新。创新是一种十分宝贵的伦理品质和道德精神。只有不断地与时俱进，开拓创新，才能真正开创中华民族经济文化建设的新局面，迎来一个民族复兴的伟大时期，也才能将建设有中国特色社会主义伦理文化的事业推向更新的阶段和更高的水平。

---

① 《毛泽东 邓小平 江泽民论世界观人生观价值观》，人民出版社1997年版，第490页。

建设有中国特色社会主义事业，是一项充满艰辛、充满创造的神圣而伟大的事业，伟大的事业需要并将产生崇高的伦理精神，形成新的道德品质和理想人格。当今世界在飞速地发展变化，我国改革开放和社会主义现代化建设事业在不断前进，广大人民群众的社会实践包括道德生活的实践在不断发展，人们的思想道德观念正在发生着深刻而空前的变化。"我们必须始终站在时代发展前列，不断把事业推向前进。闭目塞听，坐井观天，因循守旧，墨守成规，无视世界发展潮流，必然会落伍。要运用马克思主义的宽广眼界观察世界，运用当代最新知识丰富自己，不唯本本，不守教条，与时俱进，"① 不断推进伦理学理论创新和公民道德建设的实践创新，总结人们道德生活的新经验，借鉴当代伦理文明的新成果，在伦理思想上不断作出新概括，扩展新领域，提升新境界。

第四节　"三个代表"伦理思想的价值
特质、理论贡献和历史地位

"三个代表"伦理思想依据改革开放和现代化建设的新的实践，以立足中国、放眼全球的开放视野，坚持以马克思主义伦理思想的基本原理分析当今世界和中华民族道德生活发展的状况，深刻揭示了党的执政伦理提升和思想道德建设的丰富内涵，不仅极大地丰富和发展了马克思主义的政党伦理和政治伦理，而且丰富发展了社会主义伦理文化建设理论，成为社会主义精神文明建设和公民道德建设的行动指南。

一　"三个代表"伦理思想凸显人民伦理的价值特质

"三个代表"伦理思想是以推进党的建设伟大工程，加强党的执政伦理建设为核心而形成和发展起来的，就其精神实质来说是对马克思主义政治伦理思想的当代发展，反映着马克思主义政治伦理思想的基本精神和现时代政治伦理发展变化的新要求。这种基本精神和新要求概括地说是将为人民服务的道德践履和人民伦理的价值取向有机地整合起来，一方面从主体

---

① 江泽民：《大力弘扬不懈奋斗的精神》，《江泽民文选》第 3 卷，人民出版社 2006 年版，第 197 页。

上挺立人民伦理的品格，站在人民伦理的前头为其鼓与呼，以主人翁的精神推动人民伦理向更高的层级和境界攀登；另一方面从客体上矗起人民伦理的绝对价值和精神的丰碑，以公仆的身份和服务员的身份效忠人民伦理，尽心竭力地做人民伦理发展完善的工具。它要求共产党人既要把自己归属于人民，永远不忘自己来自人民的本色，与人民生活在一起，战斗在一起，又要把自己献身于人民，永远为人民的利益而奋斗，以人民的利益为自己最大的利益。马克思主义政治伦理思想的基本精神是“立党为公”、“执政为民”，亦即将人民群众视为政治伦理的主体和主人，无产阶级政党应该是人民群众利益的忠实代表，并全心全意地为人民群众的利益而奋斗。“三个代表”的政治伦理高度体现了人民伦理的要义和价值目标，以代表最广大人民群众的根本利益为基本的价值导向和判断善恶是非的标准，因此“三个代表”的政治伦理是一种以人民伦理为核心的政治伦理，集中体现了社会主义道德的核心——为人民服务的价值要求。

历史上有许多的政治伦理思潮和理论，但它们的主旨总是维护少部分统治阶级和精英分子的利益，本质上是一种官僚化或贵族化的政治伦理。虽然统治阶级中一些开明的知识分子也提出过“敬德保民”、“民为邦本”和“主权在民”等命题，但这种理论就其实质而言总是为少数统治阶级统治人民服务的，从来就没有上升到将人民视为国家权力的主人和政治权力为人民服务的高度。一些资产阶级理论家和政治家虽然也大肆宣扬“民治、民享、民有”和“民约论”，但总体上看他们的“民”是不包括劳动人民的，特别是当劳动人民的利益与他们自身的利益发生矛盾的时候，他们马上就会将“自由平等博爱”的口号转化为“步兵骑兵炮兵”①，露出剥削阶级和压迫阶级的真面目。

只有以马克思主义理论为指导的无产阶级政党才会真正超越少数人的狭隘利益而上升到为绝大多数人民群众谋利益的境界和水平，建树起一种以人民伦理为主体和归宿的政治伦理。“三个代表”所昭示出来的伦理深蕴，是一种把人民群众的根本利益视为政治伦理的主旋律和核心的伦理，是一种以人民伦理为最高价值取向的政治伦理。所谓代表最广大人民群众

① 马克思：《路易·波拿巴的雾月十八日》，《马克思恩格斯选集》第1卷，人民出版社1995年版，第622页。

的根本利益实质上就是要自觉地并力求全心全意为人民服务，把人民的根本利益当作党的根本利益，通过服务人民来实现党的宗旨和加强党的建设。中国共产党来自人民并同人民群众建立了血肉相连的关系，这是它之所以能够实现自身的发展和取得重大成就的内在原因。在江泽民看来，全心全意为人民服务是我们党的根本宗旨和优良作风。在新民主主义革命的战争年代，中国共产党能够赢得人民群众的衷心拥护，就在于中国共产党以自己的实际行动表明，它是为人民的利益而斗争的。这是一种事实的合理性并得到了历史经验的证明，由此也可以看出共产党的伟大。

同时，也必须看到，来自人民并不意味着共产党能够自发或自然地代表人民群众的利益。事实的合理性并不能完全取代价值的合理性。新中国成立以后，中国共产党成了执政党，获得了更好地为人民服务的条件，同时也增加了脱离群众甚至是腐败变质的危险。特别是在改革开放的新形势下，党面临着严峻的挑战和考验。因此，如何加强党的建设，就变成了事关党的前途和命运的重大问题。而其中的关键就在于是不是能够做到代表人民群众的根本利益和弘扬为人民服务的精神。在改革开放和发展商品经济的社会条件下，共产党脱离人民的危险会变得更大，如果放松警惕，带来的后果会更加严重。现在有些党员干部滋长了严重的官僚主义，有些干部为了本地区、本部门、本单位的利益乃至个人利益，而不惜损害国家和人民的全局利益，少数人以权谋私、行贿受贿、贪污腐化。这些现象败坏党的声誉，损害党群关系，同党的宗旨是根本不相容的。党风问题是关系到党的生死存亡的问题，如果听任腐败现象发展下去，党就会走向自我毁灭。江泽民从党的建设的高度，从改善党同人民群众关系的角度强调指出，必须努力提高全党同志为人民服务的自觉性，坚持人民的利益高于一切，坚决反对个人主义、本位主义和一切向钱看的思想和行为。我们发展社会主义商品经济，在经济领域必须重视和运用价值规律，坚持等价交换的原则，但是决不能把商品交换的原则引入党内政治生活。1993 年 1 月 15 日，江泽民在全国宣传部长座谈会上发表讲话，指出："古人说：'与民共其乐者，人必忧其忧'。意思就是与群众同甘共苦的人，一定会受到人民的支持和爱护。我们的干部包括宣传思想战线的干部，一定要与人民群众呼吸相通，血肉相连，休戚与共，诚心诚意做人民的公仆。"在江泽民看来，中国共产党是为广大人民群众谋利益的无产阶级政党。党的路线方针政策和一切言论行动，都要以符合最广大人民群众的最大利益为最高准则。我们所从事的一切事业，都是人民群众自己的事业。因此我们的一切工作就应为人民服务，在中国共产党第十五次全国代表大会上所作的《高举邓小平理论伟大旗帜，把建设有中国特色社会主义事业全面推向 21世纪》的报告中，江泽民从社会主义文化建设和新世纪党的建设等多个角度强调了为人民服务的问题，指出加强党的作用，根本的是坚持全心全意为人民服务的宗旨，充分发挥党密切联系群众的优势。他说："我们党来自人民，植根于人民，服务于人民。建设有中国特色社会主义全部工作的出发点和落脚点，就是全心全意为人民谋利益。""一切为了群众，一切相信群众，一切依靠群众，我们党就能获得取之不尽的力量源泉。"① 之后，江泽民将为人民服务的思想融入"三个代表"思想的洪炉，深入系统地阐述了为人民服务与建设一个组织严密、行动一致、团结有力、朝气蓬勃的工人阶级政党的关系，强调指出："始终保持同人民群众的血肉联系，是我们党战胜各种困难和风险，不断取得事业成功的根本保证。在任何时候任何情况下，与人民群众同呼吸、共命运的立场不能变，全心全意为人民服务的宗旨不能忘，坚信群众是真正英雄的历史唯物主义观点不能丢。"② 紧紧依靠人民群众，诚心诚意为人民谋利益，立党为公，执政为民，是中国共产党同一切剥削阶级政党的根本区别。党的一切工作必须以最广大人民群众的根本利益为最高标准。只有把关心群众、服务群众的工作做好了，我们才能赢得人民群众的真正拥护，我们的事业才能无往不胜。

　　"三个代表"所昭示出来的伦理实质，由于浸润着人民伦理的光泽和为人民服务的精神，具有既扎根于人民群众的丰厚土壤又为这块土壤增添新的养料使其更加肥沃的双重效应，因此它既是一种先进的人民伦理，同时又是一种以人民伦理为最高价值取向的政治伦理，体现着共产党既把自己归属或等同于人民又不把自己混同于一个普通的老百姓亦即通过自己的执政活动来为人民谋利益的党性。这种既与人民站在一起又为人民服务的政治伦理必然得到人民的衷心拥护，因而不仅具有深厚的群众基础，而且

---

　　① 江泽民：《高举邓小平理论伟大旗帜，把建设有中国特色社会主义事业全面推向二十一世纪》，《江泽民文选》第 2 卷，人民出版社 2006 年版，第 45 页。

　　② 江泽民：《在庆祝中国共产党成立八十周年大会上的讲话》，《江泽民文选》第 3 卷，人民出版社 2006 年版，第 271 页。

亦必使党的事业不断发展壮大。

二 "三个代表"伦理思想的理论贡献

"三个代表"伦理思想是对马列主义伦理思想、毛泽东伦理思想、邓小平伦理思想的继承、丰富和发展。这种丰富和发展概括说来主要表现在以下几个方面：

第一，"三个代表"伦理思想聚焦于"建设一个什么样的党，怎样建设党"这一政治伦理的中心问题，坚持建设中国特色社会主义的根本目的是实现好、维护好、发展好最广大人民群众的根本利益，反映着马克思主义政党伦理和政治伦理思想的基本精神和时代政治伦理发展变化的新要求，是对马克思主义政党伦理和政治伦理思想的当代发展。"三个代表"伦理思想是一种以人民伦理为主体和核心的政治伦理，是一种以人民利益为最高价值取向的政党伦理和政府伦理。中国共产党是中国社会主义事业的领导党和执政党，中国政府是在中国共产党领导下的人民政府。我们党和政府的各级领导干部身兼弘扬党德和振兴政德的双重使命，而这种弘扬和振兴的关键莫过于身体力行"三个代表"。"三个代表"要求所有的共产党员特别是党和政府的各级领导干部"必须坚持党和人民的利益高于一切，个人利益服从党和人民的利益，吃苦在前，享受在后，决不允许以权谋私。这从我们党执政的那一天就是十分明确的"①。党的利益和人民的利益是高度统一的，我们党是忠实地代表最广大人民群众根本利益的无产阶级政党，党除了最广大人民群众的利益以外，没有自己的特殊利益，党也绝对不允许在党内形成既得利益集团。党的利益说到底就是人民的利益。党的一切工作都必须以最广大人民群众的根本利益为最高标准。全党各级领导干部和广大党员都应当明确，是不是自觉地全心全意为人民服务，始终坚持人民的利益高于一切，是根本的政治立场、政治方向和政治态度问题，是中国共产党党德的核心和根本的价值目标问题，关系到党的性质是否能得到保持和党的建设能否取得应有的成就。我们的政府是人民的政府，它既受党的领导又代表着党实施对国家政权的管理，政府道德和政德的根本价值取向同党德是完全一致的，它没有也不应当有除最广大人

---

① 江泽民：《论"三个代表"》，中央文献出版社 2001 年版，第 107 页。

民群众根本利益之外的特殊利益。社会主义政德不同于历史上的官德的地方在于，它与共产党的党德和人民群众的民德在根本的价值取向和价值追求上是高度一致的。这种党德、政德和民德的高度一致并不意味着党和政府的各级领导干部可以自发地以党德、政德取代民德，而是也只能是扎根于民德的土壤，服务民德建设的大局，以良好的党德和政德建设推动全社会范围内的民德建设，使整个社会的公民道德建设上升到更高的层次和水平。党德建设和政德建设事关民德建设的质量和前景。只有把党德建设和政德建设搞好了，民德建设才有光明的未来。

第二，"三个代表"伦理思想"围绕建设中国特色社会主义这个主题"，创造性地回答了如何建设社会主义伦理文化的问题，开创了在社会主义市场经济和全球化背景下建设社会主义伦理文化的新局面。它深化了对有中国特色社会主义伦理道德体系的认识，较为完整地论述了社会主义伦理道德体系的主要内容。认为有中国特色的社会主义伦理道德是一个以为人民服务为核心，以集体主义为基本原则，以爱祖国、爱人民、爱劳动、爱科学、爱社会主义为基本规范的科学体系，将爱国主义、集体主义、社会主义提升为时代的主旋律，主张唱响主旋律，以科学的理论武装人，以正确的舆论引导人，使人们树立马克思主义的世界观、人生观和价值观，在全社会形成普遍认同和自觉遵守的行为规范以及健康文明的人际关系，强调全党和全社会一定要下决心抓社会主义精神文明建设和道德建设，彻底解决邓小平同志所讲的"一手硬、一手软"的状况，并在多次讲话和报告中突出了社会主义伦理道德建设的战略位置。"三个代表"重要思想的伦理思想正视中国现阶段道德建设的具体国情和实际情况，即立足于现实又着眼于未来，主张在以经济建设为中心的前提下使物质文明建设和道德建设相互促进协调发展，防止和克服一手硬一手软的状况；主张在深化改革、建立社会主义市场经济体制的条件下，正确处理发展社会主义市场经济与加强社会主义思想道德建设的辩证关系，真正"建立与社会主义市场经济相适应，与社会主义法律规范相协调，与中华民族传统美德相承接的社会主义思想道德体系"，① 形成有利于社会主义现代化建设的共同理想、价值观念和道德规范，防止和遏制腐朽思想和丑恶现象的滋

———————————

① 《江泽民论有中国特色社会主义》（专题摘编），中央文献出版社 2002 年版，第 386 页。

长蔓延；主张在扩大对外开放、迎接世界新科技革命挑战的情况下，吸收外国伦理文明的优秀成果，弘扬祖国优秀伦理传统精华，防止和消除伦理文化垃圾的传播，抵御西方敌对势力对我国实施"西化"和"分化"的图谋。针对现阶段我国社会公德心缺乏，行业不正之风泛滥以及家庭暴力、亲情丧失等状况，江泽民力主加大社会公德、职业道德和家庭美德建设。针对干部道德滑坡和青少年道德危机等状况，他强调社会主义思想道德建设的重点对象是领导干部和青少年，并认为领导干部道德建设事关我国政权的稳固，青少年道德建设事关我国民族的前途和未来。

第三，"三个代表"伦理思想全面审视世界道德生活的深刻变化，准确判断人类伦理文化发展的趋势，结合新的时代形势和任务予以创造性的发展，贡献给世界伦理思想以许多新的内容，成为推动人类伦理学发展的动力源泉。它既高举邓小平理论的伟大旗帜，又要解放思想，实事求是，研究新情况，解决新问题，创造新经验，正确理解改革创新与继承优良传统的关系，正确处理对外开放中吸收国外伦理文明优秀成果和抵制其不良影响的关系。在江泽民看来，我们搞对外开放，决不是不加分析地把外国伦理道德方面的东西照搬照抄过来，而是也只能是引进先进的东西，借鉴有益的东西。对不适合我国国情的东西，对一切错误的腐朽的东西，不但不能引进来，而且要进行抵制，有时还要进行坚决的斗争。如果我们在思想道德方面不设防，任凭西方各种错误的伦理观念腐朽的生活习惯污染我们的社会和人民，那就违背了我们对外开放的目的和要求。江泽民强调，对外开放的方针我们必须长期地坚持下去，使之做得更有成效，同时也应当做到在对外开放中大胆吸收一切先进的、对我们有用的伦理文明成果，坚持抵制那些错误的、腐朽的道德观念和行为习惯。江泽民主张既要吸收世界伦理文明的优秀成果，又要弘扬祖国传统伦理文化的精华，大力弘扬和培育民族精神，增强民族自尊心、自信心和自豪感，使全体人民始终保持昂扬向上的精神状态和不屈不挠的奋斗品质。

第四，"三个代表"伦理思想阐述了在高科技革命和经济全球化、政治多极化时代的许多新的伦理道德问题，形成了颇具特色的经济伦理思想、政治伦理思想、科技伦理思想和国际关系伦理思想，其中的某些论述或观点还为当代应用伦理学的研究和发展指明了方向。江泽民多次谈到了科技伦理问题，既肯定科技革命带来的人类伦理观念的大变迁，高度评价科技革命造成人类道德进步，同时又主张科学技术应当接受伦理道德的指导和规约，应当使科技成果造福于人类社会而不是危害人类社会。在政治伦理思想方面，江泽民提出了"三讲"和"三个代表"的理论，尤其对在新的历史时期如何加强党的建设，如何推进党风廉政建设和反腐败斗争，作了深刻和系统的论述。在经济伦理思想方面，提出了效率与公平相协调、尊重个人合法权益与承担社会责任相统一以及加强信用建设、树立合理消费观念等论断，丰富了市场经济条件下的道德建设理论。

第五，"三个代表"伦理思想主张把以德治国和依法治国有机地结合起来，实现德法兼治，发展了马克思主义的治国理论。以德治国思想的提出，是以江泽民为代表的党的第三代领导集体对社会主义道德建设整个战略思想的高度概括，是在深刻总结古今中外治国经验基础上作出的科学论断，也是对马列主义、毛泽东思想和邓小平理论的重大发展。在庆祝中国共产党成立80周年大会上的讲话中，江泽民在系统阐述"三个代表"思想的同时强调了加强社会主义思想道德建设是发展先进文化的重要内容和中心环节，认为思想道德文化体现着生产关系的性质，决定着整个文化的性质和方向，统率着整个文化的发展，影响着社会经济政治的进步，是整个文化的主要代表和标志。论及社会主义思想道德建设，江泽民主张要在全社会大力倡导爱国主义、集体主义和社会主义的思想，反对和抵制拜金主义、享乐主义、极端个人主义等腐朽思想，增强全国人民的民族自尊心、自信心、自豪感，增强自立意识、竞争意识、效率意识、民主法制意识和开拓创新精神，激励他们为振兴中华而不懈奋斗。江泽民还谈道，我们建设有中国特色社会主义的各项事业，既要着眼于人民现实的物质文化生活需要，又要着眼于促进人民素质的提高，促进人的全面发展，并强调指出不断提高全国人民的思想道德素质和科学文化素质，充分发挥他们的积极性、主动性、创造性，始终是我们党代表先进生产力发展要求必须履行的第一要务。

三　"三个代表"伦理思想的历史地位

"三个代表"伦理思想，是立根当代中国社会主义道德建设的实际需要所提出的一种统一全党意志进而统一全国人民意志的伦理学理论，是针对改革开放和社会主义市场经济新形势下出现的价值取向多元化而提出的一种价值整合和伦理道德导向，是对价值多元论的一种引导、整合和提升，反映着社会主义道德建设的价值目标和实现中华民族伟大复兴的价值要求。社会主义道德建设的过程必然是一个以价值一元论引导价值多元论并在一元论指导与规约下使多元论健康发展的过程，是一个既要有道德自由又要有道德纪律并使自由和纪律相得益彰的过程，是一个鼓励先进、照顾多数、鞭策后进的将先进性与广泛性密切结合起来的过程，同时也是一个不断弘扬和提升主流伦理，使主流伦理日趋大众化进而推动整个社会道德前进的过程。在社会主义道德建设的过程中，不能没有旗帜和道德价值的目标。没有旗帜和道德价值的目标，就无法引导广大人民群众在道德上不断地前进和攀登。自然主义的道德建设观和相对主义的道德建设观对整个社会的道德建设不但于事无补，反倒还有害。因此，我们在道德建设上必须有自己的主张和价值目标，有能够为大家共同认同的道德价值观念和道德理想。社会主义道德建设不是也不应该是人云亦云、各行其是的纯自发的自由主义状态，不能也没有理由落入西方道德相对主义和价值多元论的陷阱。我们完全有条件有优势建设好社会主义社会的道德观念和道德风尚，为社会主义经济文化建设营造良好的道德氛围和人文条件。"三个代表"伦理思想，即是我们新世纪进行社会主义道德建设的共同的价值目标和精神旗帜，构成我们新世纪社会主义道德建设所必须弘扬和捍卫的主流伦理。这种主流伦理的挺立和壮大，必将不断感召和融化其他非主流伦理，使非主流伦理也能够与主流伦理保持一种亲和互动的关系，使主流伦理的影响不断扩大，整个社会的道德水平不断提高和完善。

"三个代表"伦理思想是马克思主义伦理思想中国化最新成果的重要组成部分，代表着中国马克思主义伦理思想发展的新阶段和新水平，是对毛泽东伦理思想和邓小平伦理思想的继承和发展。它回答了在社会主义市场经济和经济全球化时代如何建设社会主义伦理道德，以及怎样坚持和发展马克思主义伦理思想等一系列重大伦理道德问题，凸显了先进的社会主义伦理文化的功能和作用，无疑是指导新世纪新阶段社会主义伦理道德建设的强大的思想武器。"三个代表"伦理思想始终同建设有中国特色社会主义伦理道德体系密切相关，同我国各族人民加强社会主义市场经济条件下的道德建设密切相关，它既来源于实践又指导着我国人民的道德实践，它对人民幸福和民族振兴的高度关注，对共产党执政伦理和领导德性的强调，对弘扬民族伦理精神的倡导，对新时期社会主义道德建设基本规律的深刻把握，洋溢着崇高的伦理学意蕴和道德建设的智慧，成为我国社会主义先进伦理文化建设的价值动因和行为指南。"三个代表"伦理思想十分注重把毛泽东伦理思想和邓小平伦理思想同社会主义市场经济条件下道德生活的实际有机地结合起来，它站在时代的高度，着眼世界、着眼未来、着眼发展，体现出积极有力、奋斗向上的特征，对九十年代以来的社会主义道德建设产生了重大而深刻的影响。

第八章　中国特色社会主义伦理思想的发展:科学发展伦理思想

　　自党的十六大以来,以胡锦涛为总书记的党中央针对新世纪新阶段我国经济社会发展的新情况,紧密结合中国特色社会主义的伟大实践,吸收人类文明进步的新成果,站在历史和时代的高度,坚持用马克思主义的观点指导新的实践,创造性地提出科学发展观这一重大战略思想,深刻而系统地回答了"什么是发展、为什么发展、怎样发展"等一系列重大理论和实践问题,极大地推动了马克思主义在中国的当代发展。

　　科学发展伦理思想立足于我国基本国情,深刻总结和借鉴了国外片面追求经济发展、忽视人的发展和社会进步的经验教训,旗帜鲜明地提出"以人为本"的理念和原则,把全面协调可持续视为发展的基本路径和要求,主张和谐发展和平发展,在生态文明发展战略指引下实现人的全面发展和经济社会的健康永续发展。

　　科学发展伦理思想是继邓小平伦理思想和"三个代表"伦理思想之后中国当代马克思主义伦理思想发展的最新成果,它提出了"以人为本"、"民生幸福"以及和谐共生等核心命题和观点,创立了马克思主义发展伦理理论,已经成为并将继续成为指导新世纪新阶段我国发展先进伦理文化和社会主义道德建设的理论基础和行动指南。

第一节　以人为本、持续发展的伦理思想

　　科学发展伦理思想,是以马克思主义世界观方法论为指导,在深刻总结和借鉴国外发展实践的经验教训的基础上,针对我国经济社会发展的现

实所提出来的一种以科学发展、和谐发展、全面协调可持续发展为主要内容的发展伦理思想。科学发展观讲的发展不仅凸显出以经济建设为中心，不断解放和发展生产力的内涵，也是同以人为本、全面协调可持续发展密切联系在一起的，实质上是一种既重视经济发展又重视人的发展和社会进步的科学而崇高的发展伦理。

一 以人为本的伦理价值核心

以人为本是科学发展观的核心和本质，也是马克思主义伦理学的基本原则。"以人为本"是对"以物为本"的传统发展观的批判和超越，代表着社会主义先进伦理道德的发展要求。

1. 以人为本的深刻内涵

以人为本具有丰富而深刻的内涵，可从"人是什么"，"为什么以人为本"、"以什么人为本"、"以人的什么为本"、"如何以人为本"等方面来界定和认识。其中"人是什么"是根源论意义上的以人为本，"为什么以人为本"是目的论意义上的以人为本，"以什么人为本"是主体论意义上的以人为本，"以人的什么为本"是途径论意义上的以人为本，"如何以人为本"是保障论意义上的以人为本。

第一，根源论意义上的以人为本

根源论意义上的以人为本是指以人为本具有归根到底和终极意义的涵义，现实的人及其活动是人类得以生存和发展的首要前提及深刻基础，社会历史，实际上就是人类谋求生存与发展的历史，社会发展规律则是人的活动规律。离开了人和人的活动，就没有人类历史和人类文明。诚如毛泽东所说："世间一切事物中，人是第一个可宝贵的。在共产党领导下，只要有了人，什么人间奇迹也可以创造出来。"① 马克思、恩格斯在《神圣家族》中指出："历史什么事情也没有做，它'不拥有任何惊人的丰富性'，它'没有进行任何战斗'！其实，正是人，现实的、活生生的人在创造这一切，拥有这一切并且进行战斗。并不是历史把人当作手段来达到自己——仿佛历史是一个独具魅力的人——的目的。历史不过是追求着自

---

① 毛泽东：《唯心历史观的破产》，《毛泽东选集》第 4 卷，人民出版社 1991 年版，第 1512 页。

己目的的人的活动而已。"① 马克思主义更从这种意义上的以人为本推出群众史观，认为人民群众是创造历史的真正英雄。恩格斯在《英国工人阶级状况》中断言，工人阶级"构成了同一切有产阶级相对立的、有自己的利益和原则、有自己的世界观的独立的阶级，在他们身上蕴蓄着民族的力量和推进民族发展的才能"。② 英国工人阶级尽管生活状况堪忧，衣衫褴褛，甚至还有一些不太文明的习惯，但是他们是未来发展的希望，拯救英国要靠他们。

以胡锦涛为总书记的新一届党中央，在新的历史时期强调和肯定"以人为本"，既坚持和发展了马克思主义关于人民群众是创造历史真正动力的观点，又切中西方现代化过程中产生的重物轻人、人为物化的弊端，彰显了人是经济社会发展的基础和根源的意义。在胡锦涛看来，以人为本，是经济社会和人类历史发展的基础和根本。如果现代化发展使人异化、奴化或边缘化，那就是现代化的悲哀，更是人类社会和历史的不幸。所以，必须扭转重物轻人的物本主义，理直气壮地坚持以人为本，使物质的现代化造福于人的现代化。因此，全面建设小康社会必须在坚持以人为本的基础上推行，借助以人为本来实现。坚持以人为本，包含了尊重劳动、尊重知识、尊重人才、尊重创造，包含了努力营造人们干事业、支持人们干成事业的社会氛围，放手让一切劳动、知识、技术、管理的活力竞相迸发，让一切创造社会财富的源泉充分涌流，以造福于人民。

第二，目的论意义上的以人为本

目的论意义上的以人为本主要是回答为什么要以人为本的问题。为什么要以人为本呢？其理由很简单，因为对于人来说，人才是根本目的，人的全面而自由发展才是发展的最高追求和最高价值，经济社会发展则只是人的发展的手段。

"人是目的"是康德在《道德形而上学原理》一书中所提出的道德法则："每个有理性的东西都必须服从这样的规律，不论是谁在任何时候都

---

① 马克思、恩格斯：《神圣家族》，《马克思恩格斯文集》第 1 卷，人民出版社 2009 年版，第 295 页。

② 恩格斯：《英国工人阶级状况》，《马克思恩格斯文集》第 1 卷，人民出版社 2009 年版，第 475 页。

不应把自己和他人仅仅当作工具，而应该永远看作自身目的"。① 这一命题从本体论的意义看，强调了人为整个宇宙的最后目的，与人相比较万事万物不过是实现这种最后目的的手段。从伦理学的意义看，强调人应该是最高目的，每个人都应将人，既将自己也将他人当作目的，而不是把人仅仅当作实现自己目的的手段。在这两种意义中，前者是为后者作铺垫论证，后者才是康德所要表达的伦理要求。

马克思主义认为，以人为本具有目的论意义，它应当成为人类社会生活和历史发展的目的，这种意义上的以人为本是同人的自由而全面发展密切联系在一起的。马克思在《詹姆斯·穆勒〈政治经济学原理〉一书摘要》中指出："人在积极实现自己本质的过程中创造、生产人的社会联系、社会本质，而社会本质不是一种同单个人相对立的抽象的一般的力量，而是每一个人的本质，是他自己的活动，他自己的生活，他自己的享受，他自己的财富。"② 社会是人的社会，人的社会联系和社会本质是人的活动和生活的产物，而社会联系和社会本质又促进和实现着人自身的发展。人以其需要的无限性和广泛性区别于其他一切动物。人的需要是随着人类历史的进步而不断发展的，彰显着一种目的性的价值意义。人的最大而最长远的目标是实现人的全面而自由的发展。共产主义社会的本质特征就是建立在个人全面发展和他们共同的社会生产能力成为他们的社会财富这一基础上的自由个性。促进人的全面发展是马克思主义的理想目标，共产主义社会是实现人类自由而全面发展的社会形态。1867 年，马克思在《资本论》中提出：共产主义社会是"一个更高级的、以每一个个人的全面而自由的发展为基本原则的社会形式"。③

马克思关于人的目的性和主体性思想主张既要充分满足人的物质利益需要，又要努力避免人的物本化倾向。人总是要从自己出发谋取物质利益，这是必须给予尊重的客观事实；同时也表明，这种物质依赖一旦极端

---

① ［德］康德：《道德形而上学原理》，苗力田译，上海：上海人民出版社 1986 年版，第86 页。

② 马克思：《詹姆斯〈政治经济学原理〉一书摘要》，《马克思恩格斯全集》第 42 卷，人民出版社 1980 年版，第 24 页。

③ 马克思：《资本论》第 1 卷，《马克思恩格斯文集》第 5 卷，人民出版社 2009 年版，第683 页。

，其必然表现就是对资本的依附和奢侈性消费的迷恋。

　　以胡锦涛为代表的当代中国共产党人继承并发展了马克思主义的思想，强调发展为了人民，发展服务人民，发展经济文化就是为了人民过上幸福美好的新生活，并将以人为本与关注民生、改善民生与提升人民幸福生活指数有机地联系起来，强调始终把最广大人民群众的根本利益作为党和国家一切工作的根本出发点和落脚点，在经济发展的基础上不断满足人民群众日益增长的物质文化需求，并认为群众利益无小事，我们必须带着感情、带着责任，认认真真地为人民谋利益，促进人的全面发展。

　　第三，主体论意义上的以人为本

　　主体意义上的以人为本，其实是要回答谁是发展的主体，即以什么人为本，"谁以人为本"的问题。何谓主体？主体一般是指实践活动中的人。马克思在谈到人类历史的产生问题时就曾明确地指出过"主体是人"，是现实生活中的活生生的人，"正是人，现实的、活生生的人在创造这一切，拥有这一切并且进行战斗。"① 马克思对历史主体的揭示，同样也是对社会主体的回答。也就是说，社会的主体，不是那些像物、商品、资本、土地、机器以及组织结构等"死"的东西，也不是像观念、理想、目的、规划、科学技术以及制度规则等精神性的东西，而是现实的、活生生的人，是每一个社会成员。

　　发展应以什么样的人为本呢？发展应以劳动人民为本。因为劳动者是劳动的主体，也是经济过程的主体。生产和交换的各产业、行业、部门、企业，都是由具有一定技能的劳动者以其个体劳动，集合成社会总体经济活动。只是在剥削阶级统治的社会里，不是劳动者的统治者以其对交往关系中的控制（通过暴力、法律和意识欺骗）而成为经济活动的支配者，操纵劳动者的意志和行为，并将劳动者的劳动与物质资料相互"配置"，迫使劳动者提供剩余劳动，进而无偿地占有这部分剩余劳动创造的产品或服务。由此可见以人为本的思想虽然早有萌芽，甚至有类似精确的表达，但真正的以人为本只有在消灭剥削的社会才能实现。如我国封建社会就有了"民本"思想。但封建社会中的"人"仅限于君主、帝王或官吏之流，

----

① 马克思、恩格斯：《神圣家族》，《马克思恩格斯文集》第 1 卷，人民出版社 2009 年版，第 295 页。

广大人民群众被作为"草民"、"贱民"而被排除在外，以民为本不过是封建统治者维护其统治、保障社会稳定的工具和手段。又如在西方资本主义社会，以人为本的主体是资产阶级，而资产阶级是以追求利润为最高目的的，这种以人为本是抽象的、虚伪的，带有很大的欺骗性，"所谓人权，本质上就是掌握生产资料的极少数资产者的权利；所谓自由，就是商品交换和贸易的自由，也就是资产者凭借生产资料所有权占有无产者创造的剩余价值的自由，无产者向资产者出卖劳动力的自由；所谓平等，就是商品的等价交换，也就是资产者购买无产者的劳动力时的等价原则；所谓博爱，就是剥削者与被剥削者的互爱和合作"。① 科学发展观主体意义上的以人为本强调"发展依靠人民"，其主体即劳动人民。

第四，途径论意义上的以人为本

途径论意义上的以人为本只能是以人的能力为本。因为人是发展的主体，而人的能力才是发展的决定因素。

发展何以必须以人的能力为本呢？其一，从人与自然资源的关系看，人是认识与评价，更新改造自然的主体，只有人才会对自然资源是否满足人的需要进行认识与评价，自然资源则是适应人的需要基于自然本身的属性而由人创造的客体。但是人的能力也决定了人可能损害自然资源，进而损害自身。目前，在人与自然资源的关系方面，不管是经济发达国家，还是发展中国家，都不同程度地存在自然资源的浪费等问题，其根本原因就在于人的能力，即认识与生产能力的缺陷。从经济发展的根本矛盾看，自然资源作为一种客观存在，就其存在与潜在的绝对性而言是无限的，只是由于人类认识、利用、改造与维护自然资源的能力不足，改善与控制人类自身的能力不足才造成资源稀缺现象，进而产生其他经济与社会问题。可见经济发展的根本矛盾不是资源的稀缺与人的欲望无限的矛盾，而是人的无限欲望与实现欲望的能力的矛盾，"引起人类需要永远无法满足的根源就在于的能力与欲望之间矛盾，亦即人力资源的稀缺性"②，因而解决稀缺性矛盾的根本点应放在发展人，即通过人的能力提升使资源节约使用，高效使用。其二，从人与人的关系看，人与人的关系归根到底是一种利益

---

① 秋石：《全面准确地理解以人为本的科学涵义》，《求是》2005 年第 7 期。
② 陈惠雄：《人本经济学原理》，上海财政大学出版社 1999 版，第 108 页。

关系，而人与人的利益关系与人们的生产关系密切相关。而生产关系的形成，要以劳动者素质技能及其表现的生产力为基础，劳动者素质、技能的提高，不仅发展了生产力，驱动劳动者争取更多的经济权利与政治权利，而且从根本上促进生产关系的发展。而面对素质、技能已经提高的劳动者，劳动者的统治阶级也认识到，能继续以旧的方式进行统治，须对生产关系进行调整，也会导致生产关系的变迁。

发展必须以人的能力为本也是对真实自由的科学揭示。因为所谓真实的自由即有能力实现的自由。人类真实自由的实现是一个历史过程，因为作为其基础的人类能力是一个历史的发展过程。马克思就从人的自由发展历史性指出：在人类最初的社会关系中，"人的生产能力只是在狭小的范围内和孤立的地点上发展着"，"我们越往前追溯历史，个人，从而也是进行生产的个人，就越表现为不独立，从属于一个较大的整体：最初还是十分自然地在家庭和扩大成为氏族的家庭中；后来是在由氏族间的冲突和融合而产生的各种形式的公社中"。① 进入人类社会发展的第二阶段，人类才形成普遍的社会物质变换、全面的关系、多方面的需要以及全面的能力的体系。而所谓第三段即建立在个人全面发展和他们共同的、社会的生产能力成为从属于他们的社会财富这一基础上的自由个性的阶段。

第五，保障论意义的以人为本

保障论意义的以人为本实际上是回答如何以人为本的问题。如何保障以人为本呢？以人为本的基本保障就是建设公正的社会制度，罗尔斯说：一个秩序良好的社会是由公正的正义观念加以有效调节的社会，这样的社会传达了三种东西，其中的一个就是"公众认为，或者有充分的理由相信，社会的基本结构——他的主要政治制度和社会制度以及他们结合成为一种合作体系的方式——满足这些正义原则"。②

制度从广泛的意义上说即一种社会博弈规则，是人们创造的用以限制人们相互交往行为的框架，表现为具有管束、支配、调节作用的行为规则和程序，"制度是一个社会的游戏规则，是为决定人们之间的相互关系而

---

① 马克思：《政治经济学批判导言》，《马克思恩格斯文集》第 8 卷，人民出版社 2009 年版，第 6—7 页。

② ［美］罗尔斯：《作为公平的正义——正义新论》，上海三联书店 2002 年版，第 14 页。

人为设定的一些约束，制度通过建立一个相互作用的稳定的，但不一定是有效的结构来减少不确定性，它确定和限制了人们的选择集合"。① 制度本身含有某种伦理原则和价值诉求，其首要的价值便是公正。政府应该通过制度公正以确保社会公正的最终实现。另一方面，理念意义上的社会公正只有物化为具体的制度才具有现实的意义。人类之所以需要公正制度的作用，根本原因是由于世俗的人们并非每个人都自愿承担起责任，公正法则是确保社会和平与和谐的必要而充分的条件，因为完全地贯彻了这个法则，大量的个人意志，包括个人的功利意志就能在人们的自由行动中实现完美的和谐。康德坚定地认为法律正当性的根据是公正而不是功利，建立强制性的国家法律体系的理由最终要由作为道德法则的公正来说明。

当然对于制度的功能，我们不能仅从消极的规范意义分析，因为有效制度的基本功能是通过理顺人们之间的相互关系，提供激励动力，保障人们的自由不受障碍，搭建人们"竞争，合作"的社会平台，拓展人们创造力发挥，发展的自由空间来解放人，发展人的能力。制度对公民的有害行为进行禁止是其重要功能，但这正是每个公民自由发挥，发展创造力之必须，因为只有禁止某些社会成员妨碍他人自由的自由，才能保障人们普遍正当的自由，只有限制人们因信息不完全而产生的机会主义，降低不确定性风险，才能确定人们相互行为的稳定预期，陌生人之间才能信任，才能保证契约的订立和实施，才有广泛的社会联系和广阔的合作空间供人民自由发挥，发展创造力。

总之，以人为本意义深刻，内涵丰富，集根源论、目的论、主体论、途径论、保障论诸方面的蕴含于一身，有一种"致广大而尽精微，极高明而道中庸"的学理和价值特质，代表着当代马克思主义对人的本质、价值、意义和尊严认识的最高成果。

2. 以人为本的伦理进步性

"以人为本"与"以物为本"、"以钱为本"、"以官为本"、"以己为本"，乃至于与"以虚假的共同体为本"相对立，突出了在社会历史发展中人民群众是历史的创造者、人民群众是社会发展的价值主体，也突出了

---

① ［美］道格拉斯·C. 诺思：《制度变迁与经济绩效》，上海三联书店1994年版，第3页。

对人民群众包括每个个人的人文关怀和价值关怀，因而是一种先进的伦理思想，并成为科学发展伦理思想的核心和基本伦理原则。以人为本，以实现人的全面发展为目标，从人民群众的根本利益出发谋发展、促发展，不断满足人民群众日益增长的物质文化需要，切实保障人民群众的经济、政治和文化权益，让发展的成果惠及全体人民。2006 年 4 月在美国耶鲁大学的演讲中，胡锦涛指出："今天，我们坚持以人为本，就是要坚持发展为了人民、发展依靠人民、发展成果由人民共享，关注人的价值、权益和自由，关注人的生活质量、发展潜能和幸福指数，最终是为了实现人的全面发展。"[1] 以人为本的"人"，是指最广大人民群众。以人为本的"本"，就是根本，就是出发点、落脚点，就是最广大人民的根本利益。以人为本，凸显了中国特色社会主义的发展理念、执政理念和价值观念。

以人为本科学地回答了相信谁、依靠谁、为了谁等根本问题，它坚持发展为了人民，发展依靠人民，发展成果由人民共享的原则，并把关注人的价值、权益和自由，关注人的生活质量、发展潜能和幸福指数置于十分重要的地位，以实现人的全面发展为根本的价值目标。

首先，以人为本把人作为发展的根本目的。它坚持人的价值核心和社会本位地位，把人的生存和发展作为最高目标，一切为了人，一切服务于人。它坚持以人作为社会发展的最高价值评价尺度，把人作为社会发展的最终依据和核心价值，把提高人的素质作为社会发展的根本途径和目标追求。以人为本体现了社会主义伦理文化的主体价值和时代的道德进步性。

其次，以人为本把为最广大人民群众谋利益作为发展的最高价值追求。"以人为本"中的"人"不是抽象的人，而是最广大的人民，"本"是指根本、本体和目的，实质是指人民群众的根本利益，因此实现好、维护好、发展好最广大人民的根本利益是"以人为本"的内在要求和本质内涵。"从人民群众的根本利益出发谋发展、促发展，不断满足人民日益增长的物质文化的需要，切实保障人民群众的经济、政治和文化权益，让发展的成果惠及全体人民。"[2] 实现最广大人民群众的根本利益，是中国

---

[1]　胡锦涛：《在美国耶鲁大学的演讲》，《十六大以来重要文献选编》（下），中央文献出版社 2008 年版，第 426 页。

[2]　胡锦涛：《在中央人口资源环境工作座谈会上的讲话》，《十六大以来重要文献选编》（上），中央文献出版社 2005 年版，第 850 页。

共产党的根本宗旨，也是马克思主义群众观点和价值原则、价值取向的根本所在。

最后，以人为本强化了人的全面发展的最高道德理念。以人为本把促进人的全面发展作为社会和人的发展的根本目的，把社会的经济、政治、文化的发展，归于满足人的全面发展的需要。人的全面发展是"以人为本"发展观理论的伦理道德支撑。人的全面发展是指每个人都能得到自由、完整、充分、和谐的发展。促进人的全面发展，使人的各种需要得到满足，人的尊严、自由得到充分实现。人的全面发展是发展社会生产力和经济文化的终极目标，是社会发展的最高原则和最高评价标准。

以人为本集尊重人、为了人、依靠人、提高人于一体，凸显了人在道德生活和整个社会生活中的地位和价值。

3. 人的全面发展是以人为本的价值目标

以人为本的根本着眼点，就是促进人的全面发展，以人为中心，以人为目的，以人的发展状态作为衡量社会进步程度的根本标志。以人为本的科学发展观，就是坚持以不断满足人的全面需求、促进人的全面发展作为发展的根本目的。胡锦涛指出："坚持以人为本，就是要以实现人的全面发展为目标，从人民群众的根本利益出发谋发展、促发展，不断满足人民群众日益增长的物质文化需要，切实保障人民群众的经济、政治和文化权益，让发展的成果惠及全体人民。"① 以人为本的目的在于促进和实现人的全面发展，促进人的全面发展是以人为本的实质和宗旨。

"人的全面发展"是马克思一生始终关注的一个重要问题。在唯物史观科学体系中，人的自由和全面发展是历史发展进步的标志。以人的发展为尺度考察社会的发展，是马克思主义的基本观点之一。马克思从人的发展角度把社会进步概括为三个历史阶段：一是人的依赖关系占统治地位的阶段。在这一阶段，个人没有独立性，直接依附于一定的社会共同体。人与人之间的联系只限于共同体内部，只是在孤立的地点上和狭窄的范围内发生的地方性联系。在这种原始的社会关系下，无论个人还是社会，都不能想象会有自由而充分的发展。二是以物的依赖关系为基础的人的独立性

---

① 胡锦涛《在中央人口资源环境工作座谈会上的讲话》（2004 年 3 月 10 日），《十六大以来重要文献选编》（上），中央文献出版社 2005 年版，第 850 页。

阶段。在这一阶段，形成了普遍的社会物质交换、全面的关系、多方面的需求以及全面的能力体系。但由于社会关系以异己的物的关系的形式同个人相对立，人的发展依然受到社会关系的束缚和压抑。三是建立在个人全面发展和他们共同的社会生产能力成为社会财富这一基础之上的自由个性阶段。在这一阶段，社会关系不再作为异己的力量支配人，而是置于人们的共同控制之下。人们将从自觉、丰富、全面的社会关系中获得自由、全面的发展。

马克思在《1844 年经济学哲学手稿》中提出，共产主义是使人以一种全面的方式，作为一个完整的人占有自己的全面的本质。《德意志形态》则进一步认为，自由活动在共产主义者看来，这是"完整的主体"从全面才能的自由发展中产生的创造性的生活表现。《共产党宣言》则把人的发展概括为：每个人的自由发展是一切人的自由发展的条件，"代替那存在着阶级和阶级对立的资产阶级旧社会的，将是这样一个联合体，在那里，每个人的自由发展是一切人的自由发展的条件"。[①]《资本论》则认为每个人的全面、自由的发展是共产主义的基本原则。

人的全面而自由发展是马克思主义的最高命题。人的全面发展是指每个人、任何人即社会全体成员的全面发展，是人的全面发展与社会的全面发展的统一，包括人的劳动能力的充分发展、人的社会关系的丰富发展、人的个性的自由发展、人的才能的自主发展、人类整体的全面发展等，任何人的职责、使命、任务就是全面地发展自己的一切能力，其中包括思维能力。马克思提出了人的全面发展的理想，指明了实现人的发展的根本途径。

其一，人的全面发展指人的社会关系全面丰富和发展。马克思恩格斯创立唯物史观时明确提出："从现实的前提出发，它一刻也不离开这种前提。它的前提是人，但不是处在某种虚幻的离群索居和固定不变状态中的人，而是处在现实的、可以通过经验观察到的、在一定条件下进行的发展过程中的人。"[②] 在马克思看来，人始终是社会的人，社会始终是人的社

---

① 马克思、恩格斯：《共产党宣言》，《马克思恩格斯文集》第 2 卷，人民出版社 2009 年版，第 53 页。

② 马克思、恩格斯：《德意志意识形态》，《马克思恩格斯文集》第 1 卷，人民出版社 2009 年版，第 525 页。

会。一方面，人的存在离不开社会，人的发展离不开社会的发展，社会生产力及在此基础上所创造的社会物质条件和社会精神文明是人的发展的基础，因而社会所创造的物质文明和精神文明越发达，就越能实现人的全面发展。另一方面，人是社会和社会实践的主体，离开人的实践活动，社会发展根本无从谈起，社会的发展最终仍是为了人的全面发展。马克思认为，人的本质并不是单个人所固有的抽象物，在其现实性上，它是一切社会关系的总和。只有人才有社会关系，人是唯一以社会关系为存在基础的动物。所以，人的全面发展首先就应该包括社会关系的全面丰富和发展。人的全面发展现实地表现为人的社会关系的全面丰富。社会关系的全面丰富则可从两个基本维度进行度量：一是社会关系从内容和形式上的全面发展；二是社会关系的内部协调和谐发展。这既是人的全面发展的内在条件，也是人的全面发展的内在构成。社会关系实际上决定着一个人能够发展到什么程度。人与人之间只有建立起互尊互爱、互惠互利的社会关系，相互尊重人的独立人格、平等权利和自由个性，才能最大限度地实现人的社会性，为"人的类本质"及其才能的全面发展提供内在动力，使人以一种全面的方式，也就是说作为一个完整的人，占有自己的全面的本质。

其二，人的全面发展指人的需要的不断满足和不断发展。马克思认为，需要是人自身的规定性，是促使人们积极从事各项活动的内在动力，需要的发展是促使人全面发展的强大力量，是人的本质力量的新的证明和人的本质的新的充实。"人们为了能够'创造历史'，必须能够生活，但是为了生活，首先就需要吃喝住穿以及其他一些东西。因此第一个历史活动就是生产满足这些需要的资料，即生产物质生活本身。"① 满足人的需要是人实现其自由全面的发展的内在动力和过程，也是促进其全面发展的必要条件。从某种意义上说，人的全面发展也是一种需要和对需要的满足。当然，人的需要常常通过经济活动和利益关系表现出来，经济是社会发展的基础，经济关系即人的全面发展最深刻的基础。实现人的全面发展需要一定的前提条件，包括高度发展的生产力和生产关系，高度发达的政

① 马克思、恩格斯：《德意志意识形态》，《马克思恩格斯文集》第 1 卷，人民出版社 2009 年版，第 531 页。

治关系和文化关系，但归根到底是社会生产力的发展。马克思在批判资本主义制度的同时，也阐述了它所创造的物质条件为人的全面自由发展的更高级社会创造了条件。马克思说：资本家狂热地追求价值的增值，肆无忌惮地迫使人类去为生产而生产，从而去发展社会生产力，去创造生产的物质条件；而只有这样的条件，才能为一个更高级的、以每个人的全面而自由的发展为基本原则的社会形态创造现实基础。满足人的需要不仅要满足人民群众日益增长的物质、文化需要，而且要满足人民日益增长的政治需要，以及人生存和发展的良好的自然生态环境和社会生态环境的需要等。

其三，人的全面发展指人的能力的全面发展。马克思主义认为，人的能力是人类表现和确证自己社会本质的内在力量，是"人的本质力量的公开展示"，"任何人的职责、使命、任务就是全面地发展自己的一切能力，其中也包括思维的能力"。① 人的全面发展是要使社会全体成员的才能得到全面的发展，每个人都无可争辩地有权发展自己的才能。人的发展的全面性决定了发展的内容必须是全面的。人的发展全面性既体现为人的关系、能力和素质等的全面发展，人对自身本质完全而充分的占有，也表现为满足人的发展的多方面需求。全面发挥人的才能，包括通过教育、激励和竞争机制，发挥人的积极性、主动性、创造性等。

其四，人的全面发展指人的个性自由发展。个性的充分发展就是"一切天赋得到充分发展"。要充分发展人的潜力，充分满足人的需要，并使其不断由低层向高层发展，使个人的心理日趋健康、成熟和稳定，使个人的观念、道德和精神得以升华。马克思主义经典作家指出：人的全面发展主要是指每一个现实的人摆脱和超越各种限制，特别是摆脱对"人"和"物"的依赖，从而在关系、能力、素质与个性等方面所获得的普遍提高与协调发展的过程和境界。用马克思的话来说，即人以一种全面的方式，也就是说，作为一个完整的人，占有自己的全面的本质。马克思认为，人类社会的发展就是一个从必然王国向自由王国发展的过程。只有在消灭了私有制和阶级的共产主义社会里，由于社会生产力极大发展，社会财富极大丰富，人们的工作时间极大缩短，而自由时间大大增加，所有人

---

① 马克思、恩格斯：《德意志意识形态》，《马克思恩格斯全集》第 3 卷，人民出版社 1960 年版，第 330 页。

的自由和全面发展才是可能的。

马克思恩格斯把人的自由和全面发展的问题同消灭私有制、实现人类彻底解放的问题联系起来，指出人的个性受压抑，人的发展不完全，都是私有制的产物，是劳动异化的结果。在私有制社会中，人们的发展只能具有这样的形式：一些人靠另一些人来满足自己的需要，因而一些人（少数）得到了发展的垄断权；而另一些人（多数）经常地为满足最迫切的需要而进行斗争，因而暂时（即在新的革命的生产力产生以前）失去了任何发展的可能性。人的自由、全面发展是指作为目的本身的人类能力的发展，意味着他摆脱了旧式分工的局限，掌握了理论的和实践的、体力的和脑力的、领导的和执行的多种职能。个人这种全面发展的力量源泉，并不产生于主观方面，而是来自客观方面，来自社会集体实践活动的需要。马克思恩格斯指出："既然人天生就是社会的，那他就只能在社会中发展自己的真正的天性；不应当根据单个个人的力量，而应当根据社会的力量来衡量人的天性的力量。"① 人是社会性遗传的动物，个人的全面发展必须充分接受和利用人类物质文明和精神文明的成果，而这些成果恰恰是社会提供和传授的；个人的全面发展必须参加多方面的实践，而任何实践的重要特点之一就在于它的社会性。离开了社会共同体，就不可能有个人的全面发展。"只有在共同体中，个人才能获得全面发展其才能的手段，也就是说，只有在共同体中才可能有个人自由。"② 每个人的自由发展是相互依赖、互为条件的，一个人的发展取决于和他直接或间接进行交往的其他一切人的发展。马克思主义认为，人既是手段，又是目的。人总是按照人的尺度来评判历史进步的；社会历史是人的依赖走向物的依赖再走向自由个性的历史，这样的社会历史就是不断解放人的历史，也不断表现着对人的人文关怀和人的终极关怀。马克思主义关于人的解放与人的全面发展的思想实质主要在于：一是把人当作社会历史主体，确立人在世界历史中的主体地位，达到自由生存、自主活动；二是把人作为社会发展的根本目的，使人在创造世界历史中确立自己的主体价值，使每个人的潜能、能力

---

① 马克思、恩格斯：《神圣家族》，《马克思恩格斯文集》第 1 卷，人民出版社 2009 年版，第 335 页。

② 马克思、恩格斯：《德意志意识形态》，《马克思恩格斯文集》第 1 卷，人民出版社 2009 年版，第 571 页。

的发展成为目的本身；三是致力于人类社会发展和个人发展的和谐一致，使人类社会朝着有利于个人和个人朝着有利于人类社会的方向健康发展。这就是社会的全面进步与人的全面发展的完美统一。以人为本是基本的伦理原则和核心伦理观念，人的全面发展是"以人为本"发展观理论的伦理道德支撑。人的全面发展是指每个人都能得到自由、完整、充分、和谐的发展。人的自由发展是作为主体的人的自觉、自愿和自主的发展，是人自身能力、素质和人格的完善；人的完整发展是人的各种需要、素质能力、社会交往关系和品格的协调发展；人的充分发展是人在摆脱了各种盲目力量的束缚，使自己的各种需要得到最大限度满足基础上的最大发展；人的和谐发展是指人与自然、人与社会、人与他人以及人自身各方面关系在协调基础上的均衡发展。促进人的全面发展，使人的各种需要得到满足，人的尊严、自由得到充分实现。人的全面发展是发展社会生产力和经济文化的终极目标，是社会发展的最高原则和最高评价标准。

二　全面协调可持续发展的伦理深蕴

全面协调可持续是科学发展观的基本要求，也是科学发展伦理思想的重要构成。其所以要坚持全面发展、协调发展和可持续发展的发展方向和要求，是在理性总结国内外发展观经验教训基础上所提出来的，代表了一种超越传统发展模式和发展观局限的新的发展方向和努力，也是对我国改革开放以来实践的经验总结和全面建设小康社会的迫切要求。

全面协调可持续作为一种道德观念，认为人类社会的发展绝不是单一的经济运行过程，而是诸种要素交互作用的过程，以单纯的经济增长为目标的发展观在现实生活中造成了一系列消极的后果，不特使人成为经济增长的手段和工具，而且造成了社会关系的全面紧张和社会道德的滑坡与沉沦。要解决日趋深重的道德危机诸如杀鸡取卵、竭泽而渔的短期行为，就必须注重经济社会、人与自然的协调发展和可持续发展，牢固树立人与自然相和谐的观念。并把科技含量高、经济效益好、资源消耗低、环境污染少、人力资源优势得到充分发挥作为新型工业化道路的本质内涵，推动整个社会走上生产发展、生活富裕、生态良好的文明发展道路。

从科学发展观的内在逻辑看，发展不应只是经济上量的增长，还应包括经济结构优化、科技水平提高，人民生活的改善、社会的全面进步。要实现经济社会的全面发展，自然要靠社会主义经济建设、政治建设、文化建设、社会建设、生态建设这样五位一体的建设来实现。所以全面、协调、可持续，构成了科学发展观的基本内涵。所谓全面发展，就是要以经济建设为中心，全面推进经济、政治、文化、社会、生态建设，实现经济发展和社会全面进步，不可偏废其中任何一个方面；所谓协调发展，就是要统筹城乡发展、统筹区域发展、统筹经济社会发展、统筹人与自然和谐发展，统筹国内发展和对外开放，推进经济、政治、文化建设的各个环节各个方面相协调，使之相互衔接、相互促进、良性互动；所谓可持续发展，就是既要考虑当前发展的需要，满足当代人的基本需求，又要考虑未来发展的需要，为子孙后代着想。就是要促进人与自然的和谐，实现经济发展与人口、资源、环境相协调，坚持走生产发展、生活富裕、生态良好的文明发展道路，以保证永续发展。

全面发展、协调发展、可持续发展是中国特色社会主义发展伦理的基石和特点。这种发展伦理主张破除重物轻人、片面追求经济增长的观念，确立以人为本、全面协调可持续发展的观念。全面发展，就是以经济建设为中心，全面推进经济、政治、文化建设，实现经济发展和社会全面进步。协调发展，就是要统筹城乡发展、统筹区域发展、统筹经济社会发展、统筹人与自然和谐发展、统筹国内发展和对外开放，推进生产力和生产关系、经济基础和上层建筑相协调，推进经济、政治、文化建设的各个环节各个方面相协调。可持续发展，就是要促进人与自然的和谐，实现经济发展和人口、资源、环境相协调，坚持走生产发展、生活富裕、生态良好的文明发展道路，实现经济社会永续发展。全面协调可持续发展，内在地蕴含着发展伦理学所强调的"正当"和"善"的价值合理性，突显出合理地追求发展速度和效益，妥善处理各种利益矛盾，兼顾人际、国际、种际之间的利益需求的伦理要义。

全面协调可持续的科学发展伦理思想，要求处理好经济建设、人口增长同资源开发利用、生态环境保护的关系，推动整个社会走上生产发展、生活富裕、生态良好的文明发展道路，实现经济社会发展与环境保护、生态建设的统一。它所蕴含的伦理意义表现在：

一是在全社会大力倡导尊重自然、善待自然的观念。人类永远是自然之子，无时无刻不在享受着大自然的恩泽，人类的生存发展一刻也离不开自然生态系统。我们必须学会尊重自然、善待自然，自觉维护大自然的平衡与和谐。尊重自然、善待自然，其实也就是尊重和善待我们人类自己。

二是在全社会大力倡导科学精神，正确认识自然，尊重自然规律。人类对自然的开发利用和改造永远也不会停止，问题在于如何开发利用和改造自然。这就必须认识自然，尤其是认识自然规律，按自然规律办事。只有在科学认识自然和尊重自然规律的基础上，才可能做到按自然规律开发利用和改造自然，从而实现人与自然的和谐相处。

三是高度重视和加强环境污染的治理与生态建设。面对生态环境遭受严重破坏和环境污染日渐加重的严峻现实，我们应以科学发展观为指导，加大治理环境污染的力度，坚决禁止各种掠夺和破坏自然的做法，坚决改变以破坏资源和环境为代价的粗放型经济增长方式，采取坚决行动保护自然，维护自然生态系统的平衡与和谐。同时，增强全民族的环境保护意识，在全社会形成爱护环境、保护环境的良好风气。

四是大力发展循环经济，建设节约型社会。资源是有限的，要满足人类可持续发展的需要，就必须努力实现自然资源的良性循环和永续利用。应在全社会大力倡导节约资源的观念，培养节约资源的良好风尚，努力形成有利于节约资源、减少污染的生产模式、产业结构和消费方式，构建资源节约型经济体系和资源节约型社会。建设环境友好型社会，就是要以环境承载力为基础，以遵循自然规律为准则，以绿色科技为动力，倡导环境文化和生态文明，构建经济社会环境协调发展的社会体系。环境友好型社会既是一种环境伦理观念，也是经济社会发展和环境保护的实践指南，还是现代公民享受绿色生态环境的权利和价值选择。只有努力建设环境友好型社会，促进生态文明建设的全面协调发展，才能不断满足广大人民享受绿色生态环境权利的需要。

三　统筹兼顾的伦理意义和要求

科学发展观的根本方法是统筹兼顾。"统筹"就是统一筹划；"兼顾"就是全面照顾。"统筹兼顾"就是统揽与筹划大局，兼顾与协调各方关系。统筹城乡发展、统筹区域发展、统筹经济社会发展、统筹人与自然和谐发展、统筹国内发展和对外开放，坚持社会主义市场经济的改革方向，注重制度建设和体制创新。坚持尊重群众的首创精神，充分发挥中央和地方两个积极性。坚持正确处理改革发展稳定的关系，有重点、有步骤地推进改革。坚持统筹兼顾，协调好改革进程中的各种利益关系。

1. 统筹兼顾思想的提出与发展

统筹兼顾是我们党的一贯思想。20 世纪 50 年代，毛泽东在《论十大关系》提出社会主义建设的基本方针即是"统筹兼顾，各得其所"，并认为"这是一个战略方针"。① 在《关于正确处理人民内部矛盾的问题》一文中，他专门列出《统筹兼顾适当安排》一节，强调"这里所说的统筹兼顾，是指对于六亿人口的统筹兼顾"。"又发展又困难，这就是矛盾。任何矛盾不但应当解决，也是完全可以解决的。我们的方针是统筹兼顾，适当安排。"② 毛泽东还把统筹兼顾形象地称之为"弹钢琴"，指出"弹钢琴要十个指头都动作，不能有的动，有的不动……要产生好的音乐，十个指头动要有节奏，要互相配合。党委要抓紧中心工作，又要围绕中心工作而同时开展其他方面的工作"。③ 统筹体现的是整体、全局，统筹是兼顾的基础、前提。没有统筹就谈不上兼顾。没有全局观念，把握不住整体，就会被枝节所困扰。统领全局的问题是关键、是起着支配作用的方面，离开整体布局的筹划，就会失去方向。统筹兼顾是"两点论"与"重点论"的有机统一。在具体工作中既要突出重点，又要照顾其他，主次配合，协调一致，使各方面工作有重点、有秩序地向前发展。因为没有局部问题、枝节问题的解决，全局问题不仅不能解决，还会产生新的问题。

邓小平在领导改革开放的新时期，也多次强调统筹兼顾的重要性。指出："现代化建设的任务是多方面的，各方面需要综合平衡，不能单打一。"④ 建设社会主义的现代化强国，我们需要做的事情很多，各种任务之间又有相互依存的关系，如经济与教育、科技，经济与政治、法律等，

---

① 毛泽东：《论十大关系》，《毛泽东文集》第 7 卷，人民出版社 1999 年版，第 186—187 页。

② 毛泽东：《关于正确处理人民内部矛盾》，《毛泽东文集》第 7 卷，人民出版社 1999 年版，第 227、228 页。

③ 毛泽东：《党委会的工作方法》，《毛泽东选集》第 4 卷，人民出版社 1991 年版，第 1442 页。

④ 邓小平：《目前的形势和任务》，《邓小平文选》第 2 卷，人民出版社 1994 年版，第 250 页。

都有相互依存的关系，我们不能顾此失彼。即便是像改善人民的生活，提高人民的收入，也必须建立在发展生产的基础上。"多劳多得，也要照顾整个国家和左邻右舍。解决这类问题，步子一定要稳，要对群众很好地进行引导，千万不能不负责任地许愿鼓动。"① 他把沿海地区加快开放和西部大开发作为"两个大局"提出来，把"先富"带动"共富"作为一个"大政策"，主张统筹兼顾，防止片面性、顾此失彼而导致两极分化。

江泽民同样重视统筹兼顾这一思想，他指出："我们在制定和执行政策时，一定要反复调查，充分论证，统筹兼顾，正确处理国家、集体、个人三者利益的关系，既体现长远的根本的利益，又照顾当前的利益，既考虑国家整体利益，也关心群众的现实要求。"② 他还专题论述了正确处理现代化建设中的十二个关系，并强调社会主义社会是全面发展、全面进步的社会。"改革开放和现代化建设是一个宏伟而复杂的系统工程，各方面工作必须相互协调、相互配合，顾此失彼、畸轻畸重，就不会取得最终的成功。……我们做工作，必须做到统筹兼顾，古人说：'不谋全局者，不足谋一域'，说的就是这个道理。"③

以胡锦涛为总书记的党中央，在新的历史阶段继承和升华了统筹兼顾的思想，把它纳入科学发展观的完整体系，作为"根本方法"赋予其新的内涵。统筹兼顾作为科学发展观的"根本方法"，它既是实现中国特色社会主义总体目标的最重要的方法，也是最重要的手段和途径；既具有很高的抽象性，又具有很强的可操作性。统筹兼顾也是一种社会主义的伦理理念。从各级领导者到每个社会成员，都应当树立大局意识、全局观念，学会自觉地处理整体与局部、中央与地方、社会与个人、集体与个体、眼前利益与长远利益的关系。作为领导者应当以广大人民群众的根本利益、全局利益、长远利益为关注点，善于倾听群众的呼声，千方百计地解除百姓的疾苦；而不能为了所谓短期政绩而牺牲根本、全局和长远利益。这是

---

① 邓小平：《目前的形势和任务》，《邓小平文选》第 2 卷，人民出版社 1994 年版，第 258 页。

② 江泽民：《为把党建设成更加坚强的工人阶级先锋队而斗争》，《江泽民文选》第 1 卷，人民出版社 2006 年版，第 99 页。

③ 江泽民：《论加强和改进学习》，《江泽民文选》第 2 卷，人民出版社 2006 年版，第 307 页。

一种政治道德问题，是作为执政者政治品德高尚还是卑劣的问题。作为企业和公民应当关心国家、集体的利益，自觉地承担社会责任，遵守国家的法纪和有关全局的部署，善于处理在根本利益一致基础上的人民内部矛盾。

2. "五个统筹"的伦理意义

胡锦涛在党的十七大报告中要求："必须坚持统筹兼顾。要正确认识和妥善处理中国特色社会主义事业中的重大关系，统筹城乡发展、区域发展、经济社会发展、人与自然和谐发展、国内发展和对外开放，统筹中央和地方关系，统筹个人利益和集体利益、局部利益和整体利益、当前利益和长远利益，充分调动各方面积极性。统筹国内国际两个大局，树立世界眼光，加强战略思维，善于从国际形势发展变化中把握发展机遇、应对风险挑战，营造良好国际环境。既要总揽全局、统筹规划，又要抓住牵动全局的主要工作、事关群众利益的突出问题，着力推进、重点突破。"[①]

统筹城乡发展的伦理意义表现在促进城乡经济社会发展一体化，实现城乡共同繁荣和协调发展。正确处理工业和农业、城市和农村、城镇居民和农民的各种利益关系，更加注重农村经济社会的发展，解决好"农民真苦，农村真穷，农业真危险"的问题，坚决贯彻工业反哺农业、城市支持农村的方针和对农业、农村采取"多予、少取、放活"的方针，调整农业结构，扩大农民就业，加快科技进步，深化农村改革，增加农业投入，强化对农业支持保护，力争实现农民收入较快增长，尽快扭转城乡居民收入差距不断扩大的趋势，逐步解决城乡二元结构矛盾，实现农业和农村经济的可持续发展。

统筹区域发展的伦理意义表现在深入推进国家区域发展总体战略，逐步形成东中西部相互促进、优势互补、共同发展的新格局。积极推进西部大开发，全面振兴东北地区等老工业基地，大力促进中部地区崛起，积极支持东部地区率先发展，继续发挥各个地区的优势和积极性，通过健全市场机制、合作机制、互助机制、扶持机制，逐步扭转区域发展差距拉大的趋势，引导生产要素跨区域合理流动和产业合理布局，完善区域政策，注重实现基本公共服务均等化，加大国家对欠发达地区财政转移支付力度，

---

① 胡锦涛：《高举中国特色社会主义伟大旗帜，为夺取全面建设小康社会新胜利而奋斗》，《十七大以来重要文献选编》（上），中央文献出版社 2009 年版，第 13 页。

大力扶持革命老区、民族地区、边疆地区、贫困地区经济社会发展，这是社会主义现代化建设的内在要求，也是实现共同富裕的必由之路。

统筹经济社会发展的伦理意义表现在，全面推进经济建设、政治建设、文化建设、社会建设和党的建设，把促进科学发展、社会和谐与加强党的建设有机统一起来，使之相互促进、相互支撑，实现良性互动。进一步发挥政府在促进就业、调节分配、完善社会保障、实现社会公平等方面的作用，在大力推进经济发展的同时，更加注重社会发展，加快科技、教育、文化、卫生、体育等社会事业发展，不断满足人民群众在精神文化、健康安全等方面的需求，把加快经济发展与促进社会进步结合起来。

统筹人与自然和谐发展的伦理意义表现在，高度重视资源和生态环境问题，推动整个社会走上生产发展、生活富裕、生态良好的文明发展道路。坚持节约资源和保护环境的基本国策，处理好经济建设、人口增长与资源利用、生态环境保护的关系。

统筹国内发展和对外开放的伦理意义表现在，善于从国际形势和国际条件的发展变化中把握发展方向、用好发展机遇、创造发展条件、掌握发展全局，做到审时度势、因势利导、内外兼顾、趋利避害，为我国发展营造良好的国际环境。处理好国内发展和国际环境的关系，既利用好外部的有利条件，又发挥好我们自身的优势，利用国际国内两个市场、两种资源，把扩大内需与扩大外需、利用内资与利用外资结合起来，努力实现国内改革发展和对外开放相协调。在国内市场和国际市场联系日益紧密的情况下，我们必须树立全球战略意识，实施互利共赢的开放战略，着力转变对外贸易增长方式，全面提高对外开放水平，扬长避短，趋利避害，在更大范围、更广领域、更高层次上参与国际经济技术合作和竞争，使对外开放更好地促进国内改革发展。

"五个统筹"涉及我国现代化建设的发展格局和总体布局问题，是以胡锦涛为总书记的新一届中央领导集体基于我国改革开放和社会主义现代化建设面临的新形势新任务新挑战而提出来的，反映了对社会主义发展规律和社会主义建设规律认识的深化和对中国特色社会主义理论的新发展。统筹兼顾要求坚持以宽广的胸怀把握全局，审时度势、与时俱进；以辩证的思维分析全局，顺势而为、因势利导；以系统的方法谋划全局，瞻前顾后、统筹安排。

3. 利益协调是统筹兼顾的核心和关键

统筹兼顾的核心和关键是协调好各种利益关系。适应我国社会结构和利益格局的发展变化，形成科学有效的利益协调机制、诉求表达机制、矛盾调处机制、权益保障机制。坚持把改善人民生活作为正确处理改革、发展、稳定关系的结合点，正确把握最广大人民的根本利益、现阶段群众的共同利益和不同群体的特殊利益的关系，统筹兼顾各方面群众的关切。在我国改革发展的关键阶段，经济体制深刻变革，社会结构深刻变动，利益格局深刻调整，思想观念深刻变化。在这样的情况下，我们要推动科学发展、促进社会和谐，必须更加自觉地运用统筹兼顾的根本方法，正确反映和兼顾不同方面的利益。

在如何处理不同利益主体之间的各种物质利益关系的问题上，毛泽东认为在社会主义社会，国家、集体和个人三者之间的矛盾是在根本利益一致的基础上的人民内部矛盾。集体主义原则要求把国家利益和集体利益放在第一位，个人利益要服从集体利益，局部利益要服从整体利益。同时，集体是由个人组成，整体利益不能脱离个人利益。国家、集体和个人利益间应统筹兼顾。1998 年，江泽民在《纪念党的十一届三中全会召开二十周年大会上的讲话》中把有效化解利益关系当作深化改革的重要前提，指出："改革越深化，越要正确认识和处理各种利益关系，把个人利益与集体利益、局部利益和整体利益、当前利益和长远利益正确地统一和结合起来，把最广大人民群众的切身利益维护好、实现好、发展好。"① 在庆祝中国共产党成立八十周年大会上的讲话中，江泽民进一步强调指出："人民群众的整体利益是由各方面的具体利益构成的。我们的所有政策措施和工作，都应该正确反映并有利于妥善处理各利益关系，都应认真考虑和兼顾不同阶层、不同方面的利益。但是，最重要的是必须首先考虑并满足最大多数人的利益需求，这始终关系党的执政的全局，关系国家经济、政治、文化发展的全局，关系全国各族人民的团结和社会安定的全局。最大多数人的利益是最紧要和最具有决定性的因素。"② 胡锦涛在《努力实

① 江泽民：《二十年来我们党的主要历史经验》，《江泽民文选》第 2 卷，人民出版社 2006 年版，第 262 页。

② 江泽民：《在庆祝中国共产党成立八十周年大会上的讲话》，《江泽民文选》第 3 卷，人民出版社 2006 年版，第 279—280 页。

现"十一五"时期发展目标，推动经济社会又快又好发展》中强调指出："要加强统筹协调，提高处理利益关系的能力。要深入分析研究改革发展中出现的利益关系和利益格局调整，正确处理中央和地方、地方和地方、部门和地方、部门和部门之间的关系，正确处理局部和全局、当前和长远的关系，正确处理不同群众之间的关系，全面把握和妥善解决来自各方面的利益诉求，把最广大人民群众的根本利益实现好、维护好、发展好，把各方面的积极性引导好、保护好、发挥好。"① 建立健全社会利益协调机制，妥善协调各方利益关系，事关有中国特色社会主义事业发展全局。

改革开放三十年来，社会经济的发展和进步导致了社会分化，打破了传统社会结构，也带来了社会成员的利益分化，不同阶层的自身利益需求日益显著，社会利益格局发生深刻变化，在各阶层的利益诉求过程中不可避免地产生了矛盾和冲突。不同阶层之间的矛盾以城乡矛盾、地区矛盾、劳资矛盾、行业矛盾、干群矛盾等形式体现出来，总体都属于阶层分化诱致的深层社会矛盾，核心是不同阶层和群体的利益关系。随着社会各阶层自我意识增强而来的是对自身利益的主动追求，这样阶层之间以利益为核心的矛盾冲突，就从模糊的认识转变为实际的竞争行为，利益博弈由此产生。进入 21 世纪后利益博弈在国内已成显性行为，主要体现在"利益集团"的概念得到更多人的认同并流传，集团利益博弈代替了松散的利益碰撞和竞争。由于加入 WTO 关系到各行业、各方面的切身利益，而且影响将是长期的，各种利益群体不得不将自己的利益诉求表露出来。种种现象表明，当代中国利益集团已经跨越了潜伏期，正以直接或者间接的方式对社会政治生活产生显著的影响。利益集团不再讳莫如深，它们不再掩饰自己的利益诉求行为，游说行为日益显性化，官员、学者、媒体等都成为游说对象，以获取支持或在其中寻找代言人。同时，利益集团对政策的影响、不正当竞争手段等，也增加了社会政治生活的变数。不能不承认现在利益集团现象存在的主要问题是，在利益博弈中存在较严重的利益失衡。利益博弈主要依靠资源，资源多寡往往决定了博弈中的得失比例。而当前各阶层、各利益群体在政治资源、经济资源、文化资源的占有方面存在严

---

① 胡锦涛：《努力实现"十一五"时期发展目标，推动经济社会又快又好发展》，《十六大以来重要文献选编》（中），中央文献出版社 2006 年版，第 1105 页。

重的不均衡，拥有较少资源的群体往往利益受损。于是，社会上出现了一些利益博弈不均衡或者不公正的现象，引起了较大范围"利益分配不公"的呼声。强势利益集团向社会渗透的能力很大程度上也影响社会公正，它们甚至能够在某种程度上俘获政府而获得具有明显利益倾向性的政策。

统筹兼顾各方面的利益，一方面是承认各方利益存在这一事实；另一方面说明这些利益有时候是协调的，有时候是矛盾的，需要统筹兼顾。统筹兼顾就是要设计出一套规则、制度或社会规范，让各方面利益，包含地区利益、部门利益、行业利益等，无论是群体、地区、部门、企业还是个人，在追求自己利益最大化的同时，服从国家和人民的利益，承认其利益，甚至鼓励实现其自身利益，但是要服从国家设计的制度规范。统筹兼顾各方面利益，至少有三重含义，其一是通过体制改革，在不损害任何个人或集团利益的情况下增进其他人或集团的福利，这也就是经济学中常说的实现"帕累托改进"的制度变迁；其二是对那些改革中利益受到损害的个人或群体进行补偿，同时增进社会中大多数人的福利；其三是对那些追逐局部利益时严重损害整体利益的集团实行强制性监管。统筹兼顾各方利益还意味着不断挤压利益集团的负面作用，放大其正面效果。达到这一目标的根本途径之一，就是政府通过法律或规则，鼓励新兴利益集团的出现，缩小既得利益集团的规模，减弱其在市场上的影响，形成众多力量的合理博弈。其实，早在两千多年前，西汉名臣贾谊在《治安策》中，就给出了剔除既得利益集团不利影响的根本性或原则性思路："欲求天下之治安，莫若众建诸侯少其力。"

集体行动理论有一个基本观点，那就是经济发展的快慢和利益集团追求狭隘利益的行为有很大关系。如果对利益集团的有害行为不加以约束，任其无限制地发展，它就会为了追求自身的利益而不惜危及整个社会利益和国家利益。如果一个国家充斥着大量这样的狭隘利益集团，这个国家的经济发展就会受到严重的掣肘。集体行动理论奠基者奥尔森强调指出，齐心协力而不是相互拆台彼此掣肘，大家的利益就能够得到保证，从而经济也就能够得以长期协调发展，否则等待人们的便是经济停滞甚至倒退。在这个过程中，关键的是要有一套好的规则，让总是力求使自身利益最大化的个人或集团，在这样做的同时也能够为国家社会的整体利益作出应有贡献。

统筹兼顾各方利益，要求我们正确把握和处理好各种关系。

一是要正确认识和处理当前发展和长远发展的关系。把当前利益和长远利益结合起来，既要考虑当前发展的需要，又要考虑未来发展的需要；既要遵循经济规律，又要遵循自然规律；既要讲究经济社会效益，又要讲究生态环境效益。坚持实现阶段性目标和促进可持续发展的有机统一，满足人民物质文化需要和促进人的全面发展的有机统一。要抓紧解决当前经济社会发展中亟待解决的突出矛盾和问题，同时要着眼未来发展，坚决防止急功近利的短期行为。要从人民群众的根本利益出发，着眼于满足人民群众的需要和促进人的全面发展，着眼于实现现阶段的发展目标和促进可持续发展，切实为人民群众创造良好的生产生活条件，保证有利于中华民族的长远发展。

二是要正确认识和处理局部利益和全局利益的关系。全国经济社会发展是一个整体，从根本上说，全局利益和局部利益是一致的。局部要服从全局，全局要照顾局部，要兼顾局部利益和全局利益，努力实现局部利益和全局利益的良性互动。要坚持全国一盘棋，充分发挥中央和地方两个积极性。中央在作出重大部署、制定方针政策时，既要考虑全局利益和长远利益，也要照顾不同地区、部门的特点和利益，区别对待。地方要充分发挥各自的积极性、主动性、创造性，因地制宜地做好工作，但必须坚决维护中央的统一领导，维护中央权威，自觉维护国家的整体利益。要不断增强在大局下行动的自觉性，坚决克服有令不行、有禁不止的现象。只有把中央和地方两个积极性都发挥好，才能把中国的事情办好。

三是要正确认识和处理发展的平衡和不平衡的关系。平衡与不平衡的辩证运动是事物发展的重要特征。事物发展是一个从不平衡到相对平衡再到不平衡的循环往复的过程。实践表明，经济社会发展尤其是大国的经济社会发展，既不是毫无波折的平衡增长过程，也不是一边倒的绝对非均衡增长过程。我国地域广阔，人口众多，不同的地域、群体、行业和领域，因发展起点、资源条件和自然环境以及资金、人力、知识等方面的差异，不平衡发展是必然的。我们要把经济社会发展看作是一个动态过程，深刻认识平衡是相对的，不平衡是绝对的，把握经济社会发展中平衡与不平衡的辩证关系，既善于调动各方面发展的积极性，鼓励抓住机遇加快发展，又努力实现均衡发展，注重发展的协调性和稳定性。坚持因地制宜，因人制宜，因时制宜，不强求一律，不搞齐步走、一刀切，防止顾此失彼。正确认识和妥善处理重要利益关系，充分考虑不同地区、不同行业、不同群体的利益要求，善于把握各方利益的结合点，使各个方面的利益和发展要求得到兼顾。要坚持既突出重点，又兼顾全面；既巩固已有的基础和优势，又要着力加强薄弱环节；既善于调动各方面发展的积极性，抓住机遇加快发展，又注重持续稳定发展，努力实现发展的均衡性。

我国是世界上人口最多的国家，又是正处于全面建设小康社会的社会主义国家。人口众多，使我们要让全体社会成员享受到小康生活水平的任务极其艰巨；而共同富裕的制度本质，又要求我们不能建立一个少数人小康甚至少数人高度富裕的社会，而是一个惠及全体人民的全面小康社会。与全面建设小康社会的任务相比，目前我们面临的最大矛盾恰恰是"不全面"和"不平衡"。这其中又以工农差别和城乡差别最为突出。因此，不论从我们全面建设小康社会的任务出发，还是就经济发展的成果要让更多的人来分享的伦理标准而论，今后一个时期我国社会经济发展除了要解决好城市弱势群体的经济贫困问题外，其重点显然在农村，尤其是经济欠发达的广大中西部地区的农村。

我们要推动科学发展、促进社会和谐，必须更加自觉地运用统筹兼顾的根本方法，正确反映和兼顾不同方面的利益。统筹个人利益和集体利益、局部利益和整体利益、当前利益和长远利益，正确处理最广大人民的根本利益、现阶段群众的共同利益和不同群体的特殊利益的关系，善于兼顾和统筹不同方面的利益要求。只有坚持统筹兼顾，我们才能真正处理好我国这样一个十几亿人口的发展中大国的改革发展稳定问题，真正处理好全体人民的根本利益和各方面的具体利益问题，从而把各方面的积极性充分发挥出来，更好地推进党和国家事业发展。

第二节　和谐社会伦理的价值理念和关系类型

社会主义和谐社会是一种内含伦理要素同时又需要伦理建设的社会，是一种与伦理相关，既立于伦理的基础之上又指向伦理的价值目标，集伦理的内生性和外需性、基础性和目标性于一体的社会。和谐社会是人之最深刻的道德需要和价值期盼，表达着人的道德追求和对幸福生活的向往，也需要通过唤醒人的道德自觉和艰苦奋斗来达成，或者说，只有在道德的追求和道德的基础上并通过道德的努力才可能真正建设和谐社会。

一　社会主义和谐社会的提出及意义

和谐自古以来既是人类追求的社会目标，也是人类追求美好生活的重要条件。

"和谐"由"和"和"谐"两字组成。"和"者，和睦也，有和衷共济之意；"谐"者，相合也，有顺和、协调、无抵触、无冲突之意。一般地说，"和谐"是事物之间特别是人与人、人与自身、人与社会、人与自然之间一种有序、均衡、协调的秩序和状态。和谐是一种事物之间和各种关系之间相互影响、相互作用的一种共存状态，是事物之间和各种关系之间一种各安其位、各守本分、各司其职的优良的秩序，是事物之间和各种关系之间一种相互协调、相互促进的合作与共赢状态。和谐就其本质而论是差异性中的和合、协调，是多样性中的和美融洽。"和谐构成成分是多元的，而非一元的。在绝对统一的一元化整体中，和谐没有存在的余地。那种试图使系统或共同体成为一个绝对统一的一元化整体努力，只会从根本上消解和谐的根基。……构成和谐的主体或因素不仅是多元的，而且彼此之间是各不相同的，存在着差异性。和谐不是清一色，而是基于差异性的多样性，正因为如此，和谐是美的。清一色的事物也可能构成一种秩序，但那种秩序可能是整齐，而不可能是和谐。和谐是基于差异性、多样性并尊重个性构建的秩序。无差异就无多样，无多样则无和谐。"①

从思想史上看，古今中外的一些思想家都有过社会和谐的理想追求。例如，古希腊柏拉图的"理想国"，中国老子的"小国寡民"，以及孔子及其儒家关于社会和人与人之间的"中和"主张，甚至还论及"天下为公、选贤与能、讲信修睦"的"大同"社会（《礼记·礼运》）。特别是在近代空想社会主义者那里，"和谐"就是他们主张的未来社会的代名词，并且还分别在《乌托邦》和《太阳城》等著作中，进行过这方面的具体、生动的设想和描写。1803年，法国空想社会主义者傅立叶发表《全世界和谐》一文，认为资本主义制度是不合理、不公正的，将被新的

---

① 江畅：《幸福与和谐》，人民出版社2005年版，第5—6页。

"和谐制度"所代替。1824 年，英国空想社会主义者欧文在美国印第安纳州搞空想社会主义试验的公社，以"新和谐"命名；1842 年，德国空想共产主义者魏特林在《和谐与自由的保证》一书中把社会主义称为"和谐与自由的社会"，并指出新社会的"和谐"是"全体和谐"。马克思和恩格斯在《共产党宣言》中，把空想社会主义"提倡社会和谐"，看作是"它们关于未来社会的积极主张"。

马克思主义创始人依据社会形态理论，认为只有在取代资本主义对抗性社会形态的未来共产主义社会，才能真正实现社会和谐。经过生产力的高度发展，在打碎资产阶级国家机器、消灭私有制、消灭阶级和阶级差别、消除"三大差别"的基础上，社会财富极大丰富，人们的精神境界极大提高，每个人都将得到自由而全面的发展，那时会出现和谐社会。他们在《共产党宣言》中指出："代替那存在着阶级和阶级对立的资产阶级旧社会的，将是这样一个联合体，在那里，每个人的自由发展是一切人自由发展的条件。"其中，"代替那存在着阶级和阶级对立的资产阶级旧社会的"，是说明在对抗性社会形态里不会出现社会和谐。"每个人的自由发展是一切人自由发展的条件"，是说这种高度的社会和谐，只有在共产主义高级阶段才能实现。马克思主义指出，未来理想社会是社会生产力高度发达和人的精神生活高度发展的社会，是每个人全面发展的社会，是人与人和谐相处、人与自然和谐共生的社会。这就是说，社会和谐是科学社会主义的应有之义。不过，马克思主义关于社会和谐的思想，只是深蕴于他们对未来社会的原则性的科学预见之中，诸如未来社会是"自由人的联合体"、是"由必然王国向自由王国的飞跃"，等等。

2002 年江泽民访美时，在乔治·布什总统图书馆的演讲中谈道："中国先秦思想家孔子就提出了'君子和而不同'的思想。和谐而又不千篇一律，不同而又不相互冲突。和谐以共生共长，不同以相辅相成。和而不同，是社会事物和社会关系发展的一条重要规律，也是人们处世行事应该遵循的准则，是人类各种文明协调发展的真谛。"① 这一阐述深刻地揭示了社会主义和谐社会的精义：在社会主义社会里，客观上存在不同的社会

---

① 江泽民：《和而不同是人类各种文明协调发展的真谛》，《江泽民文选》第 3 卷，人民出版社 2006 年版，第 522 页。

分工和不同的利益主体，但他们是根本利益一致基础上的不同，社会主义和谐社会就是要在尊重不同，尊重个性，尊重多样性，尊重不同主体的独立、自由发展的前提下，追求和谐以共生共长，不同以相辅相成。

中共十六大报告第一次明确把"社会更加和谐"列为全面建设小康社会的一个重要目标。2004 年 9 月，党的十六届四中全会明确提出了构建社会主义和谐社会的任务，强调形成全体人民各尽其能、各得其所而又和谐相处的社会是巩固党执政的社会基础、实现党执政的历史任务的必然要求，明确了构建社会主义和谐社会的主要内容。这是我们党第一次明确提出构建社会主义和谐社会的重大战略任务。2005 年 2 月，在中共中央党校举办的省部级主要领导干部提高构建社会主义和谐社会能力专题研讨班上，胡锦涛发表重要讲话，第一次明确提出了"四位一体"的中国特色社会主义事业的总体布局和社会主义社会建设的理论概念，以及构建社会主义和谐社会的总目标、总要求。讲话指出："构建社会主义和谐社会，关系到最广大人民群众的根本利益，关系到巩固党执政的社会基础、实现党执政的历史任务，关系到全面建设小康社会的全局，关系到党的事业兴旺发达和国家的长治久安。"① 2005 年 2 月 21 日，中央政治局围绕构建社会主义和谐社会开展了第 20 次集体学习。胡锦涛强调，要加强对构建社会主义和谐社会所涉及的社会结构、社会利益关系和社会稳定等重大问题的调查研究，加强对我国历史上和国外关于社会建设问题及其积极成果的理论研究和借鉴，第一次明确提出社会主义和谐社会建设要注意研究和借鉴我国历史上和国外关于社会建设问题的积极成果。2005 年 10 月中旬，胡锦涛在党的十六届五中全会上的讲话中，突出强调了加强统筹协调、提高处理利益关系的能力。他指出，要从解决关系人民群众切身利益的现实问题入手，扎扎实实推进社会主义和谐社会建设。这是第一次明确了提高协调各方面利益关系的能力是加强党对构建社会主义和谐社会领导的一项重要内容。

2006 年 10 月，十六届六中全会审议通过的《中共中央关于构建社会主义和谐社会若干重大问题的决定》，全面、深刻地阐明社会主义和谐社会的性质和定位，指明构建社会主义和谐社会的指导思想、

---

① 胡锦涛：《在省部级主要领导干部提高构建社会主义和谐社会能力专题研讨班上的讲话》，《十六大以来重要文献选编》（中），人民出版社 2006 年版，第 699—700 页。

目标任务、工作原则和重大部署。2007 年 10 月，党的十七大再次强调构建社会主义和谐社会的重要性，并对以改善民生为重点的社会建设作了全面部署。

建设和谐社会是中国现代化建设之必然要求。随着我国经济的快速发展，以资源和自然环境损害为代价技术理性的负面效应日益突出，社会不和谐因素日益增多。主要表现：一是经济增长与社会事业不和谐，经济增长与分配不和谐，经济增长与就业状况不和谐；二是经济增长与人的发展不和谐，尤其是人的观念与经济和社会的真实需求相脱节，一方面是效率至上，利己主义泛滥；另一方面则是平等、公平、互助、正义等理念一定程度被忽略。以上问题与矛盾的解决，迫切需要建设社会主义和谐社会。建设惠及十几亿人口、全体人民各尽其能、各得其所而又和谐相处的和谐社会，是中国社会主义现代化建设的迫切需要。

建设和谐社会是人类对工业文明价值反思之必然结果。20 世纪的工业文明的确为人类催生了巨大增长的物质财富，造就了高度发达的科学技术，为生活质量的普遍提高提供了物质基础，也为人类的物质生活和精神生活的和谐，人与自然的和谐创造了条件。但是工业文明毕竟是以功利最大化追求为根本价值取向，导致人与自然关系紧张，人的身心不和谐等后果。面对由此形成的生态危机、人文危机，人类痛定思痛，越来越认识到现在面临的迫切任务已经不是为人类寻求传统意义上的生存之策，亦非追求微观利益增长的趋利之道。而是应当把主要的研究力量用在致力于解决经济、人文、自然三者的和谐、持续发展方面。随着物质财富大量增长而来的财富本身效用的下降，人与人、人与自然之间的关系和谐变得越来越重要，人类迫切需要走出功利境界局限，追求天人共富，身心和谐的和谐境界。

构建社会主义和谐社会，是对传统社会主义教条主义思维模式的突破。无论是苏联和东欧的传统社会主义理论和实践，以及中国改革开放前的传统社会主义理论和实践，都犯有严重的教条主义错误，即把马克思、恩格斯经典著作中所描述的关于科学社会主义的理论构想，作为现实社会主义实践中不可动摇的原则去贯彻，特别是忽视了现实的社会主义国家都是从生产力比较落后的非资本主义国家转变而来的，这样一个客观的现实条件和基础。以邓小平、江泽民为代表的中国共产党人不断通过总结国内外社会主义实践中教条主义错误的教训，开始以经济、政治和文化三位一体的中国特色社会主义建设。以胡锦涛为代表的中国共产党人根据国际国内历史条件的变化和中国新历史征程客观需要，适时提出的社会主义和谐社会理论，使中国特色社会主义建设进入到经济、政治、文化、社会四位一体，从而真正体现马克思主义与时俱进的理论品质。

构建社会主义和谐社会，体现的是社会主义本质特征的和谐属性。在社会主义和谐社会理论的视域中，富强、民主、文明、和谐是社会主义四位一体的重要特征。构建社会主义和谐社会的命题强调社会主义现代化建设的总体布局，由物质文明、政治文明、精神文明建设的"三位一体"深化拓展为包括和谐社会建设在内的"四位一体"。由此深化了现代化建设的战略格局，反映了党对社会主义本质的新认识新发展，进一步充实创新了中国特色社会主义的理论体系。建设社会主义物质文明、政治文明、精神文明，可以为构建社会主义和谐社会提供坚实基础；构建社会主义和谐社会，又可以为建设社会主义物质文明、政治文明、精神文明提供重要条件。

实现社会和谐，建设美好社会，始终是人类孜孜以求的社会理想，也是包括中国共产党在内的马克思主义政党不懈追求的社会理想。

二　社会主义和谐伦理的关系类型

和谐伦理，是关于什么是和谐、为什么需要和谐与怎样达致和谐的伦理思考及其由此所形成的道德原则规范等的总和，其主旨在于调节人与人、人与自身以及人与自然之间的相互关系并使之和谐相处、互动共生。和谐伦理认为，向往和谐，追求和谐，实现和谐是人类的理想和目标。作为一个催人奋进的价值目标，和谐集聚了人类诸多价值理性和善的理念，表达着人类对自身生活状况的价值期盼和伦理设定。同时和谐还是一种现实关系的合理状态和人与各种关系的理想化实现，是一个人伦关系和社会关系相融互补、和平共处的状态和发展过程。和谐本身既是一个实质性的伦理观念，也是一个需要伦理支撑和伦理精神保障的道德范畴。从某种意义上说，和谐不能够自动和自发生成，和谐的达成是人们伦理努力和道德奋斗的结果，和谐的维系需要人们不断地道德付出和奉献，甚至包含必要的忍耐与节制。和谐的价值是伦理关系颇具永恒性和持久性的价值，为了和谐，一些利益上的付出乃至牺牲都是有价值的。当然，和谐并不是同一或绝对一致，和谐也不是没有矛盾，真正的和谐应该是包含了差别和差异的中和，应该是各种因素、关系各方共存共处共发展的"保合太和"。

中国历史上，儒家有丰富的和谐伦理思想，强调"礼之用和为贵"，有"天时不如地利，地利不如人和"的价值主张与倡导。《易经》"兑"卦中，"和"是大吉大利的征象，就已蕴涵丰富的和谐伦理思想。《周易·乾卦文言传》有言："夫大人者，与天地合其德，与日月合其明，与四时合其序，与鬼神合其吉凶。先天而天弗违，后天而奉天时。"这里所言及的"与天地合其德"即是早期的和谐伦理思想。在西周末年（约公元前 7 世纪），伯阳父（史伯）同郑桓公谈论西周末年政局时，提出"和实生物，同则不继"的思想。指出西周将灭，就是因为周王"去和而取同"，去直言进谏的正人，而信与自己苟同的小人。他第一次区别了"和"与"同"的概念，指出："以他平他谓之和，故能丰长而物归之。若以同裨同，尽乃弃矣。""以他平他"，是以相异和相关为前提的，相异的事物相互协调并进，就能发展；"以同裨同"则是以相同的事物叠加，其结果只能是窒息生机。孟子主张由爱而孝，由孝及忠，由家而国而天下，"亲亲而仁民，仁民而爱物。"[①] 宋儒张载指出："性者万物一源，非有我之得私也。惟大人能尽其道。是故立必俱立，知必周知，爱必兼爱，成不独成。"[②] 人之为人在于人性，天地万物之为天地万物在于物性，人性物性同宗同源，所以"爱必兼爱"，不仅应当爱己、爱亲，而且更应当爱他人、爱万物。张载提出了"民胞物与"的理论，《正蒙·乾称》有言："乾称父，坤称母，予兹藐焉，乃浑然中处。故天地之塞，吾其体；天地之帅，吾其性。民吾同胞，物吾与也。"此言人处于天地之间，与天地万物为同体同性。故四海之内皆如同胞兄弟，万物是吾侪辈族类，仁爱之心包容一切人、遍及一切物。朱熹对孟子的仁民爱物亦作出了自己的发挥，指出："仁如水之源，孝弟是水流底第一坎，仁民是第二坎，爱物则

---

① 《孟子·尽心上》。

② 张载：《正蒙·诚明》，参见《张载集》，中华书局 1978 年版，第 21 页。

三坎也。"① 这种人我平等、物我一如的博爱倾向，使儒家的推己及人之胸怀达到了相当的高度，并产生了深远影响。王阳明以和谐说大人，指出："大人者，以天地万物为一体者也，其视天下犹一家，中国犹一人焉。……大人之能以天地万物为一体也，非意之也，其心之仁本若是，其与天地万物而为一也。……是故见孺子之入井，而必有怵惕恻隐之心焉，是其仁之与孺子而为一体也；孺子犹同类者也，见鸟兽之哀鸣觳觫而必有不忍之心焉，是其仁之与鸟兽而为一体也；鸟兽犹有知觉者也，见草木之摧折而必有悯恤之心焉，是其仁之与草木而为一体也；草木犹有生意者也，见瓦石之毁坏而必有顾惜之心焉，是其仁之与瓦石而为一体也。"②"以天地万物为一体"，即人与天地万物同处一个有机的整体之中，因一气相通，故有生之类、无情之属皆是仁心的包容对象。

在西方，和谐伦理思想的源头可以追溯到毕达哥拉斯。他说："美德乃是一种和谐，正如健康、全善和神一样。所以一切都是和谐的。友谊就是一种和谐的平等。"③ 从苏格拉底开始，"和谐"被引入政治和社会领域。柏拉图在《理想国》里阐述了"公正即和谐"的观点。在他设计的"理想国"里，国家是放大的个人，个人是缩小的国家。在理想国内，各个阶层的人应该如同人的灵魂的各部分的器官，各司其职，协调和谐。理想国的目的是要实现理想城邦整体的统一与幸福，和谐、统一是柏拉图认定的最高价值。④ 17 世纪德国哲学家莱布尼茨崇尚和谐，并创立了以单子论为基础的和谐伦理学说。在他看来，上帝在创世之初就已经把宇宙的发展过程预先安排好了，每个"单子"都遵循各自的本性而发展变化，同时自然地与其他一切"单子"的发展变化保持协调，从而形成了和谐的秩序。莱布尼茨的和谐伦理思想包括单子之间的普遍和谐，灵魂与身体之间的和谐，自然与社会的和谐，和谐的"主动性"和"被动性"的统一等内容。

和谐的达成离不开道德的支撑和努力。和谐伦理意味着关系各方摆脱了生存竞争、尔虞我诈、你死我活的敌对状态，进入到了一种和平共处、

---

① 《朱子语类》卷二十，中华书局 1986 年版，第 463 页。
② 王阳明：《大学问》，参见《王阳明全集》下，上海古籍出版社 1992 年版，第 968 页。
③ 北京大学哲学系编：《古希腊罗马哲学》，商务印书馆 1961 年版，第 36 页。
④ 余纪元：《理想国讲演录》，中国人民大学出版社 2011 年版，第 78 页。

和谐共生、合作共赢的状态。这种状态一般来说并不是自然的馈赠，而是建设性的成就，是需要关系各方共同努力营造的。作为诸种关系的主体，人在和谐伦理建构中起着尤为重要的作用。人是名副其实的社会动物，人的本质是各种社会关系的总和。马克思说："动物和自己的生命活动是直接同一的。动物不把自己同自己的生命活动区别开来。它就是自己的生命活动。人则使自己的生命活动本身变成自己意志的和自己意识的对象。他具有有意识的生命活动。这不是人与之直接融为一体的那种规定性。有意识的生命活动把人同动物的生命活动直接区别开来。"① 人是和谐伦理的主体，人也有一种内在的和谐伦理需求。人基于对和谐伦理的需求而释放出追寻和谐、创造和谐的活动能量。人类道德的一系列协调性规范，主旨都是为了和谐或和谐的秩序。利他主义、利群主义、爱国主义、集体主义、世界主义、宇宙主义诸伦理原则和理论的形成，本质上都是出于一种和谐秩序和理想状态的达成。"如果我们想为人类谋求一个安全的未来，我们就不应该采取功利性的原则，按这种原则人就应该追求最多数量和最大限度的幸福。在一个不确定和资源短缺不断增长的世界中，我们必须确立更温和的目标，也就是通情达理的幸福，它包括处于一种良好的存在状态，有自由并能够为实现合理的要求而工作。"② 多元利益主体通过道德的认同和行为选择的协调，形成一种有利于满足人的需要、促进人的发展的社会良好的道德关系和精神氛围，是和谐伦理的核心要义。和谐伦理的基础是诸关系中的各方处于一种相互依存、相互协调、相互促进的状态，而要义是人对这种状态意义的认识和行动实践。人依靠和谐伦理理念及其和谐价值观，可以在诸关系的建构中发挥主体和主动作用，可以采取有效措施化解诸关系的矛盾冲突和紧张状态，使其朝着和谐和睦和合的方向运演，并最终达致和谐的状态。

社会主义和谐伦理，是在人民根本利益一致的基础上追求各方利益的和谐与共赢。社会主义和谐伦理关系主要有四大关系，即人与自我的关系，人与人的关系，人与社会集体的关系和人与自然的关系，与此相关，

---

① 马克思：《1844 年经济学哲学手稿》，《马克思恩格斯文集》第 1 卷，人民出版社 2009 年版，第 162 页。

② ［加拿大］邦奇：《走向生存的道德》，参见［美］库尔兹编《21 世纪的人道主义》，肖峰等译，东方出版社 1998 年版，第 33 页。

社会主义和谐社会伦理也集中表现为四大关系类型，即人与自我关系的和谐，人与人关系的和谐，人与社会集体关系的和谐以及人与自然关系的和谐，这四大和谐成为社会主义和谐社会伦理的主要内容。

(1) 人与自我身心和谐

人与自我的和谐，亦即身心和谐，是要处理"知己"的问题，目的在于实现身心和谐。古老的中华智慧强调做人要有自知之明。老子讲，"知人者智，自知者明"，就是说能清醒地认识自己，对待自己，才是最聪明的，最难能可贵的。希腊德尔菲神庙的石碑上清楚地刻着这样一条铭文——"认识你自己"。古希腊哲学家苏格拉底由此提出了"认识你自己"的哲学命题，要求人要首先认识自我，他把人对自身的自然属性的认识转向了对人的内在精神的认识。他提出人的本质是灵魂，而灵魂的特点就是精神和理性，是能够自我认识的理性。人不是感性的、个别的存在物，而是普遍的、不变的理性灵魂，这才是人的本质之所在。人与自我的和谐要求人正确认识自我，积极提升自我，不断完善自我。正确评价和对待自己，不过高估计自己的才能，也不要遇困难自卑而消极待世。保持一个良好的阳光心态，以积极的态度对待自己和困难，设法让自己走出困境，积极对待生活。

当今社会生活竞争的日趋激烈乃至残酷，"人"与"我"相离的"现代病"日趋蔓延。一方面，人们身心俱疲症状日趋加重，大量漠视生命、自我身心不协调乃至冲突的现象，如吸毒、自残、自杀现象日趋增多，生活压力的加大以及物质欲望的膨胀和攀比心态的增强，致使不少人的心理健康素质和自我身心的调节功能下降，七情失衡，各种心因性疾病大量产生。这从负面彰显了人与自我调适的极端重要性。另一方面，随着我国改革开放和经济社会的发展，人们生活水平和生命需求大大提高，人们已经开始自觉地思考怎样提升自我的身心层次以使自我得到全面发展，怎样使生命肉体和心理更加健康等问题，这从正面突显了对人之生命的身心即肉体和精神关系的关心。善待自己的身心灵肉，使自我处在一个适度、适时、适当的和谐状态，这对于构建和谐伦理与和谐社会，均具有积极而深刻的意义和价值。

人与自我身心之间的关系，包括两个层次，即人与自"身"（肉体）和人与自"心"（精神）的关系。人与自"身"——生命肉体之间的关系。肉体是生命依托的物质载体，是精神的寓所。人与自"身"之所以构成关系，至少具有两方面的原因。首先，肉体不单是精神的载体和寓所，而且是精神产生的生理基础。任何精神活动的发生都是以肉体的各种生物、生理变化作为物质基础的。而作为自我身、心统一体的主体一旦形成（基本上可视为以自我意识的产生为标志），就具有了一定的相对独立性，从而对自我肉体产生主导的和支配的作用。这种支配既可以顺应肉体的各种生物、生理规律，选择适合自我肉体健康的生活方式（如健身锻炼），增强生命活力；也可以由于主客观原因，逆肉体生命内在规律而行，片面追求、满足自身的各种感官享受（如酗酒、吸毒等），从而透支生命。乍看起来，个人这种自身的生活方式似乎没有涉及他人利益，但作为社会中的人，总会发生各种各样的社会联系和人际关系，从而使自我的行为产生有利或有害于他人的后果，即显示出或善或恶的道德价值。其次，人不仅有对自己的义务，即尽可能地不断满足自身生活需要，提高生活质量，善待自我，珍惜生命，追求自我身体健康或愉悦；而且更为重要的是，这种自我义务的履行，也会给他人、家庭以至社会带来快乐感受和良性情绪感染，甚至还会产生增加生产、减少医疗费用等益处，从而显现出主体行为的伦理价值。人与自"心"——精神自我之间的关系。人的自"心"即精神自我，它包括主体的思想、道德、心理、人格等多种综合因素。从道德层面的精神自我看，它又可分为"理想道德自我"和"现实道德自我"，这二者之间也是一种复杂的矛盾关系。以追求道德进步的道德主体为例，他总是在不断战胜、否定原有道德自我，从"实然"层面进到"应然"层面，再进到新的"实然"层面，如此循环往复，实现道德水平的不断提升。在向"理想道德自我"境界前进的征程上，主体为自我树立的道德理想模式与自身的道德现状或实际奉行的道德观念、准则必有一定的距离。因此，在主体的道德意识和道德行为中，就不断面临道德选择的问题。这种选择表现为道德主体同自身精神上的不足和局限作斗争，以克服自身的弱点和缺陷，从整体上挖掘自我潜能，提升个体道德境界，获得个体道德生命的发展和完善，从而表现出道德主体对精神自我的有利的、善的影响。人与自我和谐除了身心和谐外，大量地表现为内心各要素的和谐，认知健全，心理品质完善，知荣明耻，不欺人、不自欺。内心和谐是一种能力，守正心灵，控制情绪，追求卓越；内心和谐是一种境界，勇于争先而不计名利，品格高洁而不孤芳自赏，刚正不阿而与人和睦相处。内心和谐是一种力量，难不倒，夸不倒，诱不倒，始终保持那么一种精神一股劲，不断挑战自我，超越自我。

人与自我的"身"与"心"的和谐发展，既有利于良性心理意识的养成，也符合生理运动规律，对于人的生命肉体健康水平的提升有着至关重要的主导作用。肉体健康层次的高低也对主体精神状态起着重要的制约作用。在个体体验中，一个身体健康、正常的人，往往精神状态较好，即便遇到挫折也易于从沮丧中恢复过来；相反，一个身体差、肉体机能低下的病人，则往往精神状态不佳。因此，自我的"自身"与"自心"是相互作用、相互影响和相互融通的。这也启示我们，人们应充分顺应生理和心理、肉体和精神的各自内在的以及彼此相互作用的规律，使二者相互促进、和谐发展。

个人身心的平衡健康发展，主要是指一个人在身体上、心理上和精神方面的健康状态，体现为在现实世界中精神上、情感上和心理上的一种积极向上、平和乐观的生活态度以及体魄、躯体上的健康和人身的安全。身体素质可以具体量化到人均热量的摄入、平均寿命、健康的体格、传染病的发病率等指标；心理素质则具体指人的价值取向、健全的人格、健康的心态、社会心理承受能力以及民族凝聚力等方面。身体素质的完善和发展依赖于经济社会的发展与基础设施的完善所创造和提供的物质要素，而心理素质的完善与发展在物质要素的基础上还要取决于精神状态与精神文明建设。

促进人们身心平衡健康具有重大的现实意义，它使人们拥有更为丰富的内心世界，使人们获得自由和谐的发展。英格尔斯说过："一个国家，只有当它的人民是现代人，它的国民从心里和行为都转变为现代的人格，它的现代政治、经济和文化管理机构中的工作人员都获得了某种与现代发展相适应的现代性，这样的国家才可真正称之为现代化国家。"① 因此，人们的身心平衡健康发展就成为和谐伦理的重要内容，对于个体人格的健全和幸福生活也具有十分重大的意义。

---

① 转引自殷陆君编译：《人的现代化》，四川人民出版社 1985 年版，第7—8页。

（2）人与人和睦融洽

人与人之间关系的和睦融洽是和谐伦理的关键性价值要素，毕竟"人最大的需要是人"，"人因为人而成为人"。诚如马克思所说："人来到世间，既没有带着镜子，也不像费希特派的哲学家那样，说什么我就是我，所以人起初是以别人来反映自己的。名叫彼得的人把自己当做人，只是由于他把名叫保罗的人看做是和自己相同的。"①

当代人因市场化、世俗化和世界的祛魅而变得更加实际并发展起了超强的理智，用理智而非感情来处理日常或工作事物，精于计算，对于自己的行动要权衡利弊得失，考虑再三，利益取向压倒了人际和谐，致使人与人之间的关系非常淡漠疏远，给人们的幸福生活造成了极大的阻抑。渴望人情而又得不到人情关怀已成为大多数人的生存常态，繁忙与寂寞并在，生存的拥挤与情感的孤独如影随形。这难道是现代人生活的理想状态吗？实现人与人之间关系的和睦融洽，是和谐伦理建设的深沉呼唤。

人生在世，经常要与形形色色的人打交道。人际和谐包括男女之间的性别和谐、老幼之间的代际和谐、兄弟姐妹之间的同级和谐、与熟人或陌生人之间的人际和谐等。与他人的关系处理好了，就会感到心情舒畅，工作充满乐趣；与他人的关系处理不好，不仅会感到心情压抑，也会遇到很多意想不到的阻力。重视处理人际关系，构建和谐的人际环境，事关民生幸福与社会和谐，意义无比重大。

儒家思想强调人际和谐，是以仁义道德为基本准则的。关于人与人的和谐关系的论述主要表现在"仁"的概念上。樊迟问仁，孔子回答说："爱人"。所谓"爱人"，一方面是"己欲立而立人，己欲达而达人"；另一方面是"己所不欲，勿施于人"。这正是儒家的"忠恕之道"。它是儒家处理人际关系问题上的两个基本原则。"忠"指忠诚待人，"己欲立而立人，己欲达而达人"。"恕"，宽恕待人，己所不欲，勿施于人。这是"仁者爱人"的两个不同侧面。我们的社会是一个多元化的社会，人们相互之间的关系越来越复杂。社会的复杂性导致个性的丰富性，这必然引起个体之间冲突的加剧，要与周围的人保持良好的人际关系，就必须学会求

————————

① 马克思：《资本论》第1卷，《马克思恩格斯文集》第5卷，人民出版社2009年版，第67页。

同存异，具备宽宏豁达的心理品质，就必须多为别人着想，做到以诚相待。

实现人与人的和谐，必须把公平正义作为处理人与人之间关系的标尺，把诚信友爱作为处理人与人之间关系的基本准则，把充分激发每个人的活力作为奋斗目标，让全社会的创造力得到充分发挥，让一切创造社会财富的源泉充分涌流。为了实现人与人之间的和谐，要求每个人想问题、办事情要从"大家"出发，珍惜缘分。多关心少排斥，多支持少挑剔，多谦让少争执。对出现的矛盾和遇到的困难，多沟通少误解，多信任少猜疑，多宽容少计较。面对矛盾、摩擦、误会、纠纷等，要有求同存异的大度雅量，要有克己为人的奉献胸怀。尤其不能长小心眼，搞小动作，弄小圈子。作为现代人，应该努力践行"己欲立而立人，己欲达而达人"的仁德，宽人严己，与人为善，助人为乐，成人之美，大事小事皆容得，大善小善皆施得，大忙小忙皆帮得。人与人相逢共处是一种缘分，相互关心，相互支持，求同存异，就能形成团结和谐的良好局面。反之，如果想问题、办事情总是从一己之利出发，彼此排斥，互不相让，摩擦不断，就不利于维护团结、维护大局，就会影响生活的质量和人们的幸福生活指数。增进人与人之间的关系，需要我们多一分宽容。人与人之间的良好关系是建立在宽容基础之上的。以宽待人，人们彼此之间才能感情融洽、和睦相处。俗话说"尺有所短，寸有所长。"每个人都有缺点与不足之处，倘若不能宽容他人的弱点和缺点，人与人之间就无法正常交往。"水至清则无鱼，人至察则无徒。"宽容不会失去什么，相反，却会以此得人心。度量直接影响到人与人之间的关系是否能协调发展，人与人之间经常发生矛盾，有的是由于认识水平的不同，有的是由于一时误解造成的。如果我们能够有较大的度量，以谅解的态度去对待别人，就可以赢得时间，使矛盾得到缓和。

强调宽以待人并不意味着放弃自己正确的立场和观点，进而无原则地迁就和迎合他人；甚至明知他人错了，为了不伤和气或表现自己的容人之度，或借口替他人着想而随大流、"和稀泥"，这实际上是对宽以待人的一种曲解，是走向了处理人际关系应防止和克服的另一个极端。宽以待人，就是要求在待人处世过程中，充分考虑对方言行的原因、背景和特殊心态，然后进行分析和选择，以减少在思考和处理问题过程中的一厢情愿以及主观臆断，从而找到双方都能愉快接受的最优解决方式。发扬中华民族的传统美德，大力提倡互相尊重、互助合作、团结友爱的精神，继承乐善好施、扶危济困、见义勇为、注重礼仪、敬老爱幼、崇尚科学、诚实守信等优良传统，是建设和睦融洽之人际关系的根本要求。

（3）人与社会和谐共处

人与社会关系的和谐共生，是人与人关系和睦相处的扩展提升，也反映着人与自我、人与自然关系的和谐要求。人以社会为自己的"集体家园"、"生存家园"，而社会作为家园和共同体则保护、保证人们的安定、祥和、温馨的生活。

就人与社会的关系而言，一方面人不能脱离社会而存在，人都是存在于社会之中的现实的人，社会是人生存发展的根据和条件。另一方面，人又是社会的主体，是社会活动和社会关系的承担者，从而是社会发展的终极目的。人的不断进步、发展是推动社会不断前进的动力。人是社会的组成元素，没有人，就不会有社会的存在，更不会有社会的和谐发展，社会问题归根到底，都是人的问题。

人与社会关系的和谐体现在几个方面：一是不同社会阶层之间的和谐，主要包括由不同经济地位、政治地位、文化地位的人们所形成的不同的社会阶层之间的和谐。二是不同社会组织之间的和谐，主要包括不同的政党、不同的机构、不同的集团、不同的非正式组织之间的和谐。三是不同社会区域之间的和谐，主要是指发达地区与不发达地区、主体民族聚居区与少数民族聚居区之间的和谐。四是不同社会部门之间的和谐，主要包括不同层级的部门（如中央和地方）、不同领域的部门（如工业部门与农业部门）之间的和谐。五是经济、政治、文化发展之间的和谐，主要包括物质文明、精神文明和政治文明建设之间的和谐。六是国家、民族、种族之间的和谐。

"利之所在，天下趋之。"妥善协调和正确处理人们之间的各种利益关系，是实现人与人之间关系和谐的关键。人与社会的和谐共生，实际上是个人利益与社会利益之间的和谐共生。人与社会的和谐是这样一种状态：社会能不断满足每个社会成员的利益需求，每个社会成员也都能从社会整体利益出发，承担相应的责任，贡献自己的力量。实现人与社会的和谐，从社会的角度看，社会就应最大限度地不断满足每个人日益增长的各种利益需求，为每个人提供公平、公正的发展条件，使每个人平等地享受社会资源，享受社会进步带来的利益。从个人的角度看，个人对社会的贡献是社会发展和进步的基本保障，我们每个人要承担应有的责任，如果人人只想从社会获取东西，却不对社会作出贡献，这个社会就不可能存在和发展，个人的生存和发展也就失去了根本保证。个人与社会只有实现了这种良好的互动，个人与社会的利益才都能得到维护，个人与社会也就达到了和谐。

现实生活中，人与社会之间，个人利益与社会整体利益之间存在着这样那样的矛盾，这些矛盾的存在，就是由于社会发展的不均衡，没有给社会共同体成员提供均等的发展机会造成的。因此，如何调节化解这些矛盾，就成为如何促进人与社会和谐共生的关键。

（4）人与自然的和谐共生

自然是人类赖以生存和发展的物质基础，所以我们既要关心人类，又要关注自然，在维护人类利益的同时，又维护自然的平衡，确保社会系统和生态系统的协调发展。自然环境是人类生存的必备前提和条件。生态环境的破坏制约了经济社会的发展，也影响了人们生活水平和生活质量的提高。因此，走人与自然和谐发展之路，是人们重新审视与自然关系后作出的理性抉择。人类生活的和谐有赖于人类社会同自然界的和谐。

在处理与自然界的关系上，人类经历了崇拜自然、征服自然和协调自然的三个发展阶段。在人类社会的早期，由于生产力极其低下，原始人群在生产中软弱乏力，因而对自然是一种恐惧和依赖的状况，处在崇拜自然的阶段。而后的奴隶社会和封建社会，基本上也是自给自足的自然经济占主导地位，虽然有毁林开荒等破坏环境的行为发生，一定程度上使某些文明趋于解体，但人类整体上还是敬畏和崇拜自然的，中国古代的祭祀天地社稷诸神即是这种观念的反映。当人类历史进入 16 世纪后，随着资本主义的发展和第一次工业革命的出现，人类进入了大规模征服自然的阶段。在这个阶段，人类依靠科学技术的力量，不断发展生产力，使人类社会发生了深刻而迅速的变化。同时，环境污染、生态失衡、能源短缺、城市臃肿、交通紊乱、人口膨胀和粮食不足等一系列问题，也日益严重地困扰着人类。环境污染、生态失衡已成为世界性公害。据世界卫生组织报告：目前全世界有 10 亿以上人口生活在污染严重的城市，而在洁净环境中生活的城市人口不到 20%。全世界有近三分之一的人口缺少安全用水，每天有数以万计人的死与水污染有关，食品中毒事件经常发生。由于自然资源非正常利用，异生型人工自然物的大量滋生，干扰了自然生态的正常演化，破坏了整体自然生态系统的稳定和平衡，出现了全球性的生态危机。其中："臭氧层的破坏"、"温室效应"、"酸雨危害"，已成为世界性的生态危机的三大突出问题。严酷的事实，迫使人类自己在对待自然的态度上，作一次全面的反省：人类发展只有合理地利用自然，才能维护和发展人类所创造的文明，人类应当与自然界共生共荣、协调发展，求得"人与自然共同发展"的和谐目标。

建立人与自然的和谐共处、协调发展关系，实现人类与自然界关系的全面、协调发展，是人类生存与发展的必由之路。

人与自我和谐，建立起来的是一种和谐的己身伦理或律己伦理。人与人关系的和谐，建立起来的是一种人际和谐伦理。人与社会集体关系的和谐，建立起来的是一种和谐的社群伦理或团体伦理。人与自然关系的和谐，建立起来的是一种和谐的生态伦理和环境伦理。这四大和谐支撑起来的四大伦理，既是社会主义和谐社会的四大伦理架构，也是当代人类所最为需要的四大伦理。理性而科学地处理人与自己、人与人、人与社会、人与自然的关系，实现身心和谐、人我和谐、己群和谐、天人和谐，既是人自身发展完善之内在需要，也是社会主义和谐社会建设的内在要求，是建设社会主义先进伦理文化的内在要求。

三　社会主义和谐伦理的价值理念

和谐社会伦理，是在和谐社会建设中凸显出来并为和谐社会所需要的伦理，主要是指人与人之间相互尊重、相互信任和相互帮助，社会内部关系融洽、协调，人与社会之间的和谐包括社会各子系统之间以及各子系统内部的和谐，同时也包含人与自然的和谐相处。社会主义和谐社会是一个全体人民各尽所能、各得其所而又和谐相处，注重激发社会活力，促进社会公平和正义，增强全社会的法律意识和诚信意识，维护社会安定团结的社会。其价值理念是民主法制、公平正义、诚信友爱、充满活力、安定有序、人与自然和谐相处。这六大价值理念既是社会主义和谐社会伦理追求的价值目标，也是社会主义和谐社会伦理建设的主要内容。

民主法治，就是社会主义民主得到充分发扬，依法治国基本方略得到切实落实，各方面积极因素得到广泛调动。民主法治是构建社会主义和谐社会的重要保证，又是社会主义和谐社会的重要特征。这是因为民主政治是社会主义和谐社会的基本内涵，也是构建社会主义和谐社会的根本保障。构建社会主义和谐社会，就必须发展社会主义民主，尊重人民群众的独立人格和民主权利，使人民群众的愿望、要求和建议有沟通的渠道，使人民群众的根本利益得到最大限度的满足，使社会各方面积极因素得到充分发挥。就要完善社会主义法治，使整个社会的运转服从于法制的权威，做到有法可依，有法必依，执法必严，违法必究，形成安全稳定的社会环境，使党的各项方针政策得到切实落实。

公平正义，就是社会各方面的利益关系得到妥善协调，人民内部矛盾和其他社会矛盾得到正确处理，社会公平和正义得到切实维护和实现。我国的改革和发展进入到关键时期。在经济社会转型的过程中，随着市场经济的发展，社会结构的变化，利益关系的多元化，社会公平问题日益凸显出来。目前，我国经济社会生活中出现的比较突出的社会公平问题，主要表现在以下几个方面：一是部分社会成员之间收入分配差距过大。2003年，我国城镇居民人均可支配收入是农村居民人均纯收入的 3.24 倍，达到了改革开放以来城乡收入差距的最高点。行业之间，最高收入行业与最低收入行业的工资比由 1978 年的 1.38 倍扩大到现在的 4.6 倍以上。收入分配差距过大，原因很复杂，但其中很多是不公平分配或其他原因造成的。二是一些农民、工人为改革发展所承担的代价与应得到的补偿不对等。从道理上讲，社会发展和改革代价应当由全社会来分担，但实际上这个问题非常复杂。一部分失地或无地农民和下岗的国企职工在相当程度上承担了这个代价。三是人民内部的利益矛盾错综复杂。当前，我国经济和社会生活中出现的一些从未遇到而又绕不开的矛盾和问题，集中体现在不同利益群体、不同社会阶层、不同社会成员的利益差别上。由此带来的利益矛盾在一定的条件下以激化的形式表现出来。在一些地方的群体性事件中，群众以非理性的方式来表达利益诉求。在构建和谐社会过程中，要运用多种手段，逐步建立以权利公平、机会均等、分配公平为主要内容的利益调节机制，进一步强化制度在利益协调中的基础性功能。要建立和完善畅通的利益表达机制。只有形成能够充分反映不同主体利益要求的表达机制，才能使利益主体充分表达各自的要求和意见，从而在相互沟通中达到相互理解、减少冲突、达成共识。要建立健全合理的利益补偿机制，进一步发展完善社会保障体系，保护困难群众的基本利益。当前，维护社会公平正义的首要任务是正确处理效率与公平的关系，合理调整不同阶层的利益结构，逐步缩小社会成员之间的收入差距。维护和实现社会公平和正义，涉及最广大人民的根本利益，是我们党坚持立党为公、执政为民的必然要求，也是我国社会主义制度的本质要求。只有切实维护和实现社会公平和正义，人们的心情才能舒畅，各方面的社会关系才能协调，人们的积极性、主动性、创造性才能充分发挥出来。只有实现公平正义，才能达到社会和谐。

诚信友爱，就是全社会互帮互助、诚实守信，全体人民平等友爱、融洽相处。诚信友爱是和谐社会的道德基础，是和谐社会的精神内核，也是和谐社会的凝聚剂。没有诚信友爱，就没有相互的合作，就没有社会的团结，就不能形成普遍的认同，社会成员就不能和睦相处，当然也就没有社会的"和谐"。诚信友爱不仅是中华民族的优良传统，而且是人类文明的共同财富和普遍价值。一个和谐的社会，必然是一个诚信友爱的社会。如果说，和谐社会是用道德与法来维系的，其中道德的核心便是诚信友爱。诚信友爱不仅是和谐社会里做人的准则，也是和谐社会里做事的基本准则。诚信友爱的人际关系，是构建社会主义和谐社会的基础，诚信友爱可以最大限度地减少社会生活中的各种内耗和摩擦，减少社会生活的风险和代价，使社会运行的成本大大降低。人与人之间的互信互爱可以构筑良好的人际关系，从而有利于个体的身心健康和事业的成功。人们只有彼此信任，相互帮助，才能够平等相处、合作共事，不仅保证个人利益的实现，还会使社会整体的利益最大化。诚信友爱有利于增加人们对社会价值的认同感和凝聚力，使人们在彼此信任和相互关爱中，感受做人的价值和尊严，体验生活的美好和人生的幸福，激发生命的创造力。

充满活力是社会进步与发展的现实力量，是和谐社会发展的动力源泉。社会活力的构成大体包括三个层面：一是社会主体的活力，表现为人的能动性、积极性、创造性的充分发挥。二是作为社会生产和生活直接构成要素和资源的活力，如自然资源的合理利用，环境条件的控制和改善，新的知识、思想、文化的形成与创造，等等。三是社会生产、生活运行方式和机制所具有的活力，能够实现社会系统的自我延续、自我调控、自我更新并发挥其功能。这三个层面不可分割、互为前提，统一构成社会得以生存和不断变化发展的现实力量和动力源泉。离开了社会活力与物质生产力的发展，构造和谐社会就会失去有力的支撑。社会主义和谐社会应当是一个充满活力的社会，也是一个使创造活力得到充分激发的社会。要激发全社会的创造活力，就要使一切有利于社会进步的创造愿望得到尊重，创造活动得到支持，创造才能得到发挥，创造成果得到肯定。在充满活力的和谐社会，工人、农民、知识分子推动经济社会发展根本力量的作用将得到充分的发挥，其他社会各方面人员为经济社会发展贡献力量的积极性将普遍激发；发达地区、优势产业和先富群体的发展活力既可得到很好的保护，欠发达地区、比较困难的行业和群众的发展愿望也会得到高度重视和支持。这样，一切积极因素得到最广泛最充分的调动，各行各业人们的创造活力得到充分激发，社会的开放性和竞争的活力在政策、制度上得到保证，一切有利于社会进步的创造愿望得到尊重、创造活动得到支持、创造才能得到发挥、创造成果得到肯定，一切劳动、知识、技术、管理和资本的活力竞相迸发，一切创造社会财富的源泉充分涌流，全体人民各尽所能、各得其所而又和谐相处。

安定有序既是和谐社会的前提，也是和谐社会的目标。社会主义和谐社会所要求的安定有序，就是社会组织机制健全，社会管理完善，社会秩序良好，人民群众安居乐业，社会保持安定团结。人类若要和平相处，有效地从事各种活动，就必须保持着一定的社会秩序。任何一个社会都无法在不安定或动乱中正常运行，更谈不上发展了。安定有序是和谐社会的首要标志。安定有序包括两个层次：一个是从宏观上讲的，一个是从微观上讲的。从宏观结构上来看，安定有序即指政治的稳定、有序，经济的稳定、有序，文化的稳定、有序以及意识形态的稳定、有序，只要这几个方面的运行稳定、有序，和谐社会的基本构架就形成了。从微观结构上来看，安定有序即指政治、经济、文化、环境等内在结构的各个要素的相互协调和融洽。政治、经济、文化等各个方面是否形成稳定、有序的和谐局面，关键要看这些方面的内部要素是否和谐相处、恰当配合，始终处于一种相互协调的状态和过程。社会主义和谐社会所体现出来的重要特征，就是在全面建设小康社会的过程中，宏观结构与微观结构的各要素的稳定和协调。维系和谐社会的秩序包括公共秩序、生活秩序、经济秩序、政治秩序等。这种种秩序由社会各种组织维护着，社会各类管理机构，就像社会大机器上各执其事的螺丝钉一样，发挥着各自的功能，如果某一方面的秩序被打乱，不仅该方面会造成混乱，而且还会影响其他方面的运转。我们构建的社会主义和谐社会，其安定的社会秩序也一定要放在重要的位置，要通过构建和谐社会，形成安定的社会秩序，让人民群众有一个安居乐业的社会环境。

人与自然和谐相处，是和谐社会的重要前提和基本条件。社会主义和谐社会所要求的人与自然和谐相处，包含着"三生"：生产发展，生活富裕，生态良好。生产发展、生活富裕、生态良好，三者内涵不同而又联系密切。生产发展是实现生活富裕的条件，离开发展，富裕无从谈起；生活富裕是发展的目的，脱离这个目的，发展就失去了意义；而保持良好的生态环境，则是实现生产发展和生活富裕所必须坚持的前提及不可缺少的保证。实现人与自然的和谐发展，是我们基于生态危机而提出来的关系到整个人类生存和发展的现实问题。工业化以来，在人与自然的关系中，人类已处于主动地位。当人的行为违背自然规律、资源消耗超过自然承载能力、污染排放超过环境容量时，就将导致人与自然关系的失衡，造成人与自然的不和谐。因此，人类为了持续发展，不断提高自己的生活质量，必须充分认识自然规律。人类发展到今天，应该而且已有能力主动调整自身行为，实现人与自然的和谐发展。现在，人与自然关系的和谐已成为一个全球关注的重大问题。此前，因为人们不加节制的对自然资源的掠夺，导致自然生态与环境的严重破坏，而受到严重破坏的自然生态与环境反过来开始危及人类的生存。在自然的反扑中，人类已经意识到，如果不重建人与自然的良好关系，最终受到惩罚的是人类。酸雨、沙尘暴、温室效应……就是自然向人类反击的见证。现代人在创造社会财富时，必须充分考虑到自然的承受力，并尽最大努力修复千疮百孔的自然，使自然与社会和谐统一在地球上，让地球成为人类理想的家园。

社会主义和谐伦理的这六大理念和价值追求，彰显出和谐的内蕴、达成、实现诸种意义，既确证和谐又指向和谐维系和谐，同时还赋予和谐以丰厚的伦理价值。社会主义和谐社会伦理的本质是和而不同与互利互惠。所谓和而不同，就是尊重个人、包容个性差异，并通过协商，使多样性之间达到协调、合作、共赢。现代意义上的和谐价值在于它是多样性和差异性的统一。和而不同的前提是承认、尊重个性的差异，即承认多样性。在当代中国社会发展过程中，多样性及其个性差异是必然存在的。企图通过排斥多样性及个性差异来达到社会统一、和谐，只能使社会缺乏生机和活力。社会主义和谐社会伦理既尊重多样性及其个性差异，又能在多样性及个性差异中寻求统一性和互补性。所谓互惠互利，就是社会各阶层、群体和成员之间能保持一种互惠互利关系。这种关系表现为一部分阶层、群体在增进自己利益的时候，不以牺牲和损害另一部分阶层、群体利益为代价。只有这样，才能使社会成员之间达到和睦团结，保证社会的安全运行和实现社会安定。

第三节　社会主义核心价值体系的伦理深蕴

建设社会主义核心价值体系，形成全民族奋发向上的精神力量和团结和睦的精神纽带，这是党中央在我国全面推进和谐文化、和谐社会建设中提出的战略任务。社会主义核心价值体系是在对社会主义本质和根本目的深入认识过程中逐步形成和发展起来的，代表了社会主义意识形态的本质和社会主义制度的根本要求。社会主义核心价值体系的提出是对马克思主义伦理思想的重大发展，是中国化马克思主义伦理思想的杰出成果。

社会主义核心价值体系，是社会主义制度的内在精神和生命之魂，是社会主义价值体系的核心部分和由核心部分发展起来的价值体系的综合体现，是由社会主义的经济、政治和文化所决定并反映社会主义经济、政治和文化根本要求的社会主义的内在精神和核心价值，是社会主义意识形态的本质和灵魂。

社会主义核心价值体系的基本内容，包括了指导思想、社会理想、精神动力和道德规范四个方面。中国共产党第十六届六中全会通过的《关于构建社会主义和谐社会若干重大问题的决定》指出："马克思主义指导思想，中国特色社会主义共同理想，以爱国主义为核心的民族精神和以改革创新为核心的时代精神，社会主义荣辱观，构成社会主义核心价值体系的基本内容。"除了社会主义荣辱观集中反映伦理学内容外，中国特色社会主义共同理想，以爱国主义为核心的民族精神和以改革创新为核心的时代精神也充分反映了伦理学的内容，而以马克思主义为指导思想更是彰显了马克思主义伦理思想和价值观人生观道德观方面的内容。

一　马克思主义之为指导思想的伦理意义

伦理思想和价值观人生观道德观方面的内容是马克思主义理论体系的重要组成部分。马克思主义伦理思想的产生和创立是人类伦理思想发展史上的伟大革命变革。中国共产党之所以选择把马克思主义作为指导思想，就在于马克思主义创立了科学的世界观人生观价值观和道德观，马克思主义伦理思想以为无产阶级利益辩护为基础，揭示了社会主义道德和共产主义道德代替资本主义道德的必然性与合理性。

马克思主义是一个集科学性、人民性和先进性于一体的思想体系，是一个由科学的世界观、革命的人生观、进步的价值观和高尚的道德观组合起来的思想体系，为无产阶级和广大劳动人民认识世界和改造世界提供了科学的认识工具和价值选择、价值评价和价值创造的武器。马克思主义是合规律性与合目的性的统一。马克思主义揭示了世界的本质和规律，揭示了人类社会发展的本质和规律，特别是揭示了资本主义与社会主义的发展规律，是科学的世界观和方法论，是我们认识世界和改造世界的强大思想武器。作为一种新的世界观，马克思主义是伴随着工人运动登上历史舞台的，这是工人阶级认识到自己的历史地位、历史使命而成为一个有觉悟的阶级的标志。马克思主义是体现人民的根本利益和意志、指引人民争取解放、建设幸福生活的科学理论。马克思主义作为一种方法论，在本质上是批判的、革命的，马克思主义的历史唯物论深刻揭示了人类历史发展的因果关系，对现实社会进行了迄今为止最具说服力的批判，深刻地阐明了人类苦难和不平等的社会根源。马克思主义在对现实社会进行批判、改造的基础上提出了共产主义社会的理想目标。因此，马克思主义的这种理论品格适合中国社会改革的历史需求。

马克思主义是我们党和国家的指导思想，也是建设中国特色社会主义的指导思想，是社会主义意识形态的旗帜，因而是社会主义核心价值体系的灵魂，它决定了社会主义核心价值体系的性质和方向。马克思主义在中国的指导地位，不是个别人也不是一个党的主观意志决定的，而是历史的选择、人民的选择。自鸦片战争以后，我国沦为半殖民地半封建社会，无数志士仁人前仆后继，上下求索，寻找救国救民的真理。各种思潮，如改良主义、社会达尔文主义、唯意志论、无政府主义、实用主义、民粹主义、工团主义、民主社会主义等，都先后在我国流行过、尝试过，但它们都失败了，成了历史上来去匆匆的过客，因为它们都不能解决中国的现实问题。十月革命一声炮响，给我们送来了马克思列宁主义。十月革命帮助了全世界的也帮助了中国的先进分子，用无产阶级的宇宙观作为观察国家命运的工具，重新考虑自己的问题。只有马克思主义而没有别的什么主义，能够成为工人阶级及其政党的指导思想。是否坚持马克思主义的指导地位，是工人阶级政党区别于其他阶级政党、社会主义意识形态区别于其他意识形态的显著标志。只有马克思主义在我国深深扎根，引领中华民族走上了光明之路。包括毛泽东、邓小平在内的我们党的许多早期革命家，最初并不是马克思主义者，而是真诚的爱国主义者。目睹国难当头、民不聊生的惨状，他们头脑中首先产生的是救国救民的意识。他们接触、研究过各种各样的主义，最后认定只有马克思主义才能够救中国。各民主党派、无党派的许多进步人士，他们之所以能同我们党肝胆相照、精诚合作，就是因为他们有与我们党相近甚至相同的救国救民的思想起点，他们也是经过复杂的探索过程以后才信服马克思主义的。马克思主义自20世纪传入中国以后，实现了与中国革命和建设的有机结合。中国共产党坚持把马克思主义的普遍原理同中国革命、建设和改革开放的具体实际相结合，形成了马克思主义中国化的一系列成果，生动而具体地坚持和发展了马克思主义。

我们党在长期的革命、建设和改革过程中，坚持把马克思主义基本原理同中国具体实际相结合，走出了一条马克思主义中国化的道路，并形成了马克思主义中国化的两大杰出理论成果，即毛泽东思想和中国特色社会主义理论体系。这些马克思主义中国化的理论成果，已经成为马克思主义指导思想中具有中国特色和时代特征的重要组成部分。以马克思主义为指导建设中国特色社会主义，就是要以马克思主义中国化最新成果武装全党，教育人民，形成统一的思想基础。在当代中国，只有坚持马克思主义的指导地位，才能凝聚全民族的价值观念，形成价值共识，才能同心同德，推进中国特色社会主义伟大事业。面对新的复杂局势，必须巩固和发展马克思主义在意识形态领域的指导地位，进一步坚定马克思主义信仰，筑牢全党全国各族人民的共同精神支柱。坚持用马克思主义有效引领社会思潮及其价值观念，要求尊重差异，包容多样，最大限度地形成全社会的价值共识与价值和谐，共铸全民族普遍认同的思想道德基础。社会主义核心价值体系的灵魂提示我们：当代中国的马克思主义理论就是中国特色社会主义理论；没有马克思主义的指导，没有马克思主义中国化的最新成果的指导，就无法铸就全国各族人民的共同理想。马克思主义指导思想是中国特色社会主义共同理想形成的理论基础，如果动摇马克思主义的指导地位，就会动摇中国特色社会主义的理论根基，动摇全党全国人民团结一致走中国特色社会主义道路的决心和信心。马克思主义指导思想还为民族精神和时代精神提供了正确的价值导向，为社会主义荣辱观提供了科学的价值判断标准。有了这种价值导向和判断标准，民族精神和时代精神就会更加彰显魅力，社会主义荣辱观就会更加深入人心，成为亿万人民的行为坐标和精神动力。

坚持马克思主义的指导地位与发展马克思主义、大力推进马克思主义中国化，是一致的、统一的。马克思主义的指导地位只有在与实践的结合中、在指导实践发展的同时不断发展自身中，才能实现。我们要在坚持中发展、在发展中坚持，既坚持马克思主义的立场观点方法不动摇，又坚持解放思想、实事求是、与时俱进，不断在实践中丰富和发展马克思主义。改革开放 30 年来，我们在坚持中发展，在发展中更好坚持，在成功开创和推进中国特色社会主义事业的同时，中国化马克思主义也在改革开放实践中得到不断发展，更好地发挥了对实践的指导作用。我们坚持的马克思主义，应该是也只能是发展着的马克思主义。只有用发展着的马克思主义武装全党、教育人民，才能真正发挥马克思主义认识世界和改造世界的巨大作用。我国革命、建设、改革的历史充分证明，没有马克思主义，就没有新中国；没有马克思主义及其在中国的新发展，就没有中国特色社会主义。在任何时候任何情况下，都要坚持马克思主义的指导地位，否则，党和国家的事业就会因为没有正确的理论基础和思想灵魂而迷失方向，就会归于失败。坚持马克思主义的指导地位与推进马克思主义中国化问题是统一的。马克思主义的指导地位只有在与实践的结合中、在指导实践发展的同时而又不断发展自身中，才能真正实现。对我们这样一个马克思主义政党来说，马克思主义一定不能丢，永远不能丢，丢了就失去党魂、丧失根本，但这绝不是要我们死抱着马克思主义的片言只语或个别结论不放。坚持马克思主义的指导地位，一定要以我国改革开放和现代化建设的实际问题、以我们正在做的事情为中心，着眼于马克思主义的运用，着眼于对实际问题的理论思考，着眼于新的实践和新的发展。教条主义地对待马克思主义，离开本国实际和时代发展来谈坚持马克思主义，到头来必然要葬送马克思主义。坚持马克思主义指导地位，继续推进我们的事业，必须根据实践的需要和时代的要求，自觉地把思想认识从那些不合时宜的观念、做法和体制的束缚中解放出来，从对马克思主义错误的和教条式的理解中解放出来，从主观主义和形而上学的桎梏中解放出来，解放思想、实事求是、与时俱进、勇于变革、勇于创新，使中国特色社会主义道路越走越宽广，让当代中国马克思主义放射出更加灿烂的真理光芒。

坚持马克思主义思想的指导地位，就要自觉划清马克思主义同反马克思主义的界限，不断推进马克思主义中国化、时代化、大众化。推进马克思主义中国化、时代化、大众化，是从指导理论上提高党的思想政治水平的根本保证。这就要求首先划清马克思主义同反马克思主义的界限，既不能用那些属于资本主义思想体系和价值体系的东西来"改造"、"替换"马克思主义本质性的东西，也不能固守那些对马克思主义的错误的和教条式的理解；既不能把马克思主义的与时俱进当作反马克思主义，也不能把背离马克思主义的东西当作发展马克思主义。在当今中国，马克思主义就是在我国意识形态领域中占主导地位的马克思主义基本理论和马克思主义基本理论与中国具体实际相结合的中国特色社会主义理论体系。反马克思主义就是敌视、攻击、背弃和否定马克思主义的种种社会思潮。在我国，虽然这些思潮并不占据主导地位，却力图诱使我们改旗易帜，把中国引上资本主义道路。从出现的时机来说，这些反马克思主义思潮有的利用世界社会主义运动在东欧剧变解体后进入低谷，鼓吹时代变了，马克思主义消失了、没用了、失败了；有的利用我国社会主义建设中出现的暂时困难，鼓吹马克思主义不适用于中国；有的则利用我国进行改革开放的时机，推出资本主义的方案冒充社会主义。民主社会主义思潮倡导指导思想多元化，反对马克思主义的一元指导，却又自诩为马克思主义的正统，并狂妄叫嚷"只有民主社会主义能够救中国"。苏东国家剧变解体的惨痛教训说明，要是把这种反马克思主义思潮引入社会主义国家的改革实践，只能导致复辟倒退。历史虚无主义以虚无主义的态度贬低传统、歪曲历史，把中华民族五千年文明史描绘成漆黑一团，认为革命只能起破坏性作用而没有建设性意义，为此而鼓吹"告别革命"，并把"五四"以来中国人民选择社会主义发展道路看作误入歧途，同时又以客观评价为名，美化反动统治者、侵略者和汉奸，企图借否定历史来达到否定现实的目的。此外，在反马克思主义思潮中，还有以"非中心"去否定马克思主义的指导地位，以"非本质"去否定历史规律、否定社会主义必然胜利的"后现代主义"；把矛头指向近代以来的启蒙与革命，妄图把儒教意识形态化，以儒教去代替马克思主义的"新文化保守主义"，等等。十分明显，这些反马克思主义思潮和马克思主义是根本对立的，要是任其自由泛滥，就会在人们心目中颠倒黑白、混淆视听，造成精神涣散、离心离德的情绪，就会腐蚀人们的灵魂和意志，助长一部分人怀疑和否定党的领导和社会主义道路的情绪。因此，我们必须坚决同这些反马克思主义的思潮划清界限。坚持以马克思主义作为立党立国的根本指导思想，不搞指导思想的多元化。坚持以马克思主义为指导，是我国长期革命、建设和改革实践反复证明了的真谛。

坚持马克思主义指导地位，不排斥社会意识的多样化。对于各种不同的学派，文学艺术上的不同风格和不同的学术观点，我们党一贯提倡"双百"方针。这是繁荣发展哲学社会科学的正确方针。马克思主义是在吸收大量人类文明成果的基础上创立起来的。马克思主义要不断向前发展，必须研究、吸收、借鉴人类所取得的各种新的思想成果，包括自然科学和社会科学发展的最新成就。可见，社会意识的多样化，可以为马克思主义的发展提供丰富多样的思想营养。马克思主义正是在不断吸收人类的文明成果中向前发展的，也是在同各种错误思想的辩论和斗争中向前发展的。马克思主义的世界观和方法论为社会思想文化的蓬勃发展提供了有力武器。马克思主义是关于自然、社会和人类思维一般规律的科学，为我们认识和改造世界、探索和揭示科学真理、繁荣和发展思想文化提供正确的世界观和方法论。坚持马克思主义为指导，可以促进多样化的社会思想文化和谐发展。

中国特色社会主义文化建设的主旋律，就是社会主义核心价值体系建设，就是用马克思主义中国化最新成果武装全党、教育人民，用中国特色社会主义共同理想凝聚力量，用民族精神和时代精神鼓舞斗志，用社会主义荣辱观引领风尚。有了这个主旋律，就能保证我国文化的社会主义性质，保证我国文化始终沿着进步的方向前进；有了这个主旋律，才能保证文化的多样化，满足人民群众多方面的文化需求；有了这个主旋律，即使意识形态领域出现一些杂音和噪音，我们也可以掌握主动权，做到"任凭风浪起，稳坐钓鱼船"。

二　中国特色社会主义共同理想之为民族共同追求的价值目标

中国特色社会主义理想是全国各族人民的共同信念，是最高境界的利益目标，是团结广大人民不懈奋斗的强大动力，这是社会主义核心价值体系的目标。理想是基于现实而又超越现实的希望和愿景，寄托着人们对美好未来的向往和追求。马克思主义将理想问题与人类历史发展规律内在地联系起来，使人们对理想问题的认识有了科学的把握和自觉的认识。以马克思主义为指导的中国共产党人，始终坚持崇高的理想，坚持理想主义与现实主义相结合，使崇高理想成为中国共产党、中华民族精神生活中不可或缺的一部分。中国共产党人的理想，是中华民族五千年文化传统的延续和升华，是对马克思主义理论的真理性和在党领导下的社会主义实践正确性的共识与认同。共同的理想信念是一定社会主体共同价值目标的集中体现，是社会主体团结奋斗的精神支柱和巨大动力。体现社会主义核心价值的观念形态除了共产主义的最高理想之外，就是我国各族人民在现阶段的共同理想，即建设有中国特色的社会主义，把我国建设成为一个富强、民主、文明、和谐的社会主义现代化国家。通过中国特色社会主义道路实现中华民族的伟大复兴，这是历史规律的必然和历史主体的选择，这一共同理想体现了"只有社会主义能够救中国、只有社会主义能够发展中国"这一社会主义的核心价值。也只有这一共同理想才能够把全国各族人民的力量凝聚起来。

中国特色社会主义共同理想，体现了最广大人民群众最根本、最现实的价值追求。建设中国特色社会主义是全体中国人民的共同事业，体现着全体人民共同的价值理想和价值追求，激励着人民群众为促进改革开放和现代化建设而不懈奋斗。随着社会主义现代化建设事业的蓬勃发展，建设中国特色社会主义的共同理想信念日益深入人心，成为人民群众投身社会主义现代化建设的强大精神动力。因此，建立社会主义思想道德体系必须把在全体人民中树立和坚定共同理想作为切入点和突破口，作为价值体系建设的重中之重。中国特色社会主义充分反映了我国最广大人民群众的共同愿望、根本利益和价值要求，成为团结、凝聚全体人民同心同德建设国家的共同价值目标。建设社会主义核心价值体系，应该用中国特色社会主义共同理想来统一思想、鼓舞人心、凝聚力量。中国共产党人始终坚持崇高的理想，坚持理想主义与现实主义的结合，在不同历史阶段提出代表中国人民根本利益的共同理想。经过 28 年艰苦卓绝的斗争，党领导人民实现了赢得国家独立和民族解放的社会理想。十一届三中全会以后，党根据我国社会主义初级阶段实际提出了中国特色社会主义共同理想。1982 年，邓小平首次提出"建设有中国特色的社会主义"的命题。党的十六届六中全会强调"建设富强民主文明和谐的社会主义现代化国家"，是对这个共同理想的最新最完整的概括。"富强、民主、文明、和谐"这八个字，凝结了中国特色社会主义的要义，体现了社会主义核心价值体系的精髓。富强是中华民族梦寐以求的美好夙愿。近代以来，为改变国家积贫积弱的状况，无数仁人志士苦苦寻求富民强国之路，直到中国共产党把马克思主义与中国实际相结合，才赢得了民族独立、人民解放，建立了社会主义制度，开创了中国特色社会主义道路，为国家强盛、民族振兴提供了现实途径。民主是中国共产党人的崇高价值追求，也是社会主义的应有之义。我们党历来以实现和发展人民民主为己任，在革命时期就高举起民主的旗帜，新中国成立后为实现人民当家作主、建设社会主义法治国家进行了不懈努力。民主不是资本主义的专利，社会主义应该也能够创造出比资本主义更高层次的民主。文明是社会进步的重要标志，也是中国特色社会主义的重要特征。中华民族曾经创造了辉煌灿烂的古代文明，为人类发展进步作出了巨大贡献。在当代中国人民的伟大奋斗中，必将迎来社会主义文化的大发展、大繁荣，中华民族将以更加文明进步的形象屹立于世界民族之林。和谐是中国传统文化的基本理念，也是中国特色社会主义的本质属性。面对前所未有的机遇和挑战，要把中国特色社会主义推向前进，必须把构建社会主义和谐社会摆在重要位置，促进社会公平正义，努力形成全体人民各尽其能、各得其所而又和谐相处的生动局面。富强、民主、文明、和谐是我们整个国家、民族的奋斗目标。中国特色社会主义事业的蓬勃发展，不仅使中国人民长期追求的崇高理想一步步走向现实，而且表明中国在建设现代化的伟大征程中正在探索人类社会新的发展道路和方向。在中国共产党领导下，走中国特色社会主义道路，实现中华民族的伟大复兴，就是当代中国社会各个阶层、各个利益群体认同和接受的共同理想，它具有广泛的包容性和强大的感召力、亲和力和凝聚力。中国特色社会主义集中体现了全国最广大人民的根本利益，表达了党和人民的共同理想和目标追求，成为引领、激励党和人民紧密团结、不懈奋斗的巨大精神力量。共同的理想信念和价值追求，是中华民族历经磨难而生生不息的强大精神支柱。人类发展的历史表明，一个民族、一个国家，如果没有共同理想，也就失去了民魂国魂，就失去了凝聚力和生命力。当前，建设富强民主文明和谐的社会主义现代化国家，实现中华民族的伟大复兴的宏伟事业，必然要求有与之相适应的共同理想，为伟大事业的成功提供精神动力。

三　民族精神和时代精神是社会主义核心价值体系的精髓

以爱国主义为核心的民族精神和以改革创新为核心的时代精神是一个民族赖以生存和发展的精神支撑，振奋、高昂的民族精神是由每个中国人民长期来共同追求而积淀形成的价值取向，它与改革创新的时代精神一起，熔铸在民族的生命力、创造力和凝聚力中，共同构成了中华民族薪火相传、继往开来的精神力量。这是社会主义核心价值体系的思想背景和精神支撑。

伟大的事业需要并产生伟大的精神，伟大的精神支撑和推动伟大的事业。民族精神和时代精神，是中华民族自强不息、发展壮大的强大精神支撑，是我们不断开辟新征程、开创新未来的不竭精神动力，是社会主义核心价值体系的精髓。民族精神和时代精神是维系中华各族人民的精神纽带，是建设中国特色社会主义的强大精神力量。

民族精神是一个民族的优秀文化传统最集中的表现，体现了一个民族的精神特质。"民族精神是一个民族赖以生存和发展的精神支撑。一个民族，没有振奋的精神和高尚的品格，不可能自立于世界民族之林"。①"五

---

① 江泽民：《全面建设小康社会，开创中国特色社会主义事业新局面》，《江泽民文选》第3卷，人民出版社2006年版，第559页。

千多年来，中华民族历经磨难却始终自强不息，为人类文明进步作出了不可磨灭的贡献。"① 以爱国主义为核心的团结统一、爱好和平、勤劳勇敢、自强不息的中华民族精神，深深熔铸在我们的民族意识、民族品格、民族气质之中，成为中华民族之魂。中华民族精神宛如长河，从远古时期的发源，到古代社会的发展，再到近代社会的浴火重生，不断丰富和升华，始终滋养着中华民族的心灵。中国共产党是中华民族精神的继承者、弘扬者和培育者，在领导全国各族人民进行革命、建设和改革的实践中，为民族独立、国家富强、人民幸福，作出了艰苦卓绝的努力，形成了自己的优良传统，培育出井冈山精神、长征精神、延安精神、抗战精神、西柏坡精神、雷锋精神、"两弹一星"精神、大庆精神、抗洪精神、抗击"非典"精神、载人航天精神、抗震救灾精神、北京奥运精神等。这些精神，继承和发扬了中华民族的优良传统，集中反映了中国人民在中国共产党领导下意气风发、一往无前、奋发图强的精神面貌，使中华民族精神得到前所未有的发扬光大，进入了一个崭新的发展阶段。无论过去、现在和将来，民族精神都是一种强大力量，召唤着中华儿女团结一心、和衷共济，为实现中华民族伟大复兴不懈奋斗。

时代精神是一个社会在最新的创造性实践中激发出来的，反映社会进步的发展方向、引领时代进步潮流、为社会成员普遍认同的思想观念、价值取向、道德规范和行为方式，是一个社会最新的精神气质、精神风貌和社会时尚的综合体现。在改革开放和社会主义现代化建设的新的历史时期，马克思主义与时俱进的理论品格、中华民族富于进取的思想品格同改革开放和社会主义现代化建设的实践相结合，造就了以改革创新为核心的时代精神。改革开放使我国各族人民焕发出巨大的创造活力，形成了解放思想、求真务实、锐意改革、开拓创新鲜明的时代精神。与时俱进的改革和创新，已经成为中国特色社会主义最重要的品格。改革创新精神，表现了一种求得自身进步、发展的责任感、使命感和不甘落后的心理状态，体现了一种解放思想、大胆探索、勇于创造的思想观念，反映了一种坚忍不拔、锐意进取、富于开拓的精神力量。

---

① 胡锦涛：《在纪念中国人民抗日战争暨世界反法西斯战争胜利六十周年大会上的讲话》，《十六大以来重要文献选编》（中），中央文献出版社 2006 年版，第 989 页。

建设具有中国特色的社会主义现代化事业，需要继续继承和发扬伟大的民族精神和时代精神。以爱国主义为核心的民族精神和以改革创新为核心的时代精神，不但揭示了社会主义核心价值体现的精髓，而且指明了社会主义现代化建设继往开来、革故鼎新、开拓进取的动力所在。中华民族在五千多年的发展进程中，形成了以爱国主义为核心的团结统一、爱好和平、勤劳勇敢、自强不息的伟大民族精神，我国优秀传统文化中与时俱进、除旧布新的内核与当今时代特征相结合而形成的以改革创新为核心的时代精神，是推动实现中华民族伟大复兴、使中华民族自立于世界先进民族之林的强大精神动力。

四　社会主义荣辱观是社会主义核心价值体系的基础

社会主义荣辱观明确了中华民族当代基本的价值取向和道德准则，体现了社会主义基本道德规范，是社会主义核心价值体系的重要组成部分。

荣辱观是世界观、人生观、价值观的反映，是人们对荣誉和耻辱的根本看法和态度。荣辱观问题关系到一个人能否形成正确的价值判断和价值取向，也关系到一个社会能否形成良好的道德风尚和社会风气。历代的有识之士都将世人的荣辱观状况作为评价社会道德风尚优劣的标准，甚至提到国家治乱兴亡的高度。能否做到明荣辱之分、做当荣之事、拒为辱之行，既是衡量一个人思想道德水平的重要尺度，也是评价一个社会道德风尚淳厚与否的基本标准。不仅如此，荣辱范畴还是道德发挥规范与调节人们行为作用的纽带和中介。因为，对于道德个体来说，社会所制定的道德规范、准则，只是外在的要求，只有当它们转化为人们的道德认同感和内在要求时，才能对发挥其抑恶扬善的调节作用。

胡锦涛提出的树立以八荣八耻为主要内容的社会主义荣辱观[①]，集中体现了我国现阶段社会主义道德建设和公民思想道德建设的基本要求，抓住了道德观、价值观的根本，为我国社会主义道德建设特别是引领社会道德风尚提供了纲领性的指导。其中，前"四荣"、"四耻"，即"坚持以热爱祖国为荣、以危害祖国为耻；以服务人民为荣、以背离人民为耻；以崇

---

① 胡锦涛：《牢固树立社会主义荣辱观》，《十六大以来重要文献选编》（下），中央文献出版社 2008 年版，第 317 页。

尚科学为荣、以愚昧无知为耻；以辛勤劳动为荣、以好逸恶劳为耻"，体现了为人民服务核心和"五爱"的基本道德要求；而"以团结互助为荣、以损人利己为耻；以诚实守信为荣、以见利忘义为耻；以遵纪守法为荣、以违法乱纪为耻；以艰苦奋斗为荣、以骄奢淫逸为耻"的后"四荣"、"四耻"，则较为集中地体现了以"爱国守法、明礼诚信、团结友善、勤俭自强、敬业奉献"这20字的公民基本道德规范的内容要求。这种表述，简明扼要，将我国公民道德建设的内容基本涵盖其中，以坚持什么、反对什么，倡导什么、抵制什么的对比句式，旗帜鲜明地划清了是非、善恶、美丑的界限。

社会主义荣辱观是中华民族传统美德、优秀革命道德与时代精神的有机结合，体现了社会主义基本道德规范和社会风尚的本质要求，体现了社会主义价值观的鲜明导向，为在社会市场经济条件下判断行为得失、分清是非荣辱、明辨善恶美丑、确定价值取向、作出道德选择提供了基本的准则，对全面提高人的素质，推动形成良好社会风气，具有重大而深刻的现实意义。它为人们的行为提供了基本的价值准则和行为规范。判断一个社会的核心价值体系是什么，要看这个社会的社会成员在实际的行为活动中以什么为荣，以什么为耻，其行为选择的价值依据是什么，行为得失评价的价值标准是什么。古人说，荣辱乃"立节之大本"，"治世之大端"，其深刻含义就在于此。从这个意义上说，一定的荣辱观乃是一定社会的核心价值体系的核心地位和主导作用得以确立和实现的道德基石，是核心价值体系获得其感召力、亲和力、整合力和凝聚力，充分发挥其实际功能的道德支撑和内在机制。

社会主义荣辱观，为社会主义现代化建设规定了基本的道德规范和行为准则，并且成为社会主义先进文化和精神文明的重要内容。建设中国特色社会主义是艰巨而复杂的，需要处理各种关系、解决各种矛盾。在处理这些关系、解决各种矛盾的时候，离不开道德的规范和调节。无论是处理和解决人与社会之间的关系和矛盾、实现人与社会的和谐；还是处理和解决人与人之间的关系和矛盾、实现人与人的和谐；抑或是处理和解决人与自然之间的关系和矛盾、实现人与自然的和谐，都需要人们提高思想道德修养，明是非、辨真假、分善恶、知美丑、晓荣辱。实现人的全面发展，是建设中国特色社会主义的本质要求。人的道德素质的提高，不仅是人的全面发展的重要内容，而且对其他素质的提高起着引领和保证的作用。

以"八荣八耻"为主要内容的社会主义荣辱观，把贯穿和渗透于社会主义物质文明、政治文明、精神文明以及生态文明建设之中并保证其和谐发展的本质性东西揭示了出来，为其提出了正确而鲜明的道德规范和行为准则。树立社会主义荣辱观，必须始终坚持先进文化的前进方向，更好地发挥先进文化启迪思想、陶冶情操、传授知识、鼓舞人心的积极作用，营造知荣明耻、褒荣贬耻、扬荣抑耻的良好文化环境。

第四节　科学发展伦理思想的理论贡献和历史贡献

科学发展伦理思想立足于我国基本国情，深刻总结和借鉴国外片面追求经济发展、忽视人的发展和社会进步的经验教训，旗帜鲜明地提出"以人为本"的理念和原则，强调全面协调可持续发展，主张统筹兼顾，做好各方面的利益协调和利益整合，实现包容性增长。科学发展伦理思想，代表着当代发展伦理思想的最新成果和最高水平，是马克思主义伦理思想中国化最新成果不可或缺的组成部分，反映当代伦理思想发展的大趋势和要求，是对马克思主义伦理思想的重大发展。

一　发展伦理学是对现代发展模式和路径的深刻反思

发展是科学发展观的主题和首要内涵，也是发展伦理的研究对象和主题。以发展为第一要义，深刻反映了当今世界的时代主题和当代中国的实践主题，是对我国改革开放以来重要经验的概括总结，也是面对新形势新任务提出的新要求，具有深刻的道德进步性和伦理合理性。

自 20 世纪 80 年代以来，以"国际发展伦理学协会"（The International Development Ethics Association, IDEA）的成立为形式标志，以美国圣母大学教授德尼·古莱的《发展伦理学的任务与方法》等论著的发表为学理标志，发展伦理学正式成为一个影响日渐广泛的新兴交叉学科。[①]古莱被认为是西方"学理型"发展伦理学的代表。他侧重于发展伦理学的学理建构，先后推出了《残酷的选择：发展理念与伦理价值》、《发展

---

① 　参阅陈忠：《发展伦理学的范式研究》，《中国社会科学》2006 年第 4 期。

伦理学》等著。在《发展伦理学》这部著作中，古莱对发展伦理学的学科属性、发展伦理的价值内容等进行系统阐述。古莱指出，"发展伦理学的重要任务是使得发展保持人道，"[①]"提升一切个人和一切社会的全面人性。"[②] 近代以来，西方国家的工业化和现代化发展实际上使发展走上了一条过度重视经济增长而忽视人自身发展的道路，致使经济、社会、政治与技术领域出现了全面的异化，"以物为中心"使发展成为脱离人性、人道的"伪发展"、"反发展"。古莱的发展伦理学认为，在人性层面，发展的目的是克服异化、实现人道。发展的真正任务是取消经济、社会、政治和技术中的异化。在理性层面，发展的目的是实现技术理性、政治理性、伦理理性的有机统一。从具体价值内容看，发展的目的是"美好生活"，即"最大限度的生存、尊重与自由"。这些目标是普遍性的，反映所有文化实体、所有时代人类的基本需要。从社会实在内容看，理想的发展是"整体真正发展"。也就是人与自然之间，不同文化之间的和谐共处，以及传统文化与现代生活、未来发展之间的良好传承。克拉克被认为是"应用型"发展伦理学的代表。他侧重于发展伦理学的应用研究，其重要代表作是与史蒂芬·司切维（Stephen Schwenge）合作，于 2005 年提交给"美国国际发展局"（the United States Agency for International Development，USAID）的研究报告"发展伦理学与美国国际发展局"（The Relevance of Development Ethics to USAID），在这个报告中，克拉克对其以"西方民主制度"、"标准伦理行动"为重要内容的发展伦理观进行了系统阐释。在发展伦理学研究中，如何理解"发展伦理问题"，即是"发展"问题，还是"伦理"问题；是"发展引发的伦理问题"，还是"伦理引发的发展问题"；或是"发展与伦理在具体历史条件下的共同性问题"成为诸多发展伦理学家们竞相讨论的问题。可思波（Des Gasper）在《发展伦理学》一书中坚持认为，"发展伦理问题"是双向的，一方面，发展伦理问题表现为片面的经济发展、以效率为中心的经济学的片面市场信条对人性的挤压问题；另一方面，发展伦理问题也是人性潜力还没有得到全面实现的问

[①] ［美］德尼·古莱：《发展伦理学》，高铦、温平、李继红译，社会科学文献出版社 2003 年版，第 31 页。

[②] 同上书，第 8 页。

题，即伦理学的原则还没有得到真正揭示与普遍接受的问题。因此，他主张用标准的、全面的伦理学发展原则对片面的经济学发展原则进行改造，主张运用经过澄清的伦理学原则对现实人性进行伦理学训练，以使"伦理原则成为哲学家、创业家、经济学家、社会学家和政治家们识别、鉴别自身作用的内在律令"。以阿玛蒂亚·森的"功能伦理观"为基础，特瑞（Donald Terry）和罗思（Orlando Reos）等人认为，应该从发展伦理的角度对纯粹的经济发展模式、对市场和民主的作用等问题进行更加深刻全面的反思，以建立一个更加全面的、以伦理为内在支撑的发展模式。①

在我国，发展伦理学伴随改革开放和发展社会主义市场经济而逐步发展成形，至今已成为伦理学研究中一道独特的风景和研究热点。

与传统伦理和生态伦理相比，发展伦理从一种广义的价值维度看待发展问题，以当代人类发展实践提出的伦理问题为研究对象，通过对发展目标、发展模式、发展手段、发展路径、发展评价等的深刻反思，为人类发展寻找伦理价值的尺度，并使发展朝向合乎伦理的永续发展。发展伦理学有两个最基本的研究触角：一是从伦理的视域去审视、评判、解蔽发展的诸问题，把发展置于伦理审视的框架内，并为发展矗起伦理的终极价值目标，即服务人们幸福的发展理念、公正的发展模式以及和谐的发展格局、永续的发展路径；二是探讨如何通过道德规约发展的诸因素，提出发展伦理的思路、对策与措施，以保证发展不致偏离其伦理的终极价值目标。发展伦理学既要对传统发展观所推崇的发展模式作出深度反思，更要对当今发展观所推崇的发展模式作出全面系统的考察与辩证分析，力图解决当代发展观发展模式带来的种种伦理道德问题，以及由此造成的伦理困境和社会危机。发展伦理学主张重新思考人与人、人与自然的关系，力图透过人与人的关系来调节人与自然的关系，从而实现可持续的人类生存。发展伦理学必然与诸如生态伦理学、环境伦理学等伦理学有着千丝万缕的联系。这两种伦理学都是要评价和规范人"应当"如何对待自然的问题。但是，它们又是有着原则的区别的。它们之间的最根本的区别就是：发展伦理学是建立在人的生存论基础上的，而生态伦理学等却是建立在自然的"内在价值"基础上的。生态学者们提出了"内在价值"说，企图通过确立

---

① 参阅陈忠：《发展伦理学的范式研究》，《中国社会科学》2006 年第 4 期。

自然界本身的内在价值来确立人对自然的伦理责任和义务。其主要观点是：自然之物的价值就在于它们的存在本身；这种价值不是由人类赋予的，而是它们的存在所固有的；自然之物的存在本身即代表它们的价值。人类不能去规定它，而只能去认识它、利用它。在人类认识它、利用它之前，它们的价值已经存在。生态伦理学的价值论基础是"内在价值论"。这种理论的实质是确立了自然价值的独立性与自在性，即自然价值与人的"无关性"。这样做的结果，虽然否定了传统发展观对自然界的功利主义价值倾向，但是，它却在人与自然之间造成了一种"价值二元论"。因而它马上就又遇到了一个新的理论难题，即如何从自然之"是"中推导出人的伦理行为的"应当"的理论难题：自然价值与人的"无关性"，一方面，消除了人类在功利主义价值观支配下掠夺自然界行为的价值论基础；另一方面，也消除了人类保护自然的必要性：自然的内在价值既然与人类无关，那么我们为什么就应当保护它呢？

发展伦理学是以对现代发展观的反思、对现代发展实践本身的评价和规范为基本内容的。因此，发展伦理学也必然涉及我们的发展实践应当如何对待自然界的问题。发展为什么不应当以破坏自然为代价？我们的发展实践为什么应当保护自然？其原因就是因为自然同我们人类具有某种价值联系。因此，发展伦理学也必须回答自然的价值问题。在发展伦理学看来，对于人类来说，自然界具有两种价值。一是自然界直接为人类提供生活资料，并为人类的生产提供原料，对人类具有"消费性价值"。二是自然界对人类具有"环境价值"。自然界作为"养育人类的母亲"和"人类生存的家园"，是人类生存的基本条件。自然环境就是人类生存与生活的"家"。传统发展观关注的只是消费价值的获得，因而损害了环境价值；生态发展观关注的仅仅是自然的环境价值，并以"内在价值论"为基础确立起一个自然中心主义的生态价值观，因而否定了人类通过改造自然界获得消费性价值的合理性，在处理人与自然关系的问题上走向了接一个极端。发展伦理学在反对"发展天然合理论"的时候并不否定人类改造自然的实践行为的必要性与合理性，而是要通过对人的发展实践的评价、约束和规范而走向一种"有规范的合理性"。这种合理性并不是无限度的、无约束的绝对的合理性，而是在一定的限度内的合理性。发展伦理学承认，人类的实践行为必然会对自然生态系统的稳定、平衡造成一定程度的破坏。但是，由于自然生态系统本身具有某种自我修复能力，因而只要把人类的发展实践行为限制在自然系统的自我修复能力的限度以内，我们就可以保持人类生存所必需的基本的自然环境，使人类的生存持续下去。

二 科学发展伦理思想的理论贡献

科学发展伦理思想深刻回答了新世纪新阶段中国面临的"为什么发展"、"为谁发展"、"靠谁发展"和"怎样发展"等一系列重大发展伦理问题，深刻揭示了中国现代化建设的发展道路、发展模式、发展战略、发展目标和发展手段等，赋予马克思主义关于发展伦理思想以新的时代内涵和实践要求，进一步丰富了中国特色社会主义伦理思想理论，构建了一种全新的马克思主义的发展伦理思想。

科学发展伦理思想深刻回答了"中国为什么要发展"的问题，进一步明确了把发展作为党执政兴国第一要务的必要性和重要性。在当今世界，和平与发展已成为时代的主题。从根本上说，发展是一个国家或人类社会从传统的农业社会转变为现代工业社会并进而向信息社会变迁的过程。中国是世界上最大的发展中国家，正处在全面建设小康社会和加速推进社会主义现代化的进程中。要实现全面建设小康社会的宏伟目标，最根本、最重要的是始终坚持发展是硬道理的战略思想。科学发展观的第一要义是发展，表现在发展价值观上，就是特别重申发展是国家的至高目标，突出强调发展在国家战略中具有至上价值。发展所以具有至上价值，一方面，是因为它既是满足人的需要的基本手段，同时又具有体现人的终极目的的属性和意义；另一方面，更重要的还在于它是社会主义社会的生存基础、发展前提和生命力的源泉所在。如果没有高度的发展效率和水平，则意味着21世纪的社会主义失去了实际的生存价值和发展的条件。能否创造比资本主义更高的劳动生产率直接关系到21世纪社会主义的价值功能显示和比较优势的发挥，它内在地构成了当代中国社会的中心工作和根本任务；政治和文化发展则直接关系到社会发展的质量和社会运行的健康有序化程度，关系到教育的效能、科技进步的速度、精神产品的水平，更关系到综合国力强弱、人的素质的提高和人格的塑造。科学发展观所强调的发展同发展经济、增强综合国力和改善人民生活密切相关，其基本要求是

"必须始终坚持以经济建设为中心，聚精会神搞建设，一心一意谋发展。"①

科学发展伦理思想深刻回答了"为谁发展"和"靠谁发展"的问题，进一步明确了中国经济社会发展的根本宗旨和基本动力。科学发展伦理思想继承和发展了马克思主义关于人民群众是历史发展主体和"人的自由全面发展"的思想，强调"以人为本"，将实现好、维护好、发展好最广大人民的根本利益作为工作的出发点和落脚点，明确要求把人民群众作为经济社会发展的价值主体，牢固确立人民群众在发展中的主体地位，始终坚持尊重人，关心人，理解人，爱护人，解放人，发展人；使全体人民共享改革发展成果，营造全体人民充分发挥聪明才智的社会环境，把满足人民群众日益增长的物质文化需要和促进人的全面发展作为经济社会发展的目的和归宿。"以人为本"不仅包含了发展"为了谁"的价值内涵，而且也包含了发展"依靠谁"的深刻内容。科学发展伦理思想强调以人为本，充分发挥人民群众的积极性、主动性和创造性，把人民群众作为推动历史发展的主体和基本力量，从实现好、维护好、发展好最广大人民的根本利益出发谋发展、促发展，以此满足人民群众不断增长的物质文化需要，体现了历史唯物主义关于人民群众是历史发展主体和人的全面发展的重要观点。

科学发展伦理思想创造性地回答了"怎样发展"的问题，进一步明确了中国经济社会发展的基本要求和基本思路。在发展道路上，强调走新型工业化道路，建设社会主义新农村，建设资源节约型、环境友好型社会，提高自主创新能力，建设创新型国家，实现科学发展、又好又快发展；在发展模式上，强调以经济建设为中心，推进建设中国特色社会主义总体布局由"三位一体"到"五位一体"，即全面推进经济建设、政治建设、文化建设、社会建设和生态文明建设及其各个环节各个方面的相协调，横向讲统筹，即统筹城乡、区域、经济社会、人与自然和国内国际等各方面的关系及其发展，纵向讲持续，即通过全面发展、协调发展达到可持续发展；在发展动力上，强调毫不动摇地坚持改革开放，不失时机地在

---

① 胡锦涛：《在中央人口资源环境工作座谈会上的讲话》，《十六大以来重要文献选编》（上），中央文献出版社2005年版，第850页。

重要领域和关键环节实现改革的新突破，全面提高对外开放水平。在发展的外部条件上，强调高举和平、发展、合作的旗帜，坚定不移地走和平发展道路，推进建设和谐世界；在发展的领导力量上，强调继续推进党的建设新的伟大工程，加强党的执政能力建设和先进性建设，不断提高党的执政能力和领导水平。

三　科学发展伦理思想的历史地位

人类社会的发展，特别是社会主义社会的发展问题，是马克思主义理论的重要组成部分。新中国成立以后，党的几代中央领导集体坚持马克思主义发展观，对建设社会主义的问题进行了不懈的探索和研究，并根据我国的具体实际，在不同的发展阶段、不同发展时期，提出了一系列关于发展的重要思想，推进了中国特色社会主义伟大进程。在新的发展阶段，以胡锦涛为代表的中央领导集体坚持与时俱进、不断创新，总结我国长期建设和发展的经验教训，继承和发展党的三代领导集体关于发展的重要思想，创造性地提出了科学发展观及其伦理思想。科学发展伦理思想，进一步丰富和发展了我党关于中国特色社会主义的发展观，是当代发展伦理的最高形态，代表着马克思主义发展伦理的最新成果。

科学发展伦理思想，是以马克思主义世界观方法论为指导，在深刻总结和借鉴国外发展实践的经验教训的基础上，针对我国经济社会发展的现实所提出来的一种以科学发展、和谐发展、全面协调可持续发展为主要内容的发展伦理思想。科学发展伦理思想，可谓当代发展伦理思想的要旨，又反映了当代经济伦理思想与生态伦理思想的发展趋势和要求，无疑是对有中国特色社会主义伦理文化的重大发展，代表马克思主义伦理思想中国的最新成果。

科学发展伦理思想立足于我国基本国情，深刻总结和借鉴了国外片面追求经济发展、忽视人的发展和社会进步的经验教训，旗帜鲜明地提出"以人为本"的理念和原则，认为人既是发展的主体，发展要依靠人；又是发展的目的，发展应当为了人。当代伦理生活呼唤对人的主体地位的重视，彰显对人的需要和价值的尊重，并以尊重人、依靠人、为了人和提升人作为自身的主旋律。以人为本是马克思主义的基本理论主张，是党的全心全意为人民服务的宗旨和群众路线的集中表现，也是当代伦理精神和伦理价值取向的生动反映。

科学发展伦理思想是对现代伦理生活基本旋律的科学把握，又深含着走向未来的伦理思考，其所提出的和谐共生的伦理观念，生态文明的发展战略，无不彰显出前瞻性的伦理智慧和超越性的道德意识。它强调的发展不仅是当代人的发展，而且是子孙后代的发展，是社会经济因素与生态环境之间的联系与协调，是一种在良性和动态的情境中追求生态、经济与伦理的和谐。它主张超越人类中心主义和非人类中心主义的局限，在和谐与发展有机统一的基础上实现以人为本与以自然为友的结合。

科学发展伦理思想的深刻理论意义，从根本上讲，就是要实现人与自然、人与社会、人与人自身的协调发展与和谐共存，就是要实现人与自然、社会和人自身的矛盾和问题的真正解决，这是社会主义的本质要求。科学发展伦理思想坚持把人以及人类自身的生存、发展和解放摆在最重要的发展目标位置上，始终坚持一切发展都是为了人民、一切发展都必须依靠人民、一切发展成果都必须让人民来共享和分享。科学发展伦理思想从"发展为了谁、发展依靠谁、发展惠及谁"等方面创造性地问答了"实现什么样的发展、怎样发展"的问题，将发展的合规律性与合目的性有机地统一起来，从而区别于其他一切"非科学"、甚至"不科学"的发展观。

科学发展伦理思想继承前人又超越前人的地方就在于，它强调发展的全面性，将发展从经济领域扩展到社会的各个领域，从量的扩展发展到质与量的统一，克服了以往某些方面存在的重经济指标、轻社会进步，重物质财富、轻精神财富，重当前利益、轻长远利益的偏差。它明确指出了发展的协调性，强调经济、政治、文化、社会建设的各个环节各个方面要统筹兼顾，相互促进，要求统筹城乡发展，统筹区域发展，统筹经济社会发展，统筹人与自然和谐发展，统筹国内发展和对外开放。它注重发展的可持续性，重视经济发展过程中的节约生产、清洁生产、绿色生产，注重经济、政治、文化、社会发展的连续性、持久性，将当前与长远，当代与子孙后代的永续发展辩证地统一起来了。

科学发展伦理思想强调全面推进经济建设、政治建设、文化建设和社会建设，实现经济发展和社会全面进步；强调统筹城乡、区域协调发展；注重经济、社会、人与自然和谐发展、对外开放和国内发展；强调可持续发展，坚持经济发展与人口、资源、环境相协调，保护自然资源和生态环境，促进人与自然和谐相处，保证一代接一代地永续发展，体现了辩证唯物主义关于人与社会、人与自然的亲密关系。科学发展伦理思想把社会主义物质文明、政治文明、精神文明、和谐社会建设和人的全面发展看成相互联系的整体，把人类社会的发展看成生产力和生产关系、经济基础和上层建筑、社会生产各个部类、各个地域、各个方面以及人与社会、当代与后代等彼此相互联系、相互促进、不可分割的过程，这样就进一步丰富和深化了马克思主义的发展伦理思想。

科学发展伦理思想主张把竞争与协作、效率与公平、先富与共富有机地结合起来，建构一种义利并重的社会主义经济伦理。促进经济又好又快地发展。又好又快就是要在科学发展观指导下，以好为前提，以好为基础，以好为根本，在好中求快，在优中求进，不仅实现经济结构比较优，经济效益比较好，发展质量比较高，而且还要实现能耗比较低，污染比较少，不仅要讲速度更要讲质量。只有把节约资源、保护环境、节约用地放在更加突出的战略位置，把调整经济结构、转变增长方式记在心头，努力实现速度、质量、效益相协调，消费、投资、出口相协调，人口、资源、环境相协调，才能促进经济又好又快发展，推进和谐社会的建设。

科学发展伦理思想是一个与道德生活的实践密切相关并以道德生活的实践为基础的不断开放和发展着的理论体系，它丰富和发展了中国特色社会主义伦理思想体系，为中国马克思主义伦理思想注入了活力，中国马克思主义伦理思想的不断发展，必将极大地促进有中国特色社会主义伦理文化的大发展和大繁荣，促进公民道德建设和精神文明建设的不断发展！

第九章　理论界对马克思主义伦理思想中国化的探索与研究

中国马克思主义伦理思想的形成与发展，不仅得益于中国共产党领袖人物的科学创造和艰辛探索，而且也得益于马克思主义理论工作者的阐幽探微与深入研究。在传播、发展和完善中国化的马克思主义伦理学说的过程中，张岱年、冯定、周辅成、周原冰、李奇、罗国杰等作出了重要的贡献，他们的伦理思想构成中国马克思主义伦理思想发展过程中一个有机的组成部分和不可缺少的环节。深入全面地把握马克思主义伦理思想在中国的发生与发展，还必须系统研究中国马克思主义理论工作者的伦理思想。

第一节　张岱年、冯定、周辅成对马克思主义伦理思想的研究

我国学术界对马克思主义伦理思想的研究，早在20世纪20—30年代即已开始，1923年石夫在《少年》第8号发表的《马克思主义的道德观》（后收入《赴法勤工俭学运动史料》第3辑，北京出版社1981年版）一文，可谓最早、较全面阐述马克思主义道德观的文章。该文针对马克思主义否认道德的谬论，指出："只有马克思第一次真正完全认识了什么是道德。"[①] 马克思对道德的认识既强调道德是经济关系的反映，受经济关系的制约，又强调阶级斗争，认为在阶级社会里，道德是阶级关系的反

[①] 石夫：《马克思主义的道德观》，参见《赴法勤工俭学运动史料》第3辑，北京出版社1981年版。

映，支配某一时代的道德观念必然是占统治地位的道德观念。30—40 年代，王亚南、胡绳、艾思奇等人也对马克思主义的道德观和伦理思想作出过自己的探讨。但从比较系统和连贯的意义上讲，当推张岱年、冯定、周辅成等教授。他们不仅在解放以前即开始关注马克思主义伦理思想，新中国成立以后还自觉运用马克思主义的立场、观点和方法系统研究伦理学问题，推出了一批有价值的研究成果，对推动马克思主义伦理思想中国化发展作出了突出贡献。

一 张岱年对马克思主义伦理思想的创造性研究

张岱年（1909—2004），字季同，别署宇同，20 世纪杰出的中国哲学史家、哲学家和伦理学家，1909 年 5 月 23 日出生于北京一个知识分子家庭，原籍河北省献县。父亲张濂，光绪（1903 年）进士，授职翰林院编修。长兄张崧年是中国现代哲学家，对张岱年的学术道路选择产生了直接影响。1928 年，张岱年考入清华大学，旋即退学，又报考北京师范大学教育系，被录取。1933 年大学毕业时，因发表学术论文多篇，被清华大学哲学系聘为助教，从事哲学专业的教学工作。"七七"事变以后，清华大学南迁，他滞留北京，闭门著书。1943 年任教于私立中国大学，聘为哲学讲师。抗战胜利后，1946 年清华大学复校，回清华大学哲学系工作，1951 年晋升为教授。1952 年，全国高等院校调整，调任北京大学哲学系任教，一直从事中国哲学和伦理学的教学和研究工作。2004 年 4 月 24 日逝世，享年 95 岁。张岱年早期欣赏英国分析派哲学的逻辑分析方法，30 年代开始阅读马克思恩格斯的著作，深为辩证唯物主义和历史唯物主义的真理所吸引，并著文介绍马克思主义的唯物论。以后张岱年坚持用马克思主义的唯物史观来研究中国的传统哲学和伦理学，取得了不少成就。改革开放以后，已届耄耋之年的张岱年生命不息，发奋不已，以对祖国和人民的无比热爱，对社会主义精神文明和伦理道德建设的无比关心，献身哲学、伦理学研究，勤奋著述，先后出版了《真与善的求索》、《文化与哲学》、《中国伦理思想研究》等著作，发表《中国古典哲学的价值观》、《义利理欲之辩评析》等论文数十篇，清华大学出版社出版有《张岱年文集》（1—6 卷），河北人民出版社出版有《张岱年全集》（共 8 卷）。在把马克思主义伦理思想中国化的理论工作者群体当中，张岱年无疑是最有影响的成员之一。作为较早运用马克思主义研究伦理道德问题的著名学者，张岱年一生积极投身于 20 世纪中华伦理文化的研究与创造，以促进中国传统伦理学说的现代化和马克思主义伦理学说的中国化为己任，并为此作出了艰辛的努力，取得了丰硕的研究成就。张岱年的伦理思想，涉及伦理学原理的诸多方面，提出了许多颇具原创性的观点、命题和学说，对推动 20 世纪中国马克思主义伦理学的繁荣和发展作出了重大贡献。

1. 对道德本质和基本特征的科学认识

早在 20 世纪 30 年代，张岱年就为马克思主义所倾倒，坚持用马克思主义的辩证唯物论来研究道德问题，主张创造性地发展马克思主义伦理思想，形成具有中国特色和中国气派的马克思主义伦理思想。在《道德之变与常》等文章中，张岱年指出，道德是人类社会生活需要的产物，源于一定的社会需要和一定的社会关系。道德的本质是基于社会的生活条件而产生的行为规范。在社会生活中，为满足群体之需要，各分子的行动必受一定的制约，这种制约被人们尊崇为具有普遍约束力的东西，这就是道德。一切道德都要受到社会关系和历史条件的制约，并随社会关系和历史条件的变化而变化。因此，一切道德观念、道德范畴都具有历史性和相对性。40 年代，张岱年进一步探讨了道德的实质与特征，认为道德乃理之一种，是行为的品值之行为，有道德的品值之行为即善的行为。道德即人类为生活的需要而制定的行为准则。为群体之存在与发展，个人之行为必须遵守一定之规律，个人自觉遵守此规律，是即道德。50 年代以后，张岱年对道德的起源、道德的阶级性、道德的本质及其作用作了进一步的探讨，特别是对道德进步的标准问题作了颇为深入的研究。在长达几十年的学术生涯中，张岱年通过自己的苦读精思和学以致用，形成了自己颇具特色的关于伦理学基础理论的思想或关于道德哲学的一般理论。

道德本质论是张岱年伦理思想的重要组成部分。张岱年是中国马克思主义伦理思想家中最早开始思考和探讨道德本质的人，并提出了自己颇具特色的道德本质和道德进步理论。他认为，对道德本质及其发展规律的揭示，需要马克思主义的唯物史观作指导。"马克思和恩格斯在人类思想史上第一次把唯物主义原则贯彻到社会领域，给道德现象以科学的解释，建立了科学的道德学说。"① 马克思主义强调人的社会性和社会关系，把道德视为人类社会生活的产物，是一种由经济基础决定的上层建筑和意识形态，是一种调节人与人、人与社会集体之间关系的行为规范。依据马克思主义的唯物史观，张岱年探讨了道德的本质，提出了自己关于道德本质的理论。

（1）从最一般的含义上讲，道德本质上是一种行为的规范和准则，是一种通过社会舆论、传统习俗和人们的内心信念来维系的并通过善恶矛盾来表现的行为规范。在张岱年看来，道德作为伦理学的研究对象和广泛使用的概念，指人类行为的基本准则和按照准则而行为的基本要求。在中国伦理思想史上，道与德原是两个概念，道指人们行为应该遵循的原则或基本准则，德是实行原则而有所得到或收获，亦即道的实际体现。道与德合起来作为一个伦理学基本范畴，是指人们行为所遵循的原则及其具体运用的总称。他指出："道德就是人们的行为的规矩或准则，也就是人们对于家庭，对于本阶级以及其他阶级，对于本民族以及其他民族，所采取的行为的一定的标准。道德在本质上是为了某一范围内的人们的利益而提出的对于人们行为的约束或裁制。"② 总体上看，道德是利益关系的反映，是人们为了实现自己的最大利益服务的，没有什么超利益的道德。但道德作为一种行为规范，所要维护和实现的利益是共利和群体的利益。"道德即是好人我之共生，乐人我之同乐，以至于为他人之生与乐而忘自己之生与乐。善绝非与利害无关，如无生死苦乐，则亦无所谓善。善恶可以超越个人的利害，然而不可能超越大众的利害。"③ 这一对道德本质的认识和界定，应该说既平实又崇高，它避免了那种把现有等同于应有、混淆事实与价值的自然主义谬误，也有别于那种为了凸显价值和理想而不顾现实的形式主义或超越主义。

（2）从其内在精神上说，道德本质上是一种合理的行为或对合理行为的追求。道者当然之理，德者行道而实得之于己，道与德合起来，指人类生活的当然之理及其社会实践。在中国古代，道指行为应该遵循的原则

---

　　① 张岱年：《中国伦理思想发展规律的初步研究》，《张岱年全集》第三卷，河北人民出版社，第452页。

　　② 同上。

　　③ 张岱年：《真与善的探索》，齐鲁书社1998年版，第361页。

和规范，德是行为原则规范的实际体现或内在化实现。道德作为合理的行为或对合理行为的追求，其合理之处在于它是适应人类社会生活的需要而产生的，是保证群体生活的行为原则和规范。"道德即所以维持群体之存在，令其延续而不绝者也。"为群体之存在与发展，个人之行为必须遵守一定之规律，个人自觉遵守此规律，是即道德。道德起源于人类社会生活的需要。人类社会生活各种利益矛盾需要有一调解矛盾的社会形式。道德的行为即是能够有利于他人和社会群体的行为。他说："求自己饮食男女之满足，此为生之必然；求众人饮食男女之满足，此乃德之基本。然而道德不仅在于求众人饮食男女之满足而已，乃更在于求众人之所以贵于禽兽者之扩充，亦即不惟求人人身体需要之满足，而更求人人精神需要之满足。"① 因此，道德的真义在于利他利群。对社会他人之有利的行为即是道德的行为，对自己有利而对社会他人有害的行为即是不道德的行为。道德要求人们视人如己，以群为己，即不以小我为我，而以大我为我。真正的道德能够将小我融入大我之中。所以道德的基本原则曰为公或社会整体主义。"道德之端，以己推人；道德之至，与群为一。以己之所欲推人之所欲，道德之始；兼善天下，而以人群为一体，道德之极。"② 张岱年将马克思主义的人的社会性与荀子的"人能群"的思想结合起来，认为道德本质上是人类社会生活的产物和确证，道德的基本特点在于使个人融入社会群体之中，维护群体的生存与发展，这一认识在 20 世纪的中国伦理思想史上应该说是颇为深刻而又具有代表性的，它凸显了道德的崇高性和基本价值取向，有助于人们全面准确地把握和体认道德的内在精神本质。

（3）在阶级社会里，道德的本质内涵在不同的阶级道德之中，并通过阶级道德表现出来。张岱年分析了剥削阶级道德和被剥削阶级道德的不同本质，认为剥削阶级道德是为维护剥削阶级的利益服务的，然而它却强迫被剥削阶级放弃自身的利益，甘愿接受剥削阶级的残酷剥削，这就使剥削阶级的道德常常以牺牲被剥削阶级的利益为道德，从而使其道德体现出了非道德性或反道德性。剥削阶级的道德在道德的名义下从事着反道德的实际性行为，这就是剥削阶级道德的真实本质。根据对剥削阶级道德真实

---

① 张岱年：《真与善的探索》，齐鲁书社 1998 年版，第 354 页。
② 同上书，第 217 页。

本质的分析，张岱年谈到了道德的作用问题，认为剥削阶级道德从总体上是反动的、腐朽的，对社会进步和历史发展起着阻碍的、消极的作用。在张岱年看来，只有代表先进生产力的要求和社会进步趋势的革命道德才是科学的合理的道德。张岱年盛赞劳动阶级和无产阶级道德的作用，指出劳动阶级和无产阶级道德是为破坏旧社会建设新社会服务，并在肯定社会革命的道德意义的基础上肯定道德革命的必要性，强调没有革命道德，革命必然难于成功。"革命实为道德的必需。有见于制度之不善而谋所以变革之而不甘于为罪恶的制度之所役，是即尽性至命。""最高的道德行动，在于忘己济人，在于为国舍身，亦在于致力变革罪恶的制度。"① 变革罪恶的制度即是最富有道德性的行为，是充其正义和仁爱之心去解救人类痛苦的大善。

张岱年关于道德本质的论述，应该说是比较具有代表性的，反映了20世纪中国伦理学界对道德本质的深刻洞见，不少后来探讨道德本质的著述和文章，都这样那样受到张岱年的影响，或者说是从张岱年的思想出发走向更加广阔的天地和更加高远的境界的。

张岱年在道德基本特征问题上也颇有自己的心得体会，其中关于道德是知与行、共性与形态、阶级性与继承性等的矛盾统一的认识就非常富有特色和创意。

首先，道德是知与行的矛盾统一。道德包含了"知"（知识）与"行"（实践）两个方面。道德离不开人们的认识和思考，一切真正道德的行为和现象，莫不表达着人们的想法、意图和愿望，莫不寄托着人们的理想和情思。而且道德上的动机也总是某种认知的产物。认识得越深刻，道德性就越强。因此无论西方还是中国都有把知识智慧视作美德的传统。关于道德的"知"，又含有道德常识意识和道德理论意识两个基本层面。同时，道德又不仅仅是思想观念或知识，它还必须见之于具体行动。道德实践是道德之为道德的更为重要的方面。如果只有道德思想或语言，言行不相符合，就不是真正的道德。真正的道德必须借助"知"以"行"的方式表现出来。道德的"行"是道德的现实化和具体化，是道德发生作用的最主要的方式方法和手段。张岱年指出："一个有道德的人，必须理

---

① 张岱年：《真与善的探索》，齐鲁书社1998年版，第373页。

解行为所应遵循的原则，这是知的方面；更必须在生活上遵循这准则而行动，这是行的方面；必须具备两个方面，才可称为有道德的人。"① 道德的认识与道德的实践是密切联系，不可叛离的。人们从事道德实践、提高道德认识的过程，谓之道德修养。在从事道德修养的过程中，可以达到一定的道德境界。因此，知行统一是道德之为道德的基本特征。

其次，道德是共性与形态的矛盾统一。张岱年认为，道德除了可以分为知与行两个方面外，还可以分为共性与形态两个方面。他所谓的共性是一切道德的共同本质，他所谓的形态是指道德在历史和现实生活中所呈现出来的现象。道德现象随时代和社会而变化，不同的时代和社会有不同的道德。社会是不断进步和向前发展的，道德作为社会生活需要的产物也是不断变化发展的。但是，道德的形态并不是变乱无章的，它在变化之中显示出恒常性，这便是道德的共性。道德共性与道德形态二者之间的关系，主要表现在以下六个方面：(1)道德的共性是恒常的，道德的形态随人类社会生活的变迁而变迁；(2)道德的共性虽然属于恒常，但并不是自古以来就有的，它绝非是先于道德形态而存在的。未有道德现象之时代，根本没有道德共性可言；(3)每一时代和社会的道德各有其特殊性，这种道德的特殊性，并不是道德的共性；(4)道德形态与道德共性之间可能存在矛盾，即道德形态往往不能完全表现道德共性，而有与道德共性相矛盾之处；(5)道德的变迁可以视之为一种进化，其进化的意义在于后一时代之道德较之前一时代之道德能更充分地显现道德的共性，或者说比前一时代的道德更圆满更彻底；(6)道德之发生与发展，是在与非道德和不道德的斗争中向前发展的，最初的时候道德之中含有非道德，后来渐渐能克服非道德，而有较圆满和较彻底的道德。这六个方面的矛盾统一，构成了道德之变与常的基本情态。

再次，道德是阶级性与继承性的矛盾统一。张岱年认为，道德是人类社会生活需要的产物，源于一定的社会需要和一定的社会关系。道德是基于社会的生活条件而产生的行为规范。在社会生活中，为满足群体之需要，各分子的行动必受一定的制约，这种制约被人们尊崇为具有普遍约束力的东西，这就是道德。一切道德都要受到社会关系和历史条件的制约，

① 张岱年：《中国伦理思想研究》，上海人民出版社1989年版，第29页。

并随社会关系和历史条件的变化而变化。因此，一切道德观念、道德范畴都具有历史性和相对性。在阶级社会里，道德具有鲜明的阶级性，它或者为统治阶级的统治及其利益而辩护，或者当被压迫阶级充分有力之时代表被压迫阶级的将来利益。在张岱年看来，只要有阶级存在，便绝对不可能有超阶级的道德，忽略道德的阶级性而鼓吹超阶级的道德，只能是欺骗。唯心论者想蔽盖道德的阶级性，实质是出于一定的阶级企图。在阶级社会中，道德是阶级的道德，不同的阶级从自己的阶级地位中吸取自己的道德观念，不同阶级的道德反映不同阶级的阶级利益。但是，道德除了具有阶级性以外，还具有共同性和继承性的一面。"一切对立都有其相互统一的关系，一切矛盾都有其相互依存、相互渗透的关系，道德亦不能例外。"①那么，对立的阶级道德之间相互统一的基点何在呢？在阶级社会里，各个阶级由于生活于同一历史阶段，面对着共同的生活情境和历史任务，因而存在着一定的共同利益。社会既然有共同利益，也就必然有反映社会共同利益的道德观念，这种道德可以称之为共同的道德，即不同阶级共同承认的道德。共同的道德不仅体现在起码的公共生活准则或社会公德方面，更重要的还有对待外来侵略的道德。每一民族，在受到外来侵略的时候，除了少数内奸之外，全民族各阶层的人们，同仇敌忾，奋起抗战，这是维护民族生存的最重要的道德。中国古代思想家宣扬的精忠报国、民族气节，就是统治阶级和劳动人民共同遵守的道德。

结合道德的阶级性和共同性，张岱年进一步论述了道德的普遍性形式与特殊性内容的关系，认为道德观念和道德规范有一个显著的特点即在形式上具有普遍性，在内容上具有特殊性，这普遍性与特殊性的关系包含和渗透着道德的阶级性和继承性，需要我们好好把握。道德准则因具有普遍性形式常常表现为"对于一切人都应如何如何"，因具有特殊性的内容故"实际上只是对于一定范围的人如何如何"。从古以来，道德原则都是具有普遍性形式的，这正是道德所以为道德的特点。如果舍弃了道德的普遍性形式，那也就失去了道德原则的严肃意义了。统治阶级的道德原则之所以采取普遍性的形式，那是因为统治阶级的道德一方面反映了统治阶级的利益，另一方面又在一定程度上反映了社会的共同利益。统治阶级道德既

---

① 张岱年：《中国伦理思想研究》，上海人民出版社 1989 年版，第 54 页。

要维护当时的统治秩序，力图显示阶级统治的合理性，也要保证被统治阶级一定限度的生活和利益，使他们安于被统治阶级的地位。统治阶级的道德既需反对被压迫阶级的犯上作乱，同时也要反对统治阶级内部的分子违法乱纪。统治阶级的道德是维护剥削的，但也要把剥削限制在一定的范围之内。封建统治阶级虽然往往把统治阶级的利益冒充为公共利益，但是确实也重视那些与被压迫阶级利益密切联系的真实的公共利益。在张岱年看来，道德观念、道德范畴和道德原则都有形式和内容两个方面，不同阶级的道德，经常是具有共同的形式，而各自蕴涵着特定的内容。这些复杂情况都是考察伦理学说时必须注意的。

张岱年关于道德基本特征的理论，在 20 世纪中国伦理思想史上是比较有典型性的，其中闪烁着理性的深刻和智慧的光芒，既坚持了马克思主义的基本原理，又联系了中国道德文化的实际，揭示了道德不同于其他社会意识形态的独特之处，比较全面而又系统，至今对我们仍不无启发意义。

2. 道德原则的科学界说

道德原则是规范伦理学的主体或核心。任何伦理学都要提出自己的道德原则或准则，以作为社会成员行动的指南和价值的趋赴。五四时代，道德原则的研究取得了一定的进展，人们竞相提出了功利主义、真实的为我主义或开明的利己主义等道德原则，但整体来说处在"一边倒"（即西方化）的境地，不仅理论研究十分不够，中国特色几近全无。三四十年代，以毛泽东为代表的中国共产党人把马克思主义与中国革命的道德实际相结合，创造性地提出了以无产阶级集体主义和革命功利主义为主要内容的道德原则理论，极大地发展了马克思主义。张岱年作为较早自觉运用马克思主义研究道德问题的学者，对道德原则这一伦理学的最高问题也给予了特别的关注。他试图走出一条创造性的综合或综合性的创造的研究路径，既坚持马克思主义伦理思想的基本原理和价值取向，又主张将根扎在中国优秀伦理文化的深厚土壤中，实现马克思主义伦理思想的中国化发展。三十年代中期，他写出了《生活理想之四原则》一文，在深入阐发辩证唯物论人生哲学根本特点的基础上，创造性地提出了"生理合一"、"与群为一"、"义命合一"、"动的天人合一"的根本纲领和原则，建立了一个言简意赅却含蕴深厚的道德原则规范体系。之后，在四十年代写的《品德论》、《天人简论》等文章中，他又对上述原则作了进一步的发挥和论证，形成了自己关于道德原则一以贯之的看法。

"生理合一"，是张岱年提出的生活理想的第一个原则。在张岱年看来，所谓生即是生命、生活，所谓理即是当然的准则或道德的规律。他既反对将生与理绝对对立开来、单纯讲理而不重生的纯理想主义，也反对将生与理视作无差别的同一，只讲生而不重理的自然主义，主张把生与理有机统一起来既重生亦重理的生理合一论。张岱年认为："理只是生之理，离开了生就无所谓理；生也必须受理的裁制，好的生活即是合理的生活。理离开生，便是空洞的，生离开理，必至于卤莽灭裂。"① 生理合一首先要求注重生，注意生活的实际，其实理只是求生之充实、生之圆满所应遵循的规律。实际上设法使人群的生活更美满些，便是实践理。倘若不顾生命的存在、生活的实际，只讲空洞的应该不应该，结果所谓应该未必是真实的应该，结果必然与真实的理相背离。其次，生理合一的原则要求生活必须受道德规律的指导与裁制。单纯地只讲生、不讲理，结果必至于毁坏了生。张岱年认为，人的生命与生活是包含了矛盾的，生与生相冲突是生活本身的现实。"欲求生活之圆满，是必须克服生之矛盾的。要克服生之矛盾，便必须以理来裁制生。如不克服生之矛盾。任生与生相冲突下去，结果必至于达到生之破灭。所以，求生之圆满，就必须有生之裁制；求生之提高，就必须使生受理的支配，生之扩大与生之裁制，可以说是相反，但正是相成的，理正是所以完成生。"② 坚持生理合一的原则，要求人们一方面要培养生命力，发展生命力，充实生活，扩大生活，一方面要实践理义，以理裁制生活，使生活遵循理。生的圆满即是理的实现，理的实现就是生的圆满。张岱年"生理合一"命题的提出，既克服了中国传统伦理学特别是程朱理学重理轻生的弊端，又矫正了现代西方伦理学特别是尼采的唯意志主义和柏格森的生命主义重生轻理的偏差，具有很高的理论价值和意义。

"与群为一"，是张岱年提出的人生理想的第二个原则。在张岱年看来，人是社会的产物，人本质上是不能离开群体而存在的。"与群为一"，便是与社会国家为一体，便是把个人与群体有机地统一起来，使个人在群

①　张岱年：《生活理想之四原则》，《张岱年文集》第 1 卷，第 195 页。
②　同上书，第 195—196 页。

体的环境中成长并获得更好地发展。与群为一，就个人来说，即把整个的
精神心思都注入于群，为群而工作，为群而努力，并认识到群的利益即是
我的利益，群的生命即是我的生命。个人之所以应该与群为一，是因为个
人与群体本为一体。个人生活于群体之中，一刻也不能脱离群体。个人生
活不能单独地获得圆满，只有在好的社会中，才能有好的个人生活。同
时，一个人也只有在为社会群体谋福利的过程中才能使自己的人格得到确
立并获得发展。个人为社会国家的生存，必要时应牺牲个人的生存。"在
为社会国家而捐生舍身之时，个人的生命即获得无上的提高，而得到不朽
的永生。尤其群的生存受威胁的时候，我们更应与群为一，群存与存，群
亡与亡？"① 与群为一，落实到现实生活则是应当为中国人民谋利益，把
绝大多数人民的最大利益作为判断行为是非善恶的标准，孜孜不倦地为中
国和中华民族的整体利益去奋斗。这种道德原则理论，以"与群为一"、
"群己一体"为出发点，把"公"提升为道德的根本原则，认为"道德之
根本准则惟一，曰公而已矣"，"道德之标准，以最大多数人民之最大利
益为依归。道德之基本原则是：凡合乎最广大人民之最大利益者，为之；
凡违反最广大人民之最大利益者，舍之"②。在张岱年看来，群体与个体
二者之间的关系密不可分，他用"全"与"分"的概念来揭示其中的关
系，认为"全由分会合而成，分之存在亦系于全"，"群之祸福即己之祸
福，群之利害即己之利害，正如一身之利害即四肢之利害。"③ 但是，相
对来说，群体比个体更为根本。"众为至上，最大多数的人最大利益高于
一切。"张岱年的这一思想，无疑具有功利主义的色彩，但它不是狭隘的
功利主义或资产阶级功利主义，而是社会主义功利主义和人民功利主义。
因为，它不仅谴责狭隘的功利主义或资产阶级功利主义，认为狭隘的功利
主义或资产阶级功利主义关心的只是少数人的利益，而对无产阶级和广大
人民群众的利益则漠不关心。更为重要的是，张岱年在论及群己关系时还
对阶级社会中"群中之矛盾冲突"亦即"一群人劳而不享，一群人享而
不劳"的不平等现象作了深入的研究，得出了"养人者亦可自治，治人

---

①　张岱年：《生活理想之四原则》，《张岱年文集》第 1 卷，第 198 页。
②　张岱年：《真与善的探索》，第 231 页。
③　同上书，第 228 页。

者不能自养。于是治人者于养人者止有害而无利，遂成为赘疣的阶级。赘疣的阶级必归于消灭。此为理之当然，此为势之必至"① 的结论，并对社会主义的发展前途从道德上给予了科学而深刻的肯定，充满着为社会主义功利主义而欢呼雀跃的心情。从直接的理论渊源分析，张岱年与群为一的思想既是对中国古代墨子兼爱学说的批判性改造，亦是对马克思主义为全人类谋福利思想的自觉运用与创造性阐发。

"义命合一"，是张岱年提出的生活理想的第三个原则。义是应当，命是自然的限制，义是理想的当然，命是现实的必然。人的理想要适应现实，又必须克服现实。人的生活一方面必须适应环境，不适应环境则不能生活；另一方面又必须改造环境，不改造环境则不能很好的生活，因此，义须顺应命，又要改变命。张岱年认为，理想必须以现实为根据，它要根据现实发展的客观需要而确定，但理想又必须以变革现实为主，认识现实正是为了更好地用理想变革和改造现实。理想是有伟大的作用的，它能使人作出无理想的人所不能作的事。义命合一强调义须顺应命，理想的确立应以现实为基础；另一方面不要因命忘义，而当以义易命，认识自然的限制，打破自然的束缚。人不能因为现实之一时的限制就放弃当然应尽的努力。"务使命之所归，即是义之所宜，这就是义命合一。"② 义必须顺应命，命的改造必须以义为准，这就是"义命合一"思想的精髓。"义命合一"要求人们树立现实的理想主义和理想的现实主义，把现实主义与理想主义有机地结合起来。

"动的天人合一"，是张岱年提出的人生理想的第四个原则。动的天人合一是相对于静的天人合一而言的，静的天人合一是在内心的修养上达到与天为一的境界；动的天人合一则是以行动实践来改造天然，使天成为适合于人的，而人亦适应天然，不失掉天然的乐趣。静的天人合一是个人的，是由精神的修养而达到一种神秘的宁静的谐和；动的天人合一则是社会的，是由物质的改造而达到一种实际的活动的协调。动的天人合一，一方面强调以物质的力量改造物质的天，使合于人的理想；另一方面强调天人之间的和谐，即实现戡天与乐天的统一。戡天是人类文化之基本，不能

---

① 张岱年：《真与善的探索》，第 353 页。
② 张岱年：《生活理想之四原则》，《张岱年文集》第 1 卷，第 201 页。

戡天，不会有文化。但在戡天之外，也还需要乐天，在宰制自然之外，也还需要享受自然。张岱年认为："我们要改造自然，但不要毁伤自然，不要破坏自然原有之美，使人生仍保持自然的乐趣。宰制自然之目的，本在于享受自然。正当的戡天，本不是毁坏自然，而是改善自然，使自然更合于美善的理想。"① 人生的价值，即在于能自觉地加入自然创造历程中而作自觉的改造，调整自然，参赞化育。人改造自然即是自然的自我改善，人克服天人矛盾使天人相互适合，即是天自己克服自身的矛盾而获得和谐。张岱年的天人合一思想将中国哲学传统中荀子制天命的观念与《易传》天人协调的观念合为一体，并给予马克思主义的批判性改造，从而发展了马克思主义的实践唯物主义和实践伦理，使人与自然的理论获得了科学合理的丰富内涵。

张岱年的道德四原则说将马克思主义的集体主义伦理观与中国传统道德重群贵公的思想结合起来，以最大多数人民之最大利益为最高准则和价值目标，兼重道义与功利，天理与人欲，自然和人为，将个人利益融入群体利益之中，无疑是一种最为深刻而又合乎道德本质和特征的道德原则理论。张岱年道德四原则的提出，标志着他运用马克思主义的立场和方法独立思考社会的伦理道德问题、寻求合理化价值目标的思想已进入到一个较高的水平，也标志着他的辩证唯物论伦理思想体系的正式形成。

3. 道德品质或德目的现代求解

张岱年认为品德是道德原则的个体化实现，道德原则是个体品德的社会化凝结和实现。20 世纪 30—40 年代，张岱年在提出自己关于道德原则理论的同时，还富于创造性地论述了道德品质或德目问题，提出了自己的新德即"六达德"、"六基德"理论，比较成功地实现了马克思主义道德品质学说与中华民族传统美德的创造性结合。他在《天人简论》的第十部分，提出了一个现代中国所需要的新德目体系，深化和发展了他于《宇宙观与人生观》的研思札记中所提出的道德品质理论。他所谓的"六达德"，是指公忠、任恤、信诚、谦让、廉立、勇敢，"六基德"为孝亲、慈幼、勤劳、节俭、爱护公物、知耻，并认为"六达德"是关于个人对群体行为的准则，"六基德"是关于家庭生活和日常行为的准则。

---

① 张岱年：《生活理想之四原则》，《张岱年文集》第 1 卷，第 202 页。

　　张岱年在深入研究传统儒家"知仁勇"三达德的基础上，结合现代中国伦理文化发展的趋势，以马克思主义的人生哲学为指导，对传统达德进行了批判性的改造，提出了六达德的理论。

　　（1）公忠。"与群为一"的道德原则落实到个人道德领域，便是"公忠"的品德。张岱年把"公忠"视为新道德的第一德目，认为以往的旧道德"常知有身家不知有邦国，常为私利而置民族利害而不顾"，这种观念应当坚决予以革除。其实，忠之本义是与人做事尽心竭力，含有心中装有中正直道等意思，中正直道实质是对群体利益的正确认识和对待。人类生活之第一真理，是人群在个人之上。无群体则无个人，个人对于群体应竭其力致其身，应当为群体之大利而牺牲一己之身命。张岱年指出："以公共利益高于个人利益，为大众利益而献身，谓之公。爱国不贰谓之忠。"忠的一般精神和含义是指对人对事尽职尽守，单纯地将忠限定为忠于君主是某些宋儒的意思，并非代表整个中国道德文化。今天我们讲忠，就是要忠于国家，忠于民族。"公忠"的具体要求则是"爱民爱国，以群重于己，能为群忘己，必要时能为国捐躯"。①"公忠"要求人们的言行应以合乎最大多数人民群众的根本利益为判断的标准，时时刻刻以对群体的贡献为务，尽力为社会多做好事。总之，一切言行有益于国家大众者为之，无益于国家大众者舍之。

　　（2）任恤。任恤的品德是责任感和义务感的综合化表现，是仁爱品德的推扩与实现。张岱年指出："努力工作负责尽职谓之任，尽力助人扶危济困谓之恤。"任恤即是尽心负责，助人为乐。中国历史上的墨家特别推崇"任"德，《墨经》把"任"解释为"士损己以益所为也。"《周官》谈到"六行"（孝友睦姻任恤），其中有"任恤"二行，任恤是两种美德的合一，表达了人们的责任心和与人为善的态度与精神。"任字取诸孟子'伊尹圣之任者也'之任。浅言之即必为社会尽其所能，尽心于其职务，深言之，则以天下国家之事为己任。恤即对人有同情心，勉力助人。"②为什么现在要提倡"任恤"的德行？其根本原因就在于现代社会是一个以群为核心的社会，今日道德的主要问题是群的问题，是群中的矛盾如何

---

　　①　张岱年：《真与善的探索》，第283、288页。
　　②　同上书，第288页。

解决的问题。个人生活问题的解决，基于群的解决。必有群的生活的圆满，才能有个人生活的圆满。近代以来中国人最缺乏责任心，从事公益事业和公共活动总是企图从中谋取个人私利，缺乏对公共利益的关注和维护，缺乏一种社会的担当意识和历史使命感。张岱年对这种不负责任和没有公益心的行为颇为不满，主张革除这种不道德的现象。在张岱年看来，今日社会生活所最需要的莫过于每一个人都能有一种社会责任感，主动地承担自己所肩负的道德责任，为群体造幸福。我们既然生活在群体中，就应当将群体的事业担在自己肩上，把群体的事看作自己的事而尽力为之。

（3）信诚。即说话做事守信用，为人真诚。"言如其实谓之信，言行一致谓之诚。"中国自古以来推崇信用诚实，孔子认为，人而无信，不知其可，把取信于民视为治国平天下的根本，并认为"人无信不立"。孟子强调反身而诚，把诚视为天之道，把向天学习诚视为人之道，并认为诚心处事，诚心待人即是有道德的表现。儒家《中庸》提出了"不诚无以为君子"和"君子诚之为贵"的命题，认为至诚能够穷尽自己的先天本性，进而达到"与天地参"的境界。张岱年认为，提倡诚实信用的美德，有助于纠正社会的虚伪欺诈之风，也有利于社会的道德建设。近代以来，社会的道德风气败坏，"狡诈成风，彼此相欺，尔诈我虞，此风不革，群道难成。故今特标信诚之德，以救晚世欺诈之弊。"① 今天，我国在建设社会主义市场经济中，各行各业都在大力提倡诚实信用的美德，并主张以诚实守信为核心，加强公民道德建设，这从一定层面上印证了张岱年将"信诚"视为"六达德"之一的合理性。

（4）谦让。谦让是中华民族的传统美德，也是现代社会所必须光大弘扬的基本道德品质。"虚心而不自满，尊重别人的平等人格，荣利不争，享乐居后，谓之谦让。"② 人之所以需要谦虚，是因为个人的德行才能实在有限，每一个人都有自己的局限、缺点、弱点和不足，因此每一个人都有一个向他人学习的问题，彼此取长补短，才能共同进步。让，既指礼让，亦指在荣誉利益和好处面前能够首先考虑别人，不与人争利，含有把困难留给自己，把荣誉和好处让给别人的先人后己因素。谦让凸显了向

---

① 张岱年：《真与善的探索》，第 232 页。
② 同上。

别人学习而又不与人争利的优秀品质，因此是一种最可宝贵的德行或达德。张岱年指出："个人智能实极有限，纵有所成，亦甚细渺，学问无穷，进德无止，岂容骄慢，岂可自满？前哲多重谦德，今亦重之。谦虽旧德之目，其义实随世俱新。"①

（5）廉立。"严辨取舍，非力不食，非所应得，一毫不取，谓之廉。独立不倚，不恃人而食，不屈其素志，谓之立。"② 廉立是廉洁不贪和自立自强合一的美德，表达了人们在财富和利益面前应有的态度、气节和德操。群体健康的一个主要条件是每一个成员都能以义为重，取用有节，并且能够多与少取。"以往国人贪财之风甚盛，多藏者自矜其能，人美其技，此种恶俗，最应变革。新的中国人，应约取而不积，以多藏或奢靡为耻。"③ 廉洁虽然为传统道德，但我们可以赋予其新的内容，形成新形势下的廉洁美德。张岱年认为，人处于社会之中，应当多为群体着想，"损己以益公"，千万不能"损公以肥私"。损公肥私是最大的败德和恶行。为了清除这种败德和恶行，我们应当大力提倡廉洁奉公的美德，真正使每一个人在利益面前有所节制和收敛，取自己该取的。廉立，是高尚人格所必须具备的美德和操守。

（6）勇毅。即勇敢和刚毅两种美德的合一，指人们在真理和正义面前敢于挺身而出，为了维护真理和正义愿意献出自己的一切。"坚持真理、坚持正义，刚强不屈，果敢不惧，谓之勇毅。"当今的中国人应当勇于为真理和正义而奋斗，为民族解放而献身，敢为天下先，敢于伸张正义，抵制恶势力，为民请命。张岱年盛赞勇敢精神，指出："非勇无以自立，非勇无以克艰，非勇无以猛进，非勇无以抗暴。舍生以维正义，杀身以卫邦国，非勇何济乎？"④ 所以，勇毅的美德是当今的中国所最为需要的。培养勇毅的品德，有助于砥砺国民的意志，形成不怕困难和勇往直前的开拓进取精神，弘扬社会的正气。

张岱年于一般社会德目之外，还论述了家庭和日常生活德目的问题，提出了"六基德"的理论。"六基德"即六种基本的德性或美德，与"六

---

① 张岱年：《真与善的探索》，第 232 页。
② 同上。
③ 同上书，第 289 页。
④ 同上书，第 233 页。

达德"相互匹配，相辅相成，共同架构起德性伦理的大厦。（1）孝亲。敬养父母谓之孝，孝是中国传统道德中的重要德目。张岱年主张对传统孝德予以批判性的改造，剔除其中愚昧落后和封建腐朽的因素，发掘其中合理性的内容，并结合现代家庭道德的要求给以创造性的转化。具体来说，"古者以顺为孝，今应改易。父母言行有是有非，是者当从，非者当劝，岂可不加辨析，一以顺从为正？"现代意义上的孝亲是建立在新型亲子关系基础上的，是与理性精神密切联系在一起的。新的亲子道德不同于"视子为亲之附属"的旧的亲子道德在于它是"以爱为本，亲慈而子孝"。"亲子应相互视为目的，不应相互视为工具。"在新的亲子道德中，父母亲尊重子女的人格与自由，子女尊重父母亲的人格并能敬养其老年。张岱年把这种意义上的孝亲同与群为一、尽心为公等联系起来加以论述，指出："父母既老，子孙应尽赡养之责，同时应有尊敬之意。如专意自私，不顾父母，父母且不肯顾，岂能尽心为公乎？岂能利济他人乎？"① （2）慈幼。即父母对子女应尽的关心爱护和养育之美德。中国古代讲亲子关系的道德对待，常常用"父慈子孝"来概括。父慈要求父亲慈爱自己的儿子，全面关心儿子的健康成长，把生育、培养和爱护有机地统一起来。父慈也包含了母亲对儿女的关心与爱护。张岱年还论述了新兄弟道德和新的两性道德，认为新的兄弟道德"应和顺而相助，然不可相互倚赖。兄为先长，当尽引导之责；弟为稚幼，当勉襄助之务。兄对弟，当予而不夺；弟对兄，应辅而不兢"。新的两性道德基于平等自由的"一一关系"，其要求是"相互不贰"，即平等互爱而不是别有所爱，夫妻双方应相互视为目的而不是工具，应在生活上互爱互助互慰互勉，"夫妇之义在于最密切的互助，在于生活上的相济。夫妇应该是人生之艰苦的道路上之最亲切的相慰相励者。"② （3）勤劳。勤劳是中华民族的传统美德，也是现代社会所要大力提倡和弘扬的基本德性。张岱年指出："衣食资于劳动，事业待于思勉，既恃衣食而生，岂可无所用力？如专谋一己权位，岂得为劳心哉？必须努力为利济群生之工作，然后不负此生。"③ 勤于劳作是一切财富的源

---

① 张岱年：《真与善的探索》，第 233 页。

② 同上书，第 290 页。

③ 同上书，第 233 页。

泉，也是一切美德的始因。幸福因勤劳而获得，痛苦因勤劳而祛除。中国古代有"劳则思，思则善心生"和"勤则不匮"等名言，说明了勤劳之于人生的重要性。（4）节俭。节俭是一种对于财富所持的爱惜节约的态度及由此所形成的生活方式和价值观念，是一种与勤劳品质相匹配的优秀品质。中华民族自古以来崇尚质朴俭约，很早就认识到节用强国，俭以养德的道理，把节俭视为一种最基本的道德品质。《左传》有"俭，德之共也；侈，恶之大也"的说法，桓范的《政要论》视节俭为兴国旺家的根本，指出："历观有家有国，其得之也，莫不阶于俭约，其失之也，莫不由于奢侈。俭者节欲，奢者放情，放情者危，节欲者安"。司马光十分推崇节俭的美德，在《训子孙文》中一再倡导居家节俭，并认为节俭是家庭生活中最重要的美德。（5）爱护公物。张岱年指出："爱护公共财物，注意公共卫生，维持公共秩序，此为群居必不可少之德。古无专名，简称为爱护公物。普通亦称为公德，然公之为德，其义甚深，不得以此限之，故别立此目。"中华人民共和国成立以后，爱护公共财物被写进了《共同纲领》，成为国民公德的重要内容。（6）知耻。知耻是中华民族自古以来就十分推崇的重要的道德品质，指人们对自己道德上的过失或错误的自觉认识及由此产生的勇于纠错的道德心理倾向。传统"三达德"讲"知仁勇"，把知耻同勇敢的品德联系起来，认为知道耻辱并能同耻辱告别的心理和行为才是真正勇敢的德行。

　　除此之外，张岱年还认为，我们所需要的新道德应当贯彻"进"、"生"、"力"、"群"、"平"、"创"、"知"、"克"的精神，以进步观念取代循环观念，以贵生思想取代约束生命之思想，以实力之观念取代虚浮之思想，以群体思想取代个人或家族思想，以人人平等思想取代等级思想，以创造观念取代复古或占有观念，以崇智观念取代薄知思想，以克服观念取代屈服或因循思想。他在许多文章中还特别推崇自立的品德。认为"独立不倚，不恃人而食，不屈其素志，谓之立。"① 张岱年发展了墨子"赖其力者生，不赖其力者不生"的观点，从"命与人力互相对待"的思想认识出发，主张发挥人力的巨大作用，调动生命蕴藏的各种潜能，去更好地相天、竭命，做自己命运和社会生活的主人。当今的中国尤其需要人

---

① 张岱年：《真与善的探索》，第 232 页。

们自力更生、发愤图强，需要人们团结起来自己救自己。个人的自立是民族自强的基础。过去，"国人依赖性甚深，多不肯自食其力，自谋其出路，而希图享受现成。"在张岱年看来，这种旧的观念和品性是"必须改造的"。自立才能救自己，自立才能救国家。中国近代史上自严复译《天演论》以后，"自立"、"自强"的观念日趋深入人心。张岱年认为，要"鼓民力"、"开民智"、"兴民德"，其核心在于自立自强。我们要弘扬传统伦理哲学"知仁勇"的品德，就是要大力提倡自立的精神，培育"尚力"的意识，"胜逆以达顺"，"胜残以去杀"，建立一个人人自强不息而又和谐有序的社会。

应该说，张岱年关于道德品质的理论或德目论熔铸着他对中国现代社会所需德目的创造性理解和对中国传统德目的辩证性扬弃，与他的道德原则理论和道德基础理论是相互贯通和相辅相成的，是他立足于马克思主义伦理思想的基本立场结合中国现代社会的道德实际所得出的颇具可行性和相当合理性的德性理论，具有鲜明的中国特色，同时又是面向现实和与时俱进的，体现了他推陈出新和革故鼎新的精神。今天，我们致力于新世纪的公民道德建设，在全社会弘扬爱国守法、明理诚信、团结友善、勤俭自强、敬业奉献的基本德性，发现其中与张岱年所提出的德性理论多有吻合，这也说明了张岱年德性理论是经得起历史检验和具有自身的内在价值的。

4. 张岱年对马克思主义伦理学说的理论贡献

张岱年是 20 世纪我国著名哲学家、哲学史家，国学大师，曾先后任教于清华大学和北京大学。在哲学理论方面他建立了"解析的唯物论"体系，成为现代中国少数建立了自己体系的哲学家之一。他以唯物论哲学为基础，运用分析方法，重新诠释中国哲学，建立起了以范畴和问题为中心的中国哲学研究范式和具有综合性的哲学体系。在文化观上，张岱年既反对西化论，也不赞成复古论，提出了融合会通古今中外优秀文化精华的"综合创新论"，在现代中国文化建设中发挥了重要的作用。杨建民撰文认为，在中国哲学史研究领域，有两位学者是有重大贡献的，这就是冯友兰和张岱年。冯友兰先生的《中国哲学史》《中国哲学简史》《中国哲学史新编》等著作，为中国哲学的过去和未来发展，梳理出了一条清晰思路；张岱年先生的《中国哲学大纲》《中国思想源流》《中国哲学史方法论发凡》等著作，展示了中国传统哲学的理论体系。"前者以人物为线，后者以问题为纲，一纵一横，构成了现代中国哲学史研究的经典双璧。"① 在百年中国思想和哲学的发展中作出了重要贡献。

在 20 世纪的中国伦理思想史上，张岱年不仅是一位极深研几、功力深厚的伦理学史家，更是一位直道而行、富于独创性的伦理学家。1988年 1 月 20 日晚，《张岱年文集》主编、清华大学刘鄂培教授请冯友兰先生为《张岱年文集》作序。3 月 21 日，冯先生在医院里写成《张岱年文集》序。冯先生的这篇序，是专写张先生的"为学"与"立身"的一篇极其重要的文章。冯先生说："余谓张先生之学术主张已详书中，又何待序之赘言，以为蛇足乎？为张先生之为学与立身之道有尚未为世所注意者，故标而出之，以为书之引端。""盖张先生真正是一位如司马迁所说的'好学深思'之士，对于哲学重大问题'心知其意'。……《周易·乾文言》有言：'修辞立其诚'，诚者无妄之谓也。'心知其意'则无妄。""张先生之学生（刘鄂培教授，引者注）有习篆刻者，欲治一闲章以相赠，请示印文，张先生命刻'直道而行'四字。余闻之曰：'此张先生立身之道也，非闲章也！'张先生之木讷气质，至老不变。孔子曰：'刚毅木讷近仁。'直道而行则'刚毅'矣。'近仁'之言，其意当哉！张先生可谓律己以严，高自要求也。中国传统中的读书人，即所谓'士'者，生平所事，有二大端：一曰治学，二曰立身。张先生治学之道为'修辞立其诚'，立身之道为'直道而行'，此其大略也。"② 冯先生对张先生的评价，无疑是极其中肯而公允的。我们理当领悟冯先生所概括出的"直道而行"的"为人"和"修辞立其诚"的"为学"的崇高精神！张先生十分偏爱张载在《西铭》中的那几句话："为天地立心，为生民立命，为往圣继绝学，为万世开太平。"

张岱年认为，中华民族的民族精神的主要内容就是《周易大传》所说的"自强不息"与"厚德载物"。自强不息是积极进取的精神，厚德载

---

① 杨建民：《张岱年与冯友兰的友谊》，参阅《中国民主同盟网站》，http://www.mmzy.org.cn，2005 年 3 月 4 日。

② 冯友兰：《序张岱年文集》，载《张岱年文集》第一卷，清华大学出版社 1989 年版。

物是宽容博大的精神。自强不息是对生命的体会，人的生命就是努力前进、奋发向上。厚德载物是一种宽容的思想，对不同意见持一种宽容的态度，对思想、学术的发展起了很大的作用。因此《易传》一方面讲厚德载物，一方面讲自强不息，就是表示人要有坚强的意志，同时又要有宽容的态度。认为：坚强的意志、宽容的态度这两种思想在中国文化里面起了主导作用，是一种健康的正确的思想。在历史上，当中华民族受到外来侵略时，一定是反抗而绝不是屈服，它有一种坚定的自强不息的精神；同时中国文化的又一特点是比较宽容、博大，像基督教、伊斯兰教进入中国都被中国文化所接纳。历史上犹太人在世界上几乎没有立足之地，到处受排斥，可是它到了中国就融合进了中国文化，融合到了我们的民族之中。这种"中华精神"是中华民族几千年得以发展延续和20世纪虽衰复振的基础。汤一介认为，"岱年先生的离世，是中国哲学界的重大损失。"他把张岱年看成是中国文化之根的传承者和守护者，指出"他是其中的一个。他们对于一个国家的意义，在于他们清醒地看到文明冲突之下传统文化的处境和命运，他们努力重建道德的价值体系，虽然他们的声音经常被忽视。身处社会转型时代，长期以来我们把主要精力都投注到解决生存问题上去了，深层的文化问题被忽略了。知识分子不甘于所关注的问题被边缘化，他们希望能让更多的人了解文化的命运，希望更多的人能听到他们的声音。"中国现在正处于文艺复兴的前夜。"文明的冲突正在世界剧烈演进，强权国家推行危险的单边主义，恐怖主义猖獗，文化的欧风美雨正在飙袭东方社会，消融瓦解东方传统文化，在这样一个时刻，我们需要找回和坚固自己的根。独立的国家就要找到独立的身份，独立国家的独立身份就是传统文化中的精华部分。一个文明的新的飞跃常常要回到原点，然后燃起光辉的火焰。"①

　　张岱年伦理思想既注重伦理道德基本理论的探讨，对伦理学的基本问题、道德的本质与特征，道德的阶级性与共同性进行颇富创造性的研究，而且对社会的道德原则和规范，对个人所必须具备的德性进行了深入而颇富中国特色的研究。张岱年的伦理思想一方面坚持马克思主义的立场、观点和方法；另一方面密切联系中国特有的道德建设实际，将马克思主义的

---

① 参阅：《张岱年：一代哲人随风而逝》，《南方周末》2004年5月6日。

一般原理与中国特有的道德问题、道德实际结合起来，从而既发展了马克思主义伦理思想，又促进了中国伦理文化的革命变革。张岱年伦理思想为我们在新的历史时期坚持和发展马克思主义伦理思想，推进马克思主义伦理思想的理论创新工程提供了可资借鉴的范本。新的时代，需要我们像张岱年那样既坚持和信奉马克思主义的基本原理，又结合中国实际作创造性的发展。他在文化建设上提出的综合创造主张，对我们今天在全面建设小康社会的伟大过程中建设社会主义的先进文化，实施马克思主义的理论创新工程，无疑具有重要的启迪意义和借鉴价值。就中国社会主义伦理文化的建设与研究而言，贯彻"综合创新"的方法论原则，就是要站在世界伦理文明高度，体会"一本万殊"之理，承认相反之论，从杂多中求统一，从矛盾中求会通，努力实现中国传统伦理文化的现代化与世界化和西方伦理文化的本土化和中国化，在对中国传统伦理文化的解构与重构中，会通古今中西，以求达到综合与创造、继承与创新的统一。这正是通过"综合创新"方法所要实现的研究中国伦理文化和推进马克思主义伦理思想创新的目的和理想目标。

二　冯定对共产主义人生哲学和道德修养的探讨

冯定（1902—1983），原名冯稚望，又名冯季定，后去"季"字名冯定，现代中国著名哲学家和伦理学家。1902 年 9 月 25 日出生于浙江宁波慈溪县一个手工业工人家庭。冯家原为慈溪的千年望族，自汉以来几十代诗书传家，人才辈出，至清朝乾隆已出进士 56 人，晚清以后逐渐衰落。1916 年夏冯定进入浙江省立第四师范学校学习，1925 年考入上海商务印书馆当编辑，同年加入中国共产党。1927 年被派往莫斯科中山大学学习，1930 年回国，从事地下党的宣传文化活动。抗战时期曾任抗日军政大学第五分校副校长等职。新中国成立前后任中共中央华东局宣传部副部长等职。1957 年调任北京大学哲学系教授兼校党委副书记。1977 年后担任哲学系主任、副校长及校顾问，历任全国政协第二、三、四届委员，第五届常委。1983 年 10 月 15 日逝世，享年 81 岁。曾任中国科学院社会科学学部委员、全国伦理学会名誉会长等职。著有《共产主义人生观》（1956年）和《人生漫谈》（1964 年）等著作，发表学术论文数十篇，被收入《冯定文集》。

1. 关于道德性质和类型的科学认识

冯定是一个马克思主义伦理学的传播者和宣传家，在把马克思主义伦理思想普及化和通俗化方面进行了大量的工作，写有《新人群的道德观》等文章，对马克思主义的道德观作出了深入浅出的解释，从而使马克思主义的道德观更具有中国化的色彩，获得了发展的广泛空间。

首先，冯定论述了哲学与伦理学的关系，认为伦理学是马克思主义哲学在人生领域中的应用。马克思主义哲学的出发点和归宿是"社会的实践"和对现实世界的改造，马克思主义崇尚的人生观也就是改造现实的世界，创造幸福的人生，就是人们对世界如何认识和根据这种认识对生活道路的选择。早在 20 世纪 30 年代，冯定就指出，社会的存在就靠各个人的存在，社会的进化就靠各个人的努力，个人行为的善与恶要看对社会有利还是有害，凡是有利于社会的行为或现象即是善的，凡是有害于社会的行为或现象即是恶的。伦理学研究善与恶问题，标准是社会的利益，因此伦理学需要哲学的指导，哲学也必然要通过伦理学表现出来才能实现对人生的指导和对生活道路的正确选择。伦理学把如何做人，特别是做一个通情达理、有高尚道德修养的人作为自己的主要任务。

其次，冯定以马克思主义的唯物史观为武器，对于道德的历史发展以及历史上各种剥削阶级的伦理学说作出了马克思主义的批判性分析和总结。人类通过劳动和语言的交互作用变成有意识的高级动物，从而组成了社会。社会经历了若干发展阶段，在每一阶段都显示出自身的特征。人类社会要存续并不断有所发展，就产生了道德。道德最初是作为风俗习惯出现的，是人们约定俗成的一些共同遵守的准则。原始社会，人们共同劳动共同生活，道德是统一的而没有发生分化。原始人把勇敢、平等、共同劳动视为很重要的道德观念。诚如拉法格所说："力量和勇敢后来必然体现出美德的全部总和，因为野蛮人和半开化人的肉体的和精神的教育的目的都是为了准备战斗。为了获得与危险作斗争的勇气，为了发展体力来应付疲劳和困乏，和发展道德力量，以便在当俘虏受拷刑时能支持得住。"① 进入奴隶社会以后，形成了奴隶主和奴隶两大对抗的阶级，道德上也产生了分裂。"奴隶主贵族把勇敢的美德垄断起来，他们只承认为保卫奴隶主

① 　［法］拉法格：《思想起源论》，生活·读书·新知三联书店 1963 年版，第 99 页。

利益而战斗的时候，勇敢才是美德。而在服从奴隶主阶级的统治方面，奴隶和平民所需要的美德不是勇敢，而是顺从。这样在奴隶社会中，顺从就反而成为被统治者的美德。"① 它如平等观念也是这样。在原始社会，平等是理所当然的。而在进入奴隶社会以后，奴隶主把社会的等级压迫看成是合乎道德的，把追求平等的要求则看成是不道德的。奴隶阶级则向往平等，他们在反抗奴隶主阶级的暴动和起义中提出了"从前是牛马，现在要做人"的主张。恩格斯把原始社会人们所通行的道德看作是纯朴道德的高峰，认为进入阶级社会以后是纯朴道德高峰的跌落。指出："最卑下的利益——无耻的贪欲，狂暴的享受、卑劣的名利欲、对公共财产的自私自利的掠夺——揭开了新的、文明的阶级社会。"而且"最卑鄙的手段——偷盗、强制、欺诈、背信——毁坏了古老的没有阶级的氏族社会，把它引向崩溃。"② 在原始公社制度解体以后的三种社会形态里，尽管道德观念的内容发展得越来越广泛，道德规范和道德评价的标准越来越健全，但是道德领域里的斗争从来没有停止过。统治阶级的道德始终是为巩固私有制服务的，始终是建立在剥削劳动人民利益基础上的。"金樽美酒千人血，玉馔佳肴万户膏"，正是对剥削阶级道德观的最深刻的揭露。

在《新人群的道德观》一文中，冯定指出：在人类历史上，有过两种不同的道德观，一种是"人上人"的道德观，即剥削阶级的道德观，一种是"人下人"的道德观，即普通群众的道德观。两种道德观是相互依存、相互渗透同时又是相互斗争相互排斥的，都经历过漫长的发展过程。但长期以来，"人上人"的道德观居于统治和主导的地位。"'人上人'用永恒法则来论道德"，"认为道德是亘古不变的教条"，③ 试图把维系自己利益的道德法则说成是永恒不变的，是至高无上的道德戒律。冯定分析了这种现象背后的原因，指出："这是因为旧社会向来是'人上人'的社会，'人上人'终希望这样的社会能够永生不死，所以在道德问题上

---

① 冯定：《让共产主义道德深入人心是理论工作者的神圣职责》，参阅《道德与道德教育》，上海人民出版社 1981 年版。

② 恩格斯：《家庭、私有制和国家的起源》，《马克思恩格斯选集》第 4 卷，人民出版社 1995 年版，第 97 页。

③ 冯定：《新人群的道德观》，《冯定文集》第 1 卷，人民出版社 1989 年版，第 107、108 页。

反映出来的也有这样的见解。'人上人'如果在社会兴盛的时候，自然希望这样的社会能够'永存'，就是在衰替和没落的时候，也希望这样的社会能够'苟延'。当资产阶级大革命的时光，旧的思想曾一度被理智所审判，旧的道德也曾一度被'暴民'所蹂躏和毁灭，然而继着而来的却是资产阶级永恒的真理，是资产阶级永恒的道德和法律。"① "人上人"宣传和鼓吹的道德，充满着极大的虚伪性和欺骗性，它是一种把自己利益说成是合乎道德而把其他阶级利益说成是违背道德必须予以克制压抑的以我为道德判断标准和伦理本位的道德，或者更确切地说，它使道德权利属于自己，而使道德义务属于他人，"人下人"对"人上人"的道德而言，只有服从的义务和责任，判断道德与否的标准只能是"人上人"自己的利益，而绝不是"人下人"的利益。冯定还以"勤俭"、"廉洁"等德目为例进行分析，指出："譬如勤俭，穷光蛋才需要勤俭，有钱人还需要什么勤俭呢？'人上人'希望'人下人'勤俭，第一是恐怕'人下人'要再不勤俭，不是更要捣蛋么？第二是说勤俭可以致富，那么'人下人'就不会对那些致富实在并不因勤俭而来的人怀疑或为难了。""又如廉洁，也多半是对'人下人'说的，'人上人'或者已是不廉洁得不需再不廉洁，或者便是令有养廉的方法。"② 基于此种分析，冯定得出结论，"人上人"所鼓吹和宣传的道德，"不是与'州官可以放火'并存着的那种'百姓不准点灯'的道德，便是'窃国'的人索性提出大家不准'窃钩'的道德。"③ 这一分析是深刻的，它揭示出了统治阶级或剥削阶级道德的虚伪性和荒诞性，将统治阶级道德的不道德性呈现在大庭广众面前，等待着人们的审判。

冯定还探讨了"人上人"或统治阶级道德的历史类型，认为"人上人"的道德主要有宗法家族主义的道德，封建主义的道德和资本主义的道德。在宗法社会里，孝是当时至高无上的道德要求和道德诚命。"因为那时父权的社会组织已经巩固，家长的权威正在扩大和发扬，所以每个人的一切权益，都以'家业'、也就是拿家庭作单位的这份产业为中心，儿

① 冯定：《新人群的道德观》，《冯定文集》第 1 卷，人民出版社 1989 年版，第 107 页。
② 同上书，第 108 页。
③ 同上。

子在家里固然是家长的作品和私有物，为着整个家庭，实际上就是为着家长在做人，就是出外做事，也为的是替家庭在争光荣、显门楣。'家业'不但是父母保存下来，而且也是历代祖先创立和恢宏起来的，所以缅怀祖先的情绪在那时非常浓厚，儿子不但要尊敬父母，并且也要尊敬祖先，于是甚至有祭祀那样的仪式产生了。'家业'既然要世世代代地继承下去，所以做儿子的一方面要继承父母，一方面自己也必须制造自己那样的儿子来继承自己，于是'不孝有三，无后为大'的道德观也就大为流行了。"① 发展到封建社会，忠的位置代替了孝，至高无上的道德要求不是孝，而是忠，即对君主和封建国家政权的忠诚和服从。"因为这时社会的组织已经扩大，封建主一家的私利和封建国家一国的公利打成了一片。封建主为要保持其一人的声威，就需要臣民都能对他表示忠诚。封建国家是在不断战争中长成和发展起来的，为驱使臣民服服帖帖的去作战，提倡'忠'的道德尤其切要。"② 中国封建社会并没有扫除宗法家族制度的遗风，而是将国家奠基于宗法家族制度之上，从而呈现出"家国同构"的特征。这就使得中国的封建社会道德在凸显忠的道德的同时又保留和承传了孝，是故往往忠孝并称。在资本主义社会，资本主义确立了生产资料的资本家私人占有制，因此"人人为自己，上帝为大家"成了很多人的信条，贪得无厌地追逐剩余价值或利润成为资产阶级道德的基本原则。帝国主义是资本主义发展的最后阶段，是垄断、腐朽的、垂死的资本主义，它崇尚的道德便是侵略的道德，并且把侵略看成是在争取正义和公理。"许多厚颜的帝国主义赞美人，常用连篇累牍的巨著，来歌颂帝国主义的伟大，来证明帝国主义的永恒存在，其用意也完全是一样的。他们想入非非，认为蚁窟里、蜂窝里、狗的社会里，也全有帝国主义的存在。这样说来，帝国主义不但是人类社会产生以来的永恒真理，并且也是动物界的永恒真理；这样说来，帝国主义不但过去存在，现在存在，将来也必然要存在；谁说帝国主义已经腐烂了，谁说帝国主义终究要被颠覆，谁便是在造谣、在说谎。"③ 总之，"人上人"的道德常常是从个人出发，以统治阶级个人利益

---

① 冯定：《新人群的道德观》，《冯定文集》第 1 卷，人民出版社 1989 年版，第 104 页。

② 同上书，第 105 页。

③ 同上书，第 107 页。

为道德，而把被统治阶级利益置之度外的道德，它把自己的个人利益说成是永恒正义的，是符合社会发展需要的普遍道德要求，并要求被统治阶级无条件地予以遵守。

再次，冯定探讨了劳动人民特别是无产阶级的道德的性质和特征。劳动人民的道德即阶级社会里"人下人"的道德，在阶级社会里处于被支配和被奴役的地位。尽管受到统治阶级道德的支配和奴役，但是劳动人民的道德还是保持着自己对善恶、正义的判断，并且与统治阶级道德展开着各种形式的斗争。"帝国主义的侵略战争，在侵略者的口头上是在'宣扬文明'，'宣扬王道'，然而从被侵略者看来，是帝国主义临死时在发疯、在肆威、在弱肉强食罢了。"① 新人群的道德观即无产阶级的道德观是在劳动人民道德基础上发展起来的，它与剥削阶级道德的最大不同在于它不是从个人出发，而是从社会出发，主张为众人服务。"新人群是在人烟稠密的大都会里产生和长成的，所以新人群的主要德目是自己人群的团结，因为新人群只有团结，才能成为一种不可毁灭的伟大力量，也就是这样，才能负起改革社会的大责任来。"② 冯定认为，无产阶级的新道德与以往的一切旧道德的根本区别在于：旧道德常常从个人出发，而新道德却处处从社会出发；旧道德常常偏重于个人的修养，即使为社会服务，也是谋取个人的名誉、地位和个人的利益，新道德注重人的社会生活实践，把个人利益与社会利益、个人生活与社会生活有机地统一起来。冯定强调，批判个人主义人生观和道德观，并不意味着要忽视和否定个人利益。因为人如果丝毫不照顾一己的利益，不但思想上不易搞通，而且事实上也行不通。虽然共产主义人生观和道德观强调集体利益高于个人利益，但集体利益并不总是要求个人利益作出牺牲，在一般情况下，个人如果不能首先让自己活着，使自己有一定的发展，也谈不上进一步为众人服务。"共产主义并不需要我们毫无意义来牺牲自己的利益，但当一己的利益和大众的利益发生矛盾的时候，那么就得毫无条件来服从大众的利益。在革命的时期，也并不是要求革命者随时随地都去轻生送死的；但是既然认识了大众的利益高于一切，自然很易舍弃一己的利益，必要时也就甚至舍弃自己的生命而

① 冯定：《新人群的道德观》，《冯定文集》第 1 卷，人民出版社 1989 年版，第 106 页。
② 同上书，第 109 页。

毫不吝惜了。"① 共产主义道德承认个人利益，主张保护和尊重个人正当的利益，并认为只有共产主义才能真正为个人利益的正当化和合理化实现奠定基础和提供保障。但是，在向共产主义迈进的漫长历程中，个人利益和公共利益还是存在矛盾的，而这就需要使个人利益服从人民大众利益。冯定指出："大众和一己是矛盾；正像整体和分子是矛盾一样，整体在矛盾中居于主导地位，分子在矛盾中不居于主导地位，这是异常明白的。"② 有矛盾就需要解决。解决矛盾的办法是应该使个人利益服从人民大众利益。如果牺牲人民大众利益来成全个人利益，必然无助于矛盾的解决，结果使两头利益受损。共产主义道德不同于一切剥削阶级道德的地方就在于它始终立足于无产阶级整体利益的实现与维护，就在于它是把无产阶级个人利益纳入整体利益来思考的。

2. 对共产主义人生观的系统论述

冯定是中国马克思主义伦理思想发展史上对共产主义人生观和人生哲学进行深入系统研究的著名学者，初步建立了具有中国特色的马克思主义人生哲学，发展了马克思主义的伦理思想。冯定的《共产主义人生观》1956 年 11 月由中国青年出版社出版，1987 年 6 月再版。全书分上、中、下三章，4 万余字。上章说明做人不该空想而应自觉。不正确的人生观有好些，而正确的人生观只有一种即科学的、共产主义的人生观。中章联系人生观讲世界观和历史观，说明"人为万物之灵"，世界是可以认识的，历史发展是有规律的，群众是历史的创造者。下章内容有实践，群众观点、民主精神、科学精神、热情、乐观、自我批评等，其中也涉及对职业、爱情、婚姻等问题的认识和处理，是联系具体问题来讲人生观的。

在冯定看来，每个人的家庭出身是无从选择的，但是做人的道路可以选择。怎样选择做人的道路，这便涉及人生观问题。人生观正确，那么选择的道路自然也是正确的。古往今来的人们，由于所处的社会地位不同，对人生各有不同的看法，形成了各个不同的人生观。冯定认为，当代中国青年应该有积极的人生观，但积极还不就是正确，既积极又正确的人生观，是而且也只能是共产主义人生观。共产主义人生观，告诉我们最正确

---

① 冯定：《共产主义人生观》，《冯定文集》第 2 卷，人民出版社 1989 年版，第 184 页。
② 冯定：《共产主义人生观》，《冯定文集》第 2 卷，人民出版社 1989 年版，第 184 页。

的积极做人的道理，选择积极而正确的人生道路，要培养积极而正确的共产主义人生观，就必须以正确的世界观和历史观为指导，积极地投入实践之中去认识世界，了解人类历史发展规律，认识历史是人民群众创造的，正确处理领袖和人民群众的关系。有了正确的世界观和历史观的人，能够发现和运用人类社会的发展规律，用理论去指导实践，用实践去充实理论。以共产主义人生观去指导实践应体现在哪些方面呢？在冯定看来，共产主义人生观要求实践、为众、民主、科学、热情、乐观、克己。共产主义人生观包括共产主义理想，但要实现共产主义的伟大理想，必须首先要有脚踏实地的精神和敢于实践的行动。"共产主义的人生观要求实践；所以我们在人生的过程中，应该是踏实的，而不应该是光想不做的，更不必说想的本来就是胡思乱想的了。"① 为众，是共产主义人生观和道德观的必然要求，是为人民服务和集体主义原则的题中应有之义。尊重他人是民主作风和态度的现实化表现。冯定指出："共产主义的人生观要求民主；所以我们在人生的过程中，必须尊重别人，注意集体的作用，和上下左右都建立起团结友好的关系。"② 尊重科学必然肯定求知的品德。"共产主义的人生观要求科学，所以我们在人生的过程中，必须不断求得科学知识，贯彻科学的精神。"③ 求得科学知识就是不断学习科学，向科学进军；贯彻科学精神，就是爱好真理、追求真理，并在实践中为真理而献身。热情，是共产主义人生观的重要内容和品德。冯定说，树立了共产主义人生观的人，不仅知道共产主义社会制度一定要实现，而且知道共产主义社会实现的迅速决定于共产主义者和先进人们的努力，于是产生实现共产主义的巨大热情。"共产主义的人生观要求热情，所以我们在人生的过程中，必须对于社会主义事业和群众有益有利的事物，表示兴奋和喜悦，而反过来必须有所憎恨，有所厌恶。"④ 热情产生爱憎，爱憎贯彻热情。对于实现共产主义有利的人和事产生了爱，对于实现共产主义不利的人和事就会产生恨。乐观，也是共产主义人生观的重要内容和品德。"共产主义的人生观要求乐观，所以我们在人生的过程中，处在顺利的环境中固然应该高

---

① 冯定：《共产主义人生观》，《冯定文集》第 2 卷，人民出版社 1989 年版，第 180 页。

② 同上书，第 186 页。

③ 同上书，第 190 页。

④ 同上书，第 193—194 页。

兴和愉快，处在困难的环境中也不会忧郁、颓丧，而只有更加执着、更加坚定来攻破困难。"① 共产主义是必然要到来的社会，共产主义的实现是不以人们的主观意志为转移的客观规律，人类社会进化发展到共产主义，好比顺水行舟，成功的方向是肯定的；虽然，建设共产主义的过程中也还会有困难，但这是顺流中的困难，只要大家齐心协力，困难总是可以克服的。树立了共产主义人生观的人，非但不怕困难，而且会大胆地迎着困难去战斗，不向困难低头，至死保持着革命的乐观主义和英雄主义精神。克己，也就是克服自己的缺点和错误，对自己的各种欲望有所压抑和克制。它是共产主义人生观所必然要求的，克己的人对自己能严格要求，能勇于解剖自己，坚持积极的自我批评，同自己的各种坏的欲望、想法和行为进行斗争。一个共产主义战士，应该拿起批评和自我批评的武器，不断地克服自己身上的各种毛病，使自己的思想境界有所提升，成为一个纯粹的人和有道德的人。

总之，我们在实践共产主义人生观的过程中，必须脚踏实地，时刻考虑大众利益，不谋一己私利，同时尊重别人，注意集体作用，和上下左右搞好团结，在人生的旅途中，尤其在困难中保持革命的乐观主义精神，去克服和战胜人生道路上的各种困难。此外还要经常实行自我检查和自我批评，严于律己，宽以待人。冯定认为，能够做到上述各点，人生便是很有意义的了。冯定《共产主义人生观》一书的出版，是新中国成立后第一本比较系统的共产主义人生观读物，受到了广大青年读者的欢迎，对广大青年树立正确的人生观也有很大的帮助。

1964 年，冯定又出版了《人生漫谈》（中国青年社 1964 年 10 月）一书，对《共产主义人生观》中所提出的问题做了进一步的发挥。该书作为《共产主义人生观》的姐妹篇，方法上以辩证唯物主义的世界观和历史观为经，以有关人生的具体问题为纬，采取漫谈的形式，分 16 讲，对自由、实践、真理、工作、意志、情感、道德、生死等问题进行了分析和阐述。第一讲怎样谈人生问题。冯定认为，人是有社会性和阶级性的，谈人生，必须和现实生活相结合，这样才能解决人生是什么等抽象问题。第二讲谈自由。冯定认为，自由和思想有密切的关系，而人的思想又是受社

---

① 冯定：《共产主义人生观》，《冯定文集》第 2 卷，人民出版社 1989 年版，第 196 页。

会和阶级的制约的，所以自由总是有限度的，绝对的自由是没有的，这是就整个人类的历史而说。至于一个人、一代人来说，自由则是没有限制的，问题是在使思想正确起来。第三讲谈实践，第四讲谈真理的标准，第五讲谈劳动，第六讲谈革命，第七讲谈党，依次探讨了实践、劳动、革命的重要性，认为人生的真实内容在于实践，所以注重实践，不尚空谈乃是首要的事。在生产斗争、阶级斗争和科学实验这三大革命实践中，必须树立阶级观点、劳动观点和群众观点，坚信党的领导。从第八讲开始，作者谈到有关人生的各种具体问题，认为人的生活首先是吃和穿，人不但要有物质生活，而且还要有崇高而丰富的精神生活。真正的人的生活，必须向精神生活方面去求得充实和发展，为此就必须努力学习，努力工作，技术人员必须做到又红又专。在谈及意志时，冯定认为，意志的坚强与脆弱，对于学习的好坏、工作的成败、斗争的胜负，都有着重大的影响。因此必须在日常生活中注意培养和锻炼自己的意志。在谈及感情问题时，认为感情是在社会环境中熏陶和培植起来的。感情既比较保守、狭窄，又比较浮夸、浅通，所以感情必须受意志的控制，受理想的指导。关于道德，冯定认为，所谓道德即好行为、办好事，然而究竟什么是判断行为好坏善恶的标准，则因各时代、阶级不同而呈现出复杂的情况，不同的时代，不同的阶级对好坏善恶的判断是不同的甚至是完全对立的，因此不能简单论之。在论及道德的同时，冯定还谈到道德与法律的关系问题，认为青年人要成为时代的先进人物，既要自觉遵守和服从社会主义法律，又要自觉崇尚和倡导社会主义道德。论及生死问题时，冯定认为，人的生命是有限的，生老病死是自然规律，因而忧老恋生是可笑的，贪生怕死是可耻的，必须将爱护生命和生死置之度外统一起来。人生的意义不在于寿命的长短，而在于对社会、对人民有所贡献。在该书的最后一讲，冯定谈到了人生观问题，认为人生观的确立必须以正确的世界观为指导，只要有了正确的世界观，认识了主、客观的关系、个人与集体的关系、实践和自觉能动性的关系，那么怎样处理人生问题便可迎刃而解了。在阶级社会里，人们的世界观、人生观是各不相同的，现代中国青年应树立无产阶级集体主义的人生观，过一个有意义的人生。

　　冯定的《共产主义人生观》和《人生漫谈》两书，结合社会主义革命和建设时期的具体情况，探讨了共产主义人生观和人生哲学的诸多问题，并对共产主义道德观的内容作了较为全面的阐述。在冯定看来，自古以来，世世代代的人们对人生意义的探索之所以得不到科学的结论，全在于缺少一种科学世界观。只有马克思主义的科学世界观才为人们探讨人生和道德问题奠定了基础。贯穿于共产主义世界观始终的一条线索，是以无产阶级集体主义去批判、克服资产阶级个人主义，具体说是批判资产阶级唯利是图、金钱万能、享乐至上等腐朽的个人主义观点，树立起对于改造客观世界与主观世界、人生的意义与追求、人生的有限和无限等相互关系的正确观念，用无产阶级集体主义去规划和指导自己的人生。

3. 关于共产主义道德修养的论述

冯定在哲学思想方面的代表作当为《平凡的真理》。这部著作同时也可以被看作一部生活的伦理学，其中最有特色之处在于对共产主义人生修养和道德修养发表了很好的看法。

在冯定看来，共产主义人生修养和道德修养的实质就是克服资产阶级个人主义，理直气壮地同资产阶级个人主义作斗争。他说："修养，正像'活到老，学到老'一样，既是长期的，又是多方面的，是在学习中、工作中、斗争中、领导中都应该贯彻的，不过其中最迫切而最重要的，就是克服个人主义。"① 个人主义和集体主义是两种根本不同的道德观和价值观。集体主义是无产阶级道德和共产主义道德的基本原则，它认为个人是集体的分子或组成部分，个人不能够离开集体，个人利益必须通过集体的奋斗才能获得并得到保证，因此个人利益必须服从无产阶级集体利益，必要时为了集体利益甚至不惜牺牲个人利益。因此，集体主义"是最符合无产阶级的世界观和人生观的，是符合真理的。"② 而个人主义则是剥削阶级特别是资产阶级的世界观和人生观的反映，它曲解了个人与集体的辩证关系，把个人看作是唯一真实的，而把集体或社会看作是虚幻的，因此主张从个人的利益出发，一切为了个人利益，甚至不惜损害他人利益和社会公共利益。个人主义反映的只是剥削阶级的利益和愿望，资产阶级将个人主义发展到登峰造极的地步。资产阶级是为了追逐利润而生的，他的灵魂所关注的就是快快发财，就是在资产阶级的集团和集团之间，个人

---

① 冯定：《平凡的真理》，《冯定文集》第 1 卷，第 547 页。

② 同上。

和个人之间，他们也是以自己为核心，开展着尔虞我诈、你死我活的残酷竞争，"所以资产阶级总是惟利是图的，个人主义的表现是最为集中和突出的。"① 冯定深入分析了个人主义的表现形式，认为个人主义有各种各样的表现形式，诸如自由主义、个人英雄主义、官僚主义和命令主义、平均主义等等。并在这种分析基础上指出了个人主义的危害，认为有个人主义观念的人，总是不能树立正确的群众观点和组织观点，不能正确地对待自己的缺点和优点，同时也不能正确地对待他人的优点和缺点。"有了个人主义的人，在觉得对个人来说是不顺利时，必致悲观失望，怨天尤人，不是牢骚，便是抑郁，于是学习也好，工作也好，斗争也好，领导也好，至多也只能办些'例行公事'，或者是'不求有功，但求无过'，总不会发挥积极性和主动性，发挥创造精神；就是在顺利时，也必将脱离群众，逞强特能，个人突出，或者平时作伪装假，但当个人利益未能满足时，就会心神不安，意志不宁，而又原形毕露了。至于个人主义的发展，必将变成野心家，争权夺利，违法乱纪，其对社会和人民的危害自更不必说了。"② "总而言之，从个人主义出发，就会不知全体，不顾大局，忘记个人必须随着社会的发展而不断前进，胸襟偏狭，见识短小，责己必轻，责人必重，享受在先，劳动在后，被批评时也总觉得自己有理而别人无理。"③ 因此，不克服个人主义就无法谈无产阶级道德和人生的修养。所以说，克服资产阶级的个人主义是开展无产阶级道德修养的实质和首要一步。

在冯定看来，加强共产主义道德和人生修养，首先必须克服个人主义，然最关键的问题是要树立正确的政治和道德立场。他说："修养必须首先克服个人主义，因为个人主义是站在不正确的立场上的；而立场正确与否，对于个人的修养正是关键问题。"④ 那么，什么是立场和正确的立场呢？冯定认为立场就是我们在对客观现象特别是人类社会现象进行是非曲直判断时候，或者当我们考虑问题和决定问题时候的所坚持的最后的标准。正确的立场就是以最广大劳动人民的最远大利益作为根本标准的立

---

① 冯定：《平凡的真理》，《冯定文集》第 1 卷，第 547 页。
② 同上书，第 548 页。
③ 同上书，第 549 页。
④ 同上。

场。"如果是革命和无产阶级社会主义的利益,是广大劳动人民最远大的利益,那么,立场就是正确的;如果仅只是个人的,是小集团的利益,甚至是剥削阶级的利益,那么立场就是不正确的了。"① 为什么说立场的正确与否是开展无产阶级道德修养和人生修养的关键呢?这是因为立场是人们观察问题和解决问题的最基本的观点和方法,而道德修养则离不开正确的观点和方法。正确的观点和方法应当既是唯物主义的又应当是辩证法的,是对社会和人生的本质有深刻洞见的观点和方法。在冯定看来,个人主义就是既违背唯物主义又反辩证法的,因而是不正确的立场、观点和方法。"站在个人主义立场的人,在人和人或者个人和社会的相互关系中,总觉得自己是最大、最高、最重要、最正确的,起码比较起来总是高人一等的",这种观点和认识既不符合人和人或者个人与社会关系的实际,也不符合这一关系的辩证法,因而是不正确的。只有无产阶级的集体主义才深刻揭示了个人与社会关系的真实本质和辩证法,因而是正确的立场、观点和方法。加强无产阶级道德修养,就是要坚持无产阶级集体主义的道德立场。

在冯定看来,加强共产主义道德和人生修养最重要的方法是理论联系实际。"修养的方法,最好就是实行反省和自我检讨;而实行反省和自我检讨,是必须结合实践的。怎样结合实践呢?这就是在反省和检讨中必须思想和行为结合起来,动机和结果结合起来,否则就是单方片面的了。"②"我们的反省和自我检讨,是必须和实践相结合的;所以既要注意立场和观点,又要注意方法;既要注意思想,又要注意行动;既要注意动机,又要注意效果。"③ 作为道德修养的反省和自我检讨,同神秘主义的内观或直观有根本的不同。神秘主义的内观或直观,或者是想凭空来省悟出和参证出客观世界的大道理,或者是想但凭以往的经验和习惯来辨别是非善恶,因此是唯心主义和主观主义的,不仅不符合客观世界的真理,而且也严重脱离社会生活的实际,注定了是不会成功的。冯定揭示了反省和自我检讨何以必须将思想和行为、动机和结果结合起来的内在理由,从多方面

① 冯定:《平凡的真理》,《冯定文集》第 1 卷,第 550 页。
② 同上书,第 556 页。
③ 同上书,第 557 页。

论述了道德修养必须理论联系实际的问题。

　　此外，冯定还批判了私生活跟道德修养无关的谬论，认为"私生活的修养对于个人也是重要的"。指出："个人的私生活是不可能和'公'生活完全分开的；所以为了集体的利益，私生活的修养对于个人也是重要的。"接着冯定从私生活的两个方面分析了其对社会的影响。作为满足自然欲望的穿衣吃饭的私生活也不能"不顾人家"，比如穿衣有时就得讲究礼貌，"不应太过奇形怪状，更不应太过奢侈。"至于与他人有直接关联的私生活就更应该讲求修养，考虑他人和社会公共生活的需求。"比如在道路上就得遵守交通规则，不能横冲直撞，也不能随便停留；又比如在公共宿舍或者其他公共场所，就得遭受公共规约，不能深更半夜大声喧嚷，不能随便攀折树木花草，不能随便唾涕和抛弃废物，不能在开会时或者在舞台上正在演出时而既进又出和高谈阔论等等。"在冯定看来，这些似乎是最起码的常识，"实际上是不需什么修养都可以而且都应该做得到的；可是总还有人偏偏在这些地方反映出来了个人主义，有意无意显示出来了惟我独尊的态度，那就非加强修养不可了。"① 至于牵涉到人与人之间的关系，牵涉到政治影响的私生活，那就更应该讲求道德修养。冯定谈到人民解放军在打游击的时候也制定了"洗澡避女人"和"大小便找厕所"等注意事项，这就体现了人民解放军注重纪律建设和作风建设的精神，体现了人民解放军注重道德修养和人格修养的风貌。

　　在新中国伦理学发展史上，冯定注重把马克思主义哲学自觉应用于伦理学和人生哲学的研究，在共产主义人生哲学和道德修养等方面提出了许多颇具真知灼见的理论观点或命题，为中国马克思主义伦理学学科建设作出了一定的贡献。在50—60年代相对闭锁的社会情势下，他以自己对平凡真理的信念，顶住把马克思主义教条化和神圣化的趋势，试图还共产主义人生观以现实主义和生活化的本色，通过回答青少年人生问题，在与青少年真诚沟通和平等对话的过程中阐释马克思主义人生哲学和伦理哲学的基本观点，既循循善诱，又以理服人，深得广大青少年欢迎和好评。他在《青年应当怎样讲修养》一文中这样说道：我讲修养，没有自命为青年"导师"。我的话，既不是"圣经"，也不是指示迷津的唯一"接引星"。

---

　　① 冯定：《平凡的真理》，《冯定文集》第 1 卷，第 559 页。

"我不过是一个比较老的青年，受过比较长远和深刻的生活教育，根据我的苦经验，作为青年修养上的一种'借镜'。"在《人生漫谈》一书中，他指出："对人生意义的探索，是每个世代都曾经存在着的一个问题，这其中又以青年人为最大量的探索者。因为青年人是人生的黄金时代，他们在刚刚踏上人生之路的时候，往往对于生活抱着无限美好的向往，憧憬着未来。青年最富于创造力，充满着青春活力的有生力量，如果他们在进入生活的时候，就有一个正确的方向和正确的生活态度，那么他们将会在成长的道路上更快地前进，他们将会为社会作出更大的贡献，那该有多好啊。"冯定对青年充满感情和关心，并把为青年朋友解决人生的困惑当作自己最大的人生乐趣。冯定的青年修养和人生哲学，既放眼世界大势和人类伦理文化发展的总趋势，谆谆教诲青年树立共产主义人生观，强调"史有规律"、"群众是主"和"成事在人"，具有宽广的视野和高远的精神境界，又着眼于日常生活和现实的人生真际，抓住青年最为关注的人生问题，积极释疑解惑，使高深的伦理学理论化为平凡的人生道理，在那个把利益与道德脱离开来，片面强调精神生活和道德热情的年代，凸显了真正的道德是物质生活与精神生活、个人利益与社会利益的有机统一，确属难能可贵。60 年代中期，冯定的人生哲学受到不公正的批判，冯定本人也因此蒙受不公正的对待。但是，冯定始终相信党，相信马克思主义，相信真理和正义，将自己的人生哲学思想化为具体的行动实践，体现了一个共产主义者的坚定意志和高尚人格。冯定晚年总结自己的人生，认为"人生就是进击"，他所理解的"进击"包含了向贫困和疾病进击，向知识和真理进击，向社会的邪恶势力进击等多方面的内容。

陆定一在为《冯定文集》的题词中写道："出入几生死，往事泣鬼神"，深沉地道出了冯定在哲学、伦理学战线不断"进击"、悲壮而又感人的一生。著名经济学家薛暮桥在为《冯定文集》所写的"序言"中说："冯定哲学思想的特点是：对哲学研究的严肃认真态度，不盲从附和，不随风摆动。冯定一生治学和做人都是采取了坚持真理，不掺杂任何私心杂念的严谨和正直的作风。"谢龙在《为纪念冯定百年诞辰研究文集》所写的"前言"中指出："冯定的学术理论，也像任何时代的哲学家一样，具有明显的时代特色，既有历史的局限性，又有历史的超越性和前瞻性。冯定在学术研究中的一大特点，是在历史的前瞻性方面凸显其个人独创。冯定是在闭锁的年代以自己独特方式顶住把马克思主义教条化的逆流，而作出其理论贡献的。坚持理论研究中的真理性与党性的统一，理论与实践的统一，是冯定一生所作理论贡献的灵魂。冯定学术理论的另一特点是他坚持与青年对话。他向青年普及马克思主义与进行人生观、世界观的教育，不是单纯以理论条条进行灌输，而是着力于从青年中存在的问题出发，依循青年的思路，阐释马克思主义理论观点，力求有说服力地回答马列原著中找不到现成答案的问题。从 50 年代后期直到'文革'，在那闭关锁国的年代，与国际学术理论隔绝，教条主义又阻隔了与现实实践的沟通，冯定却能通过与青年不间断的对话，作为同实践沟通的桥梁，用以探索学术理论的前沿问题。可以说，冯定从 30 年代到 80 年代，长达半个世纪所写的有关人生观的著作以及主要代表作《平凡的真理》，均以各种方式将马克思主义通俗化，同时又是以此形式探究学术理论前沿问题的典型。"①谢龙对冯定学术理论品格和特点的描述，揭示了冯定的主要学术贡献以及在 20 世纪中国马克思主义发展史上的地位。黄楠森、陈志尚、罗国杰、许启贤、陈瑛等人纷纷撰文，探讨冯定对马克思主义伦理学的贡献。罗国杰在纪念冯定诞辰百年所写的文章中指出："从四十年代末期起，我就开始阅读冯定同志的有关哲学理论、道德教育和道德修养的一系列著作，以后又多次阅读他的《平凡的真理》、《青年应当怎样修养》等书，从中受到很多的教育。从一定意义上，可以说，我们这一代人的马克思主义世界观和人生观的形成过程，就是同冯定等老一代思想家的教育有着密切关系的。……1960 年初，我专门从事伦理学的教学和研究之后，他的有关伦理道德和思想修养的论著，对我更有着重要的影响。"② 罗国杰的这一陈述，实事求是，比较客观公允的论及到了冯定对自己的影响和对马克思主义伦理学的贡献。罗国杰说道，冯定同志在理论上的一个重要贡献就是他特别强调世界观和人生观的辩证统一，强调世界观决定人生观，认为有什么样的世界观就会有什么样的人生观；在社会主义道德原则问题上，冯定

---

① 谢龙主编：《平凡的真理，非凡的求索——纪念冯定百年诞辰研究文集》，北京大学出版社 2002 年版，"前言"。

② 罗国杰：《在改造客观世界中加强主观修养——为纪念冯定百年诞辰而作》，见谢龙主编《平凡的真理，非凡的求索——纪念冯定百年诞辰研究文集》，北京大学出版社 2002 年版，第325 页。

同志旗帜鲜明地提倡和坚持集体主义，反对一切形式的个人主义，同时他又十分清晰地区分个人利益与个人主义，主张尊重个人的正当利益；此外，冯定同志还特别强调道德修养，主张活到老修养到老。许启贤在论及冯定为社会主义伦理学所作出的主要贡献时，将其归纳为最早重视和详尽论述了青年人生观及其教育问题；反复论述和谆谆告诫人们树立无产阶级集体主义，反对资产阶级个人主义；批判地继承了中国伦理思想遗产，高度重视青年和工人阶级的人格的全面修养。应该说，这些概括和总结，比较全面地反映了冯定同志对中国马克思主义伦理思想发展的贡献，肯定了冯定在中国马克思主义伦理思想发展史上的地位。

三　周辅成的人民伦理思想和对公正的关注

周辅成（1919—2009），男，1911 年 6 月 16 日生于四川江津县李市镇。自幼刻苦好学，先入读成都大学预科两年、本科两年，1929 年以优异的成绩考入清华大学哲学系，1933 年毕业；随后考入清华大学国学研究院，拜吴宓等教授为师，攻读西方哲学和西方伦理学，与乔冠华、吴晗、曹禺等知名学者同窗，是我国创立研究生教育体制之初最早的专业研究生之一。在清华大学读书期间，周辅成曾任《清华周刊》的编辑，经常发表文章，《歌德与斯宾诺莎》1932 年发表在北京《晨报》副刊，《格林道德哲学》1933 年发表在《清华周刊》哲学专号。1936 年研究院毕业后，他先后受聘于原国立四川大学、南京金陵大学，任副教授。抗战爆发后，周辅成辗转各地，先后在成都金陵大学、四川大学、华西大学任教。1941 年，周辅成的《哲学大纲》由上海正中书局出版。周辅成还与唐君毅等人创办《理想与文化》杂志，邀请了一批文化人发表文章。周辅成的《论莎士比亚的人格与性格》1942 年就发表在《理想与文化》上。新中国成立后曾任武汉大学教授。1952 年院系调整，由武汉大学转到北京大学任教。《戴震的哲学》1956 年发表于《哲学研究》，《论董仲舒的思想》1961 年由上海人民出版社出版。1962 年 9 月 9 日，周辅成在上海《文汇报》上发表《希腊伦理思想的来源与发展线索》一文，对"和谐"问题进行阐述，引起毛泽东的关注，毛泽东不仅自己阅读了这篇文章，还批示给刘少奇阅读。中国伦理学会成立后，曾任副会长，1986 年退休。2009 年 5 月 22 日上午 11 时 30 分在友谊医院逝世，享年 98 岁。

在伦理学方面，周辅成编译了《西方伦理学名著选辑》上下卷（上卷，商务印书馆 1964 年版，下卷 1984 年版）、《从文艺复兴到十九世纪政治思想哲学家人性论人道主义言论选集》（商务印书馆出版，1966 年），这两本以富有鉴赏分析的眼光编辑的著作选集，选材严谨，覆盖面全，介绍详细，为研究西方伦理学提供了非常有益的原始资料，起到了开创性的作用，成为伦理学工作者和研究人员的重要参考书。主编《西方著名伦理学家评传》，该书以时代为序，以入选者的思想代表一个时代、并对后代有巨大影响这两点为纲，选介西方著名的伦理学家，使我国伦理学界对西方伦理学的了解更加深入和全面。

在研究伦理学时，周辅成都是以马克思主义人性论和实践论为基础的。他始终关注人的自由和解放问题。"从人性论出发必然是建立在个人主义基础上的追求个人自由和幸福的解放；从阶级论出发，必然是建立在社会主义基础上追求阶级解放。"① 周辅成对社会主义有他自己的主张："社会主义运动就是一场新道德运动；哲学理论付诸实践时，一定要使他人或人民的利益与人格受到尊重，并得到发展和提升。"他是坚定的社会主义信仰者。

周辅成在《西方伦理学名著选辑》（上卷）"编者前言"中讲道，"我们在编选这部名著选辑的时候，是力图贯彻历史唯物主义原则和马克思主义的哲学史观点的。我们曾参考过好几种现代资产阶级学者编选的《伦理学名著选读》，发现他们对于历史上先进阶级的和代表劳动人民利益的伦理学著作，总是采取轻视和不理会的态度。由此可见，在资料编选上也有很明显的阶级斗争。为此，我们还从史书上尽量去发掘过去被统治阶级压抑和有意毁灭的先进思想家的伦理学著作。这工作，虽然困难，但是也是尽我们微薄的力量，努力做了一些，作为编写伦理学史的准备。全书选辑的重心也想放在这一方面。"② 周辅成依据人民道德的思想，认为人民道德在内容上是与官方道德根本对立的，是基本社会关系的集中体现，其核心是正义、平等原则。一部西方伦理思想史就是人民道德产生和发展的历史。

---

① 周辅成：《论人和人的解放》，华东师范大学出版社 1997 年版，第 208 页。
② 周辅成：《西方伦理学名著选辑》"编者前言"，商务印书馆 1964 年版。

周辅成的伦理观，十分强调人民的价值和尊严，主张为人民的幸福和权利而斗争。在周辅成看来，人民是道德的主体，"所以，伦理学就是一般人民的道德行为之学"，"是涉及人民实践的理论之学"，"一部令人满意的、脚踏实地稳稳当当的、毫不浮夸的伦理学，总应该是以普普通通的、过惯道德生活的人民的道德作为出发点，以至是最终点。"① 当然，伦理学依性质而分，有人民的伦理学和老爷的伦理学。"人民伦理学是非常朴素但又非常扎实的东西，也是十分广大、十分深远的东西，既不以甘言媚世，也不对有权势者奉承，他只是如劳动者的手足，一步一脚印地耕耘。他们不是没有缺点，但缺点是可补救或改正的。"② 人民是历史的创造者和文化的主要来源，真善美都是用来表示和表现人民的内在生命的，人类历史只是人民的精神的发展。人民创造的道德精神传统"是以互助、平等、公正、牺牲的传统为其特点"，"道德文明，只能在广大人民中实现，才有意义。而且，也只有人民或与人民有亲密往来和同情的人，才能把这种道德文明实现出来。"③ 道德发展的规律就是围绕人民或劳动人民的道德原理而定的，亦即是说"谁的道德理论是以人民道德为标准，谁的道德理论是站在与人民同呼吸、共命运的立场上，而不是鄙视人民，不是为统治者作辩护，或不站在人民道德之外，另讲一套所谓高级的、特殊人物的道德，就是进步的伦理思想路线，这是古今中外颠扑不破的真理。"④ 1996 年 12 月，他在《论人和人的解放》后记中，写下这样一番话："知识是可贵的，道德是可贵的，文化也是可贵的。这些都是人民艰苦奋斗、用血汗换来的成绩。……我佩服古往今来站在人民一边，捍卫人民的权利与人格的有良心的志士们的气节与灵魂。我手中只有半支白粉笔和一支破笔，但还想用它来响应这些古今中外贤哲们的智慧和勇敢，向他们致敬。但愿他们的精神万古长青。"⑤ 这一段话道出了周辅成人民道德的深刻内涵和为人民鼓与呼的伦理学立场。

---

① 周辅成：《论人和人的解放》，华东师范大学出版社 1997 年版，第 76、77、78 页。

② 同上书，第 79 页。

③ 同上书，第 71、74 页。

④ 同上书，第 106 页。

⑤ 同上书，第 524 页。

关于伦理学的学科属性和价值特征，周辅成坚持地以为是仁义合一、己群合一。"义与仁，经过千万年的道德经验，是密切不可分的；可以分前与后，不可以分裂对立。一个人能有正义感或公道观，他就必同时有仁爱之心、休戚相关之心。"① 仁与义既相辅相成，又相互促进，相互贯通，合则两美，离则两伤。"新世纪伦理学，不能只是爱人之学、利他之学，还应当成为社会公正之学。"② 培养正义感，以正义感来促进社会公正的发展，是伦理学的职责和使命。诚然，伦理学应当讲仁义合一，但从当代社会的急需上讲，应当把正义或公正放在更加突出的位置。"我以为，21世纪的新伦理学，首先不是把仁或爱（或利他、自我牺牲等）讲清楚，而是要先把公正或义（或正义、公道等）讲清楚。"③ 以正义为伦理道德的中心，辅之以仁，是伦理学成为一门独立学科的基本价值追求。"爱而不公正，比没有爱更为可怕，可恨！"同理，"一个没有社会公正的社会，比一个没有仁爱、没有理性的社会，更为冷酷、黑暗、可怕！"④ 1993 年，他在《论社会公正》一文中指出："人人需要公正，比每日需要吃饭还更迫切。""公正原则，并不是什么帝王将相或大学问家发明的，而是社会自然形成的，是人民的一致呼声。大抵，社会上有了不公平，人民就要求公平……倡导公正原则，既然源自反对不公正，那么，在实际生活中，站在鼓吹公正原则前列的，必然多半是受不公正待遇的善良人民"。他直言，"一个社会，如果整个机构，都带有严重的不道德、不公正现象，就是说，整个精神文明出现了严重的堕落腐化，这时还骂主张社会公正论或道德振兴论的人是'道德救国论'者，我看是大错特错了。"周辅成服膺亚里士多德的原则，"希望自己能够学习高尚与公正，即学习政治学的人，必须有一个良好的道德品性。"（《尼各马可伦理学》）一旦我们个人向善的行为受到阻碍，坚持善的信念就成了政治行为。而"一个好的行为本身就值得追求"。不要问我们能否成功，向善的行为本身就已经是一种幸福。

周辅成北大朗润园家的墙上，有一张他亲手书写的条幅："居天下之

---

① 周辅成：《论人和人的解放》，华东师范大学出版社 1997 年版，第 12 页。
② 同上书，第 13 页。
③ 同上书，第 11 页。
④ 同上书，第 11、13 页。

广居，立天下之正位，行天下之大道，得志与民由之，不得志独行其道。富贵不能淫，贫贱不能移，威武不能屈。此之谓大丈夫。"他以孟子的这番话自我勉励，表征着他对独立不移的道德操守和气节。周辅成的伦理学研究始终贯穿着人文精神和强烈的人民取向，始终把人类终极关怀放在心间，把人民的生存发展和幸福装在心头。

第二节　周原冰、李奇、罗国杰对共产主义
道德和伦理学的系统研究

在马克思主义伦理思想中国化的发展历程中，我国学术界除张岱年、冯定、周辅成外，周原冰、李奇、罗国杰等人对共产主义道德和马克思主义伦理学研究也作出了自己的贡献。他们以对共产主义道德的真诚信仰和对马克思主义伦理思想的自觉崇尚，在中国开展着马克思主义伦理思想和伦理学的研究工作，并取得了特有的成就。

一　周原冰对共产主义道德的系统研究

周原冰（1915—1995），中国现代马克思主义宣传家、伦理学家。原名元斌，笔名石梁人，1915 年 12 月出生于安徽省天长县。1934 年参加中国共产主义青年团，1939 年加入中国共产党。抗日战争时期，历任新四军二师宣传科长、旅政治部民运科兼统战科科长，淮南抗日根据地副专员、代理专员等职。解放战争时期任苏皖边区行政干校秘书长兼行政系主任，建设大学行政系主任。新中国成立后，历任上海市委党校秘书长兼教育处长，上海行政干校副校长和党委书记，上海市委副秘书长，华东师范大学副校长等职。1995 年 9 月 17 日逝世，享年 80 岁。周原冰 40 年代末起开始从事青少年修养与道德问题研究，对推动共产主义道德研究的发展和中国马克思主义伦理学科的形成，作出了一定贡献。著有《培养青年的共产主义道德》《谦虚与骄傲》《道德问题论集》《道德问题丛论》《共产主义道德通论》等。其中《共产主义道德通论》是周原冰伦理思想的代表作，对研究周原冰伦理思想具有重要的意义。

与张岱年先生从哲学体系中关注伦理道德问题不同，周原冰可以说是一个比较纯粹的道德学家，他一生以道德问题研究为务，所写著述和文章

基本上未离伦理道德问题。如果说 20 世纪 40—50 年代周原冰研究的重点在青年的品德修养与道德教育上的话，那么 60 年代的研究重点则转到了道德基本理论问题的研究上。80 年代以后，周原冰将大部精力投入共产主义道德理论问题的研究。

20 世纪 60 年代，周原冰连续在《学术月刊》和《新建设》上发表了《道德和道德科学》、《试论马克思主义道德科学研究的对象、范围和方法》、《试论道德阶级性》、《阶级性是不是阶级社会道德的共性》、《道德对社会存在的反作用》等文章，后收集整理为《道德问题论集》，对道德的一系列基本理论问题作了比较深刻系统的论述。

（1）关于道德的定义。周原冰认为，道德是一种特定的社会意识形态，是属于社会上层建筑的现象，"是通过在一定经济基础上产生和形成的社会舆论、人们的内心信念和传统习惯，对人们在处理人与人之间及个人与社会之间的关系的态度和行为所作出的社会评价，以及通过这种评价来调整人们对社会和人们相互之间关系的各种观念、规范、原则、标准的总和"。[①] 这一定义，首先将道德视为一种特殊的上层建筑和社会意识形态，指出了道德的最一般特征；其次把道德视作调整人们对社会和人们相互之间关系的各种观念、规范、原则、标准的总和，认为道德不只是一种单一的社会现象，而是有着复杂的结构，包含着多方面的内容，它是总和而不是某一方面；再次把道德视作是对人们处理人与人之间及个人与社会之间关系的态度行为所作出的社会评价，凸显了道德的评价调节功能，并指出这种评价所借助的力量或方式是在一定的经济基础上产生和形成的，社会舆论、传统习惯和人们的内心信念并不是凭空产生的，它离不开社会的经济基础并受制于社会的经济基础。周原冰的道德定义比较全面而又包容甚广。在 60 年代受到人们的普遍认同，即使是 80 年代以后人们也充分肯定这一定义的合理可取之处。关于道德的内部结构问题，周原冰将其区分为道德意识、道德选择、道德实践三个方面，并认为一定的道德意识制约着人们的道德选择，而道德选择又构成道德实践的起点，道德就是一个由道德意识经过道德选择而至道德实践的系统，其中道德选择是联结道德意识与道德实践的中介环节。

---

①　周原冰：《道德问题论集》，上海人民出版社 1980 年增订版，第 29—30 页。

（2）阶级性是阶级社会中道德的共性。60 年代，周原冰以石梁人的笔名在《哲学研究》《光明日报》等刊物上先后发表了《试论道德的阶级性》《试论道德的阶级性和继承性》《提几个有关道德阶级性和继承性的问题》等文章，认为在道德的阶级性与继承性问题上，阶级性是第一位的，我们必须在肯定道德阶级性的前提下来谈道德的继承性，必须坚持阶级分析的方法。周原冰指出，在任何一种阶级社会里，统治阶级和被统治阶级在经济利益上不可调和的矛盾，便决定了统治阶级的道德不可能同时又代表或反映被统治阶级的利益和意志，反过来也是一样，被统治阶级的道德也决不可能同时又代表或反映统治阶级的利益和意志。这就说明，在阶级社会里，不是"当一般情况下，统治阶级的道德就是被统治阶级的道德"，而是在任何情况下，统治阶级的道德都不可能成为被统治阶级的道德，被统治阶级的道德也都不可能成为统治阶级的道德。这样，在任何一种阶级社会里，就不能不同时存在着两种阶级的道德，它们彼此互相对立着，斗争着，因而也就不能不在阶级社会中存在着两种互相对立的道德传统即剥削阶级的道德传统和劳动人民的道德传统。两种阶级道德之间的影响和作用，不是彼此相互吸收其中的某些原则或规范，彼此都变成了你中有我、我中有你的界限不清的道德杂拌，而是互相从同对方针锋相对的斗争中来发展自己，一方影响的扩大，便使得另一方的影响相对缩小。周原冰强调指出，一切剥削阶级的伦理学家都否认道德的阶级性，这样做的主要目的在于把他们所宣扬的道德说成永恒真理，这与马克思主义的道德科学有着本质的区别。马克思主义认为，道德是一种社会意识，是被经济基础所决定的社会上层建筑，道德是第二性的，是在人们自己的社会实践中形成的。而各个不同阶级社会经济关系和人们的社会实践是有原则区别的。因而道德的这种阶级特性，不会得出无产阶级必须去继承过去封建地主阶级的道德传统的结论。从根本上说，各个阶级的道德，都是从当时社会经济状况和各个阶级自身的阶级地位出发，适应阶级斗争的需要而产生和发展的，不是从吸取或者继承过去的道德传统产生和发展起来的。如果说无产阶级不吸取过去统治阶级道德某些优良的东西就不能建立自己的道德，那么那些过去统治阶级的道德又是从何而来的呢？资产阶级、地主阶级还是可以师承过去的统治阶级，可是奴隶主阶级这个统治阶级又向谁师承呢？倘若不是当时社会经济状况决定社会道德的状况，不是各个阶级本身地位决定各个阶级道德的形成和发展，那怎么去解释阶级产生之前的原始公社时代的道德来源呢？难道原始公社时代的道德是从古猿那里师承而来的么？是不是真的存在着一种先验的、神秘的道德传统？尤其重要的是，无产阶级如果不是从自己的阶级利益和自己的斗争经验中产生出自己的道德观念，而只是师承过去统治阶级的东西，那么无产阶级又如何同过去的统治阶级决裂，又怎么会有能力去批判地继承遗产而不是被其俘虏呢？总之，在周原冰看来，道德是社会经济关系的产物，敌对阶级的道德是相互对立、相互斗争的，剥削阶级道德不可以继承。周原冰认为，人的社会存在决定了人的社会性，这是一切社会一切人的共性。道德，正是人类所独有的社会性的一种表现，没有人的社会性也就根本不可能有什么道德。人的社会性在阶级社会中主要表现为阶级性，人类的道德也就不能不具有阶级性。在阶级社会中，道德的阶级性具体表现为三个方面：第一，一切道德都反映着和代表着一定阶级的阶级利益和阶级意志；第二，一切道德评价都主要是一定阶级的评价；第三，一切道德都是阶级斗争的工具。周原冰以道德的阶级性为阶级社会里道德的共性虽然值得商榷，但却不失为一家之言，在 60 年代关于道德阶级性与继承性的大论战中颇有影响。

（3）道德对社会存在的反作用。周原冰认为，道德不只是消极的反映人们的社会存在，它一旦形成就积极地反作用于人们的社会存在，这种反作用具体表现为或者对社会的发展起促进作用，或者对社会的发展起阻滞作用。道德之所以对社会存在具有反作用，是因为它存在于人们的社会中并反映着人们的社会存在。一定的社会之所以需要有一定的道德，是因为一定的道德可以为一定的社会服务。道德可以区分为反动的或保守的道德和革命的或先进的道德。反动的或保守的道德反映社会中已经过时和走向死亡的东西，反映的是旧的社会秩序的要求，因此它总是要用舆论和习惯的力量为社会中已经过时了的东西服务，就对社会发展所起的作用而言，它起的是一种阻碍或促退的作用。革命的或先进的道德则不然。它是作为适应社会物质生活条件发展的需要在人们意识中的反映而产生出来的，反映着新的生产力要求，代表着新兴阶级或阶层的利益和愿望，"它之所以出现就是为了形成一种新的舆论力量，以利于打破旧的舆论的束缚，帮助新的阶级解决社会发展中已经成熟了的任务，因而它一经产生和

形成以后就积极地对社会的发展起着促进作用。"① 周原冰还具体地论证
了道德对社会存在的反作用的表现。在他看来，道德对社会存在的反作用
首先表现在它以本身特有的职能来为产生它的经济基础和阶级服务，维护
这些经济基础和阶级的利益，其次表现在道德指导和制约着人们的行动。
人们的道德意识、道德观念和道德面貌影响着人们的劳动动机和人生目
的，进而影响着他们生产的积极性和创造性，影响着他们在社会生产中所
起的作用。周原冰坚持用恩格斯晚年合力论的思想去考察道德的社会制约
性与社会功能的问题，认为研究道德的社会制约性问题，不仅要看到它具
有客观基础，还要看到它受其他上层建筑意识形态的影响，比如说政治、
法律、宗教、文艺等的影响，研究道德的社会功能和反作用，也必须看到
道德不单独地孤立地发挥其功能与作用，而是同政治、法律等密切相关地
联系在一起去发挥它所特有的功能与作用。

　　除以上三个问题以外，周原冰还探讨了道德产生、形成和发展的社会
根源，道德的阶级性和继承性的关系，道德的内容和形式在历史上的发展
变化诸问题，从而初步形成了自己的道德学说的理论框架。

　　周原冰对中国马克思主义伦理思想的贡献还在于他对共产主义道德作
了较为系统的阐发和论述。50 年代他就写了《培养青年的共产主义道德》
一书，80 年代他又写出了《共产主义道德通论》一书，并发表了许多专
论共产主义道德的文章。特别是《共产主义道德通论》一书集著者 30 年
思考钻研之大成，其中确有不少理论建树和学术创新之处。

　　（1）关于共产主义道德的实质。周原冰认为，共产主义道德是相对
于人类历史上其他道德类型（如封建主义道德、资产阶级道德）而言的
一种新型的社会道德体系。共产主义道德不仅有着一般道德的共同性质，
而且有着自己特有的性质。具体来说，表现在，首先，共产主义道德是以
在资本主义社会就已形成的工人阶级道德为基础，用马克思主义的科学共
产主义理论武装起来，通过工人阶级自己的政党——共产党的领导和教
育，通过所有为共产主义事业而牺牲奋斗的先进人物的示范作用，而逐步
丰富、完善和发展起来的；其次，共产主义道德是共产主义事业的一个组
成部分，又是实现共产主义事业每一斗争过程不可缺少的精神武器，因而

---

① 周原冰：《道德问题论集》，第 115—116 页。

它始终都随着共产主义事业的发展而发展；再次，共产主义道德的基本任务就是要树立新的科学的道德评价的标准并以此去调节人民内部的各种关系，鼓舞人们为共产主义事业而奋斗。

（2）关于共产主义道德发展阶段。关于共产主义道德发展的阶段问题，周原冰认为，共产主义道德体系，不只是迄今为止人类道德发展的最高阶段，而且它本身在其形成以后也还在不断发展，有着自己特殊的产生、形成和发展的过程。共产主义道德的发展，大体上可分成三个基本的阶段，这三个基本的阶段是：①作为无产阶级道德时期的共产主义道德，是共产主义道德产生、形成和作为无产阶级革命精神武器和行为规范的阶段。这时共产主义道德的基本战略任务，是为推翻剥削阶级的统治、建立无产阶级专政的社会主义国家政权服务；②作为统治阶级或领导阶级时期的共产主义道德，是共产主义道德得以普遍发展，并且逐步在全社会取得领导和支配地位的阶段。这时共产主义道德获得了国家政权的支持，在全社会获得了公开、合法的宣传和教育阵地；③作为未来的全社会最广大的成员都能自觉遵守、成为共同行为准则时期的共产主义道德。这时的共产主义道德已逐步摆脱了阶级道德的性质，成为全社会进步人类共同的道德。周原冰指出，这三个基本阶段的共产主义道德，就其本质属性和基本原则方面来说，从头到尾都是一以贯之的，否则它就不能构成为一种完整的道德体系。从作用和影响的范围来讲，后一阶段比前一阶段更深广。周原冰关于共产主义道德经历三个基本发展阶段的思想，从理论上澄清了人们对共产主义道德的种种误解，具有深化人们对共产主义道德认识、强化共产主义道德教育的作用，这是他对中国马克思主义伦理学发展所作出的一个重要的贡献。

（3）关于共产主义道德的基本原则。周原冰认为，共产主义道德特有的实质决定了共产主义道德所特有的基本原则。共产主义道德的基本原则的确立应当反映调节人们与共产主义事业的关系要求，应当反映调节人们与社会集体关系的要求，应当反映调节人们与生产劳动关系的要求，反映人们立身行世、律己待人的要求。据此，周原冰提出四条共产主义道德的基本原则：①人们的行为必须服从共产主义事业的客观要求，忠于共产主义事业是共产主义道德最根本的原则。从共产主义事业发展的阶段来说，不同时期有不同的要求，共产主义道德便也以这种不同的要求作为评价人们行为是非的首要标准。人们的行为必须服从共产主义带来的客观要求这一共产主义道德原则，表现在对祖国和对世界进步人类的关系上，就是爱国主义和国际主义高度地结合。②共产主义道德要求人们的行为符合集体主义原则。集体主义原则是共产主义道德和一切非共产主义道德区别的根本标志。共产主义事业本身就是关系亿万人民根本利益的集体事业，而共产主义事业的每一步进展都一刻也不能离开人民群众的集体力量。所以，真正的共产主义者必定同时是集体主义者。周原冰指出，集体主义原则的第一个要求，就是必须正确对待个人和集体的关系、小集体和大集体的关系。集体主义原则并不排斥个人或小集体的利益，而是把个人利益和集体利益、小集体和大集体的利益都看作矛盾的统一体。集体主义原则要求：个人利益和集体利益的统一、局部利益和整体利益的统一，而把集体利益和整体利益放在首位，实行个人服从集体、局部服从整体。集体主义原则的第二个要求，就是必须关心人民群众的生活，全心全意为人民服务；集体主义原则的第三个要求，就是尊重人民的民主权利。集体主义原则的第四个要求，就是实行革命的人道主义。③共产主义道德的第三条基本原则就是热爱劳动，要求以崭新的共产主义劳动态度对待工作，自觉地为创造高度的劳动生产率而斗争。在周原冰看来，靠劳动还是靠剥削为生？是劳动者道德同剥削者道德的分界线。共产主义劳动态度，从根本上说，就是要自觉地为创造新的高度的劳动生产率而斗争，具体说即是以社会主人翁的主动负责精神对待劳动；把劳动和提高劳动生产率看作共产主义事业的物质基础；善于思考、大胆革新的主动创造精神，高度自觉地遵守劳动纪律和社会秩序，等等。④共产主义道德的另一基本原则，就是以实事求是为基础的忠诚老实。周原冰认为，是忠诚老实还是虚伪欺诈，历来是劳动人民同剥削阶级在道德品质上的分野之一。作为共产主义道德原则的忠诚老实，是历来劳动人民这一优良传统的继承和高度发展，它包含着两个基本的要素：第一，它不是出于个人的得失观念或只是对某些个人的感恩报德，而是出于对人民、对祖国、对整个共产主义事业以及领导广大人民为建设社会主义祖国和整个共产主义事业奋斗的革命政党的关心和热爱；第二，它不是根据某种先定的道德训条，而是根据事实，根据实践的经验，根据由此而得到的客观真理。因此作为共产主义道德原则之一的忠诚老实，超出了个人或集团私利的局限，有着严肃的原则态度和坚定的革命立场，是不能随心所欲的。

周原冰关于共产主义道德基本原则的理论是他关于共产主义道德理论研究中一个十分重要的组成部分。他自己也认为，真正能够代表他对共产主义道德研究的基本思想的，是关于共产主义道德发展三阶段说和关于共产主义道德基本原则的理论。应该说，周原冰关于共产主义道德基本原则的理论，既不同于苏联施什金和季塔连科的观点，又同国内对共产主义道德基本原则的一些理论颇有区别，具有自己的独到特色。

周原冰是中国马克思主义伦理思想阵营中斗争性很强的一位学者，他自始至终坚持马克思主义的唯物史观和阶级分析方法来分析伦理道德问题，强调和凸显了道德的阶级性和社会性，肯定马克思主义道德科学的党派性。

周原冰的道德学说因其具有鲜明的论战色彩，在 60 年代和 80 年代的马克思主义伦理思想中影响颇大，对推动马克思主义道德科学的发展确曾起过一定的积极作用。他坚持唯物史观和阶级分析的方法来分析和研究历史和现实生活中的道德现象，较为充分地论证了共产主义道德的合理性，并建构了一个共产主义道德学说的理论体系，这是应该充分肯定的。但也应该看到，由于其道德学说主要是在论战的形式中阐发的，有的地方又不免带有一些情绪化的色彩，例如，他对道德的阶级性和道德学说的阶级性的阐发和论证就有些失之偏颇，含有把道德的阶级性和全民性绝对对立起来乃至根本否认道德全民性因素存在的倾向。他没有深入地区分并说明历史上的道德学说与剥削阶级道德的复杂关系，因而对共产主义道德的某些论述也不同程度地存在一些过于简单、不够深入、甚至失之片面的倾向。当然这些缺失的存在并不能影响他在马克思主义伦理思想发展史中的应有的地位。他所著的《谦虚与骄傲》一书有汉、维、蒙、藏、朝五个民族的文字本，仅汉文版就发行 300 万册，印了 20 余次，苏联国家政治书籍出版社也翻译出版了该书。他集 30 年心血写成的《共产主义道德通论》，突破了以往伦理学研究的框架，系统地表达了他在共产主义道德方面研究的最新成果，被列为国家六五规划重点图书出版书目，出版后，10 余家报刊发表书评，竞相认为是伦理学研究领域的重要著作，对推动马克思主义伦理学的发展起了重要作用。

二 李奇对马克思主义道德科学的深入研究

李奇（1913—2009），女，中国现代马克思主义伦理学家。笔名李之畦，河北省饶阳县人。1935 年 9 月考入北京师范大学教育系，1937 年 6 月离校参加八路军，1938 年进入延安马列学院学习，后在延安和东北从事出版和教育工作。1949 年至 1955 年任中国共产党吉林市市委常委、宣传部长。1955 年调入中国科学院哲学研究所，先后担任研究组长、研究室主任、副所长等职。50 年代末致力于马克思主义伦理学研究，先后在《光明日报》《哲学研究》《新建设》《文汇报》《学术月刊》等报刊发表伦理学论文多篇，成为新中国马克思主义伦理学的最早研究者之一。80 年代以后，当马克思主义伦理学形成一个初步的理论体系之后，她又写出了《道德与社会生活》等著作和文章，探索道德与经济、政治、文化、教育、科学等各种关系，研究道德如何在各个社会生活领域发挥作用。80 年代末她主持撰写了《道德学说》，该书以史论结合的方式，深入系统地论述了马克思主义伦理学，为马克思主义道德学说的发展作出了较大的贡献。先后任中国社会科学院伦理学研究室主任、中国伦理学会会长、名誉会长、顾问等职，为发展马克思主义伦理学学科、培养研究人才作了大量工作。2009 年 11 月 17 日在北京逝世，享年 96 岁。

李奇认为，马克思主义伦理学的创立是人类伦理学史上的伟大革命变革。伦理学史上曾经有过两次大的革命变革。一次发生在 17—18 世纪，使中世纪的神学伦理学转变为人学伦理学。当时新兴的资产阶级思想家们以人道对抗神道，使道德观念从神学中解放出来，使人们的行为准则由神的支配变为由人自己支配。这次变革在历史上曾起过非常革命的作用，推进了伦理学的发展。但是，这次变革终因时代的限制，没有使伦理学真正成为一门科学。资产阶级的伦理思想家们主张把伦理学建立在人的自然本性或先验理性的基础上，没有能摆脱唯心主义和形而上学的束缚，更没有也不可能揭示出伦理道德发展的规律性，因此这次革命变革是很不彻底的。第二次伟大的革命变革发生在 19 世纪中叶，这就是马克思主义伦理学的创立，它使抽象的人学伦理学变为具体的社会关系伦理学。马克思主义伦理学的创立是人类伦理思想史上最深刻最伟大的革命变革。这种深刻而伟大的革命变革具体表现在以下三个方面：

一是改变了伦理学研究的出发点，首次揭示了道德的社会根源。李奇指出，近代资产阶级伦理学的出发点是人的自然本性，无论是从人的感觉出发还是从人的纯粹理性出发，他们都是把人作为生物界的一个"类"，这个"类"的特殊属性也只能是生理机能上的属性。他们把符合人类自然本性的生活视作是符合道德的生活。这种思想在当时曾起了推动社会变革的作用，把伦理学的出发点从神性改变为人性，不能不说是一个进步。然而，它毕竟不是科学的伦理学理论。

马克思主义伦理学的变革首先表现在对伦理学出发点的科学改造上。马克思恩格斯在对旧的哲学、伦理学进行革命改造的时候，着重地研究了人及人的本性问题。马克思主义认为，人虽然是自然界的一部分，但是由于人依靠自己的生产劳动和社会实践创造了自己的特殊生活规律，从而使自己脱离了自然的动物界，有了区别于动物的社会本质。马克思主义根据对于人类特有的社会实际生活的研究，认为人不是与世隔绝的孤立的抽象的自然人，而是在一定社会关系中的现实的可以通过经验观察的人，人并不是栖居在社会以外的东西，人就是人的世界，就是社会、集团和国家，人的本质是一切社会关系的总和。马克思主义是从人的社会本质或社会化的人出发来研究社会历史和伦理道德问题，从而使过去作为伦理学理论基础的人性论的唯心史观，被科学的唯物史观所代替。这就是说，人的本性是由人们的社会关系所决定的，人们的各种观念包括道德观念都是由人们的社会关系所决定的，归根到底人们总是从当时的社会经济关系中吸取自己的道德观念，所以道德总是随着社会经济关系的变化而变化的社会意识形态，是建立在社会经济基础之上的特殊的上层建筑。这种出发点的转变在伦理思想史上第一次科学地揭示了道德的本质和它伴随着社会物质生活条件而发生发展的规律，从而宣告了一切旧伦理学把道德看成是超自然的超社会存在的唯心主义伦理观的破产，使伦理学第一次真正成为了科学。

二是革新了伦理学的研究方法，以唯物辩证法和阶级分析法指导伦理学的研究，实现了伦理学研究方法论上的革命变革。李奇认为，近代资产阶级伦理学从抽象的人或人的自然本性出发，把人的生理机能活动当作伦理学的研究对象，因而主张以自然科学的方法去研究人的道德问题，他们所谓自然科学的方法就是把人当作孤立的静止的自然物去进行物理的和心理的剖析，这实际上就是非科学的方法。近代资产阶级伦理学家，大部分是以追求什么是最高的善作为主要目的，以道德判断为中心，对个人行为进行的孤立的抽象的心理历程的分析。从这种分析中引申出他们所认定的最高的善的概念，然后根据善的概念推论出一些道德和修养方法。沿着这一线索求得的善的概念和道德律，就是普遍的永恒的真理。马克思主义伦理学反对把人视作抽象的人自然的人，认为人是具体的人社会的人，因而在伦理学的方法上主张运用历史唯物主义的社会科学的研究方法，即用唯物辩证法和阶级分析法取代自然科学的方法。马克思主义伦理学从社会的现实情况出发，以道德现象为对象，从它的发生发展过程中去探索道德的本质其及发展规律，然后根据客观规律发挥道德的社会作用以改造世界。因此，"马克思主义伦理学的主要目的不在于说明什么是善的概念，而在于发现善恶观念的发生发展的客观规律进而改造客观世界"。①

马克思主义伦理学认为，道德是人类社会生活的产物，社会生活的复杂性和辩证性决定了我们只有运用唯物辩证法和阶级分析的方法才能真正认识道德的本质和特性，才能动态而辩证地把握道德标准和道德评价。李奇说："马克思主义伦理学的研究方法，不是用形而上学的自然科学的方法，而是用历史唯物主义的社会科学的研究方法；它的研究线索不是引向抽象行为的心理历程，而是向产生这种行为准则和规范的社会物质生活中去探索道德的根源和实质、道德和社会物质生活的辩证关系以及道德的发展规律"。② 人们的道德意识是和人们的社会物质生活条件紧密相连的社会现象，而不是脱离社会的纯自然现象，因此，只有用唯物辩证的方法才能揭示出道德的本质、根源以及发展演变的规律性。

三是确立起了崭新的道德原则，实现了伦理学内容的根本变革。李奇认为，马克思主义以前的资产阶级伦理学家，由于观察道德问题的出发点不正确，研究方法不科学，所以他们所提出的道德原则，便不可避免地存在许多不可克服的矛盾和颠倒事实的错误。资产阶级伦理学家虽然也强调个人利益与社会公共利益的结合，甚至提出过"最大多数人的最大幸福"的口号，但是由于他们的阶级本性和时代局限决定了他们不可能把公共利益或普遍利益置于个人利益之上。在他们那里，个人利益始终处于首要和

---

① 李奇：《道德科学初学集》，上海人民出版社 1979 年版，第 20 页。

② 同上书，第 21—22 页。

优先的地位，爱别人只是为了实现自己幸福的手段，社会利益无非是"组成社会之所有单个成员的利益的总和"。李奇指出，资产阶级伦理思想家以个人为本位强调个人利益的至上性，总是把个人利益放在第一位，他们所提出的道德原则始终是个人主义和利己主义的。马克思主义伦理学彻底抛弃了资产阶级的利己主义和个人主义道德原则，提出了个人利益和社会利益协调发展的无产阶级集体主义道德原则。马克思主义创始人不是从概念、范畴去探讨个人利益和社会公共利益的关系，而是从现实社会生活中去分析概括个人利益和社会利益之间的内在联系，既发现它们之间的矛盾，又看到它们之间的统一。在阶级社会里，个人利益和社会公共利益的矛盾占主要方面，但也存在着相一致的地方。如果说剥削阶级的个人利益只和虚幻的公共利益相联系，那么劳动人民的个人利益和社会公共利益却常常是一致的。当剥削阶级发展到没落阶段，个人利益与社会共同利益矛盾会日益加剧，变得不可调和，于是革命阶级发动社会革命，消灭旧的对立，建立新的个人利益和社会利益的统一。但是这种新的统一中仍然包含着新的对立，它发展到一定阶段又被更新的统一所代替。只有到无产阶级那里，阶级的利益不仅与社会共同的利益相一致，而且与个人利益相吻合。无产阶级道德的基本原则根本不同于资产阶级的个人主义和利己主义，它是一种建立在个人利益和集体利益相结合基础之上的集体主义。无产阶级的集体主义原则不仅肯定集体利益和社会共同利益的道德权威性，同时也充分肯定个人利益的合理性，强调个人利益和社会集体利益的结合性或协调性，认为在个人利益与集体利益、社会共同利益发生矛盾的时候，个人利益应作必要的节制和自我牺牲。无产阶级道德的集体主义原则，揭示了个人和社会集体之间的真实关系，解决了资产阶级伦理学家所不能解决的矛盾。

由上可见，马克思主义伦理学的创立是人类伦理思想史上最深刻最伟大的革命变革，它使伦理学第一次真正成为一门科学，解决了伦理思想史上一系列长期争论不休的问题，有效地推动了人民群众的道德实践活动的发展，显示了它的强大的科学威力。

李奇十分重视道德与社会生活的紧密联系，认为道德是人类社会生活所特有的产物，道德这种社会行为规范必然渗透到社会生活的各种活动中去。在自己所著的《道德与社会生活》的学术专著中，她深入地分析和探讨了道德与社会生活的关系，科学地揭示了道德的本质及其社会作用，并对道德与经济的关系，道德与政治、法律的关系，道德与科学、教育和文艺的关系以及道德与宗教的关系作了深入细致的理论分析。

李奇认为，道德的本质表现为它是由一定社会经济关系所决定并以其所特有的善恶评价方式反作用于经济基础的社会上层建筑和意识形态。离开了同一定社会物质生活条件和经济基础的关系，道德的本质就不能得到科学的论证和说明。道德的本质决定了道德与社会生活两个方面的问题：一方面是道德和其他意识形态同经济生活的关系；另一方面是道德和其他社会意识形态及上层建筑之间的关系。道德和社会的经济生活之间存在着辩证统一的关系。经济生活包括生产关系和消费生活方面的内容，但对道德起决定作用的则是社会的生产关系。社会经济关系的性质不仅直接决定各种道德体系的性质，而且直接决定着道德的基本原则和主要规范，同时，社会经济关系的变化必然引起道德的变化。当然，道德作为一种特殊的社会意识形态也有自身的相对独立性，亦即道德的变化和社会经济关系的变化并不是完全一致的，道德具有自己相对独立的历史发展过程。当着社会的经济关系发生变革之后，人们的道德观念并不会立即自动改变。道德的相对独立性决定了道德必然对社会的经济生活产生一定的反作用。一般地说，反映新的经济关系和先进阶级利益的道德对社会的发展起促进的、推动的作用；代表旧的经济关系和没落阶级利益的道德对社会的发展起保守的、阻碍的作用。马克思主义在论及道德与经济关系的关系时既强调经济关系对道德的决定作用，又强调道德对经济关系的反作用。

李奇认为，道德不仅对于社会经济生活有能动的反作用，而且和政治、法律、文艺、宗教等其他上层建筑和社会意识形态之间也有着相互影响、相互作用的关系。道德和政治、法律、文艺、宗教等其他社会意识形态都是社会存在的反映，都是植根于当时社会经济条件之中的。道德的发展既受到社会物质生活条件和经济关系制约，也程度不同地受到其他社会意识形态的作用或影响。同时，只有在它们的相互影响、相互作用中，社会生活才能顺利地进行和健康地向前发展。就政治对道德的制约与影响来说，政治不仅影响到道德的生成与发展，而且也直接影响到道德的具体内容及其原则，影响到个人道德品质和道德观念的形成。法律不仅是道德的权力支柱，而且也是保障道德运行和有效地发挥道德作用的社会工具，没有法律作后盾的道德绝对不可能发挥它干预和协调社会生活的作用。文艺对人们的道德品质和道德观念的形成和发展有着极大的教育感化作用，是积极地促进一定的社会道德舆论形成的重要工具，也是人们进行道德情操和道德品质修养的重要手段。科学对于人类社会的改造发生着巨大的影响，是人类道德进步的重要基础；科学本身就是一种革命的精神力量，是精神解放和道德进步的有力武器。科学上的每一次巨大飞跃，都在一定程度上触及了人们的伦理道德思想，从而引起人们道德观念的进步。当然，道德对其他社会意识形态的巩固和发展也有着同样的积极作用。在阶级社会里，统治阶级的道德往往成为一种传统以阻碍新兴政治势力的发展；而当旧的道德观念被冲垮、新的道德观念被群众所接受时，这种新的道德观念又会促进新兴政治运动的壮大，并成为克服困难取得胜利的鼓舞力量，当一种新的政治制度建立起来以后，与之相适应的道德则以其特有的方式去论证这一政治制度的道义性，并为之提供强有力的舆论支持。道德对法律的影响也是这样。道德是法律的精神支柱，良好的道德风貌是实现社会主义法制的基础，在一个道德败坏的社会里，法律的权威是很难树立起来的。历史和现实生活中无数事例都充分地证明，违法犯罪总是从缺乏道德开始的。从无知、缺德到违法犯罪，中间并没有不可逾越的鸿沟。因此，加强人们的道德教育对建立社会主义法制有着积极的意义。道德对文艺也有着深刻而具体的影响。道德关系和道德行为是人类社会生活的基本内容之一，也是文艺必须反映的社会现象。同时，文艺作品必须刻画具有高尚道德情操的，或者揭露具有丑恶灵魂的人物形象，才能有感染人的最大魅力。从某种道德关系和道德情操中可以表现出现实社会生活的最深刻的本质。道德对文艺的影响还表现在文艺作家的人生观、道德观决定着他的创作动机，决定着文艺作家的倾向性。道德对科学的发展也有重大的影响。进步的道德促进科学的发展，腐朽的道德则阻碍科学的发展。道德通过一系列调节和反映功能，干预科技发展的目的和手段，促使科学技术朝着符合全人类生存和根本利益，造福于子孙万代的方向发展；道德通过对价值目标和价值层次模型的制定，影响着科技项目的确立与选择，制约着科学技术的发展。此外，道德以对全人类根本利益和子孙后代负责的良心义务机制，影响从事科学技术工作的个人，以此来激励或抑制某项科技事业的发展。

　　总之，道德与社会的其他意识形态之间有着相互影响、相互制约的作用。李奇认为，如果能够充分认识并且正确处理它们的关系和作用，不仅可以使道德的社会作用充分发挥，而且整个社会意识形态和上层建筑都可以更好地发挥为社会经济基础服务的作用。道德和社会生活中各方面的关系如果能够协调一致、平衡有序地发展，那么，整个社会生活就将是进步的、向上的，它对人本身的发展所起的作用当会更大。

　　李奇主持编写的《道德学说》用史论结合的方法，从中西方的古代直到近代道德学说的发展历史上，揭示了道德学说的发展规律，指出了马克思主义道德学说产生的必然性。在阐述了马克思主义道德学说基本内容之后，叙述了它在批判现代西方资产阶级道德学说，在共产主义运动的实践中的成长和发展。本书的目的旨在探讨道德理论如何逐步走向科学化的进程，论述马克思主义道德学说的思想体系，促进马克思主义道德学说进一步地完善和发展。

　　（1）关于道德学说的中心问题。李奇认为，道德的根源所涉及的道德意识和社会存在的关系，是道德学说作为哲学的一个分支学科的最根本的中心问题。道德作为一种社会意识形态，产生的根源是什么，这从哲学上来说，关系道德的本源问题，也就是道德意识和社会存在的关系问题。道德意识的本源是超自然超现实的"天"或上帝，还是现实世俗的社会存在或其他意识？道德意识的本源是先验的本性还是后天的经验？回答这一问题是道德学说的思想路线和出发点问题，制约着它对一系列理论问题的解决，任何阶级和社会的道德学家都不能回避这一问题。"各种道德学说的理论分歧，主要就是从这里开始的。"[①] 在李奇看来，社会存在与社会意识的关系问题是社会历史观或历史唯物主义的基本问题。社会历史观作为道德学说的理论基础，其基本问题也制约和规定着道德学说的中心问题。社会历史观中的社会存在与社会意识的关系和个人与社会的关系是紧密联系在一起的，二者的结合便是具有道德理论特性的道德学说的中心问题。因为社会历史观的基本问题是社会存在和社会意识谁决定谁的问题，而社会存在中包含着经济关系和经济关系所决定的个人与社会的关系。那么，道德这一社会意识形态，便是由社会经济关系所决定的个人与社会关

---

　　① 李奇主编：《道德学说》，中国社会科学出版社1989年版，第10页。

系的直接反映；表现在道德的社会作用上，就是调整个人与社会（包括他人）之间的利益关系。所以个人与社会之间的关系正是社会存在这一概念的深入一层的具体内涵；是社会经济关系与道德这一社会意识形态之间的中介环节。个人与社会的关系作为道德学说的中心问题，不但可以显示出道德理论问题的特殊性，而且它还要贯穿在道德根源与本质，道德准则和规范，道德品质、修养和价值观念等一系列的道德理论问题中。道德是调整人与人之间、个人与社会之间关系的社会意识形态和上层建筑，道德的这种基本特质及其社会职能反映着道德学说的中心问题。李奇对道德学说中心问题的概括与论证，是紧密联系历史唯物主义学说来进行的，体现了她以唯物史观为指导来探讨道德学说中心问题的基本思路。

（2）关于个人与社会的相互关系问题。个人与社会的关系问题既然是构成道德学说的中心问题的主要方面，因此揭示个人与社会的本质以及两者的相互辩证关系就成为马克思主义道德学说的理论起点。马克思主义把人的本质概括为一切社会关系的总和，揭示了人的现实性与实践性、社会的本质及其与个人的辩证关系，从而科学地解决了伦理思想史上长期争论而不得其解的关于个人与社会的理论问题。马克思主义认为个人与社会是同时诞生的，人是在社会劳动中形成的，社会是在许多人的合作劳动生产中产生的，社会是人们交互作用的产物，是许多人按一定方式的合作，而不是孤立的个人集合体。李奇指出，马克思主义在揭示了个人与社会的本质的基础上科学地解决了个人与社会的相互关系，认为个人与社会的关系是一种社会内在的有机联系，个人是社会的个人，社会是由无数个人所组成的社会，个人生活在一定的社会形态中，一定的社会形态构成个人生存的基本事实和基本特点。个人是一定的社会关系的体现，是在社会实践中产生和发展的，同时社会又是个人在劳动生产活动中彼此相互交往和相互作用的产物。个人与社会相比较，社会起着主导的决定的作用。个人一生下来就被历史地注定在一定的社会中生活着，他不可能超越历史而自由地选择社会，他只能在既定的社会中进行生产活动和过自己的生活。当然，个人在社会中具有能动的创造性的作用，但是这种能动的创造性的作用又必须在一定的客观的社会物质条件的制约下才能实现，所以个人总是社会的存在物。个人与社会之间的关系本质上是相互依存、相互影响的关系。个人体现出一定的社会性质，而社会的一定经济关系决定着和制约着个人的生活和精神面貌。社会并不是一种抽象和个人相对立的东西，社会是具体的现实的，它的内容就存在于个人的存在和一切活动关系之中。从个人与社会辩证统一关系的原理出发，李奇对个人意识与社会意识的关系以及个人利益与社会利益的关系作了辩证唯物主义的阐释与论述，丰富和发展了马克思主义的道德学说。

（3）关于道德进步及其发展的规律性问题。李奇认为，人类社会是不断发展的，道德作为人类社会一种特殊的精神现象也和人类社会的其他现象一样，总的说是有过进步的。道德进步的含义主要是指道德发展的历史过程中从道德体系来看，后一个社会的道德体系要比前一社会形态的道德体系先进些，包含着更多的较长久的因素。道德进步的标准亦即道德的历史作用标准，是指推动社会发展、促进人类进步的道德即是进步的，阻碍社会发展和人类进步的道德即是落后或反动的。道德进步具体表现在以下几个方面：①由自发地形成的道德习惯进步到自觉地根据经济关系的需要而提出的道德准则和规范。随着社会的发展和人们道德认识能力的提高、自我道德意识的觉醒，人们逐渐由自发地遵奉道德规定发展到自觉地履行道德义务，由道德的他律性发展到道德的自律性，愈来愈自觉地制定适应经济关系需要的道德准则和规范要求。②随着社会的发展，个人地位和个人利益在道德准则体系中逐步上升，个人自由活动的范围也日益扩大。李奇指出，原始社会个人在氏族部落中的地位虽然是平等的，个人利益和氏族群体利益是浑然一体的，这就在实际上使个人的地位受到极大限制，个人利益被天然地融合在氏族群体利益之中。私有制产生以后，个人利益和自由活动范围确实比过去提高和扩大了。封建时代虽也有轻视人的尊严和个人利益的一面，但在道德准则和规范体系中所规定的义务，则提到了人们相互之间各有道德要求的高度。资产阶级的道德体系，从理论上说，个人的地位和利益比封建时代又大大地提高了，这无疑标志着道德的进步。③道德准则适用的范围日益广泛，道德意识渗透到各种社会实践里去。李奇指出，奴隶社会和封建社会道德适用的范围主要局限于宗法关系和家族人伦方面，资本主义则使道德日趋社会化了，所涉及的范围和领域更加广泛。李奇把道德进步的总过程概括为三个大的发展阶段，由原始的无阶级局限的自发的低级的全民道德，发展到自觉的阶级道德，最后发展到无阶级限制的高级的全民道德。道德的发展和进步的规律性主要表现在：第一，道德是在人类社会的劳动生产过程中产生的，并且随着生产方式的发展变革而发展；第二，道德是随着阶级斗争的发展而发展的；第三，道德是在善与恶的矛盾运动中发展的；第四，道德的发展也随着科学文化的发展而发展，在文明和粗野的斗争过程中前进。

除此以外，李奇的《道德学说》还探讨了道德的本质及其社会作用，道德意识的结构和内容，道德认识的过程及其规律，道德评价及其依据，道德继承的途径和方法等问题，阐发了马克思主义道德学说的性质、特征与主要内容，建构了一个颇有中国特色的马克思主义道德学说理论体系。《道德学说》是国家"六五"期间的一个重点科研项目，"它以史论结合的方式，深入系统地论述了马克思主义伦理学，为马克思主义道德学说成为社会科学中的一个独立学科作出了贡献。"①

李奇是中国当代著名的伦理学家、马克思主义伦理学的开拓者和中国伦理学会的创始人之一。几十年来，她执着奋发地研究马克思主义伦理学，为马克思主义伦理学在中国的发展作出了重要贡献。诚如罗国杰所说："李奇同志对于马克思主义伦理学的理论，有着重大的贡献，她是新中国马克思主义伦理学的开拓者之一，她为成立全国伦理学会费尽心力，积极筹办并主编了《道德与文明》杂志和《中国大百科全书》中的伦理学分卷"，她是属于那种"既能够对马克思主义伦理学的理论有很深的造诣，又能够非常自觉地运用这一理论来联系实际；既能够用这一理论来与人为善地谆谆教导别人，又能够用这一理论来严格要求自己；忠实地、真挚地、随时随地地践行这一理论，同时还能对自己的理论，加以坚持和发展，为使其不断完善而尽自己的最大努力"的人，她把"做学问与做人统一起来，把'道问学'与'尊德性'一致起来"。② 虽然，50年代末至60年代初中期，李奇对张岱年、吴晗道德论的批判，有些失之偏颇，有些言语过激，但她自认为是抱着对马克思主义伦理思想的执着热爱和精心研究而立论的。总体上看，李奇对马克思主义伦理思想作出的贡献是第一位的。李奇的道德学说在坚持马克思主义伦理学基本原理的前提下，注重

①　陈筠泉：《在李奇同志道德思想研讨会上的开幕词》，《道德与文明》1993年第5期。

②　罗国杰：《做人和做学问统一的模范——祝贺李奇诞辰八十周年》，《道德与文明》1993年第5期。

将其与中国固有的道德文化和社会主义道德建设实际有机地结合起来，比较好地探讨了道德与经济、政治、法律、文艺、宗教、科学技术等关系，强调伦理学研究要服务党和国家建设的大局，高举马克思主义思想旗帜，反对资产阶级自由化，为推动中国特色的马克思主义伦理学的发展作出了一定贡献。

三　罗国杰对马克思主义伦理学学科的系统探索

罗国杰（1928—2015），中国当代著名的马克思主义伦理学家。1928年1月生于河南内乡。1946年从开封中学毕业考入上海同济大学法学院。在上海求学期间，他投入到争民主、反饥饿、反内战、反迫害的学生运动中，参加了著名的"一二·九"学潮，并于1949年2月初在上海加入了中共地下党组织。上海解放后，他担任同济大学法学院党支部书记。后又调至上海市委工作。1956年，罗国杰放弃了县团级的较高待遇，考入中国人民大学哲学系重读本科，大三后转入研究生班；研究生只读了3个月，又因编写教材而正式做了哲学系教员。50年代末60年代初，罗国杰受命组建中国人民大学哲学系伦理学教研室，编撰了伦理学教学提纲和讲义。粉碎"四人帮"后，罗国杰回到教学和科研岗位，着手恢复伦理学教研室和开展伦理学学科建设的工作，受命领衔编写《马克思主义伦理学》教科书，并承担了全国伦理学教师培训班的教学和管理等工作。80年代开始培养博硕士研究生，为我国伦理学学科的恢复和发展培养了一大批人才。罗国杰不仅心系伦理学理论的研究，而且关心我国改革开放以来的道德建设，并为党和政府部署社会主义精神文明和道德建设献计献策。著有《马克思主义伦理学》、《伦理学教程》、《伦理学》、《西方伦理思想史》等，发表伦理学方面的学术论文200余篇。河北大学出版社2000年出版了《罗国杰文集》（上下卷），该文集收录了罗国杰1980年以来所发表的有代表性的学术论文，对了解和研究罗国杰伦理思想颇有助益。诚如作者本人在《自序》中所说的："这些文稿的写作，都是同这20年来不断发展的现实生活密切相联系的，是同改革开放以来我国的精神文明建设的进程密切相联系的，有很强的时代特点。这本文集，基本上反映了20年来，我学习和研究伦理学的心得体会，以及对新形势下的道德现象和道德关系进行探索和认识的思维轨迹。"也从一个独特的角度，"折射出随着社会主义四个现代化建设和精神文明建设的发展，我国在道德建设方面的发展历程。"2015 年 3 月 9 日在北京逝世，享年 88 岁。

1. 对马克思主义伦理学体系结构的探讨

罗国杰在其所著的《试论马克思主义伦理学体系结构的特征》（《哲学研究》2003 年第 2 期）以及主编的《马克思主义伦理学》、《伦理学教程》、《伦理学》中，运用唯物史观研究道德现象，并紧密联系中外伦理思想史的发展以及我国现阶段道德建设的实际，深入地探讨了一系列马克思主义伦理学的重大理论和现实问题，建构了一个较为完整且逻辑谨严的马克思主义伦理学学科体系，从而使中国马克思主义伦理学的研究告别了分散、孤立和不系统的研究状况，走上了体系化、理论化的时代。

在罗国杰看来，伦理学是一门十分古老的学科，它的发展，因各民族、各个国家的不同历史情况而呈现出不同的特点。从伦理学的体系结构来看，在西方，大致出现过四种类型，即规范的伦理学、理论的伦理学、描述的伦理学、分析的伦理学。规范的伦理学认为，伦理学的主要任务就是要通过对善恶的研究，向人们指出，在人与人的关系和人与社会的关系中，究竟应当遵循什么样的行为规则，人应当如何行动才能达到善的目的。理论的伦理学认为伦理学就是道德哲学，是对于道德问题的哲学思考。它反对把伦理学变成一门规范科学或实用科学，认为只能从理论上去探讨什么是善，什么是恶，探讨义务和良心，而不应涉及具体的行为准则和规范。描述的伦理学认为伦理学是一门经验科学，只应该从经验上描述道德现象，给这种现象以解释，而不能直接提出什么具体的行为规范，也不应去探讨道德哲学的根本问题。分析的伦理学既不以经验的或历史的方法研究伦理学，也不注意这种经验的或历史的叙述的理论概括，它试图从逻辑学和语言学的方面来对道德概念和判断进行分析。

罗国杰认为，马克思主义伦理学与旧的传统伦理学有着本质的区别，与当今西方流行的各种伦理学派别也有根本的不同。马克思主义伦理学的体系结构有它自身的特点。第一，它是一门全面研究道德现象的哲学理论科学，理论上具有科学性。马克思主义认为，伦理学是一门科学，是研究道德的起源、本质、发展、变化及其社会作用的科学，是一门探讨道德的规律性的科学。"离开了对于规律性的研究，离开了抽象的理论思维，离开了一定的理论基石，也就不可能形成和建立任何科学的伦理学体系。"① 马克思主义以前的伦理学，由于历史和阶级的局限，虽然包含一些真理性的颗粒，但整体上并不是一门科学。只有马克思主义伦理学运用辩证唯物主义和历史唯物主义来研究道德现象，在人类历史上第一次把伦理学置于科学的基础之上，揭示了道德的起源、本质和发展规律，从而使伦理学成为一门真正的科学。第二，它是一门特殊的规范科学，具有特殊的规范性。马克思主义伦理学摈弃一切抽象道德的神话和空谈，十分重视对道德规范的研究，重视建立共产主义的道德规范体系。它把建立共产主义道德规范体系这一任务看成不仅是伦理学本身性质的需要，更是无产阶级和广大劳动人民利益和意愿的需要。"马克思主义伦理学始终把共产主义道德规范体系看做整个伦理学的中心或重心，看做整个伦理学体系的一个很重要的组成部分。马克思主义伦理学之所以成为科学，正是由于它对人和人之间的行为关系的道德规范进行了概括和总结，上升为科学的理论，离开了这个基础，它就不可能成为科学。"② 马克思主义伦理学不同于一般的规范科学的地方在于它是在辩证唯物主义和历史唯物主义的基础上来探讨道德规范这一现象的，它对于道德规范体系的叙述、阐发和概括，既是辩证的，又是历史的，它强调的规范绝不是空洞的说教，而是在一定经济基础之上依据人和人之间的实际关系而概括出来的行为准则；它不只是教人们应当如何如何，而是给这种应当以理论上的说明，指出隐藏在这种"应当"背后的客观必然性；它不是把理论和规范对立起来，而是强调对规范的研究要以理论为指导，同时理论研究要以人和人之间的规范关系为客观内容。第三，马克思主义伦理学还是一门实践性很强的科学，是一门注重人们的道德行为、道德实践的科学。"马克思主义伦理学强调实践的观点，主要有两个方面的意义。其一是说，整个伦理学的理论都必须是从实践中来，必须受客观实践的检验。伦理学的理论是从人与人之间的道德关系中总结、概括出来的，并在指导人们调整和改造相互关系、培养道德品质的过程中受到检验。其二是说，伦理学中所阐

① 《罗国杰文集》上卷，河北大学出版社 2000 年版，第 233 页。
② 同上书，第 235 页。

述的理论、原则和规范，必须付诸实践，身体力行。"① 总之，伦理学是一门同现实关系极为密切、实践性很强的哲学理论科学和规范科学。我们应当深入认识马克思主义伦理学体系结构的特点，才能更好地把握马克思主义伦理学的精髓。

马克思主义伦理学不同于以往伦理学或者以研究善与恶的关系问题为务，或者以研究人们的道德义务为主要内容，或者以研究现实的幸福为宗旨，或者以研究人的人格的完善为目的，它总体上是以道德现象为研究对象的，是全面系统地研究道德现象的。所谓道德现象就是指人类现实生活中由经济关系所决定，用善恶标准去评价，依靠社会舆论、内心信念和传统习惯来维系的一类社会现象。道德现象包含的内容很多，大体上可以区分为道德意识形象、道德规范现象和道德活动现象三大类。道德意识现象是人们在道德实践基础上形成的道德情感、意志、信念和观点，以及各种道德思想和理论体系。道德规范现象是指人们在社会实践中形成的应当怎样或不应当怎样的行为原则和规范，是调整人与人、人与社会诸利益关系的伦理要求或道德准则。道德活动现象是指人类生活中涉及个人同他人、同社会的利益而进行的可以用善恶观念评价的群体活动和个体行为，如道德实践、道德选择、道德评价、道德修养等。道德现象的这三大部分是密切联系而不可分割的。罗国杰指出："道德活动是形成一定道德意识的基础，并能使已经形成的道德意识得以巩固、深化和提高。道德意识一经形成，对人们的道德活动具有指导制约作用。道德意识作为心理活动过程来看，这种心理活动自身就是道德活动的一个方面。道德规范是人们在一定的道德活动和道德意识的基础上形成和概括的，同时，作为一种特殊的社会规范，又约束和制约着人们的道德意识和道德活动，集中地体现着道德活动的统一。"② 在罗国杰看来，只有全面地分析，深入地研究道德的各类现象，才能使伦理学具有完整的科学体系。

与伦理学研究对象即道德现象的三个方面相适应，马克思主义伦理学的体系结构亦应由道德基本理论、共产主义道德规范体系和共产主义道德活动体系三大部分构成。道德基本理论部分包括道德的定义、本质、特

---

① 《罗国杰文集》上卷，河北大学出版社 2000 年版，第 237 页。
② 罗国杰主编：《伦理学》，人民出版社 1989 年版，第 9 页。

征、根源、功能、作用、结构、历史演变及其发展规律性诸问题，这一部分的探讨，实质上构成伦理学的理论伦理学或哲学伦理学部分。罗国杰认为，马克思主义伦理学是一门哲学理论科学，应当全面地考察人类历史上各种道德类型的演变，揭示出道德发生发展的社会根源、社会本质与社会作用，探索出道德发展变化的规律性。道德的本质表现在道德是由一定社会的物质生活条件特别是经济关系所决定的上层建筑和社会意识形态。社会经济关系的性质直接决定各种道德体系的性质，有什么样的社会经济关系就相应地有什么样的社会道德；社会经济关系所表现出来的利益，直接决定着道德的基本原则和主要规范；社会经济关系的变化必然引起道德的变化。当然，道德一经产生和形成之后，也对社会物质生活条件的发展起着巨大的反作用，具有自己的相对独立性。道德对社会发展而言，并不是一种纯粹被动的消极的力量，而是一种能动的积极的因素，它有着自己本身发展的历史过程，它也对其他社会因素发生这样或那样的联系和影响。道德作为一种社会意识形态不仅具有特殊的规范性，独特的多层次性，更大的稳定性，广泛的社会性等特征，而且具有自己独特的发展过程，经历了一个从原始的全民道德到阶级道德，再到高级阶段的全民道德的发展演变过程。罗国杰指出，"从原始的氏族道德过渡到阶级社会的阶级道德，再从阶级社会的阶级道德过渡到社会主义社会和共产主义社会的共产主义道德，这是人类道德发展的三个历史阶段，也是人类道德曲折进步的辩证过程。"[1] 在阶级社会里，道德的进步是在阶级对立中实现的；剥削阶级道德本质上是奉行利己主义原则的，相对原始纯朴道德来说是一个历史的倒退；但是阶级社会也有道德上的进步和高涨，这主要表现为历代劳动人民相继发展着的健康的进步的道德。在阶级社会里，劳动人民的道德是人类道德进步的力量源泉。

道德规范部分包括道德的原则、规范、范畴等方面的内容，这一部分是伦理学的核心内容，也可称之为伦理学的规范伦理学或准则伦理学部分。罗国杰认为，伦理学是一门理论科学，但它又十分强调道德原则规范在伦理学中的重要地位。从一定意义上讲，伦理学即是一门特殊的规范科学。离开了对道德规范体系的论述，也就不可能建立起科学的伦理学。

---

[1]　罗国杰主编:《马克思主义伦理学》，人民出版社 1982 年版，第 161 页。

"在道德原则和道德规范中，个人利益同整体利益之间的关系，究竟是个人利益应当服从整体利益，还是整体利益应当服从个人利益，是个人利益至上还是集体利益至上，乃是伦理学研究所必须回答的问题。"① 在其主编的《马克思主义伦理学》中，罗国杰将共产主义道德规范体系概括为一个基本原则、五个主要行为规范、四个范畴和两个特殊方面的要求。所谓一个基本原则即忠于共产主义事业的集体主义原则。集体主义原则的基本内容包括：（1）从无产阶级和劳动人民的根本利益出发，坚持集体利益高于个人利益；（2）在个人利益与集体利益发生矛盾时，个人利益应当自觉地服从集体利益；（3）在保证集体利益的前提下，把集体利益和个人利益结合起来。集体主义道德原则集中体现了大公无私的优秀品质和为人类解放而奋斗牺牲的精神，集中体现了共产主义道德的本质，是共产主义道德论区别于一切旧道德论的基本特征。五个主要行为规范是指全心全意为人民，共产主义劳动态度，爱护公共财物，热爱科学坚持真理，实行爱国主义和国际主义的统一。这些规范从不同方面体现着共产主义道德的集体主义原则，表明社会成员对于整体及其利益、事业和活动等应有的态度。四个范畴是指义务、良心、荣誉和幸福，这四个范畴是一定道德原则和道德规范所包含的道德要求的概括和总结，体现着人们对各种道德关系认识发展的阶段。两个特殊方面是指爱情婚姻家庭道德方面和职业道德方面。需要指出的是，在《伦理学》中，罗国杰对社会主义道德规范体系及其层次性作了较以前更为深刻且富于现实意义的论述。罗国杰认为，社会主义道德体系可以区分为以下几个层次结构：社会主义社会公共生活领域的一般道德规范，这是全体居民都应共同遵循的最简单、最起码的公共生活准则，包括社会公德和社会主义人道主义；社会主义社会家庭生活领域、职业生活领域的特殊道德规范，包括家庭道德规范和职业道德规范；社会主义社会的基本道德规范，它是社会主义国家每个个人处理个人对国家、对人民、对劳动、对科学、对社会主义关系时必须遵循的行为准则，包括爱祖国、爱人民、爱劳动、爱科学、爱社会主义。社会主义社会最高道德规范，它要求人们树立共产主义远大理想和共产主义劳动态度，毫不利己专门利人，全心全意为人民服务，为了共产主义事业，随时准备

---

① 罗国杰主编：《伦理学》，人民出版社 1989 年版，第 22—23 页。

牺牲自己的一切。

　　道德活动部分包括道德行为、道德选择、道德评价、道德品质及其道德修养、人生观与道德理想诸问题，它是伦理学的实践伦理学或品行伦理学部分。罗国杰认为，伦理学作为一门关于调整人和人之间关系的一种特殊规范的科学，它的最终目的就是要把有关伦理道德的科学认识，深入到人们的意识之中，转化为人们的道德实践。伦理学既是一门理论科学，又是一门有关人们的品质、行为和修养，使人们具有崇高人格和道德思想的实践科学，"要想使伦理学的研究能够不断发展并受到社会重视，就必须要依据一定阶级或阶层的要求，用特定的原则和规范，采用必要的教育和修养方法，来陶冶人们的品性，改变人们的气质，以培养一定社会所需要的人才。"① 道德活动是道德意识形成的基础，是个人道德品质形成的现实途径，是使道德原则和道德规范发挥社会作用的道德实践活动。道德行为是人类社会生活中最基本的道德活动现象。所谓道德行为就是在一定的道德意识支配下表现出来的有利或有害于他人和社会的行为，包括道德的行为和不道德的行为。道德行为和道德品质是密切联系的，道德行为是道德品质的表现，而一定的道德品质又是道德行为发展和积累的结果。所谓道德品质即是人们在一系列的道德行为中所表现出来的比较稳定的特征和一贯的倾向。是一定社会的道德原则和规范在个人思想和行为中的体现。道德行为和道德品质构成了道德评价的两大对象。道德评价也是人类道德活动现象的重要组成部分，它根据一定社会或阶级的道德规范准则体系，对人们的道德行为和道德品质作出善或恶、道德或不道德的价值判断，进而褒善贬恶、扬善抑恶。道德评价是对人们进行道德教育的主要杠杆，它能够激起人们道德修养的热情，使人们通过舆论的谴责和赞许，自觉地对照检查自己的行为，进行自觉的自我改造、自我陶冶、自我锻炼和自我培养，借以达到一种道德上较高的精神境界，树立起共产主义的人生观和道德理想。

　　总之，马克思主义伦理学的体系结构即是由道德的基本理论部分、共产主义道德规范部分、道德活动部分有机构成的科学的理论体系，是理论伦理学、规范伦理学、实践伦理学三者的有机统一。罗国杰认为，伦理学

---

　　① 　罗国杰主编：《伦理学》，人民出版社 1989 年版，第 24 页。

不仅是一门哲学理论科学，而且是一门特殊的规范科学和实践科学，因此对道德基本理论的阐述应当注意到道德原则规范的导向意义；对道德原则规范的概括叙述应当尽量使其上升到理论的高度进行辩证的分析；同时，要高度重视道德实践活动，不仅使其有正确的理论指导，而且能真正践行道德原则规范。

2. 伦理学基本问题的界说与论证

道德是一种特殊的社会意识形态和社会现象，道德关系是人类社会的一种特殊社会关系。它之所以特殊，就在于它包含着与经济、政治、法律、宗教等关系不同的特殊矛盾，具有特殊的规范调节方式。罗国杰在其主编的《伦理学》中认为，道德不同于其他社会意识的根本特征，就在它的特殊的规范性。首先，道德规范是一种非制度化的规范，不是被颁布、制定或规定出来的，而是处于同一社会或同一生活环境的人们在长期的共同生活过程中逐渐积累形成的要求、秩序和理想，它表现在人们的视听言行之上，深藏于人们的意向、习性品格之中；其次，道德规范是一种非强制性的规范，它主要是借助于社会舆论、传统习俗和内心信念来实现的。教育、宣传、大众传播媒介等等也常常是道德规范转化为人们实际行动的重要手段；再次，道德规范也是一种内化的规范。道德规范只有在为人们真心诚意地接受，并转化为人的情感、意志和信念时，才能得到实施。罗国杰指出："道德关系中的矛盾的特殊性就在于，它是以体现整体利益的原则和规范为善恶标准、以必要的自我牺牲为前提来调节的个人利益和社会整体利益的矛盾，或者说它是强调用节制或牺牲个人利益的原则和规范来调解的个人利益和社会整体利益的矛盾。"[①]

罗国杰的这一段关于道德调解特征的论述，在很大程度上体现了他的道德观，反映了他对道德本质特性的深入认识。罗国杰不仅揭示了道德调解手段的特殊性，道德调解目的的特殊性，并且在此基础上进一步揭示了道德关系矛盾的特殊性，指出了道德维护的是社会整体利益，要求个人作出必要的自我牺牲。就此意义来看，罗国杰同普列汉诺夫一样均认为，道德的基础不是对个人幸福的追求，而是对部落、民族、阶级、人类的幸福的追求。真正的道德无疑具有利他性和利群性的特点，总是要以或多或少

---

① 罗国杰主编：《伦理学》，人民出版社 1989 年版，第 11 页。

的自我牺牲为前提。罗国杰在道德调解特殊性的论述中已经昭示出他的道德观的轮廓与特征，即他反对利己主义和个人主义的道德观，肯定利他主义和集体主义的道德观。他对社会主义集体主义道德原则和集体主义价值导向的一再强调和反复论证，是同他对道德调解特殊性的论述密切联系在一起的。

依据道德关系的特殊矛盾，罗国杰阐发了伦理学的基本问题。在罗国杰看来，伦理学的基本问题就是道德和利益的关系问题。这一基本问题包括相互联系的两个方面，一方面是经济利益和道德的关系问题，它所追问的是经济利益与道德谁主谁从，亦即是经济利益决定道德还是道德决定经济利益，以及作为从属的一方对为主的一方有无反作用的问题。对这一方面问题的不同回答，决定着对道德的起源、本质、作用和发展规律等一系列问题的不同解决，也决定着伦理学上唯物主义和唯心主义的分野，还决定着马克思主义伦理学和旧唯物主义伦理学的根本区别。另一方面是个人利益和社会整体利益的关系问题，即是个人利益服从社会整体利益，还是社会整体利益从属于个人利益的问题。对这一方面问题的不同回答，决定着各种道德体系的性质、道德原则的内容，也决定着各种道德活动的标准、方向和方法。为什么说利益与道德的关系是伦理学的基本问题，罗国杰认为，伦理学的一切问题都是围绕着利益与道德的关系问题而展开的，同时也是在解决利益与道德的关系问题的过程中前进的。利益与道德的关系问题反映了人类道德生活领域中的最简单、最普遍、最根本、最经常存在着的事实，提炼和概括了伦理学的基本内容，成为伦理思想体系中最基本的范畴，构成一切伦理认识的起点和基础。同时，道德和利益的关系问题也是任何阶级或学派的伦理思想家都无法避免的问题，他们必然这样或那样地回答这个基本问题，同时也以他们如何回答这个基本问题而决定着他们的分野。

80年代以来，中国大陆伦理学家对伦理学基本问题的探讨颇为活跃，有的提出了社会历史条件与道德的关系问题是伦理学的基本问题，有的提出了善与恶的关系问题是伦理学的基本问题，有的提出了现有与应有的关系问题是伦理学的基本问题，还有的提出了人的存在发展要求和个体对他人、对社会应尽责任义务的关系问题是伦理学的基本问题。但从总体上看，罗国杰关于伦理学基本问题的观点无疑是影响最大，并获得较广泛认同的一种观点，其他关于伦理学基本问题的观点或者是受罗国杰关于伦理学基本问题的启发而发，或者是用另外的术语和名词来表达罗国杰提出的伦理学的基本问题，或者是对罗国杰提出的基本问题予以修正和补充，本质上并未逾越罗国杰伦理学基本问题的视野，这从一个方面反映了罗国杰伦理思想影响的深刻性和广泛性。

罗国杰还以自己的伦理学基本问题理论来研究西方伦理思想史，他在和宋希仁合著的《西方伦理思想史》导言中指出，马克思主义以前欧洲伦理思想的发展虽然在内容和形式上是极其复杂和多样的，但从道德思考和伦理学研究的主导线索来看，无疑是围绕着伦理学的基本问题而展开的，同时也是在试图解决道德与利益的关系这一基本问题的过程中发展的。各派伦理学家不论是自觉还是不自觉的，都必然在他们的伦理思想中包含着对伦理学基本问题的回答，同时也以他们如何回答这个基本问题，决定他们所属的哲学路线和伦理学派。"西方伦理学史上的所谓唯物主义和唯心主义、经验主义和理性主义、利己主义和利他主义、幸福主义和理想主义、享乐主义和禁欲主义等等，都是从不同的观点和方法回答伦理学基本问题而表现出来的伦理思想体系的性质和特征。"[1] 虽然马克思主义以前的西方伦理思想家不可能科学地认识经济利益和社会整体利益，因而也不可能科学地解决伦理学的基本问题，但是他们在不同的历史时代和社会条件中，以其特有的理论形式试图回答着伦理学的基本问题，并为之不断增添着新的思想内容，提供或完善着解决问题的方法。罗国杰谈到，近代资本主义的伦理思想或伦理学说，不论是自觉或不自觉的，都力求对伦理学的基本问题作出自己的回答，并根据资本主义的经济、政治实践经验，提出解决道德和利益的关系以及个人利益和社会利益关系的基本道德原则。他们或者认为个人利益是道德的基础，因而主张利己主义和个人主义的道德观；或者认定国家整体利益是道德的基础，因而提出整体主义和利群主义的道德观。总的来说，马克思主义以前欧洲伦理思想的发展，是一个围绕着伦理学基本问题而展开的不断扬弃的辩证发展过程，其中交织着唯物主义和唯心主义、辩证法和形而上学、自然主义和禁欲主义、利己主义和仁爱主义等伦理思想的矛盾和斗争，伴随着形形色色的思潮、学说

---

[1]　罗国杰、宋希仁：《西方伦理思想史》上卷，中国人民大学出版社1985年版，第3页。

和学派的消长，并且同社会上革新与保守、进步与反动的经济变革和政治
斗争有着密切的联系。罗国杰对西方伦理思想史发展过程的这一揭示与论
述，反过来又大大深化了他对伦理学基本问题的认识，确证着利益与道德
的关系问题之为伦理学基本问题的历史合理性。

　　3. 对社会主义初级阶段道德建设的求索

　　罗国杰在《伦理学》序言及其他文章中指出，社会主义道德建设是
我国现阶段精神文明建设的一项重要任务。我国现在正处在社会主义的初
级阶段，从经济上来说，我们正处于从一个落后、贫困的国家向小康水平
过渡的时期；从政治上来说，我们正处于从一种不完善的民主制向较为完
善的民主制过渡的时期；从文化上来说，我们正处于从一种长期封闭的文
化向开放性的、吸收世界文化优秀成果以丰富中国文化的新时期。随着经
济、政治、文化的变化，人们的道德观念、价值取向、人生目的也在发生
急剧的变化。因此，加强社会主义道德建设和价值导向尤为重要。

　　在罗国杰看来，加强社会主义的道德价值导向和社会主义的道德建
设，必须一方面彻底清除和深入批判封建主义道德的残余影响，另一方面
也必须坚决抵制和不断批判资本主义道德的侵袭。罗国杰指出："长期的
封建主义道德关系这一巨大的'因袭的重担'，直到今天还沉重地压在我
们很多人肩上，使我们在道德生活的大道上步履维艰，难以大步地向前迈
进。我们越是想改革，越是想在道德生活中向前迈出一步，就越会痛彻地
感到封建的道德教条，封建的重义轻利、忽视个人正当利益的道德观念，
封建的道德意识，封建的裙带关系，封建的等级意识，封建的帮派体系，
封建的愚忠愚孝，封建的哥们儿义气，封建的父贵子荣，封建的嫡长遗
传，封建的宗族关系，封建的按资排辈，封建的荣辱网络体系等等，还像
一具埋掉的死尸，不断发散着腐烂的、令人窒息的臭味；像一个巨大的道
德幽灵，盘桓在中国的上空；像一张穿不透的网，笼罩于社会主义初级阶
段的人际关系中间——这一切都显示出令人难以置信的魔力，不断地扭曲
我国社会中的政治关系和伦理关系。"① 为了清除封建道德的遗毒，消除
封建道德的影响，以便更好地建设社会主义的道德文明，罗国杰主张重视
个人正当的利益，注意正确处理好个人利益同社会整体利益的关系，主张

---

① 罗国杰主编：《伦理学》，人民出版社 1989 年版，第 2 页。

冲破等级制度的樊篱，公正平等地尊重每一个社会成员的个人利益和个人价值，主张保护自我意识的发展和个性的发挥，注意到在社会生活中的人格尊严、道德理想和道德自律，注意到道德的自我选择和道德的自我完善，强调伦理学研究的目的就是为了使人们在更广泛、更全面的意义上完善自我、完善他人和完善社会。

在主张下大力气去反对封建道德教条和一切不适应当前社会发展的封建道德意识的同时，罗国杰主张对资产阶级的伦理价值取向和道德观念保持必要的警惕和防范，抵御资产阶级道德观念的侵袭。1980 年以来实行的对外开放打开了中国的大门，使人们的思路开阔了，见识增长了，外国先进的科学技术和经营管理经验成为中国人建设四个现代化必要的借鉴，但同时西方资产阶级的道德理论、价值观念和人生目的也通过各种渠道展现在中国人民面前，并为相当一部分人所推崇。罗国杰指出："金钱至上、拜金主义、一切向钱看的腐朽的资产阶级思想，最近几年在我国社会中有愈来愈滋长蔓延的趋势，这是值得我们警惕的。这种思想对金钱盲目崇拜和竭力追求，认为世界上没有一样东西不是为了金钱而存在的，人活着就是为了赚钱，除了快快发财之外不知道还有别的幸福，除了金钱的损失之外也不知道还有别的痛苦。在这种思想支配下，人们就会单纯追求赢利，只重视经济效益而不顾社会效益，以金钱决定人的尊严和价值，甚至把同志关系、朋友关系、夫妇关系都完全转化为经济关系，认为在人和人之间，除了金钱关系外，不存在其他任何联系。这种思想，不但严重地破坏着我国的精神文明建设，最终也必将会越来越明显地破坏和阻碍我国物质文明建设的进程"。[①] 资产阶级腐朽道德观念的传入对我国改革开放的健康发展和人们道德素质的提高产生了不少负面影响，形成了对正面道德宣传和主流道德弘扬的巨大冲击，其消极效应不容忽视。

加强社会主义的道德价值导向和道德建设，除了彻底抛弃和深入批判封建主义道德，坚决抵制资产阶级道德影响外，还必须从时代的要求出发，对当前道德的实然和应然作出科学的概括，有一个正确的认识。罗国杰认为，正视和研究我国的具体道德状况，既需要理智地认定我国还处于社会主义的初级阶段，因此必须从我国当前的实际国情出发，从人民的实

---

① 罗国杰主编：《伦理学》，人民出版社 1989 年版，第 3—4 页。

际道德水平出发，反对过去的"左"倾错误，肯定人们在分配方面的合理差别，决不能把平均主义当作我们社会主义的道德准则，反对否认个人正当利益和物质生活的各种形式的苦行主义和禁欲主义；又要科学地认识到我们的初级阶段是社会主义发展的一个阶段，并且是向共产主义社会过渡的一个阶段，因此我们决不能也不应当再走资本主义走过的路或者回到资本主义社会去。社会主义道德要求反对一切损人利己主义、损公肥私、金钱至上、以权谋私、欺诈勒索的思想和行为，坚持集体主义的价值导向。

　　在罗国杰看来，集体主义原则是在社会主义整个历史运动中逐渐发展和完善起来的。社会主义与集体主义的关系是一种血肉不可分离的关系。从集体主义与社会主义不可分离的这个意义上讲，集体主义无疑是社会主义的政治、经济及思想文化学说的最核心的思想，代表着社会主义的本质。诋毁和攻击集体主义，实质是对社会主义的责难和背离。我们必须旗帜鲜明地坚持集体主义的道德价值导向，同形形色色的个人主义、利己主义进行不调和的斗争，才能卓有成效地推进社会主义的经济文化建设，实现国家的振兴和民族的富强。社会主义的集体主义，从公有制的经济基础出发，强调集体利益高于个人利益，强调个人对集体、对国家、对社会的义务感和责任心，认为当个人利益同集体和国家人民利益发生矛盾时，要发扬先公后私、顾全大局的精神，反对自私自利、损人利己的思想和行为。"集体主义明确地强调，社会比起个人来说，是更重要更根本的存在，只有社会主义的整体、国家和社会能够独立发展，这个社会中的每一个个人才能够得到更好的发展，才能够有美好的未来。……只有在全国人民中确立集体主义的价值导向，才能增强人们的爱国主义精神，增强民族的凝聚力和向心力，增强建设四化、振兴中华的伟大力量。"[①] 社会主义的集体主义作为一种道德原则和价值导向目标，强调要为完善个人、完善他人和完善社会而努力。社会主义集体主义既要维护集体的利益，又要保持集体的纯洁和完善；既要强调集体利益高于并优于个人利益，又要尽力保护集体利益的合理和正当。社会主义集体主义要求它所强调的高于个人利益的集体利益本身只能是正当的而不能是不正当的。在罗国杰看来，社

---

①　《罗国杰文集》上卷，河北大学出版社 2000 年版，第 944—945 页。

会主义集体主义对个人和社会的关系的理解是辩证的和科学的。"集体主义绝不是、也不应当成为限制个性发展、束缚个人才能的桎梏，更不应是实现个人价值的障碍，相反，只有集体主义才是实现个人利益，包括个人的尊严、个人的个性和个人价值的必需的条件。同个人主义的价值观念不同的是，集体主义反对把个人利益置于集体利益之上，反对只顾个人而不顾集体的自私自利的思想和行为。"① 在中国，解决和满足个人正当的物质文化欲望，不能寄希望"人对人像狼一样"的利己主义与个人主义，"只能靠集体主义的理论与实践本身"。② 坚持集体主义的道德原则和价值导向，不但不是压制个人正当利益的，而且是最大程度地实现个人正当利益的基础和条件。"个人的价值，个人的利益，个人的个性只要在个人利益服从集体利益的原则下，它本身就是集体主义的应有之义。"③ 罗国杰认为，社会主义初级阶段的道德建设，必须从现阶段的实际国情出发，坚持社会主义的思想道德体系。这就是要坚持兼顾国家，集体和个人利益相结合的集体主义。在反对道德生活中的资产阶级个人主义和利己主义的同时，还必须要采取切实措施保障正当的个人利益。罗国杰将保护个人正当利益纳入集体主义框架中来思考，认为集体主义不是一般的整体主义，而是一种新型的，在公有制基础上建立起来的，能代表集体成员真实利益的那种真正的集体所奉行的价值准则。集体主义正确地理解个人和集体的辩证关系，既强调集体利益高于个人利益，又强调集体要尽量去发挥个人的才能，实现个人价值，保障个人的正当利益的实现。

　　社会主义道德建设要加强集体主义的价值导向，同时要坚持为人民服务的核心和精神。在《社会主义道德建设的核心》一文中，罗国杰全面系统地阐释了为人民服务的本质内涵，及其与集体主义原则的关系。在罗国杰看来，道德建设的核心也就是道德建设的灵魂，它决定着社会道德建设的根本性质和发展方向，是一种社会道德区别于另一种社会道德的主要标志。社会主义社会是当今世界上真正为着广大人民群众利益而奋斗的社会。只有社会主义道德才把为人民服务当作自己的核心和基本的伦理精

---

① 《罗国杰文集》上卷，河北大学出版社 2000 年版，第 945 页。
② 《罗国杰文集》下卷，河北大学出版社 2000 年版，第 46 页。
③ 同上书，第 47 页。

神。为什么说为人民服务是社会主义道德建设的核心呢？罗国杰论证道，第一，为人民服务反映了社会主义社会的经济基础、政治制度和思想文化的客观要求；第二，为人民服务是社会主义道德要求的集中体现；第三，为人民服务体现了社会主义道德建设的先进性要求和广泛性要求的统一，包含着社会主义道德的不同层次的要求，引导人们沿着社会主义道德的阶梯，不断向上攀登。论及为人民服务与集体主义的关系，罗国杰指出，为人民服务与集体主义是密切相关的。集体主义原则所要处理的关系，是个人同集体，个人同他人之间的矛盾性关系，是强调集体利益高于个人利益的。集体主义原则所说的集体，在社会主义初级阶段中，就是最广大的人民群众，集体利益就是人民群众的利益。因此，我们必须强调，在社会主义道德建设中，为人民服务的道德核心要从始至终贯彻到集体主义的原则中去。在为人民服务的核心中，包含着人民的利益集体的利益高于个人利益的思想，也包含着为社会集体利益必要时牺牲自己个人利益的思想。在集体主义原则中，也同样体现着人民的利益是最高的利益，贯穿着个人要为人民利益而献身的思想。

　　社会主义道德建设应当发扬爱国主义精神。爱国主义是千百年来形成起来的人们对自己祖国一种最深厚的感情，是一个国家的人们对自己祖国的忠诚和热爱，包括对祖国山川风物、物产资源、历史传统和文化艺术的无限热爱，对祖国尊严、荣誉、利益和命运的深深关注。爱国主义既为自己国家、民族的繁荣昌盛而无限喜悦，又为国家、民族的困难和不幸而满怀忧虑。爱国主义是一个历史范畴，在不同的历史时期和不同性质的国家，爱国主义有不同的内容，性质上也不一样。剥削阶级的爱国主义是一种狭隘的民族主义，虽然在特定的情况下也能起到一些积极的作用，但其实质是为剥削阶级利益服务的，充满着内在的矛盾性和狭隘性。在当前，一些资产阶级国家往往以爱国主义为幌子，推行其霸权主义和侵略政策，以强凌弱，以大欺小，充分显示出了其爱国主义的局限性或反动性。社会主义爱国主义是一种新型的摆脱了狭隘民族主义局限的同社会主义集体主义和国际主义密切相关的爱国主义，是一种建立在生产资料公有制和人民民主专政基础上的新的爱国主义。在社会主义的历史条件下，我们提倡的爱国主义，主要表现为热爱伟大的中华人民共和国，热爱祖国的疆土、资源、文化、语言和民族优良的历史传统。自新中国成立以来，人们把爱国主义感情融入到社会主义革命和建设的事业当中，融入到改革开放和振兴中华的历史伟业当中。在今天，爱国主义已成为社会主义时代的主旋律。"在社会主义建设的新时期，爱国主义是我国改革开放和社会主义四个现代化建设的强大精神动力。""在社会主义社会中，爱国主义和集体主义是完全一致的。热爱祖国，就是要热爱社会主义的整体，为维护社会主义国家的整体利益而贡献自己的力量。热爱祖国，就是要强化每个人对国家的义务感和责任心，并把这种义务感和责任心转化为强烈的信念，从而自觉地以国家的主人翁的姿态，为祖国献身。"[①] 社会主义道德建设，应当弘扬时代主旋律，加强爱国主义教育，使爱国主义真正成为我国人民的一种价值共识和精神动力。

　　社会主义道德建设应当致力于提高人们的精神境界，培育良好的道德品质和高尚人格。罗国杰将社会主义初级阶段人们的道德精神境界区分为四个层次，指出第一是共产主义道德觉悟的层次，认为处在这一层次上的人们的道德实践行为特征是大公无私，毫不利己专门利人，甘愿为集体和他人牺牲一切，一般来说，处于这一层次或境界的人在中国社会还属少数。第二是具有社会主义道德觉悟的层次，其行为特征是能够先公后私，先人后己，在维护他人和社会集体利益的前提下实现自己个人的正当利益。第三是以追求个人正当利益为出发点和行为目的的道德层次，其行为特征是不损人利己损公肥私，而靠勤劳致富、合法经营实现的自己的正当的个人利益。处于这一层次或境界的在中国社会占了绝大部分。第四是极端自私自利的层次，这些人从个人主义和利己主义观念出发，将个人利益和他人利益、社会集体利益割裂开来，损人利己，损公肥私，这种人虽然在中国社会不多，但其道德影响败坏。罗国杰主张，对第一个层次的道德要作为理想认真提倡，对第二个层次要身体力行，对第三个层次要引导提高，对第四个层次要坚决反对，严格抵制。社会主义道德建设要培养人们优良的道德品质，其中包括爱祖国、爱人民、爱劳动、爱科学、爱社会主义国民公德，以及以爱岗敬业、诚实守信、办事公道、服务群众、奉献社会为主要内容的职业道德，以尊老爱幼、男女平等、夫妻和睦、勤俭持家、邻里团结为主要内容的家庭美德，以文明礼貌、助人为乐、爱护公

---

① 《罗国杰文集》上卷，河北大学出版社 2000 年版，第 1048 页。

物、保护环境、遵纪守法为主要内容的社会公德，和以自尊、自爱、谦虚、勇敢、忠诚、仁慈等为主要内容的个人美德。无产阶级的理想人格，集中体现了人民群众的利益和意志，是无产阶级优秀品质的集中体现，它不仅能够深刻认识社会道德关系和历史发展方向，及时把握历史进程和人民的要求，而且具有高尚的道德情感、坚定的道德意志和信念，并能在实践中得到全面的表现。

总之，加强社会主义的道德建设，既需要反对否认物质生活的禁欲主义的精神型倾向，又要反对忽视理想，忽视精神情操而只重视生活享受的物质型倾向。"我们既不能脱离实际地要求人们不注重物质生活水平，同时又要注意不断地提高人们为人类的理想社会而奋斗的情操。"[1]道德建设既要立足现实的道德实际和人们的道德状况，又要面向未来，适时地提升人们的道德境界，激励人们向理想的道德目标迈进，实现理想性与现实性的有机统一。

此外，罗国杰还对中国传统道德、中国革命道德、青少年道德教育、企业伦理和生态伦理学诸方面都有较为深入的研究，并发表了一批有影响的学术论文。

罗国杰教授是新中国伦理学事业的奠基人之一，他主编了新中国第一部马克思主义伦理学教材，为探索和建立有中国特色的马克思主义伦理学体系作出了重要贡献。罗国杰的马克思主义伦理学研究在80—90年代的中国占据着重要的地位，影响较为深远。他受命组建了全国第一个伦理学教研室，创建了全国第一个伦理学硕士点和博士点，并举办了几期全国伦理学教师培训班，培养了不少伦理学研究和教学人才，主编了多套丛书，在加强同国外伦理学界的学术交流等方面也做了大量工作，他对推动马克思主义伦理学的科学化、正规化建设作出了较为突出的贡献。罗国杰的伦理学研究及其建树，得到了党和人民的肯定与赞同。1996年6月17日上午9时，罗国杰应邀来到中南海江总书记办公室，开始讲述"中国古代儒家思想和政治统治"专题。他从中国古代儒、墨、道、法四家的传统思想，谈到儒家长时期统治中国封建社会的根本原因，指出儒家治国注重五个原则：一是利民、富民和教民、导民；二是德教为先；三是统治者要

---

① 罗国杰主编：《伦理学》，人民出版社1989年版，第8页。

"以身作则";四是以民为本;五是任人唯贤。他着重提出,我们要正确对待中国古代传统文化和道德,对它们要批判地加以继承。在近三个小时中,江泽民总书记边听边记,边与罗国杰教授讨论,最后还谈了听课的感想。1996 年在党的十四届六中全会召开之际,为起草《关于加强社会主义精神文明建设若干重要问题的决议》,中央领导同志主持召开座谈会,罗国杰应邀对《决议》提到的若干重要问题提出修改建议。他在座谈会上作了《以为人民服务为核心,以集体主义为原则》的发言。希望中央文件在以为人民服务为核心后面,加上以集体主义为原则,以便使文件更加完整和系统,"更全面地体现我们在社会主义道德建设方面的思想和要求。"① 中央采纳了罗国杰教授的建议,在原讨论稿的"社会主义道德建设要以为人民服务为核心"之后,加上了"以集体主义为原则",并与原有的"以爱祖国、爱人民、爱劳动、爱科学、爱社会主义为基本要求,开展社会公德、职业道德、家庭美德教育,在全社会形成团结互助、平等友爱、共同前进的人际关系",共同构成了当前和今后一段时期我国道德建设的基本目标。集体主义是无产阶级道德价值观的核心,是社会主义道德建设的基本原则。罗国杰作为一名马克思主义伦理学家,"他的最大建树之一,就在于他能够坚持和发展马克思主义伦理学的真理,在每个重要时刻,每个重要场合都坚持集体主义,尽力宣传集体主义,特别是在发展社会主义市场经济的情况下,他一再提出,精神文明建设必须以集体主义为原则。集体主义原则为什么如此重要?为什么罗国杰同志要反复地强调它?在读了新近出版的《罗国杰文集》(河北大学出版社出版,以下简称《文集》)之后,我们就会明白这一点,因为在这部著作里,尽管讲了许许多多的伦理学问题,但是其中最重要、讲得最多,甚至于可以说贯穿全书的一条主线,就是关于集体主义的问题。"② 罗国杰致力于研究和完善集体主义道德理论,他对中国马克思主义伦理学基本理论的贡献,最集中和最突出的代表,是对集体主义道德原则的系统阐述。他提出了对待传统道德的正确原则,即"批判继承、弃糟取精、综合创新、古为今用",认为中国传统道德应当而且也能够成为社会主义道德的重要思想资源。多年

---

① 《罗国杰文集》下卷,河北大学出版社 2000 年版,第 625 页。
② 陈瑛:《坚持集体主义的典范——读〈罗国杰文集〉》,《光明日报》2004 年 5 月 19 日。

来他一直关注现实道德问题，认为在我国出现多种经济利益主体和人们价值取向多元化的情况下，在思想教育工作和道德建设上，必须坚持价值导向的一元化，即坚持爱国主义、集体主义、社会主义的价值导向，反对和抑制种种反社会主义的腐朽没落思潮。罗国杰教授注意理论联系实际，坚持学术研究与培养人才相结合，经常出席各种伦理学研究和道德建设的理论讨论会，在全国各地作有关伦理学研究和道德建设的学术报告百余场次。作为我国马克思主义伦理学的开拓者之一，他在这个领域辛勤耕耘，留下了闪光的足迹。在从事伦理学学术研究过程中，罗国杰深入透彻地比较了苏联伦理学、西方伦理学和中国传统伦理道德思想，运用马克思主义的立场、观点和方法，分析研究社会道德生活的实际情况，构建了具有中国特色的伦理学学科体系。罗国杰从事伦理学的教学和科研工作 40 多年来，撰写了《罗国杰文集》、《罗国杰自选集》、《道德教育与价值导向》、《以德治国与公民道德建设》等约 200 万字的主要著作；主编了《马克思主义伦理学》、《伦理学》、《中国传统道德》、《中国革命道德》、《思想道德修养》、《道德建设论》、《人生的理论与实践》、《树立正确的世界观、人生观、价值观》、《外国伦理学名著译丛》等 20 多部著作或套丛书；合著了《伦理学教程》、《西方伦理思想史》、《以德治国论》、《德治新论》等著作。在《人民日报》、《光明日报》、《哲学研究》等报刊上发表学术论文近 300 篇。《马克思主义伦理学》作为新中国第一部伦理学教科书，曾获北京市哲学社会科学优秀成果奖，全国高校优秀教材奖。《罗国杰文集》一书，获第三届中国高校人文社会科学研究优秀成果哲学一等奖。《道德建设论》和《中外历史问题八人谈》均获 1999 年国家"五个一工程"奖。《思想道德修养》获国家级教学成果奖二等奖（1997）。《论以德治国的历史、理论与实践》获"五个一工程"入选作品奖。他曾多次赴日本、德国、英国、韩国出席国际伦理学学术研讨会，两次去台湾参加两岸哲学、伦理学学术年会，称得上著作等身，桃李满天下。罗国杰的品德、学问和成就，赢得了普遍的尊敬，被人们称赞为"悉心研究伦理学的学者、热心教书育人的园丁、实践共产主义道德的忠诚战士"。80—90 年代中国大陆的马克思主义伦理学迅速发展以及各种教科书的大量问世，都这样那样地受到罗国杰伦理思想的影响，或者说是以罗国杰的马克思主义伦理学研究作为起点并在此基础上开拓前进的。罗国杰教授作为新中国伦理学事业的开拓者之一，在把马克思主义伦理思想学科化和系统化方面，在坚持马克思主义伦理思想的基本原理尤其是坚持社会主义集体主义道德原则方面，作出了巨大的贡献。

第三节　其他学者对马克思主义伦理思想中国化的探索

改革开放以来的 30 多年是中国马克思主义伦理思想全面发展并取得丰硕成果的时期，它不仅形成了邓小平伦理思想、"三个代表"伦理思想科学发展伦理思想三大杰出的理论成果，把马克思主义伦理思想推进到一个崭新的阶段，而且涌现出了一大批马克思主义伦理思想的研究者和学人。除以上所述的张岱年、冯定、周原冰、李奇、罗国杰之外，还有唐凯麟、魏英敏、陈瑛、许启贤、章海山、朱贻庭、宋希仁、陈根法、刘启林、宋惠昌、温克勤、甘葆露以及一批中青年学者，他们围绕新的时代和社会发展要求，以解放思想、实事求是和与时俱进的精神，以面向世界、面向未来和面向现代化的视野，致力于中国化马克思主义伦理学学科的建设，对社会主义伦理道德建设的诸多问题展开了深入而热烈的探讨，使马克思主义伦理思想在新的形势下获得了新的发展，取得了一系列重大而又有理论创新的成果。

一　马克思主义伦理学学科体系的建构

1978 年以来，适应伦理学教学和教材建设的需要，一些伦理学教学和研究工作者在批判地吸取中外历史上伦理学原理或教材合理因素的基础上，结合中国现阶段社会主义精神文明建设和道德建设的实际，开拓探索当代马克思主义伦理学的学科体系，撰写并出版了数十种伦理学教科书。除罗国杰主编的《马克思主义伦理学》《伦理学教程》《伦理学》《伦理学》以外，还有八所高等师范院校编著的《马克思主义伦理学原理》，魏英敏主编的《伦理学简明教程》《新伦理学教程》，唐凯麟主编的《简明马克思主义伦理学》《伦理学基础》及编著的《伦理学教程》《伦理学》，张善城编著的《伦理学基础》，张培强、陈楚佳主编的《伦理学概论》，王兴洲撰写的《伦理学》，魏道履主编的《伦理学》，王小锡、郭广银主编的《伦理学通论》，张应杭撰写的《伦理学》等。其中有些学者在伦理学学科体系上孜孜求索、不断创新，表现了敢于同传统的学科体系挑战、敢于超越自我的优秀品质和高贵精神。

　　唐凯麟在20世纪80年代初主编的《简明马克思主义伦理学》一书中，最先将马克思主义伦理学的体系结构明确地区分为"理论篇"、"规范篇"、"实践篇"三大篇，认为马克思主义伦理学是理论伦理学、规范伦理学，实践伦理学的有机统一，并从对道德的本质和特殊性入手展开全书的篇章结构。随着研究的不断深入，他在自己编著的《伦理学教程》中，进一步深化了对伦理学学科体系的认识。该书从人的二重性和人的道德需要分析起步，建构了一个"社会道德——个体道德——社会道德与个体道德的统一"的伦理学学科体系。其中第一章第二章为总论和伦理学的起点部分，界说了伦理学的研究对象、基本问题、学科性质和马克思主义伦理学的革命变革，对伦理学的逻辑起点即人和社会的道德关系作出了深入的论证。第三章至第五章为社会道德部分，总体上考察论述了社会道德的制约因素、发展类型和社会主义道德的基本特征及其建设。第六章至第八章为个体道德部分，探讨了个体道德发展的阶段、运行机制和个体道德活动等问题。第九章至第十一章为社会道德与个体道德的统一部分，重点论述了社会主义道德和人类道德完善化的问题，对社会主义道德的原则规范体系及其在具体生活领域里的运用，和人类道德完善的必由之路作了科学的揭示与阐释。在《伦理学教程》的基础上，唐凯麟继续探索，总结改革开放以来我国伦理学学科发展的理论成就，推出《伦理学》（全国研究生教学用书）一书。该书可谓唐凯麟20多年来在伦理学学科体系方面不断探索创新的扛鼎之作。它从人和社会的关系的逻辑起点出发，通过分析人存在的二重性和人的道德需要的两个方面，推出了"社会道德论——个体道德论——道德规范论——道德建设论"的马克思主义伦理学体系结构论，认为马克思主义伦理学就其性质而言是理论伦理学、规范伦理学和应用伦理学的统一和升华，是义务论伦理学和功利论伦理学的统一和升华，是道德目的论伦理学和道德工具论伦理学的统一和升华。完善社会主义道德建设，不仅要求端正道德在社会大系统中的坐标位置，探寻从行为"实然"到道德"应然"的中介，建立多元一体即价值取向多元性和价值导向一元性相结合的道德价值导向体系，而且还需要从外部条件上加速政治民主化建设进程，实施科教兴国战略，坚持德法并举的治国方略。该书对社会道德和个体道德的本质特征、发展阶段、运行的宏观和微观机制以及社会主义道德原则规范和社会主义市场经济条件下的道德建设诸问题作出了自己比较独到且深刻全面的研究。

魏英敏与金可溪合著的《伦理学简明教程》，在马克思主义伦理学的学科体系建构上注重历史、理论和实践的结合，坚持由史入论、以史带论、论从史出，突出的表现在于不仅每一理论的提出都有史的根据作支撑，而且辟三章重点介绍中国、西方及马克思主义伦理思想发展的情况，并把伦理学的归宿定在人生观和理想上。这种体系结构无疑有自己的特色和独到之处。但是，随着社会的发展和伦理学研究领域的拓宽，随着自己对伦理学学科体系认识的深入，魏英敏敢于超越原有教科书的理论框架，重新编写伦理学教科书。在《新伦理学教程》一书中，魏英敏对伦理学的学科体系作了新的探索。全书共十四章，从对伦理学的类型分析起步，探讨马克思主义新规范伦理学的产生及意义，对马克思主义新规范伦理学的研究对象、研究任务和方法，以及基本问题和特征作出论证，进而揭示道德的起源及其发展规律，论说道德和社会生活的关系，道德现象的结构功能与特征，在此基础上探寻社会主义初级阶段的道德建设，构筑社会主义初级阶段的道德规范体系，对社会三大道德领域的道德建设及其要求作出阐释，接着探讨个体道德的问题，最后归结为人生的不朽与至善。该书对当代伦理学的体系类型，社会主义商品经济条件下的社会道德建设，以及个人特殊情境中的道德问题等均作了许多别开生面的论述，对伦理学的发展前景与未来亦作了前瞻性的预测研究，是一本被学人誉为结构新、观点新和内容新的三新教材。

万俊人的《伦理学新论》深入地考察了中国现代伦理的生长背景、发展过程、理论困惑等问题，评述了当代人建构现代伦理的诸种尝试，并提出了自己关于建设现代化的中国伦理文化的基本设想。在该著中，万俊人认为，建设现代化的中国伦理文化必须以社会现代化的新秩序为价值坐标，重新确立新的道德价值观念；必须以现实改革为背景，审视一切原有的道德理论，以积极的姿态投入现代化实践；必须面向世界、面向未来，打破封闭性，确立开放性的思维取向；必须重新解释一系列重大的伦理学理论问题，以澄清长期郁积在人们心理上的道德疑难；必须树立新的具有现代化意识和价值取向的人格理想或范型，以承担起建设新型社会与新型人格的价值设计使命等。现代化的伦理学至少包括五个基本层次：即伦理学的本体理论（道德价值原理、道德主体性原理、道德理论的方法原理）、伦理学的实践理论（道德规范系统）、道德理想理论（伦理学的超越性系统）、伦理学的文化——心理原理或系统以及伦理学评价理论。该书对当代伦理学的诸多问题及社会主义经济改革与道德建设的关系等作出了全新的探索。

万俊人领衔主编的中央马克思主义理论研究与建设工程重点教材《伦理学》是新世纪以来一本在多元中立主导，在多样中谋共识的主流伦理学代表作，也是一本以社会主义核心价值体系引领伦理学教学与研究，具有突出的中国特色、中国气派和中国风格的马克思主义伦理学新作，是一本荟萃时代伦理精神精华且兼具承前启后、继往开来意义的伦理学标志性成果。与其他马克思主义伦理学教材有明显区别的是，这是一本用当代发展着的马克思主义和马克思主义中国化最新成果为指导而写成的伦理学教材，是一本致力于反映马克思主义伦理学中国化最新成果的代表作。该教材不仅注重在一般理论、观点和知识的介绍上力图凸显马克思主义的立场，自觉运用马克思主义的方法，并且始终把坚持马克思主义伦理学基本原理和与时俱进发展马克思主义伦理学理论有机地结合起来，体现了在发展中的坚持和坚持中的发展辩证统一的精神。教材深入探讨了马克思主义伦理思想产生的时代背景、思想文化渊源，科学论证了马克思主义伦理思想何以是人类伦理思想史上伟大的革命变革，用两节的篇幅浓墨重彩地揭示了马克思主义伦理思想中国化所形成的两大杰出成果，阐释了毛泽东伦理思想和中国特色社会主义伦理思想体系的主要内容及其历史性贡献。特别是对中国特色社会主义伦理思想体系的概括归纳和历史贡献的总结，具有极强的理论创新和主流伦理学建设意义。

郭广银主编的《伦理学原理》也是一本颇有特色和新意的教科书。该书对我国社会主义道德体系的基本原则和道德规范作了别开生面的探讨，认为概括社会主义道德原则必须适应社会主义条件下的人与人、人与自然、人与自身这三大领域关系的调节。适应这三大领域关系调节要求的基本道德原则只能是社会主义集体主义、社会主义人道主义和社会主义公正三大原则。该书用四章篇幅集中论述了我国社会主义道德规范，依次探讨了公民道德、社会公德、交友道德、职业道德和婚姻家庭道德中的规范，深化了社会主义道德规范的内容，推动了社会主义规范伦理学的创造性发展。

此外，王小锡、郭广银主编的《伦理学通论》，章海山、张建如编著的《伦理学引论》，周中之编著的《伦理学》，倪素襄编著的《伦理学导论》，骆祖望编的《伦理学新编》，李春秋、吴正春主编的《简明伦理学》，等等，在马克思主义伦理学的学科体系建设上也作出了可贵的探索与贡献。

二　伦理学与道德生活的重大理论问题研究

改革开放以来，我国伦理学工作者在致力于马克思主义伦理学教材体系建设的同时，还集中力量探寻和研究马克思主义伦理学基础理论，使宏观层面的伦理学理论研究和微观层面的道德理论研究均取得了相当的理论成就。

1. 伦理大思路与伦理道德现代化

唐凯麟著的《伦理大思路——当代中国道德和伦理学发展的理论审视》一书，对有中国特色社会主义道德建设和伦理学发展的许多重大理论和实践问题作出了比较全面系统的科学回答与论证。该书从四个方面提出发展和繁荣中国伦理学的思路：其一，从当代新技术革命的宏观背景入手，认为新技术革命使人的社会责任得以扩大和强化，社会主义社会人的发展的应用模式是"创造人"而不是"消费人"，即是具有高度智慧、高尚道德和健康审美情操的人，而不是纯粹享乐型的人。从马克思的商品生产二重性出发，提出商品生产中的伦理具有二重性的观点，为社会主义市场理性的建构和培育提供了文化根基。针对社会主义初级阶段人的精神生活中存在的矛盾，指出化解这种矛盾的途径在于加强社会主义思想道德建设。其二，建立社会主义市场经济条件下的伦理秩序的基本条件终于坚持马克思主义在对待人类文化遗产上的原则和立场，一方面要继承和弘扬中华民族优良的传统道德文化；另一方面则必须借鉴和吸收西方伦理道德文化中的积极成果，社会主义伦理新秩序的建立必须走马克思主义的民族化范式道路。其三，从人的存在的二重性提出人的道德需要，认为研究社会主义伦理道德体系的逻辑起点是"实践着的人"。社会主义伦理道德体系的价值核心是为人民服务，应坚持强调个人利益合理性与正当性和集体利益优先性的集体主义的基本原则以及爱国主义。而在当代中国进行精神文明建设的关键在于加强对社会公德、职业道德和家庭美德三大社会生活领域的道德调适。其四，关于社会主义道德的运行机制。该著认为社会主义道德进步的外部保障在于经济的发展、政治的民主化，德法并举是推进道德进步的重要举措，其内部调适机制在于激发人的道德需要，而"适然"则是从"实然"到"应然"的中介，也是行为从"应然"到"实然"的可操作性的体系。社会主义价值导向应是价值取向多元化中的价值导向一元化，并通过激发个体的道德活动来促进个体道德人格的形成和发展，实现社会主义道德运行的目标是培养和塑造个体道德人格。该书宏观与微观相结合，观点与材料相统一，理性的分析与情感的关注相得益彰，是一部以理论伦理学为基础，以规范伦理学为主导，以应用伦理学为目标和旨归的将功利论与道义论作有机整合的当代马克思主义伦理学的专论性著作。

魏英敏的《伦理道德问题再认识》和后来修订再版的《当代中国伦理与道德》二书深入地探讨了伦理学的研究方法，道德的结构和伦理学的类型，伦理学的基本问题，社会主义初级阶段的伦理道德建设，马克思主义人性观与社会主义人道主义，经济改革与道德，职业道德建设的理论与实践，家庭伦理及其道德建设，中国传统文化与国民伦理教育等问题。在此二著中，魏英敏把伦理学的基本问题界定为善恶关系问题。并认为道德的特殊性在于它是客观性与主观性的统一，他律与自律的统一，阶级性与全民性的统一，历史的暂时性与相对的永恒性的统一，现实性与理想性的统一，协调性与进取性的统一。此外，他还就社会主义初级阶段道德规范体系作出了自己的论证，认为社会主义初级阶段的道德体系可以概括为两级结构，三个层次。所谓两级结构，一是社会主义道德，二是共产主义道德。所谓三个层次，从低级到高级依次是：社会公共生活中的道德规范、社会主义道德和共产主义道德。在魏英敏看来，社会主义道德基本原则不只是集体主义，而是由爱社会主义、集体主义、人道主义、公正、诚实守信等多个道德原则组合起来的体系。社会主义道德规范可以概括为爱祖国、爱人民、爱劳动、爱科学、爱生存环境五个规范。社会主义初级阶段道德建设必须体现中国传统文化自强不息、厚德载物的基本精神，必须体现商品经济快速发展、新技术革命突飞猛进、中外文化相互交流融合的时代精神，必须体现社会主义初级阶段的具体特点。在该著中，魏英敏还对社会主义人道主义的本质特征和主要内容、社会主义职业道德建设的宗旨和机制诸问题作了颇具独创性的探论。

许启贤主编的《新时代的伦理沉思——伦理现代化探微》，认真总结分析了新中国成立三十多年来伦理学研究和道德建设方面的经验教训，并对当前伦理学和道德建设中提出的一些重要理论问题和实际问题进行了研究和探讨。该书一方面，在阐明我国发展社会主义商品经济中道德的重要作用的同时，就改革开放中较为敏感的道德问题，对金钱、竞争与道德的关系问题，对当前道德失衡和错位现象问题，婚姻家庭道德问题作了剖析，提出了变革生活方式，改善社会风气，强化社会主义商品经济的道德环境，并且从传统的道德行为方式和传统国民性的角度对当前社会主义道德现象进行了反思；另一方面，以马克思主义为指导，在吸收西方伦理学术思想的基础上，对一些重要思想，如个体道德问题、社会主义道德人格问题、道德和文化的关系问题以及生态伦理学问题等等，都进行了深入的论述，为现实的道德建设和伦理学学科建设作出了有价值的探索。

章海山著的《当代道德的转型和建构》基于中国社会从以阶级斗争为纲转为以经济建设为核心以及从计划经济向市场经济转变的历史情势，全面系统地探讨了当代道德的转型和建构问题，指出当代道德的转型和建构，首先从指导思想上讲就是要坚持马克思主义的道德论，尤其是要以邓小平道德理论指导当前的道德建设；其次，从认识上讲就是要使社会主义道德建构科学化和人们的道德生活科学化。道德生活科学化是人类文明高度发达的标志和象征，是人类历史发展在道德生活中不断克服和战胜野蛮、愚昧落后的结果；再次，就是要在道德建设中把社会主义道德规范体系作为社会道德的主旋律，同时正确对待中国传统道德和西方道德，批判继承它们中的合理因素，为当前的道德建设服务。此外，道德的转型和建构还必须坚持理论联系实际的方法，面向社会主义道德生活的实践，不断吸取自然科学和其他社会科学的新成就，用以丰富和发展自身。该著重点探讨了中国和西方的传统道德的发展源流及相互冲突和交融对道德转型和建构的影响，为什么在当代道德转型与建构问题上必须坚持马克思主义道德尤其是邓小平道德理论的指导作用，为什么在道德本质和功能问题上应当实现主体性和规范性相统一，如何正确看待经济形态中的人性与道德关系，我们今天究竟应该有什么样的伦理精神和经济伦理，以及社会公德、职业道德和家庭道德等问题。该著强调指出，道德需要在原有发展的基础上转型和创建，其目的归根到底是为了实现个人的自由全面发展和社会的和谐。

此外，朱贻庭等著的《当代中国道德价值导向》，龚群著的《当代中国社会伦理生活》，樊浩著的《中国伦理精神的现代建构》，江畅著的《理论伦理学》，许启贤著的《伦理道德与社会文明》等著作，也就中国伦理学发展的大思路和伦理现代化问题发表了自己的看法，提出了许多立意高远而又幽深警策的命题、观点和思想，从宏观总体方面把握了伦理学发展的时代趋势，可谓"立乎其大"的代表作。

2. 道德本质论与道德生活论

道德是伦理学的研究对象。对道德现象的深入而全面的研究是繁荣和发展马克思主义伦理学学科的必然要求。改革开放以来，我国伦理学界从多角度多方面研究道德现象，推出了一批理论著作，并发表了数以百计的学术论文，取得了可喜的学术成就。

道德的本质问题，是伦理学领域中一个十分重大且影响甚广的理论问题。夏伟东的《道德本质论》一书从历史与现实的宏大背景上，通过对道德的社会历史本质、道德的规范本质、道德的主体本质以及道德本质与集体主义的相互关系等核心问题的探讨与阐述，把道德本质的理论研究推向一个新的层面，提出了一些有独创的见解。作者认为，马克思主义伦理学依循两条线索来追寻道德本质的答案。一条线索是道德与利益的关系，另一条线索是个人利益与集体利益的关系。马克思主义伦理学对道德本质的理解，大体可以归结为三个方面：第一，道德的本质在于它的社会历史性。道德的这种社会历史本质，主要揭示了道德的外在根据。第二，道德的本质在于它的特殊的规范性。道德的这种规范本质表明了道德在发挥自己的特殊功能时所显示出来的规范特征。第三，道德的本质在于它的特殊的主体性。道德的这种主体本质表现的是道德作为一种人类行为规范同别的行为规范的同异关系。如果说道德的规范本质直接与人的道德行为，道德价值目标和道德理性联系在一起，那么道德的主体本质则同道德的非制度化、道德的自律性及道德的"实践精神"特征联系在一起。实际上，道德的崇高性、道德的尊严和道德的价值就在于道德是集体利益的维护者。道德的本质就在于既要注意个人的发展和个人利益的满足，更要注意于社会的发展和集体利益的实现。在这个意义上说，道德原本就具有规范和约束的属性。这种约束和指导不是对个人自由和个性的束缚，恰恰相反，它是使个人真正发挥其主体性的必要条件和精神动力。夏伟东的《道德本质论》一书为关心道德本质问题的人们，拓出了一条新的思维路径。

高兆明的《道德生活论》是一部专论道德现象与生活的学术专著。该著认为，狭义的道德生活是专指道德的即善的生活，广义的道德生活是指可以进行善恶评价的生活。该著所研究的道德生活是指广义的道德生活，并且认为道德生活在根本上是人们精神生活的一个重要方面，是人们一切道德活动的总括。道德生活，从主体方面可以分为个体的道德生活和群体的道德生活；从内容方面而言，既包括道德行为选择与评价，也包括社会的道德教育和个体的道德修养；从性质上看，道德生活本质上属于人们精神生活的类型，既以物质生活为基础，又对物质生活及其他生活领域产生重大影响。道德生活是关于正确处理人们相互之间利益关系，能动创造自身价值的理性实践过程。它区别于其他社会生活的特征表现在：涉及个人与个人、个人与社会集体诸利益关系；自由意志行为，既是人们经过理性沉思后的自由意志行为，也包括诸如风俗、习惯等内化造成的非理性的、没有表现为自由意志的自由意志；依靠社会舆论内、传统习惯和人们的内心信念而维系的生活；不仅是规范性的，同时也是创造性的生活。此外，道德生活还是与其他社会生活相互交织、渗透，只能存在于其他社会生活中的生活，道德生活并不能孤立存在，它渗透在其他社会生活之中并通过其他社会生活来显现自身。道德生活概念着重于从人的能动活动，从人的实践角度把握社会道德现象。该著分别从道德的起源、保证、功能、流变等方面考察了作为总体或一般意义上的道德生活，接着重点探讨了个体的道德生活和群体的道德生活，从存在论、目的论、情操论、价值论几个大的方面考察了个体的道德生活，从关系论、环境论、公正论等视角考察了群体的道德生活。该著认为，道德生活发源于以社会物质生产活动为基础的社会交往活动，它一经产生以后，即受到风俗、宗教、良知等因素的影响，并对全部社会生活发生不可替代的作用。道德生活是人们主体生活的方式。道德生活的变迁史是社会经济与伦理的矛盾史，是人类个体与社会、感性与理性的矛盾史。人类道德生活的发展过程是一个由自然向自觉、由自觉向自由的发展过程，同时也是一个由原始社会的自然主体道德生活向阶级社会的主奴道德生活在向主体道德生活进化发展的过程。

商戈令的《道德价值论》是国内第一部专门论述道德价值问题的学术专著。该著以价值世界的扩展及其伦理倾向入手，首先从哲学中的价值概念论起，论及自然的领域与"生活世界"、人的本质、价值的涵义及其分类等，继之讨论价值与道德价值的关系，分析道德价值的内容及其功能特征、道德价值结构系统的横向网络，道德价值系统的纵向层次，并提出道德价值是道德本质的实现的观点。接着，分析了道德评价意识的发生及其构成，价值判断与事实判断的区别与联系，道德价值的选择性等问题，建构起了一个比较完整的道德价值理论体系。

姚新中的《道德活动论》一书对道德活动进行了第一次深入而系统的研究。该著以整个人类道德发展和当代道德实践为出发点，以道德主体及其活动为中轴，全面地揭示了道德活动的本质、发生与发展、结构与功能，并对道德活动的诸种表现形态作了科学的阐释，体现了逻辑与历史、理论与实践的高度统一。

此外，何建华著的《道德选择论》，李建华著的《道德情感论》，张琼、马尽举合著的《道德接受论》，廖小平著的《道德认识论》，竹立家著的《道德价值论》等著作，对道德的功能作用，道德现象的具体方面或因素也展开了深入而颇有成效的研究，推动和深化了马克思主义关于道德的一般理论研究。

3. 个体道德与德性论

伦理学的研究对象道德本身包含着社会道德和个体道德两个大的方面，道德不仅是社会意识形态和人类整体把握世界的特殊方式，也是个体意识形态和个人把握世界的特殊方式，是个人自我发展自我完善的重要力量。个体是道德关系的主体。社会道德的实现和社会道德生活的动力，最后都取决于个体的道德自律。因此，个人决不只是被动适应和接纳社会道德要求的客体，而且同时是一个积极主动创造和选择道德的主体。唐凯麟在与龙兴海合著的《个体道德论》一书中全面地探讨了个体道德的本质、结构和功能、发生和发展，个体道德的内在价值形态，个体道德行为及其模式，个体道德的社会调控以及个体道德的自我修养及其人格完善诸问题。该书是一部系统地研究个体道德的学术专著，填补了伦理学原理研究中的空白。该书认为，个体道德的研究是走向 21 世纪伦理学的重要使命。
研究和阐明个体道德诸基本理论和实践问题，是改革开放的时代需要，也
是伦理学自身发展的内在逻辑使然。因为走向 21 世纪决不只是单纯的时
间上的跨度，而是具有深沉社会内涵的历史超越，它意味着一个现代化新
时代的构建和一代新人的塑造。个体道德的本质在于人自己为自己立法，
个体道德的结构和功能表现为"内得于己"和"外得于人"，表现为"德
心"、"德行"和"德品"的有机统一。个体道德的内在层次构成包括道
德认知过程、道德情感过程和道德意志过程三个方面，个体道德的外在层
次构成由道德动机过程、道德行为过程和道德效果过程三个环节所构成，
个体道德境界的层次构成包括他律的道德境界、自律的道德境界和自由的
道德境界。个体道德的发生发展是一个从"自然人"到"道德人"的发
展过程，在走向"道德人"的发展历程中，又经历了他律阶段、自律阶
段、他律和自律相统一的阶段，与个体道德经历的三个阶段相适应，主体
内在的价值形态也经历了义务、良心和价值目标三种形态。该著还探讨了
内在道德力量的对象化，揭示了个体道德行为的基本特征，认为个体道德
行为是个体基于自我道德意识而作出的行为，是个体自主选择的行为，是
个人意志与他人意志或社会普遍意志有着肯定或否定联系的行为，或者说
是与他人利益要求或社会整体利益要求相联系的、具有社会意义的行为。
个体道德行为模式主要有义务自觉型行为模式、良心自主型行为模式和价
值目标自导型行为模式。① 个体道德的形成和发展离不开社会的道德调
控，社会道德调控的有效程度取决于个体的道德修养。个体的道德修养包
含了自我审度、自我认知、自我评价、自我选择诸要素和环节，其目的在
于塑造个体的道德人格。道德人格的完善是人格主体在不断追求真善美的
过程中逐渐形成并臻于完善的。在结束语部分，该著探讨了培养和造就现
代新人格的问题，认为造就现代新人格作为一个个体修养的过程，必然是
也只能是面对社会实践的动态开放过程，即是一个与他人、社会和外界进
行能量和信息交换的互相提升的过程，实质上也是个人扬弃现有追求应
有，扬弃旧我追求新我的过程，是一个面向未来、面向世界和面向现代化
的不断进取、发展和完善的过程。

---

① 唐凯麟、龙兴海：《个体道德论》，中国青年出版社 1992 年版，第 200 页。

陈根法主编的《心灵的秩序：道德哲学理论与实践》和独著的《德性论》对德性问题进行了开创性的研究。《心灵的秩序：道德哲学理论与实践》从人的精神世界发生发展的层次，系统而严谨地阐述了道德理论的基本范畴、规律和结构，体现了道德的演变与叙述的逻辑相一致的研究宗旨。该著认为，"德性是人类尊严之所系，它表征着心灵和生活世界的条理与秩序，保证了社会的祥和与温馨。没有德性的无声命令，人就只能在'人对人像狼一样'的状态中生活；没有德性的支撑，我们的精神世界就会自己摧毁自己。……历史一再证明，正是通过德性的力量，人类才写下了一首首气壮山河的诗篇；也正是通过德性的力量，我们才摆脱了邪恶势力对人类文明造成的一次又一次的浩劫。"[1] 因此，德性是人之所以异于禽兽的本质力量和人类文明的基石，是人类心灵的秩序和价值的源泉。《德性论》是一部系统研究和阐述德性理论及其实践的学术专著，该著不仅对德性的意义和价值，德性的审美力、选择力、意志力、人格力作出了深入的分析论证，而且对德性与经济、德性与法治、德性与文明、德性与幸福、德性与家庭等的关系也作出了别开生面的探讨，同时还对中西方传统德性伦理作出了深入的比较，并着重论述了德性伦理在当代的意义和价值。20 世纪 80 年代，美国著名道德哲学家麦金太尔出版了《德性之后》一书。"德性之后"意味着我们的时代是一个遗落了传统德性的时代。在这样一个时代，道德已经失去了它的根基，变得空洞无力。人们不知道如何提升道德品质，不知道如何在面临道德两难时作出判断。陈根法认为，麦金太尔的看法有一定的普遍性，它的重大意义是在现代社会重新提出了德性的价值问题。"德性作为精神性的内在品质，它具有独特的价值特征。""德性价值的着眼点是一种个人品性的培养，或一个人的精神的提升活动。"[2] 道德实质上就是追寻美满人生的一连串不间断的活动，是塑造人格、升华人性、提升生活品格和人生境界的行为实践。陈根法区分了准则的道德和德性的道德。指出现代人所谈论的道德往往是，要求人共同地遵行一些现行的准则，而这些准则却或多或少地与个人和他人的实

在利益挂上了钩，从这个意义上看，现代的道德规则常常是客观的，带有外在强制性的特征，而德性所讲求的却是个人对幸福人生的自觉的体验，德性的道德也就是"为己之学"，即成就人之所以为人的一种学问。① 德性的另一重要特征是她的终极性。一个人的生命总是表现为实现某种目标，这种目标也就构成了人生的终极价值。德性是一个人的真正的徽标，是人之所以异于禽兽的本质规定性，因此可以说，德性是人类精神的灵魂和人类生命价值之源。没有德性就没有真正的人性，没有德性作根基的人性就会沦为兽性。德性是人们的安身立命之本。站在现代社会的角度上看，追求德性的意义和价值已变得越来越重要。亚里士多德曾说："德性确定一个正确的目标，明智则提出达到目标的手段。"对于人的一生来说，德性的价值首先在于确立人生的正确价值目标，提升生活中的品格。我们所追寻的好生活不仅不能与德性相违背，恰恰需要探寻的是具备什么样的德性才会使我们获得好生活，才会确立生活的正确的原则，也才会提升我们人生的价值目标，从而也就提升了生命的价值。从内在层面上看，德性和内心平和，邪恶和内心紊乱总是联系在一起的。有德的人给自己的生活带来幸福和喜悦。因为正是真诚和坦率带来周围人的信任，也带来自己内心的道德上的满足，从而产生了精神上的幸福感。德性的履行是一种个体的人生实践。但德性的实现，根本不是孤立的个人活动，而必然涉及家国天下。德性实践或提倡是对社会有益的，它能产生巨大的外在价值。但需要注意的是，这里所谓外在价值，绝不是现代人所理解的工具性价值，德性的目的就是德性本身，而决没有外在地挂搭在德性之外的别的什么东西。从这个意义上说，德性的外在价值其实只是一种方便说法。德性的价值本身就包含着规则，告诉人们哪些是应当做的，哪些是不应当做的。德性是具体的而非抽象的，是个人品格在实事实理中的经验。更进一步说，人们总是处于一定的社会交往中。就社会整体而言，德性始终是一种津梁，它通过道德人格造成一种时势，凝聚人心，通过感召而使某种高尚行为获得众人的响应，从而改变社会成员的共同意识和普遍心态，最终形成一种良好的风俗。良好的风俗犹如春风化雨，滋润人心，陶铸良才，造就社会和谐与秩序。在对道德品质的理解上，和谐被古今中外无数思想

---

① 陈根法：《德性论》，上海人民出版社 2004 年版，第 2 页。

家看作德性的重要标志。德性本来就是与和谐相通的。从内在层面看，德性是心灵秩序的看护者和维系者，促使物与心、灵与肉、形与神、理与欲等诸多方面的协调，使人身有所适，魂有所系，心有所安。从社会层面看，德性的力量在于使人自觉履行社会的责任，协调个人与社会利益、人与自然的关系，达到身心和谐，人际和谐，群己和谐，天人和谐。在强调以德治国，建设社会主义先进道德和构建社会主义和谐社会的当代中国，强调和推崇德性，培养起高尚的个人品德，确有其独特的意义和价值。

此外，倪素襄著的《善恶论》，李肃东著的《个体道德论》，刘慧玲著的《道德个体心理学概论》，陈安福著的《德育心理学》等都对个体道德的一般理论及其应用研究作出了自己独特的贡献，大大深化了马克思主义伦理学的个体道德理论研究，推动了马克思主义伦理学学科的繁荣与发展。

三　社会主义道德建设问题研究

社会主义道德建设问题是马克思主义规范伦理学的重要组成部分。中国共产党中央委员会就社会主义精神文明建设先后在 80 年代和 90 年代召开了两次全会，通过了两个精神文明建设的决定，其中重点谈到了社会主义道德建设的问题。进入 21 世纪以来，中共中央又颁布了《公民道德建设实施纲要》，将社会主义道德建设提到社会主义现代化建设的战略高度。围绕社会主义道德建设诸问题，我国伦理学工作者以解放思想、实事求是的精神进行深入探讨，取得了丰硕的成果。

1. 社会主义道德建设的宏观总体研究

由罗国杰教授任主编、焦国成、葛晨虹两位教授任副主编的《道德建设论》是我国第一部比较系统论述社会主义道德建设的学术专著。该著紧密结合中共中央第十四届六中全会关于加强社会主义精神文明建设若干重要问题的决议，从理论和实践诸方面论述了社会主义道德建设的必要性和紧迫性，社会主义道德建设的核心、基本原则和要求，社会主义道德建设的主要方面或领域以及道德建设的社会机制等问题，建构了一个社会主义道德建设的理论框架，提出了一系列亟待解决的现实道德问题。该著首先探讨了社会主义初级阶段道德建设面临的新矛盾和新问题，认为至少有三个问题应当引起我们的高度注意，一是价值取向的多元化和价值导向一元化的统一，二是道德建设中的先进性与广泛性的结合，三是正确认识个人利益与集体利益的关系。论及价值取向多元化与价值导向一元化的统一问题，该著强调指出，在社会主义初级阶段，由于经济状况、利益主体的不同必然形成人们人生观价值观的差异，形成多元化的价值取向，但是我们不能因为价值取向多元化的存在就放弃对多元化的价值引导，我们应当在承认价值取向多元化的情况下，强调社会主义的价值导向在全社会的指导作用。"在意识形态领域，我们承认人们在世界观、人生观和价值观上的多样性，并不是要让这些不同的世界观、人生观和价值观互不干涉、长期并存，更不是让那些非马克思主义的世界观、人生观和价值观任意泛滥，允许它们去腐蚀他人，危害社会。"① 事实上，价值取向的多元化和价值导向的一元化，是既对立又统一的。我们只有采取价值取向多元化和价值导向一元化有机统一的原则，才能有针对性地解决我国现实生活中的道德问题，使我们的社会主义道德建设稳步地向前发展。道德建设的先进性与广泛性的结合，是社会主义道德建设过程中一个有重要意义的问题。先进性反映着一个社会的道德理想和人格追求，反映着社会道德要求的最高境界。先进性的要求，犹如一座高山的顶峰，人们只有意识到顶峰的存在，才会百尺竿头更进一步。广泛性的要求是指整个社会大众一般的道德水平，是大多数成员都能做到的一般的要求。在社会主义现阶段，先进性的道德要求主要是指高尚的共产主义道德品质和精神境界，包括大公无私、毫不利己专门利人的精神追求、全心全意为人民服务的品质等等。广泛性的要求就是要从社会大众现实的道德状况出发，鼓励支持一切有利于解放和发展社会主义社会生产力的思想道德，一切有利于国家统一、民族团结、社会进步的思想道德，一切有利于追求真善美、抵制假恶丑、弘扬正气的思想道德，一切有利于履行公民权利与义务、用诚实劳动争取美好生活的思想道德。人们只有首先做到了广泛性的道德要求，才有可能进一步做到先进性的道德要求。在社会主义市场经济条件下，加强社会主义道德建设，还应该正确认识和处理个人利益和集体利益的关系，既承认个人利益的合理性和正当性，又强调集体利益的优先性和首要性，创造条件使二者有机地结合起来。该著对社会主义道德建设的体系结构作了颇为全面

---

① 罗国杰主编：《道德建设论》，湖南人民出版社 1997 年版，第 8—9 页。

深刻的论述，阐述了为人民服务何以是社会主义道德建设的核心，集体主义何以是社会主义道德建设的基本原则，以及怎样弘扬为人民服务的精神，坚持集体主义的道德原则。同时对爱祖国、爱人民、爱劳动、爱科学、爱社会主义的基本道德要求也作出了准确而系统的阐述，对社会公德、职业道德、家庭道德以及市场道德建设和社会道德风尚建设等问题进行了全面深入的探讨，对加强社会主义道德建设的意义、作用与途径、措施也发表了比较独特的看法。

焦国成、李萍主编的《公民道德论》是继《道德建设论》后又一专论社会主义公民道德建设的学术专著。该著以中共中央颁布的《公民道德建设实施纲要》为基础和依托，从公民概念的历史与现实，公民的多学科视角，中国公民观念的历史发展入手，对公民道德概念进行界定，深入探讨公民道德的基本问题，比较好地揭示了公民的基本伦理关系，公民道德实践中的情、理、法，公民道德中的权利和义务以及公民中的责任与自由诸问题。该著将公民的基本伦理关系归纳为公民与国家、公民与社会、公民与公民三个方面，认为现代公民生活是一种社会化的生活，其伦理的价值在于建构一种具有建设性和公正性的"公民的社会"，为此就需要加强公民道德建设，使公民意识到自己的权利与义务，去创造社会的公共善并享受社会的公共善。在对公民道德的基本问题深入分析的基础上，该著重点探讨了公民道德的原则规范，阐释并论述了"爱国守法，明礼诚信，团结友善，勤俭自强，敬业奉献"这些公民基本道德规范的内涵、意义和价值，同时切入到社会生活、职业生活、家庭生活、学校生活等领域，对社会公德的基本规范、职业道德的基本规范和家庭美德的基本规范作了深入的分析论证。该著还探讨了市场经济与公民道德的关系，认为市场经济一方面为新时期公民道德建设奠定了坚实的物质基础，为某些公民道德素质的形成提供了适宜的经济环境；另一方面，市场经济特有的运行规律及由此引发的心理倾向和行为倾向，又对公民道德建设提出挑战。提高市场经济条件下公民的道德素质，不仅是公民道德建设的需要，也是优化社会主义市场经济的要求。该著还分析了市场经济条件下公民道德的现实问题，对市场经济中公民的诚信问题、竞争与合作、利己与利人、守德与守法等问题作了理性的回答。此外，该著还就市场经济条件下的公民道德教育展开论述，探讨市场经济条件下公民道德教育的路径、方法与措施。

郭广银、杨明著的《当代中国道德建设》一书也是一本系统探讨社会主义道德建设的学术专著。该著以开阔的理论视角和敏锐的现实眼光纵论当代中国的社会主义道德建设问题，通过对多元文化互动的相关分析，揭示了当代中国道德建设的一般现象和基本规律。全书分"立论篇"、"本质篇"、"策略篇"、"探索篇"四篇，依次探讨了社会主义道德建设的出发点、本质、措施方法和未来走向等理论和现实问题。该著认为，当代中国的社会主义道德建设面临着许多复杂的任务和严峻的挑战。这些复杂的任务和严峻的挑战，有些是由当代中国所面临的一系列新的形势所造成的，有些是由道德建设自身的发展规律所造成的。因此，要加强当代中国的社会主义道德建设，不仅要冷静面对、客观分析建立社会主义市场经济体制所带来的道德领域的新变化，从而找准当代中国社会主义道德建设的实践基点，而且要探索当代中国社会主义道德建设过程中若干带有普遍意义的范畴，遵循社会主义道德建设自身的发展规律，批判地继承古今中外尤其是中华民族固有的关于道德建设的思想资源，从而丰富当代中国社会主义道德建设的理论基础。[①]该著基于社会主义道德建设的若干实践问题和理论问题，从操作层面和形上层面作出了颇富创造性的回答。在对当代中国社会主义道德建设出发点的论述上，该著认为当代中国社会主义道德建设既离不开对传统道德的辩证扬弃，又离不开对现实经济关系的本质依赖。如果说对传统道德的辩证扬弃体现了当代中国社会主义道德建设所应有的历史制约，那么对现实经济关系的本质依赖则体现了当代中国社会主义道德建设所应有的现实制约，二者共同构成了当代中国社会主义道德建设应有的根本出发点。论及当代中国社会主义道德建设的本质，该著从外在本质和内在本质两个方面展开立论，认为当代中国社会主义道德建设的外在本质，应当从道德建设与经济建设、政治法律建设的关系中去寻找，其内在本质则应当从道德主体自律、准则他律和内化终结的矛盾运动中去寻找。如果说道德建设与经济建设、政治法律建设既相互联系又相互补充相互作用的功能效用凸显了道德建设的外在本质，那么道德建设内部诸要素的对立统一特别是道德准则、道德品质和道德中介之间的对立统一

---

① 郭广银、杨明：《当代中国道德建设》，江苏人民出版社 2000 年版，第 2 页。

则构成了道德建设的内在本质。论及当代中国社会主义道德建设的策略方针，该著强调指出，第一，要确立当代中国社会主义道德建设的准则体系，第二，要构筑当代中国社会主义道德建设的优良环境，第三，要正视并突破当代中国社会主义道德建设中的若干理论和实践的难点，具体包括由历史发展因素所造成的难点问题和由现实发展因素所造成的难点问题。论及当代中国社会主义道德建设的宏观把握，该著从目标定位和性质定位两个方面加以概括，认为在目标方面，既要注意到当代中国社会主义道德建设必须适应现实的合理的一面，又要注意到它应当有超越于现实满足个体至善追求的一面；在性质方面，既要注意到其必然立足于民族道德根基的一面，又要注意到其应当有面向现代化特质和未来的一面。科学的目标定位和性质定位，对于当代中国社会主义道德建设来说具有十分重要的意义。

此外，何文治主编的《道德建设》，乔法容著的《道德范畴与当代中国伦理建设》，陈国平等编的《道德建设工程》，龙静云著的《治化之本——市场经济条件下的中国道德建设》，黄学军主编的《社会主义思想道德文化建设概论》等著作，紧密围绕社会主义现阶段的道德建设问题展开理论和实践的双重考察，深刻论述了为什么要加强社会主义道德建设以及怎样加强社会主义道德建设等问题，深化和发展了马克思主义伦理学关于社会主义道德建设的理论。

2. 社会主义市场经济条件下的伦理道德建设研究

随着社会主义市场经济体制的建立，中国伦理学界展开了市场经济与道德的关系的讨论。讨论主要是围绕着"爬坡"、"滑坡"和"内引"与"外灌"等几个中心论点而展开的，并有所谓的"滑坡论"与"爬坡论"、"内引说"与"外灌说"的争论。滑坡论者认为，市场经济必然导致社会道德的滑坡，这在社会主义初级阶段是不可避免的。市场经济崇尚利润与金钱，鼓励竞争与冒险，必然导致一些社会消极现象的滋生与蔓延。有的学者把中国目前的道德状况评价为"一种无序状况，整个社会缺乏基本的道德共识和共同遵守的道德准则。人们在不同的社会领域、社会场合和社会群体的活动中，各自分别按照不同的往往是相互矛盾的道德规则行事。"并认为，这种道德上的无序状况正是我国经济关系和经济生活中的无序状况的真实反映。爬坡论者认为，市场经济的建立在总体上推动了道德水平的上升，表现为市场配置资源比政府或官员配置资源更具公正性，市场机制有助于建树独立人格，形成自由与权利、平等与互助等观念。我们的社会道德从总体上看，从实质上看，也就是从大多数人的道德要求来看，目前呈现的主流是进步，是在酝酿着向新的境界和高度攀登。目前我国社会的道德风气在发生最深刻，最有力的变化，人们的道德心理和行为特征正在由伪向真、由虚向实、由封闭向开放、由一元向多元、由依赖顺从型向独立自主型转变。这种观点在肯定我国目前社会道德进步的同时，也承认我国目前还存在一些局部和地方性的道德问题需要引起重视和加以解决。内引说与外灌说涉及对市场经济中的道德规范究竟是从何而来的不同看法。持内引说的论者认为，市场经济需要一定的道德规范加以约束，这些道德规范是从社会主义市场经济本身引发出来的，它源于发展市场经济的内在需要，并为发展市场经济服务。东方朔在《市场经济与道德衡论》一文中认为，在寻求市场经济与道德的关系问题上应采用"内引"的方式，即直接从市场经济的内涵和运作中导引出道德价值。因而，从根本上厘清人的市场行为和经济活动的特点就成为理解市场经济与道德关系的关键环节。市场经济本身就暗含了一个"经济人"的假设，没有经济人的市场是难以想象的，消除经济人的活动无异于从根本上取消了市场经济的运作。经济人在进行经济活动时受着个人利益的驱使，并在面对各种经济现象时具有强烈的理性主义倾向，能够在众多利益体系中作出比较和选择。市场经济运作的核心处离不开经济冲动和道德抑制两股力量的平衡。[1] 与东方朔的观点相类似，陈旭东在《浅议市场经济与市场道德的建立》一文中认为，研究市场经济对人们市场行为的道德要求不能脱离市场经济存在的现实基础——理性的经济人。所谓经济人的理性特征就是在现有的条件下追求个人利益的最大化。作为生产者，在既定的生产能力的约束下，争取利润最大化；作为消费者，在既定的预算收入约束下，争取效用最大化。自利是经济人市场行为的出发点。但市场经济又是一种交换经济，任何自利的实现都必须以利他为条件，因此交换的互利性便成为市场交易应遵循的基本原则，成为市场经济基本的道德要求。[2] 张

---

① 参阅《哲学研究》1994 年第 1 期，东方朔文。

② 参阅《学习与思考》1994 年第 8 期，陈旭东文。

国春在《市场主体与伦理关系》一文中认为，市场经济相对于产品经济和自然经济具有两个明显的特点：一是社会成员相对独立的利益主体地位的确定，二是各利益主体在价值规律作用下为了自身利益的竞争活动。由此而形成的在市场经济活动中的伦理关系也表现出不同于在产品经济和自然经济活动中的特点，主要是①利益直接性；②权益互惠性；③自主自由性；④平等竞争性。市场经济所内涵的利益机制和价值规律自会促进人们平等、自由、互惠等观念的确立。持外灌说的论者认为，道德的发展有它自身所有的一般规律，道德规范及基本价值原则具有普遍性特征。市场经济的道德规范应是一般的社会道德规范在经济领域的延伸。夏伟东在《市场经济与社会主义道德主旋律》一文中指出，在改革开放的全过程中，无论生活实际发生多大变化，也无论集体主义道德理论有了怎样的突破，集体主义原则在中国社会道德生活中的主体地位始终没有动摇，集体主义仍然是中国社会道德的主旋律。市场经济既可以同资本主义的个人主义道德原则相"嫁接"，也可以同社会主义集体主义道德原则相"嫁接"。在市场经济条件下使集体主义成为中国社会道德的主旋律，既是出于意识形态的考虑，也是出于经济体制上的考虑，更是出于对中国社会未来的发展目标的考虑。① 董孟华、金潮翔在《社会主义市场与弘扬集体主义精神》一文中认为，社会主义市场经济日益唤醒了劳动者的主体意识，激发了个人独立自主地选择与创造的活力，人的行为动机主要是对个人利益的追求。在这种状况下，集体主义仍然有其存在的价值，需要大力提倡和弘扬。②

　　吴灿新著的《当代中国伦理精神——市场经济与伦理精神》一书，探讨了社会主义市场经济条件下的伦理精神建构问题，提出了中国社会从计划经济向市场经济转型必然会带来一个伦理精神的嬗变等观点，认为伦理精神的嬗变主要体现在从重义轻利观念向义利统一观念转变，从重群轻己观念向群己兼顾观念转变，从依附服从观念向个性发展观念转变，从等级观念向平等观念转变，从片面义务观念向权利与义务统一观念转变，从中和观念向竞争观念转变，从人治观念向法治观念转变，从重德轻才观念

---

① 参阅《教学与研究》1993 年第 2 期，夏伟东文。
② 参阅《文汇报》1993 年 4 月 30 日，董孟华、金潮翔文。

向德才兼备观念转变。该著在对社会主义市场经济认识的基础上，论述了社会主义市场经济条件下的伦理精神，认为社会主义市场经济条件下的伦理精神主要有新集体主义精神，主体主义精神，人本主义精神。论及到新集体主义精神，该著指出：它是当代社会主义中国最主要的也是最重要的社会伦理精神，是社会主义价值观的核心，是现时代的主旋律。"新集体主义精神，既与中国古代的整体主义精神不同，它不否认个人利益；也和传统的社会主义集体主义精神不同，它强调的不是'服从'而是'兼顾'；更与西方的个人主义不同，它不仅仅把集体利益作为手段。它主张个人和集体的统一，个人和集体互为手段和目的，个人利益、集体利益和国家利益相兼顾、相结合。"[1] 新集体主义精神的根本目的，是个人利益和集体利益的有机统一与和谐发展，它既要求个人利益应当关心集体利益，把集体利益放在优先和重要的位置，又要求集体利益关心个人利益，对牺牲个人利益作出必要的补偿，使集体利益真正有助于增进和维护社会成员的个人利益。新集体主义精神着眼于个体与集体之间的关系，主体主义精神则侧重于个体与自我之间的关系。随着社会主义市场经济的发展完善，当代中国社会的主体主义精神正在逐步形成并茁壮成长。"所谓主体主义精神，就是具有法律平等和独立人格的人，通过自己自觉自律的创造性劳动去追求自我价值和个体利益的实现的一种伦理精神。它充分肯定个人对正确理解的自我价值和个人利益追求的合理正当性；而这种追求是建立在个人自觉自律及其合法劳动的创造性的基础之上。"[2] 主体主义精神形成的前提是道德主体的形成，道德主体的形成是对自身权利与义务的自觉认知与认同。社会主义市场经济的发展必然使道德主体的形成成为一种现实，也必将催生和形成主体主义伦理精神。人本主义精神着重于个体与个体之间关系以及人与万物之间关系的协调，它强调以人为本，认为人的价值是世界中最高的价值，以人为考虑一切问题的根本。当代中国人本主义精神，是中西方历史上人本主义精神优秀因素的继承和发展，更是当代中国现代化建设发展的客观要求。它重视人的尊严和价值，主张经济发展

---

① 吴灿新：《当代中国伦理精神——市场经济与伦理精神》，广东人民出版社 2001 年版，第 160—161 页。

② 同上书，第 168 页。

应当服务于人的全面自由和谐的发展。此外，该书还探讨了当代中国伦理精神在经济生活、政治生活、文化生活以及职业生活、家庭生活等领域中的具体表现，并对培育当代中国伦理精神的路径作了专门论述。

李修波著的《市场经济伦理道德研究》，贾高建等著的《市场经济与道德流变》，厉以宁著的《超越市场与超越政府——论道德力量在经济中的作用》，徐惟诚著的《市场经济与道德建设》等著作，围绕社会主义市场经济条件下的道德建设问题，展开深入探讨和论证，提出了市场经济呼唤伦理道德建设，伦理道德建设促进市场经济健康发展等命题、观点，初步建构起了马克思主义伦理学关于社会主义市场经济条件下道德建设的理论框架，推动了马克思主义伦理学的新发展。

3. 社会主义义利观研究

社会主义道德建设应当树立把国家人民利益放在首位而又充分尊重公民个人合法权益的社会主义义利观，正确处理竞争与协作、先富与共富、效率与公平、经济效益与社会效益等关系。王泽应著的《义利并重与义利统一：社会主义义利观研究》是国内一部系统研究社会主义义利观的学术专著。该著从历史、理论和实践三方面深入全面探讨了社会主义义利观的理论渊源、本质内涵和现实化表现，并对在实践中如何贯彻社会主义义利观发表了自己的看法。在从总体上探讨社会主义义利观研究的重要价值和基本特征的基础上，该著不仅全面系统揭示并论述了历史上的义利学说，对中国历史上的义利学说进行了纵横交错的总结评析，对西方历史上的义利学说作了历史和理论的探讨，并重点探讨了马克思主义经典作家和中国马克思主义者的义利学说，比较全面地介绍了马克思、恩格斯、列宁、斯大林和中国马克思主义者李大钊、陈独秀、瞿秋白、毛泽东、邓小平等人的义利学说，尤对毛泽东、邓小平的义利学说作了重点的探讨与论述。而且从理论上探讨社会主义义利观产生的社会历史条件，着重揭示了社会主义义利观的本质内涵、类型范式和基本特征，社会主义义利观中的利益问题和道义问题，分析了社会主义的利益主体和利益矛盾，并对社会主义的利益协调提出了处理和对待的原则和思路，对社会主义的道义精神、道义原则和道义观念作了深刻的揭示与论证。最后从实践层面上揭示社会主义义利观的现实化表现，集中分析了竞争与协作、先富与共富、效率与公平三对矛盾与社会主义义利观的关系，探讨了社会主义义利观的功能与现实作用，揭示了社会主义义利观对促进市场经济健全发展的作用，对社会主义精神文明建设的现实作用，对社会主义义利观的贯彻执行与社会主义道德建设的关系作出了颇富现实性的探讨，阐释了社会主义义利观的贯彻执行与社会主义家庭美德、职业道德、社会公德建设的关系，与加强金钱观、幸福观、荣辱观教育的关系，以及与批判和抵制拜金主义、享乐主义和个人主义的关系。该著坚持历史与逻辑、理论与实践相统一的方法论原则，既由史及论，论从史出，又以论拓史，史论结合，实现了一种义利观研究上的实证研究、规范阐释和理论论证的辩证结合，具有理论创新、观点创新和方法创新的特点，对我国新时期的公民道德建设有一定的指导和参考意义。

黄亮宜的《社会主义义利观——面向 21 世纪的价值选择》一书，对社会主义义利观也作出了创造性的研究。该书从义利两者结合的不同结构分析，论述了义利观的"双轻"、"偏重"（重义和重利）、"双重"四种基本类型，并用历史资料去论证其由"双轻"型向"偏重"型，再向"双重"型转变的历史发展趋势。从总体上论述了社会主义义利观的特性，阐述了社会主义义利观是"义利双重"内在结合型的理论依据。并提出了五大特点：克服了传统义利排斥的倾向性；具有自觉地掌握（义利）侧重点的灵活性；具有动机论与效果论的辩证统一性；具有排除虚假的义和利的可能性；内涵着巨大的开放性与包容性，从而对社会主义义利观特性、发展趋势作出较为科学的描述和论证。该著阐述了社会主义市场经济中的义利观是一种横向为主的道德观模式，以及具有明显的层次性，并论述了与这种横向性、层次性相适应的种种要求，用辩证法与系统论展开了对社会主义义利观的核心——集体与个体关系的较详尽地分析，阐明了二者的历史演变状况，指出个体自主性的增强和集体内涵的提升和范围的扩展的必然趋势。据此强调按照社会主义原则正确处理集体内部利益关系、不同层次集体关系、集体与个体关系、集体代表人与群众的关系，使社会主义义利观落到实处。该著论述了社会主义观念与可持续发展观念的一致性，明确提出把可持续发展义利观作为社会主义义利观的重要的基本的内涵，并对这一义利观的特点和其形成的途径作了较详细的论述。

改革开放以来，我国伦理学界对伦理学基础理论或原理的研究，除以上所述几个方面外，还深入研究了家庭美德、职业道德、社会公德以及人生观、价值观诸问题，对德性、幸福、荣誉、义务、良心诸道德范畴也展开了颇有成效的研究，推出了一批重要的理论成果，如何怀宏著的《良心论》，陈根法、吴仁杰著的《幸福论》，魏长领著的《道德信仰与自我超越》，甘绍平著的《伦理智慧》，龚群著的《人生论》，宋希仁著的《不朽的寿律——人生的真善美》等著作，大大拓宽了马克思主义伦理学基础理论或原理的研究领域，提出了不少颇具创新性的理论命题、观点和学说，推动了马克思主义伦理学的繁荣和发展。

　　马克思主义伦理学发展的杰出成就，不仅集中表现在马克思主义伦理学基础理论研究方面，而且也表现在马克思主义伦理思想史学的创立与发展方面。马克思主义伦理学注重伦理文化遗产的总结与继承，主张对古今中外的伦理文化给予历史的开掘与科学的研究，以推动马克思主义伦理学的不断创新与开拓前进。用马克思主义的基本观点、立场和方法研究中外伦理思想史，可以追溯到 20 年代李大钊、陈独秀和瞿秋白写的一些关于中外历史上道德问题的文章，30 年代张岱年关于唯物辩证法人生哲学和马克思主义道德观的介绍及由马克思主义思想指导写出的《中国哲学大纲》，可以视为马克思主义的中国伦理思想史的雏形，到 50 年代写出的《中国伦理思想发展规律的初步研究》，更加自觉地将马克思主义思想贯穿到中国伦理思想的研究中去，为系统写出马克思主义的中国伦理思想史奠定了基础。60 年代，周辅成应用马克思主义的观点和方法研究西方伦理思想史，编纂了《西方伦理学名著选辑》（上卷 1964 年由商务印书馆出版，下卷至 1987 年商务印书馆出版），为撰写系统的西方伦理思想史作出了贡献。马克思主义伦理思想史学的春天，是在改革开放以后。改革开放以来的 30 多年，是中外伦理史包括伦理思想史和道德实践史研究取得重大突破的时期，初步形成了中国和外国伦理思想通史、流派史、范畴史、人物史等研究百舸争流的局面，并在发挥新的史料，开拓新的领域和为现实服务方面取得了一批标志性的成果，有力地推动着社会主义伦理文化史的建设。

　　改革开放 30 多年来，我国伦理学研究不仅在伦理学基础理论、中外伦理思想史研究方面取得了突破性的成果，大大缩短了伦理学同其他相邻学科的距离，而且尤为重要的是在应用伦理学领域实现了从无到有、从小到大、从弱到强的历史性转换。随着我国社会主义现代化建设事业的深入发展，随着改革开放的全面推进和国际交往的频繁迅速，许多在国外方兴未艾的应用伦理学学科传入我国，并日益受到我国伦理学工作者的关注。中国伦理学人以追赶世界伦理学潮流、建设有中国特色社会主义应用伦理学学科的勇气和决心，一方面大胆地引进、消化外国应用伦理学的优秀成果；另一方面结合我国社会主义道德建设的实际情况作深入的调查研究，发掘中国传统伦理思想的应用伦理学资源，为建设有中国特色社会主义的应用伦理学学科服务。经过 20 年的上下求索，终于使应用伦理学之花开遍大江南北，形成了一个应用伦理学勃兴繁盛的新时代。

第十章 马克思主义伦理思想中国化的基本特征、基本经验和历史地位

马克思主义伦理思想中国化最基本的要求，是要把马克思主义伦理思想的基本原理和中国具体的道德生活实践相结合，把马克思主义伦理思想变为适合中国国情的马克思主义伦理学理论，使它在中国具体化、现实化，形成指导中国革命、建设和改革的正确的伦理学理论；使它在中国民族化、本土化，赋予马克思主义伦理思想以鲜明的中国作风和特点。

第一节 马克思主义伦理思想中国化的辉煌成就

中国马克思主义伦理思想实质是在儒家伦理文化无力于救亡图存、锻造出光复和振兴中国的国魂和民魂，而西方近现代伦理文化又因第一次世界大战而暴露出种种弊端、粉碎着中国人学西方的美梦的情势下产生的。中国马克思主义者主张把马克思主义伦理思想的普遍真理与中国革命和建设的道德实践相结合，与中国传统伦理道德的精华相结合，代表了建设一种既不同于保守主义或复古派也不同于激进主义或西化派的同时又批判地吸收古今中外一切伦理文明的合理因素的新伦理的努力。

一 两大杰出理论成果的形成彪炳史册

马克思主义伦理思想中国化不仅指马克思主义伦理思想与中国具体的道德生活实际相结合的互动过程，同时还体现在这一互动过程所产生的理论成果。马克思主义与中国具体的道德生活实际相结合，与中华民族优秀的伦理文化传统相结合的过程，必然凝结、形成中国化的马克思主义伦理思想形态，具体表现为马克思主义伦理思想与中国革命和建设相结合在不

同历史阶段产生的两大杰出理论成果：即毛泽东伦理思想和以邓小平伦理思想、"三个代表"伦理思想、科学发展伦理思想等为主要内容的中国特色社会主义伦理思想的创立。

毛泽东伦理思想是马克思主义伦理思想中国化或把马克思主义伦理思想中国化的第一大理论成果。以毛泽东为主要代表的中国共产党人，在新民主主义革命中，实现了第一次历史性飞跃，形成了毛泽东伦理思想，系统回答了在中国这样一个经济文化落后的东方大国如何实现新民主主义革命、走社会主义道路所需的伦理品质和道德建设问题，并对发展无产阶级道德，建设社会主义伦理进行了艰辛探索，以创造性的内容为马克思主义伦理思想宝库增添了新的财富。毛泽东伦理思想是马克思主义伦理思想在中国的运用和发展，是被实践证明了的关于中国革命道德和建设道德的正确理论原则和经验总结，是中国共产党集体伦理智慧的结晶。毛泽东伦理思想与马克思主义伦理思想是一脉相承的思想体系，同时，又具有鲜明的中国特色。毛泽东伦理思想中关于为人民服务的论述，关于革命功利主义的论述，关于共产主义道德人格的论述，关于动机与效果辩证统一的道德评价理论，关于共产主义道德修养的理论等，以其独创性丰富和发展了马克思主义伦理思想，贯穿于上述各个部分的活的灵魂——实事求是、群众路线、独立自主三个基本方面，则是毛泽东伦理思想对马克思主义伦理思想的独特贡献。毛泽东伦理思想在半殖民地半封建的旧中国高擎起了一把照亮漫漫黑夜的火炬，树起了一面引导人民进行道德革命和追求新道德的红旗。在20世纪的中国伦理思想发展史上，没有哪一种学说或理论能同毛泽东伦理思想相比拟，它不仅以其特殊的理论个性和理论魅力震撼着一代人乃至几代人的道德心灵，空前地调动起数亿中国人民的道德觉悟和道德热情，使之投身于道德变革和社会改造的洪流，从而极大地改变了道德文化的发展轨迹及其方向；而且以其博大深邃的理论品格和理论体系将其他诸种伦理学说远远地甩在了历史潮流的后边，成为出乎其类、拔乎其萃的伦理杰作，使任何只要心怀公正的伦理学家都不能不生发出由衷的钦敬和感佩，不能不正视它所蕴藏的巨大的伦理文化价值。毛泽东伦理思想所提出的一些命题、观点或口号，直到现在仍是我们党和人民宝贵的精神财富，是我们建设高度的社会主义精神文明和道德文明的指导思想和价值基础。

　　中国特色社会主义伦理思想是随着改革开放和社会主义现代化建设的道德生活实践，适应建设中国特色社会主义精神文明与道德文明的伦理文化主题而逐步形成和发展起来的。这一伦理思想的产生、形成和发展具有客观的时代条件、实践基础和经验借鉴，是历史必然性和党的理论创新相统一的产物。中国特色社会主义伦理思想，是中国特色社会主义理论体系的重要组成部分，是以邓小平、江泽民、胡锦涛、习近平为代表的中国共产党人在改革开放和社会主义现代化建设新时期对社会主义伦理文明和道德建设的不断探索与理论创新的成果总汇。邓小平伦理思想、"三个代表"伦理思想、科学发展伦理思想等当代中国马克思主义伦理思想，是一个相互衔接、相互贯通的统一整体，共同构成一个内涵丰富、思想深刻、逻辑严谨的中国特色社会主义伦理思想体系，是继毛泽东伦理思想这一马克思主义伦理思想中国化杰出成果之后马克思主义伦理思想中国化最新理论成果。中国特色社会主义伦理思想，是中国共产党带领中国人民追求幸福生活、创建和谐社会之道德生活实践的深刻反映，是对当代中国及人类所面临的现实道德生活难题的科学解答和对人类道德生活规律、社会主义道德建设规律、中国特色社会主义道德建设规律的深刻把握，凝聚着全党全国各族人民的伦理品质和道德智慧，标志着马克思主义伦理思想在中国的新发展及其所达到的新境界，对推动马克思主义伦理思想的发展和建设社会主义先进伦理文化已经作出并必将继续作出历史性的巨大贡献。中国特色社会主义伦理思想，系统回答了在中国这样一个十几亿人口的发展中大国建设社会主义伦理文化、发展中国特色社会主义伦理文明等一系列重大问题。它既破除了以往人们对马克思主义伦理思想教条式的理解，又抵制了当下某些企图背离马克思主义伦理思想的错误主张。它紧密地结合我国社会主义现代化的道德生活实际，生动而具体地坚持和发展了马克思主义伦理思想和毛泽东伦理思想。在当代中国，坚持马克思主义伦理思想中国化最新成果，就是真正坚持马克思主义伦理思想。只有坚持和丰富马克思主义伦理思想中国化最新成果，才能更好地坚持和拓展社会主义核心价值体系，才是真正高举中国特色社会主义伦理文明的伟大旗帜。

二　伦理学学科体系的理论建构与不断完善

　　马克思主义伦理思想中国化研究发展所取得的重大成就，除了毛泽东伦理思想和中国特色社会主义伦理思想两大伦理思想体系外，还突出地表现在建构了一个中国化的马克思主义伦理学的学科体系，并使这一学科体系不断发展与完善。马克思主义伦理思想中国化研究自产生之日起，就有一种建构具有自身特色的理论体系的学术执着和努力。罗国杰主编的《马克思主义伦理学》（1982）是新中国第一本系统的马克思主义伦理学教科书，该著运用唯物史观研究道德现象，并紧密联系中外伦理思想史的发展以及中国现阶段道德建设的实际，建构了一个较为完整且逻辑谨严的伦理学学科体系，认为伦理学由道德基本理论，道德原则规范和道德活动三部分构成。道德基本理论部分包括道德的定义、本质、特征、根源、功能、作用、结构、历史演变及其发展规律性诸问题，道德原则规范主要由一个基本原则、五个行为规范、四个范畴和两个特殊方面的要求所构成，道德活动包括人生观和道德理想、道德行为和道德品质、道德评价、道德教育和道德修养等方面的内容。1989 年重新编写的《伦理学》一书，罗国杰注重反映改革开放时代中国道德生活的巨大变化，试图对马克思主义伦理学的重大理论问题进行新的概括、新的论证、新的分析和新的突破。该著在道德基本理论中集中论述了道德的起源、本质和运行机制，并建构了一个社会道德结构的总体模式，认为社会道德结构以社会道德关系为主体可以区分个人与社会整体之间的道德关系和个人与个人之间的道德关系两大类，这两大类道德关系都分别存在着三种形态即社会道德意识现象、社会道德规范现象和社会道德活动现象，依其与时代要求的关系来看，每一社会道德现象都内涵三种成分，即过时的道德成分、应世的道德成分和趋前的道德成分。在道德原则规范部分侧重对道德原则作出了新的解释与论证，主张反对封建的整体主义和资产阶级的个人主义，把个人利益与社会公共利益辩证地统一起来，并建立了一个社会主义初级阶段的道德规范体系，认为社会主义初级阶段的道德规范体系从低到高依次表现为社会主义社会公共生活领域的一般道德规范，社会主义社会家庭生活领域、职业生活领域的特殊道德规范到社会主义社会的基本道德规范和社会主义社会最高道德规范，这四个不同层次的道德要求构成社会主义初级阶段道德规范体系，它要求从社会公德出发走向社会主义道德和共产主义道德，把普遍性的道德要求和先进性的道德要求有机地结合起来。在道德活动部分，对社会主义初级阶段的诸种道德境界等问题作了重点论述，认为社会主义初级阶段人们的道德境界大体上可以划分为四种类型即极端自私自利的境界，追求个人正当利益的道德境界，先公后私的社会主义道德境界和大公无私的共产主义道德境界。该著将伦理学体系结构的建树推进了一大步。

其他伦理学工作者也在马克思主义伦理学学科体系的建构上着力用功，促进了马克思主义伦理学学科体系的不断发展和完善。唐凯麟在 20 世纪 80 年代初主编的《简明马克思主义伦理学》将其理论结构明确地区分为"理论篇"、"规范篇"和"实践篇"。90 年代初他独自编著的《伦理学教程》则从人的二重性和人的道德需要出发，建立了一个"社会道德——个体道德——社会道德和个体道德的和谐统一"的伦理学学科体系。魏英敏在 80 年代初与金可溪合著的《简明伦理学教程》中建立了一个伦理思想史、伦理学基础理论和伦理学实践活动有机结合的伦理学学科体系，90 年代初在他主编的《新伦理学教程》中则大胆突破原有教科书的理论框架，从对伦理学的类型分析起步，总结和介绍中外规范伦理学，引出马克思主义新规范伦理学，并将其区分为社会道德和个人道德两大系列，进而探讨了社会道德和个人道德的诸多理论和实践问题，最后归结到人生的不朽与至善。

2012 年出版的中央马克思主义理论研究与建设工程第三批重点教材《伦理学》，是一本凝聚了众多领导、学界前辈和评审专家以及课题组全体成员共同智慧的集体创新之作，是一本在多元中立主导，在多样中谋共识的主流伦理学代表作，也是一本以社会主义核心价值体系引领伦理学教学与研究，具有突出的中国特色、中国气派和中国风格的马克思主义伦理学新作，是一本荟萃时代伦理精神精华且兼具承前启后、继往开来意义的伦理学标志性成果。马工程的这本《伦理学》教材，是在总结以往伦理学教材特别是马克思主义伦理学教材优秀成果基础上开始起步的，坚持用马克思主义的基本原理、立场、观点和方法分析当代世界特别是当代中国的伦理道德问题和道德现象，予以实事求是的论证、阐释和探讨，是该教材同其他马克思主义伦理学教材共同的特点。但是，与其他马克思主义伦理学教材有明显区别的是，这是一本用当代发展着的马克思主义和马克思主义中国化最新成果为指导而写成的伦理学教材，是一本致力于反映马克思主义伦理学中国化最新成果的代表作。该教材不仅注重在一般理论、观点和知识的介绍上力图凸显马克思主义的立场，自觉运用马克思主义的方法，并且始终把坚持马克思主义伦理学基本原理和与时俱进发展马克思主义伦理学理论有机地结合起来，体现了在发展中的坚持和坚持中的发展辩证统一的精神。教材用一章篇幅阐释探讨马克思主义伦理思想及其在中国的发展，较为全面系统地介绍了马克思主义伦理思想中国化两大杰出成果，即毛泽东伦理思想和中国特色社会主义伦理思想体系。马工程的这本伦理学教材，力图既全面系统又与时俱进地推进社会主义道德原则的研究，作出符合社会主义本质和社会主义市场经济、民主政治、精神文明建设新要求的新论述。在充分吸收借鉴前辈学者关于道德原则理论认识成果的基础上，不特对集体主义从要义、依据和实践等方面予以创造性的阐释，而且将社会主义人道主义和社会公正作为道德原则提出并加以论证，建立了一个社会主义道德原则体系。强调指出社会主义集体主义原则规定的是如何看待和对待个人与集体的关系问题，社会主义人道主义原则规定的是如何看待和对待社会主义生活中人与人之间的关系问题，社会主义公正原则规定的是如何看待和对待社会主义社会中群体与个体以及个体与个体之间的公平正义问题。在这三个原则中，社会主义集体主义原则是最基本的，是社会主义道德区别于其他道德类型的根本标志，社会主义人道主义和社会公正则是社会主义集体主义原则的延伸和具体化。在关于社会主义社会公正原则的论述中，科学阐释了权利平等、机会均等、制度公正、分配公平是其主要内容，认为实践社会主义公正原则，必须处理好效率与公平的关系，处理好先富与共富的关系。这些关于社会主义道德原则的阐释与论述，应该说既继承了前人又超越了前人，具有综合创新的意义和价值。教材最后一章集中论述了社会主义初级阶段的道德建设，对社会公德、职业道德、家庭美德和个人品德的内涵与特点、目标与任务以及怎样建设诸问题作出了全面系统的论述，主张以为人民服务为核心加强社会公德建设、职业道德建设、家庭美德建设和个人品德建设，自觉践行文明礼貌、助人为乐、爱护公物、保护环境、遵纪守法的社会公德，爱岗敬业、诚实守信、办事公道、服务群众、奉献社会的职业道德，尊老爱幼、男女平等、夫妻和睦、勤俭持家、邻里团结的家庭美德。论及个人品德的功能作用，教材指出个人品德不特是社会完善的推动力量，而且是自我完善的重要保障。作为社会主义道德建设的落脚点，个人品德状况影响着社会主义市场经济制度的完善和社会主义民主政治的进程，影响着社会主义精神文明建设的质量与和谐社会的建构。用社会主义核心价值体系引领当代中国伦理学研究，是贯穿该教材的主线和灵魂。社会主义核心价值体系是社会主义先进文化的精髓和社会主义意识形态的本质体现。中国特色的社会主义伦理学研究，必须坚持以社会主义核心价值体系为统领和主线，把社会主义核心价值体系贯穿于伦理学研究的始终。为社会主义核心价值体系建设提供学理支撑，更好地激励全体国民践行社会主义核心价值体系，铸造兴国强国和实现民族伟大复兴的精神魂魄，是当代中国伦理学必须而且应当承担的职责和义务。教材不仅较为深刻而又全面地论述了以社会主义核心价值体系引领伦理学研究的必要性以及如何引领的问题，而且自觉坚持在各章中贯穿这种引领和强化这种引领，使得这种引领成为主流伦理学得以建构的精神基座和风向航标。

此外，章海山、张建如编著的《伦理学引论》，张应杭编著的《伦理学》，郭广银主编的《伦理学原理》、周中之主编的《伦理学》等书亦对马克思主义的伦理学学科体系多有探讨，使马克思主义伦理学的科学体系日趋精进和完善。

三　中国革命道德和社会主义道德的培育锻铸

马克思主义伦理思想中国化是伴随着新民主主义革命、社会主义革命和社会主义现代化建设的伟大实践形成和发展起来的。马克思主义伦理思想中国化的实质就是马克思主义伦理思想的基本原理同中国革命、建设和改革的具体道德生活实际相结合，同中华民族优秀的伦理文化传统相结合。马克思主义伦理思想同中国革命、建设和改革的具体道德生活实践相结合，培育并锻铸了中国革命道德和社会主义道德。而中国革命道德和社会主义道德则是在中国化马克思主义伦理思想指导和指引下形成和发展起来的。中国革命道德和社会主义道德开辟了马克思主义伦理思想发展的新天地，为中国马克思主义伦理思想的形成和发展既提供理论源泉，又提供现实基础和条件。

中国革命道德是中国共产党人、人民军队、一切先进分子和人民群众在中国新民主主义革命和社会主义革命与建设中所形成的革命道德传统的集中体现，是中国共产党领导中国人民进行长期革命道德实践的精神凝聚，是中华民族优良道德文化在新的历史条件下的发展和创新，是马克思主义伦理思想与中国革命和建设的道德生活实践相结合的产物。中国革命道德萌芽于 1919 年五四运动，发端于中国共产党成立以后伟大的工人运动和农民运动，历经北伐战争、井冈山时期的斗争、抗日战争、解放战争而日益完善，并在社会主义革命和建设时期发扬光大。新中国成立后，中国革命道德继续得以发扬，它通过人民解放军的英雄气概和严明纪律，通过革命干部的廉洁奉公精神和艰苦朴素作风，在社会上产生了广泛的影响，有力地推进了社会风气的好转，极大地鼓舞了人民的革命热情和劳动热情，社会面貌焕然一新。在社会主义革命和建设中出现了一大批先进模范人物，比如，全心全意为人民服务、鞠躬尽瘁、死而后已的焦裕禄，不怕困难、勇挑重担、艰苦奋斗的王进喜，助人为乐、公而忘私的雷锋，身居闹市、一尘不染、抗拒腐蚀的"南京路上好八连"等，与此同时也形成了焦裕禄精神、铁人精神、雷锋精神、"好八连"精神。

中国革命道德是在现代中国社会大变革中产生和发展起来的。在建党和第一次国内革命战争时期，由于当时党在革命理论、路线、道路等问题上还没有全面的成熟的认识，还没有自己的根据地，党的革命影响并不能在一个相对固定的地域内发挥主导社会道德的作用，因而，中国共产党人只是根据当时的革命实践提出了革命救国、共产主义理想与信仰、为民众的解放而奋斗、革命牺牲精神等这些初步的共产主义道德内容。他们在中国历史上第一次把爱国与反帝反封建联系起来，崇尚既同封建主义道德对立也与资本主义道德决裂的共产主义道德，这种对共产主义道德的认同或向往成为中国革命道德萌芽的重要标志；共产党人以解放全人类为自己的目标，以实现共产主义为自己的理想，坚定的共产主义信念是共产党人政治方向和奋斗目标，也是其精神支柱和前进动力。这一时期，怀着强烈的爱国情感和追求真理的毛泽东、周恩来、朱德等一大批先进分子在经过对各种救国主张的对比和选择以后，树立了对共产主义的坚定信念，从而走上了革命道路，之后，不管风吹浪打，流血断头，他们对自己的选择从不动摇。第二次国内革命战争时期即土地革命战争时期，中国革命道德初步形成。1927 年春夏，蒋介石和汪精卫控制的国民党勾结帝国主义和封建势力发动了"四·一二"反革命政变和"七·一五"反革命政变，残酷屠杀共产党人和革命人民，制造了前所未有的白色恐怖，导致第一次国共合作全面破裂，使轰轰烈烈的大革命失败，中国革命暂时处于低潮。这时，年轻的中国共产党面临着严峻艰难的革命形势，更面临着如何激励广大共产党人和革命人民把中国革命继续推向前进、走什么样的革命道路这样重大的抉择。从 1927 年到 1928 年上半年，32.1 万多党的优秀分子和革命群众牺牲在敌人的屠刀之下。中国革命的处境异常险恶。同时，来自党内的"左"倾错误尤其是王明"左"倾冒险主义所导致的红军第五次反"围剿"的失败和红军的被迫长征，使异常险恶的处境雪上加霜，这对每一个党员和革命群众来说都是一种锻炼和考验。一些在革命高潮时参加党的不坚定分子有的宣布退党，有的则叛变变节。但更多的是共产党人"更坚决地继续着死难烈士的遗志，踏着死难烈士的血迹"勇往直前。在这种激烈的斗争环境中，除了坚持已形成的道德要求外，又有一些的道德规范应运而生，被明确地提出来。井冈山时期，为了使红军真正成为人民的军队，真正得到人民群众的拥护，毛泽东提出了三大纪律、六项注意，根据斗争的需要，后发展为三大纪律八项注意；自力更生、艰苦奋斗本是中华民族的传统美德，中国共产党人继承了这一优秀传统并把同革命的目标、人民的利益结合起来。井冈山时期，我党领导的人民军队中艰苦奋斗的精神已经十分突出，长征途中，又进一步得到强化，使其成为体现中国革命道德的井冈山精神和长征精神的重要内容；全体党员要"真心实意地为群众谋利益"，这是革命胜利的"真正的铜墙铁壁"。可以看出，中国革命道德的核心已基本明确；同时，作为一个革命的战斗的集体，强调每一个共产党人都要反对个人主义，坚持集体主义的价值观。

抗日战争时期，中国革命道德走向成熟，突出的标志是共产主义道德核心的确立和原则的提出，即以为人民服务为核心，以无产阶级集体主义为基本原则，表明中国革命道德作为一个完整的道德体系的成熟。抗日战争爆发后，抗日民族统一战线的建立，使革命斗争的形势和环境发生了重大变化。在新形势下，如何使革命队伍适应新的形势和任务，培养党的干部和对党员的道德教育成为党的工作和革命斗争的重要环节。如果说在这以前是严酷的斗争形势对中国革命道德的规范起着促进作用的话，那么，抗日战争时期，中国革命道德建设就带有主动性和自觉性。以毛泽东为代表的共产党人从党长期反对教条主义、本本主义的历史经验中，要求"共产党员应是实事求是的模范，又是具有远见卓识的模范。因为只有实事求是，才能完成确定的任务"。在为延安中央党校题词时，毛泽东把"实事求是"作为党的高级干部培养的目标和要求；对共产党员、党的干部、一般干部的道德要求等这一时期都作了明确的规定。革命道德的核心、原则的明确，其他革命道德规范的丰富，标志着中国革命道德已经形成为一个代表无产阶级和广大劳动人民利益和要求的完整的道德体系。

中华人民共和国成立后，革命道德不断发展、完善。中国革命道德发生作用的范围也由局部推广到全国，由党员、干部、革命军人扩展到全体人民中间。如何巩固新生的人民民主政权、进行社会主义革命和建设以及培育社会主义的新人等问题凸显出来。中国共产党在大力倡导革命道德使之精神更加发扬光大的同时，以毛泽东为首的党中央根据新中国成立后的实践，提出了一系列不同于战争年代的道德要求，如革命胜利后，要求全党务必保持谦虚、谨慎、不骄、不躁的作风，警惕资产阶级糖衣炮弹的袭击；明确加强纪律性，革命无不胜；勤俭建国、勤俭持家；并树立了社会主义新人的理想人格和完美道德的典型：雷锋精神、焦裕禄精神。在五六十年代，全国形成了革命的、健康的、朝气蓬勃的社会道德风尚，为中国社会的全面进步和社会主义革命和建设提供了精神动力和思想保证。

中国革命道德以实现社会主义和共产主义的崇高理想为最终目的，以全心全意为人民服务为根本核心，以集体主义为基本原则，高举爱国主义与国际主义相结合的旗帜，形成了无私奉献、顽强拼搏、艰苦奋斗、勤俭节约等道德品质和道德理想，并以革命英雄主义和革命乐观主义为基本特征。中国革命道德在漫长的革命和建设岁月中形成并发展为一个内涵丰富的规范体系，其中全心全意为人民服务既是革命道德的核心，又是一个必须遵守的道德规范。集体主义是中国革命道德的基本原则，它贯穿于中国革命道德规范体系的各个方面，因此又可以把它看作是一个高层次的道德规范。革命人道主义、革命功利主义和无产阶级爱国主义等既是重要的道德原则，也是重要的道德规范。此外、爱劳动、爱科学、爱护公共财物等也是中国革命道德的重要规范。中国共产党人继承了五四运动的光荣传统，高举科学旗帜，使科学精神深入人心。中国共产党始终是以工人阶级为主体的劳动人民的忠实代表，在任何时候都把爱劳动视为革命道德的一个重要规范，这是中国革命道德区别于剥削阶级道德的一个显著标志。除上述规范外，中国革命道德还包含其他方面的规定，比如，树立社会主义新风尚、建立新型人际关系、艰苦奋斗、勤俭节约、修身自律、保持节操，等等。中国的国情决定了要想改变中国的落后面貌，取得革命胜利，只能靠艰苦奋斗。艰苦奋斗最能体现中国共产党人的战斗风格和思想情操，因此，人们常常把艰苦奋斗直接看成是中国革命精神的集中体现。

中国革命道德是中国共产党人对马克思主义伦理思想的继承与发展，是马克思主义伦理思想中国化的实践成果。中国共产党是在马克思主义指导下建立起来的无产阶级革命政党，其道德的理论基础即是马克思主义的唯物主义历史观，唯物史观是在现代化大生产基础上和反对资产阶级的斗争中建立起的一种科学的世界观和历史观，它揭示了人类历史发展的客观规律，揭示了社会主义代替资本主义，共产主义是历史发展的总趋势的历史必然性，从而为中国革命道德的产生、形成、发展提供了科学的理论基础和方法论指导。以毛泽东为代表的老一辈无产阶级革命家，坚持以马克思主义伦理思想为指导，根据中国革命和建设不同发展阶段的任务要求，对中国革命道德的精神实质、基本原则和行为规范等作出了科学的阐释和论述。诸如，关于无产阶级的人性论和道德的阶级性，关于以全心全意为人民服务为宗旨、一切为人民的利益的革命功利主义，关于个人利益、集体利益和国家利益相结合的集体主义原则，关于爱国主义、国际主义和革命人道主义，关于动机和效果统一论的道德评价标准，等等，这是对马克思主义道德的继承也是对马克思主义伦理学说的创新和发展。这些重要的伦理思想，既同以"天命论"为理论依据的封建主义伦理道德相对立，又与建立在抽象的人性论基础上的、以个人主义和利己主义为其最基本的道德原则的资产阶级道德彻底划清了界限，从而扫除了笼罩在伦理道德领域里形形色色的唯心论和机械唯物论迷雾，使中国革命道德的形成和发展有了科学的基础。

中国革命道德是中华民族道德发展的新阶段，它的产生和形成是中国伦理道德发展史上空前的革命性变革，标志着占统治地位的封建主义道德体系的终结；中国革命道德的产生和形成又是道德进步规律使然，它同古代传统道德既有联系又有本质上的区别，既有继承又有创新，是在对古代传统道德扬弃和超越的前提下形成的马克思主义中国化的又一时代性成果。

中国革命道德既有科学的思想理论内核，又有深厚的中华民族文化底蕴①，内涵极为丰富。诸如，坚定的社会主义和共产主义理想信念，全心全意为人民服务的执政宗旨和人生观，坚持无产阶级的集体主义道德原则，倡导自强不息、艰苦奋斗、一不怕苦二不怕死的革命英雄主义精神，致力于民族振兴、祖国统一、富强的爱国主义传统，团结友爱、一方有难八方支援的社会风尚，等等。这些高贵品德和精神，既继承了中华优秀传统道德精神，又生动地体现了无产阶级世界观、人生观和价值观，成为凝聚和激励中华民族建设新社会的强大精神力量。中国革命道德传统是中华民族优良道德传统的继承和发展，是革命前辈留给我们的宝贵精神财富。如井冈山精神、长征精神、延安精神、红岩精神、西柏坡精神等都是伟大中华民族精神的具体体现。中国革命道德是近代以来中国社会大变革的时代性成果，它的生成和发展是伦理道德领域的一次空前革命，标志着封建主义伦理道德体系的终结，开创了中国伦理道德发展的崭新阶段，具有不可磨灭的划时代意义。

中国革命道德是中国共产党在领导中国革命和建设的伟大实践中以马克思主义伦理思想为指导，传承中国传统道德的精华所形成的一种适合中国国情的崭新道德体系。中国革命道德是马克思主义伦理思想同中国革命和建设实践相结合的产物。中国革命道德是中国共产党人在领导中国革命和建设的伟大实践中所形成的道德规范体系。她萌芽于建党和国民革命时期，初步形成于土地革命战争时期，成熟于抗日战争和解放战争时期，新中国成立后得以不断地完善和发展。中国革命道德以实现社会主义和共产主义的崇高理想为最终目的，以全心全意为人民服务为根本核心，以集体主义为基本原则，高举爱国主义与国际主义相结合的旗帜，形成了无私奉献、顽强拼搏、艰苦奋斗、勤俭节约等革命精神。作为迄今为止人类历史上最为先进的道德，中国革命道德是中华民族振兴的精神动力，在中国革命和建设的历史进程中已显示出了巨大的支撑力量。

社会主义和共产主义道德是人类历史上崭新的道德类型，它是以马克思主义思想为指导，以无产阶级集体主义为核心，以消灭私有制，实现财

---

① 乔法容：《中国革命道德：马克思主义中国化的重要理论成果》，《伦理学研究》2013 年第 6 期。

产社会公有和人的自由全面发展为目标的最科学最进步的道德形态。社会主义道德作为共产主义道德的初级形式是在批判继承人类历史上优良道德传统，并在同各种剥削阶级道德影响的斗争中不断发展和完善起来的。社会主义道德作为人类历史上既超越私有制社会统治阶级道德又超越劳动阶级道德的崭新的道德类型，经由中国马克思主义伦理学家的宣传推广，在20世纪的中国社会和人民心目中矗起了一座令人无限崇敬而又无限向往的伦理丰碑，成为中国新民主主义革命、社会主义革命和社会主义建设的伦理动原，集价值合理性和工具合理性于一体，有力地推动着中国社会的进步和中国伦理文化的发展。方志敏在狱中慷慨论死，指出"敌人只能砍下我的头颅，决不能动摇我们的信仰！因为我们信仰的主义，乃是宇宙的真理！为着共产主义牺牲，为着苏维埃流血，那是我们十分情愿的啊！"① 刘胡兰、董存瑞、江竹筠等一大批无产阶级革命烈士正是怀着对社会主义的无比信念才抒写了社会主义道德的光辉篇章。一如歌剧《江姐》中所唱的：正为了东风浩荡人欢笑，面对着千重艰险不辞难。为劳苦大众求解放，粉身碎骨心也甘。在社会主义革命和社会主义建设时期，社会主义道德和共产主义道德成为铁人王进喜，共产主义战士雷锋、王杰，党的好干部焦裕禄、郑培民，劳动模范郝建秀、李素丽，杰出科学家钱学森、王选等一大批民族精英、社会栋梁的精神支柱和动力源泉。社会主义道德在20世纪中国土地上的兴起和不断发展，"是世界劳工阶级的胜利，是20世纪新潮流的胜利。"它犹如长江水滚滚而来，有力地涤荡着旧道德的污泥浊水，使中国社会的道德生活到处都有"风靡云涌、山鸣谷应的样子。"（李大钊语）

社会主义道德是在无产阶级自发形成的朴素的道德基础上，以马克思主义的世界观为指导，由无产阶级自觉培养起来的道德；是以为人民服务为核心，以集体主义为原则，以诚实守信为重点，以社会主义公民基本道德规范和社会主义荣辱观为主要内容，以代表无产阶级和广大劳动人民根本利益和长远利益的先进道德体系。社会主义道德以为人民服务为核心，以集体主义为原则。为人民服务精神和集体主义原则，是社会主义内在的本质要求，是社会主义经济政治制度的伦理反映。为人民服务是社会主义

---

① 方志敏：《死》，《方志敏文集》，人民出版社1985年版，第144页。

道德的核心。为什么人的问题是做人的根本问题，也是区分无产阶级道德与资产阶级道德、社会主义道德与资本主义道德的根本标准。无产阶级的使命不仅仅是为了解放自己，而是为了解放全人类。它的根本宗旨是为人民谋利益。坚持为人民服务，首先要树立为人民服务的价值取向。这是人生首要的、根本的问题，也是无产阶级人生价值观与剥削阶级人生价值观的根本区别。在无产阶级看来，人生的真正意义在于奉献，在于为社会、为他人多作贡献，这是大前提，也是做人的根本问题，这个问题解决了，做人的其他问题才有可能正确解决。社会主义道德的基本原则是集体主义。在社会主义社会中，国家利益、集体利益和个人利益在根本上是一致的。坚持集体主义原则，要正确地处理国家、集体和个人三者的利益关系。集体主义的基本内容之一，就是要把国家利益与社会集体利益放在首位，把个人利益与国家、集体利益结合起来。在集体利益和个人利益发生矛盾的情况下，集体主义要求做到个人利益、局部利益服从集体利益、全局利益，以促进个人、局部与集体、全局的协调发展。集体主义坚持认为，只有在集体中，个人才能获得全面发展其才能的手段，也就是说，只有在集体中才可能有个人自由。没有集体主义精神，不可能有每个人的自由而全面地发展。确立社会主义道德原则是集体主义，这是社会本质的必然要求。以社会为本位的集体主义，这是社会主义社会确立的价值目标。集体主义是社会经济关系所表现出来的利益决定的。集体主义原则体现了社会主义按劳分配、共同富裕本质的要求。社会主义按劳分配原则是解决经济利益分享的基本原则，以劳动者为社会所付出的劳动数量和质量为尺度，分配给相应的物质利益，既保证了个人利益的正当性和合理性，又鼓励个人勤奋劳动为社会多创造财富，保证社会集体利益的稳定发展，体现了调节国家利益、集体利益和个人利益的公平合理。在社会主义条件下，明确了社会主义道德原则是集体主义，便能正确地处理好人与人之间的各种利益关系，正确处理好个人利益同社会利益、集体利益、国家利益之间的关系。集体主义作为社会主义道德的基本原则，就在于它把个人利益同集体利益结合起来，而不是绝对对立起来。依据集体主义原则能够在总体上解决社会主义经济建设的公平和效率问题。社会主义道德建设的基本要求是：爱祖国，爱人民，爱劳动，爱科学，爱社会主义。2006年3月，胡锦涛同志在看望政协委员时发表了关于树立社会主义荣辱观的重要讲话，"八荣八耻"符合广大人民群众的价值判断，概括了社会主义基本道德规范的本质要求，也体现了社会主义价值观的鲜明导向，是新时期社会主义道德的重要内容。加强社会主义道德建设。坚持依法治国和以德治国相结合，加强社会公德、职业道德、家庭美德、个人品德教育，弘扬中华传统美德，弘扬时代新风。深入开展道德领域突出问题专项教育和治理，加强政务诚信、商务诚信、社会诚信和司法公信建设。大力弘扬民族精神和时代精神，深入开展爱国主义、集体主义、社会主义教育。倡导富强、民主、文明、和谐，倡导自由、平等、公正、法治，倡导爱国、敬业、诚信、友善，积极培育社会主义核心价值观。社会主义道德是符合社会进步要求的。社会主义道德是与人类社会的发展要求相一致的。

社会主义建设道德是在社会主义革命和建设实践中萌生和形成的道德类型，是一种在社会主义现代化建设实践中得以不断丰富和创造性发展的道德类型。社会主义建设道德是与社会主义精神文明建设、公民道德建设主题相适应的道德类型。它在当今社会的发展要求是必须与社会主义市场经济相适应，与法律规范相协调，与中华民族传统美德相承接。建立和发展与社会主义市场经济相适应，与法律规范相协调，与中华民族传统美德相承接的社会主义道德，应当正确处理社会尊重个人合法权利和公民承担社会责任的关系、注重效率与维护社会公平的关系、个人价值与社会价值的关系、道德的先进性与广泛性的关系、价值导向一元化与价值取向多样性的关系、继承优良传统与弘扬时代精神的关系、吸收人类优良道德成果与承接中华民族传统美德的关系等，根据社会主义市场经济条件下道德生活出现的新情况、新问题、新矛盾，创造性地推进道德建设，发展起以马克思主义伦理思想为指导，以为人民服务为核心，以集体主义为基本原则，坚持人民主体地位，坚持维护公平正义，坚持共同富裕、和平崛起、和谐发展的价值目标。

四 开放包容的伦理文化建设格局的形成发展

马克思主义伦理思想中国化，使中国人民把自己的命运和世界人民的命运联系起来考察，开放性的伦理视野日趋形成，世界性和民族性的结合成为中国伦理思想的主流，中国伦理思想和中国人民的道德生活面向世界和面向未来的价值取向日趋坚定，并有效地扮演了引领中国社会道德生活潮流的重要角色。

马克思主义伦理思想并不是离开人类文明大道而产生的宗派，而是一个开放的科学体系。虽然马克思主义者常说，马克思主义伦理思想是全人类伦理智慧的结晶，但它没有穷尽伦理生活的真理与价值，决不能认为马克思主义伦理思想已总结、概括了世界各国、各民族的所有伦理文明成果，决不能把世界各国、各民族的伦理文明成果仅仅作为它的"注释"和"证明"。实事求是地讲，马克思恩格斯及列宁主要是总结了欧洲的伦理文明成果。因此，马克思主义伦理思想要发展，就要与时俱进，不断地总结和吸收世界各民族人民的伦理智慧。马克思主义伦理思想的中国化，极大地丰富和发展了马克思主义伦理思想。同时，马克思主义伦理思想中国化的进程，又进一步奠定了马克思主义伦理思想与时俱进的理论品质。

毛泽东伦理思想注重把民族性与世界性结合起来，赋予马克思主义以鲜活的民族形式和民族色彩，从而极大地发展了马克思主义，推动了中国伦理文化的伟大变革。在论述新民主主义文化的时候，毛泽东指出："这种新民主主义的文化是民族的。它是反对帝国主义压迫，主张中华民族的尊严和独立的。它是我们这个民族的，带有我们民族的特性。它同一切别的民族的社会主义文化和新民主主义文化相联合，建立互相吸收和互相发展的关系，共同形成世界的新文化；但是决不能和任何别的民族的帝国主义反动文化相联合，因为我们的文化是革命的民族文化。中国应该大量吸收外国的进步文化，作为自己文化食粮的原料，这种工作过去还做得很不够。这不但是当前的社会主义文化和新民主主义文化，还有外国的古代文化，例如各资本主义国家启蒙时代的文化，凡属我们今天用得着的东西，都应该吸收。"① 至于如何吸收，毛泽东提出了去其糟粕、吸其精华的批判继承法，并以此作为新民主主义文化和社会主义文化建设的基本方针。

以邓小平为代表的党中央第二代领导集体在领导中国人民进行改革开放和社会主义现代化建设的过程中也特别注重面向世界和面向未来，认为"社会主义要赢得与资本主义相比较的优势，就必须大胆吸收和借鉴人类社会创造的一切文明成果，吸收和借鉴当今世界各国包括资本主义发达国

① 毛泽东：《新民主主义论》，《毛泽东选集》第2卷，人民出版社1991年版，第706—707页。

家的一切反映现代社会化生产规律的先进经营方式、管理方法。"① 邓小平还把能否坚持改革开放和发展经济当作判断真假社会主义的重要标准，强调"不改革开放，不发展经济，不改善人民生活，只能是死路一条。"②

江泽民指出："中国的发展和进步，离不开世界各国的文明成果。我们的社会主义现代化建设，需要继承和发扬中华民族的优秀文化传统，也需要学习和吸收世界各国人民包括在资本主义制度下创造的优秀文明成果。这种学习，应该立足于中国实际，立足于增强中华民族自力更生的能力。只有这样，中国人民才能同各国人民一道，在促进世界和平与发展方面充分发挥自己的作用。"③ 在纪念深圳经济特区建立二十周年庆祝大会上的讲话中，江泽民进一步阐述了社会主义文化建设包括道德建设的方法和原则，指出开展社会主义精神文明建设"要做到既善于学习和借鉴人类文明的一切优秀成果，又善于继承和发扬中华民族一切优秀的思想、道德、文化传统，有效抵御各种消极腐朽思想文化的侵蚀，始终保持社会主义的精神风貌。"④ 马克思主义伦理思想中国化的形成和发展充满着开放的品格，是面向世界和善于吸收人类一切伦理文明优秀成果的。它并没有脱离人类伦理文明发展的大道，而是全面继承了人类伦理文明的优秀成果并给以创造性的发展的。

十六大以来，以胡锦涛为总书记的新一届党中央也十分强调批判继承中华民族优秀的伦理文化传统，同时吸收人类伦理文化的合理因素，为建设具有中国特色的社会主义伦理文化服务。中华文化自古以来崇尚海纳百川，有容乃大，"主张吸纳百家优长，兼集八方精义。"⑤ 当代中国建设社会主义文化更注重兼收并蓄，博采各种文明之长，主张推动不同文明之间的对话和交融。伴随着中华民族走向伟大复兴的历程必然迎来一个中华文

---

① 邓小平：《在武昌、深圳、珠海、上海等地谈话的要点》《邓小平文选》第3卷，人民出版社1993年版，第373页。

② 同上书，第370页。

③ 江泽民：《爱国主义和我国知识分子的使命》，《江泽民文选》第1卷，人民出版社2006年版，第124页。

④ 江泽民：《在深圳经济特区建立二十周年庆祝大会上的讲话》（2000年11月14日），参阅《十五大以来重要文献选编》（中），第1444页。

⑤ 胡锦涛：《在美国耶鲁大学的演讲》，《十六大以来重要文献选编》（下），中央文献出版社2008年版，第430页。

化的繁荣兴盛。"中华文化是中华民族生生不息、团结奋斗的不竭动力。要全面认识祖国传统文化，取其精华，去其糟粕，使之与当代社会相适应、与现代文明相协调，保持民族性，体现时代性……加强对外文化交流，吸收各国优秀文明成果。"① 只有这样，才能真正建设好社会主义先进文化，促进马克思主义伦理思想中国化发展。

中国马克思主义的伦理思想同中国社会和人民发展变化着的道德要求密切相关，始终充满着解放思想、实事求是和与时俱进的品质和精神。也正因为这样，才引领了中国社会一次又一次道德变革的潮流，实现了中国伦理文化的马克思主义化和马克思主义伦理思想的中国化，抒写了人类伦理文明的崭新篇章。

第二节　马克思主义伦理思想中国化的基本特征

以马克思主义的世界眼光，观察不断发展变化的道德生活发展形势，牢牢把握社会主义伦理文化发展的大方向，使马克思主义伦理思想中国化不断与中国具体的道德国情相结合、与时代发展的伦理要求同进步、与人民群众的道德生活期待共契合，使其不断焕发出强大的生命力、创造力和感召力。

一　科学性与人民性的有机结合

马克思主义哲学包括伦理思想的基本精神，就是在尊重客观规律特别是社会规律的基础上，为绝大多数人即全体人民（包括其中每一个人）谋利益。其中，"尊重客观规律特别是社会规律"是前提和基础，它体现了马克思主义哲学的科学性；不尊重规律、不讲究科学，就没有马克思主义哲学。而"为绝大多数人即全体人民（包括其中每一个人）谋利益"，则是核心和目的，它体现了马克思主义哲学的人民性；不能把自我利益摆到适当位置上，没有为人民谋利益的奉献精神、牺牲精神，不是真正的马

① 胡锦涛：《高举中国特色社会主义伟大旗帜，为夺取全面建设小康社会新胜利而奋斗：在中国共产党第十七次全国代表大会上的讲话》，《十七大报告辅导读本》，人民出版社 2007 年版，第 34 页。

克思主义者。它们是科学性与人民性的统一，求真理与求价值的统一。①

马克思主义伦理思想中国化继承并发展了马克思主义科学性与人民性相统一的精神品质，并将其推进到新的阶段和水平，实现了严谨的科学性和鲜明的人民性的有机结合，是求真务实之科学精神与服务人民之价值核心的有机统一。所谓严谨的科学性是指它始终以道德生活的客观事实为根据，以科学的立场、观点和方法揭示中国特色社会主义伦理文化建设的本质规律，并以严整的逻辑形式加以科学的理论表达。马克思主义伦理思想中国化最新成果的形成是对中国改革开放以来道德生活和道德建设的正确反映，全面、系统地反映了中国特色社会主义伦理文明发展过程中的本质联系和必然趋势，是对社会主义道德建设客观规律的科学把握。因此，具有严谨的科学性。马克思主义伦理思想中国化最新成果从对人类社会发展规律、社会主义建设规律和共产党执政规律的科学认识和总体把握出发，深刻探讨并论述了人类道德生活发展进化的规律和社会主义伦理文化建设的规律，揭示出社会主义道德战胜资本主义道德的必然性和不可抗拒性，既深刻阐述了中国特色社会主义伦理思想的丰富内涵，又深刻阐述了以社会主义核心价值体系引领社会思潮，在包容多样的基础上立主导的价值选择等问题，实现了科学真理与价值追求的辩证结合。这一伦理思想的科学性还具体体现在求真性，即追求真理之中。真理是客观存在的，求真性即是勇于探索真理、敢于追求真理，善于把握事物发展的内在规律。改革开放以来，我们党推进的马克思主义伦理思想中国化理论创新过程，本质上就是在坚持马克思主义伦理思想基本原理的基础上，根据中国当代道德生活的实际情况，适应时代要求，解放思想，实事求是，与时俱进，大胆探索真理、追求真理、把握真理的理论创新实践过程。

马克思主义伦理思想在最根本意义上是为了无产阶级的解放和自由，为了广大人民群众自由全面的发展服务的。人民群众是历史的创造者，这既是马克思主义唯物史观的基本观点，也是马克思主义伦理思想的价值旨归——为人民大众服务。马克思主义经典作家在科学阐明人类历史发展规律的同时，也科学论述了人民群众创造历史的主体作用，创立了群众史观。在《神圣家族》中，马克思指出："历史活动是群众的事业，随着历

---

① 参阅董德刚：《马克思主义哲学中国化的三维审视》，《理论视野》2012 年第 8 期。

史活动的深入，必将是群众队伍的扩大。"① 共产主义运动一开始就是广大群众的运动，广大群众在共产主义运动中所放射出来的道德光芒是过去的历史所未曾有过的。"人们只有了解英法两国工人的钻研精神、求知欲望、道德毅力和对自己发展的孜孜不倦的追求，才能想象这个运动的合乎人道的崇高境界。"② 马克思主义伦理思想的人民性特征在其著作中有广泛而深刻的表述。恩格斯在《英国工人阶级状况》一文中，对英国无产阶级的道德品质充满敬意地写道："我相信，你们是认识到自己的利益和全人类的利益相一致的人，是伟大的人类大家庭的成员。对你们作为这样的人，作为这个'统一而不可分的'人类家庭的成员，作为真正符合人这个词的含义的人，我以及大陆上其他许多人祝贺你们在各方面的进步，并希望你们很快获得成功。"③ 在恩格斯看来，拯救英国脱离苦难，必须而且只有依靠工人阶级，工人阶级的道德是人类进步的希望。《共产党宣言》直接号召无产阶级推翻资产阶级的统治，在解除自己锁链的同时维护自己的利益并确立自己的统治地位。马克思主义伦理思想中国化最新成果具有鲜明的人民性。所谓鲜明的人民性是指马克思主义伦理思想中国化最新成果尊重人民群众的首创精神，始终坚持人民利益至上和为人民服务的价值取向，以最广大人民的根本利益为本，以实现人的全面发展为目标，坚持发展为了人民、发展依靠人民、发展成果由人民共享，从而使社会主义道德建设的价值追求更加明确。马克思主义伦理思想中国化最新成果饱含民本情怀、民生情愫和执政为民理念，把尊重人民主体地位，发挥人民首创精神，实现好、维护好、发展好最广大人民的根本利益，保障人民各项权益，确保社会公平正义，不断促进社会和谐作为党和国家一切工作的出发点和落脚点，把全体人民学有所教、劳有所得、病有所医、老有所养、住有所居视为社会的普遍幸福的社会正义，坚持发展为了人民、发展依靠人民、发展成果由人民共享，这种人文关怀彰显的关怀伦理符合伦理发展的大趋势，本质上是人民至上伦理，体现出凝聚人心、催人奋进的

---

① 马克思、恩格斯：《神圣家族》，《马克思恩格斯文集》第 1 卷，人民出版社 2009 年版，第 287 页。

② 同上书，第 290 页。

③ 恩格斯：《英国工人阶级状况》，《马克思恩格斯文集》第 1 卷，人民出版社 2009 年版，第 384 页。

强大生命力。邓小平提出了"三个有利于"的标准，并以时刻关注最广大人民的利益和愿望，总是把人民拥护不拥护，赞成不赞成，高兴不高兴，答应不答应作为制定各项方针政策的出发点和归宿。邓小平一再倡导，要始终尊重人民群众创造历史的伟大实践，尊重群众首创精神。"三个代表"重要思想伦理思想，其核心就是，通过发展先进生产力、发展先进文化，最终实现最广大人民的根本利益，促进人的全面发展，并明确把是否代表最广大人民的根本利益作为判断一个政党是否先进的根本标准。科学发展观伦理思想坚持以人为本，尊重人民的主体地位，发挥人民首创精神，把实现好、维护好、发展好最广大人民的根本利益作为党和国家一切工作的出发点和落脚点，强调"发展为了人民、发展依靠人民、发展成果由人民共享"。

二　民族性与时代性的辩证统一

中国马克思主义伦理思想的形成和发展具有深厚的历史文化根基，吸收了中国 5000 多年优秀的传统伦理文化。我们党十分重视优秀传统文化的历史意义和现实价值，把当代马克思主义理论与中华民族的文化特质、思维模式、价值取向、行为方式结合起来，汲取思想精华，赋予新的时代内涵，使之与当代社会相适应，与现代文明相协调。邓小平伦理思想、"三个代表"重要思想伦理思想、科学发展观伦理思想等马克思主义伦理思想中国化最新成果，都是马克思主义伦理思想基本原理与中国优秀伦理文化传统相结合的产物，因而与中华优秀传统伦理文化中许多进步思想观点都有某种契合之处、相通之处。如传统伦理文化中提倡的"天下兴亡、匹夫有责"的爱国传统，天地之间"莫贵于民"的民本思想，"以和为贵"、"协和万邦"、"和而不同"的和合理念，革故鼎新、因势而变的创新精神，扶正扬善、恪守信义的浩然正气等等，都在马克思主义伦理思想中国化最新成果中直接或间接地有所反映、有所体现，彰显出马克思主义伦理思想中国化最新成果深厚的传统伦理文化底蕴。邓小平伦理思想通俗易懂又博大精深，中国传统文化中的"重民"、"安民"、"富民"的民本思想，"革故鼎新"的改革精神，"和而不用"和"执两用中"思维方式，在邓小平著作中有突出的体现。"三个代表"重要思想伦理思想渗透着中国传统伦理文化，如，"小康"一词是中国古人的理性社会阶段，党的十六大把"全面建设小康社会"作为 21 世纪头二十年全党全国人民的奋斗目标；又如，"法治"与"德治"相结合的治国方略。科学发展伦理思想深深扎根于民族伦理文化的土壤中，与传统伦理文化有着复杂的、千丝万缕的联系，坚持"以人为本"是科学发展观的本质和核心，它与影响中国政治文化长达 2000 多年的"人文精神"之间脉脉相连；"科学发展观"强调发展的"全面、协调和可持续性"不仅体现了"中国式的智慧——中庸协和"，同时也体现了"自然法则与处世结晶——天人合一与和合精神"。

中国马克思主义伦理思想具有鲜明的时代性，即始终站在时代前列，敏锐把握时代特征，准确反映时代要求，合理引导时代潮流，是时代伦理精神精华的集中体现。从社会主义现代化建设三位一体格局到四位一体格局到五位一体发展格局，从又快又好发展到又好又快发展，从全方位对外开放到融入经济全球化等新思路、新举措，都充满了浓郁的时代气息，体现出鲜明的时代特色。其一，准确把握发展这个时代主题。改革开放以来，我国的生产力得到了快速发展，人民群众的物质文化生活得到了很大改善，但我们仍然并将长期处于社会主义初级阶段，社会主要矛盾仍然是人民日益增长的物质文化需要同落后的社会生产之间的矛盾，解放和发展生产力始终是这个阶段的中心任务。为此，马克思主义伦理思想中国化最新成果始终突出发展这个主题，提出"发展是硬道理"、"发展是执政兴国的第一要务"、"科学发展观第一要义是发展"等论断，形成了颇具中国特色、代表世界发展伦理最高水平的科学发展伦理思想，把中国的发展与实现社会主义现代化，实现中华民族伟大复兴紧密联系在一起，把中国的发展进步与世界的发展进步联系在一起，牢牢抓住经济建设这个中心，聚精会神搞建设，一心一意谋发展，使中国特色社会主义进入了科学发展、和谐发展、和平发展的新时期。其二，紧紧抓住了改革创新这个时代精神。解放思想、求真务实、锐意改革、开拓创新，这既是改革开放和社会主义现代化建设实践的高度概括，也是当代中国人民精神状态的深刻反映，是时代伦理精神的集中体现。在新的发展阶段，我们要继续奋力开拓中国特色社会主义新局面，根本动力仍是改革创新。以改革创新为核心的时代精神，不特是社会主义核心价值体系的有机构成，更是全面建成小康社会、基本实现中国社会主义现代化建设的必然要求和精神武装，是开创中国特色社会主义现代化事业的必要保证和动力源泉。

当今的时代是一个大发展、大分化、大调整、大转型的新时代。不断推进马克思主义伦理思想中国化进程，就必须深刻把握马克思主义发展面临的新的时代特色，不断延伸马克思主义伦理思想中国化的时代性，在新的历史语境中为马克思主义注入新鲜的时代血液。中国共产党成立以来、新中国成立以来、改革开放以来、十六大以来的每一个历史阶段都会面临不同的挑战和时代任务，每一时代都有自己需要解决的特殊的时代任务。时代性彰显了马克思主义中国化的宏大视野。中国共产党人当前面临的时代任务就是在坚持改革开放的前提下，全面建成小康社会，开创中国特色社会主义发展的新局面。马克思主义中国化时代性的延伸，一定要结合党的每一历史阶段的中心工作和时代赋予的历史使命。十六大以来的十年，被称为中国社会发展的"黄金十年"，同时也被称为是中国共产党执政环境最为复杂的十年。无论是关于中国发展的"黄金机遇期"，还是关于中国发展的"矛盾凸显期"的时代判断，都预示着当代中国的时代变迁的剧烈和深刻，已经远远超出了我们的想象。在改革开放初期，发展经济成为执政党的中心课题。坚持以经济建设为中心，尽快实现跨越式发展，尽快改善人民生活，提高综合国力和国际竞争力，成为考验中国共产党执政能力的重要标准。经济绩效的持续稳定、保持、增长，有效地提升了中国共产党的执政合法性。随着经济绩效的增长和积累，经济社会发展中的矛盾和问题也不断积累和暴露，如环境恶化、资源浪费、贫富差距、社会分化、群体性事件频发、官员群体腐败、执政合法性降低等。尤其是在发展过程中的见物不见人、GDP崇拜、社会制度缺失和部分地区和人群的道德滑坡或沉沦，都给社会的进步与文明带来了阻碍。科学发展观伦理思想之所以会应运而生，就是因为我们的发展理念、党的执政理念都需要实现科学转型、现代转型。唯有以人为本，全面协调可持续才能实现经济社会的健康发展。

三　本土性与世界性的交融互渗

中国马克思主义伦理思想立足于中国实际，坚持从我国的道德国情出发，强调道德是经济基础的反映，而不是脱离历史发展的抽象观念。当前我国最大的道德国情是处在社会主义初级阶段。邓小平提出的社会主义初级阶段理论正是对中国的社会历史发展阶段进行的科学定位。邓小平指出："我们搞社会主义才几十年，还处在初级阶段。巩固和发展社会主义制度，还需要一个很长的历史阶段，需要我们几代人、十几代人，甚至几十代人坚持不懈的努力奋斗，决不能掉以轻心。"① 建设社会主义要基于中国的国情，基于中国所处的历史阶段，决不能随意超越这个历史阶段。邓小平强调要尊重现实，要从实际出发，要根据中国的现实国情开展社会主义现代化建设。他指出："社会主义本身是共产主义的初级阶段，而我们中国又处在社会主义的初级阶段，就是不发达的阶段。一切都要从这个实际出发，根据这个实际来制订规划。"② 社会主义初级阶段理论充分体现了我党在理论创新实践中始终坚持的实事求是、一切从实际出发的务实精神，充分体现了这一理论的务实性特征。社会主义初级阶段是逐步摆脱不发达状态，基本实现社会主义现代化的历史阶段，是逐步缩小同世界先进水平的差距，在社会主义基础上实现中华民族伟大复兴的历史阶段。在社会主义初级阶段，不但必须实行按劳分配，发展社会主义市场经济和竞争，而且在相当长历史时期内还要在公有制为主体的前提下发展多种经济成分，在共同富裕的目标下鼓励一部分人先富起来。因此"全民范围的道德建设，就应当肯定由此而来的人们在分配方面的合理差别，同时鼓励人们发扬国家利益、集体利益、个人利益相结合的社会主义集体主义精神，发扬顾全大局、诚实守信、互助友爱和扶贫济困的精神。社会主义道德所要反对的，是一切损人利己、损公肥私、金钱至上、以权谋私、欺诈勒索的思想和行为，而决不是否定按劳分配和商品经济，决不能把平均主义当作我们社会的道德准则。"③ 坚持从社会主义初级阶段的具体道德国情来谈道德建设，坚持一切从实际出发，实事求是，既不降低社会主义道德建设的标准，也不过分拔高社会主义道德建设的标准，形成鼓励先进，照顾多数，把先进性的要求和广泛性的要求结合起来的道德建设局面，才

---

① 邓小平：《在武昌、深圳、珠海、上海等地的谈话要点》，《邓小平文选》第3卷，人民出版社1993年版，第379—380页。

② 邓小平：《一切从社会主义初级阶段的实际出发》，《邓小平文选》第3卷，人民出版社1993年版，第252页。

③ 《中共中央关于社会主义精神文明建设指导方针的决议》，《十二大以来重要文献选编》（下），中央文献出版社2011年版，第127—128页。

能连接和引导不同觉悟程度的人们一起向上，形成凝聚亿万人民的精神力量。马克思主义伦理思想中国化最新成果自始至终是从我国当代道德生活实际出发的，是用来解决我国实际伦理道德问题的。

马克思主义伦理思想中国化最新成果本质上不仅是立足中国而且也是面向世界的，是立足中国与面向世界的有机结合。党的十一届三中全会以来，我们开始了在与世界互动中建设中国特色社会主义的新征程，注意从世界与中国的双重维度去观察、思考和解决伦理道德问题，面向世界科学研究各个不同阶段国际道德形势及其发展趋势，推动中国精神文明和伦理道德不断发展，不断为中国特色社会主义伦理思想注入新的内涵，是马克思主义伦理思想中国化最新成果的精神特质。马克思主义伦理思想中国化最新成果具有面向世界的开放性特征，首先表现在这一思想体系是面向世界、面向时代诉求的理论创新成果，是在当今全球化浪潮日趋高涨的条件下对我国如何面对世界、如何融入世界、如何营造良好的国际合作氛围、如何为中国的发展创造适宜的国际环境等重大时代命题的科学破解，是我们党在国际合作与发展重大问题上的重大理论创新。这一理论创新成果的形成，标志着中国马克思主义者具备了视野的开拓性、思维的开放性，标志着中国共产党人既立足于本国的基本国情，又善于睁大眼睛看世界，追踪世界的发展轨迹，顺应时代的发展潮流，将中国的发展融入世界的发展之中。其次，马克思主义伦理思想中国化最新成果的开放性特征还表现在它所指导着的中国特色社会主义精神文明和道德建设面向世界、面向未来。邓小平、江泽民、胡锦涛、习近平等坚持用宽广的眼界观察世界，对世界新格局和时代特征，对发展中国家谋求发展的得失、发达国家发展态势以及国家关系，对经济全球化等问题，都作出过科学的分析判断，提出过许多合理化建议和主张。如主张政治上相互尊重，平等协商；经济上相互合作，优势互补，共同推动经济全球化朝着均衡、普惠和共赢方向发展；文化上相互借鉴，求同存异，尊重多样性，共同促进人类文化繁荣进步，等等。针对近年来世界和平与发展进程中各种矛盾、摩擦、动荡、冲突愈来愈激烈的局面，我们党以全球思维和世界眼光，提出建设持久和平、共同繁荣的和谐世界思想，得到越来越多国家的理解和赞同。这些伦理理论和主张，既丰富和发展了马克思主义伦理思想的内涵，也极大地提升了中国的国际形象、地位和影响力，营造了良好的外部环境和条件。

四　理论性与实践性的相互连通

伦理思想源于道德生活实践又高于道德生活实践，道德生活实践是伦理思想的源泉又需要伦理思想的指导。改革开放以来我国社会主义精神文明和道德建设建设的历史进程，就是一个道德生活实践催生理论又呼唤理论的过程。唯物史观不同于唯心史观的一个地方就在于"不是在每个时代中寻找某种范畴，而是始终站在现实历史的基础上，不是从观念出发来解释实践，而是从物质实践出发来解释各种观念形态。"① 唯物史观坚持道德观念来自于道德实践的原理，并认为人们的道德生活实践永远是伦理思想的源头活水。马克思和恩格斯在《德意志意识形态》中指出："个人怎样表现自己的生命，他们自己就是怎样。因此，他们是什么样的，这同他们的生产是一致的——既和他们生产什么一致，又和他们怎样生产一致。因而，个人是什么样的，这取决于他们进行生产的物质条件。"② 马克思主义之所以能和中国实际紧密结合，焕发出勃勃生机，不断开拓出马克思主义理论发展的新境界，也正是源于其实践性的提升。马克思主义科学地阐明了实践的观点在自身理论体系中的基础和核心作用。与那些脱离实际的抽象教条截然不同，马克思主义是在实践中产生又经过实践检验并随着实践的发展而发展的科学真理。马克思主义特别强调其改造世界的实践功能。马克思主义决不是像黑格尔所比喻的那种黄昏时才起飞的"猫头鹰"，即事后才进行反思的科学，而是马克思自己所比喻的迎接人类黎明即人类解放的"高卢雄鸡"，即批判旧世界建设新世界的科学理论。它的"全部问题都在于使现存世界革命化，实际地反对并改变现存的事物。"③

马克思主义伦理思想中国化最新成果是我们党的精神旗帜，又是中国各族人民团结奋斗的共同思想基础，是党的执政理念、价值追求与人民群众的普遍心愿与更高期待的统一。在马克思主义伦理思想中国化最新成果的创立过程中，人民群众始终是推进中国特色社会主义伟大实践的根本动

---

① 马克思、恩格斯：《德意志意识形态》，《马克思恩格斯文集》第 1 卷，人民出版社 2009 年版，第 544 页。

② 同上书，第 520 页。

③ 同上书，第 527 页。

力，是马克思主义伦理思想创新的主体；尊重群众的首创精神，善于发现群众的创造、集中群众的智慧，则是我们党的优秀品质。在马克思主义伦理思想中国化最新成果的形成过程中，始终贯穿着党的领导与群众创造相互联系、互相促进的辩证统一关系。邓小平曾经深刻地揭示了这种关系，他说："改革开放中许许多多的东西，都是群众在实践中提出来的。""绝不是一个人的脑筋就可以钻出什么新东西来"，"这是群众的智慧，集体的智慧。我的功劳是把这些新事物概括起来，加以提倡。"在改革开放和现代化建设的新形势下，人民群众的积极性、主动性和创造性被极大地调动了起来，他们在实践中创造了许多新事物、新经验，这正是马克思主义伦理思想中国化最新成果得以形成的实践基础。马克思主义伦理思想中国化最新成果的重大理论观点，无不与激发社会各阶层、各领域的创造活力密切相关，而这些举措的成功，又无一不是人民群众的创造活力和创造才能充分发挥的结果。

作为中国特色社会主义伦理思想体系中三种具体理论形态的邓小平伦理思想、"三个代表"重要思想伦理思想和科学发展观伦理思想，一方面，扎根广大人民群众道德生活实践的沃土，是在中国特色社会主义伟大实践中创立起来的，即根据马克思主义伦理思想的基本原理，如实及时地反映社会主义道德生活实践的发展变化，对人民群众创造的道德生活新经验进行抽象概括，从中寻找发现规律，升华为科学理论成果。另一方面，从道德生活实践发展的需要出发，用不断创新的理论指导新的实践，从战略和全局的高度对不同时期、不同阶段社会主义道德建设实践中所面临的重大现实问题作出科学回答，对改革开放发展过程中的深层次利益矛盾进行深入剖析，对人民群众中的思想困惑给予合理解释，由此推动中国特色社会主义事业不断向前发展，成功地实现了伦理思想与道德生活实践的高度统一。

五　继承性与创新性的融合贯通

马克思主义伦理思想中国化最新成果，继承发扬民族优秀伦理文化传统而又充分体现社会主义的时代伦理精神，立足本国而又充分吸收世界伦理文化优秀成果，既同伦理文化上的民族虚无主义倾向作斗争，又坚决反对闭关自守和不思进取的国粹主义。马克思主义伦理思想中国化最新成果主张继承中华民族优秀的伦理精神，继承近代以来形成的革命道德传统。中华民族历史悠久，我们的祖先在这块土地上创造了灿烂的物质文明和精神文明，形成了具有民族特色的文化传统，为人类文明作出了卓越的贡献。在中国革命和社会主义现代化建设过程中形成的井冈山精神、长征精神、延安精神、雷锋精神、"两弹一星"精神、抗洪精神等都是中华民族精神的宝贵财富，值得我们珍惜和大力弘扬。社会主义道德建设也离不开对人类一切优秀道德成果的借鉴与吸收，我们不仅要反对全盘西化和民族伦理虚无主义，也要对伦理文化观上的保守主义倾向和盲目排外倾向持否定态度，批判继承人类社会包括西方资本主义社会所创造的一切先进的伦理文明成果。

　　马克思主义伦理思想中国化最新成果是一个由邓小平伦理思想、"三个代表"伦理思想和科学发展伦理思想等组合起来的伦理思想体系，它具有相对稳定的理论基础、理论立场和理论主题。所谓相对稳定的理论基础指的是马克思主义的辩证唯物主义和历史唯物主义的理论基础。无论是邓小平伦理思想，还是"三个代表"伦理思想或科学发展伦理思想，都是建立在唯物主义辩证法和唯物史观的基础之上，坚持用辩证唯物主义和历史唯物主义的立场、观点、方法去分析当今世界和中国道德生活的实际，总结社会主义伦理文化建设经验，汲取当代人类伦理文明的优秀成果，在新的历史条件下认识和把握人类道德生活发展规律，社会主义道德建设规律和中国特色社会主义道德建设规律，不断对中国特色社会主义精神文明和道德建设作出新的概括。所谓相对稳定的理论立场，是指无论是邓小平伦理思想，还是"三个代表"伦理思想或科学发展伦理思想，其立足点和出发点都是为广大人民群众服务，代表着人民群众最现实、最根本、最长远的利益和价值诉求。从人民群众根本利益出发谋发展、促发展，不断满足人民群众日益增长的物质文化需要，是马克思主义伦理思想中国化最新成果不变的立场和态度。所谓相对稳定的理论主题，是指无论是邓小平伦理思想，还是"三个代表"伦理思想和科学发展伦理思想，都是围绕同一理论主题即建设中国特色社会主义伦理文明和实现中华民族伟大复兴这一主题展开理论思考和理论创新的。

　　马克思主义伦理思想中国化最新成果也是一个不断发展的开放的伦理思想体系。开放性是马克思主义伦理思想中国化最新成果的本质要求，没有开放性，就会因缺少新思想、新见解、新要求而丧失理论的生机和活力。马克思主义伦理思想中国化最新成果的形成和发展就是一个向丰富多彩的道德生活实践开放、向日新月异的科学技术和社会进步开放、向深刻变化的世界格局和秩序开放的动态过程。其一，这一伦理思想体系是在党的几代领导集体一以贯之、薪火相传、接力推进中充实完善的。邓小平伦理思想是中国特色社会主义伦理思想体系的基石，"三个代表"伦理思想开拓了这个体系的新境界，科学发展伦理思想则进一步将中国特色社会主义伦理思想体系推向新的阶段和水平。在发展过程中，中国特色社会主义伦理文化的主题反复出现，内容不断展开、思想不断深化、体系不断完善。其二，这一伦理思想体系还将在未来中国特色社会主义现代化发展实践中丰富、完善和拓展。应该看到，无论在理论上还是在实践上，我们还有很多需要继续探索的空间，还有很多需要研究讨论的问题。实践将进一步证明，坚持解放思想、实事求是、与时俱进，中国特色社会主义一定会与时代发展同进步，与实践脉搏同节奏，焕发出更加强大的生命力、创造力和感召力。其三，这一伦理思想体系并不拒绝而且还要继续汲取人类社会所创造的一切优秀的伦理文明成果。着眼于世界伦理文明发展的前沿，站在人类和当代中国先进文化发展的战略制高点上，在中国与世界的交往中学习借鉴不同伦理文化的有益成果，吸纳百家之长，内不失自己固有的血脉，外能适应世界浩荡之潮流，使发展着的马克思主义伦理思想不断达到新境界，开辟新局面。我国公民道德建设必须紧密结合建设有中国特色社会主义新的实践，创造出既体现优良传统又反映时代特点的道德规范，才能切实有效地推进公民道德建设。当前公民道德建设的一项重要任务，就是要在全社会大力倡导和培育一种创新精神、创新意识。因此，必须在道德建设实践中坚持解放思想、实事求是的思想路线，与时俱进、勇于创新，知难而进、一往无前，认真地研究新情况、解决新问题、创造新经验，不断推动公民道德建设取得新成就，进入新境界，为中国特色社会主义现代化建设作出新的更大的贡献。

此外，注重效率与维护社会公平有机统一，也是马克思主义伦理思想中国化最新成果的又一重要特征。效率与公平的统一是社会主义道德建设的重要目标，也是马克思主义伦理思想中国化最新成果的基本特点。从邓小平伦理思想到江泽民"三个代表"伦理思想再到胡锦涛科学发展伦理思想，在物质文明和精神文明两手抓、两手都要硬的认识中，不断凸显既注重效率又讲求公平的价值追求。社会主义本质决定了效率与公平相统一是社会主义道德的基本属性，也提出了加强社会主义道德建设的根据、方向和归宿，展现了幸福、正义、公平的实际内涵。因此，努力在全社会形成注重效率、维护公平的价值观念，把效率与公平结合起来，使每个公民既有平等参与机会又能充分发挥自身潜力，促进经济发展，保持社会稳定。积极引导人们正确认识改革发展中的有利条件和不利因素，正确处理眼前利益和长远利益、局部利益和整体利益、个人利益和国家利益的关系，引导人们增强法制观念，自觉履行宪法和法律规定的各项义务，积极承担自己应尽的社会责任。把权利与义务结合起来，树立把国家和人民利益放在首位而又充分尊重公民个人合法利益的社会主义义利观。

第三节　马克思主义伦理思想中国化的主要经验

马克思主义伦理思想中国化形成了自己独特的经验，这些经验概括说起来主要有弘扬求精务实精神，建设贴近生活贴近实际的科学伦理文化；尊重人民主体地位，建设以为人民服务为核心的先进伦理文化；立足本土文化传统，发展具有中国特色、中国气派的新型伦理文化；博采人类伦理精华，发展具有世界眼光和全球意识的优秀伦理文化。

一　弘扬求精务实精神，建设贴近生活贴近实际的科学伦理文化

实事求是，一切从实际出发，理论联系实际，既是马克思主义伦理思想中国化的必然要求，也是马克思主义伦理思想中国化的经验所在。"一定要贯彻解放思想、实事求是的思想路线，坚持勇于追求真理和探索真理的革命精神。这一点，也要坚定不移，不能含糊。"[①] 马克思主义伦理思想是科学，不是宗教教条，它不提供解决现实道德问题的现成答案，它只提供认识道德生活和改造道德生活的科学价值观和方法论。恩格斯说得好："马克思的整个世界观不是教条，而是方法。它提供的不是现成的教

---

① 江泽民：《论党的建设》，中央文献出版社 2001 年版，第 537 页。

条，而是进一步研究的出发点和供这种研究使用的方法。"① 针对机械搬用马克思和他的话的倾向，恩格斯又说："要根据自己的情况像马克思那样去思考问题，只有在这个意义上，'马克思主义者'这个词才有存在的理由。"②

马克思主义伦理思想中国化的发展历程，同马克思主义伦理思想本身的发展历程极为相似。马克思主义伦理思想传播到中国后，既遭到反动政府将其视为"洪水猛兽"的剿灭，又受到思想界将其看作"另类"的围攻。在中国共产党内，它虽是指导思想，但如何对待这个指导思想也有一番异常艰辛的斗争。可以说，马克思主义伦理思想中国化过程，是在同把马克思主义伦理思想教条化的斗争中实现的。

在 20 世纪 20 年代末 30 年代初，我们党内盛行着把马克思主义教条化和把苏联经验神圣化的错误倾向，不仅没有领导中国革命走向胜利，反而使中国革命经历了失败，遭受了严重的损失。在挫折面前，以毛泽东为代表的中国共产党人，在正确分析当时革命环境和条件的基础上，把马克思主义的基本原理与中国的具体实际相结合，建立了农村革命根据地，开创了"农村包围城市，武装夺取政权"的革命道路，最终带领全国人民取得了新民主主义革命的胜利，创立了毛泽东思想，实现了马克思主义中国化的第一次历史性飞跃。

毛泽东尖锐地批评了唯书、唯上的思想，首次划清了坚持马克思主义与教条主义的界限，明确指出："马克思主义的'本本'是要学习的，但是必须同我国的实际情况相结合"，③ 并且有针对性地提出了富有哲理的两句话，一是没有调查研究就没有发言权，一是中国革命斗争的胜利，要靠中国同志了解中国的情况。这些话都是有针对性的，闪烁着要从中国实际出发，理论和实际相结合以及坚持独立自主的思想光辉，为中国化的马克思主义革命指明了方向。

为了从思想根源上批评与客观实际相割裂的主观主义，特别是教条主

---

① 恩格斯：《致威纳尔·桑巴特》，《马克思恩格斯全集》第 39 卷，人民出版社 1974 年版，第 406 页。

② 阿·沃登：《和恩格斯的谈话》，《智慧的明灯》，人民出版社 1983 年版，第 91 页。

③ 毛泽东：《反对本本主义》，《毛泽东选集》第 1 卷，人民出版社 1991 年版，第 111—112 页。

义，毛泽东在总结中国革命经验教训的基础上突出强调了矛盾的普遍性和特殊性的关系，强调一切从实际出发，实事求是，具体事物具体分析，这就为我们党的思想路线作出了哲学论证，同时也为从哲学上，为马克思主义中国化奠定了坚实的理论基础。

"实事求是"一词出自《汉书·河间献王传》中史学家班固对河间献王刘德的一句评语："修学好古，实事求是"。在古代中国用这个词来指"务得事实，每求真是也"的治学态度，后作为一种学风，形成实学思潮。毛泽东把"实事求是"作为与主观主义相对立的马克思列宁主义作风而赋予了新的含义。1941 年 5 月 19 日在延安干部会上，毛泽东作了《改造我们的学习》的报告，指出："'实事'就是客观存在着的一切事物，'是'就是客观事物的内部联系，即规律性，'求'就是我们去研究。我们要从国内外、省内外、县内外、区内外的实际情况出发，从其中引出其固有的而不是臆造的规律性，即找出周围事变的内部联系，作为我们行动的向导。"① 毛泽东认为，"实事求是"是马克思主义的一个最基本的立场、观点和原则，是我们党从历史实际和革命实际中抽出来的总结论和中国共产党的思想路线和最基本的思想方法和工作方法，是我们党在实际工作中制定方针、政策和办法的根本指导原则和依据，是我们党的党性、作风和科学态度和优良传统的集中体现，是我们党区别于其他任何政党的一个显著标志。

马克思主义伦理思想中国化要求一切从实际出发，实事求是。具体情况具体分析是马克思主义活的灵魂。分析道德生活的具体情况，就是坚持一切从我们具体的道德国情出发，从我们正在做的道德实际出发，实事求是。毛泽东强调一切从实际出发、实事求是的重要性，并对实事求是的含义作出了深入而生动的阐释。坚持从具体的道德生活实际出发，就要真正承认道德生活客观存在的事实，尊重客观的道德生活事实或现象，忠于客观的道德生活事实，切忌对客观的道德生活事实带上主观的随意性。坚持从具体的道德生活实际出发，就必须全面看待道德生活的问题，从道德生活事实的全部情况出发，不能以偏概全。从道德生活的具体实际出

---

① 毛泽东：《改造我们的学习》，《毛泽东选集》第 3 卷，人民出版社 1991 年版，第 801页。

发，就是要把客观存在的道德生活的各个部分、不同的侧面和片断，以及个别的实例，联系起来，综合起来，作全面的整体的考察，以便尽量把握和研究它的一切方面和一切联系环节。从道德生活的具体实际出发，必须善于透过道德生活的现象看到道德生活的本质。道德生活现象是道德生活的外部表现，道德生活本质是道德生活的内部联系，我们看待道德生活必须看到它的实质，把它的现象看作入门的向导，善于通过现象去认识把握本质。从道德生活的具体实际出发，就要从不断变化着的道德生活客观情况出发，对道德生活的客观情况做动态的观察，善于使我们的伦理认识适应变化了的道德生活实际情况。一切从道德生活的具体实际出发，就是从客观存在的人们的道德生活的事实出发，这既是实事求是的主要内容和基本要求，又是实事求是的前提和基础，二者互为条件，互相促进。只有这样，才能使马克思主义伦理思想适合中国道德生活的具体情况，才能够在道德生活的引领与建设上真正做到解放思想，实事求是，与时俱进。

　　坚持一切从道德生活的具体实际出发，实事求是，不是不要马克思主义伦理思想的指导。一切从中国道德生活的具体实际出发，正确认识中国社会道德生活的性质和特点，是解决中国一切道德问题的基本出发点，也是马克思主义伦理思想中国化的前提。马克思主义伦理思想要实现中国化的发展，就必须坚持一切从实际出发，实事求是，这是马克思主义伦理思想的活的灵魂，也是马克思主义伦理思想中国化的根本。坚持马克思主义伦理思想的指导，主要是基本原理和方法论的指导，而一切从道德生活的具体实际出发，实事求是，恰恰是马克思主义伦理思想的基本原理和主要的方法论。时代呼唤马克思主义伦理思想的大发展。马克思主义伦理思想本身要求发展。毛泽东、邓小平、江泽民、胡锦涛、习近平之所以能够成功地实现马克思主义伦理思想的中国化，与时俱进地发展马克思主义伦理思想，就在于他们能够始终坚持实事求是的思想方法和立场，敢于在理论上进行大胆的创造，"抛弃马克思主义理论中某些已经过时的、不适合中国具体环境的个别原理和个别结论，而代之以适合中国历史环境的新原理和新结论"，① 就在于他们能够自觉适应实践的发展，以实践来检验

---

① 刘少奇：《论党》，《刘少奇选集》上卷，人民出版社 1981 年版，第 336 页。

一切，"自觉地把思想认识从那些不合时宜的观念、做法和体制的束缚中解放出来，从对马克思主义的错误的和教条式的理解中解放出来，从主观主义和形而上学的桎梏中解放出来。"① 既坚持马克思主义伦理思想的基本原理，又要谱写马克思主义伦理思想发展的新的理论篇章，既要发扬革命道德的优良传统，又要创造现实道德进步的新鲜经验，与时俱进地发展马克思主义伦理思想。

马克思主义伦理思想发展的动力或生命之源在于贴近生活，面向社会道德生活的实际，在现实的应用伦理和社会道德建设中建功立业。回溯马克思主义伦理思想中国化的发展，总结马克思主义伦理思想中国化研究的经验教训，我们清醒地认识到，任何时候伦理学面向现实，关心并积极参与社会的道德建设，它就能够得到发展，走向繁荣。改革开放以来中国马克思主义伦理学的大发展，既与社会的需要密切相关，也与广大伦理学工作者面向社会道德生活的实际，关心现实的道德问题，积极研究社会主义现代化建设和建立社会主义市场经济体制过程中的新的伦理道德问题密切相关。90年代中国伦理学的繁荣和走向世界，一个重要的标志就是实践伦理学和应用伦理学的兴起。实践伦理学和应用伦理学的兴起，既适应了社会道德发展的需要，促进了中国社会道德的发展，又使伦理学更加贴近生活实际，获得了自身发展的良好优势或动源，发挥了伦理学之为实践理性的作用和力量。社会道德生活实践需要伦理学，伦理学也需要社会道德生活的实践。当今社会经济伦理学、生态伦理学、生命伦理学、网络伦理学、政治伦理学、教育伦理学、科技伦理学等大批应用伦理学科的兴起，既为中国社会主义市场经济条件下的两个文明建设和道德建设所必需，又以其特有的方式推动和促进着社会主义现代化建设，为实现中华民族的伟大腾飞贡献着自己的力量。

二　尊重人民主体地位，建设以为人民服务为核心的先进伦理文化

马克思主义伦理思想认为，历史活动是群众的事业，决定历史结局的是人民群众。"历史什么事情也没有做，它'不拥有任何惊人的丰富性'，

---

① 江泽民：《全面建设小康社会，开创中国特色社会主义事业新局面——在中国共产党第十六次全国代表大会上的报告》，《江泽民文选》第3卷，人民出版社2006年版，第284页。

它'没有进行任何战斗'！其实，正是人，现实的、活生生的人在创造这一切，拥有这一切并且进行战斗。并不是'历史'把人当作手段来达到自己——仿佛历史是一个独具魅力的人——的目的。历史不过是追求着自己目的的人的活动而已。"① 人民群众不仅是物质财富的创造者，而且是精神财富的主要创造者，是历史的创造者。

中国共产党成立伊始，就努力把马克思主义伦理思想基本原理运用于党的全部活动中，逐步形成了党的群众路线。群众路线不仅成为党在长期敌我力量悬殊的艰苦环境中夺取胜利的经验总结，而且成为贯穿于中国化的马克思主义伦理思想——毛泽东伦理思想和中国特色社会主义伦理思想各个组成部分的立场、观点和方法。尊重群众的首创精神，是实现马克思主义伦理思想中国化的一条重要经验。1929 年 12 月，毛泽东在根据中央"九月来信"精神起草的古田会议决议中，使用了"群众路线"这一概念。1941 年 3 月，毛泽东在《〈农村调查〉的序言》中说："群众是真正的英雄，而我们自己则往往是幼稚可笑的，不了解这一点，就不能得到起码的知识。"② 1943 年 11 月，毛泽东在《组织起来》的讲话中又说："我们应该走到群众中间去，向群众学习，把他们的经验综合起来，成为更好的有条理的道理和办法，然后再告诉群众（宣传），并号召群众实行起来，解决群众的问题，使群众得到解放和幸福。"③ 毛泽东深深懂得在人民群众中蕴藏着无尽的智慧，所以他要求每一个同志要"热爱人民群众，细心地倾听群众的呼声"。④ 毛泽东不仅要求各级领导干部虚心向人民群众学习，从群众中汲取智慧和力量，而且他自己为人师表，率先垂范，无论是在戎马倥偬的战争年代，还是日理万机的建设时期，他都深入调查研究，总结群众智慧。尊重群众的首创精神，总结群众的创造经验，这对毛泽东伦理思想的形成，对中国革命道德和建设道德的发展，对马克思主义伦理思想中国化，都产生了巨大影响。

---

① 马克思恩格斯：《神圣家族》，《马克思恩格斯文集》第 1 卷，人民出版社 2009 年版，第 295 页。

② 毛泽东：《〈农村调查〉的序言和跋》，《毛泽东选集》第 3 卷，人民出版社 1991 年版，第 790 页。

③ 同上书，第 933 页。

④ 毛泽东：《论联合政府》，同上书，第 1095 页。

以邓小平、江泽民、胡锦涛、习近平为代表的当代中国共产党人，也十分注重尊重群众的首创精神，把相信群众、依靠群众、服务群众作为中国特色社会主义伦理思想的重要内容，并主张一以贯之地推行，认为改革开放是人民群众的伟大事业，只有充分发挥人民群众的积极性、创造性和主体能动性，才能将其推向新的阶段和水平，才能取得持续不断的胜利和成就。始终保持同人民群众的血肉联系，是我们党战胜各种困难和风险、不断取得事业成功的根本保证，也是中国特色社会主义伦理思想不断发展的根本动因。在任何时候任何情况下，与人民群众同呼吸共命运的立场不能变，全心全意为人民服务的宗旨不能忘，坚信群众是真正英雄的历史唯物主义观点不能丢。因此必须始终把体现人民群众的意志和利益作为我们一切工作的出发点和归宿，始终把依靠人民群众的智慧和力量作为我们推进事业的根本工作路线。[①] 胡锦涛在庆祝中国共产党成立九十周年大会上的讲话中指出："90 年来党的发展历程告诉我们，来自人民、植根人民、服务人民，是我们党永远立于不败之地的根本。以人为本、执政为民是我们党的性质和全心全意为人民服务根本宗旨的集中体现，是指引、评价、检验我们党一切执政活动的最高标准。全党同志必须牢记，密切联系群众是我们党的最大政治优势，脱离群众是我们党执政后的最大危险。我们必须始终把人民利益放在第一位，把实现好、维护好、发展好最广大人民根本利益作为一切工作的出发点和落脚点，做到权为民所用、情为民所系、利为民所谋，使我们的工作获得最广泛最可靠最牢固的群众基础和力量源泉。"[②] 习近平认为，人民群众是历史的真正创造者，是真正的英雄，是我们力量的源泉。我们要坚持党的群众路线，坚持人民主体地位，时刻把群众安危冷暖放在心上，及时准确了解群众所思、所盼、所忧、所急，把群众工作做实、做深、做细、做透。要正确处理最广大人民根本利益、现阶段群众共同利益、不同群体特殊利益的关系，切实把人民利益维护好、实现好、发展好。在同全国劳动模范代表座谈时强调指出："人民创造历史，劳动开创未来。劳动是推动人类社会进步的根本力量。幸福不会从天

---

① 江泽民：《在庆祝中国共产党成立八十周年大会上的讲话》，《江泽民文选》第 3 卷，人民出版社 2006 年版，第 271 页。

② 胡锦涛：《在庆祝中国共产党成立九十周年大会上的讲话》，《人民日报》2011 年 7 月 1 日。

而降，梦想不会自动成真。实现我们的奋斗目标，开创我们的美好未来，必须紧紧依靠人民、始终为了人民，必须依靠辛勤劳动、诚实劳动、创造性劳动。"① 《在党的群众路线教育实践活动工作会议上的讲话》中指出："人心向背关系党的生死存亡。党只有始终与人民心连心、同呼吸、共命运，始终依靠人民推动历史前进，才能做到坚如磐石。"② 从理论到实践都证明，尊重群众的首创精神，对群众精神加以概括和提炼，并在实践中加以贯彻落实，使之具化为伦理生活一以贯之的旋律和价值准则，始终是马克思主义伦理思想中国化的关键和根本要求。

马克思主义伦理思想主张"为人类的福利而劳动"，认为人只有为同时代人的幸福和完美而工作，自己的人生才有真正的意义和价值。"历史把那些为共同目标工作因而自己变得高尚的人称为最伟大的人物；经常赞美那些为大多数人带来幸福的人是最幸福的人"，"如果我们选择了最能为人类而工作的职业，那么，重担就不能把我们压倒，因为这是为大家作出的牺牲；那时我们所享受的就不是可怜的、有限的、自私的乐趣，我们的幸福将属于千百万人。"③ 毛泽东继承并发展了马克思为人类福利而劳动的观念，提出了"为人民服务"的概念，认为为人民服务就是为人民的利益而奋斗，为人民的解放和幸福而工作，始终把人民的利益、人民的幸福摆在第一位，始终以服务人民、献身人民、俯下身子为人民服务当作自己最大的幸福、最高的价值。毛泽东指出：人总是要死的，但死的意义不同。为人民利益而死，就比泰山还重；替法西斯卖力，替剥削人民和压迫人民的人去死，就比鸿毛还轻。这就揭示了无产阶级和共产党人的生死观、价值观和道德观，把为人民利益而死视作比泰山还重，其实就是把为人民服务视作根本的伦理价值观或当作评判人生价值的标准。生命本身也许没有高低之分，但生命的价值是有高低之分的。生命的价值在无产阶级和共产党人看来就是为人民服务。邓小平伦理思想强调的"三个有利于"，使为人民谋利益成为衡量改革开放利弊得失的根本标准。江泽民提出的"三个代表"伦理思想，认为"我们党来自人民，植根于人民，服

---

① 习近平：《在同全国劳动模范代表座谈时的讲话》，2013 年 4 月 28 日。
② 习近平：《在党的群众路线教育实践活动工作会议上的讲话》，2013 年 6 月 18 日。
③ 马克思：《青年在选择职业时的考虑》，《马克思恩格斯全集》第 1 卷，人民出版社 1995 年版，第 459 页。

务于人民。建设有中国特色社会主义全部工作的出发点和落脚点，就是全心全意为人民谋利益。"必须"始终代表中国先进生产力的发展要求，代表中国先进文化的前进方向，代表中国最广大人民利益的根本要求"。21世纪以来，以胡锦涛为总书记的党中央倡导坚持立党为公、执政为民的价值方针，要求全党同志特别是党员干部真正做到权为民所用、情为民所系、利为民所谋，全心全意为人民谋利益，坚持全心全意为人民服务的宗旨，任何时候、任何条件下都不能改变，不能动摇。

党的十八大以来，以习近平为总书记的党中央十分注重弘扬为人民服务的精神，指出："我们讲宗旨，讲了很多话，但说到底还是为人民服务这句话。我们党就是为人民服务的。中央的考虑，是要为人民做事。各级干部也不能眼睛总是向上。任何事情都要向上看看，向下看看。要经常问问自己，我们是不是在忙着与党的根本宗旨毫不相关的事情？有没有一心一意在为老百姓做事情？是不是在围绕党和国家中心任务而工作？古时候讲，食君之禄，忠君之事。现在就是要服务人民。多想想我们干的事情是不是党和人民需要我们干的？要一心一意为老百姓做事，心里装着困难群众，多做雪中送炭的工作，常去贫困地区走一走，常到贫困户家里坐一坐，常同困难群众聊一聊，多了解困难群众的期盼，多解决困难群众的问题，满怀热情为困难群众办事。"[1] 为人民服务与党的群众路线、群众观点有着高度的一致性，弘扬为人民服务的精神就是要为人民群众解难事、做实事、办好事，发展好、维护好、实现好人民群众的根本利益。

脱离人民群众的道德生活实践，伦理学理论创新就会成为无源之水，就不能对人民群众产生感召力，对道德生活实践发挥指导作用。道德实践是伦理认识的前提和基础，道德生活经验是正确伦理认识的归纳和总结。道德生活实践无止境，伦理认识无终极，道德经验无穷尽。道德生活的实践是针对道德生活历史实践而言的，就是我们正在做的事情或即将做的事情。因此，不断推进马克思主义伦理思想中国化，不仅要求我们正确看待过去的道德生活实践，而且也必然要求我们正确对待新的道德生活实践经验，进而不断推动道德实践经验升华和理论创新。

---

① 习近平：《在河北省阜平县考察扶贫开发工作时的讲话》，2012 年 12 月 29 日、30 日。

三　立足本土文化传统，建设具有中国特色、中国气派的新型伦理文化

马克思主义伦理思想中国化，首先是民族化。这既是运用马克思主义伦理思想基本原理于各民族国家具体道德生活实际的必然要求，也是马克思主义伦理思想中国化的一条基本经验。马克思主义伦理思想民族化，包含着十分丰富的内容，即如何使马克思主义伦理思想为中华民族所接受，成为老百姓所喜闻乐见的思想形式，如何运用马克思主义伦理思想来批判继承中华民族优秀的传统伦理思想文化，创造新的民族伦理思想形式和理论类型，形成民族伦理思想的特色风格。马克思主义伦理思想中国化是相对于马克思主义伦理思想教条化而提出的。20 世纪 20 年代末 30 年代初的"左"倾教条主义者所犯的错误，首先就是不真正地研究中国国情（即民族的现实内容），照搬照抄外国经验。民族的形式和民族的内容是很难割裂的。因此，讲马克思主义伦理思想中国化，既要讲继承民族的优秀伦理文化传统，又要讲创造民族伦理思想的特殊形式，形成民族伦理思想的特色风格。

中国共产党人在实现马克思主义伦理思想中国化过程中，很注重继承民族优秀的伦理文化遗产。马克思主义伦理思想作为人类伦理文化发展的先进形态，它有对人类优秀伦理文化的继承性和兼容性，即继承人类伦理文明的优秀成果，与各民族国家的伦理文明连接相通。尽管马克思主义伦理思想属于西方伦理文化，与中华民族伦理文化传统有很大差异，但两者在思想的基调、价值的目标和基本道德理念方面却有着某种相契合或一致的地方，这就使得它们能够融合相通、共存共荣，而不是互相排斥水火不容。中国共产党人既对马克思主义伦理思想抱坚定信仰和高度推崇，又主张对中华伦理文明推陈出新，并坚持用马克思主义伦理思想审视传统伦理文化并使传统伦理文化发生创造性转化，又着眼使马克思主义伦理思想在中国化过程中形成新的理论成果借以推动马克思主义伦理思想不断发展。

毛泽东用马克思主义伦理思想"化"中国伦理文化的目的，不是对中国传统伦理文化的简单复归，而是要创造中华民族的新的伦理文化。他所提出的新的伦理文化是民族的、科学的、大众的伦理文化。所谓民族的伦理文化，即是反对帝国主义压迫，坚持中华民族的尊严和独立的、带有

民族特性的、革命的民族文化。所谓科学的伦理文化，即是反对一切封建思想和迷信思想，坚持实事求是，坚持客观真理，坚持理论和实践相统一的伦理文化。所谓大众的伦理文化，即是民主的，为广大工农群众服务的，并逐渐为他们所掌握的伦理文化。毛泽东伦理思想是中国共产党创造的民族的、科学的、大众的伦理文化的高度发展，它"完全是马克思主义的，又完全是中国的"，使马克思主义伦理思想从欧洲形式变为中国形式，是马克思主义伦理思想民族化的成功范式。

在改革开放和社会主义现代化建设新时期，邓小平主张继承民族的优秀伦理文化，使马克思主义伦理思想与中国改革开放的具体实际相结合。邓小平伦理思想是具有鲜明"中国特色"的马克思主义伦理思想，同时又是马克思主义化的中国当代伦理思想，既推动着中国化的马克思主义伦理思想的发展，又推动着马克思主义化的中国伦理思想的发展。邓小平伦理思想以自己的质朴语言、民族风格和现代形式，在使马克思主义伦理思想中国化和中国伦理文化马克思主义化方面作出了突出贡献，为全党树立了典范。

20 世纪 90 年代后期至党的十六大前，以江泽民为核心的中央领导，也十分重视继承和弘扬中国优秀的传统伦理文化，努力使马克思主义伦理思想中国化具有鲜明的民族特色，并将其视为发展社会主义先进伦理文化的重要资源。"三个代表"伦理思想不仅提出中国特色的社会主义文化是民族的、科学的、大众的文化，即当代中国的先进文化，而且主张大力弘扬民族精神，认为民族精神是一个民族赖以生存和发展的精神支撑。中华民族在长期的历史发展中，积千年之精华，形成了以爱国主义为核心的团结统一、爱好和平、勤劳勇敢、自强不息的伟大民族精神。这个民族精神，博大精深，根深蒂固，是中华民族生命机体中不可分割的重要成分。还主张"以德治国"与依法治国相结合，将传统的道德力量作为建设社会主义法治国家的一个重要手段。"三个代表"伦理思想对于促进马克思主义伦理思想中国化进一步发展，使马克思主义伦理思想具有民族形式，形成民族特色，起了重要作用。

党的十六大以来，以胡锦涛为总书记的党中央在继承和弘扬中国优秀的传统伦理文化，推进马克思主义伦理思想中国化方面也作了巨大努力。强调科学发展观要"以人为本"；提出构建社会主义和谐社会的"和谐"，乃延绵不断的中华文明的脉根；赋予全心全意为人民服务思想以新的内涵，强调权为民所用、情为民所系、利为民所谋，等等。这些都说明以胡锦涛为总书记的党中央继承发展了中国特色社会主义伦理思想，并赋予中国特色社会主义伦理思想以新的民族风格和中国气象。

马克思主义伦理思想要发挥自己的思想指导和价值引领作用，必须实现与民族伦理文化的结合，在结合中生成新的伦理文化也就是先进伦理文化，并自觉地成为先进伦理文化前进方向的代表。先进伦理文化的生成不仅需要马克思主义伦理思想的指导，而且需要从民族的伦理文化中吸取思想的材料和精神的财富。继承中国伦理文化传统，使马克思主义伦理思想与中国伦理文化之根相结合，赋予马克思主义伦理思想以中国的民族形式，在中国的土壤上找到新的生长点，同时又使中华民族的伦理文化遗产得到改造和升华。与此同时，还要在更广阔的范围来认识世界的主题、趋势，跟上世界伦理文化发展的潮流。只有把对道德国情和道德世情的认识紧密地结合、统一起来，我们的伦理文化战略和策略才有坚实的支撑，中国特色社会主义伦理文化建设才能稳步推进。

中华民族具有悠久的历史和灿烂的伦理文化。正确对待中国传统伦理文化是马克思主义伦理思想中国化的一个重要方面，也是马克思主义伦理思想中国化能否结出新的理论成果的关键。

第一，以科学的态度对待中国传统伦理文化。毛泽东指出："我们这个民族有数千年的历史，有它的特点，有它的许多珍贵品"，"今天的中国是历史的中国的一个发展；我们是马克思主义的历史主义者，我们不应当割断历史。从孔夫子到孙中山，我们应当给以总结，承继这一份珍贵的遗产。这对于指导当前的伟大的运动，是有重要的帮助的。"[①] 他还说："离开中国特点来谈马克思主义，只是抽象的空洞的马克思主义"，"马克思主义必须和我国的具体特点相结合并通过一定的民族形式才能实现。"[②] 这就是马克思主义者对传统伦理文化的应有态度。毛泽东伦理思想继承发展了中国传统伦理文化，中国传统伦理文化是毛泽东伦理思想一个重要的理论来源。例如独立自主、自力更生的思想就是对中华民族自强不息精神

---

① 《毛泽东选集》第 2 卷，人民出版社 1991 年版，第 533—534 页。
② 同上。

的继承和发扬，共产党人的爱国主义就是对中华民族天下为公思想的继承和发扬，为人民服务就是对中国历史上民本思想的创造性发展，同时也是对马克思主义为人类解放而献身思想的继承和发扬。

第二，赋予中国传统伦理文化以新的含义。在毛泽东的著作中，曾经引用了大量史籍典故，并联系现实加以发挥，赋予新的内涵，使之成为马克思主义中国化的重要内容和表达方式。如，"实事求是"，"知无不言，言无不尽，言者无罪，闻者足戒"，"兼听则明，偏信则暗"，"人不犯我，我不犯人，人若犯我，我必犯人"，"知之为知之，不知为不知"，"愚公移山"，"人固有一死，或重于泰山，或轻于鸿毛"，"水能载舟，亦能覆舟"，"民为贵"，"大公无私"等等。对这些极具民族特色的语言和思想，毛泽东都赋予新的时代意义。有的成为伦理生活的原则和处理人与人之间关系的规范，有的成为共产党人的理想信念和价值追求。对中国传统伦理文化的这种科学的现代的转换，实现了马克思主义伦理思想与中国传统伦理文化的有机结合，并为马克思主义伦理思想中国化找到了较好的民族形式。

第三，继承中华民族优秀的伦理文化遗产。习近平指出："民族文化是一个民族区别于其他民族的独特标识。要加强对中华优秀传统文化的挖掘和阐发，努力实现中华传统美德的创造性转化、创新性发展，把跨越时空、超越国度、富有永恒魅力、具有当代价值的文化精神弘扬起来，把继承优秀传统文化又弘扬时代精神、立足本国又面向世界的当代中国文化创新成果传播出去。"[①] 在习近平看来，抛弃传统、丢掉根本，就等于割断了自己的精神命脉。只有不忘本来，才能更好地开辟未来，只有善于继承才能更好地开拓创新。博大精深的中华优秀传统文化是我们在世界文化激荡中站稳脚跟的根基。中华文化博大精深、源远流长，不仅积淀着中华民族最深层的精神追求，而且代表着中华民族独特的精神标识，为中华民族生生不息、发展壮大提供了丰厚滋养。中华传统美德是中华文化精髓，蕴含着丰富的思想道德资源。我们应当大力弘扬以爱国主义为核心的民族精神和以改革创新为核心的时代精神，深入挖掘和阐发中华优秀传统文化讲

---

① 习近平：《在省部级主要领导干部学习贯彻十八届三中全会精神全面深化改革专题研讨班开班式上的讲话》，2014 年 2 月 17 日。

仁爱、重民本、守诚信、崇正义、尚和合、求大同的时代价值，使中华优秀传统文化成为涵养社会主义核心价值观的重要源泉。

90多年来，我们党正是这样一代代地薪火相传，使马克思主义伦理思想与中国的优秀伦理文化传统相融合，使马克思主义这个被称为异域文化的"幽灵"，在中华神州大地安身立命。这样马克思主义伦理思想中国化的结果，完全变成了中国化的马克思主义伦理思想，成为当代中国最根本的"国学"，代表着中国伦理文化发展的新境界、新水平。

四　博采人类伦理精华，建设具有世界眼光和全球意识的优秀伦理文化

中国是世界的中国。中国特色、中国作风、中国气派必须借助世界的眼光和视野来呈现。先进的中国人在伦理文化建设问题上历来都有博大的胸怀和世界眼光。儒家《中庸》倡导"道并行而不相悖，万物并育而不相害"，崇尚天地之道的博厚、高明、悠久。道家亦有"善者吾善之，不善者吾亦善之"的价值主张，崇尚海纳百川的大德。1840年鸦片战争失败后，中国屡遭外国列强欺凌和侵略，先进的中国人为了改变国家命运，不断地向西方国家寻找救国救民的真理。经过千辛万苦，在20世纪初，经过俄国十月革命的中介，终于找到马克思主义作为观察和改变国家命运的工具。中国共产党以马克思主义作指导思想，正是坚持世界眼光并具有博大胸怀的体现。就马克思主义伦理思想而言，它作为人类伦理文明的产物，本身就是从人类伦理智慧的总和中产生出来的，因而是世界伦理文明的伟大成果。中国共产党人坚持马克思主义伦理思想中国化，绝不是与世隔绝，脱离世界伦理文明的发展轨道，搞狭隘的民族主义或国粹主义。恰恰相反，中国共产党人具有伦理文化建设问题上的世界眼光，主张继承人类伦理文明的优秀成果，并认为继承人类伦理文明的优秀成果是正确地坚持马克思主义伦理思想中国化的必然要求。

毛泽东伦理思想坚持伦理文化建设的世界眼光，主张善于吸收人类伦理文明优秀成果。毛泽东虽然没有赴国外留学，但他自小就关注世界大事，对先进伦理文化有强烈的学习欲望。入读湖南第一师范学校后，热心阅读伦理学经典，对德国伦理学家包尔生的《伦理学原理》研读颇深，写下了一万多字的《〈伦理学原理〉批注》，还读过卢梭的《契约论》、

亚当·斯密的《国富论》以及大量的资产阶级民主主义著作，对西方近代伦理思想有比较深入的了解。在革命战争年代，通过广泛收集报刊来了解世界伦理文化发展态势。到延安后，他身居窑洞，眼观世界，思考着新民主主义革命文化和道德建设的路径，对培育中国革命道德作出了全面系统的论述。新中国成立后，毛泽东在探索适合中国国情的社会主义建设道路过程中，进一步阐发了正确对待人类文明优秀成果的科学态度，更加充分地显示了他那有容乃大的世界眼光。

十一届三中全会后，邓小平作为中国共产党实际的主要领导人，能实现伟大的历史转折，开辟出中国特色社会主义道路，奠定中国特色社会主义伦理思想的基础，与他具有深邃的世界眼光，善于吸收人类伦理文明一切优秀成果有极其密切的关系。通过对国际形势的深刻观察，邓小平及时地提出和平与发展是当今时代两大主题的著名论断，为确立党在新时期的中心任务和制定党在社会主义初级阶段的基本路线提供了重要的外部环境根据。通过总结中国长期停滞落后的历史教训和当代各国发展的经济规律，深刻地认识到中国的发展离不开世界，提出要坚定不移地实行改革开放政策长期不能改变，"即使是变，也只能变得更加开放。否则，我们自己的人民就不会同意。"以江泽民、胡锦涛、习近平为代表的新一代领导人，不仅继承了毛泽东、邓小平等老一辈革命家的将马克思主义伦理思想与中国具体的道德生活实际相结合的思想，并且根据时代的进步和世界各国多样化伦理文明的发展，拓宽了马克思主义伦理思想中国化的世界眼光，使在马克思主义伦理思想中国化思想指导下的中国特色社会主义伦理文化建设有了新的巨大发展。

在当代，一个民族文化的生命力就在于既能保持其文化的优良传统又能充分吸收各种适应时代要求的外来文化的积极成果。有中国特色社会主义伦理文化的发展和建设，只能是也应该是"全球意识"与"民族意识"的有机结合，是世界化与民族化的辩证统一。一方面，没有深厚的民族伦理文化传统就不可能充分吸收外来的先进的伦理文化，没有强烈的民族伦理意识就不可能创造出自己民族有特色的伦理文化，而没有民族特色的伦理文化对人类伦理文化的发展是不会有什么贡献的；另一方面，如果没有全球意识就不可能站在全世界的高度来看伦理文化的建设和发展，也就不可能反映现时代的要求，从而必然要游离于现时代人类伦理文化发展的轨道之外，这样的伦理文化显然是不可能有什么生命力和创造力的。从建设有中国特色社会主义的新型伦理文化的高度来说，全面清理和发掘传统伦理文化的精华体现着民族意识的挺立或高涨，科学吸纳和借鉴外国伦理文化包括西方伦理文化的合理因素体现着全球意识的苏醒或弘扬。因此它必然要求反对西方伦理文化中心论和全盘西化论，反对民族伦理文化虚无主义，同时也必然要求反对中国伦理文化优越论和本位文化论，反对任何形式的伦理保守主义和国粹主义。

把马克思主义伦理思想基本原理同中国改革开放和社会主义市场经济的道德生活实际相结合，同中国优秀的伦理文化传统相结合，实现马克思主义伦理思想的中国化，是中国共产党人在深刻把握马克思主义伦理思想理论品质、清醒认识中国伦理文明发展的具体国情和时代特征的基础上得出的科学结论。马克思主义伦理思想中国化推动了马克思主义伦理思想中国化和中国伦理思想马克思主义化的进程，并有效地改变了当代中国社会的道德面貌。

第十一章　中国梦与马克思主义伦理思想中国化的新发展

　　毛泽东伦理思想开辟了马克思主义伦理思想中国化发展的通途，形成了卓尔不群的中国革命道德和社会主义道德，使中国人民当家做主站起来，为中华民族伟大复兴奠定了坚定的基石。在改革开放和建设社会主义四个现代化的伟大征程中，以邓小平、江泽民、胡锦涛、习近平为代表的几代中国共产党人坚持把马克思主义伦理思想的普遍原理与中国当代社会的具体道德生活实际相结合，与中华民族优秀的伦理文化传统相结合，创造性地提出了一系列新的伦理命题、伦理观念和伦理思想，促进了马克思主义伦理思想中国化的最新发展，形成并发展起了中国特色社会主义伦理思想体系，推动了当代中国社会主义先进伦理文化建设和改革开放新道德的形成和发展，正在锻铸通向伟大复兴和迎接伟大复兴的精神武器。特别是中国共产党第十八次全国代表大会以来，以习近平为总书记的新一届党中央顺应党心、民心的新期待提出了中国梦的战略思想，从中国道路、中国精神、中国力量诸方面推进着中国特色社会主义伦理思想的发展，提升了马克思主义伦理思想中国化发展的新境界。

第一节　中国梦的伦理内涵及意义

　　党的十八大以来，以习近平为总书记的党中央提出了中华民族伟大复兴之中国梦的伦理思想。中国梦深刻地回答了"树立什么样的理想、怎样实现理想"、"实现什么样的目标、怎样实现目标"这一关乎党和国家命运的根本理论与实践问题，把国家民族的理想与公民个人的理想有机地结合起来，强调中国梦不仅是国家的梦、民族的梦，也是每一个中国人的梦，既凸显了个体的责任和价值对于民族的意义，"只有每个人都为美好梦想而奋斗，才能汇聚起实现中国梦的磅礴力量"，又活化了民族的责任和价值对于个人的意义。民族梦和国家梦的实现，最终必须要落实到个体幸福美好的生活之中，否则，谈不上民族梦和国家梦的真正实现。民族梦和国家梦与个人梦不是彼此孤立的，而是一个相互联系、有机统一的梦想，统一于中国特色社会主义伟大实践之中。

一　中国梦是中华民族伟大复兴的形象表达和价值集结

中国有着广袤的疆土、悠久的历史和灿烂的文化，素称文明古国，礼仪之邦。中华民族在古代的盛世有两个重要标志：一是疆域版图特别辽阔。二是对世界文明的贡献特别巨大。毛泽东在《中国革命和中国共产党》一文中对这两个方面的重要标志均作出了科学的界说。论及疆域版图特别辽阔，毛泽东指出："我们中国是世界上最大国家之一，它的领土和整个欧洲的面积差不多相等。在这个广大的领土之上，有广大的肥田沃地，给我们以衣食之源；有纵横全国的大小山脉，给我们生长了广大的森林，贮藏了丰富的矿产；有很多的江河湖泽，给我们舟楫和灌溉之利；有很长的海岸线，给我们以交通海外各民族的方便。从很早的古代起，我们中华民族的祖先就劳动、生息、繁殖在这块广大的土地之上。"① "我们中国有四亿五千万人口，差不多占了全世界人口的四分之一。在这四亿五千万人口中，十分之九以上为汉人。"还有其他数十种少数民族，虽然文化发展的程度不同，但是都已有长久的历史。论及对世界文明的贡献特别巨大时，毛泽东指出："在中华民族的开化史上，有素称发达的农业和手工业，有许多伟大的思想家、科学家、发明家、政治家、军事家、文学家和艺术家，有丰富的文化典籍。在很早的时候，中国就有了指南针的发明。还在一千八百年前，已经发明了造纸法。在一千三百年前，已经发明了刻版印刷。在八百年前，更发明了活字印刷。火药的应用，也在欧洲人之前。所以，中国是世界文明发达最早的国家之一，中国已有了将近四千年

---

① 毛泽东：《中国革命与中国共产党》，《毛泽东选集》第 2 卷，人民出版社 1991 年版，第 621 页。

的有文字可考的历史。"① 不特如此，中华民族还形成了自己卓尔不群的民族性格和民族精神。"中华民族不但以刻苦耐劳著称于世，同时又是酷爱自由、富于革命传统的民族。""在汉族的数千年的历史上，有过大小几百次的农民起义"，"他们赞成平等的联合，而不赞成互相压迫"。"在中华民族的几千年的历史中，产生了很多的民族英雄和革命领袖。所以，中华民族又是一个有光荣的革命传统和优秀的历史遗产的民族"。②

在五千多年的文明发展历程中，中华文明曾经长期处于世界领先地位。以四大发明为代表的许多优秀科技文化成果，成为推动世界历史发展的巨大力量。中华民族为人类文明进步作出了不可磨灭的巨大贡献。古代中国曾出现过汉唐盛世，中华民族创造了灿烂的中华文明和文化，贡献给了世界以"四大发明"和影响世界精神文化发展的儒家精神和道家义理。孔子、老子成为近代西方启蒙运动的重要思想资源。中国在 18 世纪以前一直是许多西方人魂系梦牵的东方乐园，其文化之神秘，其土地之盛产，其民风之醇厚，其国力之强大，成为西方梦境的主要画面。学习中国、赶超中国是近代西方现代化运动的一个重要动机和价值目标。德国哲学家莱布尼兹、沃尔夫，法国启蒙思想家伏尔泰、孟德斯鸠等都对中国文明和文化表示过崇高的礼赞和虔诚的敬意。

然而，康乾之后，中国在西方快速崛起的过程中相对落后了，封建主义进入晚期的过度衰朽以及"天朝帝国"的闭关自守使得中国明清之际的启蒙思潮未能有效地引领社会步入近代，中国社会的近代化是被后来崛起的西方列强用坚船利炮裹挟着进入的，一开始就带有被迫和屈辱的性质。自从 1840 年鸦片战争以后，我国一步一步地变成半殖民地半封建社会。从鸦片战争到 1949 年，西方列强对中国发动大小 470 次战争，签订了 1145 个不平等条约，在中国割地，索取赔款。光是割去中国土地就达174 万平方公里，占当时国土面积 16%，相当于 7 个英国。索取赔款 13亿两白银，其中最大的是两次。1894—1895 年中日甲午战争，日本从清政府，通过《马关条约》强迫清政府赔偿军费两万万两白银，三国干涉

---

① 毛泽东：《中国革命与中国共产党》，《毛泽东选集》第 2 卷，人民出版社 1991 年版，第 622—623 页。

② 同上书，第 623 页。

（英、法、俄）还辽，日本又勒索三千万两，又说成色不足，加五千两共两亿八千万两，日本拿这些发展工业，才走上工业化道路，变成帝国主义。1900 年，八国联军镇压义和团运动打到北京，1910 年 9 月，签订《辛丑条约》，帝国主义又勒索赔款四亿五千万两，年息四厘，折合白银九亿八千两百万两，分 39 年还清。当时清政府每年的财政收入 7000 万—8000 万两。此外，甲午战争后，西方在中国开办工厂，就地利用中国原料和廉价劳动力，就地销售来赚取超额利润。帝国主义从沿海到内地开设了几十个通商口岸、设租界，还取得了领事裁判权、内河航行权、传教权。

一部中国近代史，实质上就是一部中华民族饱受帝国主义侵略和欺凌的苦难史，同时也是一部不甘屈辱的人们奋起反抗、谋求国家独立和民族解放的斗争史。先进的中国人，不断总结自己民族失败和屈辱的历史教训，渴望通过学习西方来寻求救国救民的真理，洪秀全、康有为、梁启超、谭嗣同、严复直至章太炎、孙中山，发动了一次又一次民族民主革命运动，他们的斗争和上下求索，每一次都在一定程度上推动了中国社会的发展和进步，也极大地打击了帝国主义和封建主义的嚣张气焰，使得帝国主义无法灭亡中国。西方帝国主义对中国的侵略与凌辱，激起中国人民的反抗和觉醒。资产阶级革命先行者孙中山 1894 年在美国檀香山创建兴中会，在为兴中会起草的章程中他明确提出："是会之设，专为振兴中华、维持国体起见。"这是"振兴中华"的最早表达。目睹近代以来中华民族遭受帝国主义欺凌侵略的惨痛事实，孙中山产生了一种强烈的忧国忧民意识和以挽救民族危亡为己任的历史使命感，并开始了救亡图存、振兴中华的革命事业。在《兴中会章程》中，孙中山写道："我中华受外国欺凌，已非一日"，"方今强邻环列，虎视鹰瞵，久垂涎我中华五金之富、物产之繁。蚕食鲸吞，已效尤于接踵；瓜分豆剖，实堪虑于目前"。"堂堂华国，不齿于邻邦，济济衣冠，被轻于异族。有志之士，能无痛心？"[①] 他在 1904 年写给美国人民的呼吁信中指出："一旦我们革新中国的伟大目标得以完成，不但在我们的美丽的国家将出现新纪元的曙光，整个人类也将得以共享更为光明的前景。普遍和平必将随中国的新生

---

① 孙中山：《兴中会章程》，《孙中山全集》第 1 卷，中华书局 2011 年版，第 19、21 页。

活接踵而至。一个从来也梦想不到的宏伟场所，将要向文明世界的社会经济活动而敞开。"① 孙中山对中华民族的美好未来充满乐观和自信，认为只要弘扬我们民族的优良传统，善于学习世界包括西方优秀的思想文化，中国不仅能够独立而且能够实现自身的富强，迎头赶上欧美强国，甚至可以"驾欧美而上之"。辛亥革命推翻了清王朝二百六十多年的君主专制，建立了中华民国，1912 年 1 月 1 日，孙中山就任中华民国临时大总统。在《临时大总统宣言书》中孙中山提出："国家之本，在于人民，合汉、满、蒙、回、藏诸地为一国，即合汉、满、蒙、回、藏诸族为一人，曰民族统一。""五族共和"成为传诵一时的口号。但是由于资产阶级的软弱性，导致辛亥革命成果被袁世凯篡夺，中华民国成为一块空招牌。辛亥革命的失败，说明中国资产阶级无力担负反帝反封建任务。这个任务历史地落到了中国工人阶级及政党的肩上。

中国共产党的成立是中国历史上开天辟地的大事件。中国共产党坚持以马克思列宁主义为指导，历史地承担起了依靠工人阶级，联合农民阶级来反抗帝国主义和封建主义双重压迫、争取社会主义前途的领导责任，从此真正开始了中华民族谋求伟大复兴的历史进程。中华民族终于在中国共产党的团结带领下，以巨大的牺牲和代价，找到了民族复兴的正确道路，开创和发展了中国特色社会主义，从根本上改变了中国人民和中华民族的前途命运。

中国共产党从成立的那一天起，就致力于中华民族的独立和复兴，并为此进行了前赴后继、不屈不挠的伟大斗争。在长达 28 年的新民主主义革命时期，以毛泽东为代表的中国共产党人团结带领全国各族人民完成民族独立和人民解放的历史任务，为实现中华民族伟大复兴创造了前提。新中国成立后，中国共产党团结带领全国人民创造性地完成了由新民主主义到社会主义的过渡，实现中国历史上最伟大最深刻的社会变革，开始了在社会主义道路上实现中华民族伟大复兴的历史征程。党的十一届三中全会以来，以邓小平为代表的中国共产党人团结带领全国人民致力于社会主义现代化建设，找到了一条建设中国特色社会主义的正确道路，赋予民族复兴新的强大生机。中华民族的伟大复兴展现出灿烂的前景。

---

① 孙中山：《中国问题的真解决—向美国人民呼吁》，《孙中山全集》第 1 卷，中华书局 2011 年版，第 255 页。

1997 年 11 月 1 日，江泽民在美国哈佛大学发表演说，对中华文明进行全面解说，在论述了中华文明团结统一、独立自主、爱好和平、自强不息的四大传统后指出："中国作为疆域辽阔、人口众多、历史悠久的国家，应该对人类有较大贡献。中国人民所以要进行百年不屈不挠的斗争，所以要实行一次又一次的伟大变革、实现国家的繁荣富强，所以要加强民族团结、完成祖国统一大业，所以要促进世界和平与发展的崇高事业，归根到底就是为了一个目标：实现中华民族的伟大复兴，争取对人类作出新的更大的贡献。"① "中华民族伟大复兴"作为一个崭新概念首次提出。2002 年 11 月 8 日，江泽民在中共十六大《全面建设小康社会，开创中国特色社会主义事业新局面》的报告中提出，在 21 世纪头二十年，集中力量"全面建设小康社会的奋斗目标"，并把这个目标作为"推进中华民族的伟大复兴"的必须经过的不可逾越的发展阶段。认为"全面建设小康社会，开创中国特色社会主义事业新局面，就是要在中国共产党的坚强领导下，发展社会主义市场经济、社会主义民主政治和社会主义先进文化，不断促进社会主义物质文明、政治文明和精神文明的协调发展，推进中华民族的伟大复兴。"②

党的十六大以来，以胡锦涛为总书记的党中央从多方面阐释并发展了中华民族伟大复兴的思想和理论。2007 年中国共产党第十七次全国代表大会在北京召开，胡锦涛在谈到改革开放的伟大历史进程时指出，事实雄辩地证明，改革开放是决定当代中国命运的关键抉择，是发展中国特色社会主义、实现中华民族伟大复兴的必由之路；改革开放是党在新的时代条件下带领人民进行的新的伟大革命，目的就是要解放和发展社会生产力，实现国家现代化，让中国人民富裕起来，振兴伟大的中华民族。2011 年 10 月 9 日在纪念辛亥革命 100 周年大会上的讲话中，胡锦涛指出，实现中华民族伟大复兴，必须坚定不移高举中国特色社会主义伟大旗帜，坚定不移高举爱国主义伟大旗帜，坚定不移高举和平、发展、合作旗帜。中国特色社会主义道路，深刻总结近代中国一切救亡图存、振兴中华的经验教

---

① 江泽民：《增进相互了解，加强友好合作》，《江泽民文选》第 2 卷，人民出版社 2006 年版，第 63 页。

② 江泽民：《全面建设小康社会，开创中国特色社会主义事业新局面》，《江泽民文选》第 3 卷，人民出版社 2006 年版，第 574 页。

训，深刻总结在中国推进社会主义建设的正反两方面经验，深刻总结世界各国实现发展进步的历史启示，符合中国实际和时代要求，符合中国最广大人民根本利益，符合中华民族根本利益。实现中华民族伟大复兴，必须坚定不移高举爱国主义伟大旗帜。辛亥革命100年来的历史表明，爱国主义是中华民族精神的核心，是动员和凝聚全民族为振兴中华而奋斗的强大精神力量。实现中华民族伟大复兴，必须坚定不移高举和平、发展、合作旗帜。辛亥革命100年来的历史表明，实现中华民族发展进步，不仅需要安定团结的国内环境，而且需要和平的国际环境。

党的十八大以来，以习近平为总书记的党中央致力于全面推进中国特色社会主义现代化建设进程，提出并论述了中华民族伟大复兴的中国梦的战略构想，深化发展了中华民族伟大复兴的理论和实践。在2012年11月15日履新就职与中外记者见面时习近平就提出：我们的责任，就是要团结带领全党全国各族人民，接过历史的接力棒，继续为实现中华民族伟大复兴而努力奋斗，使中华民族更加坚强有力地自立于世界民族之林，为人类作出新的更大的贡献。当月29日参观《复兴之路》展览时，他将这个历史重任定位为"中国梦"。在2013年12月26日纪念毛泽东诞辰120周年讲话中，习近平说：我们党领导的革命、建设、改革伟大实践，是一个接续奋斗的历史过程，是一项救国、兴国、强国，进而实现中华民族伟大复兴的完整事业。"党的十八大以来，我们所做的一切工作，就是要团结带领全党全国各族人民坚持党的十一届三中全会以来的理论和路线方针政策，把以毛泽东同志为核心的党的第一代中央领导集体、以邓小平同志为核心的党的第二代中央领导集体、以江泽民同志为核心的党的第三代中央领导集体、以胡锦涛同志为总书记的党中央开创和发展的伟大事业坚持好、发展好。"这个伟大事业，一言以蔽之，就是实现中华民族伟大复兴，即中华民族近代以来最伟大的梦想——"中国梦"。

立足于21世纪新阶段，我们党制定了实现两个一百年的战略目标，即到建党一百年时建成惠及十几亿人口的全面小康社会，实现"小康梦"；到新中国成立一百年时，基本实现中国现代化建设的目标，实现"现代梦"。两个一百年，形象而具体地展现了中国梦的发展篇章。当然，在新中国成立一百年后，中华民族还将向着更高的目标前进，由中等发达国家向着高度发达国家迈进，中国梦的未来蓝图会更加催人奋进。实现中国梦，关键是民族复兴。民族复兴是国家富强的根本标志，是人民幸福的重要保障。中国共产党领导人民奋斗的 90 年，是为民族解放、国家富强和人民幸福而不断艰苦奋斗、奋发图强的 90 年，书写了实现中国梦的历史篇章。

二　中华民族伟大复兴之中国梦伦理思想的丰富内涵

中华民族伟大复兴的内涵是一个内容完整、各部分地位明确且相互补充相互完善的结构体系，其中，五千年中华文明和中华文化是中华民族伟大复兴的历史根基，全体中国人民是中华民族伟大复兴的伦理主体，中国共产党是中华民族伟大复兴的领导力量，中国特色社会主义是中华民族伟大复兴的根本道路，全面建成中国特色社会主义是中华民族伟大复兴的必由之路，迈向"大同世界"是中华民族伟大复兴的根本目标。中国梦有着十分深刻的丰富内涵，就其精神实质和目标追求而言，就是要实现国家富强、民族振兴和人民幸福。

中国梦是中华民族伟大的复兴梦。复兴意味着光复旧物，重拾旧日的光荣，同时也意味着在新的历史条件下的新的攀越以及对原有高峰的跨越，因此它不只是面向历史的崛起，更是面向未来的新的腾飞。再创的辉煌对原有的辉煌已经在不同的时间节点上显现出全新的气象。中华民族伟大复兴是近代开启、当代正在进行着的伟大事业，与中国古代辉煌既可以相互媲美，同时也以全新的内容、全新的气象、格局和境界承继并超越着古代的辉煌，书写着中华民族在当代建树的新篇章。历史学家金冲及在《二十世纪中国史纲》中说："实现中华民族的伟大复兴，在整个二十世纪一直是中国无数志士仁人顽强追求的目标，一直是时代潮流中的突出主题。中国的革命也好，建设也好，改革也好，归根到底是为了实现这个目标。这可以说是贯穿二十世纪中国历史的基本线索。"中国梦不是重塑汉代雄风、大唐伟业，也不是再造康乾盛世；中国梦，不是复兴封建帝国的旧梦，也不是食洋不化的他国梦。实现中华民族复兴的中国梦，是基于中华民族从传统向现代转型实践的现代梦。中华民族伟大复兴是全体中国人和海内外炎黄子孙集体的价值目标和理想追求，是承载着无数革命先烈、建设功臣追梦之精神、圆梦之期待的价值体系，也是一代又一代中国人夙兴夜寐、孜孜以求的社会理想和人生理想的精神确证。

中国梦是人民共和国的强国梦。国家富强主要体现在物质文明极大丰富，经济实力和人均水平赶上发达国家水平，在世界上占据领先地位，拥有较高的国际影响力，国防和军队建设与国家综合实力更加匹配，国家安全更有保障。建设不受侵略、不受欺凌的强大国家，平等地参与世界各种公共事务，以此推动世界向着共建共享的和谐世界发展，是全体中华儿女的价值期盼和共同愿望。强国梦意味着人民共和国有能力保护自己的领土、主权和国家尊严，有条件制止一切挑战性和侵略性行为在自己的国土和近邻发生，同时也有实力去促进地区和平和世界和平的实现。强国梦是人民共和国综合国力包括硬实力和软实力的普遍提升并在世界范围内达到比较高的程度和水平。只有国家强盛，民族复兴才有坚实基础，人民幸福才有根本保证。

中国梦也是全体人民的富裕梦和幸福梦。我们的人民是伟大的人民。在漫长的文明传承和历史发展进程中，中国人民依靠自己的勤劳、勇敢和智慧，建设美好家园，培育优秀文化，为人类社会作出过巨大贡献。在全面建成小康社会进程中，人民群众期盼有更好的教育、更稳定的工作、更满意的收入、更可靠的社会保障、更高水平的医疗卫生服务、更舒适的居住条件、更优美的环境，期盼孩子们能成长得更好、工作得更好、生活得更好。正如习近平同志指出，中国梦必须紧紧依靠人民来实现，必须不断为人民造福；生活在我们伟大祖国和伟大时代的中国人民，共同享有人生出彩的机会，共同享有梦想成真的机会，共同享有同祖国和时代一起成长与进步的机会。这"三个共同享有"，阐明了民族的责任和价值对于个体的意义，表达了在新的历史起点上实现个人梦与民族梦的一致性。中国梦的实现需要以保障和改善民生为重点，不断实现好、维护好、发展好最广大人民的根本利益，使发展成果更多更公平惠及全体人民；中国梦的实现需要多谋民生之利，多解民生之忧，解决好人民最关心最直接最现实的利益问题，在学有所教、劳有所得、病有所医、老有所养、住有所居上持续取得新进展。虽然相对于中国梦来说，每一位国人自己的梦想可能显得过于渺小，但实现每一位国人虽小但珍贵的梦想却正是中国梦的根本要求。中国梦把人民幸福指数纳入了内涵概括，是中国梦的核心价值所在，也是中国梦最富有生命力的构成，体现了马克思主义的经济社会发展与人的全面发展相统一，体现了党的根本宗旨与民心归依相统一，体现了外在的物质环境建设与内在的社会大众感受相统一，充满了浓浓的亲切感、现实感。这既是我们党和政府的重大责任，也是中国梦这棵大树枝繁叶茂的营养土壤。以民生为本，顺应民心，尊重民意，凝聚民智，让人民群众过上美好幸福的生活，这样的国家富强才有精神寄托，这样的民族复兴才有根本希望。物质和文化生活全面小康，在学有所教、病有所医、劳有所得、老有所养、住有所居基础上进一步提升生活质量，每一个人都能过上体面而有尊严的幸福生活，过上具有好品质的优雅生活，人们摆脱了以劳动仅仅为谋生手段的困惑与局限，劳动和学习成为发展人自身和完善人自身的有益事情，成为快乐的化身和自由舒适的象征，人们的理想、信念和情操向着崇高、卓越、完善的目标迈进，这是令全体中华儿女精神振奋、意气风发的伟大目标，也是中国现代化建设所要着力实现的具体内容。中国梦不仅表现为国家富强、民族复兴，更表现为人民幸福。实现中国梦，目的是人民幸福。

实现中华民族伟大复兴之中国梦伦理思想，内涵着要把中国建设成为一个强盛的中国、文明的中国、和谐的中国、美丽的中国等有机因子。

强盛中国，就是经济实力和综合国力强，国际地位和国际影响力强，人民生活富裕、生活幸福。"中国梦"的第一要义，就是实现综合国力进一步跃升。如今，我国经济总量已跃居世界第二位，但人口多、底子薄、发展很不平衡的状况并未根本改变。党的十八大描绘了到 2020 年的宏伟目标，经济持续健康发展，国内生产总值和城乡居民人均收入比 2010 年翻一番，科技进步对经济增长的贡献率大幅上升，进入创新型国家行列。在经济建设方面，坚持以科学发展为主题、以加快转变经济发展方式为主线，把推动发展的立足点转到提高质量和效益上来，实施创新驱动发展战略，推进经济结构战略性调整，推动城乡发展一体化，全面提高经济水平，坚持走中国特色新型工业化、信息化、城镇化、农业现代化道路，打胜全面深化经济体制改革和加快转变经济发展方式这场硬仗，把我国经济发展活力和竞争力提高到新的水平。

文明中国，就是具有高度的精神文明、政治文明，中华民族优秀文化和社会主义先进文化得到传承和弘扬，民主、法治更加健全和完善，中国人民的素质好，社会文明程度高。中华文明是世界上唯一几千年不断延续、传承至今的文明，但要体现现代文明色彩，就必须超越数千年来创造的农耕文明形态。党的十八大将中国特色社会主义总布局从经济、政治、文化、社会建设"四位一体"升华为包括生态文明建设的"五位一体"，标志着中华文明格局开启了向物质文明、政治文明、精神文明、社会文明和生态文明全面发展的更高阶段演进的新里程。坚定不移地推进"中国梦"的实现，中华文明必将放射出更加灿烂的光芒。习近平在联合国总部的演讲中谈道，实现中国梦，是物质文明和精神文明均衡发展、相互促进的结果。没有文明的继承和发展，没有文化的弘扬和繁荣，就没有中国梦的实现。中华民族的先人们早就向往人们的物质生活充实无忧、道德境界充分升华的大同世界。中华文明历来把人的精神生活纳入人生和社会理想之中。所以，实现中国梦，是物质文明和精神文明比翼双飞的发展过程。随着中国经济社会不断发展，中华文明也必将顺应时代发展焕发出更加蓬勃的生命力。①

和谐中国，就是社会公正、安定有序、团结和谐，同各国人民友好相处，共同发展。党领导全国各族人民共圆"中国梦"的根本目的，就是要实现好、维护好、发展好最广大人民的根本利益，进而提升全社会的幸福指数。提升幸福指数是个复杂的系统工程，既要考虑物质因素，又要考虑非物质因素，从根本上讲，就是要进一步提升社会和谐的水平。党的十八大着眼于提升人民的幸福指数，将"坚持维护社会公平正义"、"坚持走共同富裕道路"、"坚持促进社会和谐"纳入夺取中国特色社会主义新胜利的基本要求，将"保障和改善民生"作为社会建设的重点，解决好人民最关心最直接最现实的利益问题，在学有所教、劳有所得、病有所医、老有所养、住有所居上持续取得新进展，使改革发展成果更多更公平惠及全体人民。这些和谐因素的充实，对"中国梦"的阶段性特征作出了更为清晰的描绘，也为"中国梦"增添了更加美丽的幸福光环。

美丽中国，就是尊重自然、受用自然、保护自然，生态文明环境良好，天蓝地绿水清。生态文明的核心是人与自然和谐，努力建设美丽中国，坚持走资源节约型、环境保护型的发展道路，建设人与自然高度和谐的生态文明，在生机盎然的绿水青山中持续地追求并享有幸福，实现中华

① 参阅习近平 2014 年 3 月 27 日在联合国教科文组织总部的演讲，《人民日报》2014 年 3 月 28 日。

民族永续发展。显然，这是一幅真实而美丽的"中国梦"画卷，这是中华民族孜孜以求的美好愿景。

中国梦的本质属性，就是要体现中国梦是人民的梦这一属性。在依靠人民、造福人民中实现伟大的梦想。它既是一个关系人心向背、政权兴亡的根本政治问题，又是一个检验我们党是否真正尊重经济社会发展规律、是否真正尊重人民群众历史主体地位的标准。

中国梦的本质内涵是实现国家富强、民族复兴、人民幸福，它意味着综合国力得到较大跃升，社会和谐进一步提升，中华文明更加振兴，人的自由全面发展得到更大实现。

三　中华民族伟大复兴之中国梦伦理思想的深远意义

中国梦既建筑在中华民族近代以来致力于伟大复兴的历史基础之上，又是改革开放 30 多年中国特色社会主义现代化建设所努力追求之价值目标的集中呈现，更是激励全党全国各族人民实现国家富强、人民富裕和民族复兴之伟大目标的价值凝聚，具有建基既往、立足现实、朝向未来的精神特质，以及反映国家意志、民族愿望和人民期盼的伦理品质，是一个融历史的事实性、现实的必然性和理想的感召性于一体的精神观念、价值系统、目标指向的有机体系。

中国梦是在认真总结改革开放以来中国社会主义现代化建设成就基础上提出来的，以实现"两个一百年"奋斗目标为具体内容，以致力于中华民族伟大复兴为旨归，以激起人们社会主义现代化建设热情、攻坚克难、再创辉煌为实践特色的当代命题和理论。中国梦的实质告诉我们：中国特色社会主义理论体系是开放的不断发展的体系，在实践的基础上不断与时俱进推进中国特色社会主义现代化建设，不断开拓中国特色社会主义现代化发展的新局面，是中国马克思主义的基本信念和胸怀。中国梦在运用马克思主义基本原理对中国国情和时代特征进行深刻把握和科学分析的基础上，对世界社会主义五百年的发展趋势与规律、中国特色社会主义道路、中国特色社会主义理论体系、全面改革和扩大开放、法治国家法治政府法治社会一体化建设、推动建设全球发展伙伴关系、构建大国新型关系、强化执政根基、提高执政能力等重大问题作出了系统阐述，已经初步形成一个比较完整的理论构架。中国梦的提出时间虽然不长，但是它积淀深厚，意境高悬，内涵丰富，目标明确，涉及中国道路、中国精神、中国力量诸方面，是中国特色社会主义道路的有机构成和中国特色社会主义理论的组成部分，同时也是凝聚中国力量的价值枢纽和核心动能。

实现中华民族伟大复兴，是近代以来中国人民最伟大的梦想。这个梦想，凝聚了几代中国人的夙愿，体现了中华民族和中国人民的整体利益，代表了每一个有良知的中华儿女的热切期盼，具有强大的凝聚力和感召力，是当代中国的时代旋律和精神旗帜。

中国梦与美国梦有着根本区别。个人主义是美国梦的思想基础和灵魂。中国梦则不然。中国梦的核心是实现集体或整体的价值，即通过全体中华儿女的共同奋斗实现中华民族共同的理想，个人梦想是中国梦这一共同理想的具体表现和组成部分。美国梦是一种个人主义梦想，它片面强调个人的重要性和个人成就，严重忽略个人的社会责任和集体奋斗。与美国梦不同，中国梦兼有个体性和集体性，它是中华儿女的个人梦想和民族梦想相互交融、相互贯通、相辅相成、相得益彰的一种梦想。中国梦以突出中华儿女的个人幸福和中华民族的伟大复兴为主旋律，但它对其他国家的民族梦想抱持包容的态度。与此相反，美国梦具有鲜明的美国中心主义特征。中国梦是一种理想追求，也是一种实践活动，它体现的是理想性和实践性的统一。它要求中华儿女在追求中国梦的理想中超越自身，同时要求中华儿女在脚踏实地的社会实践中为中国梦的实现努力奋斗。

中国梦生动而深刻地回答了中华民族在新的历史条件下进一步推进社会主义现代化建设的发展目标和发展方向的问题，是对关乎党和国家命运的根本理论与实践问题的科学回答，明确了在全面建成小康社会的决定性阶段推进改革发展和社会主义现代化建设的新要求、新任务和新目标。中国梦这一中国特色社会主义重大思想理论成果对于指导中国人民推进全面建成小康社会、对于基本实现现代化具有深远的理论意义和实践价值。

第二节　弘扬中国精神是实现中国梦的内在要义

习近平总书记在第十二届全国人民代表大会第一次会议上的讲话中全面阐释了实现中国梦的路径，强调指出实现中国梦必须坚持走中国道路，弘扬中国精神，凝聚中国力量。中国特色社会主义道路是在改革开放30

多年的伟大实践中走出来的，是在中华人民共和国成立 60 多年的持续探索中走出来的，是在对近代以来 170 多年中华民族发展历程的深刻总结中走出来的，是在对中华民族 5000 多年悠久文明的传承中走出来的，具有深厚的历史渊源和广泛的现实基础。中国精神就是以爱国主义为核心的民族精神和以改革创新为核心的时代精神的有机结合，是凝心聚力的兴国之魂、强国之魂。爱国主义始终是把中华民族坚强团结在一起的精神力量，改革创新始终是鞭策我们在改革开放中与时俱进的精神力量。全国各族人民一定要弘扬伟大的民族精神和时代精神，不断增强团结一心的精神纽带、自强不息的精神动力，永远朝气蓬勃迈向未来。中国力量就是中国各族人民大团结的力量。中国梦是民族的梦，也是每个中国人的梦。只要我们紧密团结，万众一心，为实现共同梦想而奋斗，实现梦想的力量就无比强大，我们每个人为实现自己梦想的努力就拥有广阔的空间。生活在我们伟大祖国和伟大时代的中国人民，共同享有人生出彩的机会，共同享有梦想成真的机会，共同享有同祖国和时代一起成长与进步的机会。有梦想，有机会，有奋斗，一切美好的东西都能够创造出来。全国各族人民一定要牢记使命，心往一处想，劲往一处使，用 13 亿人的智慧和力量汇集起不可战胜的磅礴力量。[①] 中国精神是中国梦的有机构成，是民族精神和时代精神的辩证统一，同时也是中国模式的价值凝结，对于中国崛起具有极其重要的价值支撑和价值引领作用，它凝聚了几代中国人的夙愿，体现了中华民族和中国人民的整体利益，是每一个中华儿女的共同期盼和理想追求。

一　中国精神的孕育、形成和发展

中国历来是一个崇尚精神、以精神立国并在精神中创造伟业的国度。中国是世界历史上发育较早的文明古国，而且是唯一一脉相承传至今天的文明范型。中国在历史上之所以没有发生大的文明断裂且能不断地衰而复兴、阙而复振，始终充满着旧邦新命的价值特质，根本缘由在于中国有自己内在且源远流长的精神或伦理品质。5000 多年悠久灿烂的中华文化，

---

① 参阅习近平 2013 年 3 月 17 日在第十二届全国人民代表大会第一次会议上的讲话，《人民日报》2013 年 3 月 18 日。

与中华民族精神有着一种互为因果、相辅相成的关系。一方面，中华文化催生了中华民族精神，文化的源远流长导致了精神的一以贯之。悠久灿烂的中华文化，不特积淀着中华民族最深沉的精神追求，包含着中华民族最根本的精神基因，更代表着中华民族独特的精神标识，是中华民族生生不息、发展壮大的丰厚精神滋养。另一方面，中华民族精神创造并革新了中华文化，精神的伟岸超拔致使文化充溢独特的东方神韵。也许可以说，滥觞于远古且在之后不断丰富、开展和提升的中国精神具有形成民族共识和民族凝聚力、向心力的独特功能，具有维系中华文明延伸性、连续性和提升性①的伦理妙用。

中国精神渊源于5000多年悠久厚重的中华伦理文化，经近代救亡图存刺激与逆境中上下求索而获得不断新生的潜质和能量，在中华人民共和国成立以后进入全新的发展阶段，特别是在改革开放和社会主义现代化建设过程中借助自我更新、强本固基、博采广纳使中国风格、中国气派和中国特色不断呈现于世界舞台，获得了一种日趋成型而又不断开放、内核稳定而又善于创新的精神魅力和精神特质。中国精神的当代形塑、凝聚和建设，是在毛泽东、邓小平、江泽民、胡锦涛、习近平等为代表的几代中国共产党人共同努力和孜孜以求的过程中积淀、内化和堆垒起来的，是千千万万中国人民在中国共产党领导下求独立、求富强、求幸福、求复兴的精神集结和精神佐证。

在中国共产党90多年的奋斗历程中，经由几代领导人的倡导和全国人民的共同努力，培育形成了一系列彰显和反映民族精神、体现时代要求、凝聚各方力量的伟大的"中国精神"。这些伟大"中国精神"，对于推动党所领导的革命、建设和改革事业发挥了无可替代的重要作用。从某种意义上说，中国革命的伟大胜利是无产阶级精神和共产主义精神的伟大胜利，是共产主义人生观、价值观和道德观的伟大胜利。新中国成立后，在中国共产党的领导下，又培育出铁人精神、雷锋精神、"两弹一星"精

---

① 成中英在为樊浩《中国伦理精神的历史建构》所写的序言中比较了中西伦理思想体系，认为连续贯穿的伦理体系是典型的传统中国的儒家伦理，而不连续、不贯串的伦理体系则是典型的现代西方的责任伦理。中国伦理体系具有整体性、内发性、延伸性、提升性、连续性五大特征，中国伦理体系表现了一个民族和一个文化的凝聚力和扩展力。参阅樊浩《中国伦理精神的历史建构》，江苏人民出版社1992年版，"序"第1—17页。

神、抗洪精神、航天精神、抗震救灾精神、奥运精神，使得中国精神的内涵不断丰富，为社会主义革命、建设和改革开放提供了源源不断的精神动力和价值支撑。依靠"中国精神"，我们众志成城抗震救灾，成功举办北京奥运会和上海世博会，成功应对全球金融危机和一系列经济社会生活的风险和挑战，取得了社会主义现代化建设一个又一个伟大胜利。

在改革开放时代形塑和发展起来的中国精神立根于数千年中华传统精神之中，承接100多年的近代图强和革命精神，以及新中国成立后数十年社会主义建设精神，可谓源远流长、博大精深、内涵丰富、义理高悬，同时又兼收并蓄、博采广纳，与时俱进，面向世界和未来，体现出深厚、高明、广博、悠久的特质，是中华民族最可宝贵的精神财富。

二　中国精神是民族精神与时代精神的有机统一

中国共产党人全面总结和光大了民族精神，深刻阐释和弘扬了时代精神，将民族精神和时代精神有机结合起来，从整体上建构了中国特色社会主义现代化建设事业所需要的中国精神。所谓中国精神就是以爱国主义为核心的民族精神与以改革创新为核心的时代精神的有机整合与辩证统一。

党的十六届六中全会决定首次提出建设社会主义核心价值体系，形成全民族奋发向上的精神力量和团结和睦的精神纽带，第一次提出"以爱国主义为核心的民族精神和以改革创新为核心的时代精神"，并将其作为社会主义核心价值体系的重要内容。习近平在第十二届全国人民代表大会第一次会议闭幕会发表重要讲话，全面阐释实现中国梦的具体路径，指出实现中国梦必须弘扬中国精神，这就是以爱国主义为核心的民族精神，以改革创新为核心的时代精神。爱国主义始终是把中华民族坚强团结在一起的精神力量，改革创新始终是鞭策我们在改革开放中与时俱进的精神力量。① 弘扬中国精神即是要弘扬伟大的民族精神和时代精神，不断增强团结一心的精神纽带、自强不息的精神动力，永远朝气蓬勃迈向未来。习近平将中国精神纳入到中华民族伟大复兴之中国梦的理想和观念体系中，赋予中国精神以新的理论感召和价值引领功能，从而进一步活化和在新的高

---

① 习近平：《在第十二届全国人民代表大会第一次会议闭幕式上的讲话》，《人民日报》2013年3月17日。

度提升了中国精神，凸显了中国精神对于实现中华民族伟大复兴之价值目标的内在关联。同时将中国精神与中国道路、中国力量联系起来加以论述，使中国精神成为中国特色社会主义的重要元素和核心内容，强调中国精神是凝心聚力的兴国之魂、强国之魄。

中华民族历来具有伟大的民族精神，"在五千多年的发展中，中华民族形成了以爱国主义为核心的团结统一、爱好和平、勤劳勇敢、自强不息的伟大民族精神。"① 我们党领导人民在长期革命、建设和改革实践中不断结合时代和社会的发展要求，丰富和光大着这个民族精神。以爱国主义为核心的中华民族精神，深深根植于延绵数千年的优秀文化传统之中，始终是维系中华各族人民共同生活的精神纽带，是支撑中华民族生存发展的精神支柱，是推动中华民族走向繁荣、强大的精神动力，是中华民族之魂。

在马克思主义看来，民族精神是一个民族之所以是这个民族而不是另外一个民族的根本特质和内在的规定性，是民族性格的集中体现。马克思恩格斯觉察到不同民族在民族性格特征方面的差异。恩格斯在《英国状况：十八世纪》一文中指出："英国人的民族特性在本质上和德国人、法国人的民族特性都不相同；对消除对立丧失信心因而完全听从经验，这是英国人的民族特性所固有的。纯粹的日耳曼成分固然也把自己的抽象内在性转变成抽象外在性，但是这种外在性从来没有失去它的起源的痕迹，并且始终从属于这种内在性和唯灵论。法国人也站在唯物的、经验的这一边；但是，因为这种经验直接是一种民族倾向，而不是自身分裂的民族意识的副产品，所以它通过民族的、普遍的方式起作用，并作为政治活动表现出来。"② 德国人的民族性格崇尚唯灵论，法国人的民族性格崇尚战斗的唯物主义，并把国家当作人类普遍利益的永恒形式。英国人对普遍利益不抱希望，即使作为整体行动的时候也总是从个人利益出发。这就是英法德三国不同的民族性格或精神。

中国精神凝聚着中华民族对世界和生命的历史认知和现实感受，积淀

---

① 江泽民：《全面建设小康社会，开创中国特色社会主义事业新局面》，《江泽民文选》第三卷，人民出版社 2006 年版，第 559 页。

② 恩格斯：《英国状况：十八世纪》，《马克思恩格斯文集》第 1 卷，人民出版社 2009 年版，第 91—92 页。

着中华民族最深层的精神追求和行为准则，是中华民族赖以生存和发展的精神支柱。"中华民族不是一个追求饥者一饱、渴者一饮，以小私有者为自足的民族，而是一个知天知人，彰大理，循大变，无往不通的民族，是经纶万物，驾驭群品，与造化同功，创造圣德伟业的民族。"① 中国共产党人在领导中国革命、建设和改革的过程中，深刻地认识到弘扬民族精神的重要价值，并对中华民族精神作出了全面系统的阐释与论证，从而既承继、活化着民族精神又光大、丰富着民族精神，使民族精神成为中国精神的源头活水。经由中国共产党人系统总结和科学提炼的中国精神，传承的是中华民族的道德文化慧命，建构起来的是中华民族共有的精神家园，构成中华民族最可宝贵的精神财富。

三 中国精神对中国模式和中国崛起的功能意义

中国精神是中华文明的核心，塑造了中华民族的魂魄，挺立起中华民族的脊梁，是凝聚和激励中华民族团结奋斗、励精图治、勇往直前的伟大精神力量，也是现代中国人民建设社会主义国家的动力源泉和价值支撑。

中国的崛起不是一个普通国家的崛起，而是一个五千年连绵不断的伟大文明的复兴，是一个"文明型国家"的崛起。"文明型国家"崛起的深度、广度和力度都是人类历史上前所未见的。这种"文明型国家"有能力汲取其他文明的一切长处而不失去自我，并对世界文明作出原创性的贡献。中国崛起有深厚的历史和文化根基。中国精神是中国道路、中国模式的精神内涵，是中华民族优秀传统与时代精神的有机结合，代表着中国各民族的形象，体现着社会主义核心价值观，彰显着中国人的精神风貌。认定中国精神，就有了国家和民族发展的凝结剂和推进器，就有了超越自我，走向辉煌的强大精神力量。有了中国精神，就有了国家和民族发展的凝结剂和推进器。

"中国模式"积淀和内化着中国理念，浸润和彰显着中国精神。理念和精神是思想的核心要素，体现着人们对世界的态度，对事物的认识，对规律的把握，对行动的部署。一个国家和民族的崛起，必然伴随并必将有文化价值观的发展与繁荣。没有理念和精神上的崛起，一个国家和民族是

---

① 司马云杰：《中国文化精神的现代使命》，序言，山西出版集团 2008 年版，第 2 页。

无法真正崛起的。传统精神是宝贵的。但自近代以来，特别是辛亥革命以来，曾经支撑着一个民族延续和发展的中华民族精神在时代发展面前，特别是在现代精神面前，遇到了严峻挑战。如何在传统精神的基础上实现突破，形成与中华民族伟大复兴相适应的优秀精神理念，这是一个重大的现实命题。优秀的国家精神理念，是人类跨进现代文明、引领世界文明的标志，透露出人类文明进步的光芒。构建并确立中国精神，一定不能切断历史搞民族虚无主义和历史虚无主义，也不能囿于历史搞复古主义和国粹主义，一定要超越自我，确立世界层面的价值坐标，以引领世界文明的发展方向。

1. 以人为本与人民主体的理念和精神

中国模式和中国崛起内涵着以人为本和人民主体的伦理理念和精神，把维护好、发展好、实现好人民群众的根本利益，促进人的全面发展作为根本的价值目标。以人为本是对以物为本、以权为本、以神为本等的批判和超越，反映着为人民服务的基本要求，也是人民主体地位的深刻体现。从邓小平"人民答应不答应"、"人民满意不满意"、"人民拥护不拥护"的评价标准，到江泽民"代表最广大人民群众的根本利益"的价值导向，到胡锦涛"情为民所系，利为民所谋，权为民所用"以及"拜人民为师"、"把人民当亲人"等论述，充分彰显了人民在国家建设、民族崛起中的主体地位和伦理尊严。中国特色社会主义伟大事业是亿万人民群众自己追求和创造的事业，人民群众在党的领导下发挥自己的积极性、能动性、主体性和创造性，使中国崛起成为一种现实，也整体改变了中国社会的面貌，使其发生了翻天覆地的巨大变化。"人民，只有人民，才是创造世界历史的动力"，是被中国特色社会主义事业所证明的一条颠扑不破的真理。建设和发展中国特色社会主义，实现全面建设小康社会的伟大目标，必须牢固树立以人为本的理念，尊重人民群众的历史主体地位，尊重人民群众的首创精神，尊重人的发展需要，实现好、保护好、发展好人民群众的根本利益，促进人的全面发展。

2. 共同富裕与公平正义的理念和价值目标

任何崛起模式都是特定历史条件的产物。从根本上说，历史上资本主义大国的崛起之所以总是伴随着对外扩张、侵略，最终走上霸权主义、帝国主义的道路，就是为了减缓和转移国内日益严重的"两极分化"矛盾。

"两极分化"导致国内市场日益萎缩，因而亟须不择手段地开拓海外市场；"两极分化"导致国内社会矛盾尖锐，因而亟须转移民众视线；"两极分化"导致资源匮乏，因而亟须掠夺海外资源。中国崛起拒绝"两极分化"，崇尚共同富裕。共同富裕不仅是社会和谐之路，也是和平发展之路，因而是中国特色社会主义的根本原则和根本价值追求，也是社会主义和资本主义的本质区别。消灭剥削，消除两极分化，最终达到共同富裕，是中国特色社会主义的本质要求。我们党以共同富裕为目标，理顺分配关系，规范分配秩序；进一步健全完善养老、医疗、失业等社会保障体系，深入开展扶贫济困工作，逐步解决上学难、就医难、住房难、打官司难等问题，使经济发展成果更多体现到改善民生上；实施西部大开发、东北振兴、中部崛起等战略，区域经济、城乡经济开始趋向协调发展。人民生活水平显著改善，基本实现了从贫困到温饱、再从温饱到小康的两次历史性飞跃。建设中国特色社会主义，人民普遍受惠而不是极少数人得益，是共同富裕而不是产生两极分化，体现了社会主义制度的无比优越性，为中国特色社会主义伟大事业奠定了坚实的群众基础。公平正义是中国特色社会主义的内在要求，也是社会主义制度优越性的集中体现。社会主义的公平正义要求涵盖经济、政治、文化和社会生活方面，是权利公平、机会公平、规则公平和分配公平的有机统一，它要求正确对待人民群众的利益诉求、劳动权益、就业保障以及人格对待等，使社会成员生活在一个自由、平等、公正的社会环境里，充分发挥自己的聪明才智和创造性，共享社会文明和进步的好处。

3. 和谐发展与和平崛起的理念和精神

西方国家普遍采用过的对内剥削压迫、对外侵略扩张的崛起模式，产生于被马克思描述为资本的"每一个毛孔都带着血和肮脏的东西"的时代。而中国的历史与现状以及所面临的国际环境决定了中国的崛起只能走和谐发展、和平崛起的道路，只能走科学发展、生态文明和永续发展的道路。而中国特色社会主义伦理思想体系则最先提供了这样的发展理念和精神指引。与其他国家有所不同，中国坚持认为不同的国家有着不同的历史、文化和国情，任何国家都不能将自己的发展理念和模式推而广之。党的十六大报告明确提出："我们主张维护世界的多样性，提倡国际关系民主化和发展模式的多样化。世界是丰富多彩的。世界上的各种文明、不同的社会制度和发展道路应彼此尊重，在竞争比较中取长补短，在求同存异中共同发展。"中国强调，坚持发展理念和模式的多样性，才能坚持走符合中国实际的发展道路，才能充分理解和尊重别国对自己发展道路的选择。中国的发展和崛起是和平的崛起，中国传统文化和价值观始终是崇尚和谐、追求和平、希望和睦相处和宽容并包。厚德载物、协和万邦、和而不同是中国文化自古以来就有的基本理念和伦理精神，也是当代中国共产党人不断践行并在实践中予以推陈出新的优秀理论成果。我们有自己的源远流长的文化，这种文化的核心崇尚以和为贵，就是和的文化，当然我们还要和而不同，这种不同是相互补充，是相互借鉴，而不是冲突的来源。"和平崛起"要以"和而不同"为条件和目标；和谐而不千篇一律，不同又不冲突；和谐以共生共长，不同以相辅相成。在"和为贵"的理念和价值观的影响下，中国人民形成了崇尚和平、反对暴力和战争的历史传统。改革开放以来，中国不仅通过面向世界开放市场对全球经济增长有所贡献，而且一直采取积极行动致力于睦邻友好和与世界各国的互利合作，用实际行动证明中国的经济增长和对外开放不仅对自己有利，而且还能给周边国家带来好处。中国的善意举措，使那种"中国实力强大了，必然会对周边国家提出领土要求"的说法不攻自破。与此同时，在处理国际关系和国际事务中，中国始终坚持在和平共处五项原则的基础上推动建立国际新秩序，主张用和平手段解决国际争端，为维护世界和平作出了应有的贡献。

和合理念与和谐精神是贯穿五千年中华文明发展史的"风骨"，是中国传统文化的精髓和首要价值。中国传统伦理文化讲究整体和谐，包括人与自然的和谐，人与社会的和谐，人际关系的和谐以及人自我身心内外的和谐四个方面，注重和而不同。强调世界上任何事物都有自身相对独立的、特殊的生存发展方式，尊重事物之间的差异性和多样性，指出"和实生物，同则不继"，提倡宽容与仁爱。认为每个生命体都有存在的理由，强调"兼相爱"，"己所不欲，勿施于人"，推己及人，构建充满和谐温馨的美好世界。中华传统和谐精神作为民族智慧的源泉、文化传承的载体，既是历史发展的内在动力，也是我们建设中国特色社会主义文化的宝贵资源。

"中国模式"与和谐世界是一个哲学统一体。和谐世界是中国的理想，"中国模式"是中国对这个理想的实践。和平、发展、合作、多元化在中国的行为选择中并不只是空洞的概念，中国在经济领域和外交领域所取得的成绩已经证明了东方古老智慧的有效性，"中国模式"所具有的吸引力和号召力也表明这些理念已经开始被广泛认可。中国将坚定不移地走和平发展道路，既通过维护世界和平来发展自己，又通过自身的发展来促进世界和平。中国坚持实施互利共赢的对外开放战略，真诚愿意同各国广泛开展合作，真诚愿意兼收并蓄、博采各种文明之长，以合作谋和平、以合作促发展，推动建设一个持久和平、共同繁荣的和谐世界。以合作谋和平、以合作促发展的原则实际上正是"中国模式"的精神内核，是中国政治经济能够取得今天成绩的根本原因。

4. 艰苦奋斗与开拓创新的理念和精神

艰苦奋斗与开拓创新既是中华民族的传统美德和伦理精神，也是时代伦理精神的集中反映。改革开放与社会主义现代化建设的伟大事业，需要弘扬艰苦奋斗与开拓创新的精神。中国特色社会主义现代化建设事业需要大力弘扬艰苦奋斗、自强不息、顽强奋进、开拓创新的精神，到建党一百周年实现全面建成小康社会的目标需要我们弘扬这种精神，到新中国成立一百周年基本实现现代化的目标还需要我们弘扬这种精神，巩固和发展社会主义制度则需要几代人、十几代人甚至几十代人坚持不懈地努力奋斗。"空谈误国，实干兴邦"是中国特色社会主义内涵的基本理念和伦理精神。只有这种精神才能把中国特色社会主义事业推向新的发展阶段和水平，才能实现中华民族的伟大复兴。

中华民族历来具有伟大的民族精神，五千年绵延不断的中华文化，五千年沧海桑田的悠久历史，始终传承着不屈不挠、奋发进取的民族传统，始终体现着强大的民族凝聚力，始终挺立着压不弯的民族脊梁，这集中表现为以爱国主义为核心的团结统一、爱好和平、勤劳勇敢、自强不息的伟大民族精神。这种伟大精神总是在历史进步中不断得到丰富，深深熔铸在民族的生命力、凝聚力和创造力之中。

建设中国特色社会主义，还需要大力弘扬井冈山精神、长征精神、延安精神、西柏坡精神和铁人精神、雷锋精神、"两弹一星"精神、九八抗洪精神、抗"非典"精神以及抗震救灾精神、航天精神等，使这些优秀而崇高的精神成为社会主义精神文明的主要支柱。只有这样，才能构筑新时代的精神长城，将中国特色社会主义事业不断推向前进。

第三节　培育社会主义核心价值观
是实现中国梦的必然要求

实现中华民族伟大复兴的中国梦必须培育践行社会主义核心价值观，并把培育践行社会主义核心价值观作为凝神聚气、强基固本的战略工程。习近平总书记强调指出："中国梦的宣传和阐释，要与当代中国价值观念紧密结合起来。中国梦意味着中国人民和中华民族的价值体认和价值追求，意味着全面建成小康社会、实现中华民族伟大复兴，意味着每一个人都能在为中国梦的奋斗中实现自己的梦想，意味着中华民族团结奋斗的最大公约数，意味着中华民族为人类和平与发展作出更大贡献的真诚意愿。"① 社会主义核心价值观既是中华民族伟大复兴中国梦的有机组成部分，也是助推中国梦实现的重要抓手、重要方式和重要基础。它从国家层面、社会层面、公民个人层面确立了应当为之追求的价值目标，起着凝神铸魂、强身固本的独特作用。

一　社会主义核心价值观是中国特色社会主义的兴国之魂

核心价值观是塑造国家的核心要素和打造国家核心竞争力和实现国家长治久安的价值枢纽和菁髓，是维系国家的精神纽带，是支撑国家的文化支柱。一个国家的向心力，很重要的是核心价值观的感召力和凝聚力，是人民对核心价值观的认同和信仰。核心价值观是国家的核心竞争力，国家之间的战略竞争首先是核心价值观的竞争。核心价值观是国家的立国之本，是一个国家在国际上的形象。核心价值观确立的是一个国家价值判断的基本标准，展示的是一个国家的根本性质和奋斗目标，它体现的是一个国家的内在需求和外在诉求。核心价值观是国家政治和意识形态的内核，是文化和道义的制高点。只有建立共同的价值目标，一个国家和民族才会有赖以维系的精神纽带，才会有统一的意志和行动，甚至越是在危机困难

① 参阅习近平2013年12月30日在中共中央政治局第十二次集体学习时的重要讲话，《人民日报》2013年12月31日。

的时候，越能产生强大的凝聚力、向心力。一个国家要长治久安，必须注重加强核心价值观建设。一个大国，如果没有一个好的价值观，也很难成为有影响力的大国。中国在向世界树起自己的价值观之前，不可能成为真正的世界大国。

培育和践行社会主义核心价值观，能够找到全体社会成员在价值认同上的最大公约数，在具体利益矛盾、各种思想差异之上最广泛地形成价值共识，有效引领整合纷繁复杂的社会思想意识，有效避免利益格局调整可能带来的思想对立和混乱，形成团结奋斗的强大精神力量，从而达到维护社会稳定的目的，实现和谐社会。

培育和践行社会主义核心价值观，是中国特色社会主义的"铸魂工程"，可以从价值层面为深入回答社会主义的本质特征，为社会长远、稳定发展提供根本价值遵循，为制度设计、决策部署、法律制定提供最终价值依托，使中国特色社会主义始终沿着正确方向全面健康发展。

社会主义核心价值观，是我们党汲取人类思想精华、适应时代发展要求创造性提出来的，拥有广泛而深厚的历史和现实基础。它立足于中国特色社会主义伟大实践，是中国共产党和中国人民对社会主义现代化建设成果的经验总结，为未来党的建设和社会主义现代化建设发展方向和发展目标提供了新的、更为完整、更加科学的坐标体系，为国家发展、社会进步、人民幸福提供了精神支撑并建构了一个可以安身立命的精神家园。

社会主义核心价值观是社会主义核心价值体系的精神内核，体现着社会主义核心价值体系的根本性质和基本特征，反映着社会主义核心价值体系的丰富内涵和实践要求，是社会主义核心价值体系的高度凝练和集中表达。培育和践行社会主义核心价值观，为推进社会主义核心价值体系建设进一步明确了切入点和工作着力点，有利于将社会主义核心价值体系建设落到实处。

社会主义核心价值观是社会主义精神和价值体系中最根本、最重要和最集中的价值内核。社会主义核心价值观从国家、社会和个人三个层面彰显出社会主义的价值特质、价值导向和价值目标。"富强、民主、文明、和谐"，是对社会主义国家应追求的价值理念或价值精神的凝练，凸显了社会主义国家的核心价值意识和价值追求。"自由、平等、公正、法治"，从社会层面反映出社会主义的价值导向和价值目标，含有对人类所创造的合理价值观念的现代承继与弘扬。"爱国、敬业、诚信、友善"，是从个人行为层面对社会主义核心价值观基本理念的凝练，是公民个人必须恪守的基本道德准则和应当培养的道德品质。

三个层面分别揭示出应当追求的价值目标和价值取向，共同构成为一个密切联系的有机整体。国家层面的富强、民主、文明、和谐在社会主义核心价值观中居于最高层次，属于国家主导价值观，也规定着社会与公民价值追求的目标和方向。社会层面的自由、平等、公正、法治在社会主义核心价值观中居于中间层次，是国家与公民价值追求的桥梁和纽带。缺失这一桥梁和纽带，国家与公民层面的价值追求就会缺乏凝聚与契合。公民层面的爱国、敬业、诚信、友善在社会主义核心价值观中居于第三层次，是国家和社会价值追求的基础和根本。没有这一基础和根本，国家与社会层面的价值追求就无法落到实处。三者之间存在着一种上下贯通、相互促进的辩证关系。

二　中华优秀传统文化是社会主义核心价值观固有的根本

社会主义核心价值观的培育与践行离不开对中华优秀传统文化的继承和创造性转化。为什么这么说呢？是因为我们所要培育和践行的核心价值观是社会主义核心价值观，是具有中国特色的社会主义核心价值观。具有中国特色的社会主义核心价值观本质上是马克思主义与中国社会主义现代化建设的具体实际相结合的产物，是立足本国传统与面向世界相结合的产物。源远流长、精深厚重、高明悠久的中华优秀传统文化，凝聚着中华民族最深沉的价值追求和价值共识，传承着中华民族最根本的精神基因和伦理品质，代表着中华民族独特的精神标识和道德慧命，是中华民族生生不息、发展壮大的丰厚滋养和动力源泉，理所当然也完全有可能成为社会主义核心价值观的源头活水和精神依托。

具有中国特色的社会主义核心价值观，无论是国家层面追求的富强、民主、文明、和谐的价值目标，还是社会层面追求的自由、平等、公正、法治的价值目标，抑或是公民个人层面追求的爱国、敬业、诚信、友善的价值目标，都在一定意义上尽情地吸纳着中华优秀传统文化的养料，彰显着中国特色和中国元素的内在价值。中国优秀传统文化以对和谐的崇尚即和为贵的价值取向彪炳于世，其中关于身心和谐、人我和谐、己群和谐、天人和谐的探求与实践，铸造了中华民族热爱和平的优秀品质和民族精神。中国优秀传统文化有着自己独特的对自由、平等的价值追求，儒家的忠恕之道和严于律己、宽以待人的人生哲学以及"道并行而不相悖，万物并育而不相害"的价值理念，还有"尔我不侵"、"礼尚往来"、"等贵贱、均贫富"等思想，都用特有的方式表达着"各美其美，美人之美，美美与共"的精神意蕴，铸造着中华民族酷爱自由、追求平等的伦理品质。中国优秀传统文化特别推崇爱国、敬业、诚信、友善的价值观念，并形成了以爱国主义为核心的团结统一、爱好和平、勤劳勇敢、自强不息的伟大民族精神。中华民族的爱国主义传统，习惯于把个人的利益同国家民族的利益联系在一起，关心国家前途命运，积极参与国家大事，把报效祖国作为人生最大的快乐与价值。从"苟利国家，生死以之"到"先天下之忧而忧，后天下之乐而乐"、"天下兴亡，匹夫有责"，再到当代的"振兴中华"，爱国主义已深深融入到中华民族的血液之中，成为民族凝聚力和向心力的精神纽带。中国优秀传统文化也十分推崇诚信、友善和敬业，并在此方面留下了精深藏富的论述和不少值得深情礼赞的人物事例。

社会主义核心价值观既来源于对我国优秀传统文化的继承与创造性转化，其践行也必须借助弘扬优秀传统文化的路径来实现自身的本土化和民族化。二者之间存在一种相辅相成和相互依赖的辩证关系。在当前世界多元文化相互竞争的格局和各种思想文化相互激荡，不同文明交流、交融、交锋更加频繁的背景下，承继中国优秀传统文化的价值观念、道德理想和伦理品质，以整合、凝聚和提升中华民族的"精气神"，无疑是培育和践行社会主义核心价值观的路径选择。倘若舍弃中华民族优秀传统文化，社会主义核心价值观的培育与践行就会成为无源之水、无本之木。我们必须从文化强国和繁荣发展先进文化的角度，深刻认识弘扬中华优秀传统文化与培育和践行社会主义核心价值观之间的关系，积极掘发中华传统文化的优势资源，从中华优秀传统文化中充分吸取精神营养，并结合时代要求加以创造性转化，使之成为社会主义核心价值观的精神元素，烘托出中国特色和中国神韵，只有这样，才能彰显出中国特色社会主义核心价值观的理论魅力和价值感召力，建构实现中华民族伟大复兴的精神家园！

三　不断夯实中国特色社会主义的思想道德基础

培育践行社会主义核心价值观要求积极引导人们讲道德、尊道德、守道德，追求高尚的道德理想，不断夯实中国特色社会主义的思想道德基础。道德是人们实践精神把握世界的独特方式，是人们行为的基本规范和为人处世应当具有的各种美德的有机统一。

1. 道德力量是国家发展、社会和谐、人民幸福的重要因素

2013 年 9 月习近平会见第四届全国道德模范及提名奖获得者时发表讲话指出："道德是社会关系的基石，是人际和谐的基础，要始终把弘扬中华民族传统美德、加强社会主义思想道德建设作为极为重要的战略任务来抓，为实现中华民族伟大复兴的中国梦提供强大精神力量和有力道德支撑。"道德文明不仅是国家治理、社会秩序和谐的客观需要，而且是人民群众提高素质、人生幸福的根本需要，是我们提高主体素质、人格品位内在动力。

2014 年 5 月，习近平考察北京大学，在与北京大学师生座谈时指出："核心价值观，其实就是一种德，既是个人的德，也是一种大德，就是国家的德、社会的德。国无德不兴，人无德不立。"

"国无德不兴"，是说道德是兴国安邦的重要因素。一个国家的前途是同尊道贵德联系在一起的。司马光《资治通鉴》载魏武侯与吴起一段关于魏国之宝的话语，吴起纠正魏武侯以河山之险为魏国之宝的观点，理直气壮地提出国家之宝"在德不在险"的论断，把道德视为国家真正的财富。武侯浮西河而下，中流顾谓吴起曰："美哉山河之固，此魏国之宝也！"吴起听后不以为然，认为魏国之宝"在德不在险"。并以历史事实为例加以说明。"昔三苗氏，左洞庭，右彭蠡，德义不修，禹灭之。夏桀之居，左河济，右泰华，伊阙在其南，羊肠在其北，修政不仁，汤放之。商纣之国，左孟门，右太行，常山在其北，大河经其南，修政不德，武王杀之。"由历史事实可以得出国家真正的财富"在德不在险"的结论。"若君不修德，舟中之人皆敌国也！"听了吴起的论述，魏武侯感到很有道理，于是说："善。"① 英国 18 世纪道德学家斯迈尔斯在《品格的力量》

---

① 司马光：《资治通鉴·周纪一》，岳麓书社 1989 年版，第 7 页。

一书中指出："哪一个民族缺少了品格的支撑，那么，就可以认定它是下一个要灭亡的民族。哪一个民族如果不再崇尚和奉行忠诚、诚实、正直和公正的美德，它就失去了生存的理由。……如果那些良好的品格无可挽回地损失了，那么这个民族也就没有什么可值得拯救了。"① 古罗马帝国的兴盛源于崇尚道德，而其灭亡在于道德堕落。公民和道德是罗马立国的两大基石，也是它实现成功扩张的两大法宝，两者密不可分，具有美德的公民造就了伟大的帝国。他们以虔诚、诚信、遵纪守法、生活严谨、简朴而著称，在道德方面堪称典范。严格的道德规范将罗马的公民塑造成勤劳的农民、勇敢的战士、将国家利益置于首位的官员，从而成就了伟大的功业，建立起广阔的帝国。古罗马帝国的灭亡则在于统治者完全丧失了道德，统治阶级过着奢华的生活，他们嗜血残暴而变态，在竞技场，为千百名奴隶和狮子之间的搏杀而欢呼。贵族们为追求享乐而违背道德的事情司空见惯，社会道德败坏到令人瞠目结舌的地步。而下层社会特别是奴隶的生活则是生不如死。人民的怒火逐渐聚集，起义的浪潮一浪高过一浪。宣扬基督教的北非亚哥尼斯特起义和高卢人的巴高达起义使帝国遭到沉重的打击，最后罗马帝国在日耳曼人入侵下归于灭亡。

　　道德凝聚着民众的价值共识，维系着国家的社会秩序，集价值取向的基点和社会和谐的基石于一身。离开了道德力量的支撑，一个民族立不起来，一个国家也强盛不起来。孟子说："三代之所以得天下也以仁，之所以失天下也以不仁，国之所以废兴存亡者亦然。天子不仁，不保四海；诸侯不仁，不保社稷；卿大夫不仁，不保宗庙；士庶人不仁，不保四体。"②"国无德不兴"，表明道德不仅是一种国家治理、社会秩序整合的工具，而且是国家兴旺、人民幸福的动力和目的。道德是一种强大的精神动力和软实力，一个国家崇尚道德，必将凝聚成为一种巨大的精神力量，进而推动国家振兴、民族复兴。

　　国家兴旺发达需要道德，社会和谐、人生幸福也需要道德。"人无德不立"。只有有德之人，才会得人信任而人任矣，才会使自己人格高尚、

---

① ［英］斯迈尔斯：《品格的力量》，宋景堂等译，北京图书馆出版社1999年版，第29—30页。

② 《孟子·离娄上》。

人生幸福。早在 2007 年，习近平就在《之江新语》中写道："人而无德，行之不远。没有良好的道德品质和思想修养，即使有丰富的知识、高深的学问，也难成大器。"2014 年 5 月，在与北京大学师生座谈会时，习近平指出："一个人只有明大德、守公德、严私德，其才方能用得其所。修德，既要立意高远，又要立足平实。……踏踏实实修好公德、私德，学会劳动、学会勤俭，学会感恩、学会助人，学会谦让、学会宽容，学会自省、学会自律。"①

在 1992 年出版的《摆脱贫困》一书中，习近平思考着社会主义商品经济条件下的道德建设，认为只有摆脱精神上的贫困，才能真正走上幸福繁荣之路，他说："社会主义商品经济的发展对于新时代文明和道德的发展有着重大的现实意义。……社会主义商品经济的发展，只是为精神文明的发展提供了前提条件和可能。商品经济毕竟有其固有的一些消极属性，资产阶级极端利己主义的价值观念还不时地在毒化人们的心灵，拜金主义还会在一些人的头脑中膨胀，社会主义初级阶段还存在商品拜物教。因此，我们在发展社会主义商品经济的同时，毋忘加强思想政治工作，要加强社会主义精神的培养和道德素质的修养。我们必须有意识地促使人们在商品经济活动中逐步地认识商品生产的规律，学习和掌握商品生产经营的知识，逐步形成与现代生产和生活需要相适应的思想观念、道德品质和生活方式。……我们切不可物质上脱贫了，精神上却愚昧了。我们需要的是'仓廪实而知礼节''衣食足而知荣辱'。"②

"国无德不兴，人无德不立"。国家的兴旺发达、民族的伟大复兴都需要我们每个国民去为之奋斗。全社会没有高尚之道德和良好之风气，国家难以兴旺发达，但这种社会道德和社会道德风气是由我们每个人的道德修为创造而形成的。因此，人之立德是国之尚德的前提，只有每个人从我做起，从现在做起，树德立人，这样才会形成全社会的良好道德，进而推动国家兴旺、民族复兴。道德无处不有，无所不在，道德与人的关系，就像阳光和空气那般亲切。如果失去道德，任何人的学识、智慧、才能都会

---

①　参阅 2014 年 5 月习近平与北京大学师生座谈时的讲话。《习近平谈治国理政》，外文出版社 2004 年版，第 173 页。

②　习近平：《摆脱贫困》，福建人民出版社 1992 年版。

失去重量、失去格调、失去光彩、失去魅力。

　　2. 大力弘扬中华传统美德

　　中华传统美德是中华文化精髓，蕴含着丰富的思想道德资源。2014年 2 月 24 日中央政治局第十三次集体学习时，习近平发表重要讲话，提出：“认真汲取中华优秀传统文化的思想精华和道德精髓，大力弘扬以爱国主义为核心的民族精神和以改革创新为核心的时代精神，深入挖掘和阐发中华优秀传统文化讲仁爱、重民本、守诚信、崇正义、尚和合、求大同的时代价值，使中华优秀传统文化成为涵养社会主义核心价值观的重要源泉。”①

　　中华民族传统美德，是指中国五千年历史流传下来，具有影响，可以继承，并得到不断创新发展，有益于下代的优秀道德遗产。概括起来就是：中华民族优秀的道德品质、优良的民族精神、崇高的民族气节、高尚的民族情感以及良好的民族习惯的总和。中华民族传统美德是中华民族优秀品质、优良民族精神、崇高民族气节、高尚民族情感、良好民族礼仪的总和。从历史长河流淌轨迹来看，她不仅包含古代传统美德，也包含近代革命传统美德和当代英模美德。

　　5000 多年以来，中国作为一个东方大国，之所以能够克服多次的分裂局面走向统一并长期保持着自身的统一和各民族的团结，一个重要的原因就是由于中华民族有着自身所独具的传统美德，有着代代相传并不断发扬光大的传统美德。中华民族在数千年改造自然和改造社会、改造自身的过程中所形成并不断发展的传统美德，不仅是一种调整人们利益关系的行为准则，是人们所认同并自觉加以维护的优秀品质和德性情操，而且更是一种维护民族团结和国家统一的强大的精神力量，是人们用以立身处世或安身立命的动力源泉。传统美德是传统道德中最具有精神震撼力和民族凝聚力向心力的价值内核，是传统道德中不断大浪淘沙所留下的珍贵财富，是传统道德中那些代表了人民整体利益和愿望，代表了文明发展未来方向的活性基元。

　　中华民族传统美德集中体现在以下几个方面：

---

　　①　习近平：《培育和弘扬社会主义核心价值观》，《习近平谈治国理政》，外文出版社 2014年版，第 164 页。

第一，讲仁爱。儒家孔子建立的仁学就是以讲仁爱为主体内容的。在孔子看来，仁爱就是"爱人"，本质要求就是行"忠恕之道"。忠道就是积极地爱人，亦即"己欲立而立人，己欲达而达人"，内涵着主动帮助别人有所建立和通达，成人之美，与人为善，助人为乐。恕道就是消极地爱人，亦即"己所不欲，勿施于人"，内涵着如果不能对他人有所助益，至少不能伤害或损害他人的利益。仁爱在具体的道德生活中要求从孝悌开始扩展到"老吾老以及人之老，幼吾幼以及人之幼"，进而达到仁民而爱物。宋代张载提出"民胞物与"的观点，指出："乾称父，坤称母；予兹藐焉，乃混然中处。故天地之塞，吾其体；天地之帅，吾其性。民，吾同胞；物。吾与也。"① 天地是人和万物的父母，人与万物浑然共处于天地之间。充满于天地之间的气体构成了我的身体，统帅天地之间的自然之性，构成了我的本性。人民是我的同胞兄弟，万物是我的同伴侪辈，"凡天下疲癃残疾茕独鳏寡，皆吾兄弟之颠连而无告者也。"② 因此，我应当爱一切人，与大家同欢乐。张载《西铭》所说的"民吾同胞，物吾与也"是对儒家仁爱学说的深刻诠释。

第二，重民本。民为邦本，本固邦宁是中国传统政治伦理的基本理念。孟子说："民为贵，社稷次之，君为轻。"相比于国家社稷和君主，人民是最应优先受到重视的，"天视自我民视、天听自我民听"，为民是一切政治活动的根本目的、价值标准。孟子还说："得天下有道，得其民，斯得天下矣。得其民有道，得其心，斯得民矣。"最终决定国家体系、政治稳定的基础，只有人民。"民本"思想揭示了深刻的执政规律，也是一种富有远见的政治伦理意识和治政美德。它不特肯定人民在国家治理体系中的主体地位，更要求把关心庶民利益，满足庶民欲求作为治政美德的重要内容。

第三，守诚信。诚实守信自古以来就是中华传统美德的重要内容。在中国可靠的文献记载中，诚信的思想出现很早。《尚书》赞扬帝尧"允恭克让，光被四表，格于上下"（《尧典》），《尔雅》释曰："允，信也；允，诚也。"意谓尧"诚信恭谨，推贤让能，光照四方，道通天地"。在

---

① 张载：《正蒙·乾称上》。
② 同上。

商汤对臣民的誓言中，也有"尔无不信，朕不食言"（《汤誓》）之语，说明，早在夏商时期，诚信即已成为治国理政之本。《管子·枢言》云："诚信者，天下之结也。"《中庸》对"诚"作了哲理、伦理的深入阐释，将其提升到"天人之道"来认识，指出"诚者，天之道也，诚之者，人之道也"。《孟子》传承发展了子思"诚"的天人之道，将天人合一统一于至诚之境，并论导之，提出："诚身有道，不明乎善，不诚其身矣。"（《孟子·离娄上》）他还发展了孔子的诚信思想，将"朋友有信"提升到与"父子有亲，君臣有义，夫妇有别，长幼有序"并列的"五伦"之中，成为整个社会关系的道德基准。诚信是为人之本、立国之基。孔子有言："人而无信，不知其可也。"与人交往，要"言而有信"。

第四，崇正义。中华民族自古以来崇尚公平正义，儒家把"义"视为"五常"之一，孟子还提出了舍生取义的命题，视义为人所当走的正路。汉代董仲舒主张"正其义不谋其利，明其道不计其功"。明清之际的王夫之区分了义的三种层次，认为义有"一人之正义"、"一时之大义"和"古今之通义"，三者有时而合，合则亘千古，在不能结合的情况下，价值选择则应当把"古今之通义"放在优先地位，"不可以一时废千古，不可以一人废天下"。这就是中华民族的崇正义。

第五，尚和合。和谐是社会政治治理的目标，合作则是达致这一目标的根本精神和美德。《尚书》提出"协和万邦"的命题，孔子提出"和为贵"的主张，孟子则提出了"天时不如地利，地利不如人和"的价值观念。和睦相处，和谐共生，和衷共济，自古以来受到中华民族的高度肯定和推崇，并化为一种具体的行为实践。在中华民族的历史上，兄弟民族的关系一直是以和睦相处为主流，"各安其所，我尔不侵"，"不贪其功，不贪其利"（王夫之语），数千年来逐渐成为各民族的共识。中华民族的主体汉族文化昌达、经济繁荣，却不因此而蔑视兄弟民族、穷兵黩武、欺侮弱小，反而专注于文化的传播和道德的感染，将宽厚仁爱看得无比重要。只要能有助于和睦相处，愿意付出任何努力和代价。其他兄弟民族的优秀代表也能够以和为贵，关心汉民族的政治经济发展，为中华民族大家庭的巩固、团结作出自己的贡献。在他们看来，只有和睦相处，才能既有利于本民族经济文化的发展，又有利于中华民族的繁荣昌盛。中国近代伟大的革命民主主义政治家、思想家孙中山先生明确主张，作为大政方针，应

"持和平主义"；"用外交手段者通常之轨者，用战争手段者不得已而用之"；"国家之间，立约遣使，誓以永好，即无约无使之国，亦以礼相处，不复相凌"。千百年来，中华民族就是这样和世界各国人民友好相处的。早在 13 世纪末叶，客居中国的意大利人马可·波罗就由衷地赞叹中华民族的和平主义精神。16 世纪西方传教士利玛窦在自己的著作《中国札记》中感佩地指出："在这个几乎具有无数人口和无限幅员的国家，而各种物产又极为丰富，虽然他们有装备精良的陆军和海军，很容易征服邻近的国家，但他们的皇上和人民却从未想过发动侵略战争。他们很满足于自己已有的东西，没有征服的野心。在这方面，他们和欧洲人很不相同，欧洲人常常不满意自己的政府，并贪求别人所享有的东西。"① 20 世纪初叶日本学者渡边秀方也认为，世界诸民族中大概再没有中国人那样渴求和平的了，他们很少对别的民族从事侵略的攻战。历史证明，中华民族之所以能够一次次地衰而复振、转危为安，傲然屹立于世界的东方，完全是同各民族和睦相处、患难与共的精神联系在一起的。"协和万邦"是中华民族和睦相处精神在对外关系上的反映，是中国人民同世界人民友好相处、互助平等关系的体现。

　　第六，求大同。崇尚"天下为公"的"大同"理想，是中国传统美德的重要内容和千百年来中国人民为之不懈奋斗的信念。《礼记·礼运》载："大道之行也，天下为公，选贤与能，讲信修睦，故人不独亲其亲，不独子其子，使老有所终，壮有所用，幼有所长，鳏寡孤独废疾者皆有所养；男有分，女有归，货恶其弃于地也不必藏于己，力恶其不出于身也不必为己，是故谋闭而不兴，盗窃乱贼而不作，故外户而不闭，是谓大同。"大同的理想没有私有制，人人为社会劳动而不是"为己"；老弱病残受到社会的照顾，儿童由社会教养，一切有劳动能力的人都有机会充分发挥自己的才能；没有特权和世袭制，一切担任公职的人员都由群众推选；社会秩序安定，人们之间平等和睦相处，各有所得所乐。"大同"是古人最高的社会政治理想，曾经激励多少仁人志士为其矢志不移，奋斗不息，它是中国古人的"中国梦"，正如习近平总书记最近指出的那样：

---

① 利玛窦、金妮阁：《利玛窦中国札记》，何高济等译，中华书局 2012 年版，第 58—59 页。

"实现中华民族伟大复兴的中国梦，就是要实现国家富强、民族振兴、人民幸福，既深深体现了今天中国人的理想，也深深反映了中国人自古以来不懈追求进步的光荣传统。""大同"理想是中国梦的文化根基，弘扬"求大同"的优秀传统文化不仅能增强全民对中国梦的历史意义的认同，而且能体现出中国梦和而不同与和平主义的本质。浸润在中国优秀文化传统"大同"思想中的全人类之间那种不分贫富贵贱，充满真正的自由、平等和博爱的崇高和精神，体现了人类社会发展的必然方向，它和产生于古希腊斯多葛学派中的世界大同、人人平等的思想一样，是全人类的共同财富，也是当今建设和谐世界中最可宝贵的东西，永远值得我们继承和弘扬。

中华传统美德还具体体现在个人处世美德、家庭生活美德、职业生活美德、公共生活美德、国家民族生活美德等方面。个人美德主要是针对自我如何立身处世而言的，是人与自身道德关系的集中反映。个人美德主要有立志高远、知耻自重、谦虚向学、躬行实践、注重人格等。家庭生活美德是中华传统美德的重要内容和有机组成部分。中国传统的家庭美德主要有勤俭持家、劳动致富、孝敬父母、慈爱子女；夫义妇顺、相敬如宾；兄友弟恭、妯娌和睦；亲善邻里、注重家教。在中华民族的传统美德中，勤俭持家，劳动致富一直是普及最广、传播最久的美德之一，是中华民族勤劳俭朴的优良传统在家庭生活中的具体体现。职业生活美德是人们在职业生活中形成的并代代相传的美德。中国传统职业美德，其主要内容有爱岗敬业、忠于职守；勤业精业、精益求精；诚信为本、义重于利；艰苦创业、利用厚生。历代儒家所主张的政德、士德、武德、商德、师德、医德等职业道德，都把讲诚信、重道义视为最主要的内容，强调在职业活动中正心诚意、信誉至上，反对弄虚作假、欺诈伪饰；强调买卖公平、童叟无欺，反对欺行霸市、鱼肉百姓；强调见利思义、和气生财，反对损人利己、损公肥私。公共生活美德是中华民族在社会公共生活中所形成和发展起来的美德，主要内容有尊老爱幼，扶危济困，见义勇为，贵和乐群，团结友善等。国家民族美德是人们在处理国家民族关系时所应该具有的美德。中华民族在此一方面的关注尤多，提出了许多精湛的观点，无数仁人志士将其化为自身的实践，汇成了中华民族国家民族美德的滚滚江河。就其大体而言，中华民族在处理国家民族关系方面的美德主要有：忧国忧民、情系故土；公忠体国、精忠报国；抗暴御侮、坚持正义；维护统一、反对分裂；民族和睦、协和万邦等。忧国忧民、情系故土，是中华民族爱国主义的重要内容，也是传统国家民族美德的有机组成部分。忧国忧民的意识和情感植根于对国家和人民无比的爱，本质上是个人对祖国和人民高度负责，把一己的命运同国家、人民利益和命运紧密联系起来的道德情感和心理。公忠体国即是将国家利益与大公无私的精神有机地结合起来，全心全意地为国家利益而奋斗，把维护国家人民利益作为自己的神圣使命和职责，并愿意牺牲自己的一切。精忠报国是公忠体国精神的具体体现，表达了人们精诚地忠于国家和报效国家的心意与愿望。

中国传统美德强调个人对国家、对民族的责任，始终高扬"天下为公"的伦理精神，有一种注重群体利益和整体利益的价值关怀，将个人利益纳入国家民族和天下整体利益之中。推崇整体观念、以国家和民族的利益至上是传统美德和革命传统的主要内容，表现在公私关系问题上，强调个人对群体的义务和责任，要求人们"先公后私"、"大公无私"；表现在义利关系上，强调"义"，要求人们"以义为上"。这种重视群体利益和整体利益优先性和至上性的道德，是其区别于西方以个人主义为核心的道德传统的一个重要特点和优点。中华民族在五千年的历史征程中，饱经内忧外患，历尽兴衰起落，但"周虽旧邦，其命惟新"，中华民族始终屹立于世界民族之林，成为世界上连续性文明的典范。应该说，浸润其中的整体主义传统道德，是维系中华文明和中华民族生生不息、愈挫愈强的强大精神纽带。

中华民族传统美德和革命传统有着密不可分的关系，中华民族传统美德是革命传统的根基和底蕴，而革命传统是对中华民族传统美德的继承和发展，是中华民族传统美德的精华部分，是特定历史条件下中华民族传统美德的具体体现。中华传统美德是中华民族传统文化的灵魂，是代代相传、世世发展的民族智慧，是建设富强、民主、文明、和谐的社会主义中国的精神力量。对于新一代中国人进行中华传统美德教育，是中国历史发展的必然要求。它标志着中华民族的"形"与"魂"。它也是我国人民数千多年来处理人际关系、人与社会关系和人与自然关系的实践的结晶。

弘扬中华传统美德能提升公民对社会主义核心价值观的价值认同感，增强价值判断力。核心价值观是建立在人们对中国特色社会主义的理论自信、道路自信、制度自信和文化自信基础上的。它的践行离不开中国国情、中国背景、中国风格。而以传统美德为代表的中华优秀传统文化，积淀着中华民族最深层的精神追求，代表着中华民族独特的精神标识。它是核心价值观中最具中国国情、中国气派、中国风格的东西，是我们增强价值观自信的前提。以中华传统美德为切入点培育社会主义核心价值观，有利于人们从思想感情上拉近与社会主义核心价值观的距离，充分发挥中华传统美德在价值认知、价值认同和价值凝聚中的基础性作用，也有益于增强民族自信心，树立我们的价值信仰。

3. 引导人们向往和追求讲道德、尊道德、守道德的生活

实现中国梦，必须加强全社会的思想道德建设，激发人们形成善良的道德意愿、道德情感，培育正确的道德判断和道德责任，提高道德实践能力尤其是自觉践行能力，形成向上的力量和向善的力量。

讲道德，就是要在整个社会范围内引导人们凡事以道德为重，符合道德的事就去做，违背道德的事坚决不干，使道德在全社会蔚然成风，家喻户晓，内化于心、外化于行。讲道德应贯穿在思想政治教育和各级各类学校教育中，使人们培育起爱国、敬业、诚信、友善的公民基本道德观念，遵循社会主义集体主义道德原则，讲求公平正义、民主平等、共同富裕的道德观念，正确对待个人利益与他人利益、集体利益的关系，坚持把国家人民利益放在首位而又充分尊重公民个人合法利益的社会主义义利观。

尊道德，就是要将道德置于崇高、尊贵和神圣的地位，使人们树立起以讲道德为荣，以不讲道德为耻的荣辱观，从而礼敬道德、仰望道德。尊道德，最重要的是把道德作为第一位的评价标准，即坚持德才兼备德为先，德艺双馨德为尚，德能合一德为重的评价标准，使道德成为选人用人、立言立行、干事从业的第一准则。比如，评价一个人，首先是看他的品德如何，人格怎样，看他能不能做到"身有所正、言有所规、行有所止"，能不能做到"知廉耻、懂荣辱、辨是非"。评价一个干部，首先要看他是否具有官德，是否做到了"为民、务实、清廉"，因为人格就是领导力，有官德才能有权威。评价一个单位，首先看是否以德为本，秉持社会责任，以服务社会、取信于民为己任。评价一个企业，首先看是否社会为本、诚信为要，守法经营、信誉至上，做到经济行为和价值导向有机统一，经济效益和社会效益有机统一，遵从市场经济规律与遵从道德规律的

有机统一。树立尊道贵德的评判标准，既是国家意志的集中表现，也是国家行为，应成为社会主义意识形态的重要内容。那种忽悠道德、将道德世俗化、庸俗化、粗俗化的行为是对道德的最大不敬，理应受到人们的谴责。那种躲避崇高、甚至以"我是流氓我怕谁"而自诩的行为必须得到应有的抵制。

守道德，就是坚守道德的底线，捍卫道德的尊严，维护道德的权威，使道德真正成为人们精神的自律和内在的良心，成为人们精神世界中的支柱和依托。德国哲学家康德说：位我上者灿烂星空，道德律令在我心中。这是高度的道德自律。高度的道德自律使人产生拒腐防变、永葆道德青春的活力，能够使人在市场经济大潮下抵得住诱惑，耐得住寂寞，抗得住风险，经得起各种考验，真正做到"出淤泥而不染，濯清涟而不妖"。

讲道德、尊道德、守道德，重点要求建设官德。官员既是民众利益的集中代表者，又是公共意志的体现者和执行者；既是社会生活的组织者和领导者，又是公共关系的协调者和设计者。官德如何，较之于商德医德或其它、个人道德而言，有很强的示范性，往往会对社会产生全局性和方向性的重要影响。习近平总书记 2014 年 5 月在河南考察时强调，建设一支德才兼备的高素质执政骨干队伍，是我们事业成功的根本保证。面对纷繁复杂的社会现实，党员干部特别是领导干部务必把加强道德修养作为十分重要的人生必修课，以严格标准加强自律、接受他律，努力以道德的力量去赢得人心、赢得事业成就。各级党组织要加强对党员干部的教育、管理、监督，用好选人用人考德这根杠杆，引导党员干部堂堂正正做人、老老实实干事、清清白白为官。习近平强调，全党同志特别是领导干部一定要讲修养、讲道德、讲廉耻，追求积极向上的生活情趣，养成共产党人的高风亮节，做到富贵不能淫、贫贱不能移、威武不能屈。党员干部要按照培育和践行社会主义核心价值观的要求，带头示范和推进社会公德、职业道德、家庭美德、个人品德，倡导爱国、敬业、诚信、友善等基本道德规范，培育知荣辱、讲正气、作奉献、促和谐的良好风尚。

讲道德、尊道德、守道德事关社会主义现代化建设和中国梦的实现。没有社会主义道德的自觉，我们的方向道路就坚持不下去；没有社会主义道德的凝聚，我们的队伍就团结不起来；而没有社会主义道德的鼓舞，我们的积极性更迸发不出来。实现中华民族伟大复兴的中国梦，需要弘扬中国精神，凝聚中国力量，这种中国精神和中国力量的很大成分，就在我们的讲道德、尊道德、守道德之中。社会主义思想道德建设是真正的铸魂工程，不特是社会主义核心价值观的基础和依托，也与中华民族伟大复兴之中国梦的实现息息相关。

结束语　开辟马克思主义伦理思想中国化发展的新境界

伦理思想作为"第一哲学"或哲学的核心和灵魂①是时代精神的精华和人们良知及价值观的集中体现。每一时代的精神和人们的价值追求、理想愿望都集中在伦理思想的发展和智慧中。真正先进而崇高的伦理思想必然立于时代精神并总结概括时代精神和引领时代向着更加辉煌而光明的方向迈进，必然更好地凝聚人们的道德共识以促进人类社会向着更加美好、和谐与幸福的方向迈进。我们的时代是中国特色社会主义事业深入推进并取得重大成就的伟大时代，是中华民族走向伟大复兴并将为世界经济政治新格局的建立作出重大贡献的时代。伴随着中国经济的快速发展和综合国力的显著增强，中国即将迎来一个社会主义文化大发展大繁荣的时代。社会主义文化大发展大繁荣以社会主义核心价值体系的建构和中国文化走出去战略为标志，必然是一个精神文明各方面全面发展、文化软实力不断提升的系统工程。

社会主义文化大发展大繁荣内在地呼唤并包含马克思主义伦理思想的大发展大繁荣，因为马克思主义伦理思想不仅是马克思主义思想的重要组成部分，而且是中国马克思主义和马克思主义中国化的重要内容。马克思主义伦理思想的大发展大繁荣不独为社会主义文化大发展大繁荣提供精神动因和价值支撑，而且亦将在精神架构和道德义理方面为社会主义文化大

---

① 古希腊斯多亚学派曾以哲学比喻为一个鸡蛋，一棵树和一个人，认为物理学为蛋壳、树根和人的骨骼，论理学为蛋白、树枝和人的血肉，而伦理学则为蛋黄、树上的果实和人的心脏与大脑。

发展大繁荣营造社会心理和国民价值认同的伦理氛围。

一　马克思主义伦理思想中国化新境界的价值根基

马克思主义中国化首先需要解决的问题是对马克思主义的认识，即什么是马克思主义，怎样坚持和发展马克思主义。与此相关，马克思主义伦理思想中国化也涉及什么是马克思主义伦理思想，怎样坚持和发展马克思主义伦理思想等问题。无论是毛泽东伦理思想，还是中国特色社会主义伦理思想体系，都是坚持和发展马克思主义伦理思想的典范。中国特色社会主义伦理思想体系是在改革开放新的历史时期对马克思主义伦理思想特别是对毛泽东伦理思想的继承和发展，开辟了马克思主义伦理思想发展的新境界，故成为马克思主义伦理思想中国化的最新理论成果。

（一）　马克思主义伦理思想具有无比的生命力

在人类文明和思想发展史上，没有哪一种学说能够像马克思主义及其伦理思想那样对人类文明和世界历史产生如此深刻、巨大而持久的影响。100 多年来，没有哪一种理论、学说能像马克思主义一样，始终保持着对社会生活的密切关注和价值引领并在其中获得巨大的发展生机，呈现出与时俱进的发展势头与活力。尽管现在世界上的情况与马克思、恩格斯所处的时代相比已经发生了许多变化，但马克思主义所创立的唯物史观和科学社会主义学说并没有过时，历史发展的总趋势并没有越出马克思主义经典作家所揭示的基本规律。代不乏人的马克思主义者在坚持马克思主义基本原理和方法的基础上结合新的时代发展不断丰富马克思主义的理论宝库，推动着马克思主义的向前发展。

马克思主义伦理思想的巨大影响不只体现在马克思、恩格斯所生活的19 世纪，诚如恩格斯《在马克思墓前的讲话》中所指出的，在整个欧洲和美洲，从西伯利亚矿井到加利福尼亚，千百万革命战友无不对马克思和马克思主义表示尊敬和爱戴。马克思主义产生于西欧，但它所论及的精神，建构的观念以及所提出的价值目标与设想，却反映了全世界无产阶级和广大劳动人民的利益和愿望，揭示了社会主义和共产主义必然要代替资本主义的发展规律。"马克思的世界观远在德国和欧洲境界以外，在世界的一切文明语言中都找到了拥护者。"①

　　在整个 20 世纪，马克思主义伦理思想的影响从欧洲传播到亚洲、拉丁美洲和非洲，以致有人说："20 世纪是马克思主义的世纪。在这个世纪，世界上许多政权都宣称是马克思主义政权……20 世纪还见证了受马克思原创思想的启发而建立的词汇体系，用来表述马克思主义的不同思想流派……另外，马克思主义的应用远远超出了政治学的范畴，不仅在社会学、经济学、历史学和哲学等我们意料之中的领域应用，还被广泛应用到了心理学、人类学、生态学甚至地理学等形形色色的学科之中……可以说，无论我们怎样高估马克思主义对 20 世纪世界的影响都不为过。"②

　　马克思主义伦理思想对人类 20 世纪的影响不只局限于社会主义国家，即便在资本主义国家一些对马克思主义抱有敌意或并不赞同马克思主义的人也不得不承认，马克思主义是人类思想史上不朽的丰碑。曾担任过美国经济学会主席的著名思想家熊彼特在自己的著作中感叹道，过去的 20 年里，世界目睹了马克思学说的有趣的复兴。这位社会主义信仰的伟大导师在苏联受到敬仰并不令人感到惊奇，令人感到惊奇的是在美国的复兴，他认为这一现象一定与马克思的思想有着密切的关系。他说："大多数智力或想象的创作，经过一段时间，短的不过饭后一小时，长的达到一个世代，就完全湮没无闻了。有些却不，它们遭受了晦蚀，但是又复活了，不是作为文化遗产中不可辨认的成分而复活，而是穿着自己的服装，带着人们看得见摸得着的自己的瘢痕而复活了。这些创作，很可以称之为伟大的创作。在我看来，伟大和生命力是联结在一起的。按这个意思来说，伟大这个词无疑适用于马克思的学说。"③ 20 世纪上半叶的著名哲学家萨特在《辩证理性批判》一书中写道："马克思主义非但没有衰竭，而且还十分年轻，几乎是处于童年时代：它才刚刚开始发展。因此，它仍然是我们时

---

　　① 恩格斯：《路德维希·费尔巴哈和德国古典哲学的终结》，《马克思恩格斯文集》第 4 卷，人民出版社 2009 年版，第 265 页。

　　② ［南非］格雷泽、［英］沃克尔：《20 世纪的马克思主义》，王立胜译，江苏人民出版社 2011 年版，第 11—12 页。

　　③ ［美］熊彼特：《从马克思到凯恩斯》，韩宏等译，江苏人民出版社 2003 年版，第 1—2 页。

代的哲学：它是不可超越的，因为产生它的情势还没有被超越。"①

20 世纪末，苏联解体，东欧剧变，一些社会主义国家纷纷抛弃马克思主义，加入资本主义阵营，一些资产阶级学者竞相抛出"马克思主义已经破产"或"寿终正寝"。然而，马克思主义在西方的命运并未如同一些学者所断言的那样，欧美国家一些享有盛誉的思想家，如法国的德里达、美国的詹姆逊、英国的吉登斯、德国的哈贝马斯、波兰的沙夫等，尽管他们的背景和经历不同，但在苏联、东欧社会主义国家解体之后，不约而同地走近马克思，研究马克思，真正认识到了马克思在人类思想史上的地位，深刻体会到了马克思主义在人类思想史上的分量。法国《人道报》在报道 1998 年巴黎国际大会时有下面一段生动的文字：今年（1998 年），从纽约到东京，从圣保罗到耶路撒冷，从新德里到伦敦，到处都奏起了《共产党宣言》的乐章，而这次会议将"再次让历史沸腾起来"。"《宣言》对 21 世纪仍将发生重要影响"，"马克思主义没有死，马克思仍然活着"。1999 年，英国广播公司（BBC）和路透社（Reuters）先后以"千年第一思想家"为题进行民意测验，在全球互联网上公开征询投票，结果马克思位列第一，爱因斯坦排名第二。路透社就此发表评论说："马克思的《共产党宣言》和《资本论》对于过去一个多世纪全球的政治和经济思想产生了深刻的影响。"

马克思主义伦理思想作为在欧洲民族土壤里滋生和发展起来的科学理论，之所以为近代以后的中国社会和民族所接受而中国化，首先在于马克思主义伦理思想的科学性和真理性。马克思主义伦理思想的产生是人类伦理思想史上的伟大革命变革。在马克思主义伦理思想产生之前，西方古典规范伦理学从总体上讲，割裂社会存在与道德的关系，割裂经济基础与道德类型的关系，因而也割裂着人们的道德存在与道德意识的关系，总是从主观上为人们制定出一些理想的伦理规范，这种建筑在唯心主义历史观基础上的伦理学，由于不能解答现实生活和道德实践中所提出的种种问题，常常被人们称之为道德说教或非科学的伦理学。在古典规范伦理学中，最有代表、被一些人誉为"伦理学史上哥白尼式的革命"的康德伦理学，由于强烈的形式主义和折中主义特征所致，也只能是一套丝毫不能解决人

---

① ［法］萨特：《辩证理性批判》，林骧华等译，安徽文艺出版社 1998 年版，第 28 页。

生任何问题的空洞术语。马克思主义伦理思想从伦理学类型上说同样属于规范伦理学，但它不是硬性地去制定规范，也不在人的永恒本性中去寻找道德规范的来源，而是从人们的社会存在和社会关系中引申出道德规范。因此，它不是传统意义上的规范伦理学，而是崭新的规范伦理学。它之所以能成为崭新的规范伦理学就在于它是建立在辩证唯物主义和历史唯物主义的基础之上的，是同无产阶级和人民群众的道德实践密切相关的。它把社会中发挥作用的理想、准则和德行看作是人们相互之间现实关系的反映，看作是人们经济利益和经济关系的表现。马克思主义伦理思想认为，伦理道德归根到底是社会经济关系的反映，人们总是从自己所处的社会经济关系中吸取自己的道德观念。人们的社会经济关系总是不断发展变化的，因此适用于一切时代一切阶级的永恒不变的伦理道德是根本不存在的。伦理道德起源于人类社会生活的需要并作用于社会生活，它必然随社会生活的发展变化而发展变化。马克思主义伦理思想的创立开辟了人类伦理思想史发展的新纪元，它不仅结束了旧的伦理思想以抽象的人性或神性来研究人类道德的神话，将伦理思想奠基于辩证唯物主义与历史唯物主义的基础之上，揭示了道德的社会本质及其功能作用，使伦理学真正成为科学；而且抛弃了旧的伦理思想割裂主观与客观关系的错谬，用唯物辩证法来研究道德现象，得出了人类道德一步一步跟随经济上的需要并对经济产生反作用的结论，使伦理学同生活实践密切联系起来，获得了不断发展的广阔空间。① 马克思主义伦理思想的产生，是人类伦理思想史上最伟大的革命变革。马克思主义伦理思想消除了准则主义和实证科学主义的片面性，将伦理学的科学研究同表述价值准则和道德规范的目标追求结合起来，实现了理论任务和实践任务的一体化，不仅注重从理论上解释世界，而且注重从实践上改造世界。

马克思主义伦理思想以善与正义的探求尤其是对无产阶级道德和共产主义道德的论述，成为其哲学体系中最具价值理性和精神指向的思想元素，也构成马克思主义改造世界之目标追求的价值核心。在马克思主义看来，道德是人类实践精神把握世界的独特方式，是人类主体精神的自律。无产阶级道德和共产主义道德作为人类道德文明的先进类型，在共产主义

---

① 参见王泽应：《20世纪中国马克思主义伦理思想研究》，人民出版社2008年版，第2页。

运动和整个社会主义社会、共产主义社会中发挥着十分重要的作用，成为人们创造人生价值、推动社会不断发展进步的动力源泉。马克思主义伦理思想的科学性和真理性，在于它代表了最广大人民的利益。它的全部理论都立足于实现和维护最广大人民的根本利益，把全人类解放和人的全面发展作为最高价值追求，不谋求任何私利、不抱有任何偏见，是科学性、阶级性和实践性相统一的理论。恩格斯说过："科学越是毫无顾忌和大公无私，它就越符合工人的利益和愿望。"历史上，也曾经有过种种同情、关注人民群众的思潮和学说，但从来没有一种理论像马克思主义那样，与各国工人阶级和广大劳动人民的命运如此紧密地联系在一起。一位德国作家在谈到19世纪以来的历史剧变时说，没有工人运动，没有社会主义者，没有马克思，当今世界5/6的人口将依然还生活在半奴隶制的阴郁状态之中。正因为马克思主义鲜明代表广大劳动人民的利益，所以它一经产生，就具有磁石般的吸引力，"远在德国和欧洲境界以外，在世界的一切文明语言中都找到了拥护者"。马克思主义伦理思想在历史上破天荒地表达了广大劳动人民特别是无产阶级的利益和要求，揭示了无产阶级利益同全人类整体利益和未来利益的高度关联性，阐释了无产阶级集体主义、国际主义以及人的自由全面发展等伦理原则的内在价值，论述了人类道德文明发展的广阔前途。

马克思主义伦理思想贡献给了世界以真正科学而又颇具普遍价值的伦理思想，揭示出人类道德文明发展的基本规律和趋势目标，故问世之后受到一切真正关心人类前途和命运的有识之士以及致力于追求真善美价值的人们的热烈欢迎，已经成为并将继续成为引领伦理革命和道德进步的灯塔与航标。马克思主义伦理思想的独特魅力和不朽价值总是在同各国各地具体的道德生活实际相结合的过程中得以展现或表现出来的。马克思主义伦理思想只有在同各国各地具体的道德生活实际相结合的过程中，才能真正成为改造旧道德、建设新道德和推动人类道德进步的重要力量，才能不断开辟自身的发展道路，开拓新的发展空间，进入新的精神境界。

马克思主义伦理思想的科学性和真理性，还在于它是开放的、与时俱进的理论体系。马克思主义不是固步自封的学说，而是随着实践发展不断丰富和完善的科学体系。马克思和恩格斯强调，他们的学说不是教条，而是行动的指南。马克思曾说："正确的理论必须结合具体情况并根据现存条件加以阐明和发挥。"①

（二）坚持马克思主义伦理思想基本观点和立场的必要性与合理性

为什么要坚持马克思主义伦理思想的基本观点和立场不动摇，这是由马克思主义伦理思想本身所包含的科学性、真理性、价值性和人民性所决定的。马克思主义伦理思想是科学的世界观和方法论，是正确人生观、价值观和道德观的集中体现。坚持马克思主义伦理思想主要是坚持它的基本立场、基本观点和方法，而不是生吞活剥，死搬硬套，持教条主义的态度。只有这样，才能在新的实践中发展马克思主义伦理思想。

第一，马克思主义伦理思想揭示了人类道德生活发展的基本规律。中国道德革命和道德建设的规律就是革故鼎新、继往开来，不断开拓道德生活新境界，造福于人民并推动社会不断进步的规律，就是既继承前人又突破陈规、既排除各种错误倾向的干扰又吸取各种失误的教训来推动道德生活不断发展与完善的规律，就是在反对封建主义和资本主义道德的过程中努力建设社会主义道德并向着共产主义道德不断前进的规律，亦即是坚持以马克思主义伦理思想指导中国革命、建设和改革各个时期具体的道德生活实际并不断形成新的伦理思想理论的发展规律。

马克思主义伦理思想中国化要求一切从实际出发，尊重道德生活的发展规律和实际状况，坚持从具体的道德国情出发，从我们正在做的道德实际出发，实事求是。坚持从具体的道德生活实际出发，就要真正承认道德生活客观存在的事实，尊重客观的道德生活事实或现象，忠于客观的道德生活事实，切忌对客观的道德生活事实带上主观的随意性。坚持从具体的道德生活实际出发，就必须全面看待道德生活的问题，从道德生活事实的全部情况出发，不能以偏概全。从道德生活的具体实际出发，就是要把客观存在的道德生活的各个部分、不同的侧面和片断，以及个别的实例，联系起来，综合起来，作全面的整体的考察，以便尽量把握和研究它的一切方面和一切联系环节。从道德生活的具体实际出发，必须善于透过道德生活的现象看到道德生活的本质。道德生活现象是道德生活的外部表现，道德生活本质是道德生活的内部联系，我们看待道德生活必须看到它的实

① 马克思：《致达·奥本海姆》，《马克思恩格斯全集》第27卷，人民出版社1972年版，第433页。

质，把它的现象看作入门的向导，善于通过现象去认识把握本质。从道德生活的具体实际出发，就要从不断变化着的道德生活客观情况出发，对道德生活的客观情况做动态的观察，善于使我们的伦理认识适应变化了的道德生活实际情况。一切从道德生活的具体实际出发，就是从客观存在的人们的道德生活的事实出发，这既是实事求是的主要内容和基本要求，又是实事求是的前提和基础，二者互为条件，互相促进。只有这样，才能使马克思主义伦理思想适合中国道德生活的具体情况，才能够在道德生活的引领与建设上真正做到解放思想，实事求是，与时俱进。

第二，马克思主义伦理思想建构了一个社会主义的伦理价值体系。马克思主义伦理思想从人类伦理文化发展史的角度，结合社会主义道德生活的具体实践，论述了社会主义道德的基本原则和规范，诸如为人民服务的核心和集体主义的基本原则，以及"爱祖国、爱人民、爱劳动、爱科学、爱社会主义"的基本规范，充分反映了社会主义道德建设的实质和要求，反映了广大人民群众道德实践的特点和性质。这是我们必须坚持而且应当坚持的基本的道德原则和规范，否定或取消这些原则规范，势必否定马克思主义伦理思想关于社会主义道德的基本理论，势必走向修正马克思主义伦理思想甚至是反对马克思主义伦理思想的道路上去。坚持马克思主义伦理思想的基本原理，包括坚持为人民服务的精神和集体主义的原则，坚持共产主义的远大理想和人生观，等等。

第三，马克思主义伦理思想是无产阶级改造主观世界和客观世界的强大思想武器。就马克思主义伦理思想的最初发源而言，它无疑是西方资本主义社会的产物，但就马克思主义伦理思想的价值追求而言，它是作为对西方资本主义道德关系及其观念的批判者和对新社会道德关系、价值观念的确立者而出现于人类伦理思想的舞台的，代表了一种既超越封建主义道德又超越资本主义道德的价值自觉和伦理努力。马克思主义伦理思想在中国的传播以及中国马克思主义伦理思想的形成，是在中国封建主义道德已经解体、资本主义道德无力解救中国近代以来所发生的深刻的道德危机，而中国人民又迫切需要一种既能反对封建主义道德又能反对资本主义道德的新的伦理思想武器的历史文化条件下开始的。中国马克思主义伦理思想的形成和发展，同中国现代的道德文化革命和道德现代化建设密切相关。它由一种可选择的伦理思想发展成为占统治地位的伦理文化形态，是中国人民在长期的革命和战争年代对"中国伦理文化向何处去"等问题的一种经过反复比较、鉴别而作出的慎重选择，也是中国伦理文化发展的一种历史必然。

中国人民选择马克思主义，是经过了无数苦难、挫折和痛苦之后的理性选择。中国人民找到马克思主义这个放之四海而皆准的科学理论，中国的面目就发生了新的变化。诚如江泽民同志所说："马克思主义是我们立党立国的根本指导思想，是全国各族人民团结奋斗的共同理论基础。马克思主义的基本原理任何时候都要坚持，否则我们的事业就会因为没有正确的理论基础和思想灵魂而迷失方向，就会归于失败。这就是我们为什么必须始终坚持马克思主义基本原理的道理所在。"① 中国革命、建设和改革的奋斗历程表明，我们党和国家之所以由弱变强，从胜利走向新的胜利，取得举世瞩目的辉煌成就，其根本原因就在于我们能够坚持马克思主义的基本原理不动摇，理直气壮地同各种非马克思主义和反马克思主义思潮进行斗争。马克思主义在指导中国共产党和中国人民进行伟大的民主革命和社会主义革命、社会主义建设的实践中，已经深深地扎根于中国社会和中国人民的心中，成为全党和全国各族人民团结奋斗的共同理论基础和价值共识。马克思主义的基本原理任何时候都要坚持。自近代中国以来，许许多多的先进分子为了寻求救国救民的真理，曾经尝试过各种各样的政治主张和思想主义，却无一成功。只有中国共产党运用马克思主义的立场、观点和方法来观察和探索中国的前途与命运，发现了中国革命和建设的正确道路，并引导中国革命和社会主义建设不断走向胜利。可以说，坚持以马克思主义为指导，是中国人民经过长期艰苦探索和付出代价后作出的正确抉择，马克思主义基本原理是毛泽东思想和中国特色社会主义理论的共同理论基础，是引领我们立党兴国的"老祖宗"。正因如此，毛泽东曾强调："马克思这些老祖宗的书必须读，他们的基本原理必须遵守。"邓小平则说："马克思主义是我们的老祖宗，老祖宗不能丢。"江泽民指出："一百多年来，没有哪一个理论、学说像马克思主义那样保持勃勃生机，对推动社会进步起那样巨大的作用，造成那样深远的影响。尽管现在世界

---

① 江泽民：《在庆祝中国共产党成立八十周年大会上的讲话》（2001 年 7 月 1 日），《江泽民文选》第 3 卷，人民出版社 2006 年版，第 282 页。

情况有很多新变化，但历史发展的总趋势并没有越出马克思主义经典作家所揭示的基本规律。"所以，无论何时，都要坚定马克思主义信念，马克思主义这个"老祖宗"都不能丢弃。如果丢掉了，实际上就否认了我们党和国家奋斗进取的光辉历史，同时也会使我们的社会主义现代化建设事业因为没有正确的理论基础和思想灵魂而迷失方向。

历史证明，只有把马克思主义作为指导思想，才能救中国；也只有把马克思主义作为指导思想，才能使中国走向繁荣富强的道路。始终不渝地坚持马克思主义在意识形态领域的指导地位，是历史的昭示，人民的选择，实践的呼唤，是我们永远不可动摇的坚定信念。

马克思主义伦理思想是科学的思想武器，又是价值的实践武器，是无产阶级和广大劳动人民认识世界和改造世界的价值目标和行动指南。所以在无产阶级和广大劳动人民进行推翻资本主义社会的革命和建设社会主义新社会的漫长历史过程中，坚持马克思主义伦理思想的指导和领导地位，始终是无产阶级和广大劳动人民的根本利益之所在，也是其事业必定要胜利的思想道德保证。新中国的历史证明，什么时候比较好地坚持了马克思主义的伦理思想，什么时候的道德建设和道德风气就比较好；什么时候背离了马克思主义的伦理思想，什么时候的道德生活就会产生危机，道德风气就会很坏。前者以 20 世纪五六十年代初为例，后者以十年"文化大革命"为代表。

坚持马克思主义伦理思想的基本原理、立场、观点和方法，自觉地以其来指导我们的思想和行为，需要划清马克思主义伦理思想同非马克思主义伦理思想和反马克思主义伦理思想的界限，既不能用那些属于资本主义思想体系和价值体系的东西来"改造"、"替换"马克思主义伦理思想本质性的东西，也不能固守那些对马克思主义伦理思想的错误的和教条式的理解；既不能把马克思主义伦理思想的与时俱进当作反马克思主义，也不能把背离马克思主义伦理思想的东西当作发展马克思主义伦理思想。在当今中国，马克思主义伦理思想就是在我国意识形态领域中占主导地位的马克思主义伦理思想的基本理论与中国具体的道德生活实际相结合的中国特色社会主义伦理思想理论体系。反马克思主义就是敌视、攻击、背弃和否定马克思主义的种种社会思潮。近年来，一些人不顾我国国情，不顾大多数人民群众的利益和愿望，无视改革开放的成功经验和历史结论，鼓吹要搞新自由主义、民主社会主义，声称西方所说的民主、自由、人权是

"普世价值"，我国的发展要以它们为准则。这些观点和社会思潮的实质，就是要否定马克思主义指导地位，取消中国特色社会主义理论体系的指导。对此，我们要有清醒的认识。无论是新自由主义、民主社会主义，还是西方的民主、自由、人权，都不会给我们的国家和人民带来福祉，如果引进和盲从它们，必然会给国家和人民带来灾难。这丝毫不是上纲上线，而是可以从近年来世界上发生的一些大事件中得到警示：西方一些人在拉美、非洲等地区推行新自由主义，不仅没有给那里带来福音，而且它推行到哪里就把风险和灾难带到哪里；苏联、东欧等一些国家的执政党放弃社会主义道路，搞民主社会主义，不仅没有出现繁荣，反而导致了亡党亡国的结局。西方把他们的"民主、自由、人权"等美化为所谓"普世价值"，使许多人上当，并成为策动一些国家"颜色革命"和一些地区动乱的思想武器，成为西方发达国家干涉别国内政、实现自己战略图谋的工具。我们要深刻认识这些错误观点和思潮的危害性，决不能让它们干扰我们的思想和我们的事业。

在我国，虽然这些思潮并不占据主导地位，却力图诱使我们改旗易帜，把中国引上资本主义道路。反马克思主义思潮有的利用世界社会主义运动在东欧剧变解体后进入低谷，鼓吹时代变了，马克思主义消失了、没用了、失败了；有的利用我国社会主义建设中出现的暂时困难，鼓吹马克思主义不适用于中国；有的则利用我国进行改革开放的时机，推出资本主义的方案冒充社会主义。从其具体内容来说，则是新自由主义鼓吹"自由平等人权是人类共有的普世价值"，中国的改革发展也要以此为准则，并否定公有制的主体地位和国家实行宏观调控的必要性，宣扬绝对自由化、完全市场化、全面私有化，主张实行全球经济、政治、文化一体化。新自由主义在拉美国家、俄罗斯、1997 年东南亚金融危机中造成的灾难等，清楚地说明要是按照这种反马克思主义的理论和政策去推进"改革"，必将使我国沦为国际资本主义的附庸。民主社会主义思潮倡导指导思想多元化，反对马克思主义的一元指导，却又自诩为马克思主义的正统，并狂妄叫嚷"只有民主社会主义能够救中国"。原苏东国家剧变解体的惨痛教训说明，要是把这种反马克思主义思潮引入社会主义国家的改革实践，只能导致复辟倒退。历史虚无主义以虚无主义的态度贬低传统、歪曲历史，把中华民族五千年文明史描绘成漆黑一团，认为革命只能起破坏性作用而没有建设性意义，为此而鼓吹"告别革命"，并把"五四"以来中国人民选择社会主义发展道路看作误入歧途，同时又以客观评价为名，美化反动统治者、侵略者和汉奸，企图借否定历史来达到否定现实的目的。此外，在反马克思主义思潮中，还有以"非中心"去否定马克思主义的指导地位，以"非本质"去否定历史规律、否定社会主义必然胜利的"后现代主义"；把矛头指向近代以来的启蒙与革命，妄图把儒教意识形态化，以儒教去代替马克思主义的"新文化保守主义"，等等。十分明显，这些反马克思主义思潮和马克思主义是根本对立的，要是任其自由泛滥，就会在人们心目中颠倒黑白、混淆视听，造成精神涣散、离心离德的情绪，就会腐蚀人们的灵魂和意志，助长一部分人怀疑和否定党的领导和社会主义道路的情绪。因此，我们必须坚决同这些反马克思主义的思潮划清界限。

（三）用科学的态度对待马克思主义伦理思想

恩格斯曾说："社会主义自从成为科学以来，就要求人们把它当作科学看待，就是说，要求人们去研究它。"① 马克思主义伦理思想曲折发展的历史和马克思主义伦理思想中国化的历史进程都表明：当马克思主义伦理思想受到科学的对待，它的认识道德生活、改造道德生活的理论威力就正常地发挥。否则，马克思主义伦理思想理论本身，以及无产阶级革命道德和社会主义建设道德的实践，就会遭受损害。因此，用科学的态度对待马克思主义伦理思想，是能否真正掌握马克思主义伦理思想的关键所在。否则便不能掌握马克思主义伦理思想的真谛。

要按照马克思主义伦理思想的本来面目认识马克思主义伦理思想。那么，马克思主义伦理思想的本来面目究竟是什么？就是以马克思主义伦理思想来看待马克思主义伦理思想，坚持马克思主义伦理思想的基本立场、观点和方法，既不否定马克思主义伦理思想基本观点、方法的正确性，也不将其教条主义化或形而上学化。一些教条主义者不是首先把马克思主义伦理思想当作世界观、价值观和道德观来对待，而认为它是先哲早已准备好的"锦囊"，是包容天下一切伦理真知的总库，是道德生活百科辞典或日用大全之类的东西，要求马克思主义伦理思想超前提供创造新道德生活

---

① 《马克思恩格斯选集》第 2 卷，人民出版社 1995 年版，第 636 页。

过程中的一切大大小小的问题的现成答案。而当他们发现马克思主义伦理思想没有提供自己所期待的答案秘本时，又深觉失望，反而透过于马克思主义伦理思想，责怪马克思主义伦理思想"空白"过多，"缺陷"严重，或轻言断定马克思主义"失灵"、"过时"，或为了"填空白"、"补缺陷"，竟把一些错误观点附加在马克思主义伦理思想的名义下。在马克思主义伦理思想中国化的艰辛历程中，王明"左"倾教条主义者犯了前一错误；"文化大革命"时期，林彪、江青一伙干了许多歪曲马克思主义的事。对马克思主义伦理思想教条式的理解与实用主义的歪曲，是至今科学地认识马克思主义伦理思想的两大障碍。破除这两大障碍的有效方法是，用科学的态度对待马克思主义伦理思想，按照马克思主义伦理思想的本来面目认识马克思主义伦理思想。

用科学的态度来对待马克思主义伦理思想，必须用发展的眼光而不是静止的眼光看待马克思主义伦理思想。用发展的眼光看待马克思主义伦理思想，这是解放思想，实事求是，不断推进马克思主义伦理思想发展的前提条件。马克思主义伦理思想本来就是发展的科学体系，发展的观点也是马克思主义伦理思想的基本观点。只有坚持用发展的观点看待马克思主义伦理思想，解放思想，开动脑筋，在实践当中去丰富它，发展它，才能保持马克思主义伦理思想的科学性和生命力。马克思主义伦理思想如果不发展，就会停滞，就会僵化。

马克思主义伦理思想是一个不断积累、丰富和发展的过程。对马克思主义伦理思想在实践中被证明是正确的、科学的主张，我们始终要采取正确的态度、坚定不移地加以贯彻和运用。不断推动马克思主义伦理思想中国化的进程，关键就在于坚持马克思主义伦理思想与时俱进的理论品质，科学地对待马克思主义伦理思想。坚定信念，不丢"祖宗"，这是马克思主义伦理思想中国化的根本要求。可以说，坚持以马克思主义伦理思想为指导，是中国人民经过长期艰苦探索和付出巨大代价后的正确抉择。

二 马克思主义伦理思想中国化新境界的动力源泉

马克思主义伦理思想是一种实践的理论学说，它从具体的道德生活实践中产生，在具体的道德生活实践中发展，以改造现实世界为目的。马克思主义伦理思想的生命力和发展动力在于道德实践，道德实践性是马克思主义伦理思想最主要、最根本的特点。在不同时代、不同国家，马克思主义伦理思想的实践性必然具有不同的形式。因此，脱离具体的时间和条件，照搬马克思主义伦理思想的本本，机械地套用它的现成的结论，都会使马克思主义伦理思想变成僵化的教条，这样就窒息了马克思主义伦理思想的生命，丧失其作为革命和建设的理论指针的作用和地位。只有把马克思主义伦理思想同各国的具体的道德生活实际相结合，实现马克思主义伦理思想的本国化，才能成功地运用马克思主义伦理思想普遍原理解决道德实践中提出的新任务和新问题。

（一）道德生活实践是伦理思想发展的源头活水

密切注视当今时代伦理生活的发展大势，缜密地考察道德生活复杂多变的形势，认真地倾听人民群众道德生活实践的呼声，要像马克思主义者一再强调的那样：针对实际，首先要针对新的实际；分析现实，首先要分析活的现实；要善于把问题的重心从表面上承认马克思主义转到行动上坚持和实践马克思主义；要勇于和善于根据时间、地点、条件的变化自觉地结合实际的实践应用马克思主义的方法和原理。正如列宁所说："马克思主义者必须考虑生动的实际生活，必须考虑现实的确切事实，而不应当抱住昨天的理论不放，因为这种理论和任何理论一样，至多只能指出基本的、一般的东西，只能大体上概括实际生活中的复杂情况。"① 在道德生活的发展中，特别是在人类道德生活的转折关头，要始终如一地坚持正在变为实践的、由实践赋予活力的、由实践检验并加以修正的马克思主义伦理思想，坚定而彻底地反对一切抽象公式和教条方法，决不承认绝对适应一切时代和时期的不变公式和结论，必须是而且只能按照马克思主义伦理思想的精神实质办事。

始终坚持一切从道德生活实际出发的实践理性，正确处理伦理理论与道德实践的辩证关系，推动马克思主义伦理思想中国化，当然要坚持用科学的理论指导实践、推动实践。与此同时，必须首先尊重道德生活实践，从伦理实践出发，在伦理实践中把中国特色社会主义伦理现代化建设推向前进；要以我国改革开放和现代化建设的道德实际问题与我们正在做的事情为中心，着眼于马克思主义伦理思想的运用，着眼于实际道德问题的理

---

① 《列宁全集》第 29 卷，人民出版社 1985 年版，第 139 页。

论思考，着眼于新的道德生活实践和新的道德发展。坚持伦理思想与道德实践的统一，还必须联系人们的伦理认识实际。因为作为无产阶级思想和价值体现的马克思主义伦理思想，是具有鲜明的阶级性和党性的伦理思想。要学习它和掌握它，就必须始终站在无产阶级立场上，努力改造非无产阶级的思想，清除封建主义、资本主义道德的影响，改造自己的世界观、价值观和道德观。没有正确的立场，没有正确的世界观、价值观和道德观，是不可能正确认识并改造道德生活实际的，同样也不可能正确领会和运用马克思主义伦理思想这一客观真理，至多只能记住它的一些词句，了解它的一些皮毛，而不能掌握精神实质。当然，这并不是说，只有当自己的世界观、价值观和道德观问题完全解决了，才能学习马克思主义伦理思想，实践马克思主义伦理思想。事实上，学习马克思主义伦理思想的过程，也是改造自己的世界观、价值观和道德观的过程，二者是相辅相成的。

马克思主义伦理思想中国化是一个承前启后的发展过程，既要忠实于马克思主义伦理思想的立场、观点和方法，不能丢掉"老祖宗"，又要坚持一切从实际出发，以具体的历史条件为转移，结合具体实际创新和发展。任何割裂马克思主义发展过程、断章取义地认识马克思主义的观点和实践都是错误的、有害的，都是对马克思主义的背叛。坚持是为了更好的发展，发展就是最好的坚持。一切从实际出发，是马克思主义伦理思想中国化的根本依据和逻辑起点。本本主义是马克思主义伦理思想中国化的最大"天敌"。离开了中国特色社会主义伟大实践，马克思主义伦理思想中国化便成为无源之水、无本之木，只能成为空中楼阁，变成毫无生机与活力的教条主义。

在实践中发展马克思主义伦理思想，既要反对否定马克思主义伦理思想的"过时论"和将其"虚化"的倾向，又要反对把马克思主义伦理思想与人类其他文明成果对立起来的"自我孤立化"和"僵化"的倾向。我们要坚持的马克思主义伦理思想是指马克思主义伦理思想中的普遍真理，它同古今中外人类其他文明成果是一致的和相容的。我们要始终站在时代前列，把握时代特征和中国国情，既要科学地对待国外经验和发展模式，站在世界的高度，大胆吸收和借鉴人类文明的一切有用成果，又从本国国情和民族特点出发，制定适合本国实际的战略策略，在全面推进中国特色社会主义事业的进程中不断实现马克思主义伦理思想中国化。如果把马克思主义伦理思想"神圣"化，静止地去对待马克思主义伦理思想，把它看作千古不变的教条，生搬硬套地运用于具体的实践中，那只是把马克思主义伦理思想教条化，谈不上马克思主义伦理思想中国化。因此，在坚持马克思主义伦理思想的基础上实现马克思主义伦理思想中国化，在把马克思主义伦理思想中国化的过程中，发展马克思主义伦理思想，这一双向互动的过程，是马克思主义伦理思想中国化得以实现的理论基础。

（二）应对时代挑战是发展马克思主义伦理思想的必然要求

马克思主义伦理思想作为科学理论，它决不是静止的封闭的教条，而是在实践中不断丰富和发展的思想体系，具有与时俱进、不断创新的理论品质，这正是马克思主义伦理思想富有生机和活力的源泉所在。因此，马克思主义伦理思想中国化还要结合时代特征和新的实践，不断推进马克思主义的理论创新。

现代社会是信息化、市场化、全球化和新型工业化叠加并相互作用相互激荡的剧烈变革的时代，是科技革命、知识爆炸、观念更新同时含有许多风险和冲突的时代。和平与发展是时代的主题，世界要和平，各国要发展，成为时代发展的大趋势。同时，局部性的战争与冲突，以及发展不平衡不仅存在且有加速或蔓延之势。这是一个"挑战与机遇并存"，"困难与希望同在"的历史时期。它对马克思主义伦理思想的发展也提出了许多挑战和问题，诸如如何推进世界和平，推动科学发展，使人们生活得更幸福更美好而不是更痛苦更糟糕，还有如何在多元化的时代里确立主导的伦理价值，实现多样化的协调发展和共生共赢的伦理价值目标，以及如何应对科技革命的挑战，解决环境污染、气候异常、基因克隆、空间开发诸现实问题等等。马克思主义伦理思想应当而且必须面对新情况新变化，及时而科学的回答时代所提出的种种挑战，才能担当起价值引领的指导作用，发挥改造世界的伟大功能。唯其如此，马克思主义伦理思想才能真正成为我们这个时代"文明的活的灵魂"，才能永葆其磅礴于世界的强大生命力。

马克思主义伦理思想中国化最新成果是在应对时代和社会的挑战中形成和发展起来的。马克思主义伦理思想中国化所遇到的挑战，是同一时代精神发展过程中的挑战。时代主题已由战争与革命转向和平与发展，但是这一转变并没有使世界的大趋势发生改变。现今人类社会仍然是资本主义和社会主义的矛盾，无产阶级和资产阶级的矛盾，仍然处于由资本主义向社会主义、由必然王国向自由王国过渡的这样一个大时代之中，所以这一大时代的根本矛盾没有改变，由这种矛盾决定的时代本质和发展趋势没有改变，因而产生于这一时代并反映这一时代精神的马克思主义伦理思想也没有过时，没有陈旧。现时代的种种新变化，只是表明马克思主义伦理思想需要发展、需要丰富，而不是要根本被否定，去另外寻找新的伦理思想。实际上，现代科学的发展和新技术革命以及全球性社会变革潮流，现代西方哲学和社会思潮的发展，它们所提出的新课题，本身都是人类历史根本转折时代的时代精神的具体表现，它们并没有驳倒马克思主义伦理思想，只是证实了马克思主义伦理思想的科学性，同时说明马克思主义及其伦理思想要在迎接挑战中、解决新的时代道德问题的过程中去发展实现马克思主义伦理思想。马克思主义伦理思想中国化最新成果恰恰是在应对社会和时代的伦理挑战、解决新的时代道德问题的过程中形成和发展起来的，体现了一种以应战迎接挑战并在迎接挑战中不断发展的特质。

马克思主义伦理思想中国化及其所形成的中国马克思主义伦理思想具有适应时代需要而不断发展的强大生命力。中国马克思主义伦理思想是时代伦理精神的反映，时代在飞速地发展，说明马克思主义伦理思想中国化不能停下它发展的脚步。它正是在不断地吸取时代营养，回答时代的挑战中赢得顽强生命力并获得发展的。每当社会发展遇到了新的道德难题，或是科学技术有了突破性进展产生了许多空前的伦理道德问题，马克思主义伦理思想中国化愈能显示它那不可压抑的发展生机。有了道德问题，才会有研究和探讨的需要；有了直面道德生活发展难题的深入研究，就会带来伦理思想的突破和创新。这是马克思主义伦理思想中国化发展的基本规律。时代道德主题转换提出的实践道德课题，恰恰为马克思主义伦理思想中国化的大发展提供了新的生长点。马克思主义伦理思想只有与中国具体的道德生活实际相结合，与中华民族优秀的伦理文化传统相结合，才能不断推进中国化的发展历程，为马克思主义伦理思想的发展和中国伦理文化的当代发展作出新的贡献。实践证明，马克思主义伦理思想中国化最新成果是指引中国人民在改革开放和社会主义现代化建设征程中胜利推进社会主义伦理文化和公民道德建设的正确理论。在当代中国，只有这一理论而没有别的理论，能够指引我们实现国家富强和人民幸福、完成实现中华民族伟大复兴的历史任务。在前进道路上，我们既面临着重要的发展机遇，也面临着诸多矛盾和问题，特别是面临着长期、复杂、严峻的执政考验、改革开放考验、市场经济考验、外部环境考验，以及精神懈怠的危险、能力不足的危险、脱离群众的危险、消极腐败的危险。只有坚持以马克思主义伦理思想中国化最新成果为指导，才能对道德生活中出现的系列问题作出科学回答，才能深入推进公民道德建设和社会主义伦理文化建设的进程，不断发展中国特色社会主义伦理文化。

（三）马克思主义伦理思想中国化的活力在于开拓创新

马克思主义伦理思想不是一成不变的永恒真理，而是随着道德生活实践和历史时代的不断变化而不断发展的相对真理；它也不是包罗万象穷尽了认识的终极真理体系，而是随着实践和认识的不断深化而不断丰富和发展的开放思想体系；它更不是什么神圣不可改变的僵死教条，而是在不断研究和解决道德生活实践问题和时代课题过程中使自己不断获得新生的历史性理论。马克思主义创始人在创立自己的理论时就曾公开声明："我们的理论是发展着的理论，而不是必须背得烂熟并机械地加以重复的教条。"① 毛泽东、邓小平等中国马克思主义者也强调，马克思主义一定要向前发展，要随着实践的发展而不断发展，不能停滞不前。停止了，老是那么一套，它就没有生命力了。"马克思主义理论从来不是教条，而是行动的指南。它要求人们根据它的基本原则和基本方法，不断结合变化着的实际，探索解决新问题的答案，从而也发展马克思主义理论本身。"② 根据发展变化了的道德生活实践不断地推进伦理思想的理论创新，是马克思主义伦理思想生命力的内在根据，是马克思主义伦理思想能够与时俱进、不断丰富和发展的内在动力，更是马克思主义伦理思想中国化的活的灵魂、思想精髓和理论实质。邓小平指出："真正的马克思列宁主义者必须根据现在的情况，认识、继承和发展马克思列宁主义。""世界形势日新月异，特别是现代科学技术发展很快。现在的一年抵得上过去古老社会几

---

① 恩格斯：《致弗·凯利—威士涅威茨基夫人》，《马克思恩格斯选集》第 4 卷，人民出版社 1995 年版，第 681 页。

② 邓小平：《在中国共产党全国代表会议上的讲话》，《邓小平文选》第 3 卷，人民出版社 1993 年版，第 146 页。

十年、上百年甚至更长的时间。不以新的思想、观点去继承、发展马克思主义，不是真正的马克思主义者。"他还说："绝不能要求马克思为解决他去世之后上百年、几百年所产生的问题提供现成答案。列宁同样也不能承担为他去世以后五十年、一百年所产生的问题提供现成答案的任务。"①列宁、毛泽东之所以伟大，就在于他们并不是在马克思主义的书本里寻求革命胜利的路径，而是以经典作家的科学理论为指导，面对新的实际去进行新的创造，去把马克思主义的普遍原理与本国的具体实际相结合。

中国特色社会主义伦理思想理论体系的形成和发展，是我们党在改革开放历史新时期坚持解放思想、实事求是和开拓创新的集中体现。道德生活的实践发展永无止境，伦理思想的理论创新也永无止境。中国特色社会主义伦理思想体系是不断发展的开放的理论体系。站在新的历史起点上，根据道德生活实践的发展和时代伦理发展趋势的要求，继续推动道德生活实践基础上的伦理思想理论创新，为中国特色社会主义伦理思想体系不断增添新的内容，把中国特色社会主义伟大事业不断推向前进，中国特色社会主义道路就会越走越宽广，当代中国马克思主义伦理思想就能放射出更加灿烂的真理光芒。

马克思主义伦理思想中国化最新成果，在改革开放和社会主义现代化建设的新时期，坚持将马克思主义伦理思想的基本原理与当代中国具体的道德生活实际相结合，与中华民族优秀的伦理文化传统相结合，所以才能既坚持马克思主义伦理思想，又发展马克思主义伦理思想，不断开辟马克思主义伦理思想发展的新局面，成为中国特色社会主义文明建设最可宝贵的精神财富，指引中国特色社会主义现代化建设不断迈向新台阶，进入新境界，成为中华民族伟大复兴的精神动能和价值支撑！

三　马克思主义伦理思想中国化是一个永恒的主题

马克思主义伦理思想中国化的过程是把马克思主义伦理思想在中国付诸实践的过程，是继承和发展马克思主义伦理思想的过程。马克思主义伦理思想中国化，是一个在坚持和发展马克思主义伦理思想的辩证法中不断

---

①　邓小平：《结束过去，开辟未来》，《邓小平文选》第 3 卷，人民出版社 1993 年版，第 291—292 页。

前进的进程，进程的实质是随着时代的发展和实践的要求在理论上不断创新。

马克思主义伦理思想中国化是一个永恒的主题。这是因为：

第一，马克思主义伦理思想中国化的历史进程是一个不断发展完善的过程，这就决定了马克思主义伦理思想中国化只有进行时，没有完成时。

以毛泽东为主要代表的中国共产党人，在战争与革命为时代主题的历史条件下，适应中国民主主义革命、社会主义革命和建设的要求，创立了毛泽东伦理思想；以邓小平为主要代表的中国共产党人，在和平与发展为时代主题的历史条件下，适应建设中国特色社会主义的要求，创立了邓小平伦理思想；以江泽民为主要代表的中国共产党人，在经济全球化和科技迅猛发展的历史条件下，适应继续推进中国特色社会主义建设的要求，创立了"三个代表"伦理思想；以胡锦涛为主要代表的中国共产党人，在21世纪新阶段，创立了科学发展伦理思想。不断开拓创新是马克思主义伦理思想中国化的灵魂，中国的马克思主义伦理思想正是在马克思主义伦理思想中国化的过程中由一个阶段发展到另一个阶段，马克思主义伦理思想因而也就在中国化的过程中得到发展，永葆青春。

第二，道德实践和伦理认知是一种不断结合和统一的过程，这就决定了马克思主义伦理思想中国化需要不断在总结实践和指导实践中前进，它是认识——实践——再认识——再实践的无限发展过程。

马克思主义伦理思想是充满了无限生命力的科学理论。马克思主义伦理思想的生命力，存在于各国的马克思主义者运用马克思主义伦理思想基本原理解决本国实际道德问题而形成的各具特色的伦理思想理论与实践之中。马克思主义认识论认为，实践与理论的相互依赖和不可分割性，决定了马克思主义伦理思想发展是一个永无休止的辩证过程。一方面，人们的道德生活实践需要先进的伦理思想理论的指导，没有先进的伦理思想理论指导的道德生活实践是盲目的实践，而盲目的道德实践是很难有什么真正的成效的；另一方面，伦理思想理论也离不开具体的道德生活实践，正确的伦理思想理论在卓有成效的道德生活实践中产生，在道德生活实践中得到检验、丰富和发展的，道德生活实践不仅是伦理思想理论产生的源泉、发展的动力、检验的标准，更是伦理思想理论的归宿和目的。时代在不断前进，人们的道德生活实践永无止境。那么，道德生活实践和伦理思想理论的辩证统一也是不断前进上升的矛盾运动过程，因而马克思主义伦理思想中国化发展在理论上是一个永恒的主题，在实践上也永无止境。马克思主义伦理思想的发展不是抽象的，而是具体的。马克思主义伦理思想发展的基本原则是必须把马克思主义伦理思想的基本原理和各国各地具体的道德生活实践相结合，而实现这一基本原则关键在于一切从实际出发，把道德生活实践作为"结合"的逻辑起点。

第三，创新马克思主义伦理思想需要多方面的条件、资质和禀赋，这就决定了马克思主义伦理思想中国化具有自己特殊的艰巨性，而这种艰巨性并不是一次克服就能永久奏效的。

历史实践证明，实现马克思主义伦理思想中国化，进行理论创新是相当艰难的。马克思主义伦理思想中国化的进程不是一帆风顺的，这需要有坚定的、正确的以人民根本利益为出发点的立场；需要有深厚的马克思主义伦理学理论修养；需要有一种道德建设的广阔胸怀和世界眼光；需要有敏锐的伦理思维洞察力和对中国道德国情的透彻了解；同时还需要巨大的政治勇气和理论勇气。马克思主义伦理思想中国化的第一要义是对马克思主义伦理思想的信仰和对马克思主义伦理思想基本原理的坚持，第二要义就是要把马克思主义伦理思想普遍原理同中国具体的道德生活实际相结合，在结合的实践中，把经验上升为理论，再把理论放到实践中经受检验。这是一个复杂的曲折的探索过程。随着实践的检验和反复证明，对于马克思主义伦理思想中国化的新的理论成果，人们会逐渐认识和接受。这表明，马克思主义伦理思想中国化是一项艰巨的事业，也是一个长期的艰难的过程。马克思主义伦理思想的生命力不会枯竭，马克思主义伦理思想中国化的历史进程不会停滞，遵循马克思主义伦理思想中国化的历史经验和基本规律，继续推进马克思主义伦理思想中国化的伟大进程，是当代中国共产党人和马克思主义理论学人的共同神圣使命。

同时我们必须看到，道德生活实践始终是处于变化发展中的。因此马克思主义伦理思想中国化的伟大成果，总是立足于变化着的道德生活实践，面对不同时期的伦理道德问题，总结新的道德生活经验，提出新的道德生活论断。立足变化着的道德生活实际非常重要。如果不是立足变化着的道德生活实际，与时俱进，马克思主义伦理思想中国化就会半途而废。所以在马克思主义伦理思想中国化过程中始终存在一个解放思想、实事求是和与时俱进的问题。解放思想、实事求是、与时俱进既是我们党的思想路线的集中表现，更是我们应对伦理文化建设道路上各种新情况、不断开创道德建设新局面的一大法宝。

马克思主义伦理思想是不断发展前进的科学的道德理论，它必然要跟随时代的步伐一道前进。马克思主义伦理思想并没有也不可能穷尽人类道德生活的事实和价值，它只是为认识和把握人类不断变化的道德生活的事实和价值提供了某种伦理的武器。因此，马克思主义伦理思想的生命力在于它的与时俱进和随道德生活的变化而发展。

一部马克思主义伦理思想中国化的历史，就是一部马克思主义伦理思想与中国具体的道德生活实际相结合，与中国优秀的伦理文化传统相结合，不断创新中华伦理文明的发展理念，坚持走有中国特色的道德文明发展道路的历史。21世纪的伦理道德建设和伦理学学科建设要想取得无愧于时代的伟大进步，就必须坚持以马克思主义伦理思想的基本立场、观点和方法来分析具体的道德生活实际，解决具体的道德生活问题，不因纷繁复杂的道德生活实际而失去应有的方向，同时又在道德生活的具体实际中进一步发展和丰富马克思主义伦理思想，以新的观点和理论充实马克思主义伦理思想的宝库。只有这样，才能真正促成中华伦理文化的伟大复兴，为世界伦理文化的发展作出贡献。

主要参考文献

（一）

[1]《马克思恩格斯文集》（1—10 卷），人民出版社 2009 年版。

[2]《马克思恩格斯选集》（1—4 卷），人民出版社 1995 年版。

[3]《列宁专题文集》（共 5 卷），人民出版社 2009 年版。

[4]《毛泽东选集》（1—4 卷），人民出版社 1991 年版。

[5]《毛泽东文集》（1—9 卷），人民出版社 1993—1999 年版。

[6]《邓小平文选》（1—3 卷），人民出版社 1994 年版。

[7]《江泽民文选》（1—3 卷），人民出版社 2006 年版。

[8]《江泽民论有中国特色社会主义》（专题摘编），中央文献出版社 2002 年版。

[9] 江泽民：《论"三个代表"》，中央文献出版社 2001 年版。

[10]《毛泽东 邓小平 江泽民论社会主义道德建设》，学习出版社 2001 年版。

[11]《十六大以来重要文献选编》（上中下），中央文献出版社 2004—2008 年版。

[12]《十七大以来重要文献选编》（上中），中央文献出版社 2009 年版，2011 年版。

[13] 习近平：《摆脱贫困》，福建人民出版社 1992 年版。

[14] 习近平：《之江新语》，浙江人民出版社 2007 年版。

[15] 习近平：《干在实处，走在前列》，中央党校出版社 2006 年版。

[16]《习近平谈治国理政》，外文出版社 2014 年版。

[17]《党的创新理论：十六大以来党中央提出的一系列重大战略思想和理论观点》（上下），红旗出版社 2007 年版。

［18］《2007 年马克思主义理论研究和建设工程参考资料选编》，学习出版社 2008 年版。

［19］庄福龄主编：《马克思主义发展史》，人民出版社 1996 年版。

［20］铁省林、房德玖主编：《国外马克思主义概论》，山东人民出版社 2012 年版。

［21］何萍、李维武：《马克思主义中国化探论》，人民出版社 2002 年版。

［22］顾海良主编：《马克思主义的历史命运》，吉林人民出版社 1996 年版。

［23］肖浩辉等：《马克思主义中国化的理论与实践》，湖南人民出版社 2001 年版。

［24］徐崇温：《中国特色社会主义理论体系研究》，重庆出版社 2011 年版。

［25］郑永廷主编：《中国化马克思主义发展概论》，中国人民大学出版社 2007 年版。

［26］田克勤：《马克思主义中国化的理论轨迹》，中共党史出版社 2006 年版。

［27］聂运麟等主编：《中国特色社会主义理论体系研究》，人民出版社 2011 年版。

［28］崔长发主编：《中国特色社会主义理论体系学习读本》，人民日报出版社 2008 年版。

［29］李安增主编：《马克思主义中国化研究》，中央编译出版社 2009 年版。

［30］李声禄等：《马克思主义理论中国化：从毛泽东邓小平到江泽民》，四川人民出版社 2001 年版。

［31］邓剑秋：《马克思主义中国化思想》，人民出版社 2009 年版。

［32］曾长秋主编：《马克思主义中国化的基本理论》，湖南大学出版社 2003 年版。

［33］辛鸣、杨海英：《马克思主义中国化的最新成果》，中共中央党校出版社 2007 年版。

［34］唐家柱：《现代化进程中的中国特色社会主义理论体系研究》，

人民出版社 2008 年版。

[35] 成龙：《海外马克思主义中国化研究》，广东人民出版社 2009 年版。

[36] 黄楠森主编：《马克思主义哲学史》，高等教育出版社 1998 年版。

[37] 郭湛、安启念：《马克思主义哲学中国化教程》，人民出版社 2008 年版。

[38] 郭建宁：《20 世纪中国马克思主义哲学》，北京大学出版社 2005 年版。

[39] 李德学等：《马克思主义哲学在中国》，黑龙江人民出版社 2002 年版。

[40] 毕国明、许鲁州：《中国哲学与马克思主义哲学中国化》，人民出版社 2010 年版。

[41] 杨楹等：《马克思生活哲学引论》，人民出版社 2008 年版。

[42] 许志功、胡子克主编：《伟大的理论创新——江泽民"三个代表"重要思想研究》，解放军出版社 2002 年版。

[43] 陈占安主编：《党的十六大以来马克思主义中国化的新进展》，北京大学出版社 2008 年版。

[44] 王伟光主编：《科学发展观概论》，人民出版社 2009 年版。

[45] 夏伟东主编：《中国共产党思想道德建设》，山东人民出版社 2006 年版。

[46] 任映红、戴海东：《中国共产党的社会公正观研究》，人民出版社 2009 年版。

[47] 周永学：《科学发展观与构建和谐社会》，民主出版社 2005 年版。

[48] 章海山：《马克思主义伦理思想发展的历程》，上海人民出版社 1991 年版。

[49] 安启念：《马克思恩格斯伦理思想研究》，武汉大学出版社 2010 年版。

[50] 余达淮：《马克思经济伦理思想研究》，江苏人民出版社 2006 年版。

［51］王泽应：《20 世纪中国马克思主义伦理思想研究》，人民出版社 2008 年版。

［52］王泽应：《新中国伦理学研究 50 年的回溯与前瞻》，光明日报出版社 2002 年版。

［53］王小锡主编：《新中国伦理学 60 年》，上海人民出版社 2010 年版。

（二）

［1］罗国杰主编：《马克思主义伦理学》，人民出版社 1982 年版。

［2］罗国杰主编：《伦理学》，人民出版社 1989 年版。

［3］罗国杰主编：《道德建设论》，湖南人民出版社 1998 年版。

［4］罗国杰：《罗国杰文集》，河北大学出版社 2000 年版。

［5］唐凯麟：《伦理大思路》，湖南人民出版社 2001 年版。

［6］唐凯麟：《伦理学》，高等教育出版社 2010 年版。

［7］唐凯麟、王泽应：《20 世纪中国伦理思潮》，高等教育出版社 2002 年版。

［8］魏英敏：《当代中国伦理与道德》，昆仑出版社 2004 年版。

［9］魏英敏主编：《新伦理学教程》，北京大学出版社 1993 年版。

［10］万俊人：《伦理学新论》，中国青年出版社 1994 年版。

［11］万俊人：《寻求普世伦理》，商务印书馆 1999 年版。

［12］李奇主编：《道德学说》，中国社会科学出版社 1988 年版。

［13］周原冰：《共产主义道德通论》，上海人民出版社 1985 年版。

［14］冯定：《共产主义人生观》，中国青年出版社 1956 年版。

［15］黄建中：《比较伦理学》，山东人民出版社 1998 年版。

［16］章海山：《伦理学引论》，高等教育出版社 1999 年版。

［17］张培强、陈楚佳主编：《伦理学概论》，武汉大学出版社 1985 年版。

［18］张善城：《伦理学基础》，黑龙江人民出版社 1983 年版。

［19］陈根法主编：《心灵的秩序：道德哲学理论与实践》，复旦大学出版社 1998 年版。

［20］陈根法：《德性论》，上海人民出版社 2004 年版。

［21］何怀宏：《良心论》，上海三联书店1994年版。

［22］何怀宏：《底线伦理》，辽宁人民出版社1998年版。

［23］何怀宏：《伦理学是什么》，北京大学出版社2002年版。

［24］王海明：《新伦理学》，商务印书馆2001年版。

［25］江畅：《理论伦理学》，湖北人民出版社2000年版。

［26］江畅：《幸福与和谐》，人民出版社2005年版。

［27］江畅：《德性论》，人民出版社2011年版。

［28］周中之主编：《伦理学》，人民出版社2007年版。

［29］郭广银主编：《伦理学原理》，南京大学出版社1998年版。

［30］倪愫襄编著：《伦理学导论》，武汉大学出版社2002年版。

［31］田秀云主编：《伦理学概论》，科学出版社2009年版。

［32］徐向东：《自我、他人与道德——道德哲学导论》，商务印书馆2007年版。

［33］陈泽环：《道德结构与伦理学》，上海人民出版社2009年版。

［34］龚群：《现代伦理学》，中国人民大学出版社2010年版。

［35］赵汀阳：《论可能生活——一种关于幸福和公正的理论》（修订版），中国人民大学出版社2004年版。

［36］李建华：《道德情感论》，湖南人民出版社2004年版。

［37］何建华：《道德选择论》，浙江人民出版社2000年版。

［38］龚群：《人生论》，中国人民大学出版社1991年版。

［39］宋希仁主编：《道德观通论》，高等教育出版社2000年版。

［40］夏伟东：《道德本质论》，中国人民大学出版社1991年版。

［41］樊浩：《伦理精神的价值生态》，中国社会科学出版社2001年版。

［42］葛晨虹：《新中国60年学界回眸：伦理学与道德建设卷》，北京出版社2009年版。

［43］韦政通：《伦理思想的突破》，四川人民出版社1988年版。

［44］卢风主编：《应用伦理学导论》，当代中国出版社2002年版。

［45］甘绍平：《应用伦理学前沿问题研究》，江西人民出版社2002年版。

［46］甘绍平、余涌：《应用伦理学教程》，中国社会科学出版社

2008 年版。

　　[47]　宋慧昌：《应用伦理学》，中央党校出版社 2001 年版。

　　[48]　王小锡：《道德资本与经济伦理》，人民出版社 2009 年版。

　　[49]　陆晓禾：《经济伦理学研究》，上海社会科学院出版社 2008 年版。

　　[50]　邱仁宗：《生命伦理学》，上海人民出版社 1986 年版。

　　[51]　王文科：《走进生命伦理》，人民出版社 2008 年版。

　　[52]　余谋昌：《生态伦理学》，首都师范大学出版社 1999 年版。

（三）

　　[1]　[法]孟德斯鸠：《罗马原因盛衰论》，婉玲译，商务印书馆 1962 年版。

　　[2]　[法]基佐：《欧洲文明史》，程洪逵等译，商务印书馆 2005 年版。

　　[3]　[德]康德：《实践理性批判》，韩水法译，商务印书馆 2000 年版。

　　[4]　[德]黑格尔：《历史哲学》，王造时译，上海世纪出版集团 2006 年版。

　　[5]　[德]马克斯·韦伯：《新教伦理与资本主义精神》，于晓、陈维刚译，生活·读书·新知三联书店 1987 年版。

　　[6]　[德]包尔生：《伦理学体系》，何怀宏等译，中国社会科学出版社 1988 年版。

　　[7]　[德]孔汉思、库舍尔：《全球伦理：世界宗教议会宣言》，何光沪译，四川人民出版社 1997 年版。

　　[8]　[德]赫费：《作为现代化之代价的道德：应用伦理学前沿问题研究》，邓安庆等译，上海世纪出版集团 2005 年版。

　　[9]　[美]弗兰克·梯利：《伦理学概论》，何意译，中国人民大学出版社 1987 年版。

　　[10]　[美]雅克·蒂洛：《伦理学与生活》，程立显等译，世界图书出版公司 2008 年版。

　　[11]　[美]拉福莱特主编：《伦理学理论》，龚群主译，中国人民大

学出版社 2008 年版。

　　[12]［美］约翰·罗尔斯：《正义论》，何包钢、何怀宏、廖申白译，中国社会科学出版社 1988 年版。

　　[13]［美］约翰·罗尔斯：《道德哲学史讲义》，张国清译，生活·读书·新知三联书店 2003 年版。

　　[14]［美］罗伯特·诺齐克：《无政府、国家与乌托邦》，何怀宏等译，中国社会科学出版社 1991 年版。

　　[15]［美］A. 麦金太尔：《谁之正义？何种合理性?》，万俊人、吴海针、王今一译，当代中国出版社 1996 年版。

　　[16]［美］L. J. 宾克莱：《理想的冲突——西方社会中变化着的价值观念》，马元德等译，商务印书馆 1983 年版。

　　[17]［美］德马科、福克斯编：《现代世界伦理学新趋向》，石毓彬、廖申白、程立显译，中国青年出版社 1990 年版。

　　[18]［美］S. N. 艾森斯塔特：《反思现代性》，旷新年、王爱松译，生活·读书·新知三联书店 2006 年版。

　　[19]［美］伯恩斯、拉尔夫：《世界文明史》，罗经国译，商务印书馆 1990 年版。

　　[20]［美］米勒：《分析马克思——道德、权力和历史》，张伟译，高等教育出版社 2009 年版。

　　[21]［美］卢克斯：《马克思主义与道德》，袁聚录译，高等教育出版社 2009 年版。

　　[22]［美］塞耶斯：《马克思主义与人性》，冯颜利译，东方出版社 2008 年版。

　　[23]［瑞士］汉斯·昆：《世界伦理构想》，周艺译，生活·读书·新知三联书店 2002 年版。

　　[24]［俄］克鲁泡特金：《互助论》，李平沤译，商务印书馆 1984 年版。

　　[25]［苏］季塔连科主编：《马克思主义伦理学》，愚生、重耳译，上海译文出版社 1981 年版。

　　[26]［苏］古谢伊诺夫等：《西方伦理学简史》，刘献洲等译，中国人民大学出版社 1992 年版。

［27］ R. Peffer, Marxism, Morality and Social Justice, Princeton University Press, 1990.

［28］ Benjamin Isadore Schwartz, Chinese Communism and the Rise of Mao, Cambridge, Massachusetts: Harvard University Press, 1952.

［29］ Benjamin Isadore Schwartz, The Essence of Marxism Revisited: A Response, Modern China, Vol. 2, No. 4, 1976. Maria Hsia Chang, The Thought of Deng Xiaoping Communist and Post - Communist Studies vpl. 29, No. 4, 1996.

［30］ Bruce Gilley, Jiang Zemin and China's New Elite, Berkeley: University of California Press, 1988.

［31］ G. J. Warnock, Contemporary Moral Philosophy, New York 1967.

［32］ T. E. Hill, Contemporary Ethical Theories, New York 1950.

［33］ Luther Binkley, Contemporary Ethical Theories, New York 1961.

［34］ Spencer, The Principles of Ethics, London 1907.

［35］ Sidgwick, Outlines of the History of Ethics, London 1892.

［36］ Sidgwick, The Methods of Ethics, London 1922.

［37］ T. H. Green, Prolegomena to Ethics, Oxford 1899.

［38］ George E. Moore, Principia Ethica, Cambridge University Press, 1922.

［39］ Alasdair Macintyre, A Short History of Ethics, London 1967.

［40］ Roger N. Hancock, Twentieth Cencury Ethics, Cplumbia University 1974.

［41］ John Finnis, Fundamentals of Ethics, Oxford 1983.

［42］ Michael Sandel, Liberalism and the Limits of Justice, Cambridge University Press, 1982.

附:课题已发表阶段性成果目录

[1]《论中国马克思主义伦理思想的基本特征》,《当代世界与社会主义》2009 年第 4 期。

[2]《中国马克思主义伦理思想产生的必然性和发展的独特性》,《社会主义研究》2009 年第 3 期。

[3]《论马克思恩格斯义利学说的性质和基本特征》,《社会主义研究》2008 年第 4 期。

[4]《马克思劳动解放思想的伦理解读》,《社会主义研究》2012 年第 2 期。

[5]《马克思体面劳动观的伦理阐释》,《道德与文明》2012 年第 3 期。

[6]《马克思"劳动解放"思想的伦理意蕴及其现实意义》,《理论探讨》2012 年第 4 期。

[7]《新中国伦理学 60 年的发展与启示》,《河北学刊》2009 年第 3 期。

[8]《毛泽东的人格尊严论及其深远影响》,《马克思主义研究》2013 年第 6 期。

[9]《科学发展伦理思想的创造性建构》,《华中科技大学学报》2013 年第 5 期。

[10]《邓小平义利学说探论——纪念改革开放 30 周年》,《湖南师范大学社会科学学报》2008 年第 3 期。

[11]《"三个代表"重要思想的伦理思想探论》,《伦理学研究》2011 年第 3 期。

[12]《科学发展观伦理思想研究》,《湖南师范大学社会科学学报》

2011 年第 6 期。

　　［13］《论社会主义核心价值体系与公民道德建设的关系》,《道德与文明》2010 年第 6 期。

　　［14］《社会主义核心价值观之本质规定性及路径选择》,《湖南师范大学社会科学学报》2007 年第 6 期。

　　［15］《效率与公平的价值内涵及其关系新论》,《哲学动态》2010 年第 3 期。

　　［16］《两型社会建设中的道德教育研究》,《湖南社会科学》2010 年第 4 期。

　　［17］《论现代三大经济学流派的伦理对立性》,《马克思主义研究》2011 年第 9 期。

　　［18］《民生幸福视域下的公平效率观探论》,《湖南社会科学》2011 年第 1 期。

　　［19］《论人的尊严的五重内涵及意义关联》,《哲学动态》2012 年第 3 期。

　　［20］《论道德形势及正确认识我国当前道德形势》,《湖南师范大学社会科学学报》2012 年第 4 期。

　　［21］《伦理精神自信是文化自信的核心和灵魂》,《道德与文明》2011 年第 5 期。

　　［22］《伦理精神、道德品质与文明盛衰机理探论》,《齐鲁学刊》2011 年第 6 期。

　　［23］《先富与共富的伦理审视》,《新东方》2011 年第 1 期。

　　［24］《常修为政之德三论》,《中共天津市委党校学报》2010 年第 3 期。

　　［25］《中国特色社会主义伦理思想体系探论》,《伦理学研究》2013 年第 1 期。

　　［26］《建构实现伟大复兴的精神家园》,《湖南日报》2014 年 2 月 27 日。

　　［27］《论中国精神对民族复兴的伟大意义》,《齐鲁学刊》2014 年第 3 期。《新华文摘》2014 年第 19 期全文转载。

　　［28］《中国精神：形塑中国模式、助推中国崛起的巨大力量》,《华

中科技大学社会科学学报》2014 年第 5 期。

　　[29]《正确义利观的深刻内涵、价值功能与战略意义》，《求索》2014 年第 11 期。

　　[30]《资本论的和谐伦理思想及其对巴斯夏的批判》，《当代经济研究》2009 年第 9 期。

　　[31]《马克思劳动解放思想的伦理意蕴及其现实意义》，《理论探讨》2012 年第 4 期。

　　[32]《马克思劳动伦理关系思想及其现实意义》，《理论探讨》2013 年第 4 期。